Les régions du guide :
(voir la carte à l'intérieur de la couverture ci-contre)

Nouvelle-Angleterre

Collection Le Guide Vert sous la responsabilité d'Anne Teffo

Édition
Béatrice Brillion, Laurence Michel

Rédaction
Nicolas Peyroles, Catherine Cohen

Cartographie
Stéphane Anton, Michèle Cana, Augustin Ciuraru, Mihaita Constantin, Teodora Coroiu, Cristina Ferecatu, Thierry Lemasson, Aura Nicolae, Leonard Pandrea, Claudiu Spiridon, Mirela Spita, Severin Vlad

Relecture
Sophie Jilet

Remerciements
Didier Broussard, Marie Simonet

Conception graphique
Christelle Le Déan

Régie publicitaire et partenariats
michelin-cartesetguides-btob@fr.michelin.com
Le contenu des pages de publicité insérées dans ce guide n'engage que la responsabilité des annonceurs.

Contacts
Michelin Cartes et Guides
Le Guide Vert
46 avenue de Breteuil - 75324 Paris - Cedex 07
℡ 01 45 66 12 34 - Fax 01 45 66 13 75
cartesetguides.michelin.fr

Parution 2010

Le Guide Vert, mode d'emploi

Le Guide Vert, un guide en 3 parties

▶ **Organiser son voyage** : les informations pratiques pour préparer et profiter de son séjour sur place

▶ **Comprendre la destination** : les thématiques pour enrichir son voyage

▶ **Découvrir la destination** : un découpage en **régions**
(voir carte générale dans le 1er rabat de couverture et sommaire p. 1)

En ouverture de chaque **région**, retrouvez un **sommaire** et une **carte** qui indiquent :
- les villes et sites traités dans le chapitre
- les itinéraires conseillés

Pour chaque chapitre, consultez « ☺ **Nos adresses…** » :
- des informations pratiques
- des établissements classés par catégories de prix
- des lieux où boire un verre
- des activités à faire en journée ou en soirée
- un agenda des grands événements de l'année

En fin de guide

▶ un **index général** des lieux et thèmes traités
▶ un **sommaire** des cartes et plans du guide
▶ la légende des symboles du guide
▶ la liste de nos publications

Et en complément de notre guide

▶ Créez votre voyage sur **Voyage.ViaMichelin.fr**

Votre avis nous intéresse
Rendez-vous sur votreaviscartesetguides.michelin.fr

Sommaire

3/ DÉCOUVRIR LA NOUVELLE-ANGLETERRE

1/
ORGANISER
SON
VOYAGE

Venir en Nouvelle-Angleterre

En avion

La plupart des vols en provenance de l'Europe et à destination de la Nouvelle-Angleterre font escale aux aéroports Newark Liberty ou John F. Kennedy à New York, ou au Logan International Airport à Boston, et desservent par des correspondances les principaux aéroports de la région.

Logan International Airport (BOS) – À 5 km au nord-est du centre-ville de Boston (MA) - ✆ 800 235 6426 - www.massport.com.

John F. Kennedy International Airport (JFK) – À 24 km au sud-est de Manhattan, New York (NY) - ✆ 718 244 4444 - www.panynj.gov.

Newark Liberty Airport (EWR) – À 26 km au sud-ouest de New York, Newark (NJ) - ✆ 973 961 6000 - www.panynj.gov.

Bangor International Airport (BGR) – À 3 km au nord de Bangor (ME) - ✆ 207 992 4600 - www.flybangor.com.

Bradley International Airport (BDL) – À 19 km au nord de Hartford (CT) - ✆ 860 292 2000 - www.bradleyairport.com.

Burlington International Airport (BTV) – À 5 km à l'est de Burlington (VT) - ✆ 802 863 1889 - www.burlingtonintlairport.com.

Manchester Airport (MHT) – À 6,5 km au sud de Manchester (NH) - ✆ 603 624 6556 - www.flymanchester.com.

Portland International Jetport (PWM) – À 5 km au sud de Portland (ME) - ✆ 207 774 7301 - www.portlandjetport.org.

T.F. Green Airport (PVD) – Warwick (RI), à 16 km au sud de Providence - ✆ 401 737 8222 - www.pvdairport.com.

LIGNES RÉGULIÈRES

Air Canada – ✆ 0 825 880 881 - www.aircanada.com.

Air France – ✆ 0 820 820 820 - www.airfrance.fr.

British Airways – ✆ 0 825 825 400 - www.britishairways.com.

Continental Airlines – ✆ 01 71 23 03 35 - www.continental.com.

Delta Airlines – ✆ 0 811 640 005 - www.delta.com.

KLM – ✆ 0 892 70 26 08 - www.klm.com.

Lufthansa – ✆ 0 826 103 334 - www.lufthansa.fr.

US Airways – ✆ 0 810 632 222 - www.usairways.com.

CENTRALES DE RÉSERVATION

Tarifs préférentiels et promotions sur :

Anyway – ✆ 0 892 302 301 - www.anyway.com.

Lastminute – ✆ 0 899 785 000 - www.lastminute.com.

Go Voyages – ✆ 0 892 230 200 - www.govoyages.com.

Nouvelles Frontières – ✆ 0 825 000 747 - www.nouvelles-frontières.fr (ventes aux enchères le mardi).

Ebookers – ✆ 0 892 893 892 - www.ebookers.fr.

Look Voyages – ✆ 0 892 788 778 - www.look-voyages.com.

Avant de partir

Fiche d'identité

Nom : Nouvelle-Angleterre
(*New England*)
États : Connecticut (CT),
Maine (ME), Massachusetts (MA),
New Hampshire (NH), Rhode Island
(RI), Vermont (VT)
Villes principales : Boston (MA),
Providence (RI), Hartford (CT),
Bridgeport (CT), New Haven (CT),
Worcester (MA), Springfield (MA)
Superficie : 172 139 km^2
Population : 14 millions d'habitants
Monnaie : dollar ($)
Langue : anglais
Voir les fiches d'identité des États
p. 41.

À quelle saison partir ?

L'**hiver** est froid, principalement au
nord où les températures varient de
– 23 °C à – 12 °C. Mais les paysages
enneigés sont magnifiques et l'on
peut pratiquer le ski.
Le **printemps**, aux températures
très variables, ne dure guère plus
de quelques semaines.
L'**été** est humide et chaud
et l'on appreciera les plages, les îles
et les séjours au bord des lacs.
L'**automne**, aux journées ensoleillées et aux nuits froides, est la
saison qui attire un grand nombre
de touristes venus admirer la splendide parure des arbres pendant
le fameux **été indien**. Mais il faut
savoir qu'il pleut aussi beaucoup à
cette période.
Voici pour information l'amplitude
des températures entre janvier et
juillet :

Connecticut : – 2,5 °C à 23 °C ;
Maine : 9 °C à 19 °C ; Massachusetts :
– 3 °C à 21 °C ; New Hampshire :
– 10 °C à 15 °C ; Rhode Island : – 1 °C
à 22 °C ; Vermont : – 9 °C à 21 °C.

À EMPORTER

Selon la saison, emportez des vêtements chauds ou légers. Pensez à
prendre un vêtement de pluie, de
bonnes chaussures, des lunettes
de soleil et un chapeau en été.
Dans tous les cas, vous trouverez sur place le nécessaire et le
superflu.

Adresses utiles

OFFICES DE TOURISME

Les informations touristiques sur
les États-Unis sont données par le
Point d'Information du Visit USA
Committee/France - ✆ 0 899 70
24 70 - www.office-tourisme-usa.
com - du lundi au vendredi 9h30-
13h, 14h-17h30. Aucune brochure
n'est envoyée car toutes les informations sont disponibles sur le site.

VOYAGISTES

Généralistes
Brochures disponibles dans les
agences de voyages.
Directours – ✆ 01 45 62 62 62 -
www.directours.com.
Fram – ✆ 01 53 09 95 45 -
www.fram.fr.
Jet Tours – ✆ 0 820 025 025 -
www.jettours.fr.
Kuoni – ✆ 0 820 051 515 -
www.kuoni.fr.
Nouvelles Frontières – ✆ 0 825
000 747 - www.nouvelles-
frontieres.fr.

Plus Voyages – ✆ 0 803 803 747 - www.govoyages.com.

Spécialistes des États-Unis

Back Roads – 14 Pl. Denfert-Rochereau, 75014 Paris - ✆ 01 43 22 65 65 - www.backroads. fr. Spécialiste du circuit à la carte en toute liberté.

La Case Départ – 66 blvd de Strasbourg, 75010 Paris - ✆ 01 42 05 98 99 - www.lacasedepart.com.

Compagnie des États-Unis – 5 av. de l'Opéra, 75001 Paris - ✆ 0 892 234 430 - www.compagniesdumonde.com. Se consacre aux voyages aux États-Unis et à la culture américaine.

Comptoir des États-Unis et du Canada – 344 r. St-Jacques, 75005 Paris - ✆ 0 892 238 438 - www. comptoir.fr. Agence spécialisée dans la fabrication de voyages sur mesure.

Jetset Voyages – 41-45 r. de Galilée, 75116 Paris - ✆ 01 53 67 13 00 - www.jetset-voyages.fr. Spécialisé sur l'Amérique du Nord. Circuits seuls ou accompagnés et propositions « à la carte ».

La Maison des États-Unis – 3 r. Cassette, 75006 Paris - ✆ 01 53 63 13 43 - www.maisondesetatsunis. com. Spécialiste des circuits et séjours individuels à la carte aux États-Unis.

SITES INTERNET

www.bostonusa.com – Le site du Greater Boston Convention and Visitors Bureau offre tous types d'informations sur Boston : hébergements, restaurants, loisirs, événements…

www.yankeemagazine.com – Itinéraires pour admirer les plus beaux feuillages d'automne et autres dossiers sur la Nouvelle-Angleterre.

www.vermontmagazine.com – Pour se tenir informé du calendrier culturel du Vermont : expositions, concerts, théâtre, festivals…

www.boston.com – Musique, théâtre, danse, expositions mais aussi chroniques gastronomiques, météo locale et état du trafic.

www.boston.com/travel/ explorene – Un site de voyages élaboré par le *Boston Globe* et Boston.com.

www.newenglandtimes.com – Idées de vacances, manifestations, locations d'appartements, histoire, folklore, mode de vie et actualités en Nouvelle-Angleterre.

www.bostonmagazine.com – Actualités, chroniques, tendances et, chaque année, la publication du « Best of Boston », une sélection des meilleures adresses de la ville (restaurants, bars, clubs, boutiques, salons de coiffure…). Également une page Voyages (www.bostonmagazine.com/ new_england_travel), récapitulant le contenu de sa publication annuelle, le *New England Travel & Life*.

www.downeast.com – La version web du *Magazine of Maine*, pour connaître les bonnes adresses du « Pine Tree State », et son calendrier culturel.

REPRÉSENTATIONS DIPLOMATIQUES

En France
Ambassade des États-Unis – 2 av. Gabriel, 75008 Paris - ✆ 01 43 12 22 22 - http://french.france. usembassy.gov.

En Belgique
Ambassade des États-Unis – 27 bd du Régent, B-1000, Bruxelles - ✆ (32 2) 508 2111 - http://french. belgium.usembassy.gov.

En Suisse
Ambassade des États-Unis – Sulgeneckstrasse 19, CH-3007 Bern - ✆ 031 357 7011 - http://bern. usembassy.gov.

Au Québec
Consulat des États-Unis – 2 r. de la Terrasse-Dufferin, Québec - ✆ 418 692 2095 - http://quebec.usconsulate.gov.

LIBRAIRIES SPÉCIALISÉES

France - Brentano's, 37 av. de l'Opéra, 75002 Paris, ✆ 01 42 61 52 50 ; **Village Voice**, 6 r. Princesse, 75006 Paris, ✆ 01 46 33 36 47 ; **W.H. Smith**, 248 r. de Rivoli, 75001 Paris, ✆ 01 44 77 88 99. Bibliothèque américaine : **American Library in Paris**, 10 r. du Gén.-Camou, 75007 Paris, ✆ 01 53 59 12 60.
Belgique - Sterling Books, r. Fossé-aux-Loups 38, 1000 Bruxelles, ✆ 02 223 62 23.
Suisse - OffTheShelf, 15 bd Georges-Favon, 1204 Genève, ✆ (41 22) 311 10 90.

Formalités

DOCUMENTS

Pièce d'identité – Pour entrer aux États-Unis sans visa, il vous faut impérativement un passeport à **lecture optique** délivré avant le 26 octobre **2005** ou un passeport **biométrique** émis après le 26 octobre **2006**. Dans tous les autres cas, l'obtention du visa est obligatoire. Les Canadiens sont dispensés de ces formalités : une pièce d'identité (telle que le permis de conduire) et une preuve de votre citoyenneté canadienne suffiront.
Visa – Si vous possédez un passeport agréé et séjournez pour affaires ou loisir **moins de trois mois**, le visa n'est pas nécessaire. Il est obligatoire dans le cas contraire et si votre séjour prévoit l'exercice d'une activité professionnelle. Depuis janvier 2009, il est également obligatoire, pour les voyageurs sans visa, de remplir au plus tard 72 heures avant le départ

un **questionnaire électronique** (santé, passé pénal…) disponible sur le site de l'ambassade.
Autres pièces à fournir – Un **billet aller-retour** et une **adresse** de séjour (au moins pour la première nuit). Sinon vous risquez d'être refoulé.
Informations – Auprès de l'ambassade des États-Unis ou du consulat le plus proche, ou encore de l'US Department of State : www.travel.state.gov.

ASSURANCE SANTÉ ET RAPATRIEMENT

La Nouvelle-Angleterre ne présente aucun risque particulier pour la santé. Aucun vaccin n'est exigé pour entrer aux États-Unis dans le cadre d'un voyage touristique. Mais avant de partir, pensez à souscrire à une assurance qui, en cas de problème sur place, prendra en charge soins et rapatriement. Si votre carte de crédit ne l'inclut pas (vérifiez votre contrat), vous pourrez vous en acquitter auprès de votre agence de voyages (agences en ligne comprises) ou directement auprès de spécialistes tels que :
Europ Assistance – www.europ-assistance.fr.
Mondial Assistance – www.mondial-assistance.fr.
Pensez également à apporter une prescription de votre médecin si vous deviez emporter des médicaments.

DOUANES

Armes, drogues, produits végétaux et biologiques, viande ainsi que certains médicaments ne peuvent être introduits sur le territoire américain. Sont autorisés : 1 litre d'alcool ou de vin (pour les majeurs de 21 ans), 200 cigarettes, 50 cigares ou 2 kg de tabac à fumer. Les cadeaux éventuels doivent représenter une somme inférieure à 100 $ (conservez vos factures). Les aliments industriels sous vide sont autorisés. Liquides, gels et aérosols sont de nouveau autorisés dans les bagages cabine mais ils doivent être rangés dans un sac plastique transparent refermable et ne pas dépasser 100 ml.

Informations – www.customs.gov.

Budget

BUDGET À PRÉVOIR

Les États-Unis sont une destination chère, où les coûts dépendent du cours du dollar. Les prix varient énormément d'un endroit à l'autre et en fonction de votre moyen de transport, il est difficile de fixer des budgets types. Ceux qui suivent sont établis **en pleine saison**. En semaine hors saison et l'hiver, il est possible d'obtenir des réductions sur les chambres d'hôtel *(voir plus loin « Se loger »)*.

Pour un séjour en motel bon marché, des repas modestes et une voiture de location, vous dépenserez de 100 à 140 $ par jour et par personne, sur la base de deux personnes partageant une chambre et la location du véhicule. Pour un motel de caractère ou un B & B de charme, des restaurants plus raffinés et la voiture de location, comptez un minimum de 200 $ par personne (sur la base de deux personnes partageant une chambre). Ces budgets, donnés à titre indicatif, incluent les taxes locales, une boisson de temps à autre et des visites (musées, parcs…), mais ils excluent le vol pour les États-Unis et les achats personnels.

Se loger

Nos adresses sont mentionnées dans les carnets pratiques qui accompagnent la description des sites, dans la partie Découvrir de ce guide. À tout moment, vous pourrez vous reporter au tableau ci-dessous qui détaille les différentes catégories de prix.

De manière générale, les **hôtels de luxe** sont situés dans le centre des villes, les **motels** à la périphérie, ainsi qu'aux carrefours des grandes routes (Interstate) et les **Bed and Breakfasts** (B & Bs) dans les zones résidentielles des grandes villes et dans les centres des villages et petites villes.

Les bureaux touristiques locaux (dont les coordonnées sont indiquées au début des chapitres, dans S'informer) fournissent des informations détaillées sur les hébergements. Durant la haute saison (mai-août), la très haute saison (sept.-oct.), certaines vacances scolaires (Noël) et les week-ends, il est recommandé de réserver à l'avance. Prévenez la réception si vous deviez arriver tard (les réservations sont maintenues en principe jusqu'à 18h). Les tarifs en basse saison et en semaine (lun.-vend.) sont généralement plus avantageux, aussi certains propriétaires proposent-ils des packages le week-end, afin d'attirer la clientèle.

Les tarifs indiqués dans ce guide sont ceux d'une chambre double en haute saison (mai-oct.). Ils incluent souvent un petit-déjeuner dans les B & B, parfois dans les motels.

HÔTELS ET MOTELS

Les offres d'hébergement vont de l'hôtel de luxe au motel bon marché. Les prix varient en fonction de la saison et de l'emplacement. Ils sont souvent plus élevés en ville, sur la côte et sur les sites de vacances.

Hôtels – De nombreux hôtels proposent des forfaits (comprenant repas et visites ou animations) et des tarifs de week-end. Leurs équipements incluent la piscine et les chambres fumeurs/non-fumeurs. Les hôtels plus distingués offrent la restauration dans la chambre et disposent de personnel de service.

Motels – Souvent sans charme, certains font un réel effort de décoration et préparent, en outre, de bons petits-déjeuners. Les budgets serrés retiendront leurs prix, très attractifs, aux dépens de leur emplacement, à la périphérie des villes.

BED AND BREAKFASTS/ COUNTRY INNS

De nombreuses chambres d'hôte (B & B) appartiennent à des personnes privées, et se situent dans des demeures historiques. Le petit-déjeuner est généralement compris, mais on ne dispose pas toujours d'une salle de bain privée. Fumer est parfois interdit dans les locaux. Certaines auberges (inns) fonctionnent depuis l'époque coloniale. Elles possèdent souvent un restaurant.

Centrales de réservation
Maine Innkeepers Association – 304 route 1, Freeport (ME) - ℰ 207 865 6100 - www.maineinns. com.

Nutmeg B & B Agency – 1204 Main St. South, Woodbury (CT) - ℰ 203 263 4479 ou 800 727 7592 - www.nutmegbb.com.

Bed & Breakfast Agency of Boston – ℰ 617 720 3540 ou 800 248 9262 - www.boston-bnbagency.com.

New Hampshire's Lakes Region Bed & Breakfast Association – www.bedandbreakfastnh.com.

Heart of Vermont Lodging Association – www.vermontinns. com.

AUBERGES DE JEUNESSE

Elles proposent aux visiteurs tout un réseau d'étapes bon marché (environ 12 à 17 $ par nuit et par personne). L'hébergement est simple : chambres de style dortoir (couverture et oreiller fournis), douches, machines à laver, cuisine en accès libre. La carte de membre est recommandée.

Hostelling International USA – 8401 Coleville Rd, Suite 600, Silver Spring (MD) - ℰ 301 495 1240 - www.hiusa.org.

CAMPING

Parcs nationaux et parcs d'État, forêts nationales et domaines privés proposent une gamme étendue de campings. Les tarifs varient selon les services proposés (tables de pique-nique, bornes eau/électricité, salles de bain avec douches, restaurants, machines à laver, équipements de loisirs, épiceries, etc.). Réservations recommandées entre mi-mai et mi-oct. Possibilité de **camping sauvage**. Pour de plus amples renseignements, contactez les offices de tourisme locaux.

NOS CATÉGORIES DE PRIX				
	Hébergement		Restauration	
	Province	Grandes villes	Province	Grandes villes
Premier prix	jusqu'à 60 $	jusqu'à 90 $	jusqu'à 20 $	jusqu'à 25 $
Budget moyen	plus de 60 $ à 100 $	plus de 90 $ à 150 $	plus de 20 $ à 35 $	plus de 25 $ à 40 $
Pour se faire plaisir	plus de 100 $ à 150 $	plus de 150 $ à 225 $	plus de 35 $ à 50 $	plus de 40 $ à 70 $
Une folie	plus de 150 $	plus de 225 $	plus de 50 $	plus de 70 $

Hotel/Motel	☎/ Web Site
Best Western 800 780 7234 - www.bestwestern.com	
Hyatt 800 233 1234 - www.hyatt.com	
Comfort Inn 877 424 6423 - www.comfortinn.com	
Marriott 888 236 2427 - www.marriott.com	
Days Inn 800 329 7466 - www.daysinn.com	
Radisson 888 201 1718 - www.radisson.com	
Hilton 800 774 1500 - www.hilton.com	
Ramada 800 272 6232 - www.ramada.com	
Holiday Inn 800 465 4329 - www.holiday-inn.com	
Ritz-Carlton 800 241 3333 - www.ritzcarlton.com	
Howard Johnson 800 446 4656 - www.hojo.com	
Westin 800 228 3000 - www.westin.com	
(Les numéros gratuits ne sont pas toujours accessibles de l'étranger)	

VACANCES À LA FERME

Certaines fermes invitent leurs hôtes payants à participer aux activités quotidiennes d'une exploitation agricole. Les prix vont de 50 $ à 135 $ la nuit. Pour plus d'informations, contactez :
Maine Farm Vacation B & B Association –
www.mainefarmvacation.com.

Massachusetts Dept. of Agricultural Resources – 251 Causeway St., Boston - ☎ 877 627 7476 - www.mass.gov/agr/massgrown/agritourism_farms.htm.
New Hampshire Farmers Marketplace – P.O. Box 1856, 172 Pembroke Rd, Concord - ☎ 603 271 2655 - www.nhfarms.com.
Vermont Farms! – P.O. Box 6004, Rutland - ☎ 866 348 3276 - www.vtfarms.org.
Connecticut Farm Map – www.ctfarms.uconn.edu.

Se restaurer

Du pain de viande aux spécialités malaises, la gastronomie en Nouvelle-Angleterre justifie le voyage à elle seule ! Les fruits de mer et crustacés y sont rois, en particulier le long de la côte qui égraine ses **clam shacks** (cabanes à palourdes), de véritables institutions locales. Si vous apercevez l'indication *Eat in the rough*, attendez-vous à être servi dans une assiette en plastique, sur une simple table en bois. De vieux pièges à homard et des crustacés géants en plastique font figure de décor. À savourer face à la mer : homard bouilli ou palourdes poêlées accompagnés d'une copieuse assiette de frites.

TYPE D'ÉTABLISSEMENT

L'appellation « restaurant » recouvre des genres allant des **snack-bars** (type fast-foods), **cafétérias** ou **restaurants familiaux** (Applebee's est d'un excellent rapport qualité-prix) de grandes chaînes aux **restaurants** personnalisés plus raffinés. Certains ne servent que le petit-déjeuner et le déjeuner, d'autres se limitent au dîner, certains proposent les trois. Les **bars** et **coffee shops** (sortes de salons de thé) servent en général des plats simples, mais copieux et bon marché. Enfin, vous trouverez partout des **fast-foods** classiques (type McDonald's, très bon marché aux États-Unis), chinois ou mexicains. À de rares exceptions près, les pizzerias et les restaurants italiens ne sont pas les moins chers. Établissement incontournable des États-Unis, le **diner** est né à Providence (Rhode Island), où le premier « *night lunch wagon* » fut ouvert en 1858 pour les employés d'un journal. Ces séduisants wagons-restaurants parsèment aujourd'hui encore la région, et servent petits-déjeuners, burgers, fruits de mer, salades et plats traditionnels.

De New Haven à Portland en passant par Boston, les grandes villes de la Nouvelle-Angleterre font se côtoyer toutes sortes d'établissements proposant cuisine traditionnelle, ethnique ou fusion. Essayez-les… mais ne vous en contentez pas. Car c'est souvent dans les **auberges de campagne** *(country inns)* que se cachent les meilleures tables : plats savoureux, desserts créatifs et cartes des vins primées.

Où que vous alliez, gardez à l'esprit que l'on se couche tôt en Nouvelle-Angleterre : en dehors des villes principales, on ne vous servira plus après 21h.

LES REPAS

Le petit-déjeuner

Souvent servi dès 7h du matin et jusqu'à 11h-11h30 (voire dans certains établissements, toute la journée), le **breakfast** est très copieux et d'un bon rapport qualité-prix (selon le nombre d'ingrédients, de 5 à 15 $). Il comprend le plus souvent des **œufs** au plat *(sunny side up ou fried eggs)*, en omelette ou brouillés *(scrambled eggs)*, accompagnés de toasts, de

bacon grillé ou de **saucisses** et de **pommes de terre** cuites en galettes à la poêle *(hash browns)*. Il est suivi de sucreries diverses, dont les **crêpes** *(pancakes)*, les **gaufres** *(waffles)*, le **pain perdu** *(french toast)*, les **muffins** (gâteaux individuels aux myrtilles, aux pépites de chocolat, au citron…), les **doughnuts** (beignets très sucrés), les **bagels** (petits pains en forme d'anneau mis à la mode par les communautés juives de New York), servis avec du *cream cheese*, et autres pâtisseries aux couleurs synthétiques. On accompagne le tout avec du thé ou du café, en général très léger.

Le samedi et surtout le dimanche matin, beaucoup de restaurants proposent le **brunch**.

Le déjeuner

Le **lunch** est le repas le plus léger de la journée, servi facilement jusqu'après 15h. Comptez de 4 à 9 $ pour un **sandwich**, chaud ou froid, souvent servi avec des frites, une salade ou de la soupe. Autre solution : la **salade** toute préparée et souvent gargantuesque *(Ceasar salad, oriental salad)*, ou celle à composer soi-même dans les *salad bars* (entre 6 et 12 $).

La plupart des restaurants et bars proposent un **lunch menu** avec des plats uniques, similaires à ceux du dîner, un peu moins copieux, mais surtout beaucoup moins chers (entre 6 et 12 $).

Petits budgets, pour changer, essayez les chinois et les mexicains. Ceux qui ont la meilleure réputation sont In & Out, pour la qualité de sa viande, et Fat Burger, qui utiliserait des produits bio. Et si vous rêvez de manger un bon *chili con carne* à petit prix : jetez un œil sur la carte, il est souvent inscrit avec les soupes. On le mange à la cuiller, nappé d'oignons émincés, de fromage râpé et accompagné d'un robuste quignon de pain pour environ 5 $! Autre solution bon marché, les **all-you-can-eat-buffets** (buffets à volonté, autour de 10 $ le week-end, moins cher à midi).

Le dîner

Il se prend tôt (17h-19h), sauf dans les grandes villes. C'est traditionnellement le repas le plus copieux de la journée. On retrouve les mêmes plats qu'au déjeuner (sandwichs, salades, buffets à volonté), mais encore plus copieux et facturés plus cher. Pour les gastronomes, c'est le moment de choisir des restaurants plus raffinés. La carte se divise en trois grandes sections : entrées, plats et desserts. Appelées *hors d'œuvre*, les entrées sont parfois assez copieuses pour constituer un plat (de 7 à 15 $) ; les plats principaux se nomment *entrees* (15 à 30 $). Attention, les desserts sont énormes, très riches et très sucrés (6 à 10 $).

LES BOISSONS

Beaucoup de restaurants familiaux ou populaires ne servent pas d'alcool car pour cela, les restaurants doivent avoir une **licence** spéciale (*wine license* pour les vins, *full license* pour tous les alcools). Les établissements de qualité proposent souvent une **carte des vins** intéressante où vous retrouverez les principaux vins de Californie, mais aussi du Chili et de France. Ils sont chers, mais on peut souvent les commander au verre.

D'une manière générale, à peine arrivé au restaurant, on vous sert un immense verre d'eau du robinet, glacée, que l'on renouvelle tout au long du repas. L'eau minérale est rare et chère, car souvent importée. La plupart des Américains commandent des sodas, servis dans des verres immenses, ou bien de l'*iced tea*, un thé sucré ou non *(sweetened, unsweetened)* servi sur beaucoup de glaçons. Au cours du repas, on vous proposera un *refill* : acceptez, le second verre est compris dans le prix. Dans les bars, vous pourrez choisir parmi les nombreuses **bières** américaines (Coors, Budweiser, Michelob…) ou mexicaines (Corona, Dos Equis…). Pour avoir une bière pression demandez une *draft beer* ou une *beer on tap*.

Nouveaux Guides Verts Week-end MICHELIN : Les grandes villes à portée de main !

★ EURO RSCG ᶾ⁶⁰ - Michelin RCS 855 200 507 Clermont-Ferrand - Crédit photo © Michelin - Fotolia - Avril 2009

Sur place de A à Z

ACHATS

Les antiquités

La Nouvelle-Angleterre est connue pour ses antiquités présentées dans les élégantes boutiques de Boston ou plus humblement sur les bords des routes ou dans les villages pittoresques.

Les marchés fermiers

À la période des récoltes en Nouvelle-Angleterre (mi-juin jusqu'à début octobre) de nombreux fermiers proposent les produits frais de la ferme sur des étals le long des routes à des prix modiques. Les visiteurs peuvent alors cueillir fruits et légumes dans des fermes ouvertes au public.

Sirop d'érable

Sa récolte a lieu au printemps et les visiteurs sont bienvenus dans les nombreuses cabanes à sucre du Vermont ou du New Hampshire. C'est l'occasion de faire sa provision de sirop.

Où trouver les bonnes affaires

Les discount stores – Ces immenses solderies vendent à prix cassé des produits de marque d'anciennes collections ou avec des petits défauts.

Les factory outlets – Véritables villages de magasins d'usine des grandes marques. Les prix y sont en principe inférieurs d'au moins 30 % par rapport aux magasins classiques. Le site www.premiumoutlets.com permet de les localiser.

Pour les **objets électriques** et les **lampes**, rappelez-vous que la taille des douilles et le voltage diffèrent et que vous devrez prévoir une adaptation ultérieure. Pour le **linge de maison**, sachez que les tailles sont différentes des nôtres, notamment pour le linge de lit, pourtant splendide.

ADRESSES UTILES

Offices de tourisme

Dans ce guide, les offices de tourisme sont indiqués, sur les cartes, par le symbole 🛈.
Connecticut Commission on Culture & Tourism – 1 Financial Plaza, 755 Main St., Hartford (CT) - ✆ 860 256 2800 ou 888 299 4748 - www.ctvisit.com.
Maine Office of Tourism – 59 State House Station, Augusta (ME) - ✆ 888 624 6345 - www.visitmaine.com.
Massachusetts Office of Travel & Tourism – 10 Park Plaza, Suite 4510, Boston (MA) - ✆ 617 973 8500 ou 800 227 6277 - www.massvacation.com.
New Hampshire Office of Travel & Tourism Development – 172 Pembroke Rd, P.O. Box 1856, Concord (NH) - ✆ 603 271 2665 ou 800 386 4664 - www.visitnh.gov.
Rhode Island State Tourism Division – 315 Iron Horse Way, Suite 101, Providence (RI) - ✆ 401 278 9100 ou 800 250 7384 - www.visitrhodeisland.com.
Vermont Department of Tourism & Marketing – National Life Building, 6th Floor, Montpelier (VT) - ✆ 802 828 3237 ou 800 837 6668 - www.travel-vermont.com.

Représentations diplomatiques

Toutes les ambassades nationales sont regroupées à Washington DC, mais localement des consulats sont ouverts dans les grandes villes.

Consulat de France à Boston – Park Square Building, Suite 750, 31 Saint James Ave. - ✆ 617 832 4400 - www.consulfrance-boston.org.

Consulat de Belgique à Boston – 11 Foster St., Brighton ✆ 617 779 8700 - www.diplomatie.be.

Consulat de Suisse à Boston – 420 Broadway, Cambridge - ✆617 876 3076 - www.swissnexboston.org.

Consulat du Canada à Boston – 3 Copley Place, Suite 400 - ✆ 617 262 3760 - www.canadainternational.gc.ca/boston.

ALCOOL

Il faut avoir 21 ans pour acheter ou consommer de l'alcool et votre identité peut vous être demandée. On en trouve dans les boutiques spécialisées *(liquor stores)* ou dans les rayons séparés des grandes surfaces et des épiceries. D'une manière générale, ne transportez pas de bouteilles entamées dans l'habitacle de votre voiture et ne buvez pas sur la voie publique.

ARGENT

Monnaie

Le **dollar** américain est divisé en 100 cents. Un **penny** = 1 cent ; 1 **nickel** = 5 cents ; 1 **dime** = 10 cents ; 1 **quarter** = 25 cents. **Banques** – Ouvertes lundi au vendredi 9h-16h/17h, samedi 9h-12h, elles disposent de distributeurs installés dans les agences, les aéroports, les épiceries et les deli. En cas d'urgence, vous pouvez envoyer ou recevoir de l'argent immédiatement auprès de **Western Union** – ✆ 800 225 52274 - www.westernunion.com.

Change

Au moment ou nous imprimons ce guide 1 € = 1, 50 $. La plupart des succursales des banques nationales proposent un service de change, moyennant un pourcentage modéré. Travelex possède des guichets à l'aéroport de Boston, Thomas Cook et Amex dans la plupart des grandes villes de la région : **Travelex World Wide Money** – ✆ 800 228 9792 - www.travelex.com ; **Thomas Cook Currency Services** – ✆ 800 223 7373 - www.thomascook.com ; **American Express Travel Services** – ✆ 800 346 3607 - www.americanexpress.com.

Cartes de crédit

Le taux de change appliqué est celui du jour de la transaction ; une commission s'ajoute à chaque utilisation. En cas de perte : **Eurocard et Visa** – ✆ 1 800 847 2911 ; **Mastercard** – ✆ 1 800 622 7747 ; **American Express** – ✆ 1 800 668 2639.

Chèques de voyage

Se procurer des chèques de 20 $ minimum. Mêmes taux de change et commission que pour les cartes.

BAIGNADE

Les plages de Nouvelle-Angleterre sont propres et sablonneuses. La température de l'eau est variable, de 18 °C à 24 °C. Renseignez-vous pour les inversions de marée et les puissants courants sous-marins *(undertow)* qui peuvent être dangereux. La prudence s'impose pour la baignade sur les plages non surveillées (à éviter avec des enfants).

BUS

C'est incontestablement le moyen de transport le moins cher. La plus importante compagnie du pays, **Greyhound**, dessert la plupart des villes de Nouvelle-Angleterre. Les cars sont confortables et ponctuels. Le **Discovery Pass** permet des trajets illimités durant une période de 4 à 60 jours. Il est conseillé de réserver à l'avance – ✆ 800 231 2222 - www.greyhound.com

CHASSE ET PÊCHE

L'abondance de gibier et de poisson (dont les daims, les élans et les truites) fait de la Nouvelle-Angleterre un paradis pour les amateurs de chasse et de pêche. Les six États exigent un permis de pêche pour pratiquer ces activités. Les magasins de matériel de pêche proposent des permis à la journée pour les non-résidents. Les permis de chasse pour les non-résidents sont souvent beaucoup plus chers que ceux des résidents. Fusils et carabines doivent être déchargés et placés dans un étui sûr pour le transport (pas de permis obligatoire). Plus d'informations auprès des agences suivantes :

Connecticut Department of Environmental Protection – ℘ 860 424 3000 - http://dep.state. ct.us.

Maine Department of Inland Fisheries and Wildlife – ℘ 207 287 8000 - www.maine.gov/ifw.

Massachusetts Division of Fisheries and Wildlife – ℘ 508 389 6300 - www.mass.gov/dfwele/dfw.

New Hampshire Fish & Game Department – ℘ 603 271 3421 - www.wildlife.state.nh.us.

Rhode Island Division of Fish & Wildlife – ℘ 401 222 6800 - www.dem.ri.gov/programs.

Vermont Department of Fish and Wildlife – ℘ 802 241 3700 - www. vtfishandwildlife.com.

COURANT ÉLECTRIQUE

Aux États-Unis, le courant est en **110 volts** et les prises sont différentes. Les appareils européens nécessitent un adaptateur à fiches plates (disponibles dans les aéroports et les magasins d'électronique). Certains appareils de voyage peuvent basculer du 220 V au 110 V : vérifiez avant de partir.

DOUANES ET POLICE

À l'aéroport
♻ P.8

Sur la route

Vous pouvez être soumis à des contrôles « volants » lorsque vous circulez en voiture. Il peut s'agir de contrôles « agricoles » vérifiant que vous n'introduisez pas d'essences ou de graines exogènes. Ayez vos papiers à portée de main.

DROGUE

Bien que la consommation de cannabis soit répandue, surtout en Californie, elle est passible d'une amende. La possession de drogues dures ou de stupéfiants

CONVERSION DES TAILLES DANS L'HABILLEMENT									
FEMMES				HOMMES					
Tailles		Chaussures		Costumes		Chaussures		Chemises	
USA	FR	USA	FR	USA	FR	USA	FR	USA	FR
2	36	4	35	36	46	7 1/2	40	14	37
4	38	5	36	38	48	8 1/2	41	15	38
6	40	6	37	40	50	9 1/2	42	15 1/2	39/40
8	42	7	38	42	52	10 1/2	43	16	41
10	44	8	39	44	54	11 1/2	44	16 1/2	42
12	46	9	40	46	56	12 1/2	45		

est très sévèrement punie (longues peines de prison). Si vous suivez un traitement médical à base de tranquillisants ou de narcotiques, gardez votre ordonnance sur vous (si possible avec la traduction).

HABILLEMENT

Les tailles et pointures américaines sont différentes des françaises. Reportez-vous au tableau ci-contre.

HEURE

Décalage horaire

Il y a 6 heures de décalage entre Paris (Berne et Bruxelles) et la Nouvelle-Angleterre (dans la zone EST, Eastern Standard Time) : quand il est 15h en France, il est 9h à Boston. Ce décalage est de 7h en avril et de 5h en octobre, selon les horaires d'hiver et d'été.

Horaire d'été

On avance de 1h, du premier dimanche d'avril au dernier dimanche d'octobre.

La date et l'heure

Aux États-Unis, **la date** s'écrit en mentionnant d'abord le mois, suivi du jour, puis de l'année : le 11 mai 2009 s'écrit 5/11/09. **L'heure** n'est signalée que de 1 à 12, suivi ou non de AM *(ante meridiem)* pour le matin, toujours suivi de PM *(post meridiem)* l'après-midi : 8:00 ou 8 am, c'est avant midi, 8 pm, c'est le soir ; par contre, 12:00 ou 12 pm, c'est midi ; 12 am, c'est minuit.

HANDICAPÉS

Les informations concernant un voyage pour les personnes à mobilité réduite sont disponibles sur www.aapd-dc.org/index.php, www.disabledtravelers.com, www. ilusa.com/links/ilcenters.htm. De plus en plus d'établissements et de bus sont équipés pour les handicapés.

Informations – Connecticut : ℘ 800 842 7303 ; Maine : ℘ 800 452 1948 ; Massachusetts : ℘ 800 322 2020 ; New Hampshire : ℘ 800 852 3405 ; Rhode Island : ℘ 401 462 0100 ; Vermont : ℘ 802 241 2400.

HORAIRES D'OUVERTURE

Banques, administrations et bureaux de poste

Ils ouvrent généralement la semaine de 9h à 17h, et parfois le samedi matin (hors administrations publiques).

Les commerces

Ils ferment plus tard : 18h en moyenne, sauf les grands centres commerciaux (20h-21h) et les petites épiceries (23h ou plus).

Les restaurants

Beaucoup de restaurants populaires ou familiaux ouvrent dès 7h. Ils servent sans interruption jusqu'à la fermeture trois menus différents : le petit-déjeuner (jusqu'à 11h-11h30), le *lunch* (12h-16h), et le dîner (17h-21h/22h). Les Américains dînant tôt, il est parfois impossible de dîner après 20h-20h30 dans les petites villes. L'appellation *early bird* ou, plus chic, *pre-theater*, désigne le dîner servi entre 17h et 18h30-19h. Dans les grandes villes ou le long des autoroutes, des snacks restent ouverts tard dans la nuit, voire jusqu'au petit matin.

INTERNET

☺ **Bon à savoir** – Les cybercafés sont de moins en moins nombreux à louer des ordinateurs depuis que le wifi existe. Plus ingénieux : les **bibliothèques municipales** *(library)* fournissent un accès souvent gratuit. Contre une pièce d'identité, vous bénéficierez de 15 à 60mn de connexion. Seule limite : vous ne pouvez aller sur certains sites, ni faire d'achats.

JOURS FÉRIÉS		
New Year's Day (Jour de l'an)	Nouvelle-Angleterre	1er janvier
Martin Luther King's Birthday	Nouvelle-Angleterre	3e lundi de janvier
President's Day	Nouvelle-Angleterre	3e lundi de février
Town Meeting Day	Vermont	1er mardi de mars
Patriots' Day	Maine, Massachusetts	3e lundi d'avril
Memorial Day (Fête du Souvenir)	Nouvelle-Angleterre	Dernier lundi de mai ou 30 mai
Independance Day (Fête nationale)	Nouvelle-Angleterre	4 juillet
Victory Day	Rhode Island	2e lundi d'août
Bennington Battle Day	Vermont	16 août
Labor Day (Fête du Travail)	Nouvelle-Angleterre	1er lundi de septembre
Columbus Day	Nouvelle-Angleterre	2e lundi d'octobre
Veterans Day (Anciens combattants)	Nouvelle-Angleterre	11 novembre
Thanksgiving Day (Action de Grâces)	Nouvelle-Angleterre	4e jeudi de novembre
Christmas Day (Noël)	Nouvelle-Angleterre	25 décembre

JOURS FÉRIÉS

🕭 *Voir le tableau.*

MEDIAS

Journaux

Avec quelque 435 000 exemplaires vendus chaque jour, le *Boston Globe*, racheté en 1993 par le *New York Times*, est de loin le quotidien le plus lu en Nouvelle-Angleterre. Suivent le *Boston Herald*, le *Hartford Courant* et le *Providence Journal*. La région compte d'innombrables autres publications, quotidiennes ou hebdomadaires, payantes ou gratuites !

Les journaux français *(Le Monde, Le Figaro)* et internationaux sont distribués dans les grandes villes et les stations touristiques. Le plus lu des journaux populaires américains est **USA Today**. Au niveau national, les deux quotidiens les plus appréciés sont le **Washington Post** et le **New York Times**. Les plus célèbres hebdomadaires sont **Time** et **Newsweek**.

Télévision

Plusieurs dizaines de chaînes de télévision régionales, des programmes sur Internet, et de nombreuses radios alimentent en informations la Nouvelle-Angleterre. Certaines sont affiliées à des antennes nationales (Fox, CNN, etc.). Avec Boston, le Massachusetts compte à lui seul 16 chaînes de télévision.

MÉTÉO

Il existe une chaîne météo sur le câble. Consultez sinon www.weather.com ou les quotidiens.

MUSÉES, MONUMENTS

Musées – Dans les grandes villes, beaucoup de musées n'ouvrent qu'à 11h et ferment en général vers 17h, sauf un soir par semaine pour une nocturne (en général le jeudi). Vérifiez toujours l'**heure de la dernière entrée**, qui dépend du temps nécessaire à la visite. Pour les tarifs, comptez de 5 à 15 $ (il y a généralement une réduction pour les enfants et les

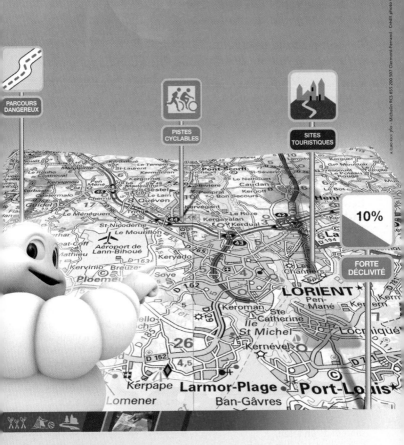

étudiants). Certaines villes comme Boston proposent des Pass qui donnent accès à différents sites et monuments. Renseignez-vous auprès des offices de tourisme des villes que vous visitez.

PARCS D'ÉTAT (STATE PARKS)

Pour en savoir plus sur les parcs d'État où l'on peut camper, randonner et pêcher, voici la liste des organismes qui peuvent vous renseigner :

Connecticut, State Parks Division – 79 Elm St., Hartford - ✆ 860 424 3200 - www.dep.state. ct.us.

Maine, Bureau of Parks and Land – 22 State House Station, Augusta - ✆ 207 287 3821 - www. state.me.us/doc/parks.

Massachusetts, Division of Forests and Parks – 251 Causeway St., Suite 600, Boston - ✆ 617 626 1250 - www.mass.gov/dcr.

New Hampshire, Division of Parks & Recreation – P.O. Box 1856, 172 Pembroke Rd, Concord - ✆ 603 271 3556 - www.nhparks. state.nh.us.

Rhode Island, Department of Parks and Recreation – 2321 Hartford Ave., Johnston - ✆ 401 222 2632 - www.riparks.com.

Vermont, Department of Forests, Parks & Recreation – 103 South Main St., Waterbury - ✆ 802 241 3655 - www.vtstateparks.com.

POSTE

Les bureaux de poste sont ouverts du lundi au vendredi de 9h à 17h ; le samedi de 9h à 12h.
Le courrier met de 6 à 15 jours pour l'Europe, en fonction de la ville d'envoi. Les timbres sont vendus uniquement dans les bureaux de poste : 0,94 $ pour une carte postale et 1,10 $ pour une lettre de moins de 28 g. Service postal américain USPS (US Postal Service) : www.usps.com.

Poste restante

Pour recevoir votre courrier en poste restante, faites indiquer : M. Dupont - c/o General Delivery - adresse du bureau de poste correspondant avec son code postal - USA. Pour avoir les coordonnées exactes et le code, renseignez-vous sur place, car tous les bureaux ne font pas office de poste restante. Pour retirer votre courrier, vous devrez présenter une pièce d'identité. Attention, les bureaux ne conservent pas le courrier plus de 10 jours, sauf si votre correspondant écrit lisiblement en haut de l'enveloppe « Hold for Arrival ».

Envois express et colis

Les services postaux sont lents et chers, et les tarifs varient en fonction des assurances, de la rapidité et, bien sûr, du poids.
Lettres express – De 5 à 9 $ pour une livraison entre 4 et 6 jours, 17 $ entre 3 et 5 jours.
Colis vers l'Europe – Par voie de surface (30-45 j.), vous paierez de 23,25 $ à 50 $ pour un colis de 2 à 9 kg. Vous pouvez envoyer un paquet pesant jusqu'à 30 kg. Pour un envoi par avion (7-10 j.), comptez de 20 à 73 $. Pour envoyer des livres ou magazines (printed matter), demandez le **M-bag**, beaucoup plus économique. La lenteur et les colis égarés ont fait la fortune de sociétés comme **FedEx**, qui vous font payer beaucoup plus cher, mais garantissent une livraison ultrarapide.

POLITESSE

Le **patriotisme** étant très répandu dans la société, évitez de toucher à leur réputation de liberté, de justice et de bonté, et ne contestez pas la politique étrangère du pays…
La **religion** est un autre sujet très important. L'adhésion à une secte ou une autre est parfaitement acceptée et il est malvenu de

critiquer la religiosité ambiante ou tout simplement la notion de foi. En revanche, ne soyez pas surpris si l'on vous pose des questions sur votre métier et si l'on tente de mesurer votre **niveau de vie**.

POURBOIRE

Dans les restaurants, il est d'usage de laisser un pourboire de 15 % du montant de la note pour le service. Dans les hôtels, on donne au portier 1 $ par valise, et dans les bars, 1 $ par boisson. Le pourboire habituel des chauffeurs de taxi correspond à 15 % du montant de la note.

RANDONNÉES PÉDESTRES

Les **parcs nationaux et d'État**, les forêts et les bases de loisirs *(recreation areas)* sont sillonnés de nombreux sentiers bien aménagés. Certains sont même goudronnés et accessibles aux handicapés. Les circuits sont cartographiés ; pensez à demander les **fiches de randonnée** et les consignes particulières à l'entrée ou au *Visitor Center*. D'autres ne sont ouverts que si vous avez retiré un **permis** *(voir pages pratiques correspondantes)*. Le long des routes touristiques, vous verrez de petits panneaux marron avec le logo du randonneur et le nom du sentier *(trail)*. En Nouvelle-Angleterre de nombreux sentiers de randonnée sillonnent la région.
Le **Long Trail** *(427 km soit 265 miles)* dans le Vermont court du nord au sud le long des Green Mountains, de la frontière du Canada à celle du Massachusetts. L'**Appalachian Trail** traverse la Nouvelle-Angleterre du Mt Katahdin dans le Maine jusqu'à la frontière entre le Connecticut et l'État de New York. L'**Acadia National Park** offre des sentiers de randonnée d'accès relativement facile sur 14 000 ha. Les sentiers en pleine nature sur les 82 000 ha du **Baxter** **State Park** et les 313 000 ha de la **White Mountain National Forest** demandent un effort plus soutenu. À cela, il faut ajouter les 734 km d'anciennes voies ferrées qui ont été reconverties en chemins de terre ou pistes goudronnées accessibles aux randonneurs et aux cyclistes. Informations et cartes : **Rails-to-Trails Conservancy** – 2121 Ward CT., NW 5th Floor, Washington DC - ✆ 202 331 9696 - www.railtrails.org.

Il est recommandé de suivre les chemins balisés lors de randonnées dans l'arrière-pays. Prendre des raccourcis est dangereux et érode le terrain. Avant de partir, les randonneurs solitaires doivent aviser quelqu'un de leur destination et de l'heure de retour prévue.

RANDONNÉES À VÉLO

Les **vélos** sont interdits sur la plupart des chemins de terre. Les cyclistes sont tenus d'emprunter pistes et routes goudronnées, de rouler à droite et l'un derrière l'autre. Casques et autres équipements de protection sont vivement conseillés. Randonneurs et cyclistes doivent s'équiper de cartes détaillées et tenir compte des prévisions météorologiques, en particulier dans les zones d'altitude. Pour obtenir des informations sur les sentiers et connaître la réglementation locale concernant les VTT, contactez les offices de tourisme des localités.
Informations sur les circuits :
New England Hiking Holidays – ✆ 800 869 0949 ou 603 356 9696 - www.nehikingholidays.com.
Bike Riders Tours – ✆ 800 473 7040 ou 617 723 2354 - www. bikeriderstours.com.
Appalachian Mountain Club – ✆ 617 523 0655 - www.outdoors.org.
Appalachian Trail Conference – ✆ 304 535 6331 - www.appalachiantrail.org.

Back Country Excursions –
☎ 207 625 8189 -
www.bikebackcountry.com.
Bike Vermont Inc. – ☎ 800 257
2226 - www.bikevt.com.
Vermont Bicycle Touring –
☎ 800 245 3868 - www.vbt.com.
Vermont State Parks – ☎ 802 241
3655 - www.vtstateparks.com.
**Green Mountain National
Forest** – ☎ 802 747 6700 -www.
fs.fed.us/r9/gmfl.
The Green Mountain Club –
☎ 802 244 7037 - www.
greenmountainclub.org.
L'agence **Llama hikes**, en
proposant ses placides lamas pour
le portage du ravitaillement et du
matériel, permet d'apprécier la
randonnée sous un nouveau jour.
Telemark Inn's Llama Treks –
☎ 207 836 2703 - www.
telemarkinn.com.
Berkshire Mountain Llama Hike –
☎ 413 243 2224 -
www.hawkmeadowllamas.com.

SANTÉ

Bien qu'il n'y ait pas de problème
sanitaire particulier aux États-Unis,
il est impératif de prendre une
assurance avant de partir *(voir la
rubrique Formalités dans « Avant de
partir »)*.
Urgences – Composez le **911**, où
que vous soyez.

Services médicaux

Faites-vous préciser par votre
assurance santé complémentaire
quelle est la **marche à suivre** en
cas de maladie ou d'accident, et
quels sont les formulaires à remplir.
Envisagez toutes les éventualités
(radios, dentiste, hospitalisation,
maladie…).
En cas de besoin, appelez les
urgences ou rendez-vous à l'hôpital
le plus proche. Quand il n'y a pas
d'urgence vitale, allez dans les
medical clinics, qui sont moins
chères que les hôpitaux.

Pharmacies

Les médicaments sont vendus dans
les **drugstores** et **pharmacies**.
La plupart des magasins
d'alimentation et des supermarchés
ont aussi un rayon petite
pharmacie.

SPORTS D'HIVER

Ski de piste

Les stations de ski les plus
importantes se trouvent dans les
Green Mountains du Vermont,
et les White Mountains du New
Hampshire. On trouve également
d'excellentes stations dans le
nord-ouest du Maine, l'ouest du
Connecticut et les Berkshires
(Massachusetts). Il y a souvent
possibilité de prendre des forfaits
pour 3 jours ou plus incluant
location de matériel, transport
au bas des pistes, remontées
mécaniques et repas.
Les stations de radio de toute la
région du Nord-Est émettent des
bulletins sur l'enneigement et les
conditions de ski.
Informations en ligne –
www.snocountry.com ;
www.skinh.com ;
www.skivermont.com.

Ski de fond

De nombreuses pistes de ski
de fond sillonnent les aires de
plein air et les forêts. On doit
toujours demander l'accord du
propriétaire avant de traverser un
domaine privé. Certaines pistes
sont équipées de cahutes pour
se réchauffer *(warming huts)*,
d'autres proposent des refuges
avec couchages. La plupart des
pistes de l'arrière-pays ne sont pas
damées.
Informations sur les pistes :
Maine Office of Tourism –
☎ 888 624 6345 - www.visitmaine.
com.
Ski Maine Association –
☎ 207 773 7669 - www.skimaine.
com.

Ski New Hampshire – ✆ 800 887 5464 - www.skinh.com.
Ski Vermont – ✆ 802 223 2439 - www.skivermont.com.

Motoneige

Les amateurs apprécieront les kilomètres de pistes entretenues traversant domaines publics et privés :
Connecticut Office of State Parks & Recreation – ✆ 860 424 3200 - www.dep.state.ct.us/stateparks.
Snowmobile Association (Massachusetts) – ✆ 413 369 8092 - www.sledmass.com.
Snowmobile Association (Maine) – ✆ 207 622 6983 - www.mesnow.com.
New Hampshire Snowmobile Association – ✆ 603 273 0220 - www.nhsa.com.
Association of Snow Travelers (Vermont) – ✆ 802 229 0005 - www.vtvast.org.
Snowmobile Vermont – ✆ 802 422 2121 - www.snowmobilevermont.com.
New Hampshire Bureau of Trails – ✆ 603 271 3254 - www.nhtrails.org.

Traîneaux à chiens

C'est une façon unique de découvrir la beauté des régions sauvages du Maine en hiver. Excursions de 1h à 1 ou 2 jours.
Mahoosuc Guide Service – 1513 Bear River Rd., Newry (ME) - t 207 824 2073 - www.mahoosuc.com. Excursions de 1 ou 2 jours dans le Maine, le New Hampshire et au Canada.
Moose Country Safaris – 191 North Dexter Rd., Sangerville (ME) - t 207 876 4907 - www.moosecountrysafaris.com. Excursions dans la région du lac Moosehead.

TABAC

La législation concernant le tabac est très stricte. Il est ainsi **strictement interdit de fumer** dans les transports et les lieux publics (y compris les galeries marchandes), dans la plupart des restaurants, bars, clubs, etc. De surcroît, les cigarettes sont assez chères (les prix varient considérablement d'un État à l'autre et selon les magasins).

TAXES

Attention, les prix sont toujours donnés hors taxes (y compris dans ce guide). Taxe et pourboire gonflent l'addition de 25 à 30 %. Dans les hôtels, la taxe est de 5,7 à 12 % selon l'État. Pour les restaurants et tout autre produit ou service (déco, location de vélos, etc.), elle varie de 5 à 9 %. Hors hôtels et restaurants, le New Hampshire est exempté de taxes.

TÉLÉPHONE

De l'étranger vers la Nouvelle-Angleterre – Composez le 001 suivi du numéro à 10 chiffres.
Téléphones portables – Sur place, votre portable captera automatiquement un réseau partenaire de votre opérateur (ou celui de votre choix) : informez-vous auparavant des tarifs auprès de votre opérateur.
Des téléphones mobiles à cartes (sans engagement) peuvent également être achetés sur place.
Numéros utiles – **Urgences**, 911 ; **renseignements**, 411. Pour une aide téléphonique, faites le 0 de n'importe quelle cabine et vous aurez un opérateur qui vous passera le numéro souhaité.
Appels locaux et nationaux – Les numéros américains sont composés d'un indicatif régional à 3 chiffres, suivi du numéro de votre correspondant à 7 chiffres. Pour les appels locaux (même indicatif régional), ne composez que les 7 chiffres. Pour appeler une autre région (indicatif

régional différent), composez le
1 + l'indicatif régional + le numéro
du correspondant.

Le coût d'un appel local, depuis
une cabine, varie en général de 25 à
50 ¢. Il est plus onéreux depuis une
chambre d'hôtel.

Appels internationaux –
Pour appeler vers la France,
composez le 011 + 33 + le numéro
de votre correspondant à 9 chiffres
(sans le 0 initial). **Autres indicatifs
nationaux** : 32 pour la Belgique,
41 pour la Suisse et 1 pour le Canada.

Numéros gratuits et spéciaux –
Les numéros commençant par
1-800, 1-877, 1-888, 1-866… sont
gratuits (*toll free*, toujours indiqué),
souvent utilisés par les compagnies
aériennes, les hôtels, B & B et
loueurs de voitures. Ils fonctionnent
depuis la France mais sont alors
payants. Si vous devez appeler
un numéro commençant par 800,
877, 888, etc. faites-le toujours
précéder du 1. Ils se présentent
souvent avec des noms ou des
mots (exemple : 1-800 5 FRANCE)
pour une mémorisation plus facile ;
il suffit de repérer sur les touches
du téléphone à quels numéros
correspondent les lettres.

Appeler

L'hôtel – Pour téléphoner à
l'étranger de votre chambre,
composez le 9 suivi du 011 +
l'indicatif du pays + le numéro de
l'abonné (sans le 0 initial en France).
Le coût de l'appel sera comptabilisé
sur votre facture. Si vous laissez
sonner plus de cinq fois, la
communication vous sera facturée
même si personne ne répond.

Cabines téléphoniques – Elles
fonctionnent avec des pièces de
25 cents qui défilent très vite et sont
très peu commodes pour les appels
internationaux. Elles ne rendent ni la
monnaie, ni les pièces non utilisées.

Cartes téléphoniques prépayées
(*prepaid phonecards*) – Elles
s'achètent dans les épiceries,

les gares routières, les stations-
service, les bureaux de poste
et chez les marchands de
journaux. Comptez 5 à 20 $ pour
l'international. L'utilisation :
composez le Numéro Vert (1-800),
le code à 16 chiffres fourni avec
la carte, puis le numéro de votre
correspondant. On vous indiquera
alors de combien de minutes vous
pouvez bénéficier.

TEMPÉRATURES

La température est donnée en
degrés Fahrenheit, système très
différent de celui des degrés
centigrades (ou Celsius) : le 0 °C
correspond à 32 °F, et l'eau bout à
212 °F.

Pour convertir les degrés Fahrenheit
en degrés Celsius, on soustrait 32 à
la température donnée, puis on
multiplie par 5 et divise par 9. 76 °F
correspondent à 24 °C.

Inversement, pour passer des
degrés Celsius aux degrés
Farenheit, on multiplie la
température d'origine par 9, puis on
divise par 5 et enfin on ajoute 32.
Une température de 30 °C équivaut
donc à 86 °F.

TRAIN

La compagnie **Amtrak** dessert
plus de 50 communes en
Nouvelle-Angleterre, offrant une
alternative intéressante au bus,
qui reste le moyen de transport
favori des Américains. Si le ticket
est plus onéreux, certaines lignes
rapides permettent de gagner du
temps et de profiter d'un niveau
de confort supérieur : comptez
3h30 pour rallier Boston depuis
New York, contre 4h30 en car. Il
est fortement conseillé
de réserver à l'avance. Couchettes
et première classe sont
disponibles.

**Renseignements et
réservations** – ✆ 800 872 7245 -
www.amtrak.com.

VOITURE

Permis de conduire

Le permis national est en théorie suffisant (jusqu'à 3 mois de séjour), mais mieux vaut vous munir d'un **permis international**, qui s'obtient en France dans les préfectures. Ayez toujours l'un ou l'autre sur vous, même si vous ne conduisez pas. Idem pour le permis moto.

Location de voiture

Assurez-vous que votre **location de véhicule** est bien **inter-États**. En principe, vous la prenez avec le plein fait, en vous engageant à la rendre avec le réservoir plein. Assurez-vous que le manuel de la voiture est dans la boîte à gants et faites-vous expliquer comment **bloquer la vitesse** (très utile pour les longues distances sur autoroutes ou dans les réserves indiennes où les contrôles de vitesse sont draconiens). Vérifiez toujours l'état des **pneus** et contrôlez-en la **pression** pendant votre séjour afin d'éviter l'éclatement. Attention aussi dans les régions enneigées, la plupart des loueurs interdisent le port de chaînes sur leurs voitures. En montagne, certaines voitures sont toutefois louées avec des pneus neige adaptés.

Les principales compagnies de location sont présentes dans la plupart des grandes villes et aéroports de la région. Attention, il vous sera demandé un supplément si vous rendez le véhicule dans une autre agence que celle où vous l'avez loué : **Alamo** (☎ 800 462 5266 - www.alamo.com), **Avis** (☎ 800 230 4898 - www.avis.com), **Budget** (☎ 800 527 0700 - www.budget.com), **Dollar** (☎ 800 800 3665 - www.dollar.com), **Enterprise** (☎ 800 736 8222 - www.enterprise.com), **Hertz** (☎ 800 654 3131 - www.hertz.com), **National** (☎ 800 227 7368 - www.nationalcar.com), **Thrifty** (☎ 800 847 4389 - www.thrifty.com).

Conduite

Les voitures sont toutes équipées d'une **boîte de vitesses automatique** : D *(drive)* pour avancer, R *(reverse)* pour la marche arrière, P pour parking, N (neutral) pour point mort L *(low gear)* pour les vitesses basses (1re ou 2e) en montagne.

Code la route

Il est permis de **tourner à droite** lorsque le feu est rouge, à condition de faire attention aux voitures arrivant de la gauche et qu'aucun panneau n'indique le contraire. En ville, un couloir est souvent dessiné au centre de la chaussée : il est réservé aux voitures qui désirent quitter le trafic pour tourner à gauche. Enfin, respectez les **limitations de vitesse** aux abords des écoles et ne doublez pas si le panneau « Stop » du bus scolaire est abaissé.

Avec de jeunes enfants renseignez-vous pour les sièges auto qui sont obligatoires et que l'on peut se procurer dans la plupart des locations de voiture.

En cas d'accident

Dans le cas où il y a des dommages corporels ou matériels, il faut alerter la police locale et ne pas quitter les lieux avant d'y avoir été autorisé par les agents chargés de l'enquête.

Essence

Moins chère qu'en France, elle est vendue par **gallon** (3,8 l). Les prix varient beaucoup d'un État à l'autre, et entre les villes et la campagne (l'Arizona est l'un des États les moins chers). Excepté pour les grosses voitures, le **regular unleaded** suffit. Beaucoup de stations fonctionnent avec la carte de crédit et des automates 24h/24.

Avantages club

Pour un séjour de trois mois, il est sage d'adhérer sur place à l'**AAA (American Automobile Association)**, ☎ 1-800 874 7532, www.aaa.com. L'adhésion coûte entre 50 et 95 $ selon les États. Elle donne droit à un dépannage d'urgence, des itinéraires personnalisés sous forme de livrets (à commander à l'avance) ainsi qu'à d'importantes réductions dans les hôtels. Les membres de l'Automobile Club de France, de la Fédération française des Automobiles Clubs, du Camping Club de France ou de la Fédération française de sport automobile ont droit à tous les services de l'AAA en montrant leur carte française. Dans tous les cas, il faut téléphoner au centre d'appels national, ☎ 1-800 222 4357, pour que le dépannage soit gratuit.

Se diriger

Les distances sont données en miles (1 mile = 1,6 km). Pour repérer votre destination, ne vous contentez pas du nom de la ville, mais faites attention au **numéro de la route** et à la **direction** (*north, south, east, west*). Les grandes intersections sont appelées *Junctions* et sont en général signalées à l'avance : on vous annonce la jonction avec la route que vous traversez (Jct-70 annonce que vous croisez la Route 70). Les routes précédées de la lettre I (I-95), pour *interstate highways*, sont de grandes **autoroutes fédérales**. Les autres routes : code US (US-50) pour les **routes fédérales**, code de l'État suivies de chiffres pour les **routes d'État**. Les petites **routes secondaires** sont des *country roads* (entretenues par le comté) ou *township roads* (entretenues par une municipalité) .

UNITÉS DE MESURE		
	USA	**FR**
Poids	1 ounce (oz)	28 g 1 g : 0,035 oz
	1 pound (lb) = 16 ounces	450 g 1 kg : 2,20 lb
Volumes	1 pint (pt) = 16 ounces (fl. oz)	0,473 l
	1 quart (qt) = 2 pints 1 gallon US = 4 quarts (qt) : 3,8 l	env. 1 l 1 l : 0,26 gallon US
Longueur	1 inch	2,5 cm
	1 cm	0,39 inch
	1 foot (ft) = 12 inches	0,30 m
	1 m	39 inch
	1 yard (yd) = 3 feet	0,91 m
	1 m	1,09 yd
	1 mile	1,6 km
	1 km	0,62 mile
Superficies	1 acre (a)	0,4 ha
	1 ha	2,47 acres

En famille

Les sites intéressants pour les enfants sont signalés dans ce guide par le symbole 🚹🚺. De nombreux musées et sites touristiques proposent des programmes adaptés. Dans les restaurants, vous aurez souvent un menu enfant, et dans les hôtels, des packages familiaux avantageux (incluant chambre, repas, activités).

RÉDUCTIONS

Les **enfants** bénéficient de réductions pour la plupart des sites touristiques, musées, et transports en commun. Réductions également pour les **étudiants** dans les musées, s'ils présentent une attestation, et gratuité dans certains cas pour les **seniors** de plus de 62 ans. De nombreux musées proposent une tranche horaire hebdomadaire gratuite.

DES MUSÉES D'HISTOIRE VIVANTE

La Nouvelle-Angleterre est synonyme d'Histoire et la région, possède un ensemble de musées vivants avec des animateurs en habits d'époque, des animaux dans certains villages historiques et des démonstrations. Ne manquez pas **Plimoth Plantation** (voir p. 172) et **Old Sturbridge Village** (voir p. 203) au Massachusetts, **Mystic Seaport** au Connecticut (voir p. 276), **Strawbery Banke** au New Hampshire (voir p. 375), et bien d'autres encore.

Si le Rhode Island ne possède pas de village historique vivant, ses somptueux mansions (manoirs), aux décors inchangés, offrent aux jeunes un véritable voyage dans le passé. L'un d'eux, **Astor's Beechwood** (voir p. 243) propose des reconstitutions du fabuleux bal organisé par les Astor en 1891.

MAISONS HISTORIQUES DE NOUVELLE-ANGLETERRE

Contactez les organisations suivantes, qui entretiennent et proposent des visites de leurs bâtiments classés.

Society for the Preservation of New England Antiquities – 141 Cambridge St., Boston (MA) - ✆ 617 227 3956 - www.spnea.org.

Antiquarian and Landmarks Society – 255 Main St., Hartford (CT) - ✆ 860 247 8996 - www.ctlandmarks.org.

National Trust for Historic Preservation – 1785 Massachusetts Ave., NW, Washington DC - ✆ 202 588 6000 - www.preservationnation.org.

FEUILLAGES D'AUTOMNE

La coloration des feuillages commence début septembre le long de la frontière canadienne et dans les zones d'altitude puis se déplace progressivement vers le sud jusqu'à la fin du mois d'octobre. Pour les hôtels, circuits guidés, transports, les réservations sont vivement recommandées. Informations auprès des organismes suivants:

Nouvelle-Angleterre – www.yankeefoliage.com.

Connecticut – ✆ 860 256 2800 - www.ctvisit.com.

Maine – ✆ 888 624 6345 - www.maine.gov/doc/foliage.

Massachusetts – ✆ 800 227 6277 - www.mass-vacation.com.

Rhode Island – ✆ 800 250 7384 - www.visitrhodeisland.com.

New Hampshire – ℰ 800 386 4664 - www.visitnh.gov.
Vermont – ℰ 800 837 6668 - www.travel-vermont.com.

DÉCOUVERTE DES BALEINES

Grâce à l'abondance de plancton, les baleines côtoient en nombre le littoral de Nouvelle-Angleterre, du printemps au milieu du mois d'octobre, lorsqu'elles migrent de l'Atlantique nord vers les mers chaudes des Caraïbes. Renseignez-vous auprès des organismes suivants qui élaborent toutes sortes de circuits :

Massachusetts
Boston Harbor Cruises – Boston - ℰ 617 227 4321 - www.bostonharborcruises.com.
New England Aquarium – Boston - ℰ 617 973 5200 - www.neaq.org.
Cape Ann Whale Watch – Gloucester - ℰ 800 877 5110 - www.caww.com.
Captain Bill's Whale Watch – Gloucester - ℰ 800 339 4253 - www.captainbillandsons.com.
Seven Seas Whale Watching – Gloucester - ℰ 888 283 1776 ou 800 520 0017 - www.7seaswhalewatch.com.
Yankee Whale Watch – Gloucester - ℰ 800 942 5464 - www.yankeefleet.com.
Captain John Boats – Plymouth - ℰ 800 242 2469 - www. captjohn.com.
Provincetown Whale Watch – Provincetown - ℰ 800 826 9300 - www.provincetownwhalewatch.com.
Newburyport Whale Watch – Newburyport - ℰ 800 848 1111 - www.newburyportwhalewatch.com.
Hyannis Whale Watcher Cruises – Hyannis - ℰ 508 362 6088 - www.whales.net.
Maine
Bar Harbor Whale Watch Co. – Bar Harbor - ℰ 888 942 5374 - www.barharborwhales.com.

Cap'n Fish's Boat Cruises – Boothbay Harbor - ℰ 207 633 3244 - www.mainewhales.com.

MACAREUX

Entre juin et début août (période idéale : juillet), on peut voir les macareux lorsqu'ils se regroupent dans le golfe du Maine sur Eastern Egg Rock, Matinicus Rock et Mathias Seal Island. Il n'est possible de descendre à terre que sur Mathias Seal Island (se munir de jumelles).
Cap'n Fish's Boat Cruises – Boothbay Harbor (ME) - ℰ 207 633 3244 - www.mainewhales.com.
Norton of Jonesport – Jonesport (ME) - ℰ 207 497 5933 - www.machiassealisland.com.

Mémo

Agenda

Voici une liste des manifestations annuelles les plus populaires en Nouvelle-Angleterre. Certaines dates peuvent changer d'une année à l'autre. Pour de plus amples renseignements, contactez les offices de tourisme locaux.

JANVIER

Stowe Winter Carnival – Stowe (VT) - ✆ 802 253 7321 - www.stowewintercarnival.com.
Chinese New Year Parade – Boston (MA) - ✆ 888 733 2786 - www.bostonusa.com - fin janv.-début fév.

FÉVRIER

Dartmouth Winter Carnival – Hanover (NH) - ✆ 603 646 1110 - www.dartmouth.edu.
Newport Winter Festival – Newport (RI) - ✆ 401 847 7666 - www.newportwinterfestival.com.
Mount Washington Ice Festival – North Conway (NH) - ✆ 603 356 7064 - www.ime-usa.com.

MARS

New England Spring Flower Show – Boston (MA) - ✆ 617 933 4970 - www.masshort.org.

AVRIL

Boston Marathon – Boston (MA) - ✆ 617 236 1652 - www.bostonmarathon.com.
Daffodil Days – Bristol (RI) - ✆ 401 253 2707 - www.blithewold.org - 1er avr.-début mai.
Waterfire – Providence (RI) - ✆ 401 272 3111 - www.waterfire.org - jusqu'en oct.

Fishermen's Festival – Boothbay Harbor (ME) - ✆ 207 633 2353 - www.boothbayharbor.com.
Vermont Antiquarian Spring Book Fair – Burlington (VT) - ✆ 802 527 7243 - www.vermontisbookcountry.com.
Daffodil Festival – Nantucket (MA) - ✆ 508 228 1700 - www.nantucketchamber.org.

MAI

Paddlefest Weekend – Wickford (RI) - ✆ 401 295 4400 - www.kayakcentre.com.
New Hampshire Annual Lilac Festival – Lisbon (NH) - ✆ 800 386 4664 - www.visitnh.gov.
Moose Mainea – Moosehead Lake Region (ME) - ✆ 207 695 2702 - www.mooseheadlake.org - mai-juin

JUIN

Yale-Harvard Regatta – New London (CT) - ✆ 203 432 4771 - www.yale.edu.
Old Port Festival – Portland (ME) - ✆ 207 772 6828 - www.portlandmaine.com.
Jacob's Pillow Dance Festival – Becket (MA) - ✆ 413 243 0745 - www.jacobspillow.org - jusqu'à fin août.
Market Square Days Celebration – Portsmouth (NH) - ✆ 603 427 2020 - www.seacoastnh.com.
International Festival of Arts and Ideas – New Haven (CT) - ✆ 203 498 1212 - www.artidea.org.
Williamstown Theater Festival – Williamstown (MA) - ✆ 413 597 3400 - www.wtfestival.org - jusqu'en août.
Block Island Race Week – Block Island (RI) - ✆ 203 458 3295 - www.blockislandraceweek.com.

Berkshire Theatre Festival –
Stockbridge (MA) - ✆ 413 298 5576 -
www.berkshiretheatre.org - jusqu'à
fin août.

Windjammer Days – Boothbay
Harbor (ME) - ✆ 207 633 2353 -
www.boothbayharbor.com.

Vermont Quilt Festival –
Essex Junction (VT) - ✆ 802 872
0034 - www.vqf.org.

JUILLET

Harborfest – Boston (MA) -
✆ 617 227 1528 -
www.bostonharborfest.com.

Bow Street Fair –
Portsmouth (NH) - ✆ 603 433 4472 -
www.seacoastrep.org.

Wickford Art Festival –
Wickford (RI) - ✆ 401 294 6840 -
www.wickfordart.org.

Bristol Fourth of July Parade –
Bristol (RI) - ✆ 401 253 7000 -
www.onlinebristol.com - 4 juillet.

Litchfield Open House Tour –
Litchfield (CT) - ✆ 860 567 4045 -
www.litchfieldct.com.

Newport Music Festival –
Newport (RI) - ✆ 401 849 0700 -
www.newportmusic.org.

Lowell Folk Festival –
Lowell (MA) - ✆ 978 970 5000 -
www.lowellfolkfestival.org.

Great Connecticut Jazz Festival –
Guilford (CT) - ✆ 800 468 3836 -
www.greatctjazz.org.

Vermont Mozart Festival –
Burlington (VT) - ✆ 802 862 7352 -
www.vtmozart.com.

Yankee Homecoming Days –
Newburyport (MA) - ✆ 978 462
4760 - www.yankeehomecoming.
com - de fin juil. à début août.

AOÛT

Lobster Festival – Rockland
(ME) - ✆ 207 596 0376 - www.
mainelobsterfestival.com.

**League of New Hampshire
Craftsmen's Fair** – Mt. Sunapee
Resort, Newbury (NH) - ✆ 603 224
3375 - www.nhcrafts.org.

**Southern Vermont Art and Craft
Festival** – Manchester (VT) -
✆ 802 425 3399 -
www.craftproducers.com.

Boat Builders Festival –
East Boothbay (ME) - ✆ 207 633
4818 - www.bbrlt.org.

Newport JVC Jazz Festival –
Newport (RI) - ✆ 410 847 3700 -
www.gonewport.com - 2e w.-end
du mois.

Fall River Celebrates America –
Fall River (MA) - ✆ 508 676 8226 -
www.fallrivercelebrates.com.

Restaurant Week Boston –
Boston (MA) - ✆ 888 733
2678 - www.bostonusa.com/
restaurantweek.

**Portland Chamber Music
Festival** – Portland (ME) -
✆ 800 320 0257 - www.pcmf.org.

**Mt. Washington Hillclimb
(bicycle race)** – Gorham
(NH) - ✆ 603 466 3988 - www.
mtwashingtonbicyclehillclimb.org.

Champlain Valley Fair – Essex
Junction (VT) - ✆ 802 878 5545 -
www.cvexpo.org - de fin août à
début sept.

SEPTEMBRE

Vermont State Fair – Rutland (VT) -
✆ 802 775 5200 -
www.vermontstatefair.net.

Norwalk Oyster Festival –
Norwalk (CT) - ✆ 203 838 9444 -
www. seaport.org.

Eastern States Exposition – West
Springfield (MA) - ✆ 413 737 2443 -
www.thebige.com.

**Highland Games at Loon
Mountain** – Lincoln (NH) -
✆ 603 229 1975 - www.nhscot.org.

**Northeast Kingdom Fall Foliage
Festival** – Northeast Kingdom
(VT) - ✆ 802 748 3678 - www.
nekchamber.com - de fin sept. à
début oct.

Annual Sheep and Wool Festival –
Essex Junction (VT) - ✆ 802 434
5646 - www.vermontsheep.org - de
fin sept. à début oct.

OCTOBRE

Fall Foliage Festival – North Adams (MA) - ✆ 413 499 4000 - www.fallfoliageparade.com.
Pumpkin Festival – Keene (NH) - www.pumpkinfestival.com.
Haunted Happenings – Salem (MA) - ✆ 978 744 3663 - www.salemhauntedhappenings.org.

NOVEMBRE

Maine Brewer's Festival – Portland (ME) - www.mainebrew.com.
Plimoth Plantation : Thanksgiving Celebration – Plymouth (MA) - ✆ 508 746 1622 - www.plimoth.org - Thanksgiving Day.
Nantucket Noel – Nantucket (MA) - ✆ 508 228 1700 - www.nantucketchamber.org - de fin nov. à fin déc.
Berkshire Museum Festival of Trees – ✆ 413 443 7171 - www.berkshiremuseum.org - nov.-déc.

DÉCEMBRE

Woodstock Wassail Celebration – Woodstock (VT) - ✆ 888 496 6378 - www.woodstockvt.com.
Festival of Trees & Traditions – Hartford (CT) - ✆ 860 278 2670 - www.wadsworthatheneum.org.
First Night Boston – Boston (MA) - ✆ 617 542 1399 - www.firstnight.org - 31 déc.

Bibliographie

DIVERS

L'Art de vivre en Nouvelle-Angleterre, Elaine Louie, Solvi Dos Santos, 2002.
La Nouvelle-Angleterre, Daniel Royot, 1991.
L'Histoire de la Nouvelle-Angleterre (BD), Dino Battaglia, 2009.

ROMANS

Les Bostoniennes, Henry James, 1886.
Capitaines courageux, Rudyard Kipling, 1897.
La Lettre écarlate, Nathaniel Hawthorne, 1850.
La Maison aux sept pignons, Nathaniel Hawthorne, 1851.
Moby Dick, Herman Melville, 1851.
Le Dernier Puritain, George Santayana, 1935.
En pleine tempête, Sebastian Junger, 1998.

En Anglais

Two Years Before the Mast – Richard Henry Dana, 1840.
The Country of the Pointed Firs – Sara Orne Jewett, 1896.
The Late George Apley – John P. Marquand, 1937.
The Outermost House – Henry Beston, 1928.

Filmographie

Les Dents de la mer (Jaws), Steven Spielberg, 1975. Un grand requin blanc attaque des baigneurs. Tourné à Martha's Vineyard (MA).
Mystic Pizza, Donald Petrie, 1988. Avec Julia Roberts. Histoire de trois serveuses en quête d'amour. Tourné à Mystic et Stonington (CT).
Will Hunting, Gus Van Sant, 1997. Avec Matt Damon et Ben Affleck, Histoire d'un génie de la physique travaillant comme concierge au MIT. Parmi les lieux filmés sur place figure la L Street Tavern.
Carousel, Richard Rogers et Oscar Hammerstein, 1956. Boothbay Harbor et Newcastle (Maine) apparaissent dans cette célèbre comédie musicale de Broadway.
Mystic River, Clint Eastwood, 2003. Avec Sean Penn. Histoire d'un meurtre mystérieux, tournée à Boston.

Alors... Heureux?

Tous les mercredis à 20h35, Philippe Gildas et Sarah Doraghi vous présentent l'actualité de l'art de vivre en compagnie d'une personnalité qui nous dévoile ses jardins secrets.

Tous les jours : nos rendez-vous de détente et de découverte sur la consommation, la maison, la cuisine et le bien-être.

TÉ ARGENT *le mag*
l de Tarlé

ma Maison *le mag*
avec
Olivia Adriaco

Cuisine & Saveurs *le mag*
avec
Vincent Ferniot

Bien Etre *le mag*
avec
Marie-Ange Nardi

core plus de bons plans, d'idées déco, recettes de cuisine et de conseils bien-être sur vivolta.com

ponible sur **CANALSAT** (canal 41) et **numéricable** (canal 36 ou 38).

2/
COMPRENDRE LA NOUVELLE-ANGLETERRE

L'Été indien en Nouvelle-Angleterre.
Christian Guy / Hemis.fr

La Nouvelle-Angleterre aujourd'hui

La vie économique de la Nouvelle-Angleterre a connu une évolution parallèle à celle de la « vieille Angleterre ». Après une période de vie agricole intense, puis une grande prospérité maritime, une industrialisation très importante s'est développée au cours du 19e s. et au début du 20e s. Après la Seconde Guerre mondiale, la région a vu son économie péricliter, souffrant des migrations d'un grand nombre d'usines vers le sud. La Nouvelle-Angleterre a donc dû se renouveler, diversifier ses activités et rechercher des débouchés nouveaux, comme l'électronique, qui constituent aujourd'hui ses principales sources de revenus.

Sa population s'élève à 14 millions d'habitants, inégalement répartis. La majorité vit dans la moitié sud, où l'on trouve les plus grandes villes : Boston, Worcester, Providence, Springfield, Hartford et New Haven. Cette population fut constituée par les grandes vagues d'immigration du 19e s. qui ont apporté avec elles une variété de cultures et de traditions que l'on perçoit encore aujourd'hui.

L'administration

Les territoires de la Nouvelle-Angleterre sont administrés, pour la plupart, sous la tutelle d'une municipalité, et seuls 5 % de ces municipalités (qui remontent en général au début de l'époque coloniale) ont le statut de ville. Bénéficiant d'une forte autonomie, leurs résidents, à qui l'histoire a donné cette marque d'indépendance, peuvent faire entendre leur voix dans les affaires locales. Depuis les temps de la colonisation, les réunions municipales tiennent un rôle prépondérant. La gouvernance des villes fonctionne ainsi, fondée sur un modèle de démocratie participative. Pourtant, si les citoyens continuent à être sollicités pour proposer, débattre et voter, parfois encore à main levée, il semble que d'autres formes d'administration, plus éloignées de la participation directe, se mettent en place.

Huit présidents des États-Unis sont nés en Nouvelle-Angleterre : John Adams (Massachusetts), John Quincy Adams (Massachusetts), Franklin Pierce (New Hampshire), Chester A. Arthur (Vermont), Calvin Coolidge (Vermont), John F. Kennedy (Massachusetts), George H.W. Bush (Massachusetts) et George W. Bush (Connecticut).

Back Bay et la Prudential Tower à Boston.
Armin Sepp / Fotolia.com

LES ÉTATS DE NOUVELLE-ANGLETERRE

CONNECTICUT

Superficie : 12 968 km²
Population : 3 287 116 hab.
Capitale : Hartford
Surnom : Constitution State
Fleur emblème : le laurier

MAINE

Superficie : 86 082 km²
Population : 1 227 928 hab.
Capitale : Augusta
Surnom : Pine Tree State
Fleur emblème : la pomme de pin et le gland

MASSACHUSETTS

Superficie : 20 961 km²
Population : 6 016 425 hab.
Capitale : Boston
Surnom : Bay State
Fleur emblème : la fleur de laurier *(mayflower)*

NEW HAMPSHIRE

Superficie : 24 097 km²
Population : 1 109 252 hab.
Capitale : Concord
Surnom : Granite State
Fleur emblème : le lilas mauve

RHODE ISLAND

Superficie : 3 144 km²
Population : 1 003 464 hab.
Capitale : Providence
Surnom : Ocean State
Fleur emblème : la violette

VERMONT

Superficie : 24 887 km²
Population : 562 758 hab.
Capitale : Montpelier
Surnom : Ocean State
Fleur emblème : le trèfle

Sans surprise, le Parti démocrate domine en Nouvelle-Angleterre ; la région est en effet connue pour ses positions libérales. Le Vermont, par exemple, a été le premier État du pays à légaliser l'union civile des couples homosexuels, et le Massachusetts le premier à autoriser leur mariage. À l'exception du Rhode Island, tous les autres États de la région permettent aux personnes du même sexe de s'unir d'une manière ou d'une autre. La peine de mort, en revanche, est encore d'actualité au Connecticut et au New Hampshire. Dans ce dernier, elle n'a toutefois pas été appliquée depuis 1976.

Avec 400 députés, le New Hampshire possède le plus grand parlement des États-Unis ; c'est aussi l'un des deux seuls États dont le mandat du gouverneur se limite à deux ans, et le premier à voter lors des primaires des élections présidentielles, selon les règles dictées par sa Constitution. Depuis 1920 et à chaque échéance électorale, les électeurs de Dixville Notch se réunissent à minuit à l'hôtel Balsams où, avant leurs compatriotes, ils jettent leurs bulletins dans l'urne. Tous les regards du monde, à cette heure-ci sont ainsi portés vers ce village de 74 habitants à la notoriété internationale !

L'économie

L'INDUSTRIE

Au 19e s., la Nouvelle-Angleterre comptait au nombre des plus grands centres industriels du monde grâce à trois atouts majeurs : la disponibilité de capitaux importants produits par le commerce maritime, l'esprit d'entreprise et une immigration massive qui offrait une main-d'œuvre d'origine européenne et canadienne.

Les Mill Towns

Les nombreux cours d'eau de la région permettaient de compenser le manque de matières premières nécessaires à l'énergie des machines. C'est pourquoi on vit surgir des villes manufacturières au bord des rivières. Ces « Mill Towns » se spécialisèrent dans l'industrie textile, le travail du cuir dans le Massachusetts et le New Hampshire, les industries de précision comme l'horlogerie et les armes à feu dans le Connecticut, et les machines-outils dans le Vermont. Les plus grandes villes industrielles de la vallée de la Merrimack, **Lowell**, Lawrence et **Manchester**, devinrent même des centres de production textile d'envergure mondiale. Des enfilades d'usines, d'habitations et de magasins en brique caractérisent toujours ces villes.

Au 20e s., la plupart de ces industries se déplacèrent vers le sud, mais la région conserva toutefois son rang de première industrie lainière des États-Unis. Aujourd'hui, la production de machines-outils et la transformation des métaux ont remplacé le textile, et la fabrication des chaussures constitue toujours une grande spécialité du Maine et du New Hampshire.

Les nouvelles industries

Le renouveau économique de la Nouvelle-Angleterre après la Seconde Guerre mondiale est dû à ses nouvelles orientations industrielles. Le très haut niveau de connaissance des chercheurs et des savants de la région témoigne du rôle capital exercé par les écoles de l'État et du haut degré de qualification générale. Ces nouvelles industries, implantées pour la plupart autour de Boston (sur la Route 128), dans le sud du New Hampshire et à Hartford, ont fortement contribué à faire progresser les sciences de l'espace et la technologie des ordinateurs. Elles ont entraîné dans leur sillage la fabrication de composants électroniques, de matériels de précision et de systèmes informatiques, donnant ainsi naissance à toute une série d'activités nouvelles. Connue pour la place qu'y occupe la recherche médicale, **Boston** s'est tout naturellement orientée vers la production d'instruments médicaux et de prothèses.

L'AGRICULTURE

Malgré une terre pauvre et des terrains souvent rocailleux et pentus, l'agriculture fut une activité importante jusque vers le milieu du 19e s. Au printemps, les colons défrichaient la région pour préparer les semailles et les innombrables pierres qu'ils en retiraient servirent à construire les petits murets qui semblent maintenant courir sans raison à travers les bois. En Nouvelle-Angleterre, l'agriculture connut son âge d'or entre 1830 et 1880 : 60 % du territoire étaient cultivés. Après 1880, la conquête des plaines fertiles au sud des Grands Lacs attira les fermiers vers l'ouest. Ils quittèrent leurs modestes exploitations, et la forêt regagna progressivement du terrain. Actuellement, seulement 6 % des terres sont encore consacrées à l'agriculture, tandis que 70 % du territoire (90 % dans le Maine et 80 % dans le New Hampshire) sont recouverts de forêt. Cependant, quelques exploitations spécialisées dans la monoculture sont florissantes.

L'élevage laitier et l'aviculture

La plus grande partie des revenus agricoles de la région sont issus de l'industrie laitière et de l'élevage des volailles. Les fermes fournissent des produits laitiers aux grandes agglomérations urbaines du sud de la Nouvelle-Angleterre. Ces grandes fermes équipées de granges, d'étables rouges et de silos en aluminium caractérisent le paysage du Vermont.

L'aviculture est très répandue. Le Connecticut et le Rhode Island se sont spécialisés dans la production de poulets ; le Rhode Island est réputé pour son espèce de poulets roux, les « Rhode Island Red ». Dans le Vermont, les élevages de dindes, dont les bâtiments sont de véritables usines chauffées, éclairées et contrôlées mécaniquement, sont en pleine effervescence pendant la période des fêtes, notamment à l'approche du Thanksgiving Day.

Les cultures spécialisées

La culture du **tabac** sous abri s'est développée dans la vallée fertile du Connecticut. Protégées par des écrans légers, puis séchées dans des hangars allongés, les feuilles, larges et fermes, sont utilisées pour rouler les cigares. Les cultures fruitières se pratiquent dans toute la Nouvelle-Angleterre : des vergers de poiriers, de pommiers et de pêchers couvrent les rives du lac Champlain et les versants ensoleillés du New Hampshire et du Rhode Island, et s'étendent le long des vallées du Connecticut et de Nashua. Le Maine assure l'essentiel de la production des **airelles**, et les marais sablonneux de Cape Cod et de ses environs fournissent la plus importante récolte de **canneberges** (petites baies rouges utilisées en gelée, en jus ou en sauce), traditionnellement servies au repas du Thanksgiving Day. Autre spécialité du Maine, la pomme de terre pousse dans le sol fertile du comté d'Aroostook ; la production de cet État le place parmi les dix premiers du pays. En automne, des étalages improvisés le long des routes se couvrent de **citrouilles**, de **courges** et d'épis de **maïs** produits localement.

Les forêts

En dépit de l'immensité du territoire qu'elles recouvrent, les forêts de feuillus et de conifères ne constituent pas une importante ressource dans l'économie de la Nouvelle-Angleterre. Pour deux raisons majeures : d'une part, elles ont été mal exploitées au 19e s. ; d'autre part, elles sont l'objet d'une grande politique fédérale de protection. Seules exceptions : les vastes exploitations des importantes sociétés papetières du nord du Maine et du New Hampshire. La majorité des arbres abattus est transformée en pâte à papier dans les usines du Maine, qui comptent parmi les plus importantes du globe, et du New Hampshire. Quelques entreprises transforment le bois de grume en divers produits : planches, contre-plaqués, meubles et caisses. Enfin, le **sirop d'érable** est un produit éminemment traditionnel dont l'élaboration occupe le New Hampshire, le Vermont et le Maine lorsque le printemps arrive.

LA PÊCHE

Dès le 15e s., des bateaux de pêche venus d'Europe fréquentaient les eaux extrêmement poissonneuses des côtes de la Nouvelle-Angleterre. Les bancs de sable peu profonds – George's Bank par exemple – qui s'étendent d'est en ouest sur quelque 2 500 km au large de Cape Cod, grouillaient littéralement de poissons. La pêche devint donc rapidement une ressource si importante pour les colons que les pêcheurs étaient exemptés de service militaire et que la morue fut choisie comme symbole par la **colonie de la baie du Massachusetts**.

L'industrie de la pêche a été une activité très importante pour les ports de Gloucester, New Bedford et Boston. Les techniques modernes de débitage, de congélation et d'emballage, associées au lancement de bâtiments de plus en plus perfectionnés pour la pêche hauturière, ont placé la Nouvelle-Angleterre au sommet du commerce du poisson préemballé. Cependant, la pêche régionale a subi une forte récession au cours des 40 dernières années, à cause de bancs surexploités – et plus particulièrement en ce qui concerne la morue, le carrelet, le thon et l'églefin –, de la pollution, mais aussi de mesures de protection insuffisantes. Une réglementation fédérale stricte a été récemment proposée afin de mettre un frein à l'épuisement des réserves.

Dans le Maine, la pêche au homard est pratiquée de façon artisanale par des milliers de pêcheurs qui sortent chaque jour pour poser et relever leurs casiers. Ces homards sont vendus et dégustés sur place, ou expédiés vers tous les marchés des États-Unis pour le plus grand plaisir des gourmets.

LES ASSURANCES

Le secteur des assurances est une activité économique importante de la Nouvelle-Angleterre depuis le 18e s., époque à laquelle des investisseurs proposèrent de garantir les risques liés au trafic maritime international. Chaque départ de bateau représentait donc un pari financier : il pouvait revenir chargé d'une précieuse cargaison synonyme de fortune, ou sombrer en anéantissant tout espoir de profit.

Avec le déclin du commerce maritime, l'industrie des assurances se diversifia pour prendre en charge les risques liés à l'incendie. C'est alors que Hartford (Connecticut) devint la capitale nationale des assurances

Une ferme dans le Vermont.
B. Brillion / MICHELIN

avec les sièges de nombreuses grandes compagnies. Symboles de l'importance économique de ce secteur, les grandes tours modernes des compagnies John Hancock et Prudential à Boston sont les plus élevées de la Nouvelle-Angleterre.

L'ENSEIGNEMENT

Il est devenu traditionnel de considérer la Nouvelle-Angleterre comme un centre de la culture et de l'enseignement. Il est vrai que l'État abrite quatre des prestigieuses universités de la Ivy League : Harvard, Yale, Brown et Dartmouth ; et deux lycées privés très prisés : la Phillips Exeter Academy à Exeter (NH) et la Phillips Academy à Andover (MA). L'existence de ces écoles et de ces lycées ainsi que de quelque 258 établissements d'enseignement supérieur pour l'ensemble des 6 États a placé le domaine de l'enseignement parmi les plus importantes activités économiques de la Nouvelle-Angleterre. La plupart des petites entreprises des grandes (Worcester, New Haven, Providence) et des petites villes (Middlebury, Hanover, Brunswick, Amherst) dépendent du rôle économique assuré par ces établissements. Au Massachusetts, où l'enseignement est l'une des premières sources de revenus, les 80 facultés et écoles privées de l'État drainent 10 milliards de dollars par an.

LE TOURISME

Le tourisme représente l'une des principales activités économiques de la Nouvelle-Angleterre. Côtières ou de montagne, certaines stations accueillent les touristes depuis plus d'un siècle. Du reste, le succès croissant qu'ont connu les sports d'hiver depuis les années 1940 a permis à la région de devenir une destination de vacances tout au long de l'année.

On trouve dans toute la Nouvelle-Angleterre quantité de beaux objets fabriqués par les artisans du New Hampshire, du Vermont et de la côte atlantique. Ils sont, pour l'essentiel, achetés par les visiteurs de passage.

La population

Les premiers habitants de la région furent les **Indiens** algonquins. Ils vivaient dans les bois, cultivaient la terre, chassaient, pêchaient et campaient le long de la côte. Le groupe le plus important, les **Narragansetts** du Rhode Island, fut pratiquement rayé de la carte par les colons anglais à la **bataille de Great Swamp** lors de la **guerre du roi Philip**. Les Pequots du Connecticut furent également décimés par les colons et les tribus ennemies (guerre des Pequots, 1637). Certains de leurs descendants possèdent aujourd'hui de prospères entreprises dans la région de Mystic. Quelques descendants des **Passamaquoddys** et des **Penobscots** vivent dans les réserves de Pleasant Point et de Old Town, dans le Maine. Certains **Wampanoags** subsistent à Cape Cod et Martha's Vineyard.

Les descendants des colons puritains des 17e et 18e s. ont dominé la population de la Nouvelle-Angleterre jusqu'au milieu du 19e s. Ces premiers habitants étaient de grands travailleurs et possédaient cette « ingéniosité yankee » qui permet de tirer le meilleur parti de toutes les situations. Certains d'entre eux réalisèrent de véritables fortunes dans le commerce maritime avant de dominer le monde de l'industrie et de la finance.

La population resta pratiquement homogène jusqu'aux années 1840. C'est alors que la terrible famine de la pomme de terre obligea des milliers d'**Irlandais** à émigrer vers la Nouvelle-Angleterre pour travailler dans les manufactures. Avec les années 1870 arrivèrent les **Italiens**, puis, vers la fin du 19e s., des **Canadiens français** venus se faire embaucher en grand nombre dans les usines du New Hampshire et du Maine. Des communautés de pêcheurs **portugais** provenant des Açores se développèrent dans des ports comme Gloucester, Provincetown et Quincy – y conservant leurs traditions, comme par exemple la bénédiction de la flotte – tandis que des vagues d'immigration successives amenèrent des **Suédois** et des **Russes**, ainsi que des **Européens de l'Est**, à s'installer dans plusieurs villes industrielles. Alors que la communauté **afro-américaine** de Boston abandonnait North End pour Beacon Hill, les Irlandais vinrent y établir leur domicile, suivis par les juifs et les Italiens. Chaque groupe ethnique, avec sa langue, sa culture et sa religion, a ainsi formé son propre quartier. Irlandais, Italiens et juifs se sont installés dans les grandes villes ou à leur proximité ; les Portugais sont restés dans les régions côtières. Les habitants d'origine suédoise et russe, et les Européens de l'Est, sont plutôt regroupés dans le Maine et les régions rurales. Dans le New Hampshire, le Maine et le Vermont, il est courant de rencontrer des noms d'origine ou à consonance française ; ceci est dû au grand nombre de Canadiens français qui s'y installèrent. La majorité de la population noire et **hispanique** de la Nouvelle-Angleterre habite dans le sud de la région.

Les religions

La liberté et la diversité religieuses ont formé, dès l'installation des premiers colons à l'aube du 17e s., le ciment social de la Nouvelle-Angleterre. Ayant quitté le Vieux Continent, les pèlerins pouvaient observer leurs croyances comme ils l'entendaient. Plus tard, les puritains profitèrent à leur tour de cette liberté pour mettre en pratique leur conception fidèle et stricte de la Bible. Si les désaccords ne se firent pas attendre, l'immensité du Nouveau Monde permit de résoudre les premières querelles : lors d'un conflit, il suffisait à l'un des deux camps de plier bagage pour fonder son Église ailleurs, et le trouble se dissipait. C'est ce que fit Roger Williams à Providence (Rhode Island). Mais en fervent défenseur de la liberté de culte, celui-ci accueillit toutes les congrégations.

Les religions les plus représentées sont le **catholicisme** pratiqué par les fortes communautés d'origine irlandaise ou italienne et, parmi les sectes protestantes, le **congrétionnalisme** issu des puritains et des séparatistes de Plymouth. Les Églises unitarienne, méthodiste, baptiste, épiscopalienne sont aussi bien présentes. Et n'oublions pas la **religion juive**. Certains juifs arrivèrent dès le 17e s. dans le Rhode Island et y trouvèrent une grande tolérance mais il y eut surtout une forte émigration avant et pendant la Seconde Guerre mondiale dans la région de Boston.

Mais nous insisterons davantage sur les religions ou grands mouvements de pensée qui virent le jour en Nouvelle-Angleterre.

Le transcendentalisme

Le 19e s. vit la naissance dans la région du mouvement transcendental, popularisé notamment par Ralph Waldo Emerson et Henry David Thoreau. Dieu réside en chaque homme et la clé du bonheur réside dans notre harmonie avec la nature : tels étaient leurs préceptes. Thoreau tenta de les mettre en application en partant vivre seul dans la forêt : *Walden Pond* relate ses deux années d'isolement. Pour en savoir plus sur ce mouvement et ses théoriciens, rendez-vous à Concord (Massachusetts), où vous pourrez découvrir Walden Pond et visiter les maisons d'Emerson, de Nathaniel Hawthorne et de Louisa May Alcott.

Les shakers

Organisés en petites communautés, travailleurs, pieux et prônant le célibat, les **shakers** aussi étaient présents en Nouvelle-Angleterre. Séparés du reste de la société, ils pouvaient vivre et pratiquer leur religion en toute liberté, loin des tentations, des influences. Le travail, chez eux, était sacré et effectué consciencieusement : ainsi leur production artisanale (mobilier, paniers, accessoires…) est-elle précieuse et encore très recherchée. Il ne reste de nos jours que peu de shakers, les derniers s'étant repliés au Sabbathday Lake Village. Les amateurs et simples curieux pourront néanmoins visiter le Hancock Shaker Village (Massachusetts), le Canterbury Shaker Village (New Hampshire) ou le Sabbathday Lake Village, qui restituent parfaitement leur mode de vie.

Christian Science

L'une des religions les plus connues dans la région est la « Christian Science » (science chrétienne). Sa fondatrice, Mary Baker Eddy, croyait aux vertus curatives de la prière. Contre les maladies, elle était le remède de ceux qui s'en remettaient à Dieu. Considérée comme l'une des femmes les plus cultivées et puissantes du pays, elle fonda la première Église du Christ (Boston), le Massachusetts Metaphysical College et le quotidien d'actualité *Christian Science Monitor*. Aujourd'hui, la « Christian Science », dont le siège est à Boston, possède des lieux de culte dans plus de 80 pays.

La sorcellerie

Curieusement la Nouvelle-Angleterre, peut-être en réaction avec le puritanisme, a été le théâtre de nombreux cas de sorcellerie. **Salem**, à ce titre, est connue dans le monde entier. Son intrigante histoire, qui commença en 1692, en a fait un lieu de pèlerinage pour tous les adeptes de la Wicca.

Cette année-là, plusieurs jeunes filles, à qui leur servante Tituba, originaire de la Barbade, contait le soir des histoires de vaudou, furent prises de soudaines convulsions, et de visions. Lorsqu'un médecin les déclara sous l'emprise de la «main du diable», elles prirent peur et accusèrent l'esclave de les avoir ensorcelées. Tituba fut jetée en prison. Peu à peu, la peur et la panique s'installèrent dans les rues et chaumières de Salem, où chacun suspectait son voisin de sorcellerie. Au total, 200 personnes furent ainsi accusées ; parmi elles, 150 trouvèrent le chemin des barreaux et 19, celui de la potence. Magasins de citrouilles et de balais de sorcières, musées spécialisés, boutiques dédiées aux sciences occultes, taromancie… Salem vit aujourd'hui allégrement de son histoire. Chaque année s'y tient les Haunted Happenings, festival d'un mois sur le thème de la sorcellerie. Plusieurs milliers d'adeptes de la Wicca résident encore dans la région. Outre la pratique de leur croyance, ils tentent de dissiper l'image négative qu'elle renvoie depuis ses premiers jours.

Traditions et folklore

La Nouvelle-Angleterre est une terre de traditions et il suffit de sillonner ses routes pour s'en rendre compte, surtout à l'automne. Et n'oublions pas les nombreux et souvent remarquables musées évoquant les arts populaires et les coutumes.

En hiver

À Noël, les phares des villes côtières se parent de lumières scintillantes pour indiquer son chemin au Père Noël qui, une fois n'est pas coutume, arrive en bateau. Dans le Maine, on illumine aussi les bateaux de pêcheurs et, au moyen de bougies, les fenêtres des maisons appartenant aux capitaines d'embarcations. À Boston, on chante depuis longue date dans le très chic Louisburg Square, sur Beacon Hill. C'est aussi dans la capitale que se tient, le soir du Nouvel An, la plus importante First Night de Nouvelle-Angleterre, un événement sans alcool célébré aujourd'hui dans plusieurs grandes villes de la région. À cette occasion, quelque 250 expositions et spectacles sont organisés. Ils attirent plus d'un million de personnes.

Au printemps

Au Public Garden de Boston, les habitants le savent, la première ronde des Swan Boats annonce le printemps. Fabriqués dans les années 1870, ces bateaux-cygnes bien-aimés sillonnent un étang artificiel enjambé par un pont suspendu et bordé de saules pleureurs. Après la flânerie sur l'eau, les familles se dirigent vers le nord-est du parc, où un groupe sculpté illustre le titre d'un célèbre conte pour enfants : The Make Way for Ducklings, par Robert McCloskey's. Deux autres signes marquent l'arrivée du printemps : le Marathon de Boston (Patriot's Days) et l'ouverture, pour une nouvelle saison, du Fenway Park. Tandis que le premier s'enorgueillit d'être le plus vieux marathon annuel du monde (15 coureurs prirent part à la première édition, le 19 avril 1897) et l'un des plus prestigieux, la seconde s'accompagne d'une atmosphère festive, imprégnée par la joie de la «Red Sox Nation» de voir son équipe fouler à nouveau le stade mythique. Impossible, dès lors, d'échapper à l'événement : radios, télévisions et sites Internet envahissent les chaumières de leurs commentaires et pronostics. Aux terrasses de cafés, on ne parle que Red Sox.

Les fameux « lobsters » du Maine.
sumnersgraphicsinc/Fotolia.com

Ouvert en 1912, le Fenway Park est le plus petit des stades de la Ligue majeure. S'il est difficile de se procurer un billet, souvent réservé aux abonnés, vous pourrez participer à l'une des visites guidées organisées du lundi au samedi *(voir p. 125. Encadré Boston Red Sox).*

En été

En Nouvelle-Angleterre comme ailleurs aux États-Unis, l'**été** est la saison des festivals et de la Fête nationale (4 juillet). Outre les traditionnels feux d'artifice, cette journée est marquée, à Boston, par l'immense concert gratuit donné en plein air, le Boston Pops. L'événement a lieu au bord de la Charles River où se pressent des milliers de visiteurs, et s'achève, en fanfare, sous les coups de canons accompagnant l'*Ouverture 1812* de Tchaikovsky, tandis que jaillit un feu d'artifice.

À l'automne

Plus que tout autre saison, l'**automne** est celle du tourisme : la couleur des feuillages attire des visiteurs du monde entier. Des points d'information, des

sites Internet et des numéros de téléphone sont alors mis en place pour indiquer, en temps réel, les meilleurs sites du *Fall Foliage*. La « sortie du dimanche » (ou du week-end) se transforme pour ses habitants en balade à travers les forêts multicolores de la région. Parmi les itinéraires prisés de l'été indien : la route Kancamagus (New Hampshire), le Mohawk Trail (Route 2, Massachusetts) et les routes des Litchfield Hills (Connecticut) et du Northeast Kingdom (Vermont).

À Salem, qui, avec Keene et ses 25 000 citrouilles éclairées, sait mieux que quiconque comment fêter Halloween, l'automne est aussi la saison des Haunted Happenings, durant lesquels on célèbre la sorcellerie. La région, en effet, s'est fait une spécialité de l'occulte et de la superstition : les pattes de chats à deux doigts portent chance aux marins et la statue de John Harvard (Cambridge), aux visiteurs qui viennent frotter son pied. Les pêcheurs de homard, lorsqu'ils ramassent un lompe dans leur filet, l'embrassent et le jettent sur l'épaule gauche. Le mot «porc» (pig), en revanche, est déconseillé à bord! De plus, plusieurs auberges ont la réputation d'être hantées. Parmi elles, la Sise Inn à Portsmouth (New Hampshire), l'Old Stagecoach Inn à Waterbury (Vermont), la Captain Lord Mansion et la Fairfield Inn à Kennebunk (Maine), la Longfellow's Wayside Inn à Sudbury (Massachusetts) et l'Old Yarmouth Inn à Cape Cod : superstitieux prenez donc note!

Gastronomie

La Nouvelle-Angleterre jouit d'une réputation méritée pour ses plats simples et copieux. Aux coquillages de la côte s'ajoutent des spécialités régionales comme le sirop d'érable, le cheddar du Vermont et le **Boston cream pie** (gâteau fourré à la crème anglaise et glacé au chocolat). Les auberges et tavernes de campagne proposent des plats traditionnels yankees, tandis que l'on trouve sur la côte des baraques où l'on vend des palourdes, des viviers à homards et des restaurants permettant de profiter pleinement des richesses de la mer. À Boston, vous trouverez un éventail de restaurants gastronomiques et ethniques digne des grandes métropoles mondiales.

LES TRADITIONS AMÉRINDIENNES

De nombreuses spécialités locales proviennent des Indiens de la Nouvelle-Angleterre. Ces derniers furent les premiers à découvrir le sirop d'érable, à inventer la **sauce à la canneberge** (cranberry sauce), les **Johnnycakes** (petits pâtés de farine de maïs frits, populaires au Rhode Island) et l'**Indian pudding** (flan à la farine de maïs et à la mélasse, parfumé à la cannelle et à la muscade, et servi chaud). Les **Boston baked beans** (haricots secs longuement mijotés et assaisonnés de mélasse et de porc salé) et le **brown bread** (pain de seigle, de blé et de maïs, cuit à la vapeur) qui les accompagnent dérivent d'une ancienne recette indienne.

POISSONS ET CRUSTACÉS

En Nouvelle-Angleterre, le roi des crustacés, c'est le **homard**! Plat du pauvre autrefois, il est aujourd'hui particulièrement apprécié. Il se déguste cuit au four ou ébouillanté, avec du beurre et du citron, ou sous forme de bisque ou de tourte, ou encore chaud dans un petit pain beurré (lobster roll) ou froid avec de la mayonnaise (lobster-salad roll). La truite de rivière (brook trout) est le poisson d'eau douce le plus consommé; l'espadon (swordfish), le thon (tuna), le **tassergal** (bluefish) et le **bar d'Amérique** (striped bass), sont des poissons de mer particulièrement appréciés, cuits au four ou grillés.

Les **moules** (blue mussels) vivent fixées en grappes sur les rochers du rivage. On les déguste soit à la marinière, soit grillées avec de l'ail. Les **clams** sont également très prisées. On les ramasse au râteau sur les fonds sablonneux des baies et des lagunes où l'eau est moins froide. Ils s'apprécient cuits à la vapeur avec du beurre, panés, en fritters (beignets légers spécialité du Rhode Island) ou farcis. La préparation et la consommation du **clambake**, fameux plat hérité des Indiens, occupent, tel un événement religieux, jusqu'à la journée entière. Un grand feu est allumé sur le rivage. Sur les braises sont ensuite disposées des pierres qui deviennent brûlantes, puis un tapis d'algues où reposent pommes de terre, oignons, épis de maïs dans leurs feuilles et clams, séparés par des couches d'algues. On laisse alors cuire pendant plusieurs heures. Une fois prêt, un clambake traditionnel peut nourrir jusqu'à 100 personnes!

L'automne et l'hiver sont les meilleures saisons pour les **coquilles St-Jacques** *(bay scallops)* et les **huîtres** *(oysters)*.

SOUPES ET RAGOÛTS

S'il semble que la tradition des **chowders**, soupes épaisses à base de légumes et de lait, vienne des pionniers originaires des îles Anglo-Normandes, la soupe de maïs est une spécialité proprement régionale. Les soupes de poissons sont généralement faites à base de morue et d'églefin. Clams (palourdes), pommes de terre et oignons – jamais de tomates – sont les ingrédients indispensables du **clam chowder**.
Le **New England boiled dinner** est un plat automnal composé de corned beef (poitrine de bœuf marinée dans la saumure) et cuisiné avec des légumes de fin de saison (navets, betteraves, choux, carottes).

LES PRODUITS DE LA TERRE

Au printemps, on déguste les *fiddlehead ferns* (jeunes crosses de fougère) et au début de l'été, les fraises *(strawberries)* que l'on retrouve dans les fameuses tartes sablées *(strawberry shortcakes)*. Le Maine est réputé pour ses airelles *(blueberries)* qui garnissent avec bonheur tourtes et petits pains. À la fin de l'été mûrissent tomates en espaliers, épis de maïs et potirons utilisés dans les soupes et les tartes. En automne, une halte s'impose dans les vergers où l'on cueille les fruits soi-même ; on y trouve du cidre et quelques-unes des meilleures pommes cultivées aux États-Unis. Sur les étals des fermiers prennent place les conserves de prunes sauvages et de raisins de Concord.

LE SIROP D'ÉRABLE

Au début du printemps on recueille la sève des érables pour la réduire en un sirop très sucré. Extrêmement parfumé, le sirop d'érable accomode les glaces, les gaufres et les crêpes. Le Vermont et le New Hampshire sont les plus grands producteurs de sirop d'érable en Nouvelle-Angleterre. Le *Grade A light amber* (clair) est de qualité supérieure, suivi du *Grade A medium amber* (coloration moyenne) et du *Grade A dark amber* (foncé).

BOISSONS

Premier producteur de canneberges de la région, le Massachusetts abrite quelque 5 700 ha de champs dans le sud-est de l'État. On en tire le jus, utilisé dans plusieurs cocktails dont le fameux Cosmopolitan. La canneberge a-t-elle des pouvoirs de guérison ? Vous aurez, en Nouvelle-Angleterre, bien des occasions de l'expérimenter vous-même ! Parmi les bières de région se trouve la très populaire – et primée – Samuel Adams, brassée par la Boston Beer Company depuis sa fondation en 1984. D'autres marques illustrent le savoir-faire de la Nouvelle-Angleterre, qui compte de nombreuses micro-brasseries : Shipyard à Portland (Maine), Smuttynose à Portsmouth (New Hampshire), Long Trail à Bridgewater Corners (Vermont) et bien d'autres. La Harpoon, elle, est tirée de la plus grande brasserie artisanale de la région. Un conseil : si vous souhaitez commander un milkshake, demandez «a frappe» à votre glacier, et non «a milkshake», lequel désigne un lait froid au sirop sans glace.

Nature et paysages

Bordés au nord par les White Mountains et à l'ouest par les Green Mountains, les paysages vallonnés de la Nouvelle-Angleterre s'inclinent lentement vers un littoral rocheux et découpé au nord, bordé de plages de sable au sud, couvert de vastes étendues de forêts et de nombreuses rivières. Les importants massifs montagneux de la région sont les vestiges de sommets plus élevés (entre 300 et 500 millions d'années). L'action de la calotte glaciaire des Laurentides et de ses glaciers de l'ère secondaire, qui couvraient cette partie du continent nord-américain voici quelque 10 000 ans, a laissé au paysage ses nombreux plans d'eau, ses lacs, ses vallées taillées en forme de U et ses crêtes sinueuses géologiquement plus récentes.

La formation de la Nouvelle-Angleterre

Au cours du Paléozoïque (de 240 à 570 millions d'années), la surface de la croûte terrestre était essentiellement formée de gneiss, recouverte par des mers intérieures dans lesquelles s'accumulaient des couches sédimentaires. À l'ère primaire, les roches se soulevèrent sous l'action des plaques eurasienne et nord-américaine et se plissèrent le long du Bouclier canadien, formant des montagnes aux masses parallèles. Les grès et les calcaires se cristallisèrent sous l'effet de la chaleur et de la pression pour former des chaînes (ancêtres des Green Mountains et de la Taconic Range) principalement composées de schiste et de marbre. Au cours de la même ère, des dômes de roches précambriennes, granitiques en majorité, furent soulevés par le plissement des autres roches pour former la Presidential Range du New Hampshire. Ces anciennes montagnes étaient probablement aussi élevées que les Alpes ou l'Himalaya actuels. Pendant les ères suivantes, l'érosion les aplanit jusqu'à leur donner une forme de vaste pénéplaine qui connut plusieurs surrections. Cette région prit alors l'aspect d'un plateau, et l'action des glaciers créa le relief que l'on connaît aujourd'hui.

Un paysage glaciaire

La dernière des quatre glaciations qui se succédèrent durant la première partie de l'ère quaternaire prit fin il y a environ 10 000 ans. À l'aube du Pléistocène, voici quelque 1,5 million d'années, le climat se refroidit fortement et la neige s'accumula et se tassa

Un érable sous la neige pendant l'été indien.
B. Brillion / MICHELIN

en glace (dernière période de glaciation). Le poids des couches supérieures, tassées par les gels et dégels, écrasa les couches profondes.

Quand cette glace atteignit une épaisseur de 40 à 60 m, les couches inférieures, ne supportant plus une telle pression, se mirent à glisser. Se déplaçant de la péninsule du Labrador jusqu'à Long Island, cette énorme calotte glaciaire des Laurentides s'arrêta à peu près à hauteur de l'actuelle côte sud de la Nouvelle-Angleterre après avoir érodé les fonds et les versants d'étroites vallées. Les matériaux abrasifs entraînés sous les glaciers ont strié et buriné le granit et les autres roches dures, si bien qu'ils ont creusé ces vallées en forme de U, ces « auges » appelées *notches*. Les moraines ont aussi creusé des trous et barré des vallées où se sont logés des lacs circulaires alimentés par des cascades à la fonte des glaces. Elles ont en outre déplacé de nombreux éléments arrachés aux flancs exposés des montagnes, ce qui explique que l'on rencontre fréquemment d'énormes blocs erratiques.

Près de la côte, les glaciers ont façonné des dépôts argileux très fins qui forment aujourd'hui des petites collines ovales appelées *drumlins*, telles que Bunker Hill et World's End. Lorsqu'ils se retirèrent définitivement, ils abandonnèrent de gigantesques moraines où s'accumulait une bonne partie des débris de roche amassés. Ces moraines immergées forment aujourd'hui Cape Cod, Martha's Vineyard et Nantucket (Massachusetts) et Block Island (Rhode Island).

Le relief

LES APPALACHES

L'épine dorsale de la Nouvelle-Angleterre est formée par le nord-est de la chaîne des Appalaches qui s'étire sur environ 2 600 km depuis la vallée du Saint-Laurent, au Canada, jusqu'à l'Alabama aux États-Unis, selon un axe essentiellement nord-sud.

LES WHITE MOUNTAINS

Ces montagnes autrefois couvertes de glaciers présentent des sommets rocheux arrondis entrecoupés de vallées glaciaires : les *notches*. Elles possèdent le sommet le plus élevé du nord-est des États-Unis, le mont Washington (alt. 1 917 m).

LES GREEN MOUNTAINS

Les sommets les plus élevés du Vermont forment un axe longitudinal nord-sud. Ils sont constitués de roches métamorphiques précambriennes très anciennes, dont le fameux marbre du Vermont. Cette chaîne s'étire jusqu'au Massachusetts où elle prend le nom de Berkshire Hills.

LES TACONICS

Ce chaînon s'étire le long de la frontière des États de New York et du Massachusetts, et au sud du Vermont. Constitué principalement de schistes, il est parsemé de sommets distincts dont le mont Equinox au Vermont et le mont Greylock au Massachusetts.

LES MONADNOCKS

Vestiges de reliefs anciens formés de roches très dures, ils se présentent comme des sommets isolés. Le mont Monadnock (NH) en est un exemple type ; aussi a-t-il donné, dans le langage des géographes, son nom pour décrire cette forme de relief résiduel. Les monts Katahdin et Blue (Maine), Cardigan et Kearsage (New Hampshire), Wachusetts et Greylock (Massachusetts), sont d'autres exemples de ce type de relief.

LA VALLÉE DU CONNECTICUT

La Nouvelle-Angleterre est coupée en deux par cette entaille de 650 km de long que parcourt du nord au sud le fleuve Connecticut. Cette vallée résulte d'une faille ponctuée de plusieurs crêtes basaltiques escarpées (les monts Sugarloaf et Holyoke) qui la surplombent dans le Massachusetts et au nord de New Haven, dans le Connecticut.

LA CÔTE

Au nord, la côte très découpée dessine une multitude de péninsules et de baies. La fonte des glaces éleva de façon sensible le niveau de la mer, ce qui donna naissance aux vastes baies et à la multitude d'îlots qui bordent le littoral. Au sud de Portland (Maine), la plaine côtière est plus large, et l'absence de relief a donné une côte régulière bordée de grandes plages de sable. Les estuaires et lagunes sont occupés par de vastes marais d'eau salée où s'abritent et se nourrissent du gibier d'eau et des oiseaux migrateurs. Plus au sud, Cape Cod et les îles ont vu s'accumuler sur les moraines glaciaires d'énormes épaisseurs de sable qui donnent son aspect si caractéristique au « Cape ».

Le climat

Mark Twain remarqua un jour que le climat de la Nouvelle-Angleterre présente une telle variété que cela force l'admiration… Ce climat inconstant est dû au fait que la région est géographiquement située à la rencontre des influences froides et sèches de la zone subpolaire et des influences chaudes et humides du sud-est. La moyenne annuelle des précipitations est de 1 070 mm, et les saisons sont très différenciées. L'**hiver** est froid, principalement au nord où les températures varient de – 23 °C à – 12 °C. Le **printemps**, aux températures très variables, ne dure que quelques semaines, surtout au

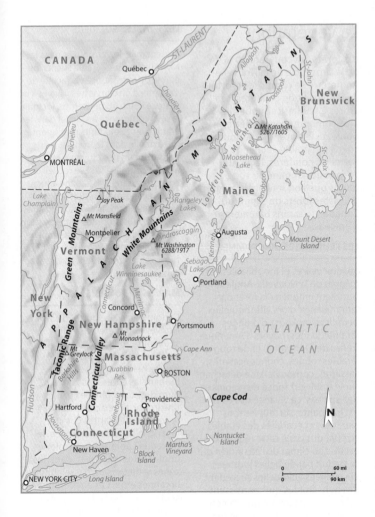

nord où la transition entre l'hiver et l'été, la « saison boueuse », est très courte. Les inondations rendent la circulation dangereuse sur les routes de campagne.

L'**été,** humide, se caractérise par l'alternance d'une atmosphère souvent brumeuse et de belles journées entrecoupées d'averses. Les températures diurnes peuvent s'élever à 32 °C. Les soirées sont fraîches au bord de la côte, dans les montagnes et au bord des lacs.

L'**automne,** aux journées ensoleillés et aux nuits froides, est une saison qui attire un grand nombre de touristes venus admirer la splendide parure des arbres. À une courte période de journées froides, fin septembre, peut succéder un redoux bienfaisant, le fameux **été indien** au cours duquel les feuilles prennent leurs coloris les plus vifs.

Les *Northeasters*, orages côtiers accompagnés de fortes marées, d'averses ou de chutes de neige en hiver et de vents très violents, peuvent éclater toute l'année, notamment sur la côte du Maine.

La végétation

Les forêts qui couvrent 70 % de la superficie de la Nouvelle-Angleterre se composent surtout de feuillus et de conifères. Les arbres à feuilles caduques les plus communs sont le hêtre, le bouleau, le noyer d'Amérique, le chêne et l'érable sucrier ou rouge. Parmi les conifères, le pin de Weymouth domine au sud, tandis que l'on rencontre au nord de vastes forêts de sapins du Canada, de sapins baumiers et d'épicéas.

LES FEUILLAGES D'AUTOMNE

Spectaculaires et inoubliables, les *foliages* de la Nouvelle-Angleterre semblent embraser la forêt par leur mélange d'ors vifs (bouleaux, peupliers, ginkgos), d'oranges (érables jaunes, noyers d'Amérique, frênes de montagne) et de rouges (érables rouges, chênes écarlates, sassafras, cornouillers) se détachant sur le fond vert foncé des sapins et des épicéas. La vivacité des coloris est frappante, surtout les tons cramoisis et écarlates des érables si répandus dans cette région. Elle est due au climat de l'été indien qui se traduit par de belles journées ensoleillées auxquelles succèdent des nuits froides qui connaissent même des gelées. Ce phénomène provoque une forte réaction des tanins contenus dans les feuilles, qui se libèrent alors en mettant fin à la production de chlorophylle. Dans le nord, les feuilles changent de couleur vers la mi-septembre (fin octobre au sud) et laissent apparaître des pigments jusque-là cachés : carotène orangé, tanin brun, anthocyanine rouge. La plus belle période correspond généralement aux deux premières semaines d'octobre. Les six États de la Nouvelle-Angleterre disposent de bureaux d'information qui renseignent sur les feuillages.

LES ÉRABLES SUCRIERS

Présent dans le Vermont et dans le New Hampshire, l'érable sucrier, ou érable de montagne, a la faculté de s'adapter à un climat très froid et à un sol rocailleux. Au printemps, lorsque la sève commence à s'élever dans les érables, les exploitants pratiquent une entaille dans le tronc et enfoncent un petit tuyau auquel est attaché un seau. La sève recueillie est emportée dans une cabane à sucre où un évaporateur réduit le liquide pour obtenir du sirop. Il faut 30 litres de sève pour produire 1 litre de sirop. La technologie moderne a simplifié l'opération : des tuyaux en plastique raccordent directement l'arbre à la cabane à sucre.

MARAIS ET TOURBIÈRES

L'origine glaciaire du sol de la Nouvelle-Angleterre l'a bien souvent rendu marécageux. De vastes marais où poussent de hautes herbes et des roseaux longent les côtes. Ces zones humides, caractérisées par une importante acidité du sol, regorgent de plantes comme le jonc, la bruyère, l'orchidée, le théier du Labrador, la sphaigne (mousse des marais) et, dans, les zones sableuses de basse altitude, la canneberge. Cet environnement acide empêche la décomposition des déchets organiques qui s'accumulent dans les marais en se transformant peu à peu en tourbe. Progressivement, la surface du marais se couvre d'un épais matelas spongieux et humide constitué de sphaignes. Les arbustes peuvent alors s'enraciner, la végétation gagne du terrain, et les étangs finissent par disparaître au profit d'un environnement sec et boisé.

LES FLEURS SAUVAGES

Vers la fin du printemps, les fleurs éclosent dans les bois, de magnifiques bosquets de **lauriers** et massifs de **rhododendrons** mêlent leurs couleurs éclatantes au vert sombre des forêts. En été, les bords des routes voient alterner l'orange des **lys martagons**, le panache jaune des **verges d'or**, le violet d'innombrables petits **asters** et le mauve des masses ondulantes des **lupins**. Des centaines d'espèces de fleurs sauvages plus communes parsèment les champs et l'herbe des prairies : boutons-d'or, marguerites, tournesols, carottes sauvages, muguets… Dans les sous-bois humides et les marécages, on rencontre les gracieux **sabots de Vénus**, petites orchidées blanches et roses, ainsi que les **arums** au pétale recourbé appelés *Jack-in-the-Pulpit* car ils évoquent un prédicateur en chaire.

La faune

DANS LES FORÊTS

Caractérisé par sa queue blanche et touffue, le **cerf de Virginie** cohabite avec l'**ours noir** et l'**élan américain** au cœur des forêts septentrionales d'épicéas et de sapins. L'élan, que les Canadiens appellent *orignal*, est le plus grand mammifère de la région.

Autour des étangs et le long des ruisseaux s'activent des colonies de **castors**, abattant des troncs d'arbre qu'ils taillent en biseau avec leurs dents pour construire des barrages sur les cours d'eau. Ils provoquent ainsi des zones marécageuses fatales à la survie des arbres.

Parmi les autres habitants de la forêt, on compte le **raton laveur**, avec son masque noir, le **porc-épic**, dont les piquants hérissés assurent la protection, la **mouffette**, à la fourrure rayée de noir et de blanc, et l'**écureuil roux**. Le petit **tamia**,

de la famille des écureuils, apprécie autant d'habiter les bois que les lieux fréquentés par l'homme.

SUR LA CÔTE

Les **goélands** et les **sternes** y sont omniprésents, à la recherche de nourriture sur les bateaux, sur les plages, dans les lagunes ou sur les quais des ports. Le **grand cormoran** vit surtout sur les rochers du littoral qu'il partage avec différentes espèces de **phoques**.

Les lagunes côtières servent de refuge et constituent d'importantes réserves de nourriture pour des centaines d'espèces d'oiseaux. Situées le long du couloir de migration atlantique, de larges étendues de marais d'eau de mer, comme ceux situés à l'ouest de Barnstable Harbor à Cape Cod, accueillent un grand nombre d'ornithologues au printemps et en automne. Les **bernaches du Canada** aiment à se reposer sur ces étendues paisibles ; leurs gracieuses formations de vol en forme de V sont un spectacle courant en Nouvelle-Angleterre pendant la période des migrations. On peut aussi voir des **macareux**, au bec si singulier, et le long de la côte des faucons et pygargues à tête blanche.

Les eaux de la Nouvelles-Angleterre renferment plusieurs espèces de **baleines**, de **dauphins** et de **marsouins**. Pour s'alimenter, les baleines migrent vers le Stellwagen Bank, un plateau sous-marin de 19 miles sur 5 situé entre Gloucester et Provincetown. La Nouvelle-Angleterre est considérée comme l'une des régions les plus propices à l'observation des baleines. Des croisières sont organisées au départ de Boston, Gloucester, Provincetown, Plymouth, Salem et Newburyport (Massachusetts), Portsmouth (New Hampshire) ou Ogunquit (Maine).

Histoire

Les États-Unis sont nés en Nouvelle-Angleterre, et s'y sont émancipés : liée au Vieux Continent mais fière de son étendard, la plus ancienne région du pays occupe forcément une place à part dans son histoire. De l'arrivée des Pères Pèlerins à la révolte des Patriotes, elle a inventé l'Amérique. Après l'Indépendance, son destin s'est rattaché à celui de la Nation. Sans, toutefois, jamais renoncer à ses particularismes, à son identité.

Les premiers Américains

Les pèlerins, en quête de liberté religieuse, furent les premiers colons à s'installer de façon permanente en Nouvelle-Angleterre. En novembre 1620, après 65 jours de mer, ils mouillèrent au large de la pointe de Cape Cod, comprise dans une région aujourd'hui connue sous le nom de Massachusetts. Afin de légitimer leur implantation, ils élaborèrent le Mayflower Compact, créèrent leur propre gouvernement puis fondèrent, après avoir exploré la région, la colonie de Plymouth Harbor. La colonisation de la région allait pouvoir commencer.

Suivirent un village de pêcheur, fondé par deux groupes de colons anglais en 1623 près de l'embouchure de la rivière Piscataqua (New Hampshire), puis Naumkeag (futur Salem) par les puritains en 1628, Boston par John Winthrop en 1630, et Providence, ancienne terre des Indiens narragansetts rachetée en 1635 par Roger Williams après avoir été chassé

de Salem. Cette même année, le Connecticut disposait de son propre gouvernment, le New Hampshire et le Maine vivaient sous la houlette du Massachusetts et le sort du Vermont attendait d'être fixé.

Venus d'Angleterre, les colons étaient accueillis par différentes tribus amérindiennes de langue algonquine : les Abénakis, qui occupaient le New Hampshire, le Vermont, certaines régions du Québec et du Maine occidental, les Penobscots, installés le long de la rivière du même nom dans le Maine, et les Wampanoags, au sud-est du Massachusetts, dans le Rhode Island et sur les îles de Martha's Vineyard et de Nantucket. En dépit de la volonté de coopération et des intentions de paix installées entre immigrants et autochtones, des affrontements éclatèrent, mus parfois en de véritables guerres. L'une des batailles les plus sanglantes opposa, en 1637, Pequots et colons. Alors soutenus par des tribus locales, ces derniers, peu à peu, s'en démarquèrent : en 1675, la guerre fut déclarée (King Philip's War).

Patriots' Day : reconstitution historique des batailles de Lexington de 1775.
Sarah Musumeci / Massachussetts Office of Travel & Tourism

L'exploration de la Nouvelle-Angleterre

- **1497** – **John Cabot** explore la côte de l'Amérique du Nord.
- **1509** – Henry VIII accède au trône d'Angleterre.
- **1602** – L'explorateur anglais **Bartholomew Gosnold** navigue le long des côtes de la Nouvelle-Angleterre, baptise Cape Cod, Elizabeth Islands et Martha's Vineyard.
- **1604** – Les Français **Samuel de Champlain** et **Pierre de Gua, sieur de Monts**, explorent la côte du Maine.
- **1605** – Le capitaine **George Weymouth** retourne du Maine en Angleterre avec cinq Indiens à son bord.
- **1607** – La colonie de Virginie, première implantation permanente des Anglais en Amérique du Nord, est établie à Jamestown.
- **1613** – Les jésuites installent une mission sur l'île du Mont-Désert (Maine).
- **1614** – Le capitaine **John Smith** retourne en Angleterre avec une cargaison de fourrures et de poissons. Le terme « Nouvelle-Angleterre » est employé pour la première fois dans ses récits de voyage.

La colonisation

- **1620** – Arrivée des Pères Pèlerins du **Mayflower** et fondation de la colonie de Plymouth.
- **1626** – À la tête d'une petite communauté, Roger Conant fonde la colonie puritaine de Salem.
- **1630** – Fondation de **Boston** par des puritains conduits par **John Winthrop**.
- **1635** – **Thomas Hooker** s'installe dans la vallée du Connecticut et fonde la colonie de Hartford.
- **1636** – Création du **Harvard College**. **Roger Williams** fuit l'intolérance des puritains du Massachusetts et fonde Providence (Rhode Island).
- **1638** – **Anne Hutchinson** et William Coddington fondent Portsmouth (Rhode Island).
- **1638-1639** – Dans la vallée du Connecticut, Hartford, Windsor et

Wethersfield se regroupent pour former la colonie du Connecticut.

● **1639** – Le **Fundamental Orders of Connecticut**, rédigé par la Colonie d'Hartford, est considéré comme la première Constitution du Nouveau Monde.

● **1662** – Une charte royale réunit New Haven et les colonies du Connecticut.

● **1701** – Fondation de l'université de Yale.

● **1763** – Le **traité de Paris** met fin à la guerre de Sept Ans : la France cède le Canada et ses territoires à l'est du Mississippi à la Grande-Bretagne.

L'Indépendance

Durant les années 1760, les tensions s'intensifièrent entre les colons et la Couronne qui, après ses conflits avec l'Inde et la France (1754-1763), avait décidé de maintenir ses troupes dans les colonies. La décision du Parlement, en 1763, d'interdire toute implantation au-delà des Appalaches accentua la colère des immigrants (non représentés à l'Assemblée), et l'adoption de lois instituant une série de taxes sur les importations dans les colonies fut la goutte d'eau qui fit déborder le vase : à la fin de l'année 1773, un groupe de patriotes s'introduisit à bord d'embarcations ancrées dans le port de Boston et jetèrent à la mer les cargaisons de thé. Ce fut la célèbre **Boston Tea Party**. Dès lors, face à des colons determinés à faire entendre leur voix, la tâche s'annonçait rude pour la Couronne qui sentait poindre les premières tentations d'indépendance. Seize mois plus tard, en avril 1775, la bataille de Lexington déclencha la Révolution américaine.

Dès lors, des messagers répandirent la nouvelle… à leur manière : dans le Massachusetts,

de sauvages soldats britanniques attaquaient d'innocents fermiers desarmés. Sans attendre, milices et combattants volontaires partirent au combat. Durant les premiers mois, les Anglais conservèrent l'avantage, faisant le siège de Boston, mais les colons persévérèrent, jusqu'à signer, en juillet 1776 à Philadelphie, la **déclaration d'Indépendance**, romptant définitivement les liens avec Londres. En décembre 1776, le vent tourna lorsque le général George Washington repoussa son homologue et ennemi William Howe, à Trenton (New Jersey). Bien que ce-dernier reprît Philadelphie l'été suivant, la victoire de Washington galvanisa les colons, à qui les Français, rivaux historiques des Anglais, allaient apporter leur soutien, fournissant à la cause des colons une légitimité supplémentaire. En 1781 les forces unies des troupes révolutionnaires et françaises permirent de piéger le général Charles Cornwallis à Yorktown, en Virginie. Celui-ci capitula, et, en 1783, la **paix de Paris** accorda à la jeune nation son indépendance.

● **1765** – Adoption du **Stamp Act** (loi sur le droit de timbre), impôt prélevé par la Grande-Bretagne sur les colonies américaines.

● **1766** – Retrait du Stamp Act.

● **1767** – Nouvelles taxes, les **Townshend Acts**, prélevées sur les importations de thé, papier, verre dans les colonies.

● **1770** – Retrait des Townshend Acts, sauf pour le thé.

● **1773** – Les colons organisent la « Boston Tea Party » dans le port de Boston.

● **1774** – Le Parlement adopte les quatre **Coercives Acts**, appelés **Intolerable Acts** par les colons qui s'opposent à la politique britannique et tiennent le **premier Congrès continental**.

● **1775** – Début de la **guerre d'Indépendance** :

18 avril – Chevauchée de Paul Revere.

19 avril – Batailles de Lexington et de Concord commémorées depuis avec le **Patriot's Day**.

10 mai – Siège du Fort Ticonderoga par Ethan Allen et les Green Mountain Boys, et par Benedict Arnold et ses hommes.

17 juin – Bataille de Bunker Hill.

● **1776** – Les troupes britanniques évacuent Boston le 17 mars. Le 4 juillet est adoptée la **déclaration d'Indépendance**.

● **1777** – Bataille de Bennington. Le Vermont proclame son indépendance et adopte sa propre Constitution.

● **1780** – Le corps expéditionnaire français du général de Rochambeau débarque à Newport (Rhode Island) pour soutenir les révolutionnaires américains.

● **1781** – Prise de Yorktown (Virginie) : les troupes britanniques du général Cornwallis déposent les armes.

● **1783** – Fin de la guerre d'Indépendance.

● **1788** – Ratification de la Constitution des États-Unis. Connecticut, Massachusetts et New Hampshire sont intégrés dans l'Union, respectivement comme 5e, 6e et 9e État.

● **1789** – **George Washington** devient le premier président des États-Unis.

● **1790** – Le Rhode Island devient le 13e État des États-Unis.

● **1791** – Le Vermont rejoint l'Union et devient le 14e État des États-Unis.

● **1812** – La Grande-Bretagne déclare la guerre aux États-Unis.

● **1814** – Le traité de Gand met fin à la guerre de 1812.

● **1820** – Le Maine est le 23e État de l'Union.

La guerre de Sécession (1861-1865)

L'Amérique s'étendit vers l'ouest. L'essor de l'industrialisation révolutionna la technologie et les transports, et la démographie explosa. Quoique égales en population, rien, pourtant, ne rapprochait au milieu du 19e s. les sociétés du Nord et du Sud, radicalement différentes. Tandis qu'au nord dominaient industries et commerce, le Sud se tournait vers l'agriculture. Des deux régions, en 1861, naquirent deux nations, et quand le 12 avril les confédérés ouvrirent le feu sur Fort Sumter, (Charleston, Caroline du Sud), la guerre de Sécession commença. La Nouvelle-Angleterre rejoignit logiquement les rangs du Nord et envoya ses régiments de volontaires.

Parmi les auteurs et orateurs connus pour leur position contre l'esclavage, beaucoup venaient de Nouvelle-Angleterre. **Harriet Beecher Stowe**, qui vivait dans le Maine, en faisait partie. Sa *Case de l'oncle Tom (Uncle Tom's Cabin)*, est souvent associée à la guerre de Sécession. Boston devint alors un grand centre du mouvement abolititionniste : la ville abritait le plus grand ensemble de structures gérées par des Noirs aux États-Unis. Parmi les abolitionnistes, **Maria Stewart**, **Wendell Phillips** et **Frederick Douglass** multiplièrent les discours à l'African Meeting House et à la Charles St. Meeting House de Boston.

La guerre dura quatre longues années et fit plus de 600 000 morts. Jamais, depuis, les États-Unis n'ont subi de telles pertes.

Bien que la **loi d'Émancipation** de Lincoln rendit, en 1863, leur liberté aux esclaves, il fallut attendre l'application des **13ᵉ et 14ᵉ amendements** pour constater, véritablement, l'interdiction de l'esclavage (1865) et la garantie pour les Noirs de leurs droits civils (1867).

19ᵉ et 20ᵉ s.

Après la guerre de Sécession, l'industrialisation se propagea dans le pays et la production de pétrole, de charbon, de cuivre et d'acier grimpa en flèche. De l'agriculture, la Nouvelle-Angleterre se tourna vers les industries, en particulier la production textile dont elle devint une plaque tournante aux États-Unis. Première ville industrielle planifiée du pays, Lowell (Massachusetts) devint rapidement le leader mondial du textile. Après la Seconde Guerre mondiale, l'exode des usines vers le sud conduisit toutefois la région à se diversifier : se développèrent l'électronique, les équipements électriques et la fabrication de machines-outils.

Depuis toujours – et en particulier depuis le début du 20ᵉ s. –, la Nouvelle-Angleterre a été dynamique. En 1961, John F. Kennedy, originaire du Massachusetts, est devenu à 43 ans le plus jeune président de l'histoire des États-Unis. Cinq ans plus tard, c'était au tour du procureur général du Massachusetts, Edward Brook, d'honorer son État, lequel donna au Sénat son premier député afro-américain.

Quelques-unes des plus anciennes et des meilleures structures d'enseignement du pays se développèrent alors en Nouvelle-Angleterre : Harvard (Massachusetts), Yale (Connecticut), Brown University (Rhode Island), Dartmouth College (New Hampshire) mais aussi le Massachusetts Institute of Technology (MIT), à Cambridge.

● **1905** – À la Portsmouth Naval Base de Kittery (Maine), le traité de Portsmouth met fin à la guerre russo-japonaise.

● **1914-1918** – **Première Guerre mondiale**.

● **1921** – À Dedham (Massachusetts), procès pour meurtre des immigrants italiens Nicola Sacco et Bartolomeo Vanzetti.

● **1929** – Un krach boursier annonce le début de la crise économique de la Dépression.

● **1939-1945** – **Seconde Guerre mondiale**.

● **1944** – La conférence des Nations unies sur les questions monétaires se tient à **Bretton Woods** dans le New Hampshire. Elle aboutit à l'accord instituant le dollar comme monnaie de référence pour les échanges internationaux.

● **1954** – À Groton (Connecticut), lancement du 1ᵉʳ sous-marin à propulsion nucléaire.

● **1961** – Élection de John F. Kennedy, précédemment sénateur du Massachusetts.

● **1963** – Le 22 novembre, assassinat du président Kennedy à Dallas (Texas).

● **1966** – Le State Attorney General de l'État du Massachusetts, Edward W. Brooke, est le premier Noir élu au Sénat américain depuis la Reconstruction.

● **1976** – Le pétrolier libérien *Argo Merchant* s'échoue près de l'île de Nantucket. 25 000 t de pétrole brut se déversent dans l'Atlantique nord.

● **1980** – Boston célèbre son 350ᵉ anniversaire.

● **1983** – Au large de Newport (Rhode Island), *Australia II* remporte la Coupe de l'America en battant le yacht américain *Liberty*.

● **1985** – Dans le Vermont, élection de Madeleine M. Kunin, première femme née hors des États-Unis à être élue à la fonction de gouverneur.

Bretton Woods où se tint la conférence des Nations unies en 1944.
Raymond Forbes / Age Fotostock

● **1988** – Le candidat démocrate Michael Dukakis, ancien gouverneur du Massachusetts, perd l'élection présidentielle face à George Bush.

● **1990** – Au musée Isabella Stewart Gardner à Boston, vol de 12 œuvres d'art d'une valeur estimée à 100 millions de dollars.

● **1992** – Les Indiens mashantuckets pequots ouvrent Foxwoods, un complexe de casinos situé à Ledyard (Connecticut).

● **1993** – Le musée Norman Rockwell ouvre ses portes à Stockbridge, dans l'ouest du Massachusetts.

● **1994** – La **Harvard University**, l'université privée la plus largement subventionnée des États-Unis (6 milliards de dollars), lance la plus importante opération de collecte de fonds de l'histoire de l'enseignement supérieur.

● **1995** – Le **Boston Garden**, l'un des plus anciens centres sportifs de la ville, a été détruit et remplacé par un nouveau complexe de loisirs et de sports.

Le nouveau tunnel Ted Williams compte parmi les plus importants projets de construction publique des États-Unis. Passant sous le port de Boston, il relie la ville à l'aéroport Logan.

● **1997** – Depuis son poste d'amarrage de Charleston, l'**USS Constitution**, le plus ancien vaisseau de guerre américain en mer, navigue à voile pour la première fois depuis 116 ans.

● **1998** – Arbres décimés, coupures générales de courant : la pire tempête de verglas du siècle frappe le Nord-Est des États-Unis. Sont touchés en Nouvelle-Angleterre le Maine, le New Hampshire et le Vermont.

● **1999** – Le **Massachusetts Museum of Contemporary Art** (Mass MoCA) s'ouvre dans une usine rénovée de North Adams.

Le deuxième chantier du gigantesque projet Big Dig s'achève : désormais, le Leverett Circle Connector Bridge relie le centre-ville de Boston à l'I-93 à Charlestown.

Le nouveau millénaire

Avec l'arrivée d'immigrants européens (Irlandais, Italiens, Portugais), asiatiques et sud-américains, les années 2000 ont été marquées, et continuent de l'être, par une diversification ethnique croissante, en particulier dans les grands centres urbains. Le caractère régional, toutefois, reste fort et l'on continue en Nouvelle-Angleterre à montrer son attachement aux lieux emblématiques du passé.

Florissante, l'économie de la région s'appuie sur ses services, nombreux et de qualité : tourisme, éducation, finance, assurance, architecture, construction…

Le taux de chômage est l'un des plus bas du pays. À Boston où la formation scientifique a acquit une renommée mondiale, quelque 700 entreprises se consacrent à la recherche et au développement.

Économie forte, secteur éducatif envié, paysages naturels, charme des villes historiques : tout est là pour séduire les nouveaux résidents, les entreprises ou les simples visiteurs qui choisissent la Nouvelle-Angleterre.

● **2000** – Le recensement révèle la tendance générale à l'augmentation de la population des villes de Nouvelle-Angleterre, comme celle du pays.

Près de 5 000 personnes sont employées dans le Big Dig, chantier titanesque évalué à 14 milliards de dollars.

● **2001** – Le 11 septembre, deux Boeing 767 en provenance de l'aéroport Logan (Boston) sont détournés et s'écrasent sur le World Trade Center à New York.

George W. Bush a pris ses fonctions depuis 8 mois.

● **2002** – Les **New England Patriots** remportent le Super Bowl.

Le **Leonard P. Zakim Bunker Hill Bridge**, composante du projet Big Dig, est achevé.

● **2003** – **Old Man in the Mountain**, une formation rocheuse du New Hampshire, s'effondre.

Au Rhode Island, 100 personnes sont tuées dans l'incendie d'un night-club.

Dans le New Hampshire, les anglicans nomment le premier évêque a avoir ouvertement annoncé son homosexualité.

● **2004** – Les **New England Patriots** remportent le Super Bowl.

Le Massachusetts est le premier État du pays à reconnaître le mariage homosexuel.

À la Convention démocrate, le sénateur du Massachusetts John Kerry accepte sa nomination à la candidature des élections présidentielles.

Les **Boston Red Sox** finissent champions des World Series, leur premier titre depuis 86 ans.

George W. Bush remporte les élections présidentielles face à John Kerry.

● **2005** – Les **New England Patriots** remportent à nouveau le Super Bowl.

● **2006** – À Boston, un morceau du tunnel Ted Williams s'effondre : la circulation vers l'aéroport Logan est déroutée.

Le démocrate Deval L. Patrick devient le premier Afro-Américain élu gouverneur du Massachusetts.

À Boston, l'Institute of Contemporary Art (ICA) emménage sur le Waterfront.

● **2008** – Les Boston Celtics remportent le titre de champion NBA.

● **2009** – La Nouvelle-Angleterre n'échappe pas à la crise financière : des milliers de maisons sont à vendre.

La Nouvelle-Angleterre et l'Océan

Colonisée par voie maritime, la Nouvelle-Angleterre s'est immédiatement et naturellement détournée de son sol rocailleux pour chercher au large de quoi s'alimenter. Les colons commencèrent par édifier de petits barrages, semblables à ceux qu'utilisent encore aujourd'hui les Indiens du Maine pour pêcher à proximité du rivage. Il fallut toutefois attendre le milieu du 17e s. pour les voir lancer des embarcations vers les grands bancs de Terre-Neuve où pullulaient morues, églefins et lieus jaunes. La morue en bois qui orne la State House du Massachusetts symbolise le rôle capital exercé par la pêche à la morue dans l'histoire de cet État. L'industrie halieutique de la Nouvelle-Angleterre représenta rapidement la principale ressource économique de la région dans son commerce avec l'Europe. On vit donc surgir des chantiers navals tout le long de la côte, depuis le Connecticut jusqu'au Maine.

Au milieu du 19e s., chaque partie de la côte s'était spécialisée : le sud (Connecticut, Rhode Island et sud-est du Massachusetts) s'était orienté vers la pêche à la baleine ; la côte nord du Massachusetts et le New Hampshire dominaient le commerce avec l'Extrême-Orient ; la côte du Maine abritait dans chacune de ses baies un chantier naval exploitant les ressources forestières de l'arrière-pays et, de 1830 à 1860, cet État construisit près d'un tiers des bateaux mis à l'eau aux États-Unis.

Des petits villages côtiers devinrent progressivement d'élégants centres urbains où marchands. Armateurs et capitaines au long cours firent édifier de belles demeures de style fédéral et néo-classique que l'on peut encore voir aujourd'hui à Salem, Nantucket, Portsmouth, Newburyport, New Bedford ou Providence.

Quelques grands musées font revivre le passé maritime de la Nouvelle-Angleterre. La pêche à la baleine est évoquée par le Mystic Seaport et les musées de New Bedford, Nantucket et Sharon. À Salem, le Peabody Essex Museum relate l'histoire des échanges commerciaux que la Nouvelle-Angleterre entretint avec l'Orient. Le Maine Maritime Museum (Bath) et le Penobscot Marine Museum (Searsport) sont consacrés à l'histoire de la construction navale dans le Maine.

LA PÊCHE À LA BALEINE

Au cours du 19e s., l'huile de baleine était utilisée comme combustible pour éclairer les maisons et les rues des grandes villes américaines et européennes. Dans les ports de New Bedford et Nantucket, principaux centres de la pêche à la baleine, le va-et-vient des bateaux était ininterrompu. Le roman de Herman Melville, *Moby Dick* (1851), a immortalisé la vie des baleiniers de la Nouvelle-Angleterre.

Une expansion foudroyante

Les Indiens chassaient déjà la baleine bien avant l'arrivée des pionniers. Les premiers colons apprirent à chasser la baleine dans les baies du littoral en observant leurs méthodes : les Indiens édifiaient de hautes tours de guet et installaient sur les plages de grands chaudrons noirs pour faire fondre la graisse des animaux. Au 18e s., la découverte de cachalots dans les eaux du large poussa les pêcheurs à construire des bateaux plus grands et prévus pour de longues sorties en mer. Vers 1730, les

chasseurs de baleines avaient équipé le pont de leurs navires de chaudrons afin d'exploiter au mieux leurs prises précieuses. Vers la fin du 18e s., Nantucket possédait 150 baleiniers. À son heure de gloire, New Bedford en comptait près de 400.

New London, Provincetown, Fairhaven, Mystic, Stonington et Edgartown possédaient aussi des flottes impressionnantes. Dans ces ports, où régnait une activité incessante, on pouvait voir des chantiers navals construire des bateaux toujours plus résistants, des fabriques traiter la graisse et le blanc de baleine pour couler

LES BALEINES : UNE MINE DE RESSOURCES

De tout temps, l'homme a été fasciné par ce mammifère qui habite les océans de la planète. L'ordre des cétacés, auquel appartiennent toutes les baleines, se divise en deux grandes familles : les baleines à fanons (dont la baleine bleue) et les cétacés à dents (dont le cachalot).

Les **baleines à fanons** se nourrissent de plancton filtré par leurs longs fanons de matière cornée et disposés en forme de peigne à partir de leur mâchoire supérieure. Ces fanons flexibles servaient à confectionner des « baleines » de corsets et de parapluies, des manches de fouets et une multitude d'autres articles ; c'était en quelque sorte la matière plastique du 19e s. La baleine bleue est le plus grand des mammifères : adulte, elle peut mesurer plus de 30 m et peser jusqu'à 135 t. Son œil est de la taille d'une tasse, sa langue est plus lourde qu'un petit car. La baleine franche *(right whale)* était considérée comme « la bonne baleine à chasser, car elle flottait à la surface des flots une fois tuée… ».

Les **cétacés à dents** se nourrissent de poissons et peuvent atteindre un poids de quelque 63 t. Chassé à grande échelle, le cachalot était plus particulièrement recherché par les baleiniers car il possède une huile extrêmement précieuse, le spermaceti, d'où le nom anglais du cachalot *sperm whale*. Cette substance liquide ou solide selon la température, également appelée blanc de baleine, était employée pour confectionner des bougies odorantes et comme combustible des lampes à huile. Un cachalot mâle fournissait près de 7 000 litres d'huile. Par ailleurs, l'ambre gris, sorte de boule recelée par l'intestin du cachalot, était très recherché pour l'élaboration des parfums.

Le New Bedford Whaling Museum à New Bedford (Massachusetts) est le plus grand musée américain consacré à la baleine. Il expose entre autres les squelettes d'une baleine bleue et d'un cachalot.

Une scène de chasse à la baleine.
Science Museum / Science & Society Picture Library/ Age Fotostock

des chandelles, des fanons mis à sécher dans de grands champs, des milliers de barils d'huile de baleine emmagasinés le long des quais. Du Groenland au Pacifique nord, des Açores au Brésil, de la Polynésie au Japon, les océans étaient sillonnés par des baleiniers construits, armés et commandés par des habitants de la Nouvelle-Angleterre. Aussi, les rues et les ruelles des ports de la région résonnaient-elles de la multitude des langues que parlaient des marins recrutés durant les escales du monde entier.

La découverte de gisements de pétrole en Pennsylvanie en 1859 et la perte de près de la moitié de la flotte baleinière pendant la guerre de Sécession sonna le glas de cette industrie en Nouvelle-Angleterre. En 1861, la marine de l'Union acheta 39 baleiniers pour constituer la « flotte de pierres », des navires que l'on chargea de blocs de granit pour les couler dans les ports de Savannah (Géorgie) et de Charleston (Caroline du Sud) afin d'interdire l'accès de leurs chenaux aux briseurs de blocus. Le navire sudiste *Shenandoah* détruisit 21 autres baleiniers dans le Pacifique nord, en 1865. Après la guerre, la Nouvelle-Angleterre arma de moins en moins de baleiniers, jusqu'à l'interdiction définitive de la chasse par les États-Unis en 1971.

LE COMMERCE MARITIME

Au début du 18e s., le commerce avec l'Afrique, l'Europe et les Antilles enrichit de nombreux ports de la côte. Mais ce n'est qu'au lendemain de l'Indépendance, lorsque les Américains furent libres de commercer avec l'Extrême-Orient, que Boston, Providence, Portsmouth, Salem et d'autres villes prirent leur réel essor avec ce que l'on a appelé ici le « China Trade ».

Le « China Trade »

Les navires qui faisaient route vers l'Extrême-Orient suivaient un parcours tortueux : ils contournaient le cap Horn puis faisaient généralement des détours vers de nombreux ports pour trouver en chemin des marchandises à troquer contre la soie, la porcelaine et le thé proposés par les Chinois. Ils achetaient donc des fourrures de loutre de mer le long des côtes nord-ouest du Pacifique, du bois de santal aux îles Sandwich, des bêches-de-mer, coquillages qui faisaient les délices des Chinois, dans les îles polynésiennes. Plus tard, l'opium devint la monnaie d'échange la plus courante ; les navires firent alors voile vers la Turquie et l'Inde pour embarquer cette cargaison illicite avant de poursuivre vers la Chine.

Au fil des haltes, on chargeait les cales d'autres produits exotiques :

poivre de Sumatra, sucre et café de Java, coton de Bombay et Madras, ivoire de Zanzibar, épices d'Indonésie et gomme arabique d'Oman.

Jusqu'en 1842, Canton fut le seul port chinois ouvert au commerce international. Les navires jetaient l'ancre à quelque 15 km de la ville, à **Whampoa Reach**. Leurs équipages y restaient plusieurs semaines, parfois des mois, le temps nécessaire pour visiter les magasins et les entrepôts, pour négocier avec les marchands locaux, avant de reprendre la mer chargés de produits de luxe.

Les musées et les anciennes demeures de la Nouvelle-Angleterre regorgent d'arts décoratifs et de mobilier chinois apportés en Amérique à l'époque du *China Trade*.

Un commerce original : la glace

Ce commerce insolite se développa au 19e s. La glace était recueillie au nord de Boston et dans le Maine, puis elle était expédiée par bateaux dans le Sud des États-Unis, aux Antilles et jusqu'à Calcutta. On la récoltait en hiver, quand les rivières, les lacs et les étangs étaient gelés. On dégageait la neige à l'aide de chevaux ou de bœufs, puis le champ de glace était quadrillé avant d'être découpé en blocs pesant chacun jusqu'à 100 kg. Stockée dans de la sciure jusqu'au premier dégel dans des cabanes servant de chambres froides, la glace était ensuite transportée par des bateaux spécialement équipés de cales étanches à l'air. Ce commerce fut très prospère jusqu'à l'invention de la réfrigération mécanique à la fin du 19e s.

LA CONSTRUCTION NAVALE

Le voilier en bois a été à l'origine de la tradition des chantiers navals de la Nouvelle-Angleterre depuis

1607, date à laquelle le *Virginia* fut construit par la colonie de Popham qui se développa durant quelques années sur les rives de la Kennebec River (Maine).

Les débuts

Dès que les colons établirent leurs premiers villages, des chantiers navals s'ouvrirent le long de la côte. Au départ, ces chantiers construisaient des petits ketchs à un mât, et des sloops pour la pêche. Puis, au début du 18e s., ils mirent au point des goélettes à deux ou trois mâts capables de traverser l'Atlantique. Ces bâtiments légers firent rapidement l'« admiration » de tous car, les Anglais contrôlant le commerce, les colons se lancèrent dans la contrebande, et leurs goélettes échappèrent aux navires des douanes britanniques grâce à un gréement simple et un maniement aisé. Ces schooners furent armés pendant la guerre d'Indépendance. On les appelait les *privateers* car c'étaient des bateaux privés dont le Congrès avait autorisé l'armement afin de capturer des navires ennemis. Les goélettes connurent une très belle carrière : elles étaient encore utilisées pour le transport du fret à la fin de la Première Guerre mondiale.

L'ère des clippers

Avec l'ouverture des ports chinois en 1842, les Américains réclamèrent davantage de produits de cette origine. Sachant que leurs clients américains étaient disposés à payer des sommes élevées pour du thé fraîchement cueilli en Extrême-Orient, des armateurs avisés exigèrent des chantiers des navires plus rapides pour pouvoir transporter cette denrée périssable dans les meilleurs délais. Le clipper – mot désignant une personne ou un objet qui se déplaçait à vive allure – fut conçu pour répondre à leur demande. Entre 1845 et 1850, ces trois-mâts aux coques effilées, à la proue étroite et à l'immense voilure, s'imposèrent à tous en atteignant des vitesses impressionnantes. Ils parcoururent toutes les mers menant à l'Extrême-Orient et transportèrent mineurs et matériel à San Francisco lors de la ruée vers l'or. Toutes les coques de ces voiliers étaient frappées de noms évoquant leur rapidité bientôt légendaire : le *Lightning* (l'Éclair), le *Flying Cloud* (le Nuage volant) ou l'*Eagle Wing* (l'Aile d'aigle).

Les grands chantiers navals qui construisaient ces navires se situaient à New York, Boston et Bath (Maine). L'architecte le plus connu fut **Donald McKay**, de East Boston. McKay fit construire 19 des 100 vaisseaux qui faisaient le voyage du cap Horn en moins de quatre mois, dont le *Flying Cloud*. Premier navire à rejoindre San Francisco par le cap Horn en moins de 90 jours, ce clipper établit le record de 89 jours lors de son voyage inaugural, en 1851, et renouvela son exploit trois ans plus tard. À ce jour, aucun voilier n'a battu ce record.

Les derniers voiliers

Des années 1850 au début du 20e s., les ports du Maine se spécialisèrent dans la construction de navires pour le commerce du bois : le **down-easter** (bateau du Maine) et la **grande goélette**. Le down-easter, un trois-mâts à gréement carré, présentait la belle ligne allongée du clipper et pouvait atteindre des vitesses comparables. Mais, contrairement à celle du clipper, sa grande coque profonde lui permettait d'emmagasiner plus de marchandises, ce qui le rendait plus rentable pour le transport du fret.

Les down-easters et les goélettes furent utilisées jusqu'aux années 1880, lorsque les armateurs constatèrent que les quatre-mâts, bien que plus grands, ne coûtaient guère plus cher à exploiter. On construisit donc des goélettes à quatre, cinq et six-mâts. Ces navires transportaient des marchandises en grande quantité (charbon, bois, granit, céréales) depuis la côte Est jusqu'à la côte Ouest, en contournant le cap Horn. S'efforçant de concurrencer les vapeurs, les chantiers du Maine produisirent une petite flotte de quatre, cinq et six-mâts. L'âge d'or de la marine à voile avait cependant vécu et le *steamer* (bateau à vapeur), plus efficace et davantage ponctuel, ne tarda pas à s'imposer.

Art et culture

Des habitations indiennes rudimentaires aux superbes manoirs bâtis en pleine prospérité maritime, des entrepôts portuaires renovés aux impressionnantes tours post- modernistes, la Nouvelle-Angleterre, connue avant tout pour ses belles demeures coloniales, conserve un précieux patrimoine architectural. Une pléthore de musées, galeries d'art, jardins, maisons historiques et boutiques d'antiquaires témoignent du riche héritage culturel de la région, perpétué par ses communautés d'artistes à l'avant-garde de la création. De Thoreau et Robert Frost aux auteurs contemporains à succès Robert Parker et Stephen King, quelques-uns des plus grands écrivains américains y virent le jour ou en firent leur lieu de résidence. Certains reposent dans le cimetière Sleepy Hollow, à Concord, où une section, l'Authors' Ridge, leur est consacrée.

L'architecture

L'ÉPOQUE AMÉRINDIENNE

Les Algonquins ne vivaient pas dans des tipis, mais plutôt dans des **wigwams**, huttes de forme arrondie ou conique faites de jeunes arbres aux branches recourbées et recouvertes de nattes de roseaux ou d'écorce. Faciles et rapides à monter, ces abris commodes furent copiés par les premiers colons du Massachusetts en attendant de construire des maisons à charpente. On peut voir des wigwams traditionnels à Pioneer Village à Salem et à l'Institute for American Indian Studies (Litchfield Hills).

LE STYLE COLONIAL

Les premières habitations construites par les colons s'inspiraient de l'architecture médiévale : des maisons à deux étages, bâties avec des poutres, des madriers et des solives, reconnaissables à leur toit à pente raide initialement recouvert de chaume. Plusieurs exemples (1660-1720) sont encore visibles, comme la Buttolph-Williams House à Wethersfield (Connecticut), la Parson Capen House à Ipswich ou la Plimoth Plantation à Plymouth (Massachusetts). Trouvant du bois en quantité illimitée dans leur nouveau pays, les colons continuèrent logiquement à employer leur propre mode de construction. Ces maisons comportaient généralement deux grandes pièces aux poutres apparentes, disposées autour d'une imposante cheminée centrale que flanquait un escalier étroit menant aux chambres à l'étage. Recouvert de bardeaux, l'extérieur était percé de petites fenêtres à carreaux en losanges faisant songer aux vieilles maisons anglaises. La partie arrière de certaines habitations appelées « boîte à sel », ou **saltbox**, présentait une particularité : le toit recouvrait une cuisine en forme d'appentis et touchait presque le sol. Autre type de maison coloniale, le **Cape Cod cottage** était une

« The Residence of David Twining » (1846) par Edward Hicks.
D. R.

petite construction à toiture à pente raide ou arrondie, conçue pour résister aux vents du large. En Nouvelle-Angleterre, le plan de tous les villages du 17ᵉ s. avait été arrêté par un décret de justice. Pour se protéger des Indiens et assurer à tous la proximité de la maison commune, la **meeting-house** (le plus grand bâtiment du village), on avait obligation de construire autour du **green,** espace vert commun et central.

LE STYLE GEORGIEN

Ce terme recouvre généralement le style architectural développé en Angleterre sous les règnes de George II et George III par des architectes réputés comme Christopher Wren et James Gibbs. Ce style se popularisa dans les colonies américaines de 1720 à la guerre d'Indépendance, grâce à la diffusion de manuels descriptifs et à des architectes formés en Grande-Bretagne. Essentiellement fondé sur les canons de la Rome antique, il se caractérise par l'utilisation des ordres classiques : dorique, ionique et corinthien.

Sobre et d'une élégance un peu solennelle, la maison georgienne plut immédiatement à la nouvelle classe marchande. De grandes demeures en bois, pierre ou brique apparurent dans toutes les grandes villes portuaires. Couronnée d'un toit à deux ou quatre versants, ou d'un toit brisé, la maison georgienne présentait une façade dont la symétrie était soulignée par des rangées régulières de fenêtres à guillotine. Au centre, l'entrée était souvent précédée d'un porche à fronton orné d'une baie palladienne. Le chaînage des angles (en pierre ou en bois) était fortement souligné, et la porte était surmontée d'une fenêtre semi-circulaire et d'un fronton sculpté. Ces maisons ouvraient sur un vestibule central flanqué de cheminées ; plus grandes qu'auparavant, les pièces avaient une destination désormais déterminée (salon de musique ou salle à manger) et étaient décorées de boiseries fortement ouvragées, de stucs et de coloris généralement vifs. Dans les bourgs de campagne, la maison georgienne perpétuait généralement le plan traditionnel avec cheminée centrale, mais elle ne négligeait cependant pas l'ornementation extérieure, comme par exemple le fronton à rampant « en col de cygne » visible dans la vallée du Connecticut (Deerfield). Plusieurs bâtiments publics de style georgien furent conçus par **Peter Harrison** (1716-1775), sans doute l'architecte le plus important de la période coloniale. Sa Redwood Library à Newport s'inspire d'un temple romain ; sa Touro Synagogue, également à Newport, et sa King's Chapel à Boston présentent des boiseries intérieures remarquables. C'est à cette époque que de nombreuses églises de la Nouvelle-Angleterre furent dotées d'une tour de façade surmontée d'une flèche. On y remarquait l'influence de Wren, comme dans la Trinity Church de Newport, ou celle de Gibbs (First Baptist Church, Providence).

LE STYLE FÉDÉRAL

Très apprécié entre 1780 et 1820, le style néoclassique développé en Angleterre sous le nom de style Adam fut tout d'abord adopté en Amérique par la riche classe marchande, majoritairement fédéraliste, mais qui avait conservé malgré l'Indépendance des liens étroits avec la Grande-Bretagne. Le Bostonien **Charles Bulfinch** (1763-1844), le plus connu des architectes de la période fédérale, a notamment réalisé la State House du Massachusetts sur Beacon Hill. **Samuel McIntire** (1757-1811), autre émule de ce style, a conçu plusieurs édifices publics et habitations de Salem.

Faisant écho à la belle demeure georgienne, la gentilhommière fédérale, aux murs souvent animés de courbures, était conçue symétriquement et sa porte d'entrée était surmontée d'une baie palladienne (Harrison Gray Otis House à Boston). Sa silhouette était toutefois beaucoup plus légère et plus traditionnelle, au point de paraître parfois austère. Généralement, la décoration de la façade se réduisait à des porches à colonnes et des fenêtres à arc en plein cintre surbaissé.

Ce style est surtout remarquable pour le raffinement de sa décoration intérieure qu'influença grandement l'architecte britannique **Robert Adam**. L'une des grandes nouveautés consistait en des pièces ovales ou rondes, mais on découvrit également l'escalier sans mur de cage. Les manteaux et les piédroits des cheminées furent allégés de guirlandes et de gerbes ou sculptés de motifs classiques. Le style fédéral connut un grand succès, et on le retrouve jusque dans de simples maisons villageoises, de modestes églises rurales et même des fermes.

LE STYLE NÉOCLASSIQUE

Le néo- classicisme connut son apogée entre 1820 et 1845. Si les styles georgien et fédéral s'inspiraient des canons romains, le néoclassicisme se référait plus particulièrement au vocabulaire architectural de la Grèce antique, ce qui se traduisit dans le Nouveau Monde par des proportions plus carrées, une échelle davantage monumentale et une ornementation réduite en façade. Influencés par ce modèle, les bâtiments néoclassiques étaient presque toujours blancs et comportaient ce que l'on appelait ici un « fronton de temple ». Ce corps de portique à deux niveaux et à colonnes doriques, ioniques ou corinthiennes soutenait un fronton triangulaire s'étendant sur toute la largeur en toiture.

Pour l'élite cultivée, le style néoclassique symbolisait un lien unissant l'antique république

Georgian.

Early Colonial.

Greek Revival.

Federal.

Italianate.

grecque et la nouvelle nation américaine. On adopta sa monumentalité pour édifier de nombreux bâtiments publics : palais de justice en marbre ou en granit, sièges de banques, bibliothèques comme l'Athenaeum de Providence, églises (United First Parish Church) ou Bourses de commerce (Providence's Arcade). Son élégance fut appréciée, et l'on vit de belles résidences de style néoclassique faire leur apparition dans les ports et les villes prospères ; le groupe de maisons de Whale Oil Row (New London) en est un bel exemple.

Les plus grands architectes de ce style sont **Alexander Parris**, qui réalisa le Quincy Market (Boston) et **Robert Mills**, auteur de la Custom House à Newburyport. **Asher Benjamin**, qui écrivit quelques guides de construction parmi les plus diffusés aux États-Unis, dessina de nombreuses églises (dont Old West Church à Boston) et de belles demeures (nos 54 et 55 de Beacon St., Boston).

L'ARCHITECTURE VERNACULAIRE DU 19E S.

L'une des silhouettes caractéristiques de la Nouvelle-Angleterre rurale est le **pont couvert**, que l'on rencontre par exemple à West Cornwall et Windsor. En 1820, Ithiel Town, architecte réputé de New Haven, fit breveter la **ferme de charpente en treillis**, structure que l'on peut voir à l'intérieur de la Center Church et de la Trinity Church (New Haven). Formé de pièces en bois de pin ou d'épicéa, cet ouvrage portait un toit destiné à protéger d'intempéries souvent violentes. Au milieu du 19e s., la Nouvelle-Angleterre était couverte de **fermes** comprenant plusieurs corps de bâtiments constitués de logis, de granges et d'étables, et plus tard de dépendances isolées rattachées à la propriété.

Au 19e s., le long de la côte, des **phares** furent élevés pour marquer l'entrée des ports et signaler les fonds dangereux. À l'origine, ces constructions comprenaient une tour et son fanal, utilisant initialement des lampes à huile et des miroirs paraboliques, ainsi que l'habitation du gardien, qui assurait fréquemment le contrôle douanier. Un grand nombre d'entre eux est ouvert au public, notamment à Sheffield Island (Norwalk) et Owl's Head (Rockland).

La plupart des villes industrielles ont conservé leurs **manufactures textiles** du 19e s., qui étaient à l'origine alimentées par des turbines hydrauliques, la machine à vapeur ne s'étant répandue qu'à partir des années 1850. Employant principalement la main d'œuvre bon marché fournie par les vagues d'immigration, les manufactures étaient conçues comme de vastes phalanstères comprenant très souvent une ligne de chemin de fer, des parcs, des canaux, des églises et les habitations destinées aux ouvriers. Ces bâtiments de granit ou de brique, généralement hauts de cinq ou six étages, s'étiraient en de longues rangées de plusieurs kilomètres au bord d'une voie d'eau. Certains de ces ensembles ont été transformés en musée (National Historic Park à Lowell). D'autres ont été reconvertis et abritent aujourd'hui de petites et moyennes entreprises ainsi que des magasins de centres commerciaux où sont vendus des articles à prix d'usine (Lowell's Amoskeag Manufacturing Complex).

L'ÉCLECTISME VICTORIEN

À l'époque victorienne (1837-1901), les canons classiques furent abandonnés au profit d'une grande variété de styles, dont beaucoup s'inspiraient de l'architecture romantique du Moyen Âge. Le

néogothique dont témoigne Kingscote en est un exemple pittoresque : fenêtres en ogive, pignons pointus et corniches ouvragées. Ce style s'est également développé dans les demeures et les « cottages privés », qui présentent ce que l'on a appelé le « gothique du charpentier ». La période victorienne a connu d'autres styles : le style **italianisant**, aux tours carrées, aux toits plats ou à pente douce, aux grands porches spacieux, ainsi qu'on peut le voir au Victoria Mansion (Portland) ; le **Second Empire**, aux toits mansardés, aux corniches décorées et aux lucarnes rondes (Old City Hall, Boston) ; le style **Queen Anne** présentant des tourelles, des porches asymétriques, des fenêtres en saillie et des moulures fortement ouvragées, comme à Oak Bluffs (Martha's Vineyard). Au début des années 1870, l'architecte bostonien **Henry Hobson Richardson** lança aux États-Unis le **néoroman**, également connu sous le nom de *Richardsonian Romanesque* ou « roman richardsonien », style proprement américain qui s'inspirait de l'architecture médiévale française et espagnole. La Trinity Church de Boston, son chef-d'œuvre, en est la plus parfaite illustration avec ses colonnes trapues, ses arcs en plein cintre et ses lourdes pierres grossièrement taillées. Par ailleurs, les villégiatures du littoral affectionnaient le **Shingle style** constitué de bardeaux de bois sombre, de tours et de vérandas, de toits à pente raide et de façades asymétriques, comme à Hammersmith Farm et au casino de Newport ; quelques villégiatures furent réalisées en **Stick style** (toitures à pignons, façades de bois soulignées par des plates-bandes, couleurs aux tons contrastés, bardeaux décoratifs), telle la maison de Mark Twain à Hartford.

LE TOURNANT DU 20E S.

À la fin du 19e s., les architectes académiques de la prestigieuse École des beaux-arts de Paris rejetèrent les dérives de l'éclectisme victorien, au profit d'interprétations plus « correctes » des grands courants de l'architecture européenne, notamment le style des **Beaux-Arts**, hautement décoratif, qui se développa et trouva son expression dans plusieurs grandes demeures privées, dont The Breakers et Marble House (Newport), conçues par un architecte très apprécié de la haute société de l'époque, **Richard Morris Hunt** ; mais aussi dans l'architecture publique, comme à la Boston Public Library.

À la même époque apparut le style **néocolonial**, dont les fondements puisent leurs origines dans la propre architecture coloniale des États-Unis, mais interprétée dans un sens plus monumental. Ce style se reconnaît à l'utilisation d'une baie palladienne, de colonnes classiques, d'un fronton aux rampants « en col de cygne » et d'un grand portique d'entrée. Très apprécié par de nombreux cabinets d'architectes prestigieux, tel celui de **McKim, Mead et White** qui réalisa le Capitole du Rhode Island (Providence), ce style s'appliqua d'abord (entre 1900 et 1920) aux maisons urbaines (North St. et South St. à Litchfield) et aux résidences de campagne néogeorgiennes.

L'ARCHITECTURE CONTEMPORAINE

Un grand nombre d'architectes européens s'installèrent en Nouvelle-Angleterre dans les années 1930 et importèrent aux États-Unis le style **international** naissant. Parmi eux se trouvaient **Walter Gropius** (1883-1969), fondateur de l'école du **Bauhaus** en Allemagne. La Gropius House

(Concord) qu'il édifia en 1938 est un bâtiment cubique et rationaliste construit avec des matériaux nouveaux : briques de verre, plâtre à isolation phonique, métal chromé, etc. Cette maison illustre parfaitement les débuts du **modernisme**, mouvement qui, rejetant toute ornementation et toutes références historiques, se réclamait de la technologie de son époque. La MIT Chapel, construite en 1955 par **Eero Saarinen** à Cambridge, en est un autre exemple. Héritier du modernisme, le **glass box design**, qui peut se traduire comme une architecture métallique utilisant le mur-rideau et du vitrage continu, se répandit partout dans l'Amérique urbaine des années 1960, dans les immeubles d'habitation comme dans les bâtiments publics. La Beinecke Library de Yale (New Haven), bâtie en 1963 par **Gordon Bunshaft** du cabinet **Skidmore, Owings et Merrill**, en est un exemple peu ordinaire avec ses murs autoportants en marbre translucide. On vit surgir le *glass box design* à Boston, New Haven et dans toute la Nouvelle-Angleterre au cours des nombreuses campagnes de rénovation urbaine. Si depuis trois décennies, la tendance est davantage à la sauvegarde et à la restauration des bâtiments anciens, les nouveaux designs ont souvent été les supports de ces programmes de rénovation.

Depuis le début des années 1970, des architectes comme Robert Venturi, Robert Stern et **Philip Johnson** ont développé le **postmodernisme**, mouvement qui prône un retour à l'ornementation. Des éléments profondément traditionnels, par exemple le fronton classique, sont repris et souvent exagérés, non sans un certain humour, pour couronner un bâtiment. La baie palladienne est simplifiée jusqu'à la caricature, ou bien la colonne classique est réduite à un simple fût surmonté par une sphère au lieu de l'habituel chapiteau. Ce style se signale également par des combinaisons inattendues de couleurs pour dynamiser les façades. Ces dernières années, les campus universitaires et un grand nombre de gratte-ciel de la Nouvelle-Angleterre, en particulier ceux de Boston *(222 Berkeley St. et 500 Boylston St.)*, de Providence et de Hartford, sont devenus les vitrines nationales de ce style qui s'attache surtout à reconsidérer l'échelle d'une construction, la compatibilité de ses matériaux et sa relation aux bâtiments anciens qu'il doit voisiner.

Le mobilier

De l'époque coloniale à la fin du 19e s., les meubles américains ont subi l'influence des styles européens, en particulier anglais.

LE STYLE PILGRIM

Nettement influencé par les styles Tudor et jacobéen, le mobilier daté de 1620 à 1690 – coffres, tables, fauteuils et coffrets à Bible – présente donc une inspiration encore médiévale. Il est généralement réalisé en chêne. Les coffres Hadley, Guilford et Sunflower fabriqués au Connecticut et décorés de motifs floraux ou géométriques sculptés et peints, sont caractéristiques de cette époque.

WILLIAM AND MARY

Ce style fut en vogue de 1689 à 1702 sous le règne de Guillaume III (d'Orange Nassau) et de Marie II Stuart son épouse. L'influence du baroque flamand et les échanges avec l'Extrême-Orient

William and Mary.

Queen Anne.

Windsor.

Chippendale.

Hepplewhite.

introduisirent de nouvelles techniques comme le tournage (pièces de bois travaillées au tour) et le laquage (motifs floraux ou paysages sur des surfaces laquées). Les commodes laquées, les coffres de bois fortement ouvragés et les chaises cannées ou à dossier garni de cuir étaient très populaires.

QUEEN ANNE

Les années comprises entre 1720 et 1750 voient apparaître les lignes courbes, comme le gracieux pied-de-biche. Le noyer, l'érable et le merisier remplacent le chêne et la décoration a tendance à se réduire. La chaise Queen Anne se reconnaît à ses pieds galbés et à son dossier en forme de balustre plat.

La **chaise Windsor** se distingue du style Queen Anne. Elle fut importée d'Angleterre au début du 18e s. et est restée populaire jusqu'à aujourd'hui au point d'être devenue typiquement américaine.

CHIPPENDALE

L'ébéniste londonien Thomas Chippendale emprunta des éléments des styles rocaille et orientaux pour créer ses recueils de modèles de meubles. Les meubles Chippendale (de 1750 à 1785) pour la plupart en acajou, reposent sur des pieds courbes se terminant par une griffe enserrant une boule, et présentent des dossiers finement chantournés. Les familles **Goddard** et **Townsend**, à Newport, furent parmi les ébénistes les plus célèbres à diffuser ce style.

LE STYLE FÉDÉRAL

L'architecte anglais **Robert Adam** et les ébénistes anglais **George Hepplewhite** et **Thomas Sheraton** ont inspiré ce style très populaire de 1785 à 1815. Il se définit par des lignes droites et légères et une décoration délicate faite de placages et de marqueteries de bois contrastés, d'incrustations. Le pied est généralement de section carrée, effilé et cannelé. Les dossiers des chaises Hepplewhite se signalent par leur forme de boucliers ajourés, tandis que les dossiers Sheraton sont droits. John et Thomas Seymour, ainsi que John et Simeon Skillin, de Boston, font partie des ébénistes qui propagèrent le style fédéral.

LE STYLE EMPIRE

Importé d'Europe, ce style au décor chargé qui connut son heure de gloire de 1815 à 1840 est inspiré de l'Antiquité grecque et égyptienne. Dorures et bronzes, satins, cariatides et animaux ailés, pieds léonins, têtes de sphinx et aigles caractérisent ce style.

LE STYLE VICTORIEN

Le mobilier de la période qui s'étend de 1840 à la fin du 19e s. s'inspire de tous les styles : gothique, élisabéthain, Renaissance, rocaille… Le mobilier victorien est lourd et surchargé. Fauteuils et canapés sont abondamment capitonnés et garnis de velours ; la décoration comprend des tourelles, des formes de violons, des pendeloques, etc., et les tables à plateau de marbre avaient la faveur du public.

LE MOBILIER SHAKER

Fabriquées à partir de 1800 jusqu'au milieu du 19e s., les chaises, tables et commodes shakers étaient simples et fonctionnelles. Ce mobilier aux lignes pures était généralement remarquablement réalisé. La chaise shaker se caractérise par un dossier en barreaux d'échelle et un siège en vannerie.

Arts décoratifs et beaux-arts

LA PEINTURE

De l'aube de la période coloniale à la fin du 17e s., la peinture se développa sous sa forme la plus utilitaire : des enseignes et des portraits.

Développement de la peinture au 18e s.

En 1729, le peintre écossais **John Smibert** (1688-1751) ouvrit l'ère des peintres professionnels. Une toile comme celle de l'évêque Berkeley (Yale University Art Gallery, New Haven) servit de modèle à plusieurs de ses disciples américains, dont **John Singleton Copley** (1738-1815), premier grand portraitiste américain. Copley fit le portrait des célébrités de son époque (*Paul Revere*, Museum of Fine Arts à Boston) ; son souci du détail a donné une peinture extrêmement ressemblante. **Gilbert Stuart** (1755-1828) fut le peintre le plus populaire de son temps, surtout connu pour ses portraits de George Washington. À la fin du 18e s., certains peintres rejoignirent à Londres l'atelier de leur compatriote **Benjamin West** (1738-1820) natif de Springfield (Massachusetts), l'un des maîtres du néoclassicisme : **Samuel F.B. Morse** (1791-1872), portraitiste de talent, **Ralph Earl** (1751-1801), célèbre pour la fraîcheur de son style populaire, **John Trumbull** (1756-1843), peintre d'histoire.

Le 19e s.

Après l'Indépendance, les États-Unis connurent une période d'expansion commerciale et territoriale : la conscience de l'immensité et de la beauté de la nation se traduisit par l'introduction du paysage dans l'art américain. Dans les années 1820, les peintres de l'**École de l'Hudson** suivirent l'exemple de **Thomas Cole** et **Albert Bierstadt** en s'adonnant à la peinture d'extérieur. En Nouvelle-Angleterre, leurs sujets de prédilection furent les White Mountains et la vallée du Connecticut. L'Océan aussi inspira un grand nombre d'artistes. **Fitz Hugh Lane** (1804-1865), qui habitait Gloucester, devint l'illustrateur fidèle de la vie mouvementée des ports et de la belle sérénité des îles proches de la côte. Peintre de New Bedford, **William Bradford** (1823-1892) était fasciné par la mer et la lumière du septentrion ; il a réalisé de beaux tableaux crépusculaires et des toiles représentant des baleiniers (New Bedford Whaling Museum). À partir des années 1860, certains artistes américains s'installèrent à l'étranger. Parmi eux, **John Singer Sargent** (1856-1925), voyageur impénitent né à Florence, connut la célébrité comme portraitiste de la haute société. **Winslow Homer** (1836-1910), aquarelliste autodidacte et maître du mouvement naturaliste, démarra sa carrière comme illustrateur pour le *Harper's Weekly* pendant la guerre de Sécession. Ses grandes marines et ses scènes champêtres réalisées à Prout's Neck (Maine) lui assurèrent une renommée considérable.

Le 20e s.

Au cours de ce siècle, plusieurs peintres de style très différent ont incarné la peinture de la Nouvelle-Angleterre. Les tableaux naïfs de **Grandma Moses** (1860-1961), qui illustra les scènes rurales de son enfance, sont de merveilleuses évocations de la campagne locale. **Norman Rockwell** (1894-1978) fut pendant des années illustrateur au *Saturday Evening Post*, pour lequel il réalisa une chronique de la vie américaine. Il vécut à Stockbridge où un musée lui est consacré.

Andrew Wyeth, né en 1917, a passé plusieurs étés dans le Maine, où il a produit des tableaux d'un réalisme très minutieux. Le Farnsworth Art Museum de Rockland permet de se faire une excellente idée de sa production.

LA SCULPTURE

Jusqu'au 19e s., la sculpture fut un art essentiellement populaire, un artisanat produisant des enseignes de boutiques, des girouettes ou des figures de proue. Puis, les sculpteurs américains partirent étudier en Italie et à l'École des beaux-arts de Paris, où ils furent confrontés à la grandeur et la magnificence de la sculpture classique. Deux de ces artistes formés en Europe, **Daniel Chester French** (1850-1931) et **Augustus Saint-Gaudens** (1848-1907), influencèrent fortement la sculpture américaine au lendemain de la guerre de Sécession et jusqu'au début du 20e s. French connut une célébrité rapide avec sa statue *Minute Man* (Concord), mais le monumental *Lincoln* du Lincoln Memorial de Washington passe pour être son chef-d'œuvre. Saint-Gaudens réalisa d'admirables portraits en bas-relief et des sculptures monumentales comme le Shaw Memorial à Boston, son œuvre la plus connue.

La deuxième moitié du 20e s. a été marquée par l'artiste d'origine ukrainienne **Louise Nevelson**, (1899-1988), qui grandit à Rockland, dans le Maine. Au milieu des années 1950, elle conçut des assemblages de boîtes monochromes qui la rendirent célèbre. Le Farnsworth Art Museum de Rockland abrite plusieurs de ses œuvres.

Les amateurs de sculpture contemporaine trouveront leur bonheur au DeCordova Sculpture Park à Lincoln (Massachusetts) et au jardin des sculptures de

l'Aldrich Museum of Contemporary Art, à Ridgefield (Connecticut), ainsi que sur les campus de Yale et du Massachusetts Institute of Technology.

LES ARTS POPULAIRES

Isolée de sa terre d'origine, la société rurale de la Nouvelle-Angleterre a développé des formes d'artisanat répondant aux conditions et aux exigences de la vie quotidienne. Chaque paysan devait réaliser lui-même ou faire confectionner par un artisan les ustensiles domestiques. Outils, tissus, girouettes, enseignes ou pierres tombales étaient naturellement imprégnés de la naïveté et du charme du travail effectué par ces premiers colons.

Les quilts

Quilt est le nom donné à ces couvertures piquées formées de deux pièces de tissu cousues ensemble et renfermant plusieurs couches de coton ou de bourre de laine. Ces courtepointes en **patchwork** bien chaudes étaient indispensables dans ce pays aux hivers rudes. Agrémentés de motifs floraux ou géométriques, les quilts, qui servaient aussi de décoration, eurent un rôle social important dans les villages, notamment à l'occasion du *quilting bee*, réunion au cours de laquelle les femmes se groupaient pour réaliser un *wedding quilt* (**courtepointe de mariage**) pour une fiancée, ou un *freedom quilt* (**courtepointe de liberté**) pour fêter la majorité d'un jeune homme.

Les peintures au pochoir

Ce procédé de décoration appelé « stencil » s'est répandu dès l'époque coloniale. Le système du pochoir permet de reproduire un motif sur n'importe quel matériau : mobilier, tissus, planchers, murs. Au 19e s., cette technique représentait

Figures de proue à Mystic Seaport.
Photo courtesy of Mystic Seaport

une solution bon marché pour remplacer les papiers peints d'importation trop coûteux, et égayer de nombreux intérieurs.

Les girouettes

En bois ou en métal, la girouette orne la plupart des bâtiments un tant soit peu élevés. Celles qui coiffaient les flèches des églises pouvaient avoir la forme d'un coq ou d'un poisson, car ce sont des symboles chrétiens. Dans les régions rurales, elles prenaient volontiers la forme d'une vache, d'un cheval ou d'un mouton. Le long des côtes, elles représentaient des baleines, des sirènes ou des clippers. Depuis le 18e s., la fameuse girouette en forme de sauterelle perchée sur le dôme de Faneuil Hall est l'emblème du port de Boston.

Enseignes et figures de proue

À l'époque de la navigation à voile, les artisans sculptaient des figures de proue ou des plaques de poupe pour orner les nouveaux bateaux (voyez les collections des musées maritimes de Mystic, New Bedford, Nantucket, Salem et Shelburne). Ces artisans fabriquaient aussi des

enseignes pour les magasins. On peut encore en voir le long des rues de l'Old Port Exchange à Portland.

La verrerie

Jusqu'au milieu du 19e s., la verrerie façonnée à la main était un luxe. Néanmoins, Deming James et ses ouvriers à **Sandwich** réalisaient de beaux objets en verre à des prix abordables. La fabrique de Sandwich fut bientôt réputée pour son verre moulé dont les motifs évoquaient la dentelle. Malgré la production industrielle du verre moulé, l'art des souffleurs de verre continua à prospérer. La production était très diversifiée, autant utilitaire que décorative : le Glass Museum (Sandwich) et le Bennington Museum exposent des pièces de très belle qualité.

Le scrimshaw

Il s'agit d'objets en ivoire sculptés ou gravés. Perfectionné au 19e s. par les marins de la Nouvelle-Angleterre, cet art est souvent considéré comme la seule expression artistique authentiquement américaine. Les dents ou mâchoires de cachalot et les défenses de morse étaient mises à sécher, puis leur surface polie à l'aide d'une peau de requin. Ensuite, on incisait le motif dans l'ivoire à l'aide d'un couteau de poche ou d'une aiguille à toile. Pour la couleur, on employait de l'encre, de la suie ou du jus de tabac. Les musées de New Bedford, Nantucket et Sharon renferment d'exceptionnelles collections de *scrimshaws*.

Les leurres

Depuis l'époque coloniale, les chasseurs ont utilisé des leurres en bois, sculptés et peints, pour imiter les oies, les canards, les échassiers et les oiseaux des marais et attirer ce gibier à portée de fusil. Au 19e s., leur fabrication est devenue un artisanat reconnu, le réalisme devenant de plus en plus fidèle et perfectionné. Le long de la côte, de Cape Cod jusqu'au Maine, de véritables artistes sculpteurs d'oiseaux, les *birdcarvers*, se consacrent encore à la fabrication de ces leurres. Le Shelburne Museum possède une collection de plus de 1 000 pièces.

Les pierres tombales

Les puritains ont laissé des rangées de pierres tombales dans les vieux cimetières, des stèles témoignant du remarquable talent des premiers carriers. Au 17e s., les sujets sont sobres et symboliques : sabliers, soleils, faux, crânes ailés, cœurs et chérubins, symbolisant la vie, la mort et la résurrection. Au 18e s., les portraits devinrent réalistes, et l'on représentait les traits du défunt. Au 19e s., le mouvement romantique se manifesta dans la sculpture funéraire : saule pleureur et urne en sont des symboles typiques. Les anciens cimetières de Boston, Lexington, Newburyport et Salem, New London et Newport, contiennent de magnifiques pierres tombales.

La littérature et le théâtre

Les premiers écrivains des colonies (17e et 18e s.) furent principalement des puritains cultivés qui rédigeaient récits et écrits religieux, comme le fit **William Bradford**, gouverneur de Plimoth Plantation de 1621 à 1657, dont l'*History of Plimoth Plantation* reste une œuvre majeure de l'époque.

LA MATURITÉ

Le 19e s. vit l'éclosion d'une littérature authentiquement américaine, et plus particulièrement en Nouvelle-Angleterre. Le transcendantalisme réunit de jeunes écrivains sous la conduite de **Ralph Waldo Emerson** (1803-1882). L'un de ses disciples, **Henry David Thoreau** (1817-1862), qui vécut en solitaire dans les bois pendant deux années, rapporta son expérience dans *Walden* (1854). **Louisa May Alcott** (1832-1888) devint célèbre pour son roman *Les Quatre Filles du docteur March*. Se distinguèrent également **Nathaniel Hawthorne** (1806-1864), auteur de *La Lettre écarlate* (1850) et de *La Maison aux sept pignons*, et **Herman Melville** (1819-1891) qui écrivit son chef-d'œuvre *Moby Dick* alors qu'il résidait dans les Berkshires. Maître de la nouvelle littérature régionale, **Mark Twain** (1835-1910) était originaire du sud, mais vécut longtemps à Hartford où il écrivit *The Adventures of Tom Sawyer* (1876) et *The Adventures of Huckleberry Finn* (1885), récits décrivant la vie sur le Mississippi. En 1828, un natif de New Haven, **Noah Webster** (1758-1843), publia le premier *Dictionnaire américain de la langue anglaise*. Un grand nombre d'écrivains apportèrent leur soutien au mouvement abolitionniste. Pendant plus de trente ans, **William Lloyd Garrison** (1805-1879) publia le journal antiesclavagiste *The Liberator*, jusqu'à l'adoption du 13e amendement de la Constitution. **Harriet Beecher Stowe** (1811-1896) connut un succès foudroyant dès la parution de *La Case de l'oncle Tom*, qui dénonçait la cruauté de l'esclavage.

20^E S.

Le théâtre américain connut un succès international grâce aux pièces de l'auteur dramatique **Eugene O'Neill** (1888-1953). Plusieurs se déroulent en Nouvelle-Angleterre, dont *Désir sous les ormes*, *Le deuil sied à Électre* et *Derrière l'horizon*, qui fut couronné du prix Pulitzer. Parmi les auteurs nés en Nouvelle-Angleterre se trouvent notamment John P. Marquand, Kenneth Roberts, William Dean Howells et Jack Kerouac ; d'autres ont adopté la région, comme Edith Wharton, Pearl Buck, Norman Mailer et Alexandre Soljenitsyne.

Diplômé d'Harvard, **John Updike** (1932-2009), mondialement connu pour sa tétralogie *Cœur de lièvre*, *Rabbit rattrapé*, *Rabbit est riche* (1981, lauréat du prix Pulitzer) et *Rabbit en paix*, donna comme cadre à plusieurs de ses romans tardifs, dont *Les Sorcières d'Eastwick* (1984), les paysages de la Nouvelle-Angleterre. Depuis les années 1960 l'auteur était installé à Ipswich.

Maître absolu de l'horreur, **Stephen King**, dont chaque œuvre est un best-seller, est né à Portland, Maine. La Nouvelle-Angleterre, a servi d'arrière plan à plusieurs de ses nouvelles et romans, parmi lesquels *Salem*.

Avec son fameux *A Walk in the Woods* (1998), plein d'humour, **Bill Bryson**, ancien résident du New Hampshire, a popularisé l'Appalachian Trail.

LA POÉSIE

Henry Wadsworth Longfellow (1807-1882), né à Portland, était un des poètes les plus lus de son époque. **John Greenleaf Whittier** (1807-1892) écrivit des poèmes dépeignant la vie rurale de la Nouvelle-Angleterre.
Emily Dickinson (1830-1886) vécut en recluse à Amherst ; on ne découvrit ses vers empreints de lyrisme et de sensibilité qu'après sa mort. **Robert Frost** (1874-1963), poète de la nature, s'était retiré dans une petite ferme du New Hampshire de 1901 à 1909 avant de passer ses étés dans le Vermont. **E.E. Cummings** (1894-1962), né à Cambridge, fut l'auteur de poèmes qui se distinguent par l'utilisation insolite de la typographie et de la ponctuation. **Robert Lowell** (1917-1977) fut un chantre de la Nouvelle-Angleterre, dont l'influence s'est fait sentir sur la poésie moderne.

3/
DÉCOUVRIR LA NOUVELLE-ANGLETERRE

Une fenêtre de pêcheur.
B. Brillion / MICHELIN

Le Massachusetts

1

Carte Michelin New England 581

Maison sur la plage à Cape Cod.
Tim Grafft / Massachussetts Office of Travel & tourism

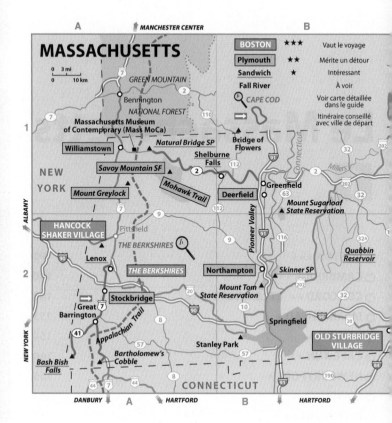

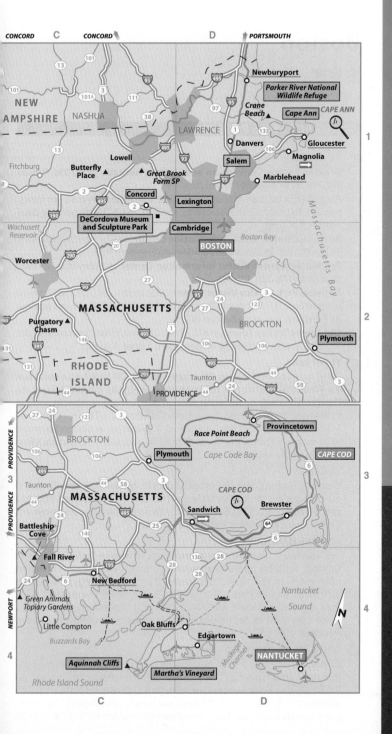

Boston

★★★

609 023 hab. (aire métropolitaine : 6 millions hab.)

 NOS ADRESSES PAGE 129

S'INFORMER

Greater Boston Convention and Visitors Bureau : *617 536 4100 ou 888 733 2678 - www.bostonusa.com.*

Pour obtenir un plan et tout savoir sur la ville et ses environs, les loisirs, musées, hébergement, restaurants, festivals, le GBCVB dispose de deux centres d'accueil :

Boston Common Visitor Information Center : *148 Tremont St. - lun.-sam. 8h30-17h, dim. 9h-17h.* Visites guidées du Freedom Trail.

Prudential Center Visitor Information Center : *800 Boylston St. - lun.-sam. 8h30-17h, dim. 10h-18h.*

National Park Service Visitor Center : *15 State St. - 617 242 5642 - www.nps.gov/bost - 9h-17h - fermé 1er janv., Thanksgiving et 25 déc.* Visites guidées du Freedom Trail et de Beacon Hill.

Old Towne Trolley Tours : *617 269 7150 - www.historictours.com - tlj dès 9h - 32 $.* Visites guidées de Boston (1h45) à bord d'un bus.

SE REPÉRER

Carte de la région CD1-2 *(p. 89)* – *carte Michelin 581 M-N 7-8.* Les bureaux du Financial District et les grandes enseignes commerciales de Downtown Crossing sont réunis dans un quartier communément nommé « Downtown » et entouré, au sud, par Chinatown, le Theater District et South Station, au nord par Faneuil Hall, à l'ouest par le Boston Common et à l'est par le Waterfront (front de mer). Au sud-ouest s'étend Back Bay, gagnée sur les eaux.

SE GARER

Essayez le Boston Common Garage *(Charles St., au cœur du Boston Common)* qui pratique des tarifs attractifs la nuit (16h-8h : 11 $) et les week-ends (du sam. 6h au lun. 8h : 22 $). Comptez 12 $/2h. Autres parkings : Government Center/Quincy Market et Post Office Square.

À NE PAS MANQUER

Les amateurs d'art ne manqueront pas le musée Isabella Stewart Gardner, véritable ravissement pour les yeux, ni l'exceptionnel Museum of Fine Arts (en particulier ses trésors d'art funéraire égyptiens). Une visite du Fenway Park, chéri par les Bostoniens, s'impose si vous êtes accro au baseball. Au Granary Burying Ground, recueillez-vous devant les tombes des héros de l'Indépendance, Paul Revere et John Hancock.

ORGANISER SON TEMPS

Boston est une ville à taille humaine : c'est à pied qu'on la découvre le mieux ! Si vous n'avez qu'une journée, commencez par une balade au Public Garden et au Boston Common, puis arpentez les trottoirs pavés de Beacon Hill, à l'ombre des majestueux *brownstone.* Depuis Charles St., parsemée de boutiques, cafés et restaurants, revenez sur Beacon St. : elle donne à gauche sur le Freedom Trail et ses sites emblématiques (Faneuil Hall, Quincy Market) ; à droite, elle voisine Newbury St., la rue commerçante la plus chic de la ville !

AVEC LES ENFANTS

Si vous voyagez à la belle saison, offrez-leur un tour de *swan boat* (bateau-cygne) au Public Garden. En toute saison, le Children's Museum – l'un des plus beaux des États-Unis – propose d'excellentes expositions ludiques et pédagogiques, tout comme le Museum of Science, qui rencontre toujours un franc succès.

Capitale historique du Massachusetts, berceau de l'Indépendance américaine, le « Hub » (le centre), comme ses habitants aiment à le surnommer, est aujourd'hui le poumon financier, administratif, universitaire et culturel de la Nouvelle-Angleterre. Au cœur d'une aire métropolitaine regroupant près de 6 millions d'habitants d'origines ethniques les plus diverses, la cité s'enorgueillit de posséder quelques-unes des universités les plus prestigieuses du monde – Harvard, MIT – et des musées qui n'ont rien à envier à ceux de sa voisine, New York. Tout en offrant les avantages d'une métropole moderne, elle a su rester agréable à vivre et conserver un envoûtant parfum d'Histoire, ancré dans ses quartiers emblématiques : Beacon Hill, Back Bay et North End.

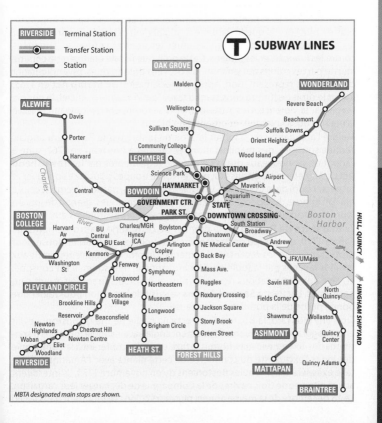

MBTA designated main stops are shown.

Boston ou les débuts de l'Indépendance

LA NAISSANCE DE BOSTON

En 1630, un millier de puritains conduits par **John Winthrop** débarquèrent sur cette côte à la recherche d'un emplacement où installer le siège de la Compagnie de la baie du Massachusetts. Déçus par les conditions de vie de Salem et de Charlestown, ils jetèrent leur dévolu sur une petite presqu'île appelée Shawmut par les Indiens, et qu'habitait alors un ermite anglican, le révérend **William Blackstone**. Celui-ci leur fit bon accueil, et ils fondèrent une colonie sur ses terres.

Après avoir été baptisée Trimountain en raison de sa topographie, la colonie adopta rapidement le nom de Boston, en souvenir de la ville du Lincolnshire (Angleterre) dont plusieurs puritains étaient originaires. Une société théocratique s'organisa sous la houlette du gouverneur John Winthrop, qui fit observer une morale extrêmement stricte, et un pilori fut érigé sur le Common : sa première victime fut son constructeur, qui en avait demandé un prix trop élevé. Grâce à son commerce maritime et à ses chantiers navals, Boston se développa rapidement et devint la ville la plus importante des colonies d'Amérique – un rang qu'elle conserva jusque dans les années 1850.

LE BERCEAU DE L'INDÉPENDANCE AMÉRICAINE

À la fin du 18e s., les colonies américaines étaient accablées par les impôts de plus en plus lourds que le Parlement anglais leur réclamait pour renflouer les caisses de la Couronne, vidées après les guerres coûteuses engagées contre les Français et les Indiens. Cette politique fiscale était perçue comme injuste par les colons qui, en tant que citoyens britanniques, revendiquaient des droits de représentation. Après la proclamation du **Stamp Act** en 1765, loi sur le droit de timbre consistant à taxer tout document officiel, le peuple réagit par la violence. Des attroupements se formèrent, la foule mit le feu à la maison du gouverneur et organisa un blocus.

Malgré l'annulation de la loi sur le droit de timbre par le Parlement anglais l'année suivante, des manifestations éclatèrent à nouveau en 1767, suite à l'adoption de nouveaux droits de douane réglementés par les **Townshend Acts**. L'Angleterre réagit aussitôt par l'envoi de troupes pour faire appliquer et respecter la loi de la Couronne. L'hostilité des colons, particulièrement ceux à qui l'on imposa de loger et nourrir les soldats britanniques, grandit de jour en jour. Des incidents finirent par éclater, opposant les Bostoniens aux Anglais.

Le **massacre de Boston** fut le premier de cette série d'affrontements. Le 5 mars 1770, un groupe de Bostoniens se réunit devant la State House pour protester contre les récents événements. Un officier anglais répondit aux insultes lancées par la foule en déchargeant son mousquet. Il fut conspué, et, face aux provocations des civils, plusieurs soldats firent feu, tuant cinq personnes. L'activiste **Samuel Adams** se saisit de l'occasion pour rallier une bonne partie de la population à sa cause.

Trois ans plus tard, la **Boston Tea Party** (la partie de thé de Boston) devait encore aggraver la situation. Le Parlement anglais avait annulé toutes les dispositions des *Townshend Acts*, hormis la taxe sur le thé conférant à la Compagnie des Indes l'exclusivité du commerce de cette plante avec l'Amérique. Cette taxe exaspéra tellement les Bostoniens qu'en novembre 1773, ils interdirent aux capitaines de trois navires de la Compagnie de décharger leur cargaison. Le 16 décembre de la même année, plusieurs colons se réunirent dans la Old

South Meeting House pour tenter de résoudre la question. Les Anglais refusant tout compromis, Samuel Adams prononça une phrase restée célèbre : « Cette réunion ne peut plus contribuer à sauver le pays. » 90 Bostoniens déguisés en Indiens gagnèrent le port, investirent les vaisseaux anglais et jetèrent leur cargaison de thé à la mer. En représailles, les Anglais fermèrent le port de Boston (1774) et prirent des mesures punitives – surnommées **« Intolerable Acts »** par les colons – renforçant le sentiment d'exaspération éprouvé envers la Couronne. Dès lors, des milices s'organisèrent et commencèrent à s'entraîner sur les greens des villages.

LA CHEVAUCHÉE DE PAUL REVERE

En avril 1775, le général anglais Thomas Gage envoya 800 soldats dans les villes isolées de Concord et de Lexington pour se saisir des armes et des munitions dissimulées par les colons, et arrêter les meneurs **John Hancock** et Samuel Adams. Mais avertis par leur réseau d'espionnage, les patriotes avaient pu s'organiser et mettre en place un fameux stratagème : la nuit de l'attaque, le sacristain de l'église de Old North *(voir p. 110)* signalerait à l'aide de lanternes accrochées au clocher la voie choisie par les Anglais. Le signal fut donné, et Paul Revere partit aussitôt au grand galop prévenir Samuel Adams et John Hancock, réfugiés à Lexington, avant de rejoindre Concord. Grâce à cette chevauchée légendaire, suivie par celles de William Dawes et Samuel Prescott, les miliciens purent se préparer à temps à l'attaque anglaise.

LE SIÈGE DE BOSTON ET LA BATAILLE DE BUNKER HILL

Après l'escarmouche de Lexington et la bataille de Concord, les Anglais se retranchèrent dans Boston tandis que les « Américains » les assiégeaient. Voulant asseoir leur position stratégique, les Britanniques décidèrent de s'emparer des hauteurs de la ville et choisirent, pour l'aménager, l'éminence de Bunker Hill (colline fortifiée), à Charlestown. Prévenus des plans de l'ennemi, les chefs rebelles se hâtèrent d'occuper les collines voisines (Breed's Hill). Le 17 juin 1775, alors qu'ils allaient prendre position sur Bunker Hill, les Anglais tombèrent sur une redoute, érigée par les Américains durant la nuit. 5 000 soldats furent envoyés pour prendre d'assaut ce retranchement. Bien que les positions des colons ne fussent défendues que par 1 500 miliciens, les deux premières tentatives anglaises échouèrent. Mais les colons manquèrent bientôt de munitions, et quand les Anglais lancèrent la troisième et dernière offensive contre Charlestown, le colonel américain Prescott prononça une phrase devenue historique : « Ne tirez que quand vous verrez l'ennemi dans le blanc des yeux ! »

Les Anglais finirent par se saisir du retranchement, mais à quel prix ! Plus de 10 % de la totalité des officiers anglais tués pendant la guerre d'Indépendance perdirent la vie au cours de cet assaut. Malgré son nom – bataille de Bunker Hill – cet affrontement eut bien lieu sur les hauteurs de Breed's Hill.

LA RETRAITE DES ANGLAIS

Durant les premiers mois de 1776, les armes et les munitions prises par les miliciens au Fort Ticonderoga *(voir p. 324)* furent convoyées à travers toute la Nouvelle-Angleterre jusqu'à Boston. Le 2 mars, l'artillerie rebelle commença à bombarder la ville ; le 5 mars, voyant l'arsenal des patriotes renforcé sur les hauteurs de Dorchester Heights, les Anglais durent accepter un compromis : s'ils abandonnaient Boston aux « Américains », le général anglais Howe et ses troupes pourraient quitter la ville librement. Washington y fit une entrée triomphale, et la cité portuaire ne fut plus jamais le théâtre d'hostilités ; elle servit de point de départ à des expéditions militaires vers New York, la Pennsylvanie et les États du Sud.

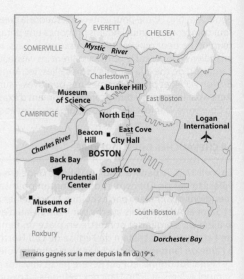

Terrains gagnés sur la mer depuis la fin du 19ᵉ s.

« METTRE LES COLLINES À BAS POUR REMBLAYER LES BAIES »

Le visage actuel de Boston est le résultat de deux siècles de travaux de remblaiement. Les noms de certains quartiers comme Back Bay (la baie arrière), South End (l'extrémité sud) et Dock Square (quartier des docks) sont les vestiges d'un passé où la superficie de la ville ne dépassait pas 317 ha. Depuis le 19ᵉ s., les transformations et les projets successifs ont presque quadruplé cette surface.

La presqu'île de Shawmut, où s'étaient installés les puritains, avait la forme d'une poire reliée à la terre par un mince cordon parallèle à l'actuelle Washington St. À l'ouest se dressaient les trois sommets de Trimountain dominés par Beacon Hill. Au sud de cette colline, achetée au révérend Blackstone, se trouve encore aujourd'hui le Boston Common. La rive orientale située face au port présentait une anfractuosité appelée Town ou East Cove, qui séparait le quartier résidentiel de North End des quartiers commerciaux et populaires florissant aux abords du port, baptisés South End à l'origine.

Au cours du 19ᵉ s., Boston connut une véritable explosion démographique, passant de 18 000 habitants en 1790 à 54 000 en 1825. Au début du 20ᵉ s., la ville dénombrait plus de 500 000 âmes. Un urgent besoin d'espace fit naître toute une série de projets de remblaiement qui transformèrent à jamais sa topographie.

La grande transformation de Boston fut entamée au début du 19ᵉ s. avec le développement de Beacon Hill *(voir p. 100)*. Les décennies suivantes virent le remblaiement des rives est et sud de la presqu'île, et la création du quartier résidentiel de South End. Le projet le plus spectaculaire du siècle fut réalisé dans la zone insalubre de Back Bay, au nord du goulet. Après 40 années de travaux *(voir p. 116)*, la ville s'était agrandie de quelque 182 ha et se targuait de posséder un des plus beaux quartiers résidentiels planifiés de tous les États-Unis. Après le Grand Incendie de 1872, qui ravagea 776 bâtiments du centre-ville, de nombreuses résidences et églises furent reconstruites dans Back Bay, accélérant la transformation du noyau historique en un quartier commerçant. Des programmes de remblaiement n'ont cessé d'étendre la superficie de Boston tout au long des 19ᵉ et 20ᵉ s., notamment autour de Charlestown et d'East Boston, où se trouve désormais le Logan International Airport.

Le premier architecte-paysagiste américain, **Frederick Law Olmsted**, aménagea un ensemble de parcs publics, d'allées et de places ombragées qui, autour de la ville, dessine encore aujourd'hui une ceinture verte pratiquement ininterrompue : l'**Emerald Necklace**. Partant du Common, cette ceinture s'étend en direction du sud-ouest et relie le Public Garden, Commonwealth Avenue, le Fenway, le Jamaica Park, l'Arborway, l'Arnold Arboretum et le Franklin Park.

LE NOUVEAU BOSTON

Vers le milieu du 20ᵉ s., Boston connut une régression démographique et une récession urbaine et économique. Face à cette situation, les autorités de la ville décidèrent de prendre le problème en main, et établirent, en 1957, le **Boston Redevelopment Authority** (BRA.). Dirigé par **Edward Logue**, cet organisme prit en charge le réaménagement d'un quart du territoire de Boston mais demeura très controversé, son programme prévoyant de raser plusieurs secteurs tels que Scollay Square et les quartiers juifs et italiens du West End.

Dans les années 1960, on fit appel à l'architecte **I.M. Pei**, ancien étudiant de l'école d'architecture du Massachusetts Institute of Technology (MIT), pour élaborer les plans du nouveau **Government Center**, et ce fut le site de Scollay Square, un ancien quartier chaud de Boston, qui fut pressenti pour accueillir le complexe. Ce projet de 260 millions de dollars donna naissance au City Hall – l'hôtel de ville *(voir p. 109)* –, édifié sur un énorme socle de brique, ainsi qu'à plusieurs bâtiments de qualité architecturale inégale, et permit de rénover un grand magasin du 19ᵉ s., le Sears Crescent. Au cours des décennies suivantes, I.M. Pei contribua à remodeler le visage de la ville en réalisant plusieurs commandes importantes : la John Hancock Tower *(voir p. 117)*, la Kennedy Library *(voir p. 125)* et l'aile ouest du Museum of Fine Arts *(voir p. 120)*.

Autre grand chantier des années 1960, le Prudential Center *(voir p. 118)* souleva une vive controverse, son gigantisme brisant l'unité architecturale des quartiers voisins de Back Bay. Plus heureuse, la rénovation du Faneuil Hall Marketplace *(voir p. 109)* dans les années 1970 a redonné vie au centre-ville.

Dans les années 1980, le **Financial District**, depuis longtemps établi aux abords de Federal St. et Congress St., commença à s'étendre en direction du quartier du port, nouvellement réaménagé. La réhabilitation du Waterfront – le front de mer *(voir p. 111)* –, accélérée par le développement du Faneuil Hall Marketplace, a ainsi permis au centre historique de la ville de retrouver son lien privilégié, originel, avec la mer.

De nouveaux embellissements ont, depuis, été apportés à ce secteur. Artère urbaine, l'inélégante Central Artery (portion de l'Interstate 93), qui séparait le front de mer et le North End du centre-ville, a été remplacée par une voie express souterraine. Lancé au début des années 1990, ce vaste chantier baptisé **Central Artery/Tunnel Project** (ou « Big Dig »), inachevé en raison de multiples retards et incidents dont l'effondrement, en 2006, d'une voûte du tunnel Ted Williams ralliant l'aéroport, aura finalement coûté bien plus que les 7,7 milliards de dollars initialement débloqués. Néanmoins, l'autoroute souterraine, tout comme le tunnel désormais rouvert, ont largement soulagé Boston de ses problèmes chroniques de circulation, et devraient permettre à terme de gagner plus de 100 ha supplémentaires de verdure.

Boston aujourd'hui

LES BOSTONIENS

Le « proper Bostonian » ou **Brahmin**, descendant des anciennes familles anglo-saxonnes de colons puritains, forme une caste assez repliée sur elle-même, comme l'illustre une maxime locale : « Boston est la ville où les Lowell ne s'adressent qu'aux Cabot et les Cabot à Dieu. » Conservateur, cultivé, il a étudié à Harvard, mais ne représente aujourd'hui qu'une minorité.

Arrivés par milliers après la famine des années 1840, les **Irlandais**, désargentés mais travailleurs, se sont très vite intégrés au mode de vie américain et nombre d'entre eux ont, par la suite, accédé à de hautes fonctions locales et fédérales. Leur représentant le plus célèbre fut John F. Kennedy.

Vers la fin du 19e s., les **Italiens**, originaires essentiellement du sud de leur pays, remplacent peu à peu les Irlandais et les juifs dans les vieilles maisons de North End et dans le quartier de West End, aujourd'hui détruit.

Les **Afro-Américains**, autrefois concentrés à Beacon Hill *(voir p. 100)*, habitent désormais en grande partie à Roxbury et dans les banlieues proches de Dorchester et Mattapan. Cette communauté noire, l'une des plus anciennes des États-Unis, fut formée à l'origine par des esclaves antillais arrivés à Boston en 1638, huit ans après la création de la première colonie. Un nombre croissant d'esclaves libres s'installèrent dans le North End où ils devinrent coiffeurs, marins, ouvriers ou chauffeurs, luttant pour l'Indépendance, à l'instar de **Crispus Attucks**, célèbre victime du **massacre de Boston**. En 1780, l'esclavage fut officiellement aboli dans le Massachusetts, consacrant logiquement la politique abolitionniste menée par cet État. Après l'inauguration de leur église, l'African Meeting House (1806), les Noirs vinrent s'installer à Beacon Hill. Plus tard, ce sont les quartiers de Cambridge, Back Bay et South End qui eurent leur préférence, en raison de meilleurs logements, des écoles, et des emplois qu'ils proposaient.

La population **latino-américaine**, qui augmente d'année en année, s'est installée dans des îlots de South End, Jamaica Plain et East Boston. Avec d'autres minorités comme les **Asiatiques**, ces groupes constituent aujourd'hui près d'un tiers de la population de la ville.

Chaque année, les collèges et universités de la région attirent une nouvelle vague d'étudiants et de professeurs venus de toute l'Amérique, et même de l'étranger. Les **étudiants**, dont le nombre a été récemment estimé à 200 000, ajoutent à la diversité sociale et culturelle de Boston. Ils résident autour des nombreux campus disséminés dans la ville et ses banlieues. Leur présence est particulièrement manifeste à Cambridge, Brookline et Allston-Brighton.

ÉCONOMIE

Le commerce maritime fut à l'origine de la fortune de Boston. Après une période de marasme économique au début du 20e s., la modernisation dans les années 1950 et 1960 des services portuaires et des quelque 40 km de quais a augmenté la capacité du fret. Néanmoins, Boston ne figure pas aujourd'hui parmi les 20 premiers ports américains.

Le secteur tertiaire a suivi la même évolution. Deux grandes compagnies d'assurances, Prudential et John Hancock, ont fait construire les deux plus hauts gratte-ciel de la ville dans le quartier de Back Bay. Les financiers qui contrôlent les fortunes générées par le commerce maritime et l'industrie sont établis dans Financial District. Ils exercent plus que jamais un rôle clé dans l'économie de la Nouvelle-Angleterre.

L'industrie a connu une ère nouvelle avec l'ouverture de la route 128, dans les années 1950, et l'installation le long de ce périphérique de quelque 700 firmes spécialisées dans la recherche et le développement électronique et informatique. Boston est considérée comme la capitale mondiale dans ces domaines, et ses universités sont des pépinières de chercheurs et de savants. La santé représente aussi un secteur de pointe pour la ville : ses hôpitaux sont de grands centres de recherche et de traitement, surtout le **Massachusetts General Hospital**, l'un des plus importants du monde. La récession dont a été frappée toute l'Amérique dans les années 1980 n'a pas épargné Boston. Après quelques signes de relance au début des années 1990, la finance et la haute technologie, en pleine expansion, redonnent un second souffle à la cité : en 2004, l'inauguration du Boston Convention and Exhibition Center (BCEC) concrétise ce renouveau économique ; avec 160 000 m² (16 ha), la ville s'enorgueillit de posséder l'un des plus prestigieux palais des congrès du pays. C'est désormais le secteur hôtelier qui tient la tête d'affiche : après le Westin Waterfront (2006), l'InterContinental (2006) et le Liberty Hotel (2007), Boston s'est enrichi en 2008 de deux établissements de renommée mondiale : le Marriott Renaissance et le Mandarin Oriental.

UN CENTRE CULTUREL

Au 19ᵉ s., Boston fut surnommée « l'Athènes de l'Amérique », car de nombreux intellectuels et écrivains y vivaient et s'y réunissaient. Cultivés et férus d'art, ses habitants voyageaient avec curiosité et rapportaient de leurs pérégrinations d'innombrables merveilles qui constituèrent le fonds des magnifiques collections du Museum of Fine Arts *(voir p. 120)*, de l'Isabella Stewart Gardner Museum *(voir p. 124)* et des musées de Harvard *(voir p. 141)*. Un mécène, Henry Lee Higginson, créa en 1881 le **Boston Symphony Orchestra**, qui se produit toujours dans le Symphony Hall en alternance avec le répertoire plus populaire des **Boston Pops**. En été, ce dernier orchestre donne des concerts de plein air gratuits sur la Charles River Esplanade *(voir p. 120)*. Les salles du **Theater District** se concentrent autour de Tremont St. et Stuart St. Les productions de Broadway y sont fréquemment présentées en avant-première. Le Colonial Theater, le Shubert Theater et le Willbur Theater affichent surtout des comédies musicales et des pièces de boulevard. Les amateurs de pièces dramatiques se rendent à la Charles Playhouse et dans les nombreux théâtres rattachés aux universités, tels que le Huntington Theater (Université de Boston) et l'American Repertory Theater, à Harvard. La **Boston Ballet Company** se produit pendant la saison musicale au Wang Center.

ÉDUCATION

Boston fut créée par des puritains cultivés, soucieux d'établir un système d'éducation solide. C'est ainsi que furent fondés la Boston Public Latin School (vers 1630) puis **Harvard** (1636), respectivement première école publique et premier collège des colonies d'Amérique. Depuis, Boston a gardé sa suprématie dans ce domaine, et l'on compte dans la ville et ses environs 68 établissements réputés dont Harvard, Massachusetts Institute of Technology (MIT), Radcliffe, Boston University, New England Conservatory of Music, Boston College, Bradeis University, Tufts University et Wellesley College.

DÉCOUVRIR LE MASSACHUSETTS

"Voir aussi les plans détaillés de Beacon Hill, Back Bay, Freedom Trail, Waterfront pour les hôtels et restaurants situés dans ces quartiers".

SE LOGER

463 Beacon Street	(15)
Bertram Inn	(1)
Eliot Hotel	(3)
Fenway Summer Hostel	(5)
Gryphon House	(7)
Hostelling International	(9)
Hotel Commonwealth	(11)
Samuel Sewall Inn	(13)

SE RESTAURER

Myers+Chang	(3)
O Ya	(5)
Pho Republique	(7)
Radius	(9)
Warren Tavern	(11)

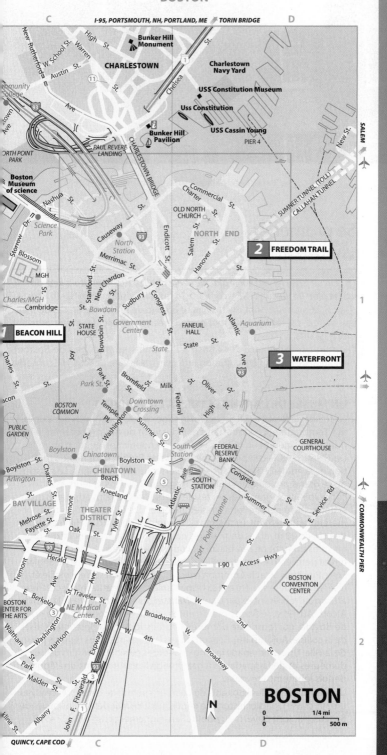

I-95, PORTSMOUTH, NH, PORTLAND, ME / TORIN BRIDGE

C   D

CHARLESTOWN

Bunker Hill Monument

Charlestown Navy Yard

USS Constitution Museum

Uss Constitution

USS Cassin Young

PIER 4

Bunker Hill Pavilion

PAUL REVERE LANDING

CHARLESTOWN BRIDGE

SALEM

SUMNER TUNNEL (TOLL)
CALLAHAN TUNNEL

Boston Museum of science

Science Park

NORTH POINT PARK

Nashua St.

Storrow Dr.

Blossom St.

MGH

Charles/MGH Cambridge

Causeway St.

North Station

Merrimac St.

Commercial St.

Charter St.

OLD NORTH CHURCH

Endicott St.

NORTH END

Salem St.

Hanover St.

Staniford St.

New Chardon St.

Sudbury St.

Congress St.

2 FREEDOM TRAIL

Bowdoin

1 BEACON HILL

STATE HOUSE

Bowdoin St.

Government Center

Joy St.

FANEUIL HALL

State St.

Atlantic

Aquarium

3 WATERFRONT

Ave 93

Charles St.

Park St.

Bromfield St.

Temple Pl.

Milk St.

Oliver St.

High St.

BOSTON COMMON

Downtown Crossing

Federal St.

Washington St.

Summer St.

9

PUBLIC GARDEN

Boylston

Chinatown

South Station

FEDERAL RESERVE BANK

GENERAL COURTHOUSE

Boylston St.

Boylston St.

CHINATOWN

Beach St.

Atlantic Ave

Congress St.

E. Service Rd

COMMONWEALTH PIER

Arlington St.

Kneeland St.

5

SOUTH STATION

Summer St.

BAY VILLAGE

Melrose St.

Fayette St.

Tremont St.

THEATER DISTRICT

Tyler St.

Oak St.

Fort Point Channel

90

Herald St.

BOSTON CENTER FOR THE ARTS

E. Berkeley St.

Tremont Ave

St. Traveler St.

3

NE Medical Center

I-90 Access Hwy.

Waltham St.

Washington St.

Harrison St.

Broadway

W. 2nd St.

BOSTON CONVENTION CENTER

Park St.

Malden St.

93

Expway.

W. 4th St.

W. Broadway

St.

John F. Fitzgerald

1

N

BOSTON

| 0 | 1/4 mi |
| 0 | 500 m |

Albany St.

QUINCY, CAPE COD

C   D

Se promener

★★ BEACON HILL Plan p. 102

▷ *Circuit tracé en vert sur le plan de Beacon Hill p. 102. Pour situer Beacon Hill, voir le plan de Boston p. 98 – comptez 2h (sans les visites guidées) -* Ⓣ *Park St.*

🚶 Les promeneurs sont invités à faire preuve de prudence en cas de mauvais temps, car les trottoirs sont parfois très en pente et les pavés peuvent être glissants.

Quartier par excellence des « Boston Brahmins » (brahmanes de Boston), mais aussi de la première communauté noire de la ville, Beacon Hill conserve

---

UN MUSÉE DE L'ARCHITECTURE À CIEL OUVERT

La colline de Beacon Hill est le seul vestige des trois sommets que comptait Trimountain à l'origine. Son nom lui vient du fanal *(beacon)* que les puritains édifièrent en 1634 pour alerter la population en cas d'attaques. De 1795 à 1798, le célèbre architecte **Charles Bulfinch** surveilla la réalisation de la nouvelle State House sur le versant sud de la colline. La réussite de ce grand projet incita Bulfinch, Harrison Gray Otis et leurs associés à concevoir un élégant quartier résidentiel sur les terrains adjacents qu'ils achetèrent au peintre John Singleton Copley. De 1799 à 1850, ils transformèrent radicalement Trimountain : le sommet de Beacon Hill fut raboté de près de 20 m, et les deux autres hauteurs furent nivelées, ce qui fournit suffisamment de remblai pour combler les marais alentour. Des rues furent percées, bientôt embellies de demeures en brique de style anglais. Entre Pinckney St. et le Common *(voir p. 106)*, le versant sud ensoleillé était réservé à la haute société et à sa respectable communauté intellectuelle et artistique, représentée par Daniel Webster, Julia Ward Howe et la famille Alcott. Au 19e s., le flanc nord devint le centre de la communauté noire de Boston, qui fournit de nombreux domestiques aux Bostoniens aisés de la colline. Aujourd'hui, Beacon Hill est l'un des quartiers les plus prisés de la ville. Une promenade le long de ses rues paisibles bordées de belles demeures et de lampadaires à gaz plonge le visiteur dans une époque depuis longtemps révolue.

La détermination des habitants du quartier a permis de conserver ce joyau urbain, classé Quartier historique depuis 1955. En mai, des jardins privés de Beacon Hill sont ouverts au public. Renseignements : 📞 *617 227 4392*.

Louisburg Square dans Beacon Hill.
Robert Lamacq / USPhotoGroup

une atmosphère toute provinciale contrastant avec l'agitation des quartiers limitrophes.

Park Street

Cette rue en pente douce conduit agréablement à la State House, dont elle offre de belles vues.
Tournez à droite dans Beacon St.

★ Boston Athenaeum

10 ¹/² Beacon St. - ☎ 617 227 0270 - www.bostonathenaeum.org - ♿ - lun. 8h30-20h, mar.-vend. 8h30-17h30, sam. 9h-16h - fermé sam. fin mai.

Lors de sa fondation en 1807, cette vénérable institution bostonienne était une des premières bibliothèques de prêt des États-Unis. Au cours du 19ᵉ s., un grand nombre de chefs-d'œuvre appartenant aux réserves de l'Athenaeum constituèrent le fonds de l'éminente collection du Museum of Fine Arts *(voir p. 120)*. Le bâtiment actuel fut construit dans les années 1840 pour abriter le patrimoine sans cesse plus volumineux de la bibliothèque qui regroupe aujourd'hui 600 000 ouvrages et œuvres d'art. En parcourant les augustes salles de lecture regorgeant de livres aux reliures de cuir et ornées de magnifiques statues, tableaux et gravures, les visiteurs sont plongés dans une atmosphère unique alliant tradition à érudition. Les pièces majeures de la collection sont signées Gilbert Stuart, Thomas Sully et Jean-Antoine Houdon. La galerie d'art *(1ᵉʳ étage)* expose des œuvres du fonds présentées par roulement. Plusieurs salles et terrasses offrent de belles **vues** sur l'ancien cimetière, Old Granary Burying Ground.

★★ State House

24 Beacon St. - ☎ 617 727 3676 - www.sec.state.ma.us/trs/ - ♿ ✗ - lun.-vend. 10h-16h - fermé j. fériés.

Le dôme doré du siège du gouvernement du Massachusetts est chéri par les Bostoniens depuis près de deux siècles. Construit en 1798 par Charles Bulfinch, le bâtiment d'origine au portique très saillant fut agrandi de plusieurs ailes en 1895 et 1916. La plupart des ornements et décors intérieurs voulus par Bulfinch ont été préservés.

Les statues placées devant la State House représentent Anne Hutchinson *(aile ouest)*, bannie de la colonie au 17ᵉ s. pour ses conceptions théologiques, Mary Dyer *(aile est)*, pendue pour son appartenance aux quakers, l'orateur Daniel Webster *(à gauche)* et Horace Mann *(à droite)*, pionnier de l'éducation américaine.

L'entrée principale ouvre sur le **hall dorique**, qui doit son nom à ses colonnes. Tout en marbre, l'**escalier du Sénat** a été ajouté au 19ᵉ s. Il est orné d'œuvres représentant la chevauchée de Paul Revere, le discours de James Otis et la

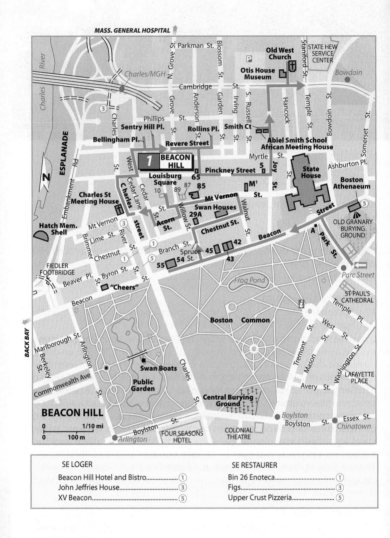

SE LOGER		SE RESTAURER	
Beacon Hill Hotel and Bistro	①	Bin 26 Enoteca	①
John Jeffries House	③	Figs	③
XV Beacon	⑤	Upper Crust Pizzeria	⑤

Boston Tea Party. Dans le **hall des Drapeaux**, construit pour abriter les drapeaux de la guerre de Sécession, on reconnaît le *Mayflower*, John Eliot évangélisant les Indiens et la bataille de Concord, le 19 avril 1775.

L'escalier principal mène au **hall du 2ᵉ étage** que domine la statue de Roger Wolcott, gouverneur du Massachusetts durant la guerre hispano-américaine (25 avril-10 décembre 1898), signée Daniel Chester French. À ce niveau se trouvent également la chambre du Sénat, la salle de réception du Sénat, le bureau du gouverneur et la Chambre des représentants. Avant de quitter cette dernière salle, il faut remarquer la « **Sacred Cod** », une morue en bois sculpté, symbole de l'État : la pêche à la morue fut l'une des principales sources de revenus du Massachusetts.

En face de la State House, le **Shaw Civil War Monument★ (A)** est un bas-relief en bronze sculpté par Augustus Saint-Gaudens et dédié à la gloire

du colonel Robert Gould Shaw et de son régiment, le 54ᵉ d'infanterie, qui fut le premier a être composé de volontaires noirs engagés dans la guerre de Sécession. Shaw fut tué en 1863 pendant l'attaque de Fort Wagner en Caroline du Sud.
Descendez Beacon St.

★ Beacon Street

L'écrivain Oliver Wendell Holmes la décrivait comme « une rue ensoleillée où réside la crème de la crème ». Avec son alignement de somptueux édifices sur le versant sud de la colline, elle offre des vues très convoitées sur le Common. À l'ouest, elle se prolonge dans le quartier de Back Bay *(voir p. 115)*, et au-delà.

Remarquez le **n° 42-43**, bâtiment de granit abritant le très sélect Somerset Club, dont la section droite est attribuée à Alexander Parris (1819), et le **n° 45**, la dernière des trois maisons que Bulfinch conçut pour Harrison Gray Otis sur Beacon Hill (1806).
Dépasser Spruce St.

Aux **nᵒˢ 54** et **55**, ces élégantes demeures néoclassiques seraient dues à Asher Benjamin, architecte de la Charles Street Meeting House et de l'Old West Church *(voir p. 105)*. Le n° 55 accueille la National Society of Colonial Dames, dont les membres, en vrais « proper Bostonian » *(voir p. 96)*, attestent d'une ascendance remontant parfois au *Mayflower*.
Revenez à l'angle de Beacon St. et de Spruce St., engagez-vous dans Spruce St. et tournez à droite dans Chestnut St.

À hauteur de l'étroite Branch St. se dressent, sur la gauche, les modestes bâtiments où habitaient autrefois les domestiques.

★ Chestnut Street

Cette rue présente un intéressant ensemble architectural illustrant plusieurs styles en vogue entre 1800 et 1830. Au **n° 29A** (1800, Charles Bulfinch), remarquez les vitres mauves de la façade. On peut voir d'autres exemples de cette coloration due à l'utilisation de dioxyde de manganèse dans la composition du verre aux nᵒˢ 63 et 64 de Beacon St. Du n° 13 au n° 17 se trouvent trois gracieuses maisons, appelées **Swan Houses** (maisons du cygne, vers 1805), bel exemple du style fédéral développé par Bulfinch.
Tournez à gauche dans Walnut St. pour gagner Mount Vernon St.

★★ Mount Vernon Street

Qualifiée par Henry James de « seule rue respectable dans toute l'Amérique », Mount Vernon St. se targue de posséder les plus élégantes résidences de Beacon Hill. Au n° 55, le **Nichols House Museum (M1)** est la seule maison du quartier accessible au public *(📞 617 227 6993 - www.nicholshousemuseum. org - visite guidée (30mn) avr.-oct. : mar.- sam. 11h -16h ; reste de l'année : jeu.-sam. 11h-16h - fermé j. fériés - 7 \$)*. Conçue en 1804 par Bulfinch, elle appartenait à une Bostonienne haute en couleur, Miss Rose Standish Nichols, dont les œuvres (mobilier) et les collections (tapisseries flamandes, broderies, peintures, sculptures…) ont été conservés.

En descendant Mount Vernon St., arrêtez-vous à hauteur du **n° 85** (1802), l'une des seules maisons à être isolée dans un jardin ; elle se situe 10 m en retrait de l'alignement de la rue. Avec sa façade rythmée de pilastres légers et couronnée d'une balustrade de bois et d'une tour octogonale, cette belle résidence fut la deuxième d'une série de trois que construisit Bulfinch pour Harrison Gray Otis. Les nᵒˢ 87 et 89 sont également signées Bulfinch.

★★ Louisburg Square

À l'angle de Mount Vernon St. et Willow St.

Baptisée en l'honneur de la victoire des miliciens du Massachusetts sur les Français à Louisbourg (Nouvelle-Écosse, Canada) en 1745, cette place est l'un des endroits les plus huppés de Boston. Ses façades néoclassiques et son parc privatif ont très peu changé depuis leur création dans les années 1830 et 1840. Au n° 10 vécut l'écrivain Louisa May Alcott, de 1880 jusqu'à sa mort en 1888. Chaque année, à la veille de Noël, les Bostoniens perpétuent une tradition ancestrale en s'y réunissant pour chanter des chansons populaires.

Quittez Louisburg Square par Willow St. et tournez à droite dans Acorn St.

★ Acorn Street

Cette ruelle romantique, grossièrement pavée de gros galets, est la rue la plus photographiée de Beacon Hill.

Au bout d'Acorn St., tournez à droite dans West Cedar St., puis à gauche dans Mount Vernon St., et continuez jusqu'à Charles St.

★ Charles Street

C'est la rue commerçante et animée de Beacon Hill, où voisinent antiquaires, galeries d'art et cafés. À l'angle formé avec Mount Vernon St. se trouve la **Charles Street Meeting House**, due à Asher Benjamin (1807). Cette église servit de cadre aux réunions des célèbres abolitionnistes William Lloyd Garrison, Frederick Douglass et Sojourner Truth ; elle a été convertie en bureaux au cours des années 1980.

Continuez sur Charles St., et tournez à droite dans Pinckney St.

Pinckney Street

Cette jolie rue délimitait le quartier élégant (versant sud) et le quartier populaire des domestiques (versant nord). Il est intéressant d'observer le contraste architectural des deux versants.

Tournez à gauche dans West Cedar St., puis à droite dans Revere St.

Revere Street

Sur la gauche se succèdent de pittoresques impasses où travaillaient autrefois les artisans : **Bellingham Place**, **Sentry Hill Place** et **Rollins Place**. Au bout de cette dernière se dresse une façade blanche qui n'est qu'un décor.

Revenez vers Anderson St. et tournez à gauche.

Au n° 65, l'imposant édifice de brique (1824) qui surplombe l'intersection de Pinckney St. et Anderson St. abrita de 1844 à 1861 la Phillips Grammar School, première école de Boston à accueillir des élèves noirs.

Remontez Pinckney St.

Au n° 5, la petite maison en bardeaux construite pour deux Bostoniens de couleur dans les années 1790 est l'une des plus anciennes de Beacon Hill.

Tournez à gauche dans Joy St.

Joy Street

Cette longue rue qui descend le long du versant nord fut le centre historique de la communauté noire de Boston de la fin du 18e au 19e s. *(voir l'encadré sur le Black Heritage Trail).*

Smith Court

Après l'Indépendance, ce cul-de-sac devint le cœur de la communauté noire bostonienne. Nombre de ses habitants travaillaient pour les familles

---

BLACK HERITAGE TRAIL

Le Black Heritage Trail est un itinéraire de 2,6 km révélant 14 sites majeurs de l'histoire afro-américaine, dont l'African Meeting House, la plus ancienne église bâtie pour des Noirs aux États-Unis.

Pour plus de détails, contactez le Boston African-American National Historic Site *(14 Beacon St., Suite 401 - ℘ 617 742 5415 - www.nps.gov/boaf)*, qui propose des visites guidées gratuites *(début mai-début sept.)*.

---

aisées de l'autre versant. Au n° 46 s'élève l'élégante **Abiel Smith School** ★ *(℘ 617 742 5415 - www.nps.gov/boaf - ♿ - lun.-sam. 10h-16h - fermé 1er janv., Thanksgiving Day et 25 déc.)*, première école pour les élèves noirs de la ville (1834). Récemment rénovée, elle conserve une salle de classe d'époque et accueille des expositions sur l'histoire afro-américaine. À l'arrière se trouve la plus ancienne église de la communauté noire du pays, l'**African Meeting House**★ *(8 Smith Court - ℘ 617 742 5415 - mêmes horaires que Abiel Smith School)*. Construit en 1806 par des Noirs de confession baptiste las de la discrimination rencontrée dans les églises fréquentées par les Blancs, cet élégant édifice de brique fut un grand centre de la lutte antiesclavagiste.

Pendant presque tout le 20e s., le sanctuaire servit de synagogue. Aujourd'hui classé Bâtiment historique, il est administré par le National Park Service. Le niveau inférieur abrite le **Museum of Afro-American History** qui propose des expositions sur la communauté noire de la Nouvelle-Angleterre. Le niveau supérieur est réservé à la Meeting House.

Au pied de Joy St., traversez Cambridge St.

★ Otis House Museum

141 Cambridge St. - ℘ 617 227 3957 - www.historicnewengland.org - visite guidée (30mn) de déb. juin à mi-oct. : merc.-dim. 11h-16h30 ; reste de l'année : w.-end 11h-17h - fermé j. fériés - 8 $. Cette maison construite en 1796 est l'œuvre de deux hommes qui influencèrent considérablement l'architecture de Boston : Bulfinch, l'architecte, et Harrison Gray Otis, le promoteur immobilier, avocat et homme politique.

Première des trois maisons que Bulfinch conçut pour Otis à Beacon Hill, ce bâtiment de style fédéral témoigne du goût pour l'élégance dont les Bostoniens firent preuve au lendemain de l'Indépendance. Au 1er étage, des fenêtres d'influence palladienne adoucissent la façade. À l'intérieur, remarquez le mobilier d'époque, les moulures ouvragées, les décorations au pochoir et l'escalier sans mur de cage.

La maison abrite à la fois un musée et le siège de la Society for the Preservation of New England Antiquities fondée en 1910 et qui administre 36 maisons-musées dans cinq États.

Old West Church

Conçu par Asher Benjamin en 1806, cet élégant édifice aux lignes verticales se marie parfaitement avec le style fédéral de l'Otis House voisine. En 1775, les troupes anglaises avaient rasé l'église qui s'y élevait primitivement parce qu'ils soupçonnaient les patriotes d'utiliser son clocher pour communiquer avec les troupes américaines.

★★★ **THE FREEDOM TRAIL** Plan p. 108

▶ *Circuit tracé en vert sur le plan de Freedom Trail p. 108. Pour situer Freedom Trail, voir le plan de Boston p. 99 – comptez 1 journée - Ⓣ Park St.*
Départ du Visitor Center, situé sur le Common (148 Tremont St. - ℘ 617 536 4100 - ♿ - lun.-sam. 8h30-17h, dim. 9h-17h - fermé Thanksgiving Day et 25 déc.). Informations complémentaires sur le Freedom Trail : ℘ 617 242 5642 - www.nps.gov/bost.
Ⓐ L'itinéraire est matérialisé au sol par un pavement de briques rouges ou une ligne peinte de la même couleur.
Ce « chemin de la Liberté » (Freedom Trail) passe par différents lieux et monuments liés à l'histoire de l'Indépendance, mais également par d'autres sites relevant du **Boston National Historical Park**. Il se prolonge jusqu'à Charlestown *(voir p. 128).*

★ **Boston Common**
Depuis qu'il fut vendu aux puritains en 1630 par le révérend Blackstone, et rendu public, ce parc paysager de 20 ha occupe une place de choix dans le cœur des Bostoniens. L'endroit servit tour à tour de pâturage, de terrain de manœuvres, de site aux exécutions publiques, de lieu de rassemblements et de concerts. Aujourd'hui en plein cœur de la ville, il est parcouru d'innombrables sentiers ombragés qui relient Downtown, Beacon Hill et Back Bay. Le long de Boylston St., le **Central Burying Ground** (1756) abrite la tombe du peintre américain Gilbert Stuart (1755-1828), célèbre pour ses portraits.
Rendez-vous à l'angle de Tremont St. et de Park St., et suivez la ligne rouge jusqu'à la fin de l'itinéraire.

★ **Park Street Church**
1 Park St. - ℘ 617 523 3383 - ♿ - www.parkstreet.org - visite guidée de mi-juin à fin août : mar.-sam. 9h-15h - fermé 4 juil.
Son ravissant clocher de bois, haut de plus de 60 m, abrite un carillon électronique qui égrène toutes les heures les notes d'hymnes connus. C'est dans cette église de brique construite en 1809, nettement influencée par l'architecte anglais Christopher Wren, que William Lloyd Garrison fit son premier discours antiesclavagiste en 1829. L'hymne *America* y fut chanté pour la première fois le 4 juillet 1831.

★ **Old Granary Burying Ground**
Ce cimetière occupe l'ancien emplacement d'un grenier à grains *(granary)* du 17e s. La plupart des grands révolutionnaires y sont enterrés : James Otis, **Samuel Adams**, Paul Revere et John Hancock. L'obélisque situé en son centre est dédié aux parents de Benjamin Franklin.

★ **King's Chapel**
À l'angle de Tremont St. et School St. - ℘ 617 227 2155 ou 617 523 1749 - www.kings-chapel.org - ♿ - en été : lun. et jeu.-sam. 10h-16h, mar.-merc. 10h-11h15 et 13h30-16h, dim. 13h30-16h ; de Labor Day (1er lun. de sept.) à Memorial Day (dernier lun. de mai) : sam. 10h-16h, dim. 13h30-16h - fermé durant les offices - contribution demandée.
Première église anglicane de la Nouvelle-Angleterre, cet édifice en granit conçu par **Peter Harrison** en 1754 remplaça la chapelle en bois construite sur ce site dans les années 1680. Neuf ans seulement après l'évacuation anglaise de Boston, l'édifice fut converti pour devenir la première église unitarienne des États-Unis. Son **intérieur** georgien est très élégant. Le petit **cimetière** ★

Old State House.
P. Orain / MICHELIN

qui jouxte l'église est le plus ancien de Boston (1630) ; John Winthrop, premier gouverneur de la colonie du Massachusetts, et John Alden, passager du *Mayflower* et fondateur de la colonie de Plymouth, y sont enterrés.

Old City Hall (B)

45 School St.

Ce majestueux édifice de granit (1865) a été construit à l'emplacement de la première école publique d'Amérique (Boston Public Latin School, vers 1630). C'est le plus bel exemple d'architecture de style Second Empire de Boston. Son architecte, Arthur Gilman, a également contribué à l'urbanisme de Back Bay *(voir p. 115)*. Après la construction du nouveau City Hall *(voir p. 109)* en 1968, le bâtiment a été affecté à un usage commercial. Une statue de Benjamin Franklin, né à proximité, orne l'esplanade.

★★ Old South Meeting House

310 Washington St. - ℰ 617 482 6439 - www.oldsouthmeetinghouse.org - &. - avr.-oct. : 9h30-17h ; reste de l'année : 10h-16h - fermé j. fériés - 5 $.

Les grands orateurs de la révolution, Samuel Adams et James Otis, se succédèrent à la chaire de cette église pour inciter leurs compatriotes à les suivre, et c'est d'ici que partirent les faux Indiens de la *Boston Tea Party (voir p. 92)*, le 16 décembre 1773.

Inspiré des œuvres de Christopher Wren, l'édifice présente une modeste façade de brique et une tour coiffée d'un clocher de bois. L'intérieur fut transformé en écurie par les Anglais pendant le siège de Boston.

★★ Old State House

206 Washington St., à l'angle de State St. - ℰ 617 720 1713 - www.bostonhistory.org - juil.-août : 9h-18h ; janv. : 9h-16h ; reste de l'année : 9h-17h - fermé j. fériés - 5 $.

Le plus ancien bâtiment public de Boston (1713) servit de quartier général au gouvernement anglais jusqu'à l'Indépendance, et fut le cadre de plusieurs événements clés de l'histoire des États-Unis. En 1770 se déroula sous ses

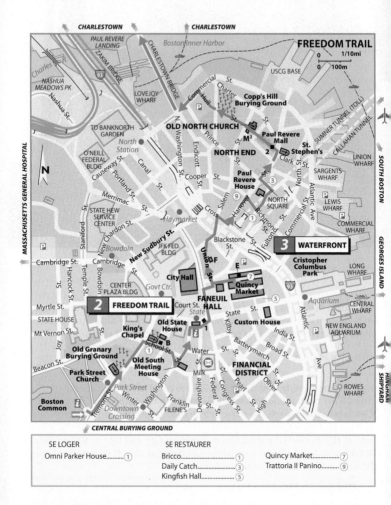

SE LOGER	SE RESTAURER	
Omni Parker House..........①	Bricco........................①	Quincy Market.................⑦
	Daily Catch.....................③	Trattoria Il Panino..........⑨
	Kingfish Hall....................⑤	

fenêtres l'épisode du massacre de Boston *(voir p. 92)*. Après que les colonies américaines se furent affranchies de la Couronne à Philadelphie le 4 juillet 1776, la déclaration d'Indépendance fut lue pour la première fois en public depuis son balcon, deux semaines plus tard. La foule en délire brûla alors le lion et la licorne, symboles de la Couronne, qui ornaient le pignon du bâtiment (les figures actuelles sont des copies). Salle de réunion du gouvernement du Massachusetts jusqu'à la construction de la nouvelle State House en 1798, l'Old State House servit ensuite de magasin, puis de City Hall (hôtel de ville). En 1881 fut fondée la Bostonian Society afin de convertir l'édifice en un musée consacré à l'histoire de la ville. À l'intérieur, un ravissant escalier en spirale mène aux salles des étages supérieurs relatant le passé et le présent de Boston. Depuis la chambre du Conseil, on peut apercevoir le balcon où fut prononcée la déclaration historique.

Derrière la State House, à l'angle de Congress St. et de State St., se trouve un îlot où un cercle de pavés commémore le **massacre de Boston (1)**. Plus bas dans State St. se dresse la **Custom House** : sa base date des années 1840

(A.B. Young), et la tour des années 1910 (Peabody et Stearns).

Après l'intersection de Congress St. et de State St., retournez-vous pour admirer la façade orientale de l'Old State House qui contraste avec celle d'une immense tour de métal noir (One Boston Place).

★★ City Hall

Congress St, face au Faneuil Hall - ☎ 617 635 4000 - www.cityofboston.gov - ♿ - lun.-vend. 8h30-17h30 - fermé j. fériés.

Émergeant de son socle de brique, cette pyramide de béton renversée reste l'une des réalisations architecturales les plus controversées de Boston depuis son achèvement en 1968. Reconnue comme une réussite dans toute l'Amérique, elle est l'œuvre de trois architectes : Kallman, McKinnell et Knowles, qui se sont inspirés du modernisme de Le Corbusier et ont contribué à faire reconnaître le « brutalisme » (terme employé par les architectes anglais) aux États-Unis. Depuis les galeries du 4e étage, on peut observer les réunions du conseil municipal *(merc. 16h)*.

★★ Faneuil Hall

Dock Square, entrée principale face au Quincy Market - ☎ 617 242 5675 - www. nps.gov/bost/historyculture/fh.htm - ♿ - 9h-17h - fermé 1er janv., Thanksgiving Day (4e jeu. de nov.), 25 déc. et durant certaines manifestations municipales.

Légué à la ville de Boston par le riche négociant Peter Faneuil en 1742, ce vénérable bâtiment servit de salle de réunion pendant toute la guerre d'Indépendance. À sa tribune se sont succédé de grandes figures de l'histoire américaine : Samuel Adams, Wendell Philips, Susan B. Anthony et plus récemment John F. Kennedy. Partiellement détruit par un incendie en 1762, le Faneuil Hall fut reconstruit en respectant les plans originaux dessinés par John Smibert. En 1806, l'édifice fut agrandi par Charles Bulfinch qui doubla sa largeur.

Son dôme est surmonté de la fameuse girouette représentant une sauterelle, commandée par Peter Faneuil en 1742. Inspirée du bronze qui orne le Royal Stock Exchange de Londres, la sauterelle est l'emblème du port de Boston depuis le 18e s. Devant l'entrée se dresse une statue de Samuel Adams.

Un escalier conduit à la grande salle de réunion. Un tableau de George P.A. Healy, *Daniel Webster's Second Reply to Hayne*, représente le sénateur du Massachusetts, Daniel Webster, s'adressant à son homologue de Caroline du Sud, Robert Y. Hayne, dans l'enceinte du Sénat. À l'étage supérieur se trouve un musée militaire regroupant des armes, des uniformes, des drapeaux et des tableaux. Il est administré par la plus ancienne organisation militaire américaine, **The Ancient and Honorable Artillery Company** *(☎ 617 227 1638 - www.ahac.us.com - ♿ - lun.-vend. 9h-15h30 - fermé j. fériés).*

★★ Quincy Market

Derrière Faneuil Hall - ☎ 617 523 1300 - www.faneuilhallmarketplace.com - ♿ - lun.-sam. 10h-21h, dim. 12h-18h - fermé Thanksgiving Day (4e jeu. de nov.) et 25 déc.

Le centre commerçant animé de Faneuil Hall Marketplace, plus connu sous le nom de son édifice principal, Quincy Market, illustre une rénovation urbaine réussie. Quelques années ont suffi pour transformer ce quartier d'entrepôts désaffectés en grand lieu de rendez-vous des Bostoniens et des touristes, attirés par les restaurants, les terrasses de café, les boutiques d'artisanat et les magasins spécialisés.

L'ensemble se compose de trois bâtiments en granit construits en 1825 par Alexander Parris. Au centre, le Quincy Market, une longue galerie de style néoclassique flanquée de verrières ajoutées dans les années 1970, abrite des douzaines d'échoppes et de restaurants. Dans les deux autres bâtiments sont installés des magasins plus luxueux. Un restaurant familial très populaire, **Durgin Park** (**E**), occupe le North Market.

Union Street

À la fin du 18e s., cette rue était bordée de tavernes et de pubs. Le duc d'Orléans, futur roi de France sous le nom de Louis-Philippe, habita plusieurs mois au premier étage de **Ye Old Union Oyster House** (**F**), une véritable institution de Boston : le restaurant fonctionne encore aujourd'hui ! Il y donnait alors des leçons de français pour assurer sa subsistance. Daniel Webster, lui aussi, était un habitué de la maison.

Traversez Blackstone St. pour gagner Haymarket où se tient le week-end un marché en plein air très animé. Empruntez le tunnel piétonnier pour gagner le quartier de North End.

★ Paul Revere House

19 North Square - ✆ 617 523 2338 - www.paulreverehouse.org - de mi-avr. à fin oct. : 9h30-17h15 ; janv.-mars : mar.-dim. 9h30-16h15 ; reste de l'année : 9h30-16h15 - fermé 1er janv., Thanksgiving Day (4e jeu. de nov.) et 25 déc. - 3 $.

Cette maison en bois, la seule du 17e s. qui subsiste à Boston, était déjà vieille de 90 ans lorsque **Paul Revere** l'acheta en 1770. C'est d'ici que cet orfèvre, de souche française huguenote, partit pour sa fameuse chevauchée vers Lexington, le 18 avril 1775 *(voir p. 93)*. L'intérieur est équipé du mobilier ayant appartenu à sa famille.

★ St Stephen's Church

À l'angle de Hanover St. et de Clark St. - de 7h au coucher du soleil.

Des cinq églises de Boston conçues par Bulfinch, c'est la seule qui subsiste. L'intérieur est bien conservé, flanqué d'une gracieuse colonnade supportant un balcon.

★ Paul Revere Mall

Cette petit place relie les églises St Stephen et Old North. La **statue équestre** (**2**), représentant Paul Revere, est de Cyrus Dallin et se détache sur la silhouette de Old North Church. Des plaques de bronze évoquent le rôle exercé par les habitants de North End dans l'histoire de la ville.

LE NORTH END

Ce quartier isolé du reste de la ville par la voie express a été habité dès 1630. Il fut le principal quartier résidentiel de Boston tout au long des 17e et 18e s., accueillant notamment une communauté d'esclaves noirs affranchis. Au 19e s. vinrent s'installer des Irlandais et des juifs, bientôt remplacés par des immigrants du Sud de l'Italie dont la communauté est toujours très présente. Les rues principales, **Hanover Street★** et **Salem Street**, dégagent une ambiance toute méditerranéenne avec leurs toits en terrasse, leurs magasins fraîchement achalandés et leurs restaurants et cafés aux bonnes odeurs de pâtes, de pizzas et d'expressos. Attachée à ses traditions, la communauté italienne continue de célébrer ses nombreux saints patrons tout au long de l'année *(le calendrier des fêtes est affiché sur la porte des magasins et des églises)* en organisant des processions religieuses et des manifestations qu'accompagnent des plats traditionnels vendus à même la rue.

★★★ Old North Church (Christ Church)

193 Salem St. - ☏ 617 523 6676 - www.oldnorth.com - ♿ - juin-oct.: 9h-18h ; nov.-déc.: 10h-17h ; janv.-fév.: mar.-dim. 10h-16h ; mars-mai: 9h-17h - fermé Thanksgiving Day (4e jeu. de nov.) et 25 déc. (sauf pour le service) - 3 $.

Les Américains éprouvent un attachement tout particulier pour cette église à laquelle Longfellow dédia un poème *(Paul Revere's Ride)* évoquant les deux lanternes, accrochées au clocher, qui donnèrent l'alarme le 18 avril 1775 à Paul Revere. Construite en 1723, Old North Church était coiffée d'une flèche par deux fois démolie par des tempêtes ; la flèche actuelle date de 1954. À l'intérieur, les bancs fermés, les larges baies et la chaire d'où le président Gerald Ford inaugura le bicentenaire des États-Unis, sont caractéristiques des églises coloniales de la Nouvelle-Angleterre. Les quatre anges de bois placés près de l'orgue font partie d'un butin provenant d'un vaisseau français. Dans le **musée** (**M²**) attenant sont présentées des répliques des fameuses lanternes.

Copp's Hill Burying Ground

Bordé par Hull St. et Charter St. - ☏ 617 536 4100 - de l'aube au crépuscule.

Ce cimetière renferme les sépultures de grandes familles bostoniennes, notamment les Mather *(section nord-est près de la porte ouvrant sur Charter St.)* : Increase Mather (1639-1723), ministre et président d'Harvard, Cotton Mather (1663-1728), homme d'église et écrivain, et son fils, le révérend Samuel Mather (1706-1785). Il est également la dernière demeure de centaines de Noirs qui habitaient le quartier de North End au 18e s.

Revenez dans Hanover St. pour goûter quelques spécialités italiennes ou simplement vous plonger dans l'ambiance locale. La ligne rouge du Freedom Trail se poursuit vers Charlestown (voir p. 128).

★ LE WATERFRONT Plan p. 112

◗ *Circuit tracé en vert sur le plan du Waterfront p. 112. Pour situer le Waterfront, voir le plan de Boston p. 99 – comptez une 1/2 journée - ⓣ Aquarium.*

🎪 Manifestations organisées par l'aquarium, excursions en bateau, musées : consultez tous les horaires à l'avance afin de tirer parti au mieux de votre journée !

Prenez Atlantic Ave. jusqu'aux quais que vous longerez en direction du sud.

Commercial Wharf et Lewis Wharf

Construits dans les années 1830, ces entrepôts en granit ont été restaurés dans les années 1960 et abritent des bureaux et des appartements de luxe.

Long Wharf

Autrefois, cet embarcadère (1710) ressemblait à une avenue monumentale de plus de 600 m de long, entre la Custom House Tower et le port, et accueillait les navires de trop fort tonnage pour s'amarrer aux autres quais. Au cours des siècles, Long Wharf diminua de moitié et perdit peu à peu ses boutiques et ses entrepôts. La basse et longue silhouette du Marriott Hotel Long Wharf (1982, Cossutta et associés) s'est harmonieusement intégrée à l'architecture traditionnelle du port, et l'ancien bureau des douanes, le Custom House Block (1837, Isaiah Rogers), a été transformé en ensemble commercial et résidentiel. Long Wharf est l'embarcadère des bateaux visitant le port et les îles, ainsi que de la navette reliant Charlestown.

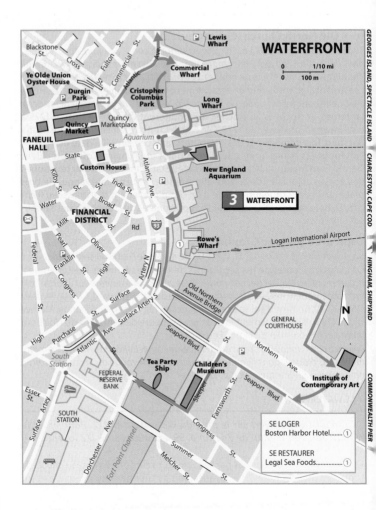

★★ New England Aquarium

Central Wharf - 📞 *617 973 5200 - www.neaq.org -* ♿ *- juil.-août : dim.-jeu. 9h-18h, vend.-sam. 9h-19h ; reste de l'année : lun.-vend. 9h-17h, w.-end 9h-18h - fermé Thanksgiving Day (4ᵉ jeu. de nov.) et 25 déc. - 18,95 $.*

👥 Une semi-pénombre donne l'illusion d'un monde sous-marin. Poissons, invertébrés, amphibiens et autres animaux aquatiques sont répartis selon leur environnement naturel tandis que des expositions, des panneaux d'interprétation et des démonstrations permettent de mieux comprendre la vie des quelque 600 espèces représentées ! Parmi les spécimens rares, on voit des hippocampes, un poisson flash, des manchots du Cap et une anguille électrique. Haut de quatre étages, un **réservoir central** de 700 000 litres reconstitue un fond corallien de la mer des Antilles où évoluent des requins, des tortues géantes et d'autres espèces de poissons habitant cette mer chaude. Au bord du Sea Tide pool, les jeunes visiteurs peuvent manipuler crabes, étoiles et oursins de mer. À voir également : le laboratoire de soins et les films du cinéma Imax.

★ Rowes Wharf

Cette immense structure en brique (1987, Skidmore, Owings et Merrill), abritant le luxueux Boston Harbor Hotel *(voir p. 134)* ainsi que des résidences de grand standing et des bureaux, fait harmonieusement le lien entre les quartiers du centre et le Waterfront. Son entrée en arche monumentale offre une belle vue sur le port. Remarquez le ravissant pavillon coiffé d'un dôme où vient accoster la navette pour l'aéroport.

Rowes Wharf est encadré au nord et à l'est par deux ensembles dont le format et le style rompent avec l'architecture traditionnelle des quais : les Harbor Towers (1971, I.M. Pei), deux blocs de béton de 40 étages, et l'International Place (1987, Burgee et Johnson), structure de 10 000 m² que domine une tour cylindrique disgracieuse.

Prenez le Old Northern Ave. Bridge et continuez en longeant les quais.

Institute of Contemporary Art

100 Northern Ave - ☎ 617 478 3100 - www.icaboston.org - ♿ ✗ - mar.-merc. et w.-end 10h-17h, jeu.-vend. 10h-21h - 12 $ (jeu. 17h-21h : gratuit pour tous ; dernier sam. du mois : gratuit pour les familles).

Autrefois situé sur Boylston St. (Back Bay), l'ICA a rouvert, en 2006, dans ce nouvel espace de 6 000 m² conçu par l'agence Diller Scofidio + Renfro. Revêtue de verre et de métal, la base de cet audacieux édifice supporte une imposante structure en porte-à-faux sous laquelle le visiteur peut profiter, à l'extérieur mais abrité, du panorama sur le port de Boston. Peintures, vidéos, photographies et installations composent la collection permanente, où se côtoient artistes américains (Kelly Sherman, Nan Goldin, Philip-Lorca diCorcia) et internationaux (Louise Bourgeois, Paul Chan, Rineke Dijkstra). Les expositions temporaires changent tous les trois à quatre mois. Au rez-de-chaussée, cafétéria et boutique.

Suivez le Seaport Blvd à droite et tournez à gauche dans Sleeper St.

QUELQUES CHANGEMENTS

Durant la prospérité maritime de Boston, les grands voiliers, chargés de leurs cargaisons exotiques, venaient accoster à ces quais animés. Pour favoriser le développement des chantiers navals, la superficie du port fut agrandie de 40 ha par un programme de remblaiement conduit dans la première moitié du 19e s. Vers 1900, la construction navale connut une grande régression et les quais commencèrent à se dégrader. Le tracé de deux nouvelles voies de circulation (Atlantic Avenue dans les années 1860 et la voie express dans les années 1950) isola le quartier du centre de Boston.

Des efforts de rénovation ne furent véritablement entrepris que dans les années 1960. Plusieurs entrepôts furent alors reconvertis en magasins et en logements, mais ce n'est qu'après la réhabilitation de Quincy Market dans les années 1970 qu'une communication fut rétablie entre le centre-ville *(Downtown)* et le **Christopher Columbus Park**. Cette promenade très appréciée, située le long des quais reliant Commercial Wharf et Long Wharf, est aujourd'hui bordée de résidences et d'hôtels de luxe, rehaussant le Waterfront et donnant un charme tout particulier à Boston. Depuis, les aménagements se sont poursuivis au sud du Fort Point Channel, avec notamment la **Federal Courthouse (1998)**, le Boston Convention Center (2004) – le plus important du nord-est des États-Unis –, et le nouvel édifice de l'**Institute of Contemporary Art** (2006).

★★ Children's Museum

300 Congress St. - ℘ 617 426 8855 - www.bostonkids.org - ♿ ✗ - 10h-17h (vend. nocturne jusqu'à 21h) - fermé Thanksgiving Day (4ᵉ jeu. de nov.) et 25 déc. - 12 $ (moins de 16 ans : 9 $; vend. 17h-21h : 1 $).

👥 Instructif, ludique, ce merveilleux terrain de jeu conçu pour les enfants ravira aussi les adultes ! Voué à l'apprentissage de la différence culturelle, il invite les plus jeunes à découvrir l'intérieur d'une maison japonaise, à décorer un char de carnaval antillais, à danser sur un rythme cap-verdien et, dans un salon de beauté, à comprendre la technique des tresses africaines. Ils pourront ensuite se perdre dans un labyrinthe et jouer à un jeu d'échec géant, faire d'immenses bulles avant de participer à une visite virtuelle du port de Boston. Un régal ! Des espaces de jeux accueillent les tout-petits.

Tea Party Ship and Museum

👥 *Fermé pour travaux, réouverture prévue en 2010 : consultez le site Internet pour plus d'informations sur l'évolution des travaux.*

Détruit par un incendie, le musée, qui sera agrandi, présentera à son ouverture en 2010 une collection enrichie de nouveaux artefacts et mise en valeur par des équipements plus modernes, interactifs. Une réplique du *Beaver*, l'un des trois bateaux sur lesquels se déroula la fameuse *Tea Party (voir p. 92)* le 16 décembre 1773, occupe toujours le Fort Point Channel. Celles des deux autres navires devraient être amarrées à ses côtés à la fin des travaux. Un salon de thé (bien sûr !) complètera ce lieu très attendu.

LES ÎLES DU PORT DE BOSTON Plan p. 126-127

Les croisières et excursions au départ du Waterfront constituent une merveilleuse façon de visiter le port et d'approcher Boston.

★ Boston Harbor Islands National Park Area

Départs en ferry rapide de Long Wharf vers Spectacle Island ou Georges Island (40mn AR) : la liaison avec les îles voisines ouvertes au public est assurée sur place par des navettes gratuites - Harbor Express - ℘ 617 223 8666 - www.harborexpress.com - de fin mai à mi-oct. - visite commentée - ♿ - 14 $ - informations complémentaires : www.bostonislands.org.

Le port de Boston comprend 34 îles constituant le **Boston Harbor Islands National Park Area**. Très peu aménagées, elles offrent des sentiers de promenade, des vestiges du passé et de spectaculaires vues sur la ville. Quelquesunes disposent de places de camping en été. Les ferries partent de Long Wharf vers Georges Island et, récemment ouvert, Spectacle Island. Des bateaux taxis gratuits permettent de rallier 4 autres îles du parc.

Georges Island D2

Habitée à l'époque coloniale, puis fortifiée en raison de sa position stratégique, Georges Island (11 ha) est devenue un site de loisirs avec des aires de pique-nique au bord de l'eau. Fort Warren, utilisé comme prison militaire pour quelque 2 000 confédérés pendant la guerre de Sécession, est resté en bon état. Parmi les détenus célèbres que compta le fort figuraient James Mason et John Sidell, personnages clés de l'affaire Trent qui faillit déboucher sur l'entrée des Anglais dans la guerre de Sécession aux côtés des confédérés. La légende de la « Dame en noir » *(lady in black)* vous sera contée par les rangers de Georges Island.

Depuis la tour d'observation, on a de belles **vues** sur Boston et les nombreux îlots et îles qui composent le parc.

Rowes Wharf III, quartier du Waterfront.
Joseph Votano / USPhotoGroup

Spectacle Island C2

Cette île (42 ha) ainsi nommée en raison de deux *drumlins* (collines allongées d'origine glaciaire) dessinant une paire de lunettes (*spectacles* désignant des lunettes), jouit d'un riche passé. En 1717, elle servit de poste de quarantaine aux personnes contaminées par la variole. Dans les années 1840, deux stations de villégiature durent fermer, condamnées pour avoir organisé des jeux d'argent et d'autres activités illégales. Plus tard, une usine de réutilisation des déchets agroalimentaires (farines animales), fut construite. À partir de 1920, la ville de Boston s'en servit comme décharge : plus de 12 ha de déchets la recouvraient en 1959. Dans les années 1990, ce furent finalement quelque 2,3 millions de mètres cube de terre, d'argile et de gravier provenant du chantier du Big Dig *(voir p. 95)* qui y furent déposés : cette épaisse couche de terre arable, sans qu'on l'eût prévu, permit le développement d'un manteau végétal. Arbres et arbustes devinrent l'écrin (entièrement recyclé !) d'une petite station balnéaire : marina, bureau d'information, cafétéria, plage et sentiers de marche *(5 miles)*.

Parmi les autres îles à découvrir, **Peddock's** C3 abrite les vestiges d'un vieux fort et **Lovell's** D2 est recommandée pour le camping *(permis obligatoire)*.

★★ BACK BAY Plan p. 117

◐ *Circuit tracé en vert sur le plan de Back Bay p. 117. Pour situer Back Bay, voir le plan de Boston p. 98 – comptez une 1/2 journée -* Ⓣ *Prudential.*

Considéré par le critique et historien Lewis Mumford comme la réalisation marquante de l'urbanisme américain du 19ᵉ s., ce quartier élégant recèle une architecture très variée qui voit des rangées de maisons victoriennes merveilleusement conservées, ombragées par des rangées d'arbres, voisiner avec des gratte-ciel modernes à l'esthétique inégale.

Le style des premières résidences construites à Back Bay s'inspirait de l'architecture française contemporaine : toit à la Mansard, élévation modérée et uniformité architecturale. À partir de 1870, les bâtiments affichèrent un style plus éclectique (néogothique, néoroman, néo-Renaissance italienne, néogeorgien) que l'on rencontre surtout à l'ouest de Darmouth St.

À l'est, Back Bay côtoie le Public Garden ; au nord, l'esplanade qui borde la Charles River est un lieu privilégié de détente et la plus importante scène de concert en plein-air.

Depuis le métro Prudential, suivez Huntington Ave. vers le sud.

★★ Christian Science Center

175 Huntington Ave. - 𝒫 617 450 2000 - www.tfccs.com - ♿ ✕ - visite gratuite de l'église : jeu.-sam. 12h-17h (départ chaque heure), dim. 11h-15h, mar. 12h-16h, merc. 13h-16h - fermé lun. et j. fériés.

Ce bel ensemble abrite le siège mondial de l'Église de la science chrétienne, la *Christian Science*, fondée en 1866 par Mary Baker Eddy, originaire du New Hampshire. Alors gravement blessée, elle avait rapidement guéri après avoir médité un évangile. Mary Baker Eddy pensa alors avoir découvert la science d'une véritable relation de l'homme à Dieu. Grâce à la science chrétienne, l'individu peut apprendre à surmonter la maladie, défi permanent auquel l'être humain est confronté. Après une étude intensive de la Bible, elle publia la première édition de *Science and Health with Key to the Scriptures*. En 1879, elle créa The Church of Christ, Scientist qui devint The First Church of Christ, Scientist en 1892. Aujourd'hui, durant le service qui a lieu une fois par semaine, les membres de la congrégation assistent à l'office où leur est faite la lecture de la Bible et des textes de Mary Baker Eddy.

Face à Massachusetts Avenue, la monumentale **Mother Church Extension** (1906) se caractérise par des détails d'inspiration Renaissance, comme le vaste portique d'entrée et le dôme central qui s'élève à 68 m du sol. Elle abrite un des dix plus grands orgues du pays, avec plus de 13 000 tuyaux ! Derrière cet édifice se trouve la première église, Mother Church (1894), de style néoroman, que l'on reconnaît à sa façade de granit brut et à son clocher. L'intérieur est décoré de mosaïques et fresques au pochoir.

Dans les années 1970, un groupe d'architectes placés sous la direction de **I.M. Pei** a agrandi le Christian Science Center, avec trois bâtiments de béton : l'Administration Building, haut de 26 étages, le Colonnade Building à portique, et la Sunday School. L'ensemble évoque un groupe de sculptures abstraites disposées autour d'un vaste **miroir d'eau** (204 m sur 30 m). Le jeu gracieux de l'eau s'écoulant à même les bords en granit du bassin crée une impression d'infini. Dans la **Mary Baker Eddy Library for the**

DES MARAIS AUX RÉSIDENCES HUPPÉES

À l'origine, Back Bay était une étendue de vase recouverte à marée haute par les eaux de la Charles River. Au début du 19e s., une digue de 1,5 miles fut construite le long de l'actuelle Beacon St. pour utiliser la force marémotrice. Cet ouvrage mit fin au drainage naturel de la zone, donnant naissance à des hectares de marécages malsains. Vers le milieu du siècle, la nuisance s'était aggravée. Poussés par la nécessité de construire de nouvelles habitations, les autorités décidèrent de lancer un projet de remblaiement très ambitieux. De 1857 jusque dans les années 1890, plus de 180 ha – délimités aujourd'hui par la Charles River, le Public Garden et les avenues Huntington et Massachusetts – furent gagnés sur la mer. Et c'est ainsi qu'on put ériger, là où passait autrefois la rivière, de longues rangées de maisons victoriennes, hautes de trois à quatre étages.

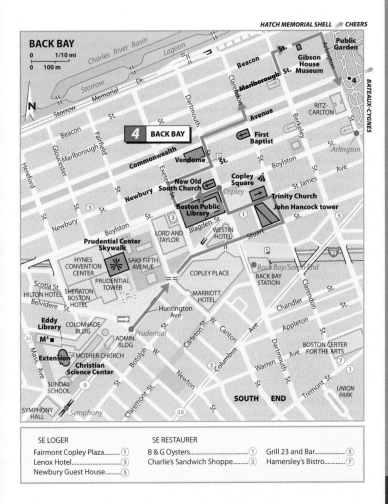

SE LOGER		SE RESTAURER			
Fairmont Copley Plaza	①	B & G Oysters	①	Grill 23 and Bar	⑤
Lenox Hotel	③	Charlie's Sandwich Shoppe	③	Hamersley's Bistro	⑦
Newbury Guest House	⑤				

Betterment of Humanity se trouve le **Mapparium** (**M³**), un globe terrestre de 9 m de diamètre réalisé tout en vitraux que l'on visite de l'intérieur en suivant des travées : il indique les activités éditoriales de l'Église dans le monde.

Remontez Huntington Ave. vers le nord et tournez à droite dans Stuart St. puis à gauche dans Clarendon St.

★★ John Hancock Tower

Entrée dans St. James Avenue.

I.M. Pei fut le concepteur de cette tour de 60 étages revêtue de 10 344 plaquettes de verre trempé de 10 cm d'épaisseur. Élevé en 1975, ce gratte-ciel est le plus haut de toute la Nouvelle-Angleterre. Sa forme rhomboïdale insolite crée une variété de profils selon l'endroit d'où l'on observe la tour. Depuis Boylston St., elle apparaît comme une pointe qui s'avance sur la place ; vue sous d'autres angles, elle semble un immense miroir où se reflètent le ciel et les bâtiments voisins, dont la Trinity Church.

★★ Trinity Church

Copley Sq. - ☎ 617 536 0944 - www.trinitychurchboston.org - ♿ - mar.-sam. 9h-18h, dim. 7h-19h - 5 $ - visite guidée gratuite dim. après l'office.

Édifiée en 1877, cette église néoromane de granit et de grès est l'œuvre maîtresse de l'architecte Henry Hobson Richardson. Celui-ci avait fait ses études aux Beaux-Arts de Paris où il avait été très marqué par l'architecture romane. Sa Trinity Church renouvela le débat architectural aux États-Unis et popularisa son style très personnel, connu ici sous le nom de « roman richardsonien ». L'ancienne cathédrale de Salamanque l'inspira pour le clocher, tandis que le cloître St-Trophime à Arles est à l'origine du tracé du porche ouest décoré de statues bibliques.

Richardson chargea John La Farge du programme décoratif intérieur, un condisciple des Beaux-Arts de Paris, dont les fresques sont considérées comme l'une de ses plus belles réalisations.

Suivez St James Ave., tournez à droite dans Darthmouth St. et continuez jusqu'à Boylston St.

★★ Copley Square

Au cours des années 1870 et 1880, la municipalité décida de construire plusieurs bâtiments publics à proximité d'un ancien dépôt ferroviaire. Le site fut dédié au peintre John Singleton Copley. Principale place publique de Back Bay, Copley Square recèle quelques trésors architecturaux parmi les plus célèbres de Boston et offre un curieux contraste entre la silhouette de la Trinity Church et l'immense John Hancock Tower. Au sud se dresse la sobre façade calcaire du luxueux Copley Plaza Hotel (1912), pastiche de Renaissance italienne conçu par Henry J. Hardenbergh, l'architecte qui réalisa le Plaza Hotel de New York. À l'ouest se trouve la belle façade de la Boston Public Library (19e s.), au nord-ouest l'étonnante New Old South Church.

★★ Boston Public Library

700 Boylston St. (entrée par Copley Square) - ☎ 617 536 5400 - www.bpl.org - ♿ ✗ - lun.-jeu. 9h-21h, vend.-sam. 9h-17h, dim. 13h-17h - fermé j. fériés et dim. de juin à sept.

Considérée aux États-Unis comme le bâtiment le plus représentatif du style néo-Renaissance italienne, cette bibliothèque (près de 15 millions de volumes), réalisée par les architectes McKim, Mead et White (1895), a influencé l'architecture civile américaine pendant plus d'un demi-siècle. Sa façade de granit est décorée d'impressionnantes lanternes en fer forgé, de reliefs signés Augustus Saint-Gaudens et d'une élégante rangée de fenêtres arquées. Les portes de bronze qui dominent le vestibule ont été sculptées par Daniel Chester French, auteur de la statue de Lincoln devant le Capitole de Washington. Les salles peu éclairées des étages supérieurs sont ornées de peintures murales dues à Edwin Abbey (*Quest of the Holy Grail* : salle de distribution, *1er étage*) et John Singer Sargent (*Judaism and Christianity* : couloir, *2e étage*). Au deuxième étage se trouve notamment le formidable fonds Jeanne d'Arc (plus de 4 000 documents et objets).

Sur Boylston St., l'annexe moderne contiguë a été conçue par Philip Johnson, un architecte renommé dont la volonté fut de créer une certaine unité avec le bâtiment principal en utilisant du granit sombre.

De l'autre côté de Boylston St. se dresse la pittoresque **New Old South Church** (1874, Cummings et Sears) que coiffent un clocher élevé et un dôme de style vénitien, et que décore une profusion de détails néogothiques. Le célèbre marathon de Boston s'achève à hauteur de cet édifice.

Continuez dans Boylston St.

Prudential Center Skywalk

800 Boylston St. - 617 859 0648 - www.prudentialcenter.com/shop - ♿ 🅿 - mars-oct. 10h-22h ; reste de l'année 10h-20h (départ dernier ascenseur 19h30) - fermé Thanksgiving Day (4e jeu. de nov.) et 25 déc. - 12 $ (billetterie au kiosque de Prudential Arcade et à l'entrée du Skywalk).

Au 50e étage de la Prudential Tower (52 étages), une plate-forme d'observation, le Skywalk, offre une **vue** imprenable et à 360° sur les environs : par beau temps, on aperçoit Cape Cod ! Un audiotour décrit les sites majeurs de la ville.

Revenez en arrière sur Boylston St. Au niveau de la Boston Public Library, tournez à gauche dans Exeter St. puis à droite dans Newbury St.

★ Newbury Street

www.newbury-st.com.

Cette artère résidentielle, paisible à l'origine, est devenue la rue commerçante la plus chic de Boston. Ses anciennes demeures ont été transformées en boutiques de luxe et abritent des antiquaires ou des cafés. Exeter St. et Dartmouth St. délimitent une section, animée par un flot incessant de passants, où sont concentrées les galeries d'art.

Tournez à gauche dans Dartmouth St. et continuez jusqu'à Commonwealth Ave.

★★ Commonwealth Avenue

Inspirée des grands boulevards parisiens percés sous Napoléon III, cette artère large de plus de 60 m fut un temps l'adresse obligée de la nouvelle classe aisée de Boston. Surnommée aujourd'hui « Comm'Ave », cet axe a su préserver un peu de sa grandeur et de son élégance passées.

À l'angle sud-ouest (no 160) se trouve le **Vendome** (1871, W.G. Preston), qui fut naguère le plus luxueux hôtel de Back Bay et où descendirent des célébrités comme Oscar Wilde, Mark Twain, Sarah Bernhardt et le président Ulysses Grant.

Engagez-vous sur le mail et dirigez-vous vers l'est.

Bordé d'ormes et de statues, l'agréable **mall** de Commonwealth Avenue offre une belle perspective sur les maisons victoriennes qui flanquent ce grand boulevard.

Avant de parvenir au prochain carrefour, on aperçoit sur la droite la **First Baptist Church** ★ (1872), une œuvre clé de H.H. Richardson. La **frise** qui orne la partie supérieure du clocher est attribuée à Frédéric Auguste Bartholdi, le créateur de la célèbre statue de la Liberté.

Tournez à gauche dans Clarendon St., et à droite dans Marlborough St.

Marlborough Street

Cette rue résidentielle généreusement ombragée, bordée de trottoirs pavés et de lampadaires à gaz, replonge le visiteur dans l'ambiance romantique du siècle dernier.

Tournez à gauche dans Berkeley St. et à droite dans Beacon St.

★ Beacon Street

Cette autre adresse privilégiée des Bostoniens aisés du 19e s. est bordée de grandes demeures dont un certain nombre ont été converties en collèges et institutions culturelles. Les résidences du côté nord sont prisées pour leurs vues sur la Charles River.

Au n° 137, le **Gibson House Museum** ★ (1859) a conservé le décor de la maison d'origine, au charme victorien. Son intérieur témoigne des goûts et des moyens d'une famille opulente de Back Bay : hauts plafonds, tapisseries et boiseries nobles, tapis importés… (*℘ 617 267 6338 - www.thegibsonhouse.org - visite guidée (45mn) : départs merc.-dim. à 13h, 14h et 15h - fermé j. fériés. 7 $).*
Continuez jusqu'à l'angle de Beacon St. et d'Arlington St.

Les amateurs de séries télévisées s'arrêteront probablement devant le Bull and Finch Pub *(84 Beacon St.)* : cette maison en pierre et en brique a été popularisée par le feuilleton américain des années 1980 « **Cheers** ». Près du carrefour s'amorce un pont piétonnier, le Fiedler Footbridge, qui permet d'accéder à l'**esplanade** de la Charles River. Aménagé au début des années 1930, ce parc délicieux qui s'étire sur plus de 15 km attire les amateurs de jogging ou de rollers, mais aussi les cyclistes, les pique-niqueurs et les adeptes du canotage. En été, des manifestations de plein air ont lieu au **Hatch Memorial Shell**.
Retournez à l'angle de Beacon St. et d'Arlington St., et prenez Arlington St.

★★ Public Garden

Près de l'entrée située sur Arlington St. s'élève la **statue équestre (4)** de George Washington (1878, Thomas Ball) dont le regard semble se perdre dans la Commonwealth Avenue. Ce parc rectangulaire de 10 ha, entouré d'une belle grille en fer forgée, fut gagné sur les marécages de Back Bay dans les années 1830 dans le but d'y aménager un jardin botanique. Aujourd'hui, cet écrin de verdure où alternent parterres de fleurs, sentiers ombragés et statues commémoratives, est célèbre pour ses **bateaux-cygnes**. Depuis 1870, ces petites embarcations glissent sur les eaux paisibles du lac artificiel et passent sous un étonnant pont suspendu encadré de saules pleureurs. Au nord-est de ce parc se trouve un groupe de statues représentant les personnages de la fable enfantine imaginée par Robert McCloskey, *Le Vilain Petit Canard*.

LES MUSÉES DE BOSTON Plan p.98-99

🔅 Ce chapitre ne décrit que les musées hors itinéraires.

★★★ Museum of Fine Arts A2

465 Huntington Ave. - Ⓣ Museum (voir plan du musée p. 123) - ℘ 617 267 9300 - www.mfa.org - ⅋ ✕ - lun.-mar. et w.-end 10h-16h45, merc.-vend. 10h-21h45 - fermé jeu. et j. fériés - collections permanentes 17 $ (gratuit merc. 16h-21h45, contribution souhaitée) ; collections et expositions temporaires 25 $ - informations sur les concerts et les films ℘ 617 369 3300.

Ce musée, qui compte parmi les plus grands des États-Unis, possède des collections très vastes organisées en huit départements : Arts des Amériques, Arts de l'Europe, Art contemporain, Arts d'Asie, d'Océanie et d'Afrique, Art antique, Gravures, dessins et photographies, Textile et mode, et Instruments de musique.

Le bâtiment néoclassique (1909) et l'extension signée I.M. Pei and Partners (1981) comprennent les espaces d'exposition, un restaurant, deux cafés-brasseries, une librairie, une boutique et un auditorium. Certaines des œuvres mentionnées ci-dessous sont susceptibles de ne pas être exposées, car le musée pratique une politique d'exposition par roulement. Aux beaux jours, les trois délicieux jardins, propices au repos et à la réflexion, servent de cadres à des dîners et des concerts en plein-air.

🔅 *Consultez le menu du restaurant Bravo, qui s'accorde, occasionnellement, au thème de l'exposition en cours. Les plus petits budgets opteront pour la carte du Courtyard Café ou du Galleria Café.*

« The Fog Warning » par Winslow Homer.
D.R.

★★ Peinture américaine

La collection américaine se compose principalement de peinture, de mobilier et d'argenterie.

En peinture, le 18e s. fut dominé par deux grands portraitistes : Gilbert Stuart, dont les deux portraits les plus fameux, représentant George et Martha Washington (dits *Athenaeum Portraits*), sont exposés en alternance ici et à la National Portrait Gallery de Washington, et John Singleton Copley, qui fut le peintre des marchands opulents de Boston et de leurs familles. Il exécuta entre autres les portraits de Samuel Adams et de Paul Revere.

Au 19e s., les peintres représentèrent davantage les paysages, surtout des marines, la mode étant aux voyages et à la découverte des océans, ce qu'illustrent les œuvres de Fitz Hugh Lane *(Boston Harbor ; Owl's Head, Penobscot Bay, Maine)*, d'Albert Pinkham et de Winslow Homer *(Fog Warning ; Lookout - « All's Well »)*.

★★ Peinture européenne

La plupart des écoles européennes du Moyen Âge à nos jours sont représentées dans ce musée.

Une chapelle catalane, décorée de fresques du 12e s. et de tableaux du 15e s., évoque la peinture romane. L'école flamande est admirablement représentée avec *Saint Luc peignant la Vierge* de Rogier Van der Weyden (15e s.). Dans la magnifique **Koch Gallery**, dont les œuvres des 16e s. et 17e s. sont ornées de dorures, se côtoient Rosso Fiorentino *(Le Christ mort et les anges)*, Greco *(Fray Hortensio Felix Paravicino)*, Velázquez *(Le Prince Baltasar Carlos et son nain)* mais aussi Le Tintoret, Poussin et Rubens. La galerie hollandaise expose notamment *Le Temps dévoilant la Vérité* de Tiepolo, l'une des plus belles allégories de cet artiste, ainsi que des portraits de Rembrandt.

Parmi les maîtres français du 19e s. figurent Renoir *(Bal à Bougival)*, Monet *(La Japonaise, Les Meules de foin, La Cathédrale de Rouen)*, Degas *(Équipage aux courses)*, Manet *(Le Chanteur de rue ; L'Exécution de Maximilien)*, et Cézanne *(Madame Cézanne dans un fauteuil rouge)*.

★★★Asie, Océanie et Afrique

Depuis un siècle, cette collection est considérée comme le plus bel ensemble d'art oriental du monde ! Le sous-continent indien est représenté par des sculptures (2e s. av. J.-C.-5e s. apr. J.-C.), des miniatures provenant de palais moghols (16e-19e s.) et par différentes œuvres de métal, de jade et d'ivoire.

Les collections japonaises et chinoises sont exceptionnelles. Dès 1879, Edward Morse, Ernest Fenollosa et Sturgis Bigelow firent de longs séjours au Japon. Ils en rapportèrent des collections d'œuvres d'art dont ils firent don au musée, et qui constituèrent la base de ce département.

L'art japonais commença à se développer au 6e s., quand la culture shinto et le bouddhisme parvinrent au Japon *via* la Corée. La peinture fut l'un de ses moyens d'expression favoris. Le musée en possède de très beaux exemples, notamment sur paravents et parchemins. La collection recèle également de précieuses céramiques, des bois laqués, des pièces d'orfèvrerie, des estampes sur bois *(Ukiyo-e)* et de nombreux objets chers à la tradition japonaise : sabres, *netsuke* (sculpture miniature servant d'attache à la ceinture des kimonos), *inrô* (petites boîtes contenant des médicaments, suspendues aux *netsuke*)…

L'art chinois se signale par une belle collection de céramiques, depuis le Néolithique (3e millénaire av. J.-C.) jusqu'aux dynasties Yuan.

L'art coréen, rarement aussi valorisé dans les musées occidentaux, se dévoile à travers des poteries, des laques et des céladons des dynasties Koryŏ et Yi, des peintures et des sculptures bouddhistes, et divers objets d'art funéraire de l'âge du bronze.

★★ Art antique

Égypte, Nubie et Proche-Orient – Grâce aux fouilles entreprises par le musée et par l'Université Harvard dès 1905, on voit ici une admirable collection d'art égyptien couvrant quatre millénaires. Les fouilles menées à Gizeh permirent de ramener des trésors datant de l'**Ancien Empire** (2778-2360 av. J.-C.), que seul le musée d'Égyptologie du Caire peut égaler. Parmi les pièces mises au jour dans les tombes et temples de la IVe dynastie, on voit des statues du pharaon **Mykerinos** et de la reine Khamerernebti II, qui comptent parmi les plus anciennes représentations d'un couple. Comparativement, le buste du prince **Ankh Haf** est d'un réalisme surprenant.

Une expédition conduite à Deir-el-Berchah et au Soudan permit de découvrir des œuvres datant de la XIIe dynastie : les très beaux cercueils peints du **prince Djehoutihotep** et de son **épouse**, la superbe statue en granit noir représentant **Sennoui** et les statuettes de serviteurs en bois peint destinées à servir dans l'au-delà.

Des poteries du premier royaume de Nubie (3100-2800 av. J.-C.) et des bijoux en faïence et en ivoire du royaume de Kerma (2000-150 av. J.-C.) illustrent l'art de l'ancienne Nubie, région comprenant le Sud de l'Égypte et le Nord du Soudan.

Grèce et Rome – Camées, bronzes, vases grecs et romains, et sculptures, dont une tête d'Aphrodite inspirée par le style de Praxytèle, composent la collection d'art classique du MFA, reconnue pour sa richesse. À voir aussi, le bas-relief à trois côtés provenant de l'île de Thasos.

Instruments de musique

Cette collection regroupe de nombreux instruments, pour certains très anciens, provenant du monde entier : Europe, Afrique, Proche-Orient, Asie (Chine et Japon essentiellement), Amérique.

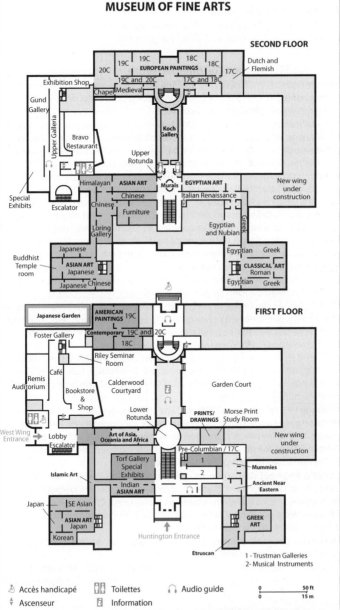

MUSEUM OF FINE ARTS

SECOND FLOOR

20C | 19C | 19C | 18C | 18C | 17C
EUROPEAN PAINTINGS
Dutch and Flemish

Exhibition Shop
19C and 20C | 17C and 18C
Chapel | Medieval

Gund Gallery
Upper Galleria

Bravo Restaurant

Koch Gallery

Upper Rotunda

Special Exhibits
Escalator

Himalayan | ASIAN ART | Murals | EGYPTIAN ART
New wing under construction

Chinese
Italian Renaissance

Chinese | Furniture

Loring Gallery
Egyptian and Nubian
Greek

Buddhist Temple room

Japanese
ASIAN ART Japanese

Egyptian | Greek
CLASSICAL ART Roman

Japanese | Chinese
Egyptian | Greek

FIRST FLOOR

Japanese Garden
AMERICAN PAINTINGS 19C
Contemporary 19C and 20C

Foster Gallery
18C

Riley Seminar Room
Café

Remis Auditorium

Bookstore & Shop

Calderwood Courtyard

Garden Court

Lower Rotunda
PRINTS/ DRAWINGS | Morse Print Study Room

West Wing Entrance
Lobby Escalator

Art of Asia, Oceania and Africa
New wing under construction

Pre-Columbian / 17C

Torf Gallery Special Exhibits
1
Mummies

Islamic Art
2

Indian ASIAN ART
Ancient Near Eastern

Japan | SE Asian
ASIAN ART Japan

Korea
GREEK ART

Huntington Entrance

Etruscan
1 - Trustman Galleries
2 - Musical Instruments

♿ Accès handicapé   🚻 Toilettes   🎧 Audio guide
⬍ Ascenseur   ℹ Information

0 ___ 50 ft
0 ___ 15 m

Gravures, dessins, photographies

Créée en 1887, cette collection concerne les travaux sur papier tels que la gravure, le dessin, les encres, la photographie, les livres illustrés et les affiches d'origines américaine ou européenne, du 15e s. à nos jours.

Textile et art de la mode

Le musée possède plus de 27 000 tissus, tapisseries et vêtements provenant d'Europe, d'Amérique et d'Afrique ainsi que des créations de la haute couture.

★★★ **Isabella Stewart Gardner Museum** Plan p.98-99 A2

280 The Fenway - Ⓣ *Museum -* 𝒫 *617 566 1401 - www.gardnermuseum.org -* ♿ ✕ *- mar.-dim. 11h-17h - fermé 4 juil., Thanksgiving Day (4e jeu. de nov.) et 25 déc. - 12 $ (gratuit à vie pour toutes les Isabella !).*

Isabella Stewart Gardner (1840-1924), New-Yorkaise devenue Bostonienne par son mariage avec Jack Lowell Gardner, devait toute sa vie défrayer la chronique mondaine de la vieille ville puritaine par ses excentricités à la Sarah Bernhardt. Outre la musique, sa passion était de rassembler des œuvres d'art. Elle fit de nombreux voyages en Europe d'où elle rapporta des merveilles, et en acquit d'autres par l'intermédiaire de ses agents américains. En 1899, elle fit édifier ce palais de style vénitien du 15e s., baptisé **Fenway Court**, pour présenter ses trésors. Mobilier, tissus, peintures, sculptures : c'est elle-même qui se chargea de l'aménagement des galeries, et rien n'a changé depuis sa mort. De beaux jardins fleuris entourent ce palais dont la cour intérieure, abritée par une verrière, donne l'impression d'un éternel été vénitien.

Rez-de-chaussée – Dans le **cloître espagnol**, des carreaux de céramique provenant d'une église mexicaine du 17e s. recouvrent les murs et servent de cadre au tableau de John Singer Sargent, *El Jaleo*.

Des sculptures classiques et un superbe pavement de mosaïques romaines (2e s.) provenant de la villa Livia ornent la **cour intérieure**. Avec son jardin et ses fenêtres vénitiennes, celle-ci est un merveilleux havre de paix, assez insolite en pleine ville. Dans les **petites galeries** entourant la cour sont présentées des toiles françaises et américaines des 19e et 20e s. On y verra des portraits de Degas et Manet, des paysages de Whistler, Sargent et Matisse, dont la première œuvre introduite aux États-Unis, *La Terrasse de St-Tropez*, est exposée dans la salle jaune.

1er étage – La salle des **primitifs italiens** abrite un retable de Simone Martini, *Madone avec quatre saints*, deux panneaux allégoriques du Pesellino, une œuvre de Fra Angelico, *Dormition de la Vierge*, une très belle miniature de Gentile Bellini, *Portrait d'un artiste turc*, et un fragment de fresque de Piero della Francesca (15e s.) représentant Hercule.

La **salle Raphaël** doit son nom à deux œuvres de l'artiste : le portrait du *comte Tommaso Inghirami* et une *Pietà*. En face, une *Annonciation* d'un auteur inconnu illustre les recherches menées sur la perspective par les peintres du 15e s. On verra également *La Tragédie de Lucrèce* de Sandro Botticelli, et une *Vierge à l'Enfant* de Giovanni Bellini.

Traversez le petit salon décoré de boiseries vénitiennes du 18e s. et de tapisseries du 17e s. pour gagner la salle des tapisseries.

La **salle des tapisseries** sert de cadre aux concerts. Sur un chevalet a été placé *Santa Engracia* de l'artiste espagnol Bermejo (15e s.). Admirez également les belles tapisseries françaises et belges du 16e s.

Le fameux *Thomas Howard, comte d'Arundel* par Rubens, ainsi que des œuvres de Hans Holbein et Antoon Van Dyck *(Femme à la rose)*, sont exposés dans la **salle hollandaise**.

2e étage – Après la **salle Véronèse**, dont les murs sont tendus de cuirs repoussés espagnols et vénitiens, on entre dans la **salle Titien** qui contient un chef-d'œuvre, *L'Enlèvement d'Europe*, commandé par Philippe II d'Espagne. Dans la **longue galerie**, la sculpture en pied représentant une *Adoration de l'Enfant* (terre cuite) et attribuée à Matteo Civitali, est considérée comme l'un des plus beaux exemples de la sculpture Renaissance. Au-dessus est accroché un tableau de Botticelli, une *Madone à l'Eucharistie* (env. 1410), qui orna le palais Chigi à Rome jusqu'au 19e s. La **salle gothique** présente le portrait en pied d'Isabella Steward Gardner par son ami John Singer Sargent.

★★ Boston Museum of Science Plan p.98-99 C1

Route 28 - Ⓣ *Science Park -* ℘ *617 723 2500 - www.mos.org -* &. ✕ *- du 4 juil. au Labor Day (1er lun. de sept.) : 9h-19h (vend. nocturne jusqu'à 21h) ; reste de l'année : 9h-17h (vend. nocturne jusqu'à 21h) - fermé Thanksgiving Day (4e jeu. de nov.) et 25 déc. - musée seul 19 $; musée, Butterfly Garden et planétarium 23,50 $; planétarium seul 9 $.*

Installé au bord de la Charles River, ce musée invite parents et enfants à découvrir le monde de la science et de la technologie, à travers des expositions d'avant-garde ludiques et pédagogiques. Fondé au 19e s. par la Société d'histoire naturelle de Boston, il embrasse aujourd'hui toutes les disciplines scientifiques, incluant les technologies informatiques : ces dernières, jusqu'à sa fermeture en 1999, étaient développées par le Computer Museum, à l'emplacement de l'actuel Children Museum *(voir p. 113)*. Boutons par centaines, bruitages, jeux de lumières, bornes interactives : la plupart des présentations incitent le visiteur à participer. On peut générer la foudre au moyen d'un générateur Van de Graaff, simuler un vol dans l'espace ou encore entendre le rugissement des dinosaures (*Tyrannosaurus rex* grandeur nature). Au total, ce sont plus de 600 objets qui sont exposés dans ce musée, qui abrite également un planétarium, un observatoire et un cinéma Imax dont l'écran atteint la taille d'un immeuble de cinq étages. Ne manquez pas le Butterfly Garden, serre tropicale où évoluent d'innombrables papillons du monde entier. Les programmes du **Charles Hayden Planetarium** présentent les phénomènes du cosmos : étoiles, galaxies, pulsars, quasars… Le deux séances quotidiennes (parfois davantage) alternent avec des démonstrations de laser *(renseignements sur le site Internet)*.

ALLEZ LES SOX !

Pour ses fidèles, ce stade est une terre bénie. Ouvert en 1912, le **Fenway Park** (Plan de Boston p.98 A2), enceinte sportive des Boston Red Sox (les « chaussettes rouges »), est le plus petit stade de la Ligue majeure *(Major League)*. Avec deux victoires aux Séries mondiales *(World Series)* en 2004 et 2007, les Red Sox, qui n'avaient plus gagné cette compétition depuis 1918, ni celle de la Ligue américaine depuis 1986, figurent à nouveau parmi les grands favoris. Des visites guidées sont proposées *(9h-16h, dernier départ trois heures avant le match les jours de rencontres - tickets disponibles au guichet situé à côté de la porte A)* : vous pourrez notamment fouler le terrain (sauf par mauvais temps), trôner sur le banc de touche et poser devant le Green Monster, célèbre mur vert de 11 m sur lequel, aujourd'hui encore, les scores sont affichés manuellement !
Tickets et informations : *http://redsox.mlb.com*.

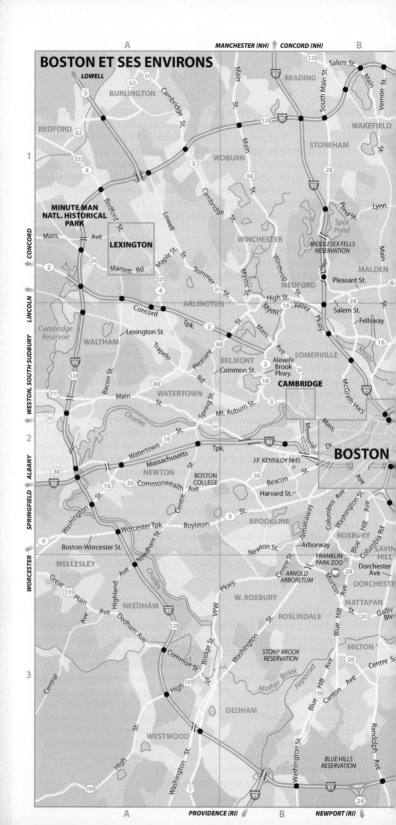

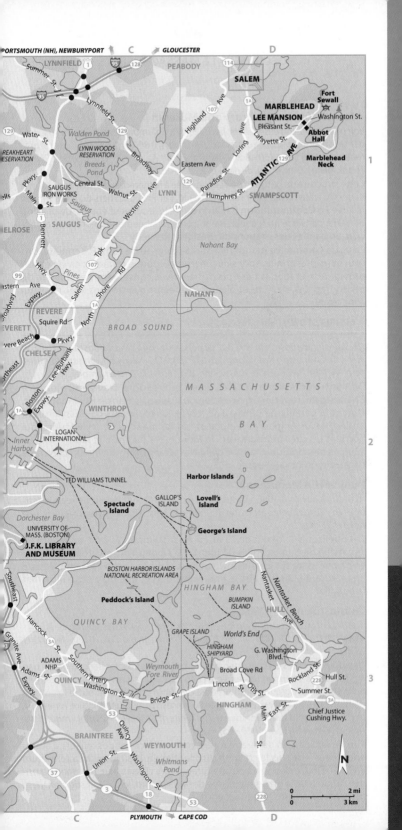

★ **John F. Kennedy Library and Museum** Plan p. 126-127 C2

Voir plan de Boston et ses environs p. 126-127. Columbia Point à Dorchester, près de l'University of Massachusetts - Ⓣ JFK/UMass, à 800 m du musée (navette gratuite) - ℘ 866 535 1960 - www.jfklibrary.org - ⅙ ✗ - 9h-17h - fermé 1ᵉʳ janv., Thanksgiving Day (4ᵉ jeu. de nov.) et 25 déc. - 10 $.

Cette structure de béton et de verre, dédiée à la mémoire du président John F. Kennedy, a été réalisée par l'architecte I.M. Pei. Près d'un tiers du bâtiment est réservé au **Contemplation Pavilion** qui s'élève sur neuf étages. Ce pavillon de verre, consacré au recueillement, contient seulement un drapeau américain, un banc et des citations du président Kennedy.

La visite commence par un film sur la jeunesse de John F. Kennedy. Des souvenirs personnels et des documents d'époque retracent sa vie et son œuvre. Aux étages supérieurs, les archives conservent des milliers de photographies, de films et d'enregistrements d'entretiens avec ceux qui l'ont connu.

★ **CHARLESTOWN** Plan p. 98-99 CD1

◗ *Voir plan de Boston (p. 99). Bac au départ de Long Wharf à Boston, arrivée au Pier 4 de Charleston Navy Yard - ℘ 877 733 9425 - www.bostonharborcruises. com - ⅙ - lun.-vend. 6h30-20h, w.-end 10h-18h - 1,70 $ (aller simple).*

De l'autre côté de la Charles River, le Freedom Trail se prolonge à Charlestown, repérable grâce à son obélisque : le Bunker Hill Monument. Durant la bataille de Bunker Hill (1775), les bâtiments coloniaux furent brûlés par les Anglais et remplacés par les maisons de style fédéral qui bordent les rues montant vers le Monument *(Main St. et Warren St.).* En 1800, la création du chantier de la Navy Yard fit de la ville un centre de construction navale réputé.

Bunker Hill Monument C1

À côté du Navy Yard, sur Constitution Rd - ℘ 617 242 5641 -www.thefreedomtrail. org - 9h-17h (dernière entrée 16h30) - fermé 1ᵉʳ janv., Thanksgiving Day (4ᵉ jeu. de nov.) et 25 déc.

Cet obélisque en granit de 73 m, créé par Solomon Willard, commémore la bataille de Bunker Hill le 17 juin 1775. Depuis l'observatoire *(294 marches)*, belle **vue** sur Charlestown et le port de Boston. À côté, une bâtisse en marbre de Carrare abrite une exposition et une maquette illustrant la bataille.

Charlestown Navy Yard D1

Visitor Center : 55 Constitution Rd - ℘ 617 242 5601 - www.nps.gov/bost - ⅙ 🅿 - 9h30-17h (juil.-août 18h) - fermé 1ᵉʳ janv., Thanksgiving Day (4ᵉ jeu. de nov.) et 25 déc.

Des visites guidées du chantier naval sont proposées par les Park rangers – gardes forestiers – *(renseignez-vous par téléphone ou sur Internet pour connaître les horaires).* Un programme multimédia de 20mn présente en outre la bataille de Bunker Hill à travers deux regards croisés : celui d'un militaire américain et celui d'un soldat britannique (« *The White of their Eyes* » (20mn) - mars-nov. : ttes les 1/2h de 9h30 à 16h30 - 4 $).

Plus de 200 navires de guerre furent construits ici – et des milliers d'autres entretenus – depuis la création du chantier en 1800 jusqu'à sa fermeture en 1974. Douze des 50 ha du site furent alors classés Parc national historique. Témoin de la grandeur passée de la Navy Yard, le *USS Constitution* y est, aujourd'hui, amarré en permanence.

★★ **USS Constitution** D1

𝄞 617 242 5641 - www.nps.gov/bost - visite guidée (30mn) de mi-juin à fin oct. : mar.-dim. 10h-16h ; reste de l'année : jeu.-dim. 10h-16h - fermé 1ᵉʳ janv., Thanksgiving Day (4ᵉ jeu. de nov.) et 25 déc.

👥 Le *USS Constitution* est la fierté de la flotte américaine : c'est le plus ancien vaisseau de guerre américain en mer. « Le vieil invincible » représente une page d'histoire dont la visite s'impose à tout Américain. Cette frégate de 44 canons fut construite en 1794, quand les 13 nouveaux États américains décidèrent d'avoir leur propre flotte. Pendant la seconde guerre anglo-américaine de 1812, la frégate s'illustra en s'emparant de l'*HMS Guerrière* et du *Java*, ainsi que du *Cyane* et du *Levante* trois ans plus tard. C'est au cours de ce conflit que ce vaisseau acquit son surnom, lorsque la *Guerrière* tenta vainement de l'éventrer. « *Old Ironsides* » fut immortalisé en 1830 par le poète Oliver Wendell Holmes dans une sorte de pamphlet destiné à le sauver de la destruction. Sensibilisés, les Américains envoyèrent de l'argent et le bâtiment, rénové, repartit pour une nouvelle carrière. Il fut presque complètement remis à neuf en 1905, 1913 et 1973. Grâce à de récentes réparations s'élevant à 12 millions de dollars, la frégate a été remise à flot en juillet 1997, pour son 200ᵉ anniversaire : c'était son premier voyage par la seule puissance de ses voiles depuis 1881.

L'**USS Cassin Young**, un destroyer de la Seconde Guerre mondiale typique des navires conçus dans les années 1930-1940, est amarré à proximité.

USS Constitution Museum D1

Pier 1 - 𝄞 617 426 1812 - www.ussconstitutionmuseum.org - ♿ - avr.-oct. : 9h-18h ; reste de l'année : 10h-17h - fermé 1ᵉʳ janv., Thanksgiving Day (4ᵉ jeu. de nov.) et 25 déc.

👥 Des expositions commémorent l'histoire de l'*USS Constitution* de 1794 à nos jours. La collection (quelque 3 000 objets) comprend des journaux de bord, des cartes et des peintures. Les enfants pourront hisser une voile, barrer et combattre les Britanniques sur ordinateur !

À proximité Plan p. 126-127

★★ **Cambridge** B2 – *Voir p.140.*
★★ **Concord et Lexington** A1 – *Voir p.148.*

🅰 NOS ADRESSES À BOSTON

INFORMATIONS UTILES

Indicatif téléphonique
𝄞 617.

Poste
Nº unique : *𝄞 800 275 8777 ;*
Poste centrale – *25 Dorchester Ave. - 6h-0h ;* **Freedom Trail** – *217 Hanover St. - lun.-vend. 8h-18h, sam. 8h-14h ;* **Beacon Hill** – *24 Beacon St. - lun.-vend. 9h-17h ;* **Back Bay** – *31 St James Ave. - lun.-vend. 7h30-19h, sam. 7h30-16h.*

Internet
Boston Public Library – *700 Boylston St. - 𝄞 617 536 5400 - www.bpl.org - lun.-jeu. 9h-21h, vend.-sam. 9h-17h, dim. (oct.-mai) 13h-17h.* Une trentaine de postes en accès libre, dont 10 réservés aux sessions rapides (15mn maximum). Wifi disponible, ainsi que dans toutes les annexes de la BPL.

Médecins
Inn-House Doctor – *𝄞 617 859 1776 - 24h/24.* Urgences médicales traitées à domicile.

Massachusetts General Hospital – ☎ 617 726 2000.
Dentiste (urgences) – ☎ 800 917 6453 - 24h/24.

Pharmacie

CVS Pharmacy – 587 Boylston St. - ☎ 617 437 8414 - 24h/24.

Police

Police/Ambulance/incendie – ☎ 911.
Police (hors urgence) – ☎ 617 343 4240.

Bureaux de change

Travelex World Wide Money – Logan International Airport - ☎ 617 567 8127 - terminal E : 8h - 22h30.
American Express Travel Services – Informations ☎ 800 297 3429 - Bureaux : 1 State St. - ☎ 617 723 8400 - lun.-vend. 8h30-17h30 ; 432 Stuart St. - ☎ 617 236 1331 - lun.-vend. 8h30-17h.

Consulat

Consulat de France – Park Sq. Building, Suite 750, 31 St-James Ave. - ☎ 617 832 4400 - lun.-vend. 9h-13h, 14h-17h ; service des visas : lun.-vend. 9h-12h30.

Météo

☎ 936 1234.

Presse

Presse quotidienne : Boston Globe (cahier consacré aux loisirs et sorties chaque jeudi) ; Boston Herald. **Presse hebdomadaire** : Boston Phoenix (articles et agenda culturels, sorties).

TRANSPORTS

Se rendre à Boston

Avion – Desservi par des vols nationaux et internationaux, le **Logan International Airport** (☎ 617 561 1800 ou 800 235 6426 - www.massport.com) est situé à 3,5 km au nord-est du centre-ville. Service de taxis (comptez 25 $), de bus (transfert direct avec la Silver Line) et de métro (arrêt Airport, sur la ligne bleue, accessible depuis les terminaux par navette gratuite). Des navettes maritimes disponibles sur appel relient l'aéroport à Rowes Wharf (**Rowes Wharf Water Taxi** – ☎ 617 406 8584 - avr.-nov. : 7h-22h ; déc.-mars : lun.-vend. 7h-19h - 10 $), à Quincy et à Hull (**Harbor Express** – ☎ 617 222 6999 - www.harborexpress.com - 12 $). Le **ferry de Salem** (☎ 978 741 0220 - www.salemferry.com - de fin mai à déb. nov. - 45mn - 12 $) fait la liaison entre Boston (Central Wharf) et Salem. Également des locations de voitures (☝ chapitre Organiser son voyage).

Train – Les trains de la compagnie Amtrak, assurant les trajets longue distance, partent de South Station (angle Atlantic Ave. et Summer St. - ☎ 800 872 7245 - www.amtrak.com). Pour la banlieue et les environs proches, renseignez-vous auprès de Massachusetts Bay Transportation Authority (MBTA - ☎ 617 222 3200 - www.mbta.com), dont les trains partent de South Station ou North Station (150 Causeway St.).

Car – Si vous optez pour le car, vous arriverez à South Station. Plusieurs compagnies desservent la ville : Greyhound (☎ 800 231 2222 - www.greyhound.com) ; Peter Pan Bus Line (☎ 800 343 9999 - www.peterpanbus.com) ; Fung Wah Bus (☎ 212 925 8889 - www.fungwahbus.com).

Sur place à Boston

Métro et bus – Le réseau des bus et métros de Boston est géré par **Massachusetts Bay Transportation Authority** (MBTA : ☎ 617 722 3200 - www.mbta.com). Les 4 lignes de métro (Rouge, Bleue, Orange et Verte), qui desservent la ville et ses environs, passent au moins par l'une de ces quatre stations centrales : Downtown Crossing, Park Street, State et Government Center. Les stations sont signalées par le symbole ⊤ visible à l'entrée des bouches de métro.

Les **horaires** sont affichés à la station Park Street. *En général : lun.-sam. 5h-0h45, dim. 6h-0h45.*

Pour les **tarifs**, prévoyez 2 $ pour un ticket de métro, 1,50 $ pour un ticket de bus. En cas d'utilisation répétée des transports en commun, optez pour la **CharlieCard** : cette carte rechargeable, disponible pour 5 $ ou plus, offre des tarifs avantageux. Certaines, d'un montant fixe, permettent un accès illimité au réseau (bus, métros, ferries et trains circulant dans la zone 1A) pendant un jour (One-Day Link Pass - 9 $) ou une semaine (One-Week Link Pass - 15 $).

Les CharlieCards sont disponibles sur le site Internet de la MBTA, aux stations de métro, à l'aéroport Logan et aux kiosques d'information du Boston Common et du Quincy Market. Le bureau d'information de la station Park Street, les guichets de South Station et North Station ainsi que la plupart des hôtels disposent de plans gratuits du réseau.

Voiture – En raison des problèmes de circulation (embouteillages fréquents, stationnement difficile et cher : comptez 6 $/h et 39 $/j.), les déplacements en voiture sont peu recommandés : préférez la marche ou les transports en commun.

Parkings – Ouverts 24h/24 : Boston Common *(voir Se garer p. 90)*, John Hancock et Prudential Center.

Ferry – Les liaisons Long Wharf-Charlestown et Long Wharf-aéroport Logan sont assurées par la MBTA *(☎ 617 222 6999 - www.mbta.com)*. Pour les croisières, consultez : Boston Harbor Cruises *(www.bostonharborcruises.com)* et Boston's Best cruises *(www.harborexpress.com)*.

Taxi – **Boston Cab Association** : ☎ 617 536 3200 ; **Independent Taxi Operators Association** : ☎ 617 426 8700 ; **Green Cab** : ☎ 617 625 5000 ; **Town Taxi** : ☎ 617 536 5000.

VISITES

Carte de réduction
Le **CityPassBoston** *(valable 1 an - 44 $)* est disponible aux bureaux d'information, dans la plupart des hôtels et auprès des sites concernés. Il permet l'accès au New England Aquarium, au Museum of Fine Arts, au Museum of Science, au Skywalk Observatory et, au choix, au Harvard Museum of Natural History ou aux JFK Library and Museum.

Croisières
Boston Harbor Cruises – ☎ 617 227 4321 - www.bostonharborcruises.com. Au départ de Long Wharf, croisières quotidiennes *(10-18 $)* dans le port de Boston et ferries rapides pour Provincetown, Cape Cod *(mai-oct. uniquement - 3h AR - 43 $)*.

Spirit of Boston Cruises – ☎ 866 310 2469 - www.spiritcruises.com - déjeuner : départ à 11h30, 38 $; dîner : départ à 18h30, 75 $. Repas-croisières commentés au départ du Commonwealth Pier (World Trade Center). Consultez également les prestations d'**Odyssey Cruises** *(☎ 866 307 2469 - www.odysseycruises.com)*, gérée par la même compagnie.

Liberty Fleet – *☎ 617 742 0333 - www.libertyfleet.com - juin-sept. - 30 $.* Croisières de 2h en voilier au départ de Long Wharf.

HÉBERGEMENT

Des motels bon marché aux palaces, Boston compte un large choix d'hébergements. Les tarifs varient selon la saison et le jour de la semaine ; notez que de nombreux établissements du centre-ville, pour la plupart très onéreux, proposent des réductions le week-end. La plupart des B & B sont excentrés, regroupés dans les quartiers résidentiels (*attention, les B & B exigent en général un séjour minimum de 2 nuits*). Une taxe de 12,45 % est à majorer au prix de la chambre.

Centrales de réservation

Elles permettent, sur Internet ou par téléphone, de réserver une chambre d'hôtel, un B & B, un studio ou un appartement.

Bed & Breakfast Agency of Boston – *☎ 617 720 3540 - www. boston-bnbagency.com.*

Bed & Breakfast Associates Bay Colony – *☎ 781 449 5302 ou 888 486 6018 - www.bnbboston.com.*

First Choice Bed & Breakfast – *☎ 617 236 2227 - www. firstchoicebnb.com.*

Greater Boston Hospitality Bed & Breakfast Service – *☎ 617 393 1548 - www. bostonbedandbreakfast.com.*

Host Homes of Boston – *☎ 617 244 1308 ou 800 600 1308 - www.hosthomesofboston.com.*

Back Bay

PREMIER PRIX

Hostelling International – Plan p. 98. *12 Hemenway St. - ☎ 617 536 9455 - www.bostonhostel.org - dortoirs (6 lits) 31/48 $ par pers.,* chambres doubles 83/133 $ par nuit - les membres d'Hostelling International bénéficient d'une réduction de 3 $. Fidèle à la réputation de son enseigne, une auberge accueillante, propre et sûre, entre le Prudential Center et le Museum of Fine Arts. Son annexe, le **Fenway Summer Hostel** Plan p. 98 *(610 Beacon St. - ☎ 617 267 8599 - www. bostonhostel.org - de déb. juin à mi-août - dortoirs (4 lits) 38/48 $ par pers., chambres doubles 103 $ par nuit),* a emménagé en 2009 à deux pas du Fenway Park.

463 Beacon Sreet. – Plan p. 98. *463 Beacon St. - ☎ 617 536 1302 - www.463beacon.com - 20 ch. 79/169 $.* Dans un immeuble en *brownstone* au cœur de Back Bay, 20 chambres avec ou sans kitchenette et salle de bain. Le décor soigné, un brin désuet, les cheminées et les hauts plafonds en font, dans cette gamme de prix, une adresse recherchée. Pensez à réserver à l'avance ! Également des appartements à la semaine.

POUR SE FAIRE PLAISIR

Newbury Guest House – Plan p. 117. *261 Newbury St. - ☎ 617 670 6000 ou 800 437 7668 - www. newburyguesthouse.com - 32 ch. 159/239 $.* Prisée pour son emplacement, une guest house élégante dans trois *brownstone* des années 1880, sur les Champs-Élysées du shopping ! Les plus belles chambres, avec meubles de style victorien, parquet et baies vitrées, suscitent la convoitise : réservez au moins un mois à l'avance ! Wifi.

The Bertram Inn – Plan p. 98. *92 Sewall Ave. - ☎ 617 566 2234 ou 800 295 3822 - www.bertraminn. com - 14 ch. 179/274 $.* Dans un quartier paisible élu par bien des étudiants de Boston, une bâtisse de 1907 aux charmes inchangés :

lambris de chêne, fenêtres à petits carreaux, véranda colorée inondée de lumière. L'été, le jardin luxuriant invite au repos. Proche du métro (Ⓣ Kent St.). Wifi.

The Samuel Sewall Inn – Plan p. 98. *143 St Paul St. - ☏ 617 713 0123 ou 888 713 2566 - www. samuelsewallinn.com - 14 ch. 179/274 $.* À 50 m de la Beltram Inn (ce sont les mêmes propriétaires !), cette demeure cossue dispose de chambres toutes différentes, arrangées avec goût, comme le veut la tradition victorienne. Claires ou meublées de bois sombre, bourgeoises ou champêtres, coquettes ou vastes, toutes ressurgissent d'une époque révolue. Non loin du métro (Ⓣ Coolidge Corner et Kent St.). Wifi.

Gryphon House – Plan p. 98. *9 Bay State Rd. - ☏ 617 375 9003 - www.gryphonhouseboston.com - 8 suites 189/365 $.* Tapisseries anciennes, boiseries, trompe-l'œil : il ne manque dans le hall de ce *brownstone* du 19e s. que la *lady* chic d'un Whistler regagnant, les mains gantées, sa suite spacieuse et claire. Chacune est bien équipée (TV, Wifi) et nommée selon le thème : Riverview, Victoria, Garden, ou encore la Tuscany, plus rustique.

UNE FOLIE

Lenox Hotel – Plan p. 117. *61 Exeter St. - ☏ 617 536 5300 ou 800 225 7676 - www.lenoxhotel. com - 214 ch. 245/505 $.* La restauration de sa façade, tout comme ses efforts en matière d'écotourisme, ont valu à cet hôtel de charme construit en 1901 de nombreuses récompenses. À deux pas des boutiques de Newbury Street et Copley Square, l'adresse séduit particulièrement les femmes d'affaires. Chambres tout confort, restaurant, et, très populaires auprès des Bostoniens

aisés, deux bars : le City-Bar, lounge, et le pub irlandais Solas. Proche du métro.

Hotel Commonwealth – Plan p. 98. *500 Commonwealth Ave. - ☏ 617 933 5000 ou 866 784 4000 - www.hotelcommonwealth. com - 150 ch. 249/459 $.* De hautes fenêtres laissent s'infiltrer la lumière dans ses chambres avec vue : demandez la Commonwealth Avenue ou le Fenway Park. À l'intérieur, oreillers délicats, linge italien satiné et service irréprochable : on peine à quitter ce lieu sophistiqué, aménagé avec goût. Son restaurant, le Great Bay, est réputé pour ses poissons.

Eliot Hotel – Plan p. 98. *370 Commonwealth Ave. - ☏ 617 267 1607 ou 800 443 5468 - www.eliothotel.com - 95 ch. 255/860 $.* Dans cette luxueuse résidence de 1925 dominant la Commonwealth Avenue, la plupart des chambres – en réalité des suites – sont habillées de soie claire et de marbre. L'Eliot Hotel est élégant, feutré, et l'on goûte dans son restaurant (Le Clio) une exquise cuisine fusion teintée d'une touche française contemporaine.

Fairmont Copley Plaza – Plan p. 117. *138 St James Ave. - ☏ 617 267 5300 or 800 257 7544 - www. fairmont.com - 383 ch. 287/807 $.* Plafonds à dorures, chandeliers de cristal, mobilier de style Renaissance et Louis XIV, motifs floraux et carreaux écossais : c'est LE palace classique de Back Bay, qui, depuis 1912, a vu défiler présidents américains et hauts dignitaires étrangers. En 1975, Elizabeth Taylor et Richard Burton y passèrent leur seconde lune de miel : une institution ! Restaurant Oak Room : pour une cuisine traditionnelle américaine.

Beacon Hill

BUDGET MOYEN

John Jeffries House – Plan p. 102. *14 David G. Mugar Way* - ✆ *617 367 1866* - *www.johnjeffrieshouse. com* - *46 ch. 115/184 $*. Au pied de Beacon Hill, cet imposant immeuble de quatre étages en brique rouge, élevé au début des années 1900, se dresse en bordure d'un rond point bruyant, mais à l'intérieur règne une étonnante sérénité. Les chambres, bien entretenues, sont meublées de reproductions fidèles au style de l'époque, et la plupart ont une kitchenette. Une adresse bien située, à proximité des cafés, boutiques et antiquaires de Charles Street et de la station de métro du même nom.

UNE FOLIE

Beacon Hill Hotel and Bistro – Plan p. 102. *25 Charles St.* - ✆ *617 723 7575* - *www. beaconhillhotel.com* - ✗ - *3 ch. 245/425 $* ▭. Aux beaux jours, glissez-vous sur le toit-terrasse de ce boutique-hôtel chic de la rue principale de Beacon Hill et dégustez un verre de vin. Huppé, élégant, le lieu sied bien au quartier (antiquaires, restaurants haut de gamme). Chambres contemporaines, épurées. Le petit-déjeuner, copieux, est compris dans le tarif et servit dans la salle de restaurant, aménagée façon bistro parisien : naturellement, la carte y est d'inspiration française.

XV Beacon – Plan p. 102. *15 Beacon St.* - ✆ *617 670 1500 ou 877 982 3226* - *www.xvbeacon. com* - ✗ - *63 ch. 375/500 $*. Dans un édifice Beaux-Arts de 1903, l'hôtel de tous les fastes : lits à baldaquin, cheminées et meubles en acajou. Essayez son restaurant, Moo, une *steakhouse* revisitée par Jamie Mammano.

Freedom Trail / Waterfront

POUR SE FAIRE PLAISIR

Omni Parker House – Plan p. 108. *60 School St.* - ✆ *617 227 8600 ou 888 444 6664* - *www. omniparkerhouse.com* - ✗ - *572 ch. 160-370 $ (attention, les tarifs les plus bas ne sont valables que pour une réservation effectuée au moins 3 semaines à l'avance)*. Charles Dickens y lut pour la première fois son *Chant de Noël* en public, John F. Kennedy le choisit pour demander Jackie en mariage et Boston lui doit encore son célèbre cream pie : un établissement légendaire ! Ouvert en 1855, c'est aussi, sous ses plafonds à moulures, le plus vieil hôtel en fonctionnement des États-Unis.

UNE FOLIE

Boston Harbor Hotel – Plan p. 112. *70 Rowes Wharf* - ✆ *617 439 7000 ou 800 752 7077* - *www.bhh. com* - ✗ - *230 ch. 375/615 $*. Son charme classique – chandeliers, marbres, tapisseries, mobilier ancien – ferait presque oublier sa jeunesse : bâti en 1987, cet hôtel jouit de belles vues du port. Dans ses murs, le restaurant Meritage sert une cuisine régionale contemporaine de haut rang. Concerts de jazz en été.

RESTAURATION

Back Bay / South End

PREMIER PRIX

Pho Republique – Plan p. 98 *1415 Washington St.* - ✆ *617 262 0005* - *www.phorepublique. net* - *17h30-1h*. Pour changer du wrap ou du burger sans casser sa tirelire, un restaurant vietnamien populaire de South End : les soupes de noodles *(Pho)*, à garnir de poulet, viande, tofu ou crevettes grillées accompagnés de légumes frais vous combleront.

Charlie's Sandwich Shoppe – Plan p. 117. *429 Columbus Ave. - ☎ 617 536 7669 - lun.-vend. 6h-14h30, sam. 7h30-13h.* La cantine des jazzmen noirs durant la ségrégation – Sammy Davis Jr, qui jouait pour quelques pièces devant la porte, y avait ses habitudes – devenue une institution du quartier. Entre coffee shop et *diner*, résolument authentique avec ses carreaux et ses tabourets en Skaï, il sert le meilleur *turkey hash and eggs* de la ville ! Mais aussi : *blueberry griddle cakes and bacon, scrambled eggs and cheese*, et *Cape Cod toasts*, pour le petit-déjeuner ou le brunch.

BUDGET MOYEN

Myers + Chang – Plan p. 98. *1145 Washington St. - ☎ 617 542 5200 - www.myersandchang. com - dim.-merc. 11h30-22h, jeu.-sam. 11h30-23h.* Les talents réunis de Christophe Myers (propriétaire des restaurants Radius et Via Matta) et Joanne Chang (restaurant Flour), pour une cuisine d'Asie du Sud-Est savoureuse et peu onéreuse. La salade de papaye verte, le nasi goreng ou le porc sauté au poivre noir et gingembre s'y dégustent en musique dans une salle design.

POUR SE FAIRE PLAISIR

B & G Oysters – Plan p. 117. *550 Tremont St. - ☎ 617 423 0550 - www.bandgoysters.com - lun. 11h30-22h, mar.-vend. 11h30-23h, sam. 12h-23h, dim. 12h-22h.* Rappelant la nacre d'une coquille d'huître, une lumière argentée baigne le restaurant épuré de Barbara Lynch : comptoir de marbre blanc et tabourets noirs. Avec amour et érudition, on vous y présentera les coquillages à la carte comme un sommelier son vin. Un rendez-vous chic et décontracté.

Hamersley's Bistro – Plan p. 117. *553 Tremont St. - ☎ 617 423 2700 - www.hamersleysbistro.com - lun.-vend. 17h30-21h30, sam. 17h30-22h, dim. 11h-14h, 17h30-21h30.* Dîner uniquement. Il appartient au petit groupe d'établissements qui ont fait du South End le quartier le plus couru de Boston : 10 ans après, ce néobistrot à la française continue d'afficher complet ! Aussi arrivez tôt, ou réservez, pour le cassoulet ou le poulet grillé à l'ail. Terrasse aux beaux jours.

Grill 23 & Bar – Plan p. 117. *161 Berkeley St. - ☎ 617 542 2255 - www.grill23.com - lun.-jeu. 17h30-22h30, vend.-sam. 17h30-23h, dim. 17h30-22h.* Mi-bar mi-restaurant, il a bâti sa réputation sur ses superbes pièces de viandes : filet mignon, bifteck d'aloyau, entrecôte. Mais ses habitués – cols-blancs-un-verre-de-martini-à-la-main – viennent aussi pour ses poissons et fruits de mer.

Beacon Hill

PREMIER PRIX

Upper Crust Pizzeria – Plan p. 102. *20 Charles St. - ☎ 617 723 9600 - www.theuppercrustpizzeria. com - dim.-merc. 11h30-22h, jeu.-sam. 11h30-22h30.* Des pizzas fines, craquantes et savoureuses dans ce petit restaurant looké au succès fulgurant : depuis son ouverture en 2001, 13 autres enseignes « Upper Crust » ont été inaugurées à Boston et ses environs.

BUDGET MOYEN

Figs – Plan p. 102. *42 Charles St. - ☎ 617 742 3447 - www.toddenglish. com - lun.- vend. 17h30-22h, sam. 12h-22h, dim. 12h-21h.* À deux pas d'Upper Crust, une autre pizzeria en vogue sous la houlette d'un chef star : Todd English. Croustillantes compositions à déguster dans un décor aux tons chauds.

Bin 26 Enoteca – Plan p. 102. *26 Charles St. - ℘ 617 723 5939 - www.bin26.com - lun.-jeu. 12h-22h, vend. 12h-23h, sam. 11h-23h, dim. 11h-22h.* Claire, épurée, une table que seules, ou presque, habillent des cloisons de bouteilles, hommage épicurien. Chic et branché (comme nombre de ses confrères de Charles Street), ce bistro à vin délivre une cuisine italienne sophistiquée : thon et pancetta au fenouil, tagliatelles cacao aux cèpes, *casarecce* aux anchois et aux câpres.

Freedom Trail Waterfront
PREMIER PRIX

Quincy Market – Plan p. 108. *Faneuil Hall Marketplace, South Market Building - ℘ 617 523 1300 - www.faneuilhallmarketplace. com - lun.-sam. 10h-21h, dim. 12h-18h.* Burgers, hot-dogs, sushis, enchiladas, pretzels, poulets curry, lobster rolls… Vous trouverez tout ce que vous voulez dans ce vaste *food court* abritant plus de 40 enseignes. Ultratouristique mais incontournable! Excellentes pizzas au stand Regine.

Daily Catch – Plan p. 108. *323 Hanover St. - ℘ 617 523 8567 - www.dailycatch.com - midi et soir - autre adresse : 2 Northerne Ave. (Seaport).* Rustique, une cabane de pêcheurs parmi les pizzerias du quartier italien : *clam chowder, fish and chips* et spécialités de calamars, comme ceux, superbes, aux pâtes à l'encre de seiches.

BUDGET MOYEN

Legal Sea Foods – Plan p. 112. *255 State St. - ℘ 617 742 5300 - www.legalseafoods.com - dim.-jeu. 11h-23h, vend.-sam. 11h-0h - autres adresses : Park Square (26 Park Sq. - ℘ 617 426 4444), Copley Place (100 Huntington Ave. - ℘ 617 266 7775) et Prudential Center (800 Boylston St. - ℘ 617 266*

6800). Impossible de manquer cette chaîne régionale de restaurants de fruits de mer qui, aujourd'hui, compte une dizaine d'établissements hors de Nouvelle-Angleterre. Du mahi mahi thaï à l'espadon à la confiture d'oignon, sans oublier clams et homard : longue carte.

Trattoria Il Panino – Plan p. 108. *11 Parmenter St. - ℘ 617 720 1336 - www.trattoriailpanino.com - lun.-jeu. 11h-22h, vend.-sam. 11h-23h, dim. 12h-23h.* La plus ancienne trattoria de Boston! Saumon prosciutto, thon *in Padella*, penne et autres pastas continuent, dans ce décor toujours authentique, de récolter tous les suffrages.

POUR SE FAIRE PLAISIR

Bricco – Plan p. 108. *241 Hanover St. - ℘ 617 248 6800 - www. bricco.com - 17h-2h (pizzas : mar.-sam. uniquement).* De son voisin Il Panino, c'est l'envers du décor : une trattoria lounge et sophistiquée. Recommandé dans le quartier – car il sait aussi rester simple – Bricco séduit avec son osso buco et risotto au safran, ses tortelli aux miel, truffes et ricotta, sa pièce de sanglier aux cèpes. La très belle carte des vins fait honneur aux crus italiens.

Kingfish Hall – Plan p. 108. *188 Faneuil Hall Marketplace, South Market Building - ℘ 617 523 8862 - www.toddenglish.com - lun.-jeu. 11h30-15h, 17h-22h, vend.-sam. 11h30-15h, 17h-23h, dim. 11h30-15h, 17h-21h30.* Derrière cette enseigne du Faneuil Hall Marketplace, haut lieu du Freedom Trail où passent et repassent Bostoniens et touristes, l'incontournable Todd English : un lieu stratégique pour un chef médiatique. Comme à son habitude, il y distille une cuisine créative tentée par l'Ancien Monde : homard au gingembre, bouillabaisse thaïe, flétan à l'aïoli.

Radius – Plan p. 98. *8 High St.* - ☎ *617 426 1234 - www. radiusrestaurant.com - lun.-jeu. 11h30-14h30, 17h30-22h, vend. 11h30-14h30, 17h30-23h, sam. 17h30-23h.* Cuisine contemporaine de haute volée pour cette table à l'atmosphère zen, l'une des dix meilleures de Boston. Après le foie gras et les saint-jacques du Maine aux trompettes de la mort ou l'agneau du Colorado au risotto d'orge, essayez le gâteau au sucre de palme ou la crème brûlée à la vanille de Tahiti.

O Ya – Plan p. 98. *9 East St.* - ☎ *617 654 9900 - www. oyarestaurantboston.com - mar.-jeu. 17h-21h30, vend.-sam. 17h-22h - réserv. recommandée.* Dissimulé dans une petite rue du South End, O Ya, difficile à trouver, fait la preuve qu'une grande table peut effacer son handicap géographique : les amateurs de cuisine japonaise s'y pressent sans retenue. Tim Cushman, copropriétaire et chef passé par le célébrissime Nobu, y concocte de divins sushis (aux oursins, au bœuf de Kobé…) que sa femme, Nancy, vous proposera d'accompagner d'un vin de sa sélection.

Charlestown

PREMIER PRIX

Warren tavern – Plan p. 98. *2 Pleasant St.* - ☎ *617 241 8142 - www.warrentavern.com - lun.-vend. 11h30-1h, w.-end 10h30-1h.* Paul Revere y avait ses habitudes et George Washington la fréquenta plus d'une fois : bienvenue dans la plus ancienne taverne du Massachusetts (1780). Pour un sandwich, un *shepered's pie* (spécialité de la maison) ou pour une simple bière au comptoir en acajou, sous la charpente apparente. Un point de chute idéal après une longue journée sur le Freedom Trail.

BOIRE UN VERRE

Parish Cafe – *361 Boylston St.* - ☎ *617 247 4777 - www.parishcafe. com - lun.-sam. 11h30-2h, dim. 12h-2h.* Ses excellents sandwichs prépareront votre séance de lèche-vitrine sur Newbury St., et sa carte de boissons, à l'heure de l'apéritif, l'achèvera à merveille : à toutes les heures de la journée, ce café-bar tombe à point nommé.

Finale – *1 Columbus Ave.* - ☎ *617 423 3184 - www. finaledesserts.com - dim.-lun. 11h-23h, mar.-jeu. 11h-23h30, vend.-sam. 11h-0h.* Si l'on y trouve sandwichs et plats simples, c'est pour ses desserts irrésistibles que les Bostoniens s'attablent dans ce café à la jonction du Theater District et de Back Bay. Conseillé aux amateurs, le Chocolate Obsession est une orgie sucrée qui se consomme à deux.

Sonsie – *327 Newbury St.* - ☎ *617 351 2500 - www. sonsieboston.com - 7h-1h.* Chic et branché, un comptoir pour voir et être vu, et son restaurant. Ici se retrouve le soir la clientèle dorée de Newbury St.

ACHATS

Downtown

Avec plus de 500 boutiques, grands magasins (dont Macy's), restaurants, bars et hôtels, **Downtown Crossing** *(Washington St. et Summer St. - www.downtowncrossing.org)* est le plus important quartier commerçant de Boston.

Au sous-sol du Filene's Building *(426 Washington St. - www. filenesbasement.com - ☎ 800 966 2768)*, **Filene's Basement** est réputé pour ses bonnes affaires. Derrière le City Hall, **Faneuil Hall Marketplace** *(Dock Sq. - www. faneuilhallmarketplace.com)* concentre plus de 70 restaurants, traiteurs et bars. Non loin, **Haymarket** (*Blackstone St., entre Hanover St. et North St. - vend.-sam. uniquement*) est un marché populaire auprès des Bostoniens : produits fermiers et pêche du jour.

Back Bay

Copley Place (*Huntington Ave. et Dartmouth St. - www.shopcopleyplace.com*) accueille restaurants et boutiques sur deux niveaux. Parmi elles : Neiman-Marcus, Tiffany, Gucci et Barney's. Une passerelle donne accès à l'immense **Prudential Center** (*800 Boylston St. entre Gloucester St. et Exeter St. - www.prudentialcenter.com*) : Lord & Taylor, Saks Fifth Avenue, Legal Sea Foods.
Percée le long de Back Bay, **Newbury Street** (*www.newbury-st.com*), la plus chic des artères commerçantes de Boston, est bordée de galeries d'art, de magasins d'antiquaires, de boutiques de design et de restaurants haut de gamme.
Au n° 175, la **Society of Arts and Crafts** (*℘ 617 266 1810 - www.societyofcrafts.org*) expose du mobilier, des étoffes, de la verrerie et des bijoux réalisés par des artisans.

Beacon Hill

Le long de **Charles Street** se trouve la plus forte concentration d'antiquaires de la ville. Préparez-vous à briser votre tirelire, dans ce quartier très huppé.

Cambridge

Vivante, grâce à ses campus de Harvard et du MIT, la voisine de Boston abrite nombre de restaurants, bars, clubs, boutiques tendance dédiées aux étudiants, ainsi que 30 librairies : le nombre le plus élevé par habitant du pays.

EN SOIRÉE

Consultez les pages arts et loisirs des journaux et magazines locaux, qui répertorient les événements et listent les théâtres.
BosTix Ticket Booths – *Faneuil Hall Marketplace et Copley Sq. - ℘ 617 482 2849 - www.artsboston.org - lun.-sam. 10h-18h, dim. 11h-16h - paiement en espèces uniquement*. Billets demi-tarif le jour des représentations.
Ticketmaster – *℘ 617 931 2000 - www.ticketmaster.com*. Théâtre, danse, opéra.
Boston Ballet – *270 Tremont St. - ℘ 617 695 6955 - www.bostonballet.org*.
Boston Center for the Arts (BCA) – *539 Tremont St. - ℘ 617 426 5000 - www.bcaonline.org*.
Boston Lyric Opera – *265 Tremont St. - ℘ 617 542 6772 - www.blo.org*.
Charles Playhouse, Blue Man Group Boston – *74 Warrenton St. - ℘ 617 426 6912 - www.blueman.com ou www.broadwayacrossamerica.com*.
The Colonial Theater – *106 Boylston St. - ℘ 617 880 2495 - www.broadwayacrossamerica.com*.
Emerson Majestic Theater – *219 Tremont St. - ℘ 617 824 8000 - www.emerson.edu*.
Hatch Memorial Shell – *Charles River Esplanade - ℘ 617 626 1470*.
Huntington Theater – *264 Huntington Ave. - ℘ 617 266 0800 - www.huntingtontheatre.org*.
New England Conservatory of Music – *Jordan Hall, 290 Huntington Ave. - ℘ 617 536 2412 - www.newenglandconservatory.edu*.
Shubert Theatre – *265 Tremont St. - ℘ 617 482 9393 - www.boston.com*.
Symphony Hall – *301 Massachusetts Ave.,*

Cambridge - 📞 *617 266 1492 -*
www.bso.org.
**Wang Center for the Performing
Arts** – *270 Tremont St. -* 📞 *617 482
9393 - www.wangcenter.org.*
Wilbur Theater – *246 Tremont St. -*
📞 *617 423 4008 - www.
broadwayacrossamerica.com.*

Bars et clubs

Vous trouverez la liste des
événements, concerts et soirées
à Boston sur : http://stuffboston.
com et http://thephoenix.com.
Scullers Jazz Club – *400 Soldiers
Field Rd -* 📞 *617 562 4111 www.
scullersjazz.com.* L'une des scènes
jazz les plus renommées de
Boston. Restaurant.
Enormous Room –
*567 Massachusetts Ave.,
Cambridge -* 📞 *617 491 5550 -
www.enormous.tv.* À proximité de
Central Square, un club pour les
musiques alternatives : hip hop,
reggae, soul et électro de qualité.
Middlesex Lounge –
*315 Massachusetts Ave.,
Cambridge -* 📞 *617 868 6739 -
www.middlesexloung.com.*
House, techno et disco tiennent
la vedette dans cette salle à la
playlist consensuelle.
Phœnix Landing –
*521 Massachusetts Ave.,
Cambridge -* 📞 *617 576
6260 - www.myspace.com/
phoenixlanding.* Très apprécié des
étudiants de Cambridge, un bar
à la programmation variée : du
karaoké aux soirées drum n' bass.
Goodlife Bar – *28 Kingston St. -*
📞 *617 451 2622 - www.goodlifebar.
com - lun.-vend. 11h30-2h, sam.
18h-2h.* Bordant le quartier
des affaires, ce bar stylisé ne
rassemble pas que les cols blancs :
cuisine soignée et musique de
choix valent le déplacement.
The Seven's Ale House –
77 Charles St. - 📞 *617 523 9074 -
lun.-sam. 11h30-1h, dim. 12h-1h.*

Un chaleureux pub pour savourer
une Guinness en commentant la
dernière rencontre des Sox.

ACTIVITÉS

Sport
Les tickets peuvent être achetés
dans les enceintes sportives
ou aux points de vente de
Ticketmaster (📞 *617 931 2000 -
www.ticketmaster.com*).
Baseball – 📞 *617 267 1700 - www.
redsox.com.* Saison : avr.-oct. ;
enceinte : Fenway Park ; équipe :
Red Sox (LA).
Basketball – 📞 *617 523 3030 -
www.celtics.com.* Saison : oct.-avr. ;
enceinte : TD Banknorth Garden ;
équipe : Celtics (NBA).
Football – 📞 *617 543 1776 ou
800 543 1776 - www.patriots.com.*
Saison : sept.-déc. ; enceinte :
Gillette Stadium ; équipe : New
England Patriots (NFL).
Hockey – 📞 *617 624 1000 - www.
bostonbruins.com.* Saison : sept.-avr. ;
enceinte : TD Banknorth Garden ;
équipe : Bruins (NHA).

AGENDA

Chinese New Year Parade – *Fin
janv.-début fév. -* 📞 *888 733 2786 -
www.bostonusa.com.*
**New England Spring Flower
Show** – *Mars - www.masshort.org -*
📞 *617 933 4970.*
Boston Marathon – *3ᵉ lun.
d'avr. -* 📞 *617 236 1652 - www.
bostonmarathon.com.*
Harborfest – *Juil. -* 📞 *617 227 1528 -
www.bostonharborfest.com.*
Restaurant Week – *Août -*
📞 *888 733 2678 - www.bostonusa.
com/restaurantweek.*
Boston Film Festival – *1 semaine
en sept. -* 📞 *617 523 8388 - www.
bostonfilmfestival.org.*
First Night Boston – *31 déc. -*
📞 *617 542 1399 - www.firstnight.
org.*

Cambridge

105 596 hab.

NOS ADRESSES PAGE 146

S'INFORMER

Cambridge Office of Tourism : *4 Brattle St. - ℘ 617 441 2884 ou 800 862 5678 - www.cambridge-usa.org.*

SE REPÉRER

Carte de la région D2 *(p. 89) – carte Michelin 581 M 8.* Du centre de Boston, Cambridge est accessible en métro *(ligne rouge, voir plan p. 91)* : choisissez votre station en fonction des sites que vous souhaitez visiter (ceux décrits dans ce chapitre se trouvent aux stations Harvard et Kendall/MIT). En voiture, prenez l'I-90 vers le centre de Boston, puis Cambridge St., ou encore la Route 2, qui dessert le nord de la ville *(voir plan p. 98).*

SE GARER

Comptez 25 $ pour vous garer une journée à Cambridge. Central Square *(parking au 438 Green St. - 5 $/h)* est moins onéreux qu'Harvard Yard, où le stationnement est facturé 10 $/h.

À NE PAS MANQUER

L'Université Harvard, son Yard et, à choisir selon vos centres d'intérêt, ses musées. Si le temps vous le permet, faites un détour par le Mt Auburn Cemetery, un cimetière conçu comme un jardin paysager où reposent notamment Henry Wadsworth Longfellow, Isabella Stewart Gardner et Winslow Homer.

ORGANISER SON TEMPS

Avec ses bâtiments historiques, ses musées, ses librairies et ses cafés-restaurants par dizaines, Harvard Square nécessite une journée au moins de votre séjour. Les noctambules la prolongeront à Central Square, un des pôles de la vie nocturne bostonienne.

DE NEW TOWNE À CAMBRIDGE

En 1630, ce site fut choisi pour y établir la capitale de la colonie de la Baie. On éleva des fortifications autour de la cité, qu'on baptisa New Towne. Six ans plus tard, les puritains décidèrent d'y fonder un collège pour former les jeunes hommes destinés aux plus hautes fonctions. Le gouvernement de la colonie lui affecta une somme égale à la recette fiscale qu'il percevait. En 1638, afin de souligner l'importance du collège pour la colonie, New Towne fut rebaptisée Cambridge, d'après la célèbre ville universitaire anglaise. Le collège doit son nom au pasteur **John Harvard** qui mourut la même année à Charlestown, léguant à l'institution la moitié de sa fortune et sa bibliothèque.

Une rue de Cambridge.
P. Orain / MICHELIN

Face à Boston, de l'autre côté de la Charles River, s'étend la cité universitaire de Cambridge, à laquelle l'Université Harvard et l'Institut de technologie du Massachusetts (MIT) ont conféré une renommée mondiale. Principale artère de la ville, Massachusetts Avenue débute au Harvard Bridge, passe devant le campus de MIT, puis gagne, au centre de Cambridge, le Harvard Square, animé de cafés, de restaurants et de théâtres. Le long de la Charles River, Memorial Drive procure de très belles vues sur le centre-ville de Boston et Back Bay.

Se promener

★★★ HARVARD UNIVERSITY Plan p. 143

◯ *Le campus historique borde la Charles River au nord de Memorial Drive. Voir le plan de la ville (p. 143).* ☎ *617 495 1000 - www.harvard.edu -* ⓣ *Harvard.*
Première université créée sur le sol américain, Harvard, fondée en 1636, est restée l'un des fleurons de l'enseignement aux États-Unis et dans le monde. Elle devint une université moderne au 19e s. lorsqu'elle ouvrit de nouvelles facultés : médecine (1782), théologie (1816), droit (1817), médecine dentaire (1867), arts et techniques (1872). Les femmes y furent admises pour la première fois en 1879, date à laquelle fut ouvert, à leur intention, le Radcliffe College, qui leur permettait dorénavant d'accéder aux études supérieures. Aujourd'hui, toutes les classes sont mixtes. Les étudiants habitent dans les 13 « houses », pour la plupart de beaux bâtiments de style georgien encadrant des cours intérieures.
Avec 25,9 milliards de dollars, Harvard bénéficie de la dotation la plus élevée du monde.
Le campus – Ses 500 bâtiments en font une véritable ville dans la ville. Tous les styles architecturaux sont représentés à Harvard, du style colonial aux réalisations modernes de Gropius (Harkness Commons et Graduate Center, 1950 - **G**) et Le Corbusier (Carpenter Center of Visual Arts).

Partez du Harvard Information Center situé au 1350 Massachusetts Ave.

★★ Harvard Yard

Bordé par Massachusetts Ave., Quincy St. et Cambridge St.

C'est le campus original qui rassemble la plupart des bâtiments administratifs, les dortoirs et la première chapelle de Harvard (Holden Chapel).

À gauche se trouve le **Massachusetts Hall** (**A**) (1720), le plus ancien bâtiment de Harvard. En face, on voit le **Harvard Hall** (**B**) (1766) et, derrière, la ravissante **Holden Chapel** (**C**). De l'autre côté du Yard se dresse un édifice de granit, **University Hall** (**D**) (1815), réalisé par Charles Bulfinch. Devant s'élève la **statue de John Harvard** (**1**), une œuvre de Daniel Chester French, appelée « la statue des trois mensonges » car sa plaque précise que John Harvard fut le fondateur du collège en 1638. Or, le collège fut fondé en 1636, J. Harvard n'en fut « que le donateur », et la statue représente en réalité un étudiant de l'université qui posa près de 250 ans (en 1882) après la mort du célèbre pasteur.

Derrière le University Hall, l'imposante **Widener Memorial Library** (**F**) fait face à la **Memorial Church** (**E**), dédiée aux anciens de Harvard tombés au cours des différents conflits que connut la planète. Cette bibliothèque est la plus importante du monde dans le domaine universitaire ; elle doit son nom à un étudiant de Harvard disparu dans le naufrage du *Titanic*.

★ Fogg Art Museum

32 Quincy St. Depuis 2008, le Fogg Art Museum et le Busch-Reisinger Museum sont fermés pour rénovation. Durant les travaux, une partie de leurs œuvres a été transférée au Sackler Museum.

Les galeries, réparties sur deux niveaux entourant la cour de style italianisant, présentent un panorama de l'art occidental du Moyen Âge à nos jours. On y verra surtout de très belles œuvres de la **Renaissance italienne**, ainsi que des tableaux et sculptures impressionnistes et postimpressionnistes.

Au 1er étage, un couloir conduit au **Busch-Reisinger Museum★**, consacré à l'art allemand du 20e s. Sa collection de tableaux est exposée par roulement dans les six galeries. On y voit des toiles expressionnistes de Max Beckmann et d'artistes du mouvement Die Brücke ou du Blaue Reiter (Kandinsky, Klee, Feininger).

★ Sackler Museum

485 Broadway - ☎ 617 495 9400 - www.artmuseums.harvard.edu - ♿ - lun.-sam. 10h-17h, dim. 13h-17h - fermé j. fériés - 9 $.

Ce bâtiment postmoderniste, conçu par l'Anglais James Sterling (1985), présente une architecture assez spectaculaire. Les sections d'art antique,

---

CAMBRIDGE ET LES LIVRES

Avec quelque 30 enseignes pour un peu plus de 100 000 Cambridgiens, la cité universitaire s'enorgueillit de posséder le plus grand nombre de librairies par habitant des États-Unis.

Parmi elles, **Harvard Book Store** *(1265 Massachusetts Ave. - ☎ 617 661 1515)* est considérée comme la meilleure des grandes librairies indépendantes. **Lorem Ipsum Books** *(15 Hampshire St. - ☎ 617 497 7669)* s'est spécialisée dans l'occasion et **MIT Coop** *(3 Cambridge Center, Main St. - ☎ 617 499 3200)*, avec quelque 125 000 manuels, dans la littérature scientifique. Les globe-trotters trouveront cartes et livres de voyages au **Globe Corner Bookstore** *(28 Church St. - ☎ 617 497 6277)*.

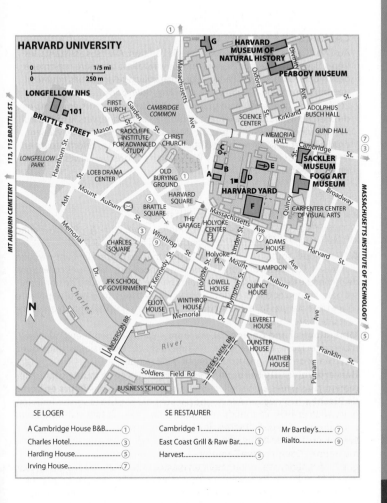

HARVARD UNIVERSITY

SE LOGER

A Cambridge House B&B	①
Charles Hotel	③
Harding House	⑤
Irving House	⑦

SE RESTAURER

Cambridge 1	①
East Coast Grill & Raw Bar	③
Harvest	⑤
Mr Bartley's	⑦
Rialto	⑨

du Moyen-Orient et d'Extrême-Orient du Fogg Art Museum y sont présentées. Parmi les pièces à ne pas manquer : céramiques et sculptures de l'Asie, estampes japonaises et remarquable collection de **bronzes** et de **jades** chinois. Expositions thématiques temporaires dans les galeries du rez-de-chaussée.

★ Peabody Museum of Archaeology and Ethnology

11 Divinity Ave. - ℘ 617 496 1027 - www.peabody.harvard.edu - 9h-17h - fermé 1er janv., Thanksgiving Day, 24 et 25 déc. - 9 $.

Fondé en 1866 par George Peabody, ce musée abrite les multiples objets et œuvres d'art rapportés, au début du 20e s., par les missions archéologiques et ethnologiques financées par l'Université Harvard. Au rez-de-chaussée se trouve la boutique du musée ainsi qu'une exposition sur l'évolution des diverses cultures nord-américaines. De style victorien, le 3e étage abrite une collection d'**art océanien** ; les pièces présentées sont superbes et permettent d'apprécier la réelle dextérité des artisans.

CAMBRIDGE ET LES LETTRES

Au 17e s., Cambridge devint un centre de l'édition. Avec ses assistants, les frères Daye, la veuve d'un pasteur anglais y installa la première imprimerie des colonies américaines. Parmi les premiers ouvrages imprimés figuraient une bible en indien, un almanach et le *Bay Psalm Book*.

Le Harvard College attira un grand nombre de professeurs éminents et de chercheurs érudits qui vinrent s'établir à Cambridge. Vers le milieu du 19e s., la ville était devenue un pôle de la pensée progressiste où vivaient, étudiaient et enseignaient de distingués écrivains, des réformateurs et des intellectuels tels que Henry Wadsworth Longfellow, Oliver Wendell Holmes, Margaret Fuller et Dorothea Dix.

★★ Harvard Museum of Natural History

26 Oxford St. - ℰ 617 495 3045 - www.hmnh.harvard.edu - ♿ - 9h-17h - fermé 1er janv., 4 juil., Thanksgiving Day (4e jeu. de nov.) et 25 déc. - 9 $.

👥 Regroupés sous un même toit, voici trois musées qui recèlent une myriade d'objets et d'œuvres d'art dont l'ensemble compose les immenses collections de recherche de l'université. Un certain charme désuet émane de nombreuses galeries peu éclairées et dotées de vieilles vitrines, mais cette apparente sobriété ne doit pas faire oublier que les collections qu'elles renferment méritent une visite attentive.

Mineralogical and Geological Museum – Parmi les nombreux minéraux, pierres précieuses et météorites présentés dans ces trois galeries, remarquez les cristaux de gypse géants provenant du Mexique.

Harvard University Herbaria – Les deux galeries de ce musée sont entièrement consacrées à une collection unique au monde : les **fleurs en verre de Blashka**. Réalisées en Allemagne par Léopold Blashka et son fils Rudolph entre 1886 et 1936, ce sont de véritables chefs-d'œuvre tant artistiques que scientifiques : plus de 830 sortes de plantes sont exposées, présentées comme sur une planche de botanique.

Museum of Comparative Zoology – La collection de fossiles comporte quelques spécimens rares, notamment un mastodonte de 25 000 ans mis au jour dans le New Jersey, un *Paleosaurus* comptant parmi les plus vieux dinosaures (180 millions d'années), et un *Kronosaurus* (120 millions d'années) considéré comme le plus grand reptile marin. Dans les galeries adjacentes, de nombreuses vitrines contiennent des animaux du monde entier, dont une magnifique collection d'oiseaux (650 espèces) d'Amérique du Nord.

★ LE CAMBRIDGE HISTORIQUE Plan p. 143

▷ *À l'ouest de l'Université Harvard. Voir le plan de la ville (p. 143).*

★ Brattle Street

Bien qu'elle soit bordée essentiellement de maisons du 19e s., cette rue possède encore quelques-unes des belles demeures que s'étaient fait construire les aristocrates loyalistes du 18e s., d'où son surnom : « Tory Row ». Au **n° 101**, remarquez l'élégante Hastings House, et aux **n°s 113** et **115**, deux édifices ayant appartenu aux filles de Longfellow.

★ Longfellow National Historic Site

105 Brattle St. - ℰ 617 876 4491 - www.nps.gov/long - visite guidée (1h) juin-oct. : merc.-dim. 10h30-16h - fermé j. fériés - 3 $.

Cette maison georgienne, construite en 1759 par le tory John Vassall, servit de quartier général à George Washington pendant le siège de Boston. Le poète **Henry Wadsworth Longfellow**, professeur à Harvard, y habita de 1837 à sa mort en 1882. Il y écrivit notamment *Evangeline* (1847) et *The Song of Hiawatha* (1855). Aujourd'hui, la maison rassemble la plupart de ses souvenirs, dont une bibliothèque de 10 000 ouvrages et de précieuses peintures de Gilbert Stuart et Albert Bierstadt. Un petit jardin agrémente l'arrière de la maison.

★ **MASSACHUSETTS INSTITUTE OF TECHNOLOGY (MIT)** Plan Boston p. 98.

▶ *Au bord de Charles River, le long de Memorial Dr. et Massachusetts Ave. Voir le plan de la ville (p. 143) -* Ⓣ *Kendall Center/MIT.*

Cet institut fut fondé à Boston en 1861 par **William Barton Rogers**, dont l'idée était d'insister sur la finalité pratique à donner aux études. Depuis, le MIT a gardé l'orientation imprimée par Rogers. À l'avant-garde de la technologie, il est réputé dans le domaine de la recherche appliquée, et se compose de cinq écoles : ingénierie, sciences pures, sciences humaines et sociales, gestion *(management)*, architecture et urbanisme. Celles-ci accueillent près de 10 000 étudiants, originaires de 50 États différents et de 100 pays étrangers. Parsemé de bâtiments de styles variés, allant du néoclassicisme au postmodernisme, aménagé de vastes esplanades et espaces verts, pour le plus grand confort des étudiants, le MIT, qui domine la Charles River, demeure l'une des universités de sciences appliquées les plus prestigieuses au monde.

Campus Est (East Campus)

À droite de Massachusetts Ave. en arrivant de Harvard Bridge.

Un dôme surbaissé coiffe le **Rogers Building** *(77 Massachusetts Ave.)*, dont le bureau touristique dispose de plans gratuits du campus. À côté, la **Hart Nautical Gallery** *(55 Massachusetts Ave. - ℘ 617 253 5942 - http://web.mit.edu/ museum - ₠ - 9h-17h)*, qui dépend du MIT Museum, rassemble une quarantaine de maquettes de bateaux illustrant l'évolution de la construction navale de la fin du 19e s. au 20e s. Les amateurs d'art contemporain ne manqueront pas le **List Visual Arts Center** *(20 Ames St. - ℘ 617 253 4680 - http://listart.mit.edu - ₠ ✗ - sept.-juin : mar.-jeu et w.-end 12h-18h, vend. 12h-20h - fermé j. fériés - 5 $)*, qui présente des expositions audacieuses dans un immeuble post-moderne – le Wiesner Building – dû à l'ancien étudiant du MIT, I.M. Pei.

Entre la Hayden Memorial Library et la haute tour du Science Center se déploie *La Grande Voile*, stabile d'Alexander Calder ; non loin se dresse la sculpture en acier noir de Louise Nevelson, *Transparent Horizon*.

Plus haut en direction d'Harvard, les expositions du **MIT Museum** *(265 Massachusetts Ave. - ℘ 617 253 4444 - http://web.mit.edu/museum - ₠ - 9h-17h - 7,50 $)* démontrent, par des sculptures cinétiques, des hologrammes et d'autres réalisations se nourrissant de technologies modernes, que l'art et la science peuvent ne faire qu'un.

Campus Ouest (West Campus)

À gauche de Massachusetts Ave. en arrivant de Harvard Bridge.

La silhouette moderne du Student Center abrite le **Tech Co-op** (magasin pour les étudiants), les salles réservées aux activités culturelles et les restaurants.

Le **Kresge Auditorium★** et la **MIT Chapel★** furent dessinés par **Eero Saarinen** en 1956. Structure cylindrique en brique, la chapelle œcuménique présente une sculpture en aluminium de Théodore Roszak en guise de clocher.

À voir aussi Plan de la ville

★ **Mt Auburn Cemetery**
580 Mt Auburn St. - ℘ 617 547 7105 - mai-sept. : 8h-19h ; oct.-avr. : 8h-17h.
Un cimetière paysager – le premier du genre aux États-Unis (1831) –, aux sépultures émouvantes par leur simplicité, ou impressionnantes par leurs décors. Amy Lowell, Mary Baker Eddy, Henry Wadsworth Longfellow mais aussi Isabella Stewart Gardner et Winslow Homer reposent ici.

☺ NOS ADRESSES À CAMBRIDGE

HÉBERGEMENT

BUDGET MOYEN

Irving House – *24 Irving St. - www. cambridgeinns.com - ℘ 617 547 4600 ou 877 547 4600 - 44 ch. 95/395 $ ⌷.* À 200 m du Harvard Yard, des chambres lumineuses aux couleurs chaudes. Le petit-déjeuner est inclus dans le tarif, et vous aurez, à votre disposition, les journaux du jour, le Wifi, un service blanchisserie et la possibilité d'acheter un pass pour les musées de Cambridge.

Harding House – *288 Harvard St. - ℘ 617 876 2888 ou 877 489 2888 - www.cambridgeinns. com - 100/375 $.* À 15mn à pied du Harvard Yard et 5mn des bars prisés par les étudiants, de Central Square et sa station de métro. Une auberge de charme aux chambres spacieuses et raffinées avec parquet et mobilier ancien. Accueil chaleureux.

A Cambridge House B & B – *2218 Massachusetts Ave. - ℘ 617 491 6300 ou 800 232 9989 - www.acambridgehouse. com - 15 ch. 129/249 $.* Friandises et cookies maison accueillent le visiteur dans cette élégante demeure néoclassique (1892) sise à 2 km au nord du centre de Cambridge. Boiseries nobles, meubles victoriens, tapis orientaux et lits à baldaquin donnent le ton.

POUR SE FAIRE PLAISIR

Charles Hotel – *1 Bennett St. - ℘ 617 864 1200 ou 800 882 1818 - www.charleshotel.com - ✗- 294 ch. 199/399 $.* Le mobilier de style shaker, connu pour sa sobriété, et les courtepointes colorées, tout aussi emblématiques de la Nouvelle-Angleterre, se marient allègrement aux aménagements modernes – bois clair, écrans TV dernier cri – de cet hôtel contemporain. Situé au cœur d'Harvard, il abrite le très recherché restaurant **Rialto**, le **Henrietta's Table**, plus traditionnel, ainsi qu'un bar à concerts, le **Regattabar jazz club**.

RESTAURATION

PREMIER PRIX

Cambridge, 1 – *27 Church St. - ℘ 617 576 1111 - www.cambridge1. us - 11h30-0h.* Une ancienne caserne de pompiers au décor industriel dans l'air du temps : béton, bois poli et luminaires design. On y déguste des pizzas réputées parmi les meilleures de la ville. Très apprécié des étudiants.

Mr. Bartley's – *1246 Massachusetts Ave. - ℘ 617 354 6559 - www.mrbartley. com - lun.-sam. 11h-21h - ⌷.* Une institution ! Ses savoureux burgers, juteux et bien garnis, accompagnés au choix d'*onion* *rings* ou de frites, provoquent à l'extérieur de longues files d'attente : arrivez tôt ! Les végétariens ne seront pas en reste, avec l'excellent *veggie burger*. Jus de fruits frais et milkshakes.

BUDGET MOYEN

East Coast Grill & Raw Bar – *1271 Cambridge St. - ☏ 617 491 6568 - www.eastcoastgrill.net - lun.-jeu. 17h30-22h, vend.-sam. 17h30-22h30, dim. 11h-14h30 et 17h30-22h.* Un authentique barbecue à la mode du Sud des États-Unis et des poissons de toute fraîcheur relevés de surprenantes sauces aux fruits : telle est la recette du succès du chef Chris Schlesinger, dans ce restaurant animé et décontracté. Les amateurs de plats épicés ne manqueront pas la Hell Night (« Nuit infernale ») et ses pâtes extra-fortes au piment habanero !

POUR SE FAIRE PLAISIR

Harvest – *44 Brattle St. - ☏ 617 868 2255 - www.harvestcambridge. com - lun.-sam. 11h30-14h, 17h30-22h (vend.-sam. 23h), dim. 11h30-14h30, 17h30-22h.* Murs aux nuances claires, bois sombres et tissus poivre-et-sel pour ce restaurant classe et accueillant d'Harvard Square. Le menu, avec ses condiments venus d'ailleurs, réinvente les saveurs du cru : saumon glacé au miso et haricots noirs au beurre blanc, flétan à l'olive, carré de porc et frites à l'aïoli et piment Chipotle.

Rialto. – *1 Bennett St. (dans le Charles Hotel) - ☏ 617 661 5050 - www.rialto-restaurant.com - 17h30-22h (dim. 21h).* Sous la houlette du chef Jody Adams, un des meilleurs restaurants de la région de Boston. Fruits de mer, pâtes, viandes et gibier, accompagnés de légumes de saison, sont servis dans un élégant cadre Art déco où l'ombre joue avec la lumière sur un parquet à double teinte. Après le plat principal, disposé dans l'assiette comme une œuvre d'art, optez pour la tarte au chocolat et sa glace citrouille !

BOIRE UN VERRE

Hi-Rise Bread Co. – *56 Brattle St. - ☏ 617 492 3003.* La Dexter Pratt House (1808), ancienne résidence du forgeron immortalisé par Longfellow, abrite ce modeste café qui prépare quelques-unes des meilleures pâtisseries d'Harvard Square. Brownies, cookies, scones, brioches et, pour le déjeuner, des sandwichs créatifs, des quiches et de copieuses soupes.

EN SOIRÉE

Voir également Nos adresses à Boston p. 138 (En soirée).
Shay's – *58 John F. Kennedy St. - ☏ 617 864 9161 - 12h-0h.* Authentique, convivial, le pub favori des étudiants d'Harvard. Aux beaux jours, l'agréable petite terrasse ne désemplit pas.

Concord et Lexington

Concord : 16 993 hab., Lexington : 30 355 hab.

😊 NOS ADRESSES PAGE 152

ℹ S'INFORMER

Merrimack Valley : 📞 978 459 6150 - www.merrimackvalley.org.
Concord : 📞 978 369 3120 - www.concordchamberofcommerce.org.
Lexington : 📞 781 862 2480 - www.lexingtonchamber.org.

▶ SE REPÉRER

Carte de la région CD1 *(p. 89)* – *carte Michelin 581 M 8*. Concord et Lexington, situées à proximité l'une de l'autre, sont reliées par la Route 2A, le long de laquelle se trouve la plupart des sites touristiques.

🅿 SE GARER

Les sites que vous visiterez possèdent généralement leur propre parking. À Lexington, grand parking sur Massachusetts Ave.

😊 À NE PAS MANQUER

L'incroyable spectacle multimédia – *The Road to revolution* (*25mn*) – proposé par le Minute Man National Historic Park, suivi d'une balade jusqu'à la Hartwell Tavern.

LE DÉBUT DE LA RÉVOLUTION AMÉRICAINE

Alerté par les lanternes accrochées à la Old North Church (Boston) de l'arrivée des troupes britanniques, le colon Paul Revere s'élança au triple galop vers Lexington pour prévenir les deux chefs de la milice, Hancock et Adams. Après une nuit de veille dans la **Buckman Tavern**, 77 **minutemen** (des patriotes appelés ainsi car prêts à prendre les armes contre les Anglais à la minute où l'ordre leur serait donné) se réunirent sur le **green** pour attendre les Anglais sous les ordres du capitaine Parker : « Restez à votre place, leur dit-il, et ne tirez pas avant qu'ils ne tirent, mais s'ils veulent une guerre, qu'elle commence ici. » Les troupes anglaises apparurent vers 5h du matin. Alors qu'elles se déployaient pour combattre, Parker, impressionné par leur nombre, donna l'ordre de se retirer à ses miliciens. Comme ils réagissaient trop tard, un coup de feu retentit bientôt et les Anglais chargèrent. Huit miliciens furent tués. Les Anglais poursuivirent vers Concord où s'étaient rassemblées sur une colline d'autres troupes de miliciens venus des villages voisins. Les « Habits rouges », ayant pénétré dans le village, cherchaient des armes. N'en trouvant pas, ils mirent le feu à la localité. Alarmés, les miliciens descendirent vers Concord et se trouvèrent face aux troupes anglaises sur **Old North Bridge**. Inévitable, la bataille fit rage. Au bout de quelques heures, les Anglais amorcèrent leur retraite sur Boston. D'autres miliciens, accourus de villages plus éloignés, les attendaient le long de leur chemin (Battle Road). Entre Concord et Charlestown, ce ne furent que pluies de balles ; une escarmouche particulièrement meurtrière eut lieu à **Meriam's Corner**.

Cet affrontement d'Old North Bridge, qui eut lieu le **19 avril 1775**, fut la première bataille de la **guerre d'Indépendance**.

⚇ AVEC LES ENFANTS

La piste cyclable de Minuteman (Minuteman Bike Path), qui relie, sur 10,5 miles, Cambridge à Bedford, est un moyen ludique de découvrir Lexington.

Élégante banlieue de Boston aux belles propriétés coloniales perdues dans la verdure, la ville paisible de Concord peut être considérée comme l'une des âmes de l'histoire de la littérature américaine puisqu'elle abrita plusieurs intellectuels et écrivains comme Ralph Waldo Emerson, Nathaniel Hawthorne, Henry David Thoreau et Bronson Alcott. Son nom lui fut donné au début du 17ᵉ s. à la suite d'un traité de paix conclu entre Indiens et colons.

Non loin, Lexington, une autre banlieue résidentielle de Boston, est indissociable de Concord dans l'histoire des États-Unis. Ces deux villages furent en effet le théâtre des premiers affrontements entre l'armée anglaise et les colons, au tout début de la guerre d'Indépendance, d'où leur surnom : « le berceau de la République américaine ». Aujourd'hui, les Américains y effectuent de véritables pèlerinages, suivant étape par étape les événements du 19 avril 1775.

Se promener

★★ CONCORD

★ Minute Man National Historical Park

www.nps.gov/mima.

⚇ Ce parc de 300 ha a été créé pour commémorer les différents épisodes et affrontements qui se déroulèrent le 19 avril 1775 le long de la Battle Road *(Route 2A)*. Long de 6,5 km, il relie les villes historiques de Lexington, Lincoln et Concord.

★★ **North Bridge Unit** – *174 Liberty St. - ℘ 978 369 6993 - www.nps.gov/mima -* ♿ *- North Bridge Visitor Center : mars-nov. : 9h-17h (nov. : 16h).* La réplique du **North Bridge**, le pont où s'est déroulé le fameux affrontement, se trouve dans un beau cadre verdoyant situé au nord de Concord, à l'écart de la section principale du Parc national. Site emblématique de l'histoire américaine, North Bridge fut immortalisé par Ralph Waldo Emerson dans son célèbre poème *Concord Hymn (de courtes causeries explicatives ont lieu sur le site d'avril à octobre, si la météo le permet).* Au bout du pont se dresse la statue du **Minute Man (1)**, une œuvre de **Daniel Chester French**. Le **North Bridge Visitor Center** présente quelques expositions et propose des visites guidées.

En s'éloignant du pont, on voit une grande maison sur la droite, **Old Manse** *(269 Monument St. - ℘ 978 369 3909 - www.thetrustees.org - visite guidée de mi-avr. à fin oct. : lun.-sam. 10h-17h, dim. 12h-17h - 8 $)*, où vécurent successivement Ralph Waldo Emerson et Nathaniel Hawthorne.

★ Concord Museum

200 Lexington Rd - ℘ 978 369 9609 - www.concordmuseum.org - ♿ *- avr.-déc. : lun.-sam. 9h-17h, dim. 12h-17h (ouvert dès 9h le dim. en juin) ; reste de l'année : lun.-sam. 11h-16h, dim. 13h-16h - fermé j. fériés - 10 $.*

⚇ Cette collection très riche offre un excellent aperçu des **arts décoratifs américains** des 17ᵉ, 18ᵉ et 19ᵉ s. Elle a été rassemblée dans les années 1850 par Cummings E. Davis, un important négociant de la ville. Dix-neuf salles sont meublées et décorées de pièces authentiques pour la plupart, illustrant la prospérité de Concord pendant la période coloniale. On y voit l'une des lanternes suspendues par Paul Revere au clocher de l'Old North Church à Boston, pendant la nuit du 18 avril 1775, mais aussi un diorama reconstituant la bataille de North Bridge, et des objets utilisés par Thoreau dans sa cabane de Walden Pond. Également des expositions temporaires.

Orchard House

399 Lexington Rd - 🖉 *978 369 4118 - www.louisamayalcott.org - visite guidée (45mn) avr.-oct. : lun.-sam. 10h-16h30, dim. 13h-16h30 ; reste de l'année : lun.-vend. 11h-15h, sam. 10h-16h30, dim. 13h-16h30 - fermé 1er-15 janv. et j. fériés - 9 $.*

C'est à Orchard House qu'habita la famille Alcott pendant près de vingt ans (1858-1877). **Louisa May Alcott** y rédigea son célèbre roman autobiographique, *Les Quatre Filles du docteur March* (1868).

★ Walden Pond State Reservation

1,5 mile au sud du centre de Concord par la Route 126 (Walden St.) - parking 5 $.

C'est au bord de ce lac que **Henry Thoreau** vécut son expérience d'homme des bois. L'emplacement où il avait construit sa cabane est marqué par un cairn. Pour y accéder, suivez le sentier qui s'amorce au parc de stationnement jusqu'à un poteau de granit et tournez à droite *(15mn)*. Walden Pond est devenu un site de baignade en été, de ski et de raquettes en hiver.

Sleepy Hollow Cemetery

Bedford St. à hauteur de Partridge Lane. Du centre de Concord, tournez à droite dans la Route 62, entrez dans le cimetière par la 2e porte à gauche et suivez les panneaux signalant Author's Ridge - ouvert tte l'année : de 7h au coucher du soleil.

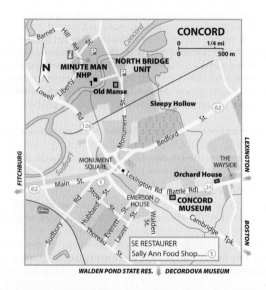

LE TRANSCENDENTALISME

Natif de Concord, **Ralph Waldo Emerson** (1803-1882) vulgarisa le trans-cendantalisme, un système philosophique fondé sur la présence de Dieu dans l'homme et dans la nature. Il développa ses idées dans son *Essai sur la nature*, réunissant les textes des conférences qu'il donna dans tout les États-Unis. D'autres penseurs et écrivains, attirés par les idées libérales de cette philosophie qui s'opposait au puritanisme tra-ditionnel de la Nouvelle-Angleterre, vinrent se fixer à Concord pour se rapprocher d'Emerson. Parmi eux, **Henry David Thoreau** (1817-1862), le Jean-Jacques Rousseau américain, se construisit une cabane en plein bois près du lac Walden et y vécut de 1845 à 1847. Il relate cette expé-rience dans *Walden*.

Nathaniel Hawthorne, **Margaret Fuller** et quelques autres écrivains tentèrent une expérience communautaire à travers la Brook Farm, près de West Roxbury, où l'on prônait le retour à la simplicité, loin des valeurs défendues par la société victorienne. Disciple du transcendentalisme, **Amos Bronson Alcott** fonda une école de philosophie à proximité de la Orchard House où sa fille **Louisa May Alcott** écrivit *Little Women*, livre que les francophones connaissent sous le titre *Les Quatre Filles du docteur March* et qui évoque son enfance avec ses trois sœurs.

Du parking, une petite montée conduit à **Author's Ridge** où reposent de nom-breuses célébrités : Bronson et Louise Alcott, Hawthorne, Emerson, Thoreau, Margaret Sydney et d'autres encore.

★★ LEXINGTON

▶ *7,5 miles à l'est de Concord par la Route 2A.*

★ Minute Man Visitor Center

250 North Great Rd (accès par la Route 2A) - ℘ 978 369 6993 - www.nps.gov/mima - ⅙ - avr.-oct. : 9h-17h ; nov. : 9h-16h.
Une exposition et un film *(25mn)* évoquent les épisodes du 19 avril 1775 qui se déroulèrent dans les environs.

★★ Lexington Green

C'est sur ce triangle que se déroula le premier affrontement entre les trou-pes anglaises et les miliciens. La statue du **Minuteman** (**1**), œuvre de Henry Kitson, représente leur leader, le capitaine Parker. Sept d'entre eux reposent sous le **Revolutionary Monument** (**2**).

★ Buckman Tavern

1 Bedford St. - ℘ 781 862 5598 - www.lexingtonhistory.org - visite guidée (30mn) avr.-oct. et w.-end de Thanksgiving : lun.-sam. 10h-16h, dim. 13h-16h - ouvert 1h plus tard en été - 6 $, billet combiné avec Hancock-Clarke House et Munroe Tavern 10 $.
Les miliciens attendirent l'arrivée des troupes anglaises, le soir du 18 avril 1775. Après l'affrontement sur le green, les miliciens blessés furent trans-portés dans la taverne transformée en hôpital de campagne. La visite de ce bâtiment du 18e s. permet de voir l'estaminet, les chambres, le grenier où l'on pouvait dormir moyennant une somme modique, la salle de bal et les pièces où se réunissaient les femmes après les offices religieux, pendant que les hommes trinquaient.

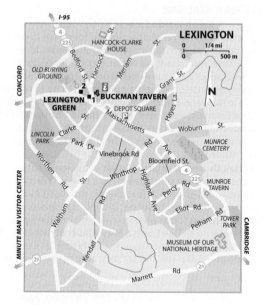

À proximité Carte de la région

★★ **DeCordova Museum and Sculpture Park** C1

⊙ *4 miles de Concord, à Lincoln. 51 Sandy Pond Rd -* ℰ *781 259 8355 - www. decordova.org -* ♿ ✗ *- parc : 6h-22h ; musée : mar.-dim. 10h-17h - fermé j. fériés - 12 $.*

Ouvert en 1950 dans un très beau cadre de verdure par l'homme d'affaires bostonien Julian de Cordova, ce musée se consacre à la promotion de l'art américain contemporain, et plus particulièrement aux artistes de la Nouvelle-Angleterre. Le fonds inclut plus de 2 000 œuvres, auxquelles s'ajoutent les pièces prêtées lors d'expositions temporaires.

Dans le parc boisé de 14 ha sont exposées en alternance 75 œuvres monu-mentales de sculpteurs de renom. Dans le Art Experience Center sont expli-quées les théories et la création de l'art abstrait. Le festival annuel qui se tient dans le parc, début juin, montre le travail de plus d'une centaine d'artistes de Nouvelle-Angleterre.

😊 NOS ADRESSES À CONCORD

RESTAURATION

Concord
Sally Ann Food Shop –
73 Main St. - ℰ *978 369 4558.*

Cookies au chocolat, *buns* aux noix de pécan et muffins à se damner dans ce café-boulangerie qui propose également de très bons sandwichs.

Marblehead

20 377 hab.

S'INFORMER
The Marblehead Chamber of Commerce : *62 Pleasant Street - ☏ 781 631 2868 - www.visitmarblehead.com.*

SE REPÉRER
Carte de la région D1 (p. 89) – carte Michelin 581 N 7. Marblehead occupe une avancée de terre sur le littoral, à mi-chemin entre Boston et Gloucester. La ville est indiquée depuis la Route 128.

SE GARER
Peu de parkings : stationnement le long des trottoirs de la ville.

À NE PAS MANQUER
Une marche vers le Fort Sewall, à l'extrémité de Front St.

ORGANISER SON TEMPS
Prévoyez une demi-journée pour découvrir les ruelles de Marblehead et la Jeremiah Lee Mansion. Finissez par la plage de Devereux Beach.

Grâce à son très beau port, Marblehead est un centre nautique et une station balnéaire prospères mais également l'un des plus importants centres de navigation de plaisance de la côte Est. Il faut voir les bateaux depuis Fort Sewall, Crocker Park ou depuis le phare de Marblehead Neck. Atlantic Avenue a conservé de belles façades des 18ᵉ et 19ᵉ s.

Se promener

★ Jeremiah Lee Mansion
170 Washington St. - ☏ 781 631 1768 - visite guidée (50mn) juin-oct. : mar.-sam. 10h-16h - 5 \$.
Le colonel Jeremiah Lee, l'un des plus riches marchands de la ville, fit construire cette maison de 16 pièces en 1768. Son hall et son immense cage d'escalier en acajou présentent des proportions inhabituelles. Les pièces sont décorées avec des objets du monde entier, dont des papiers peints réalisés à la main dans le style de Giovanni Pannini et représentant des ruines ou des scènes de pêche. Mobilier, argenterie, et tissus datent des 18ᵉ et 19ᵉ s.

MARBLEHEAD ET LES BATEAUX
À la veille de l'Indépendance, Marblehead était un port de pêche enrichi grâce à l'exportation de poisson séché vers les Antilles. La guerre d'Indépendance, la concurrence des autres ports et la terrible tempête de 1846, qui détruisit 10 bateaux, incitèrent les habitants à se reconvertir dans l'industrie. La mer devint de nouveau source de prospérité lorsque fin 19ᵉ s.-début 20ᵉ s. la ville se transforma en une station balnéaire : le nombre de bateaux amarrés au port, en pleine saison, est impressionnant.

Salem

41 256 hab.

NOS ADRESSES PAGE 159

S'INFORMER
Official Free Visitors Guide : ℘ 877 725 3662 - www.salem.org.

SE REPÉRER
Carte de la région D1 *(p. 89)* – *carte Michelin 581 N 7*. Salem, accessible par la Route 128, se situe à 20 miles au nord de Boston, sur la côte atlantique.

SE GARER
Vous trouverez de nombreuses places de stationnement autour du Common, et deux parkings dans St Peter St. et Derby St.

À NE PAS MANQUER
Le Peabody Essex Museum, en particulier sa maison chinoise.

ORGANISER SON TEMPS
Salem offre un excellent point de départ pour explorer la côte nord.

AVEC LES ENFANTS
Balais, citrouilles et chapeaux pointus : les boutiques de sorcellerie récolteront tous les suffrages !

Salem, la ville déchirée par la chasse aux sorcières au 17e s., le port qui lança plus d'un millier de navires au cours des siècles suivants, est aujourd'hui une cité paisible dont les quartiers historiques, témoins de la splendeur passée, côtoient les quartiers industriels. Fière de son architecture fédérale, de son musée de premier plan, le Peabody Essex Museum, et de son agréable front de mer, elle vit principalement de la fabrication de matériel électronique et du tourisme.

Se promener

Circuit au départ du Pickering Wharf. Voir le plan de la ville (p. 158).
Le vieux port de Salem, endormi, a repris vie depuis l'édification d'une vaste marina, **Pickering Wharf**, où se sont installés de nombreux restaurants et magasins.

★ **Salem Maritime National Historic Site**
193 Derby St. - ℘ 978 740 1660 - www.nps.gov/sama - 9h-17h - fermé 1er janv., Thanksgiving Day et 25 déc. - circuits guidés 5 $.
Le Service des parcs nationaux administre la partie historique du port de Salem. Des 40 embarcadères originaux, seul subsiste **Derby Wharf**, long de 650 m. Il appartenait aux plus riches armateurs de la ville : les Derby. Le **Salem Maritime Orientation Center** présente un film *(17mn)* sur l'histoire maritime de Salem. Des visites de la Derby House et de la Custom House sont proposées.

La « House of the Seven Gables ».
The House of the Seven Gables

★ Custom House A

Derby St. - visite guidée uniquement.
Construit en 1819 pour abriter les services des douanes, ce bâtiment en briques est un bel exemple du style fédéral (voyez l'aigle qui orne la façade). À l'intérieur, les bureaux (19e s.) ont été reconstitués, et on peut voir celui où travaillait Nathaniel Hawthorne.

Derby House C

Derby St. - visite guidée uniquement.
De cette maison construite en 1761, le richissime armateur Elias Derby pouvait surveiller le port et l'arrivée de ses bateaux. À l'intérieur, remarquez la décoration de la cage d'escalier et des balustres de l'escalier : on y reconnaît du cordage enroulé, un motif qui convenait merveilleusement à un homme qui avait bâti sa fortune sur le commerce maritime.
Continuez Derby St. puis tournez à droite dans Turner St.

★ House of the Seven Gables

115 Derby St. - ☏ 978 744 0991 - www.7gables.org - visite guidée (45mn) juil.-oct. : 10h-19h (w.-end d'oct. jusqu'à 23h) ; reste de l'année : 10h-17h - fermé 2 premières sem. de janv., Thanksgiving Day et 25 déc. - 12 $.
Cette maison, dont la toiture se compose de plusieurs versants à pente raide, est immortalisée dans le célèbre roman de Nathaniel Hawthorne : *La Maison aux sept pignons*. De style colonial (1668), restaurée trois cents ans plus tard, elle a conservé le mobilier décrit par l'auteur.
Dans le parc, on peut visiter d'autres bâtiments : la maison (vers 1750) où naquit Nathaniel Hawthorne, qui a été entièrement reconstruite ici (elle se situait dans Union Street), la Retire Becket House (1655, boutique du musée), la Hooper-Hathaway House (1682) et un ancien bureau de comptabilité (vers 1830).
Remontez Turner St., tournez à gauche dans Essex St., à droite dans Pleasant St.

DEUX GRANDS HOMMES DE SALEM

Originaire d'une famille de charpentiers, **Samuel McIntire** (1757-1811) pratiqua ce métier avant de devenir sculpteur sur bois puis architecte. Il marqua de son sceau l'architecture de Salem. Ses solides maisons carrées en bois ou en briques, comme la Pierce-Nichols House (1782) sur Federal St. *(fermée au public)*, ornées de balustrades et de porches, comptent parmi les plus beaux exemples de l'architecture américaine de cette époque. **Nathaniel Hawthorne** (1804-1864), l'une des grandes figures littéraires du 19e s., fut élevé à Salem et y situa plusieurs de ses romans, dont *La Maison aux sept pignons*. Il travailla quatre ans comme officier du port.

★ Salem Common

Au 19e s., le Common (Washington Square) fut bordé d'une série de belles demeures fédérales construites pour des armateurs et des capitaines au long cours. Remarquez surtout celles qui se dressent du côté nord du square.

Salem Witch Museum M[1]

19¹ᐟ² Washington Sq. - ☎ 978 744 1692 - www.salemwitchmuseum.com - ♿ - juil.-août : 10h-19h ; reste de l'année : 10h-17h - fermé 1ᵉʳ janv., Thanksgiving Day et 25 déc. - 8 $.

Organisé dans une ancienne église, un spectacle multimédia *(1/2h)* à sensations évoque les divers épisodes de la chasse aux sorcières en 1692 et 1693. Une exposition permanente présente en outre les différentes interprétations de la sorcellerie à travers les âges.

En face du musée se trouve la statue de **Roger Conant**, fondateur de la ville. *Suivez Congress St. et tournez à droite dans Essex St.*

★★★ Peabody Essex Museum

East India Sq. - ☎ 978 745 9500 ou 866 745 1876 - www.pem.org - 10h-17h (jeu. 21h) - fermé 1ᵉʳ janv., Thanksgiving Day et 25 déc. - 15 $.

👪 Ce musée est consacré à l'histoire maritime américaine du 17e s. à nos jours, ainsi qu'au rôle historique de Salem et du comté d'Essex. L'époque glorieuse de cette ville (17e-18e s.), qui compta parmi les ports les plus importants des États-Unis, est fort agréablement évoquée. Plusieurs *historic houses* font partie intégrante du complexe muséographique.

Les pièces constituant la collection ont été rapportées par les capitaines au long cours qui sillonnèrent les mers baignant l'Extrême-Orient, l'Inde, l'Afrique et les îles du Pacifique.

Département d'art maritime – Des toiles de grands peintres comme Antoine Roux et Fitz Henry Lane illustrent la vie portuaire et le commerce avec l'Orient. Des artistes américains de premier ordre sont également présents, tels John Singleton Copley et Gilbert Stuart. On verra en outre des instruments de navigation, des cartes marines, et une spectaculaire collection de figures de proue.

Département d'art asiatique d'exportation – Considérée comme l'une des plus importantes du genre, cette collection rassemble des porcelaines, de l'argenterie, des tissus et des objets précieux fabriqués en Asie aux 19e et 20e s.

Département d'art du Pacifique, d'Océanie et d'Afrique – Cette section très riche expose des tissus, des boucliers, des costumes rituels, des masques et des poteries rapportés des îles du Pacifique, d'Indonésie, du Japon et d'Afrique. La collection d'artisanat et de costumes Meiji (19e s.), réunie par Edward Morse, est la plus importante du genre hors Japon.

Salem, une ville au passé mouvementé

LA VILLE DE LA PAIX

Première ville de la colonie de la baie du Massachusetts, Salem tire son nom du mot hébreu *Shalom*, qui signifie paix. Elle fut fondée en 1626 par Roger Conant. Puritaine, la « ville de la paix » se signala surtout par son intolérance. Après avoir persécuté les disciples de Roger Williams qui s'enfuit vers le Rhode Island en 1636, les Salemites se déchaînèrent lors du triste épisode de la chasse aux sorcières. En 1692 venaient de s'installer dans Salem Village (l'actuel Danvers) le pasteur Samuel Paris accompagné de sa femme, sa fille, sa nièce et deux serviteurs, John et **Tituba**, ramenés des Barbades. Tituba, pour distraire les petites filles, leur racontait des histoires de vaudou. Des jeunes femmes vinrent rapidement se joindre à l'auditoire. Impressionnées par ces récits, elles présentèrent bientôt de curieux symptômes : regard fixe, gestes incontrôlés, cris. Le médecin venu les examiner les déclara ensorcelées. Elles dénoncèrent aussitôt Tituba et deux autres femmes qui furent immédiatement arrêtées et jugées. Dès lors, accusations et arrestations se succédèrent, et un climat de suspicion se répandit sur la ville. La rivalité qu'entretenaient quelques familles influentes tourna à l'hystérie lorsque la femme du gouverneur William Phips fut accusée de sorcellerie. Plus de 200 personnes furent accusées, 150 furent jetées en prison, 19 furent pendues.

LA SPLENDEUR MARITIME

Au 17e s., la flotte de Salem était déjà importante, mais c'est à partir de la guerre d'Indépendance qu'elle prit son réel essor. Les ports de New York et de Boston étaient occupés par les Anglais. Libres de tout mouvement, les navires de Salem se battirent comme *privateers,* et leurs exploits ne se comptèrent bientôt plus : 158 vaisseaux salemites capturèrent plus de 400 bateaux anglais. Après la guerre d'Indépendance, en 1786, un bâtiment de Salem, le *Grand Turk,* partit pour la Chine. Il en revint un an plus tard chargé d'une cargaison extraordinaire. Aussitôt, ce fut une ruée vers l'Extrême-Orient. Deux ans plus tard, le *Peggy* ouvrit une voie commerciale avec l'Inde. En 1790, les taxes perçues à Salem sur les marchandises importées représentaient 8 % des revenus des États-Unis. Ce commerce engendra des fortunes considérables. Elias Derby, Joseph Peabody, Jacob Crowninshield et bien d'autres firent construire des demeures vastes, somptueusement garnies de merveilles rapportées de ces lointaines expéditions. Les domestiques étaient des Chinois ou des Hindous enturbannés. L'heure de gloire de Salem prit fin avec l'embargo décidé par Jefferson en 1807, et surtout avec la construction de navires plus importants que le port de Salem ne pouvait plus accueillir.

SALEM AUJOURD'HUI

Autour d'**Essex Street**, le centre a été aménagé en larges allées piétonnes où chaussées et bâtiments se fondent en une chaude harmonie due à la couleur de la brique. De nombreuses boutiques spécialisées dans les sciences occultes proposent les services de médiums et d'astrologues, et vendent des articles de spiritisme et « New Age ». Non loin d'Essex Street, une armurerie du début du siècle abrite le **Visitor Center** (2 New Liberty St. - ☎ 978 740 1650 - www. nps.gov/sama - ♿ - 9h-17h - fermé 1er janv., Thanksgiving Day et 25 déc.) qui présente un film *(27mn)* relatant l'histoire du comté d'Essex.

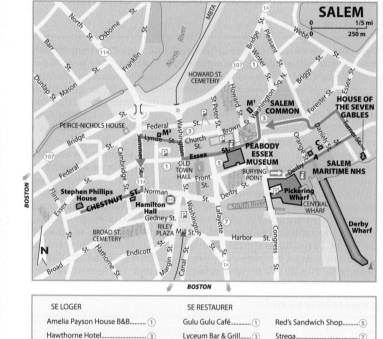

SE LOGER		SE RESTAURER		
Amelia Payson House B&B	①	Gulu Gulu Café	①	Red's Sandwich Shop	⑤
Hawthorne Hotel	③	Lyceum Bar & Grill	③	Strega	⑦

Département d'art et d'archéologie amérindienne – Cette section présente des objets fabriqués par des tribus indiennes d'Amérique.

Yin Yu tang : une maison chinoise – Deux fois centenaire, cette maison de marchand, venue de la province chinoise de Anhui, a été remontée ici pièce par pièce.

Poursuivez tout droit dans Essex St., tournez à droite dans Washington St. puis à gauche dans Lynde St.

Witch Dungeon Museum M²

16 Lynde St. - ℰ 978 741 3570 - www.witchdungeon.com - visite guidée (25mn) avr.-nov. : 10h-17h - 8 $.

Un spectacle basé sur les procès-verbaux de 1692 recrée l'atmosphère hystérique qui frappa Salem et ses habitants à la fin du 17e s. Après la représentation, visite du donjon reconstruit où étaient emprisonnées les « sorcières ».

Continuez dans Lynde St., tournez à gauche dans Summer St. puis à droite dans Chestnut St.

★★ Chestnut Street

Cette belle et large rue illustre la richesse de Salem au début du 19e s. Ses maisons de style fédéral, bâties entre 1800 et 1820, semblent vouloir rivaliser par le format et la richesse ornementale de leurs façades.

Le n° 9, **Hamilton Hall**, fut édifié par Samuel MacIntire. Au n° 34, la **Stephen Phillips Memorial Trust House** (*ℰ 978 744 0440 - www.historicnewengland. org/phillipsmuseum - visite guidée (45mn) juin-oct. : mar.-dim. 11h-16h ; nov.-fév. : w.-end 11h-16h*) est meublée et décorée d'objets du monde entier.

À proximité Carte de la région

Rebecca Nurse Homestead D1

▶ *4 miles au nord de Salem, à Danvers. 149 Pine St. - ℰ 978 774 8799 - www. rebeccanurse.org - visite guidée (1h) de mi-juin à Labor Day : vend.-dim. 10h-16h30 ; sept.-oct. : w.-end 10h-16h30 - 6,50 $.*

Cette maison (1678) de type « boîte à sel » appartint à Rebecca Nurse, une des victimes de la chasse aux sorcières. De nombreux habitants de Salem signèrent une pétition en faveur de sa libération, mais en vain : elle fut condamnée, puis pendue. Non loin, une pierre marque l'emplacement supposé de sa tombe.

☺ NOS ADRESSES À SALEM

HÉBERGEMENT

POUR SE FAIRE PLAISIR

Hawthorne Hotel – *18 Washington Sq. - ℰ 978 744 4080 - www.hawthornehotel.com - 93 ch. 115/315 $.* Face au Common, un grand hôtel à l'atmosphère surannée (1925). Vastes chambres garnies de reproductions du 18e s.

Amelia Payson House B & B – *16 Winter St. - ℰ 978 744 8304 - www.ameliapaysonhouse.com - fermé de fin nov. à mars - 4 ch. 125/175 $.* Dans cette fière demeure néoclassique : accueil à bras ouverts et personnel aux petits soins entretiennent l'atmosphère chaleureuse de cette auberge réputée.

RESTAURATION

PREMIER PRIX

Gulu Gulu Café – *247 Essex St. - ℰ 978 740 8882 - www.gulu-gulu. com - lun.-mar. 10h-23h, merc.-vend. 10h-1h, sam. 9h-1h, dim. 9h-23h.* Un endroit agréable pour déguster de copieux sandwichs arrosés d'une bonne bière.

Red's Sandwich Shop – *15 Central St. - ℰ 978 745 3527 - www. redssandwichshop. com - lun.-sam. 5h-15h, dim. 6h-13h.* Sandwichs, crêpes et omelettes dans un décor d'un autre temps : depuis plus d'un demi-siècle, une institution !

BUDGET MOYEN

Strega – *94 Lafayette St. - ℰ 978 741 0004 - www. stregasalem.com - mar.-dim. 16h-0h30.* Moules à la provençale, calamars frits et prosciutto dans ce restaurant aux couleurs chaudes : la Méditerranée s'invite à Salem !

Lyceum Bar & Grill – *43 Church St. ℰ 978 745 7665 - www.lyceumsalem.com.* Cuisine locale haut de gamme et inspirée : c'est LA belle adresse de Salem, où font étape les célébrités de passage.

Cape Ann

NOS ADRESSES PAGE 164

S'INFORMER
North of Boston Convention & Visitors Bureau : *17 Peabody Square, à Peabody - ℘ 978 977 7760 - www.northofboston.org.*

SE REPÉRER
Carte de la région D1 *(p. 89) – carte Michelin 581 N 7.* Les villes de Manchester-by-the-Sea, Magnolia, Gloucester et Rockport se trouvent sur ce cap situé au nord de Boston.

SE GARER
Il est difficile de se garer à Cape Ann en été. Si vous souhaitez une place à proximité des plages, arrivez aussi tôt que possible. Sachez également, si vous venez de Boston, que la Singing Beach, à Manchester-by-the-Sea, n'est qu'à 1 mile de la gare, qui est desservie par les trains de la MBTA *(www.mbta.com)* en provenance de la capitale du Massachusetts.

À NE PAS MANQUER
L'activité du port de Gloucester, le plus ancien d'Amérique, et la pointe de Bearskin Neck à Rockport, où les anciennes cabanes de pêcheurs ont été transformées en galeries d'art, en boutiques et en restaurants.

ORGANISER SON TEMPS
Prenez une journée pour faire le tour du cap, par les Routes 127 et 127A, vous arrêtant à votre gré le temps d'une glace, d'un *clam roll* ou d'une soupe locale *(chowder)*. Une nuit sur place ne sera pas de trop.

AVEC LES ENFANTS
La Good Harbor Beach est idéale pour eux *(parking gratuit après 16h)*.

Les petits ports de pêche et les charmants villages de cette péninsule rocheuse située au nord de Boston sont balayés par des brises marines particulièrement vivifiantes. Une route de 32 miles en fait le tour, offrant de superbes vues sur les plages, les falaises et les bourgades qui en font une destination de vacances privilégiée.

Itinéraire conseillé

★★ LE TOUR DE CAPE ANN

Pour visualiser ce circuit de 32 miles au départ de Magnolia, reportez-vous à la carte de la région (p. 162) - comptez une 1/2 journée. Ce circuit emprunte les Routes 127 et 127A qui longent la côte de Cape Ann, dotée de paisibles villages de pêcheurs.

Magnolia
Cet ancien port de pêche devint une station balnéaire réputée à la fin du 19e s. Shore Road suit le tracé de la côte.

Motif n°1 dans le port de Rockport.
Tim Grafft / Massachussetts Office of Travel & tourism

Du centre de Magnolia, prenez Hesperus Ave. en direction de Gloucester. Après 1 mile, suivez les panneaux indiquant le Hammond Castle Museum.

★ **Hammond Castle Museum**

80 Hesperus Ave. - ☎ 978 283 2080 - www.hammondcastle.org - de fin avr. à fin juin : w.-end 10h-16h ; de fin juin à Labor Day : mar.-dim. 10h-16h - fermé j. fériés - 10 $.

👪 Ce château en pierre, inspiré d'une forteresse médiévale, se dresse au-dessus de la côte rocheuse, face à la baie de Gloucester. Il fut construit par l'inventeur John Hammond Jr. en 1929 pour abriter sa collection de mobilier médiéval, de peinture et de sculpture. La **grande salle** ★ abrite un orgue gigantesque comptant 8 200 tuyaux. C'est Hammond lui-même qui le réalisa, et il y consacra vingt ans de sa vie. Le petit récif de rochers visible au pied du musée, Norman's Woe, fut immortalisé par un poème de Longfellow.

Reprenez Hesperus Ave. puis la Route 127 (Western Ave.) en direction de Gloucester.

On passe près du **Stage Fort Park** – c'est sur son site que fut installé le premier comptoir de la colonie de la baie du Massachusetts, en 1623 – puis on traverse le pont mobile qui relie le cap au continent. Juste après ce pont, à droite, se dresse face à la mer la statue du **Gloucester Fisherman**★ (**A**), sculptée par Leonard Craske et dédiée à tous les marins de Gloucester disparus en mer.

UN GRAND CENTRE DE PÊCHE INDUSTRIELLE

Exploré par Champlain en 1604, puis dessiné par le capitaine John Smith qui en dressa la carte en 1614, le cap fut baptisé en l'honneur de la reine Anne, épouse de Jacques Ier d'Angleterre. Une petite colonie fut établie à Gloucester en 1623 par un groupe d'Anglais qui vivaient de la pêche. Leurs descendants ont fait de la région l'un des centres mondiaux de la pêche industrielle. En été, les baleines migrent au large du cap, et des **croisières d'observation** sont proposées aux touristes.

★ Gloucester

Le plus vieux port de l'Amérique est toujours un port de pêche très important, bien abrité au fond de sa baie. Ses fameux *schooners*, les goélettes décrites par **Rudyard Kipling** dans *Capitaines courageux* (1897), ont été remplacés par des bateaux à moteur. Les marins, pour beaucoup d'origine portugaise ou italienne, sont très attachés aux traditions, surtout à la **bénédiction de la flotte** qui a lieu le dernier week-end de juin, lors de la fête de la Saint-Pierre.

Aujourd'hui, Gloucester s'est spécialisé dans le conditionnement du poisson congelé. Plusieurs usines bordent le port et reçoivent du poisson de toute la Nouvelle-Angleterre, du Canada, d'Islande, voire de Scandinavie.

Entrez dans Gloucester par la Route 127 (Rogers St.).

En haut d'une butte se dresse la sobre maison de pierre du paysagiste Fitz Henry Lane, connu pour ses marines *(jardins ouverts au public, de l'aube au coucher du soleil)*. Depuis la butte, vue sur le port.

Tournez à gauche dans Manuel E. Lewis St., puis à nouveau à gauche dans Main St. et à droite dans Pleasant St.

★ **Cape Ann Historical Museum B** – 27 Pleasant St. - ☏ 978 283 0455 - www. capeannhistoricalmuseum.org - ♿ - mars-janv. : mar.-sam. 10h-17h, dim. 13h-16h - 8 $. Ce musée est consacré aux traditions maritimes et artistiques de

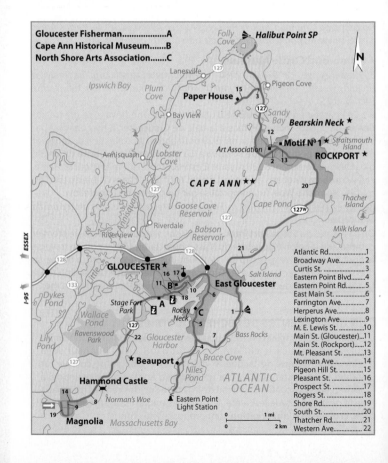

Cape Ann. Ses galeries retracent l'histoire des conserveries et de la pêche industrielle, et abritent de nombreuses toiles des 19e et 20e s. La collection de **marines** de **Fitz Hugh Lane** (1804-1865) est la plus riche de tous les États-Unis. Ses représentations du port de Gloucester et de ses environs sont appréciées pour leur chaleur et leur luminosité, ainsi que pour l'attention que l'artiste portait aux détails.

Prenez Prospect St. pour rejoindre la Route 127 (Rogers St.).

On passe devant **Our Lady of Good Voyage Church**, église d'inspiration portugaise surmontée de deux dômes bleus.

Suivez la Route 127 vers le nord, et tournez à droite dans East Main St.

East Gloucester – Le long de East Main St. se succèdent des boutiques d'antiquaires et des galeries d'art, dont la **North Shore Arts Association** (**C**) *(11 Pirates Lane)*. En face, la petite presqu'île de **Rocky Neck** abrite une colonie d'artistes depuis le 19e s.

Poursuivez sur Eastern Point Rd. Bien que cette route, qui mène à Eastern Point, soit privée, les visiteurs pour Beauport peuvent l'emprunter.

★ Beauport

75 Eastern Point Blvd - ℘ 978 283 0800 - www.historicnewengland.org - visite guidée (1h) de déb. juin à mi-oct. : mar.-sam. 10h-17h (dernier départ 16h) - fermé j. fériés - 10 $.

Surplombant le port de Gloucester, cette résidence d'été d'où l'on aperçoit Boston est l'œuvre de l'architecte décorateur Henry Davis Sleeper (1878-1934), qui s'amusa à donner un style particulier à chacune des 40 pièces.

Revenez à l'entrée d'Eastern Point Blvd, tournez à droite dans Farrington Ave. puis à gauche dans Atlantic Rd.

De cette route, on a une belle **vue** sur la côte et sur les deux phares de Thacher Island en face.

Rejoignez la Route 127A (Thatcher Rd) qui longe les plages et quelques marais salants, puis traverse un paysage rocheux et une forêt. À l'entrée de Rockport, Thatcher Rd devient South St.

★ Rockport

Durant la saison touristique, des parkings sont aménagés à l'écart de la station et reliés au centre ttes les 15mn par des navettes.

Ce port de pêche tranquille, devenu une colonie d'artistes dans les années 1920, a connu une prospérité économique importante au 19e s., quand son granit était exporté jusqu'en Amérique du Sud. Aujourd'hui, Rockport attire de nombreux visiteurs par ses galeries d'art, ses boutiques de Main Street et le charme de son petit port, surtout en fin d'après-midi, lorsqu'une lumière dorée éclaire la mer, les rochers, les bateaux au large et le fameux hangar rouge surnommé **Motif n° 1★** en raison de la multitude d'œuvres qu'il inspira à d'innombrables paysagistes. Ce hangar est accessible depuis la pointe de **Bearskin Neck★**, couverte d'anciennes maisons de pêcheurs grises aménagées en boutiques. Des chemins étroits mènent jusqu'au bout de la pointe, d'où l'on aperçoit la côte rocheuse et le port. Au n° 12 de Main Street, la **Rockport Art Association** expose des œuvres d'artistes régionaux. Un sentier public traversant des propriétés privées et, longeant l'Océan, conduit à quelques plages : Garden, North et South Beaches.

Sortez de Rockport par Mt Pleasant St. qui se prolonge par Main St. puis par la Route 127 (Railroad Ave.). Juste avant Pigeon Cove, tournez à gauche dans Curtis St., puis dans Pigeon Hill St.

Paper House – *52 Pigeon Hill St. - www.paperhouserockport.com - de déb. avr. à mi-oct. : 10h-17h - 1,50 $*. Les meubles et les murs de cette maison ont été entièrement fabriqués avec du papier journal, une réalisation à laquelle Elis Stenman et sa famille consacrèrent deux décennies.
Rejoignez la Route 127 et parcourez 1 mile vers le nord avant de tourner à droite dans Gott Ave.

Halibut Point State Park

℘ *978 546 2997 - www.mass.gov/dcr/paks -* &. *- de déb. mai à Labor Day : 8h-20h ; reste de l'année : de l'aube au coucher de soleil - 2 $/voiture*.
Du parc de stationnement s'amorcent de nombreux sentiers qui sillonnent à travers les bois et les anciennes carrières de granit de la pointe nord *(visite guidée des carrières du Memorial Day au Columbus Day, le samedi à 10h)*. De la côte rocheuse, de vastes **vues★** s'étendent vers le sud à travers la baie de Ipswich, et vers le nord jusqu'au Maine. Les bureaux de l'administration du parc sont installés dans une tour d'observation datant de la Seconde Guerre mondiale.

😊 NOS ADRESSES À CAPE ANN

HÉBERGEMENT

UNE FOLIE

Captain Bounty Motor Inn – *1 Beach St., Rockport -* ℘ *978 546 9557 - www. captainsbountymotorinn.com - 24 ch. 165/205 $*. Fonctionnel et central, un motel amélioré aux tarifs « plus doux » que ceux pratiqués par les auberges voisines. Vue imprenable sur l'Océan.

RESTAURATION

PREMIER PRIX

Bean & Leaf Café – *12 Bearskin Neck, Rockport -* ℘ *978 546 7500 - tlj avr.-oct.* Excellents *wraps* (miel et jambon, câpres et pesto, poulet curry…) à savourer les pieds (presque !) dans l'eau. Mais aussi : *clam chowder*, salades, pâtisseries maison et choix de thés et cafés.

Roy Moore Lobster Company – *Bearskin Neck, Rockport -* ℘ *978 546 6696*. Un banc d'écailler et sa terrasse dissimulée : derrière les aquariums garnis de homards et de coquillages, on déguste quelques-uns des meilleurs *lobster rolls* de Rockport.

PRIX MOYEN

Woodman's – *121 Main St., Essex -* ℘ *978 768 6057 - www. woodmans.com - 11h-22h (20h en hiver)*. Woodman's ne se contente pas de servir les fameuses *fried clams* de Nouvelle-Angleterre, le restaurant, ouvert en 1914 par Lawrence « Chubby » Woodman, prétend aussi et surtout les avoir *inventées* ! Autant dire une institution, et les files d'attente qui vont avec. *Fried clams*, *fried clam strips*, *clam chowder* et *clam cakes* sont très appréciés.

Newburyport vu du ciel.
The Greater Newburyport Chamber of Commerce

Newburyport

17 542 hab.

S'INFORMER
Newburyport Chamber of Commerce : ☎ *978 462 6680 - www. newburyportchamber.org.*

SE REPÉRER
Carte de la région D1 *(p. 89)* – *carte Michelin 581 N 7.* Newburyport est à 40 miles au nord de Boston, à proximité de la frontière du New Hampshire. La ville – la plus petite *(city)* du Massachusetts – est accessible en train depuis Boston, la capitale de Nouvelle-Angleterre.

SE GARER
Parking dans Green St. *(gratuit pendant 3h)* et dans Merrimack St.

À NE PAS MANQUER
Le centre-ville, à découvrir à pied.

ORGANISER SON TEMPS
Faites-en une escapade en train depuis Boston pour la journée.

AVEC LES ENFANTS
La réserve de Plum Island et la plage de Crane Beach.

Cette petite ville située à l'embouchure de la Merrimack était le port d'attache d'une grande flotte de navires marchands aux 18ᵉ et 19ᵉ s. Les élégantes demeures fédérales construites dans High Street par les riches capitaines au long cours et les rues pittoresques autour de Market Square sont les témoins de l'époque glorieuse où Newburyport était un centre très important de la construction navale et du commerce maritime.

Aujourd'hui, le front de mer est le point de départ des bateaux d'observation des baleines. On y découvre les bâtiments des chantiers navals qui, au siècle dernier, produisirent de magnifiques clippers.

Se promener

★ High Street

Ornées de porches et de colonnes, ses maisons témoignent de la plupart des styles architecturaux que connut la jeune Amérique indépendante, c'est-à-dire la fin du style georgien, le style fédéral et le style néoclassique. La **Court House** (palais de justice), dessinée par Charles Bulfinch en 1800, fait face au **Bartlett Mall**, un bel espace vert qui entoure un étang, **Frog Pond**.

Cushing House – *98 High St. - ☎ 978 462 2681 - www.newburyhist.org - visite guidée (1h) de mi-mai à fin oct. : mar.-vend. 10h-16h, sam. 12h-16h - 7 $.* Cette maison en brique construite en 1808 vit se succéder trois générations de la famille Cushing. Le plus connu, Caleb Cushing, fut le premier Américain envoyé officiellement en Chine, en 1842. Les pièces exposées comprennent le mobilier qu'il ramena d'Asie, un petit groupe de primitifs américains et une collection d'argenterie, d'horloges et d'ouvrages réalisés à l'aiguille.

Custom House

25 Water St. - ☎ 978 462 8681 - www.customhousemaritimemuseum.org - avr.-déc. : mar.-sam. 10h-16h, dim. 12h-16h - 7 $.

Conçue par Robert Mills, architecte du Washington Monument érigé dans la capitale américaine, cette belle construction de granit accueille désormais les visiteurs intéressés par la grande époque. Elle abrite le **Custom House Maritime Museum** qui évoque les chantiers navals et la brigade côtière.

À proximité Carte de la région

★★ Plum Island – Parker River National Wildlife Refuge D1

▶ *3 miles au sud-est de Newburyport. Prenez Water St. et Plum Island Turnpike (une route équipée de parkings longe toute l'île). ☎ 978 465 5753 - www.fws. gov/northeast/parkriver - visite tte l'année, de l'aube au coucher du soleil (plage fermée d'avril à mi-août) - réserve fermée lorsque le parking est plein - 2 $ (5 $ par voiture) - camping interdit.*

👥 La partie sud de cette île est une réserve naturelle, véritable paradis pour les ornithologues, notamment au moment des migrations (printemps et automne) : plus de 350 espèces y ont été aperçues. Depuis les tours d'observation, belles **vues** sur les 1 900 ha de dunes, de marécages et de plages.

★ Crane Beach D1

▶ *17 miles au sud-est de Newburyport. De la Route 1A, prenez la 133 East vers Essex. Tournez à gauche dans Northgate Rd. À l'extrémité de celle-ci, prenez Argilla Rd à droite : au bout se trouve Crane Beach. ☎ 978 356 4354 - www.thetrustees. org - ✕ - de 8h au coucher du soleil - 15/22 $/voiture du Memorial Day au Labor Day (demi-tarif après 17h).*

👥 Longue de 6 km (3,7 miles), bordée de pins et d'érables rouges, une des plus belles plages du Massachusetts (à évitez en juillet, à cause des taons). En été, concerts organisés au **Castle Hill** (☎ 978 356 4351), ancienne résidence de la famille Crane.

Lowell

103 615 hab.

🅱 S'INFORMER
Greater Merrimack Valley Convention and Visitors Bureau : 🖉 978 459 6150 - www.merrimackvalley.org.

◐ SE REPÉRER
Carte de la région C1 *(p. 89)* – *carte Michelin 581 L-M 7.* Lowell se trouve à 30mn de voiture au nord-ouest de Boston.

😊 À NE PAS MANQUER
Une balade en tramway dans le Lowell National Historical Park et, si vous avez le temps de sortir de la ville, les étangs de la Harold Forest en été et les pistes de ski de Bradford en hiver.

⊙ ORGANISER SON TEMPS
Organisez votre visite de Lowell en fonction des horaires des Canal Tours, qui doivent être réservés à l'avance.

👥 AVEC LES ENFANTS
À Lowell, initiez les plus téméraires d'entre eux au rafting, et à Westford, offrez-leur le spectacle enchanteur des papillons de Butterfly Place.

Cette remarquable ville industrielle, l'une des plus grandes du Massachusetts, fut la première cité industrielle planifiée de toutes pièces. Grâce à la proximité de la rivière Merrimack, Lowell devint le chef de file de la production américaine de textile au 19ᵉ s. Trois grandes personnalités des arts et de la culture y virent le jour : le peintre James Abbott McNeill Whistler (1834-1903), l'écrivain Jack Kerouac (1922-1969) et l'actrice Bette Davis (1908-1989).

Se promener

★★ Lowell National Historical Park

246 Market St. - le Visitor Center de Market Mills fournit cartes gratuites et horaires des visites guidées et des tours en bateau - 🖉 978 970 5000 - www.nps.gov/lowe - ♿ ✕ - Visitor Center : ouvert tte l'année 9h-17h (déc.-mars 16h) - fermé 1ᵉʳ janv., Thanksgiving Day et 25 déc.

En 1978, certains secteurs de Lowell furent classés Quartiers historiques dans le but de préserver et de faire connaître le patrimoine architectural et sociologique d'un exemple type de *mill town*. Aménagé dans une usine rénovée, le **Visitor Center** présente une projection vidéo de 20mn retraçant l'histoire de la ville : *Lowell : The Industrial Revolution.* Des anciens **tramways** *(gratuits)* circulent en permanence, permettant aux touristes de se déplacer facilement parmi les curiosités.

Une visite guidée (**Canal Tours**) permet de comprendre le fonctionnement et l'utilité de ce réseau de canaux très élaboré, destiné à régulariser l'énergie hydraulique utilisée par les usines *(de fin juin à Labor Day - 8 $ - réserv. recommandée).*

★★ Boott Cotton Mills Museum – ♿ - *juil.-nov. : 9h30-17h ; déc.-janv. : lun.-vend. 10h-16h, w.-end 9h30-16h ; mars-juin : 9h30-16h30.* Situé entre le Eastern

Canal et la Merrimack River, ce monumental complexe industriel agrémenté d'un beffroi central abrite l'exposition principale du parc. Au rez-de-chaussée, l'**atelier de tissage** comporte 88 métiers à tisser mécaniques en activité et recrée l'atmosphère assourdissante d'une usine textile des années 1920. Au 1er étage, les expositions sont consacrées à la révolution industrielle en Amérique, à l'histoire de Lowell, à la production textile et à la vie quotidienne dans une *mill town*. Un film *(25mn)* et des enregistrements sonores font entendre les voix d'anciens ouvriers : un témoignage poignant des difficultés de leur vie quotidienne.

Autres curiosités – Longeant les Massachusetts Mills, Eastern Canal Park possède un élégant groupe de monolithes de marbre portant des extraits d'œuvres de **Jack Kerouac** (1922-1969), natif de Lowell et auteur-culte de la génération hippie. *Le Visitor Center met à disposition un plan indiquant tous les sites liés à Jack Kerouac.*

★ **American Textile History Museum**
491 Dutton St. - ✆ 978 441 0400 - www.athm.org - ♿ ✗ - mar.-vend. 9h-16h, w.-end 10h-17h - fermé 1er janv., Thanksgiving Day et 25 déc. - 8 $.

LA PREMIÈRE « MILL TOWN »

Au 19e s., après avoir visité des manufactures de textile anglaises, Francis Cabot Lowell (1775-1817), marchand de Boston, inaugura le premier métier à tisser mécanique américain : version modifiée du métier à tisser mécanique anglais, il permettait d'optimiser l'industrie textile américaine. En 1813, il obtint 300 000 $ d'investisseurs pour construire sa première manufacture de coton à Waltham, sur les rives de Charles River, à l'ouest de Boston. Francis Lowell révolutionna le processus industriel de fabrication du textile en intégrant toutes les phases de la production dans une seule fabrique. À sa mort, les investisseurs, désireux de s'agrandir, choisirent le site actuel proche d'un puissant cours d'eau, les **Pawtucket Falls**, qui font partie de la Merrimack et ont un dénivelé de 97 mètres sur 1,5 km. La nouvelle ville manufacturière *(mill town)*, bâtie selon les plans de Kirk Boott, un ancien officier de l'armée anglaise, fut baptisée Lowell. Elle compta bientôt un grand nombre d'usines en brique, de dépôts, de magasins, d'églises et des canaux longs de 9 km acheminant l'eau des chutes jusqu'aux turbines.

Lowell reçut le statut de ville en 1826, et devint rapidement la plus importante cité productrice de coton des États-Unis. Les premières ouvrières de la filature *(mill girls)* étaient recrutées parmi la population agricole de la Nouvelle-Angleterre. Vers 1850, elles furent peu à peu remplacées par des immigrants irlandais et canadiens français qui acceptaient de travailler pour un salaire moins élevé. Plusieurs vagues d'immigrants se succédèrent ainsi, altérant le climat social et entraînant les premières grèves de l'histoire américaine. Le déclin de Lowell s'amorça dès la fin du 19e s. avec le développement des machines à vapeur et la concurrence des États du Sud, et fut définitivement scellé par la crise de 1929.

Dans les années 1970, Lowell redevint un centre industriel dynamique grâce à la sauvegarde de son patrimoine et à l'installation d'entreprises, comme les laboratoires Wang. Servant de modèles à des chantiers de rénovation à travers tout le pays, de nombreux bâtiments, ainsi que le canal, furent restaurés de façon exemplaire, favorisant ainsi le tourisme.

ACTIVITÉS EN PLEIN AIR

Du rafting en ville ? À Lowell, c'est possible ! Les rapides de la Concord River, qui ont donné à la cité son industrie, accueillent aujourd'hui les amateurs de sensations fortes, les week-ends d'avril et mai. Consultez **Zoar Outdoors** (☏ 888 532 7483 - www.zaroutdoor.com/concordrafting.htm). Si vous n'êtes pas assez téméraire pour une descente en eaux vives, il existe d'autres options. **Harold Parker State Forest** (☏ 978 686 3391 - www.mass. gov/dcr), à North Andover, dispose de 1 400 ha de bois sauvages parsemés d'étangs. Également à North Andover se trouvent le site historique de **Stevens-Coolidge Place**, ouvert au public (☏ 978 682 3580 - www. thetrustees.org), et **Weir Hill** (☏ 978 682 3580 - www.thetrustees.org), propice aux randonnées à pied, en skis de fond ou en raquettes. À Haverhill, la **station de ski de Bradford** (☏ 978 373 0071 - www.skibradford.com) ravira petits et grands.

Aménagé dans un ancien entrepôt de brique de près de 15 000 m², ce musée couvre plus de trois cents ans d'histoire de la production textile américaine. Une exposition permanente rassemble des outils, des documents et des machines qui retracent l'évolution de l'industrie textile, et notamment son automatisation. Une maison en bois de tisserand du 18e s., un magasin de 1820 et une filature de laine dont les intérieurs ont été reconstitués illustrent entre autres l'influence de l'industrie textile sur la vie quotidienne.

New England Quilt Museum

18 Shattuck St. - ☏ 978 452 4207 - www.nequiltmuseum.org - ♿ - janv.-avr. : mar.-sam. 10h-16h ; mai-déc. : mar.-sam. 10h-16h, dim. 12h-16h - fermé j. fériés. - 7 $ - musée temporairement fermé pour rénovation.

Les galeries ensoleillées de ce musée aménagé sur deux étages présentent une intéressante collection de courtepointes traditionnelles et contemporaines.

À proximité Carte de la région

Butterfly Place C1

▷ *9 miles à l'ouest de Lowell, à Westford. 120 Tyngsboro Rd - ☏ 978 392 0955 - www.butterflyplace-ma.com - ♿ - de mi-fév. à fin mars et oct.-nov. : 10h-16h ; avr.-sept. : 10h-17h - fermé déc., janv. et j. fériés - 9,50 $.*

Plus de 500 papillons représentent une cinquantaine d'espèces du monde entier inondent ce vaste atrium de 290 m². Vous pourrez vous déplacer parmi eux ou les observer à travers une baie vitrée.

Great Brook Farm State Park C1

▷ *10 miles au sud de Lowell, à Carlisle. 984 Lowell St. - ☏ 978 369 6312 - www. mass.gov/dcr - ouvert de l'aube au coucher du soleil - 2 $/voiture.*

Une ferme plusieurs fois centenaire agrémentée de sentiers, pour randonnées à pied, en skis ou en raquettes. Des visites sont proposées en octobre.

Plymouth

★★

55 188 hab.

S'INFORMER

Destination Plymouth Visitor Center : *130 Water St. - ☎ 508 747 7533 ou 800 872 1620 - www.visit-plymouth.com.*

SE REPÉRER

Carte de la région D2 *(p. 89) – carte Michelin 581 N 9.* Plymouth, accessible par la Route 3, se situe à 40 miles au sud-est de Boston. Le *Mayflower II* est ancré dans son port ; la Plimoth Plantation se trouve à 3 miles au sud du centre-ville.

SE GARER

Vous trouverez plusieurs parkings en ville, dont un à proximité du Visitor Center, sur Water St.

À NE PAS MANQUER

La Plimoth Plantation et le *Mayflower II*, répliques du village originel et du navire qui conduisit, en 1620, les Pères pèlerins sur la côte de Nouvelle-Angleterre.

DE PLYMOUTH À PLYMOUTH

En Angleterre au 16e s., des groupes de dissidents, les **séparatistes**, désireux de réformer l'Église anglicane dont ils trouvaient les règles et la morale trop relâchées, furent persécutés. Ils émigrèrent vers des terres plus tolérantes pour mettre leurs idées en pratique. Ils se rendirent d'abord en Hollande en 1607. En 1620, 102 passagers (dont 35 séparatistes) embarquèrent à bord du *Mayflower* pour les terres lointaines de la Virginie, de l'autre côté de l'Atlantique. Ils appareillèrent de Plymouth. Après deux mois de navigation difficile, ils aperçurent enfin la terre mais les côtes étaient celles de Cape Cod et non celles de Virginie. Pendant plus d'un mois, ils explorèrent cette région et s'installèrent finalement dans la baie de Plymouth, baptisée ainsi par le capitaine John Smith six ans plus tôt.

Les pèlerins se trouvèrent confrontés à un hiver terrible. Ils s'étaient construit de petites chaumières qui ne les protégeaient pas suffisamment du froid. La nourriture manquait et bientôt, la moitié des effectifs de la colonie disparurent. Les morts étaient enterrés secrètement la nuit sur **Cole's Hill**, et aucun signe ne marquait leur tombe afin que les Indiens ne puissent dénombrer leurs pertes. Après quelques mois, des Indiens vinrent à leur rencontre et se montrèrent fort amicaux : ils enseignèrent aux Anglais comment cultiver la terre, pêcher et chasser. À l'automne suivant, la récolte fut si abondante qu'une grande fête fut organisée pour bénir les moissons : ce fut le premier **Thanksgiving**. Cette fête traditionnelle est aujourd'hui l'une des plus populaires aux États-Unis.

Plimoth Plantation.
Tim Grafft / Massachussetts Office of Travel & tourism

🕐 **ORGANISER SON TEMPS**

Prévoyez deux heures pour visiter la Plimoth Plantation, ou une journée complète si vous souhaitez découvrir ce site ainsi que l'ensemble de la ville historique.

👥 AVEC LES ENFANTS

Avec eux, montez à bord du *Mayflower II* et écoutez les histoires de la Plimoth Plantation, contées par des guides costumés : ils adoreront !

Résidentielle et industrielle, Plymouth est une ville agréable, avec ses collines dominant une vaste baie. Ses rues en pente descendent vers le port où voisinent les restaurants de poissons et de fruits de mer, et où accostèrent les premiers colons qui s'établirent en Nouvelle- Angleterre : les Pères Pèlerins du « Mayflower ». C'est, tout naturellement, en véritable pèlerinage que s'y rendent les Américains.

Se promener

LE PLYMOUTH HISTORIQUE

▷ *Circuit au départ du Visitor Center. Voir le plan de la ville (p. 173) – comptez une 1/2 journée.*

★★ **Mayflower II**

State Pier - ☎ 508 746 1622 - www.plimoth.org - de fin mars à fin nov. : 9h-17h - 10 $, billet combiné avec la Plimoth Plantation 28 $.

👥 Ce bateau est la réplique de celui qui transporta les pèlerins en 1620. Il fut construit en Angleterre et refit le trajet Plymouth-Plymouth en 1957.

★ Plymouth Rock

Sur la plage qui borde Water St.

👥 C'est sur ce rocher que débarquèrent, du *Mayflower*, les Pères Pèlerins. Il est abrité par une construction en granit. En face, la fontaine, **The Pilgrim Mother (1)**, est dédiée aux courageuses femmes de ces pionniers.

Sparrow House A

42 Summer St. - 𝄡 508 747 1240 - www.sparrowhouse.com - jeu.-mar. 10h-17h - 2 $.

Cette maison historique, la plus ancienne de Plymouth (1640), renferme du mobilier du 18ᵉ s. On peut y voir travailler un potier.

Jabez Howland House B

33 Sandwich St. - 𝄡 508 746 9590 - www.pilgrimjohnhowlandsociety.org - visite guidée (1h) de fin mai à mi-oct. : tlj 10h-16h30 - 4 $.

Cette maison est le seul vestige des cottages habités par les Pères Pèlerins.

★ Pilgrim Hall Museum

75 Court St. - 𝄡 508 746 1620 - www.pilgrimhall.org - fév.-déc. : 9h30-16h30 - fermé 25 déc. - 7 $.

Cet austère bâtiment de granit, conçu en 1824 par Alexander Parris, abrite un musée consacré à la colonie de Plymouth. Il contient des meubles et des objets ayant appartenu aux pèlerins, notamment le berceau de Peregine White, née à bord du *Mayflower*, et la bible du gouverneur William Bradford.

Jenney Grist Mill Museum M¹

6 Spring Lane - 𝄡 508 747 4544 - www.jenneygristmill.com - avr.-nov. : lun. et merc. ; sam. 9h30-17 ; dim. 13h-17h - fermé dim. de Pâques - 6-10 $.

Bâti au bord du Town Brook, qui continue d'alimenter sa roue, ce musée recrée le moulin à eau bâti par John Jenney en 1636. Les visiteurs peuvent observer son fonctionnement puis acheter de la farine, fraîchement moulue, à la boutique.

National Monument to the Forefathers

Allerton St., accès par la Route 44.

Ce monument de 11 m commémore l'histoire des Pères Pèlerins et de leur petite colonie.

À proximité Carte de Plymouth

★★ Plimoth Plantation

▶ *3 miles au sud de Plymouth par la Route 3, sortie 4. 𝄡 508 746 1622 - www. plimoth.org - ♿ ✕ - de déb. avr. à fin nov. : 9h-17h - 24 $, billet combiné avec le Mayflower II 28 $.*

👥 C'est la reconstruction du village enclos de Plymouth tel qu'il apparaissait en 1627 ; l'orthographe Plimoth vient des journaux de bord du **gouverneur Bradford**. Ce village était alors situé à l'emplacement de la ville actuelle.

Du **fort**, qui servait également de **meeting-house**, à l'entrée, s'offre une vue d'ensemble, et notamment sur les maisons en bois couvertes de chaumes. Elles renferment des reproductions de mobilier rustique anglais (jacobéen et élisabéthain) tel que pouvaient en posséder les colons. Des personnages en costume animent le village et permettent au visiteur d'assister aux différentes tâches quotidiennes (jardinage, cuisine, récolte, etc.) qui occupaient les premiers colons.

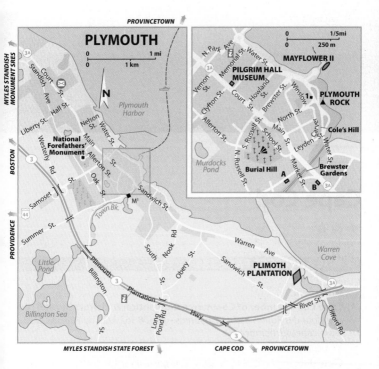

Un chemin mène au **Hobbamock's Wampanoag Indian Homesite**, reconstitution d'un campement indien du 17ᵉ s. Ici aussi, le personnel montre les diverses activités qui occupaient les Wampanoags (culture de céréales, tissage, etc.). On peut également voir des *wetus*, abris que construisait cette tribu.

Myles Standish Monument

◗ *8 miles de Plymouth, à Duxbury. Prenez la Route 3A jusqu'à Crescent St., puis tournez à droite et prenez l'entrée à gauche - ℘ 508 866 2526 - www.mass.gov/dcr - de mi-juin à Labor Day : 8h-20h.*
Élevé à la mémoire du chef des pèlerins, Myles Standish, ce monument domine la baie de Plymouth. De son sommet *(125 marches à gravir)* se révèle une **vue** magnifique sur Plymouth et la baie de Cape Cod. Par temps clair, on peut voir Provincetown, au bout de Cape Cod.

LA PROCESSION DES PÈLERINS

Chaque vendredi du mois d'août, et pour le Thanksgiving Day, des habitants de Plymouth revêtent les costumes des Pères Pèlerins et vont en procession de Leyden Street à Burial Hill. Là, ils assistent à un office religieux tout comme les premiers pèlerins à leur arrivée à Plymouth. De **Burial Hill**, la colline sur laquelle s'étend le vieux cimetière, on jouit de beaux points de vue sur la ville et la mer. À sa base s'écoule une rivière, **Town Brook**, proche de l'emplacement des premières maisons des pèlerins, désormais longée par un parc public, **Brewster Gardens**.

Cape Cod

★★★

😊 **NOS ADRESSES PAGE 183**

 S'INFORMER

Cape Cod Chamber of Commerce Convention & Visitors Bureau : *au carrefour des Routes 6 et 132, Hyannis - ☏ 508 362 3225 ou 888 332 2732 - www.capecodchamber.org.*

▶ **SE REPÉRER**

Carte de la région CD3-4 *(p. 89) – carte Michelin 581 N-O-P 9-10.* Le cap se divise en 4 secteurs : l'Upper Cape, le plus proche du Sagamore Bridge ; le Mid-Cape, au centre (Hyannis, Barnstable, Yarmouth, Dennis) ; le Lower Cape (Harwich, Brewster, Chatham, Orleans) ; l'Outer Cape (Eastham, Wellfleet, Truro et Provincetown).

🅿 **SE GARER**

Prises d'assaut en été, les places manquent à Cape Cod, aussi vaut-il mieux (une fois votre voiture garée) vous déplacer en deux-roues. Dans l'Upper Cape, utilisez le Whoosh Trolley, qui relie Falmouth à Woods Hole.

🚲 **À NE PAS MANQUER**

Une balade le long du Cape Cod National Seashore, dans les pas de Henry David Thoreau, et le Wampanoag Powwow, qui se tient durant le premier week-end de juillet aux Tribal Grounds à Mashpee. Vous y découvrirez la cuisine, l'artisanat, les danses et les chants traditionnels indiens.

🕐 **ORGANISER SON TEMPS**

Cape Cod est riche, trop riche : ne cherchez pas à tout visiter ! Choisissez un secteur et prenez le temps de le découvrir.

👫 **AVEC LES ENFANTS**

En bateau de croisière au départ de Provincetown, emmenez-les à la découverte des baleines.

Plus de 480 km (298 miles) de plages, de dunes et de marais salants bordent cette curieuse avancée dans l'Océan, jalonnée de villages de pêcheurs. Produit d'une passionnante histoire géologique et humaine, elle est devenue, avec le développement de l'industrie automobile, une destination touristique privilégiée des Américains.

Cape Cod Beach House, poste de secours.
Christopher Seufert / Fotolia.com

Itinéraires conseillés

★★ LA CÔTE NORD 1

▷ *Pour visualiser ce circuit de 30 miles, reportez-vous à la carte de la région (p. 178) - comptez une journée.*

La Route 6A suit la côte nord, appelée **Bay Side** car elle donne sur la baie de Cape Cod, et traverse de nombreux villages qui furent des ports prospères au 19ᵉ s.

Au carrefour des Routes 6A et 6, prenez la Route 6A vers l'est, et continuez pendant 1/2 mile.

Pairpoint Glass Works

851 Sandwich Rd (Route 6A), à Sagamore - 𝄞 800 899 0953 - www.pairpoint.com - ♿ - démonstrations de verre soufflé avr.-janv. : lun.-vend. 9h-16h.

La visite de cette verrerie, la plus ancienne des États-Unis, permet d'observer le travail des artisans verriers qui soufflent le verre à la canne selon une technique remontant au 19ᵉ s. Leur production, essentiellement du cristal, est ensuite décorée à la main.

Suivez la Route 6A puis tournez à droite dans la Route 130 (Main St.).

★ Sandwich

Au bord d'un charmant étang, Shawme Pound, le moulin Dexter et la maison Hoxie, tous deux construits au 17ᵉ s., évoquent l'atmosphère coloniale de Sandwich, fondée en 1637. Les colons qui s'y installèrent lui donnèrent le nom de ce comte anglais qui inventa ce mets pour éviter de quitter sa table de jeu. La ville doit sa célébrité à une fabrique de verre, la Boston and Sandwich Glass Company, créée en 1825 par Deming Jarves. Le choix du site n'était pas lié à la présence des étendues sablonneuses voisines, mais à celle de forêts dont le bois devait fournir le combustible nécessaire aux fours. Excellent organisateur, Jarves bâtit un village pour les ouvriers, fit venir de nombreux artisans d'Europe, et se lança dans les inventions. Il réutilisa le moule en bois ou métal en trois morceaux déjà employé par les Romains mais délaissé depuis, et mit au point la machine à presser le verre. Ces techniques lui permirent de développer une production industrielle imitant le verre gravé ou taillé : un des modèles les plus réputés de l'usine devint le verre à motif de dentelle, appelé depuis le **Sandwich glass**. Vers 1850, le nombre d'ouvriers s'élevait à 500. En 1888, l'usine ferma ses portes suite à un différent ayant opposé les ouvriers à la direction, et les bâtiments furent démolis.

★ **Sandwich Glass Museum** – *129 Main St. - ☏ 508 888 0251 - www. sandwichglassmuseum.org -* ♿ *- avr.-déc. : 9h30-17h ; fév.-mars : merc.-dim. 9h30-16h - 5 $.* Fondé en 1907, ce musée abrite une collection très complète de verres de Sandwich réalisés entre 1825 et 1888. Ces objets, bon marché à l'époque, sont aujourd'hui très recherchés. Les verres exposés sont de toutes les formes (compotiers, tasses, lampes, vases, bougeoirs…) et de toutes les nuances (améthyste, opalescent, ambre, vert…). Remarquez les effets de loupe, les motifs et les modèles des différents moules, les boules presse-papiers fleuries et les pièces commémoratives. Sont également exposées des créations contemporaines. Le musée présente en outre les différentes opérations de la fabrication du verre : fonte du sable avec la potasse et le carbonate de soude, mise au four (la vitrification s'opère à 1 300 °C), puis mise en forme du verre soufflé, moulé ou pressé.

★★ **Heritage Museums and Gardens** – *67 Grove St. De l'hôtel de ville, tournez à gauche dans Grove St. - ☏ 508 888 3300 - www.heritagemuseumsandgardens. org -* ♿ *✗ - avr.-oct. : 10h-17h - 10 $.* 👥 Les collections de ce musée dédié à l'histoire et aux arts traditionnels américains sont présentées dans plusieurs bâtiments disséminés dans un splendide cadre de verdure couvrant 30 ha. Dans les années 1920 et 1930, cette propriété appartenait à un horticulteur, Charles Dexter, passionné de rhododendrons. Visite conseillée à l'époque de la floraison *(mai et juin)*.

L'**Automobile Museum**, reproduction fidèle de la célèbre étable ronde des shakers de Hancock *(voir p. 371)*, abrite une trentaine de voitures de 1899 aux années 1930.

Réplique de la Publick House de New Windsor, qui servit de cantonnement pendant la guerre d'Indépendance, le bâtiment en bois de l'**American History Museum** abrite le mur des célébrités de la Cape Cod Baseball League, une exposition d'armes, de drapeaux et de petits soldats de plomb.

Une rotonde occupée par un très beau manège (1912) qui ravira les enfants sert d'entrée à l'**Art Museum**. Les autres salles sont consacrées aux arts et traditions populaires : portraits naïfs, sculpture sur bois, objets en métal, *scrimshaws*, estampes.

Poursuivez vers l'est sur la Route 6A.

Près de Barnstable, la Route 6A longe quelques champs de canneberges et suit la lagune partiellement fermée par le cordon littoral de **Sandy Neck**. Autrefois, sur ce long banc de sable, les pêcheurs de baleines faisaient fondre dans de grands chaudrons la graisse des cétacés. Aujourd'hui, **Sandy Neck Beach** attire des multitudes de baigneurs en été.

Yarmouth Port

Les belles maisons que les capitaines au long cours se firent construire le long de Main Street rappellent que Yarmouth fut un port important. Une maison typique de Cape Cod peut être visitée le long de la Route 6A : **Winslow-Crocker House**, bâtie vers 1780 *(250 Route A - ☏ 617 227 3957 - www. historicnewengland.org - visite guidée (45mn) de déb. juin à mi-oct. : 2ᵉ et 4ᵉ sam. du mois 11h-16h - 4 $).*

Dennis

Comédies musicales, pièces dramatiques et de boulevard sont présentées dans son célèbre théâtre, **Cape Playhouse**. De la tour de **Scargo Hill** *(de la Route 6A, tournez à droite après le cimetière, puis à gauche dans Scargo Hill Rd)*, la **vue** s'étend de Plymouth à Provincetown.

MORUES, BALEINES ET CANNEBERGES...

LE CAP DE LA MORUE

Le Cape Cod fut baptisé par l'explorateur **Bartholomew Gosnold** qui y accosta en 1602. Il avait été très impressionné par les bancs de morues – *cod* en anglais – qui pullulaient dans ces eaux. Dix-huit ans plus tard, les Pères Pèlerins du **Mayflower**, en route pour la Virginie, accostèrent à l'emplacement de l'actuelle Provincetown. Ce fut leur premier contact avec la terre américaine, mais ils préférèrent s'installer à Plymouth, et ce ne fut que vers 1630 que des colons s'implantèrent sur Cape Cod.

Ils vivaient de l'agriculture et de la pêche, et harponnaient de temps en temps une baleine. Cette dernière occupation devint leur principale activité au 18ᵉ s. Aussi vit-on les ports de Barnstable, Truro, Wellfleet et Provincetown se constituer une flotte baleinière. Les récifs représentaient un danger redoutable pour les marins, même pour les plus expérimentés d'entre eux, et les naufrages furent très fréquents jusqu'à la construction du canal. Selon le coefficient de la marée basse, la mer découvre parfois les épaves de ces navires échoués.

CAP COD AUJOURD'HUI

Malgré un grand nombre de motels, de comptoirs de restauration rapide, de boutiques de souvenirs et d'immeubles, Cape Cod a su préserver sa beauté naturelle et son charme maritime. De petits villages traditionnels s'éparpillent le long de la côte nord, *the Bay Side* ; à l'est, d'immenses étendues de dunes sont protégées par le Cape Cod National Seashore (CCNS).

Cette péninsule recèle des tourbières où poussent les canneberges, des lagunes enfermées par des cordons littoraux d'où émergent de grandes herbes jaunes, des forêts de pins et de chênes, des marais salants, des dizaines de lacs, des baies abritant des ports de plaisance, ainsi que ces petites maisons couvertes de bardeaux gris, typiques du cap.

Des centaines d'antiquaires et d'artisans, installés le long des routes, produisent et vendent de la verrerie, des bougies, des oiseaux sculptés, de la poterie, du cuir travaillé et des tissus *(www.capeandislandsartsguide.com)*.

Les îles de Cape Cod sont au nombre de trois : **Martha's Vineyard** *(voir p. 189)*, **Nantucket** *(voir p. 193)* et **Elizabeth**. Achetées par l'Anglais Thomas Mayhew en 1642, les îles devinrent des centres baleiniers aux 18ᵉ et 19ᵉ s., et ont été épargnées par l'ère industrielle. Leurs magnifiques plages, arrosées par le Gulf Stream, en font des sites touristiques très prisés.

LES CANNEBERGES

Le sud du Massachusetts produit la moitié de la récolte américaine de **canneberges**, sorte d'airelles au goût acide qui, servies sous forme de gelée, sont devenues l'accompagnement indispensable de la dinde traditionnelle du Thanksgiving Day. Avec ses marais, ses tourbières et ses sols sablonneux, Cape Cod se prête à merveille à cette culture. Celle-ci était difficile jusqu'à ce qu'Henry Hall, un habitant de Dennis, eût observé qu'aux endroits où du sable recouvrait ces plantes, elles fleurissaient mieux. Il en fit une méthode de culture : au printemps, on répandait donc du sable sur les plantes. Aujourd'hui, cette culture s'est mécanisée, et la récolte des fruits donne lieu chaque automne à de grandes fêtes qui réunissent toute la population de la péninsule.

★ Brewster

Cette charmante station balnéaire, qui s'étend sur près de 13 km (8 miles) le long de la baie de Cape Cod, fut fondée vers 1750. Elle a su préserver bon nombre des somptueuses demeures que se faisaient construire les riches capitaines au long cours du 19ᵉ s. Les huit plages publiques de la ville *(toutes accessibles par Main St., c'est-à-dire la Route 6A)* présentent un phénomène intéressant : une longue barrière de rochers grenat découverte à marée basse.

Sydenstricker Glass Factory (**A**) – *490 Main St., West Brewster - ☎ 508 385 3272 - www.sydenstricker.com - 9h-17h - fermé 1ᵉʳ janv., Thanksgiving Day et 25 déc.* Le créateur de cette verrerie, Bill Sydenstricker, a mis au point une technique très originale : chaque pièce se compose de deux plaques décorées séparément selon les techniques de l'émail, puis fondues ensemble. La fabrique produit également d'autres articles, notamment des couverts.

Cape Cod Museum of Natural History (**B**) – *869 Main St. - ☎ 508 896 3867 - www. ccmnh.org - juin-sept. : 9h30-16h30 ; avr.-mai et oct.-déc. : merc.-dim. 11h-15h ; fév.-mars : jeu.-dim. 11h-15h - fermé j. fériés - 8 $.* 👶👤 Petits et grands se passionneront pour les expositions interactives expliquant la faune et la géologie de Cape Cod. Trois **sentiers de nature** sillonnant le parc de 32 ha permettent de découvrir les paysages typiques de la région : marais salants, cultures de canneberges et côte sauvage. Les guides du musée proposent également des excursions sur la Monomoy River.

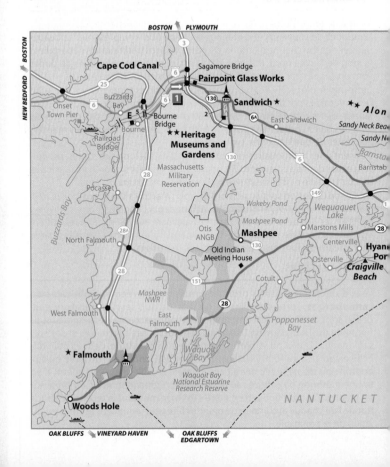

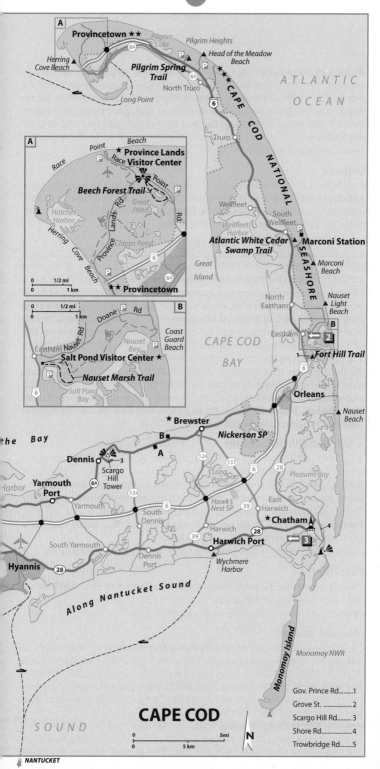

CAPE COD

Gov. Prince Rd..........1
Grove St. 2
Scargo Hill Rd..........3
Shore Rd....................4
Trowbridge Rd..........5

Nickerson State Park – *Route 6A - 𝄐 508 896 3491 - www.mass.gov/dcr - ⏦ avr.-sept. : 8h-20h ; oct.-mars : de l'aube au crépuscule.* Ancienne propriété du pionnier du rail Roland Nickerson, le parc dispose de plusieurs aires de pique-nique, d'un comptoir de location de vélos et d'un petit magasin. On peut camper (420 emplacements), se baigner dans l'étang de Flax Pond et louer des bateaux.

Suivez la Route 6A vers l'est.

Orleans

C'est à partir de cette ville que l'on découvre les plages qui se succèdent face à l'océan Atlantique. Une longue plage de 16 km (10 miles), **Nauset Beach**, protège Nauset Harbor, Pleasant Bay, Orleans et Chatham des violentes tempêtes qui s'abattent sur cette partie de la côte.

★★★ CAPE COD NATIONAL SEASHORE ②

▶ *Pour visualiser ce circuit de 24 miles, reportez-vous à la carte de la région (p. 179) - comptez une journée. Itinéraire au départ d'Eastam, sur la Route 6.*

En 1961, la côte est de Cape Cod, couverte de dunes, de lagunes, de bois et bordées de falaises, devenait, en raison d'un écosystème fragile, une zone protégée, la **Cape Cod National Seashore** (CCNS), administrée par le service des parcs nationaux. Depuis lors, des pistes cyclables, des sentiers et des pistes pour les véhicules à quatre roues motrices ont été tracés pour permettre aux visiteurs de profiter des diverses ressources qu'offre ce site.

⊙ Deux centres d'information (*𝄐 508 771 2144 - www.nps.gov/caco*), situés chacun à une extrémité de ce parc de 10 927 ha, ont été ouverts, et il existe plusieurs plages surveillées *(de fin juin à fin août)* : **Coast Guard Beach**, **Nauset Light Beach**, **Marconi Beach**, **Head of the Meadow Beach**, **Race Point Beach** et **Herring Cove Beach** *(parking 15 $/jour).*

★ Salt Pond Visitor Center

À Eastham - 𝄐 508 255 3421 - www.nps.gov/caco - ⏦ - 9h-16h30 (fermeture plus tardive en été) - fermé 25 déc.

👥 Des gardes forestiers donnent des conseils et distribuent des brochures. Dans une salle sont présentés, sous forme d'exposition, différents aspects de Cape Cod : géologie, histoire, faune, flore, architecture, etc.

Nauset Marsh Trail – *Accès près du bureau d'accueil.* 🐾 Belles vues sur la lagune depuis ce sentier de 1,6 km (1 miles).

Prenez la Route 6 vers le sud et tournez à gauche dans Governor Prince Rd.

Fort Hill Trail

🐾 Ce sentier de 3,2 km (2 miles) part de la Penniman House et traverse des prairies, le long de marais qui s'étendent à perte de vue.

Revenez sur la Route 6 et tournez à droite, vers le nord.

Marconi Station

En 1901, le physicien italien **Guglielmo Marconi** établit ici une station de télégraphie sans fil qui permit la première communication transatlantique, le 19 janvier 1903. Les interlocuteurs étaient le président des États-Unis, Theodore Roosevelt, et le roi d'Angleterre, Edouard VII. Cette station cessa de fonctionner en 1917. Les antennes et les bâtiments n'ont pas résisté à l'érosion, dont on peut observer l'action sur les falaises.

Atlantic White Cedar Swamp Trail – *Sentier de nature de 2 km (1,24 miles) au départ du parking de Marconi Station.* 🐾 Ce sentier permet de découvrir la richesse de la flore du Cape Cod. Des plantes grasses qui fixent le sable, on passe à une sorte de maquis avant de s'enfoncer dans une forêt de pins et de chênes. On découvre ensuite un marécage peuplé de cèdres blancs. On regagne le parking par l'ancienne route de la station de télégraphie.

Poursuivez sur la Route 6 vers le nord ; passez South Wellfleet, Wellfleet, Truro et l'embranchement avec la Route 6A.

Pilgrim Spring Trail

Sentier de 800 m (0,5 miles) à partir du refuge situé près du parking de Pilgrim Heights. Ce sentier mène, à travers une végétation de buissons et de pins, à la source que découvrirent les Pères Pèlerins du *Mayflower* en 1620.

Continuez sur la Route 6 vers le nord, et prenez Race Point Rd à droite.

★ Province Lands Visitor Center

Race Point Rd., à la sortie de Provincetown - ℘ *508 487 1256 - www.nps.gov/ caco -* ♿ *- mai-oct. : 9h-17h.*

Ce centre propose un programme varié d'exposés et de visites guidées thématiques. Du haut du bâtiment, beau **panorama★** sur les dunes.

Depuis le centre, la route conduit à **Race Point Beach**, grande étendue de sable d'où un sentier de 2 miles mène au **phare de Race Point**.

Beech Forest Trail

Ce sentier de 2,5 km (1,55 miles) au départ du parking de Beech Forest traverse une forêt de hêtres menacée par la progression des dunes.

Province Lands Rd vous ramènera à la Route 6A, qui conduit à Provincetown.

★★ Provincetown

Voir p. 185.

LA CÔTE SUD 3

Pour visualiser ce circuit de 45 miles, reportez-vous à la carte de la région (p. 179) – comptez une journée.

Plus développée dans le domaine touristique que la côte nord, cette côte est desservie par la Route 28. Extrêmement commerçante par endroits, elle recèle aussi de charmants villages comme Chatham, Harwich et Falmouth.

★ Chatham

Protégé par le cordon littoral de Nauset Beach, Chatham est un port de pêche actif. Du **Fish Pier**, le long de Shore Road, on voit les bateaux décharger le produit de leurs pêches. Shore Road conduit au **phare de Chatham** *(à 1 mile au sud)* qui offre une belle vue sur Pleasant Bay et Nauset Beach.

Monomoy Island – Une violente tempête est à l'origine de cette île, sortie de terre en 1956 pour finalement être rattachée au continent en 2006 : les phares de Chatham et de Monomoy sont désormais reliés par 15 miles de plages de sable. Étape importante pour les oiseaux migrateurs qui passent l'été au Canada et l'hiver en Floride, « l'île » a été déclarée réserve naturelle : Monomoy National Wildlife Refuge *(℘ 508 945 5450 - www.fws.gov/northeast/ monomoy - visite tte l'année, de l'aube au coucher du soleil).*

Harwich Port

De la Route 28, on voit le joli port de plaisance de **Wychmere Harbor**.

Hyannis

Située au milieu de la côte sud, cette ville est le centre commerçant de Cape Cod ; son aérodrome est desservi régulièrement, et des bacs mènent aux îles alentour. **Cape Cod Melody Tent** *(21 West Main St. - ℘ 508 775 5630 - www.melodytent.com)* programme pièces de théâtre et spectacles pour enfants.

Hyannis Port – Élégante station balnéaire, Hyannis Port est connue pour être la résidence d'été de la famille Kennedy *(inaccessible au public)*. Dans Ocean Street se trouve le **John F. Kennedy Memorial**, un médaillon de bronze scellé dans un mur en pierres brutes. À proximité, la plage de **Craigville Beach** *(accès par la Route 28)* est un lieu de baignade agréable.
Revenez sur la Route 28, puis prenez à droite la Route 130.

Mashpee

Les Indiens wampanoags vivaient déjà sur le Cape Cod lorsque les colons arrivèrent. Au 17e s., le pasteur anglais Richard Bourne intervint auprès du gouvernement du Massachusetts pour qu'on leur accordât des territoires. C'est ainsi que quelques centaines d'hectares devinrent Mashpee Plantation, qui elle-même donna naissance à la ville au 19e s. La **Old Indian Meeting House**, construite en 1684, est la plus ancienne maison commune de Cape Cod *(Meetinghouse Rd, accès par la Route 28)*.

★ Falmouth

Malgré son développement touristique, Falmouth a gardé le charme d'une ville du siècle dernier. Autour de son green s'élèvent de belles maisons du 19e s.

Woods Hole

Cet ancien port baleinier est devenu l'un des grands centres mondiaux de la recherche océanographique. Il accueille notamment le plus important laboratoire privé spécialisé des États-Unis : le **Woods Hole Oceanographic Institution** *(15 School St. - ℘ 508 289 2663 - www.whoi. edu - &. - avr. : sur RV; mai-oct. : lun.-sam. 10h-16h30; nov.-déc. : mar.-vend. 10h-16h30 - fermé janv.-mars, Pâques, 4 juil., Thanksgiving Day et 25 déc. - 2 $)*. Les services de ce laboratoire, dont dépend l'**Ocean Science Exhibit Center**, s'intéressent à tous les aspects du milieu marin, des hauts fonds jusqu'à la surface. En septembre 1985, c'est un géologue de l'institut à la tête d'une équipe franco-américaine, le Dr Robert Ballard, qui découvrit l'épave du *Titanic* au large de Terre-Neuve.

Le **Woods Hole Science Aquarium** *(166 Water St. - ℘ 508 495 2001 - http:// aquarium.nefsc.noaa.gov - juin-août : mar.-sam. 11h-16h; reste de l'année : lun.-vend. 11h-16h)*, qui sert aux recherches du National Marine Fisheries Service, abrite des espèces autochtones.

Croisières – *Départs des bacs pour Martha's Vineyard du Steamship Authority Pier.*

À voir aussi Carte de la région

Cape Cod Canal

Lorsque le canal fut creusé entre 1909 et 1914, Cape Cod devint une île, reliée au continent par le **Sagamore Bridge** et le **Bourne Bridge** ainsi que par le pont de chemin de fer dont la silhouette fait inévitablement penser au Tower Bridge de Londres. La partie centrale (187 m) du pont s'abaisse en moins de 3mn afin de permettre aux trains de traverser le canal.

NOS ADRESSES À CAPE COD

Cape Cod étant très cher, nous avons repris les catégories de prix « Grandes villes ».

HÉBERGEMENT

Centrales de réservation
Bed & Breakfast Cape Cod – *Box 1312, Orleans -* 508 255 3824 ou 800 541 6226 - *www. bedandbreakfastcapecod.com.*
Destination Insider – *Box 1651, Vineyard Haven -* 508 696 3900 - *www.destinationinsider.com.*

Eastham
PREMIER PRIX

American Youth Hostel – *75 Goody Hallet Dr. -* 508 255 2785 - http://capecod.hiusa. org - ouvert de fin mai à mi-sept. - dortoirs : 25/35 $; ch. privées : 128/175 $. À 1 km (0,62 miles) des plages et 2 km (1,24 miles) du Cape Cod National Seashore, une auberge de jeunesse entretenue par le très compétent réseau Hostelling International.

Truro
PREMIER PRIX

American Youth Hostel – *North Pamet Rd -* 508 349 3889 - *www.hinewengland.org - ouvert de fin juin à déb. sept. - dortoirs : 35 $; ch. privées : 125/150 $.* Installée dans une ancienne station de gardes-côtes, l'autre AJ de Cape Cod, bien tenue, est à 5mn de marche de la plage.

Sandwich
BUDGET MOYEN

Spring Garden Inn Motel – *578 Rte. 6A (East Sandwich) -* 508 888 0710 ou 800 303 1751 - *www.springgarden.com -* 6 ch. 90/125 $. Des tarifs doux pour quatre chambres simples et petites, mais l'essentiel est ailleurs : à l'arrière, la vue porte au loin sur des hectares de lagunes et de marais. Superbe ! Également deux appartements et une suite.

POUR SE FAIRE PLAISIR

Ifry Inne & Bistro – *8 Jarves St. -* 508 888 8550 ou 800 844 4542 - *www.belfryinn.com -* 14 ch. 150/315 $. Non loin de Main Street, aménagées dans une ancienne église (1902) et son presbytère, des chambres toutes différentes, décorées avec goût : mobilier ancien ou plus récent, couleurs pastel ou vives, mise en valeur, dans certaines d'entre elles, d'éléments de l'église primitive (plafonds voûtés, vitraux…). Également un restaurant.

Chatham
UNE FOLIE

Wequassett Resort – *2173 Orleans Rd (Rte. 28) -* 508 432 5400 ou 800 225 7125 - *www.wequassett.com -* 114 ch. À l'écart de l'agitation, un luxueux resort réparti dans plusieurs cottages du 18e et 19e s., avec plage privée, golf et tennis. Depuis la salle de restaurant, vue imprenable sur Pleasant Bay.

Woods Hole
PREMIER PRIX

Nautilus Motor Inn – *539 Woods Hole Rd -* 508 548 1525 - *www. nautilusinn.com - fermé oct.-avr. -* 53 ch. 82/265 $ selon la saison. À dix minutes à pied de l'embarcadère pour Martha's Vineyard, ce motel propose certaines chambres avec vue sur la mer. Accès wifi dans la salle commune. La piscine et un court de tennis se trouvent à l'extérieur. Un espace café est aménagé au rez-de-chaussée le matin.

BUDGET MOYEN

Sands of Time Motor Inn – *549 Woods Hole Rd -* ☏ *508 548 6300 - www.sandsoftime.com - fermé du 16 nov. au 10 avr. - 95/165 $ selon la saison.* Ce motel avec sa petite piscine chauffée à l'extérieur est le plus accueillant. Le café est servi dans les chambres dont certaines ont vue sur la mer.

Provincetown

Voir p. 185.

RESTAURATION

Dennis

PREMIER PRIX

Cap'n Frosty's – *219 Main St. (Rte. 6A) -* ☏ *508 385 8548 - midi et soir - fermé de Labor Day à mars.* Passez commande au comptoir puis dirigez-vous vers l'une des tables en Formica pour déguster la savoureuse spécialité maison : le fish & chips. Mais aussi : clams, coquilles St-Jacques et choix de poissons.

Woods Hole

PREMIER PRIX

The Captain Kidd – *77 Water St. -* ☏ *508 548 8563 - www.thecaptainkidd.com.* Ce bar-restaurant pittoresque où se retrouvent chercheurs, étudiants et ouvriers est l'incontournable de Woods Hole. Dans le bar au long comptoir en marbre l'ambiance est chaleureuse. Au fond de cette immense salle on accède à une salle à manger aménagée au-dessus de l'eau. Au menu on trouve la *clam chowder* et les spécialités maison à base de produits de la mer, mais aussi un fameux hamburger…

Café Obsession – *38 Water St. -* ☏ *508 540 8130 - coffeeo@ capecod.net - 6h30-19h30 en hiver, 5h30- 21h en été - accès à trois ordinateurs et wifi.* En hiver, ce café est apprécié par nombre d'étudiants et de chercheurs pour son calme et son accès wifi. On s'y retrouve le matin pour prendre son café et l'été on apprécie l'ambiance de la salle et la fraîcheur de la terrasse.

Harwich Port

BUDGET MOYEN

Cape Sea Grille – *31 Sea St. -* ☏ *508 432 4745 - www. capeseagrille.com - de déb. avr. à mi-mai et de mi-oct. à mi-déc. : jeu.-lun. 17h-21h ; de mi-mai à mi-oct. : tlj 17h-22h.* Dans une maison de capitaine au long cours meublée de tables à nappes blanches : paella aux clams, crevettes et chorizo, piccatas de fruits de mer aux câpres et olives et flétan sauce coco. Le gâteau au chocolat est à se damner !

ACHATS

Brewster

General Store – *1935 Main St. -* ☏ *508 896 3744 - www. brewsterstore.com.* Vous trouverez ce que vous cherchez dans ce magasin aménagé dans une ancienne église (1852) : produits alimentaires, souvenirs, vêtements, poteries, articles de pharmacie, parfums…

Woods Hole

Pie in the sky bakery – *10 Water St. -* ☏ *508 540 5475 - petits-déjeuners (à partir de 7h) et déjeuners uniquement.* Face à l'animation des ferries partant pour Martha's Vineyard, ou en revenant, des expressos, des cappuccinos, des muffins et autres gourmandises, et des plats simples à consommer sur place ou à emporter.

Provincetown et sa plage.
nfsphoto/Fotolia.com

Provincetown

★★

3 431 hab.

 NOS ADRESSES PAGE 188

S'INFORMER

Provincetown : 🕾 508 362 3225 - www.provincetown.com.
Cape Cod Chamber of Commerce : 🕾 888 332 2732 - www.
capecodchamber.org.

SE REPÉRER

Carte de la région D3 *(p. 89)* – *carte Michelin 581 O 9.* Provincetown se trouve
à 120 miles environ au sud-est de Boston, à l'extrémité nord de Cape Cod.
La ville est accessible par la Route 6.

SE GARER

Vous trouverez le principal parking de Provincetown devant l'embarcadère *(wharf)* MacMillan.

À NE PAS MANQUER

Une tournée en 4x4 dans les dunes de Provincetown, avec Art's Dune
Tours, et le superbe panorama depuis le Pilgrim Monument.

ORGANISER SON TEMPS

Le voyage depuis Boston est plus long qu'il ne semble (2h30 au mieux) :
pensez à le prendre en compte dans l'organisation de votre séjour.

AVEC LES ENFANTS

Avec une mer plus clémente, Herring Cove Beach conviendra mieux que
Race Point Beach aux familles avec de jeunes enfants.

À la fois port de pêche, colonie d'artistes et station balnéaire, Provincetown, que les Américains appellent « P-Town », s'étend à l'extrémité du bras de Cape Cod. En été, la population de la ville, très prisée de la communauté gay, passe de 3 400 à 75 000 âmes.

Se promener

▷ *Voir le plan de la ville ci-contre.*

En saison une foule bariolée se déverse dans **Commercial Street**, parmi les magasins de souvenirs, les galeries d'art et d'artisanat et les restaurants. Après le shopping, les touristes cherchent refuge sur les plages du voisinage : **Herring Cove Beach** et **Race Point Beach** *(en été, des bus relient toutes les heures Bradford St. à Herring Cove Beach).*

MacMillan Wharf

Au bout de Standish St. Parking sur le quai.

Les bateaux de pêche, suivis de leur bruyant cortège de goélands, s'arriment le soir à cet embarcadère et déchargent leurs cargaisons aussitôt emportées vers Boston ou New York. Le dernier dimanche de juin se déroule la **bénédiction de la flotte**, une fête d'origine portugaise : une longue procession de bateaux transportant des statues de saints se forme alors dans le port. MacMillan Wharf est aussi le point d'embarquement des **croisières d'observation des baleines** *(horaires disponibles au Visitor Center).*

★ Pilgrim Monument et Provincetown Museum

High Pole Hill Rd - ✆ 508 487 1310 - www.pilgrim-monument.org - de déb. juin à mi-sept. : 9h-18h15 ; avr. et de mi-sept. à fin nov. : 9h-16h15 - 7 $.

PÈLERINS ET « MOONCUSSERS »

Au 18e s., moins de cent ans après l'arrivée des pèlerins, Provincetown était le troisième centre baleinier après Nantucket et New Bedford. Au milieu du 19e s., on y dénombrait 75 quais, et la côte environnante était couverte de salines et de claies pour faire sécher le poisson. Les bateaux de Provincetown partaient recruter leurs équipages aux Açores et aux îles du Cap-Vert, ce qui explique l'importance de la communauté portugaise et le maintien de ses traditions dans cette ville.

D'autres *Provincetowners* trouvèrent l'aventure et la fortune à portée de main. Des pirates, connus sous le nom de « Mooncussers », allumaient des feux pour attirer les bateaux de passage sur les hauts-fonds et s'emparaient de leur chargement. Ils n'épargnaient personne. On ne tarda pas à appeler « Hell Town », la ville de l'enfer, le quartier où ils se réunissaient.

Au début du 20e s., des artistes découvrirent le charme de ce port et de ses environs. En 1901, le peintre Charles Hawthorne fonda la **Cape Cod School of Art**. En 1915, une troupe de théâtre, le **Provincetown Players**, commença à y représenter des spectacles de Brooklyn. Provincetown devint une colonie d'artistes en été, et réunit bientôt des écrivains aussi célèbres que John Dos Passos, Sinclair Lewis, Eugene O'Neill ou Tennessee Williams. La ville accueillit des peintres de renommée internationale comme Robert Motherwell et Mark Rothko. Cette tradition culturelle et artistique s'est maintenue jusqu'à nos jours, grâce à la **Provincetown Art Association** et aux compagnies théâtrales dont la **Provincetown Theater Company**.

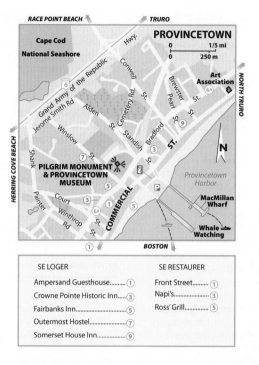

Le Pilgrim Monument est une tour inspirée du campanile du 14e s. de Sienne (Toscane). Édifiée en 1910, elle commémore l'arrivée du *Mayflower*. Depuis son sommet, à 77 m au-dessus de la colline, on découvre un vaste **panorama**★★ sur Cape Cod *(ascension de 116 marches)*.

Un petit musée y retrace l'histoire de la ville à travers des documents et des objets ainsi qu'une maquette du *Mayflower*.

★★ Dunes Tour

Départ de Art's Dune Tours, à l'angle de Standish St. et Commercial St. - ☎ 508 487 1950 - www.artsdunetours.com - visite commentée (1h) de mi-avr. à mi-nov. : tlj. de 10h au coucher du soleil - réserv. recommandée - 25 $.

Des voitures 4x4 proposent des excursions dans les dunes. Une merveilleuse façon de découvrir ce paysage remodelé en permanence par les vents.

Beach Shacks

Parsemant les dunes de Provincetown, usées par le temps et les éléments, ces cabanes *(shacks)* sans eau ni électricité gardent le souvenir de grands artistes et écrivains : Henry Beston, James Kerouac, Norman Mailer, Eugene O'Neill et Jackson Pollock, notamment, y séjournèrent. Aujourd'hui squattées, seules 17 cabanes ont subsisté.

😊 NOS ADRESSES À PROVINCETOWN

Accès et activités : voir Cape Cod p. 174.
Cette partie de la côte étant chère, nous avons repris les catégories de prix « Grandes villes ».

HÉBERGEMENT

PREMIER PRIX

Outermost Hostel – *28 Winslow St. - ☎ 508 487 4378 - www.outermosthostel.com - fermé nov.-avr. - réception : 8h-9h30, 17h30-21h30 - lit en dortoir 25 $.* Proches de la mer, noyés dans la verdure, cinq cottages rudimentaires à prix imbattable.

BUDGET MOYEN

Ampersand Guesthouse – *6 Cottage St. - ☎ 508 487 0959 - www.ampersandguesthouse. com - 10 ch. (dont 3 et un studio dans un petit cottage dans le jardin) 95/200 $.* À l'écart de l'agitation, cette guest house a été aménagée comme une galerie d'art. Sur les murs, des toiles des peintres locaux Michael Davis, Symie Maryles, Frederick Broson et une lithographie d'Andy Warhol.
Somerset House Inn – *378 Commercial St. - ☎ 508 487 0383 ou 800 575 1850 - www. somersethouseinn.com - 12 ch. 100/250 $.* L'atmosphère feutrée de cette maison doit beaucoup à l'accueil du propriétaire. Les 12 ch., dont 4 avec vue sur la mer, ont été décorées avec goût. Le petit-déjeuner et un cocktail sont compris dans le prix.
Fairbanks Inn – *90 Bradford St. - ☎ 508 487 0386 ou 800 324 7265 - www.fairbanksinn.com - 15 ch. 115/275 $.* Accueil chaleureux des hôtesses de cette maison de capitaine au long cours du 18e s. Dans le bâtiment principal, en retrait de la Commercial St., les plus grandes chambres proposent lit à baldaquin et cheminée. Le petit-déjeuner continental et les pâtisseries maison sont servis sur la terrasse.

POUR SE FAIRE PLAISIR

Crowne Pointe Historic Inn & Shui Spa – *82 Bradford St. - ☎ 508 487 6767 - www. crownepointe.com - ✗ - 40 ch. 169/627 $.* Jacuzzi, restaurant, hammam, navettes pour la plage, petits-déjeuners copieux : s'il faut y mettre le prix, tout ici invite à la détente. Réparties dans six bâtiments restaurés, les chambres sont couleur mer et sable.

RESTAURATION

BUDGET MOYEN

Front Street – *230 Commercial St. - ☎ 508 487 9715 - www. frontstreetrestaurant.com - fermé mar. et janv.-mai.* Murs de brique, boiseries et tables laquées donnent à ce restaurant son aspect romantique. Savoureux, le menu aux influences italiennes change chaque semaine.
Napi's – *7 Freeman St. - ☎ 508 487 1145 - www.napis-restaurant. com - déj. : sept.-avril à 11h30, dîner à 17h - 7/25 $.* Dès l'entrée une bonne odeur de cuisine vous ravira. Les menus sont variés : spécialités internationales, fruits de mer ou pêche du jour cuisinée.
Ross'Grill – *237 Commercial St. - ☎ 508 487 8878 - fermé janv.-mars, puis du lun. au merc. en avr. -mai et sept.-déc. - déj. : 11h30, dîner : 17h30 - 11/40 $.* Au 1er étage, à l'intérieur de la galerie circulaire, la vue s'ouvre sur la mer. Vous dégusterez une des meilleures *clam chowder* de Provincetown ainsi qu'une cuisine raffinée et variée. Grand choix de vins. La carte des vins à déguster au verre fait la fierté du patron.

Paysage de Martha's Vineyard.
Timothy Edgerton / Fotolia.com

Martha's Vineyard

★★

15 010 hab.

☺ **NOS ADRESSES PAGE 191**

 S'INFORMER

Martha's Vineyard Chamber of Commerce : *℘ 508 693 0085 - www. mvy.com.*

▶ **SE REPÉRER**

Carte de la région CD4 *(p. 89) – carte Michelin 581 N-O 10-11.* Aucun pont ne permet d'accéder à cette île, reliée par voie aérienne (Cape Air) ou maritime : vous trouverez des ferries au départ de Hyannis, Woods Hole et New Bedford (lignes disponibles sur *www.mvy.com*).

🅿 **SE GARER**

Seuls les ferries provenant de Woods Hole (Cape Cod) acceptent les voitures *(réservation recommandée en haute saison)*. Un conseil : sur l'île, circulez à vélo ou à bord des bus de la Vineyard Transit Authority (VTA), pratiques et peu onéreux.

☺ **À NE PAS MANQUER**

Les charmantes *gingerbread houses* d'Oak Bluffs et, au sud d'Edgartown, South Beach, également connue sous le nom de Katama Beach.

🕓 **ORGANISER SON TEMPS**

Il faut prendre son temps pour s'imprégner de l'atmosphère de Martha's Vineyard. Au cours de vos déplacements, gardez en mémoire qu'*up island* désigne la pointe sud-ouest de l'île et *down island*, sa côte orientale.

&2& AVEC LES ENFANTS
Le Flying Horses Carousel à Oak Bluffs est un délice partagé par tous !

On ne trouve plus de vignes dans cette île triangulaire de 32 km (19,8 miles) sur 16 km (9,9 miles) mais des paysages rappelant ceux de Cape Cod, à 6 miles au nord : forêts de pins et de chênes, falaises colorées et immenses plages de sable ou de galets, stations balnéaires et ports de pêche.

Se promener

▶ *Circuit de 19 miles au départ de Vineyard Haven - voir la carte de l'île ci-contre – comptez 2h.*

Vineyard Haven
Sa grande rue, Main Street, a beaucoup de charme avec ses boutiques et ses salons de thé. C'est aussi l'un des ports de l'île reliés par ferry.

★ Oak Bluffs
Dans les années 1830, les méthodistes d'Edgartown se réunissaient au nord de leur ville sous un chêne. Le rassemblement attira de plus en plus d'adeptes, qui s'installaient pour l'été dans un campement de toile situé à proximité du chapiteau où se déroulaient les offices religieux. Vingt ans plus tard, plus de 12 000 personnes assistaient aux services de Cottage City, surnom de cette ville improvisée. Elle ne devint Oak Bluffs qu'à la fin du 19e s. Des constructions en dur remplacèrent à cette époque le village de toile. Plus d'un millier de petits cottages furent édifiés autour du temple, appelé « Tabernacle ».
&2& Sur Oak Bluffs Avenue se dresse le Flying Horses Carousel (1876).

★ Trinity Park et Gingerbread Cottages
Laissez votre véhicule près du port et prenez Central Ave. jusqu'à Cottage City. Les petites maisons victoriennes aux coloris pittoresques et aux multiples détails décoratifs – les *gingerbread houses* – entourent le Tabernacle des méthodistes, l'un des plus beaux exemples de construction métallique aux États-Unis.

★ Edgartown
De son passé de grand port baleinier, Edgartown a conservé de très belles maisons, construites pour la plupart entre 1820 et 1840. Un grand nombre se trouvent sur North Water St. en face du port. Les voiliers équipés pour la pêche à la baleine ont aujourd'hui fait place aux bateaux de plaisance.
Face à Edgartown, l'île de **Chappaquiddick** abrite de grandes propriétés discrètement masquées par la végétation de leurs parcs. Le bac, qui n'a pas d'horaire régulier, a été surnommé avec humour *On time* (à l'heure).

« VIGNE DE MARTHE »
Quand Bartholomew Gosnold débarqua sur cette île en 1602, il y trouva des raisins sauvages et la baptisa Martha's Vineyard d'après le prénom de sa fille. Aujourd'hui, cette vigne a totalement disparu. Comme à Cape Cod et Nantucket, la population croît considérablement en été, avec la venue des propriétaires de maisons secondaires et des visiteurs d'un jour.

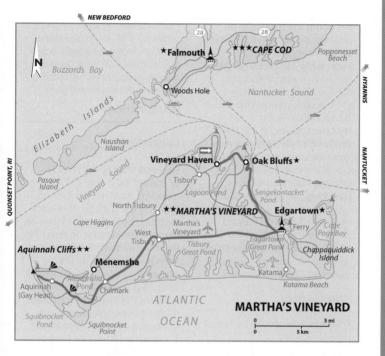

★★ Aquinnah Cliffs

Situées à la pointe occidentale de Martha's Vineyard, ces falaises de près de 20 m de haut sont constituées de couches d'argile zébrées de bleu, de brun, de gris, de blanc, d'orange et de rouge. Vieilles de 100 millions d'années, elles cachaient des fossiles de plusieurs espèces d'animaux, dont des chameaux, des chevaux et des baleines. Les Amérindiens d'Aquinnah emploient aujourd'hui cet argile pour façonner des objets de poterie décorative.

🚶 NOS ADRESSES À MARTHA'S VINEYARD

😊 L'île étant chère, nous avons repris les catégories de prix « Grandes villes ».

TRANSPORTS

Avion – Cap Air (📞 800 352 0714 - www.flycapeair.com) assure la liaison entre Martha's Vineyard et Boston, Hyannis, Nantucket, New Bedford et Providence.
Car – La compagnie **Peter Pan Bus Lines** (📞 800 343 9999 - www.peterpanbus.com) relie toute l'année Boston aux

embarcadères de New Bedford et Woods Hole.
Ferry – Les ferries pour Martha's Vineyard partent de New Bedford, Falmouth, Woods Hole, Hyannis et Nantucket (Massachusetts), ainsi que de New London (Connecticut) et Montauk à Long Island. Horaires et tarifs varient selon la saison. En haute saison il est prudent de réserver son voyage à l'avance. Les ferries de Woods Hole, qui circulent toute l'année, transportent véhicules et passagers, tandis qu'au départ

des autres ports, ouverts du printemps à l'automne, seuls les piétons sont admis.

Steamship Authority (*℘ 508 477 8600 - www.islandferry.com*). Service (véhicules et piétons) entre Woods Hole et Vineyard Haven et Oak Bluffs.

Hy-Line Cruises (*℘ 508 778 2600 ou 800 492 8082 - www.hylinecruises.com*). Liaisons Hyannis-Oak Bluffs et Nantucket-Oak Bluffs en ferrie rapide ou régulier.

New England FastFerry Co. (*℘ 866 683 3779 - www.nefastferry.com*) New Bedford-Vineyard Haven ou Oak Bluffs en 1h.

Island Queen (*℘ 508 548 4800 - www.islandqueen.com*). Liaison Falmouth-Oak Bluff en 35mn.

HÉBERGEMENT

Pour les hébergements à Woods Hole : *voir p. 183.*

Centrales de réservation

Destination Insider – *℘ 508 696 3900 ou 866 696 3900 - www.vineyard.destinationinsider.com.*

Nantucket & Martha's Vineyard Reservation – *℘ 508 693 7200 - www.mvreservations.com.*

Edgartown

PREMIER PRIX

American Youth Hostel – 525 *West Tisbury Rd - ℘ 508 693 2665 - http://capecod.hiusa.org - de mi-mai à mi-oct. - dortoirs : 32/35 $, chambre privée : 150/200 $.* Des dortoirs bien tenus sous la houlette du très sérieux réseau Hostelling International.

POUR SE FAIRE PLAISIR

Winnetu Oceanside Resort – 31 *Dunes Rd - ℘ 978 443 1733 - www.winnetu.com - 133 ch. à partir de 195 $ et studios pour 4 pers. à partir de 240 $.* Vous trouverez forcément votre bonheur dans ce resort complet situé à 10-15mn. de marche de South Beach.

Charlotte Inn – 27 *South Summer St. - ℘ 508 627 4751 - www.charlotteinn.net - 25 ch.* Architecture typique de la région, et décor du Vieux Continent : dorures, antiquités et chandeliers rappellent les manoirs anglais.

RESTAURATION

Edgartown

BUDGET MOYEN

Seafood Shanty – 31 *Dock St. - ℘ 508 627 8622 - www.theseafoodshanty.com - mai-oct. : tlj midi et soir.* Le port, la vue, les assiettes copieuses (les moules en entrée suffisent pour un repas !) et les prix raisonnables en font une adresse recherchée de l'île.

Alchemy – 71 *Main St. - ℘ 508 627 9999.* Tout de blanc vêtu, un bistro à la française au menu éclectique : risotto de homard, bavette au fromage, poulet au citron vert et à la tequila, gâteaux de saumon, sandwichs cubains…

Vineyard Haven

PREMIER PRIX

Art Cliff Diner – 39 *Beach Rd - ℘ 508 693 1224 - mai-oct. : jeu.-mar. tte la journée (service continu).* Un dîner ordinaire (nappes à carreaux, burgers et traditionnel *bacon and eggs*) qui sait se faire original : salade d'asperges, gaufres à la citrouille…

ACTIVITÉS

Les amateurs de surf préféreront les **plages** du sud, et les familles recherchant des eaux calmes celles du nord. L'île propose de nombreuses activités : **kayak de mer**, **voile**, **vélo**, **baignade**, **windsurf** et **golf**. Pour une randonnée guidée, contactez le **Felix Neck Wildlife Sanctuary** (*℘ 508 627 4850*). Les accros au **shopping** trouveront leur bonheur à Edgartown, Vineyard Haven et Oak Bluffs.

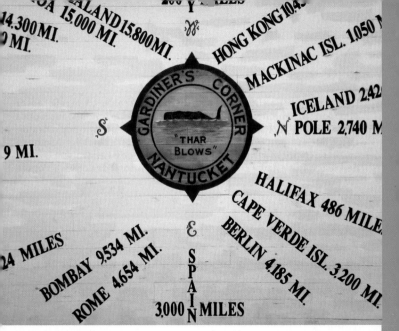

Une rose des vents à Nantucket.
Lawrel Strauch Spera / Nantucket Chamber

Nantucket

★★★

3 700 hab.

☺ NOS ADRESSES PAGE 196

ℹ S'INFORMER

Nantucket Chamber of Commerce : ☎ *508 228 1700 - www.nantucket-chamber.org. Un Visitor Center se trouve au 48 Main St.*

▶ SE REPÉRER

Carte de la région D4 *(p. 89) – carte Michelin 581 O-P 11.* À 30 miles du continent, Nantucket est accessible par avion ou ferry.

🅿 SE GARER

Un conseil : évitez d'amener votre véhicule, surtout en haute saison.

☺ À NE PAS MANQUER

Un pique-nique devant le coucher du soleil, à Madaket Beach (vous trouverez de quoi remplir votre panier au supermarché de Nantucket Town).

🕐 ORGANISER SON TEMPS

L'île est surpeuplée en août. Préférez le début du mois de juin ou la fin de l'automne, le temps y est encore agréable.

👥 AVEC LES ENFANTS

Profitez avec eux de la plage de Jetties Beach avec son snack-bar et son terrain de jeux.

Nantucket, dont le nom indien signifie « l'île lointaine », dessine son triangle de 22 km (13,6 miles) sur 6 à 48 km (3,7 à 29,7 miles) au sud de Cape Cod. L'écrivain Herman Melville la décrivit dans son roman « Moby

Dick » comme « une butte isolée et un coude de sable ». Son relief assez plat, son sol sablonneux, ses étangs aux formes arrondies, ses landes parsemées de forêts de pins, sont révélateurs de son origine morainique. L'île de Nantucket, qui fut le plus célèbre centre baleinier du monde au 19e s., comprend la ville du même nom, située à l'endroit où la lagune – magnifique havre protégé par le cordon littoral de Coatue – s'ouvre sur la mer.

Se promener

◗ Voir le plan de la ville ci-contre.

◌ L'Association historique de Nantucket vend un laissez-passer (18 $) pour la visite du Whaling Museum et de quatre maisons historiques (Hadwen House, Oldest House, Old Mill et Quaker Meeting House). On peut se le procurer au musée, à la Hadwen House et à l'Oldest House (℘ 508 228 1894 - www.nha.org).

★ Hadwen House

96 Main St. - visite guidée (35mn) de Memorial Day à Columbus Day : 10h-17h.
Sa façade à fronton et colonnes néoclassiques ne passe pas inaperçue. Construite en 1845 pour un marchand d'huile de baleine, William Hadwen, cette demeure témoigne du train de vie luxueux de son propriétaire.

★★★ Main Street

Ombragée par ses ormes centenaires, pavée de gros galets ronds, bordée de maisons de capitaines au long cours, Main Street diffuse une atmos-

---

APOGÉE ET DÉCLIN DE LA PÊCHE À LA BALEINE

Dès la fin du 17e s., les Indiens avaient appris aux colons à harponner les cétacés à partir des côtes. De 1740 à 1840, Nantucket devint la capitale mondiale de la pêche à la baleine, ses marins partant chasser dans les eaux peu exploitées de l'océan Pacifique. Les baleiniers revenaient chargés de quelque 30 000 barils de graisse par an, qu'ils revendaient à Londres ou dans d'autres ports européens. C'était l'époque des splendides demeures édifiées sur Main Street par les capitaines au long cours. Par sa richesse, l'île se situait au troisième rang après Boston et Salem.

Puis ce fut le déclin. Le port n'était pas assez profond pour accueillir les nouveaux bateaux, et New Bedford prit la relève. En 1846, un terrible incendie diminua tragiquement la population du port. En outre, la découverte de l'or en Californie, qui drainait les esprits aventureux, et la découverte de puits de pétrole en Pennsylvanie, mirent un terme à l'époque faste de Nantucket. Celle-ci s'endormit pour quelques décennies, puis se réveilla avec l'essor du tourisme.

La vie ardue des marins et celle, solitaire, de leurs femmes, ainsi que la diffusion du quakerisme, ont donné aux Nantucketers un caractère solide, austère et courageux. **Peter Foulger**, le grand-père de Benjamin Franklin, et **Maria Mitchell**, la première femme astronome américaine, sont nés sur l'île. Moins illustre, mais merveilleux exemple de la volonté des Nantucketers, la femme du capitaine Charles Grant, lasse d'attendre pendant des mois le retour de son mari, décida, en 1849, de le suivre et passa 32 années à naviguer à ses côtés.

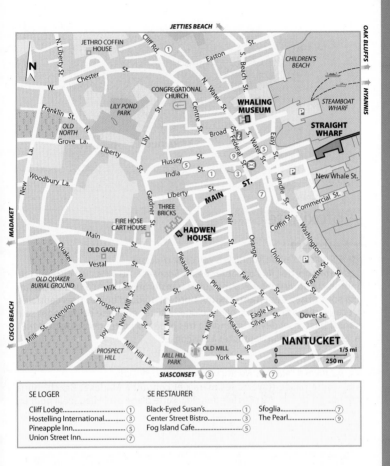

SE LOGER

Cliff Lodge...................................... ①
Hostelling International............. ③
Pineapple Inn................................ ⑤
Union Street Inn........................... ⑦

SE RESTAURER

Black-Eyed Susan's....................... ①
Center Street Bistro..................... ③
Fog Island Cafe............................. ⑤

Sfoglia.. ⑦
The Pearl... ⑨

phère d'un autre siècle, malgré l'apparition de boutiques de luxe et de galeries d'art.

★★ Whaling Museum

13 Broad St. - de mi-mai à Columbus Day : lun.-sam. 10h-17h (jeu. 20h en été) ; dim. 12h-17h ; reste de l'année : appeler - 15 $.

Récemment rénové, ce musée, installé dans une ancienne usine où l'on fabriquait autrefois des chandelles avec du blanc de baleine, rassemble une importante collection d'objets ayant trait à la pêche de ce cétacé : *scrimshaws*, harpons, maquettes, marines et un squelette de cachalot de 14 m suspendu au plafond ! Ne manquez pas la vue sur le port, depuis la terrasse d'observation aménagée sur le toit.

★ Straight Wharf

Au bas de Main Street, ce quai fait partie d'un ensemble de marinas modernes construites sur pilotis dans le style des anciennes maisons de pêcheurs. Des boutiques élégantes, des galeries d'art et des restaurants s'y sont installés. Yachts et bateaux de plaisance se balancent entre les pontons.

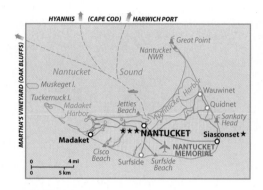

À proximité Carte de l'île

★ Siasconset

▷ *7,5 miles à l'est de Nantucket. Voir carte ci-dessus.*

Les habitants de l'île l'ont abrégé en « Sconset ». Au 17e s., les pêcheurs de morue construisirent des abris qui se transformèrent peu à peu en petites maisons grises, ces **shanties★** qui bordent aujourd'hui les rues centrales. Découvert à la fin du 19e s. par quelques artistes en quête de paysages sauvages, Siasconset devint un endroit très prisé aux vastes demeures. De 1881 à 1918, un train relia Nantucket à Siasconset.

Madaket

▷ *5,7 miles à l'ouest de Nantucket. Voir carte ci-dessus.*

Une route pavée traverse les marais et conduit à Madaket Beach, sur la côte ouest de l'île. Au coucher de soleil, cette plage est le lieu idéal pour un rendez-vous romantique.

☺ NOS ADRESSES À NANTUCKET

☺ L'île de Nantucket étant très chère, nous avons repris les catégories de prix « Grandes villes ».

TRANSPORTS

Avion – Cap Air (☎ 800 352 0714 - www.flycapeair.com) assure la liaison entre Nantucket et Boston, Hyannis, New Bedford et Providence. **US Airways Express** (☎ 800 428 4322 - www.usair. com) relie Nantucket à Boston et Hyannis.

Logan International Airport (BOS) : Boston - ☎ 617 561 1800 ou 800 235 6426 - www.massport.com.

Car – La compagnie **Peter Pan Bus Lines** (☎ 800 343 9999 - www. peterpanbus.com) relie Boston aux embarcadères de Cape Cod.

Bateau – Les car-ferries à destination de Nantucket partent de Hyannis.

Trois compagnies permettent de rallier Nantucket (notez que les ferries rapides ne prennent en général que les passagers). Horaires et tarifs varient selon la saison. En haute saison il est prudent de réserver son voyage à l'avance.

Steamship Authority (☎ 508 477 8600 - www.islandferry.com).

Ferries au départ de Hyannis, Woods Hole et Martha's Vineyard.

Hy-Line Cruises *(ℰ 508 778 2600 ou 800 492 8082 - www.hy-linecruises.com).* Liaisons Hyannis-Nantucket en ferry rapide ou régulier.

Freedom Cruise Line *(de fin mai à fin oct. - ℰ 508 432 8999 - www.nantucketislandferry.com).* Rotations quotidiennes (passagers et deux-roues) entre Harwich Port et Nantucket.

Dans l'île – Oubliez votre voiture! À pied, à vélo ou en bus, vous éviterez les difficultés de stationnement récurrentes à Nantucket, notamment en haute saison.

La **Nantucket Regional Transit Authority** *(NRTA, 22 Federal St. - ℰ 508 228 7025 - www.shuttlenantucket.com - de fin mai à déb. oct. : tlj. 7h-23h30)* gère un réseau de navettes desservant de nombreux points de l'île dont Madaket, Sconset, l'aéroport, Surfside Beach et Jetties Beach.

Island Bike Co. *(ℰ 508 228 4070 - www.islandbike.com)* et **Young's Bicycle Shop** *(ℰ 508 228 1151 - www.youngsbicycleshop.com)* louent vélos et mobylettes.

HÉBERGEMENT

🚫 Attention! le camping sauvage est interdit sur l'île.

Centrales de réservation
Nantucket Accommodations – *ℰ 508 228 9559 - www.nantucketaccommodation.com.*
Destination Insider – *ℰ 508 696 3900 ou 800 258 1581 - www.destinationinsider.com.*
Nantucket & Martha's Vineyard Reservations – *ℰ 508 693 7200 ou 800 649 5671 - www.mvreservations.com.*

Nantucket Concierge – *ℰ 508 228 8400 - www.nantucketconcierge.com.*

Nantucket
PREMIER PRIX

Hostelling International – *31 Western Ave. - ℰ 508 228 0433 - http://capecod.hiusa.org - ouvert de mi-mai à fin sept. - dortoirs : 32/35 $; chambre privée : 178 $.* À 3,5 miles du débarcadère de Nantucket, une auberge de jeunesse accueillante et bien tenue.

POUR SE FAIRE PLAISIR

Pineapple Inn – *10 Hussey St. - ℰ 508 228 9992 - www.pineappleinn.com - fermé de nov. à mi-avr. - 12 ch. 180/375 $.* Cappuccino, jus de fruits frais et pâtisseries sont servis, aux beaux jours, dans le jardin de cette belle demeure néoclassique (1838) qui a revu son intérieur : mobilier fédéral et lingerie haut de gamme.

Cliff Lodge – *9 Cliff Rd - ℰ 508 228 9480 - www.clifflodgenantucket.com - 12 ch. 195/330 $.* Des chambres simples égayées de couleurs pastel et de courtepointes caractérisent cette maison érigée en 1771, ancienne propriété d'un capitaine de baleinier. Bien pensées, avec leurs étagères et tiroirs encastrés, les plus petites sont cosy comme les plus spacieuses ; certaines jouissent d'une vue sur le port. Excellents muffins et *coffeecakes* au petit-déjeuner.

Union Street Inn – *7 Union St. - ℰ 888 517 0707 - www.unioninn.com - fermé janv.-mars - 12 ch. 195/575 $.* Il règne une atmosphère d'opulence, d'élégance et de sérénité – typique de Nantucket – dans cette belle et fière demeure parée de bardeaux gris et située à un block de Main St. Des tapis orientaux couvrent les planchers des chambres, meublées de lits à baldaquin et colorées de verts, bleus ou rouges légers, et le petit-déjeuner copieux est un régal.

RESTAURATION

Nantucket

PREMIER PRIX

Fog Island Cafe – *7 South Water St. - ☎ 508 228 1818 - www. fogisland.com - petit-déjeuner et déjeuner : tte l'année ; dîner : de juin à Labor Day.* Sous la houlette de Mark et Anne Dawson, diplômés du Culinary Institute of America, un café-restaurant doublé d'un *take-away* de qualité : *roll-ups* savoureux, salades, burgers et plats plus recherchés (thon au sésame, coquilles St-Jacques…). Également des petits-déjeuners.

BUDGET MOYEN

Centre Street Bistro – *29 Centre St. - ☎ 508 228 8470 - www.nantucketbistro.com - ouvert midi et soir le w.-end ; en semaine uniquement le soir.* Atmosphère décontractée et prix modérés font de ce bistro fusion, où le saumon est servi avec des wontons (raviolis chinois) et le canard avec un chutney, une étape appréciée

de Nantucket Town. Par beau temps, préférez l'agréable patio à la salle tout en jaune, un brin étriquée.

Black-Eyed Susan's – *10 India St. - ☎ 508 325 0308 - www.black-eyedsusans. com - ⌨ - lun.-vend. 18h-22h ; sam. 7h-13h et 18h-22h ; dim. 7h-13h - fermé nov.-mars.* Les meilleurs petits-déjeuners de l'île ! Essayez le *French toast* avec ses noix de pecan à la canelle, ou le copieux *scramble* portugais (tomates, ail et épinards).

POUR SE FAIRE PLAISIR

Sfoglia – *130 Pleasant St. - ☎ 508 325 4500 - www.sfogliarestaurant.com - tlj 18h-22h.* Tables de bois et chaises dépareillées pour cette trattoria « rustique chic » qui soigne sa carte et privilégie la fraîcheur de ses ingrédients : ici les pâtes sont faites maison et la tarte amandine – nappée de chocolat – est à se damner.

The Pearl – *12 Federal St. - ☎ 508 228 9701 - www. boardinghouse-pearl.com - merc.-dim. 18h-22h - fermé déc.-avr.* Exotique et sensuelle, inventive et généreuse, en un mot irrésistible, la cuisine fusion du Pearl attire le Tout-Nantucket. Carpaccio de bœuf tataki, sashimis aux aubergines et gingembre, foie gras à la mangue caramélisée, bœuf aux noix de cajou accompagné de salade de papaye…

ACTIVITÉS

Elles sont nombreuses, de la simple **baignade** (toutes les plages de l'île) au **surf** (plages du sud) en passant par les balades et **randonnées** à pied ou à vélo (24 miles de pistes cyclables). Nantucket Town réunira les amateurs de **shopping**.

Tableau du Whaling Museum.
B. Brillion / MICHELIN

New Bedford

★

91 365 hab.

 S'INFORMER
City of New Bedford : ℰ 508 979 1745 - www.ci.new-bedford.ma.us.

▶ **SE REPÉRER**
Carte de la région C4 *(p. 89)* – *carte Michelin 581 N 10*. New Bedford se trouve à environ 60 miles au sud de Boston.

🅿 **SE GARER**
Vous pourrez vous garer au Elm Street Garage, situé à un block au nord du National Park Visitor Center et à deux blocks du Whaling Museum.

☺ **À NE PAS MANQUER**
Admirez les collections de *scrimshaws* et de *sailor's valentines* (tissés avec des cheveux humains) au Whaling Museum ; assistez à un concert ou une représentation au Zeiterion Theatre (le « Z »), qui a conservé son décor années 1920 *(684 Purchase St. - ℰ 508 994 2900 - www.zeiterion.org)*.

🕓 **ORGANISER SON TEMPS**
Le matin, visitez le Whaling Museum, puis passez voir la chapelle décrite par Herman Melville dans *Moby Dick* (The Seamen's Bethel) avant de déjeuner dans l'un des bons restaurants portugais de la ville.

👥 **AVEC LES ENFANTS**
Grimpez à bord de la réplique du baleinier **Lagoda**.

À une heure au sud de Boston, New Bedford, qui surclassa Nantucket comme capitale de la pêche à la baleine au cours du 19ᵉ s., est devenue une ville paisible vivant de l'industrie et de la pêche. Des rues pavées de

gros galets ronds descendent jusqu'au port où foisonnent les antiquaires et les magasins d'équipement pour la navigation. Les bassins, autrefois fréquentés par les plus majestueux baleiniers, accueillent aujourd'hui des chalutiers modernes. On peut encore évoquer le passé prestigieux de New Bedford en se promenant le long des quais et sur la colline de Johnny Cake, et en visitant le Whaling Museum et Seamen's Bethel, la chapelle décrite dans « Moby Dick ».

Se promener

NEW BEDFORD WHALING NATIONAL HISTORIC PARK

Créé en 1996, ce secteur, qui comprend 13 blocks le long du Waterfront, conserve quelque 70 bâtiments (la plupart privés) ayant joué un rôle dans l'histoire maritime de la ville. Son Visitor Center *(33 William St. - ℘ 508 996 4095 - www.nps.gov./nebe - 9h-17h - fermé 1er janv., Thanksgiving Day et 25 déc.)* propose plans, informations et visites de certaines de ces structures.

★★ New Bedford Whaling Museum

18 Johnny Cake Hill (de l'I-195, prenez la sortie 15 et suivez les panneaux signalant Downtown New Bedford. Tournez à droite dans Elm St. puis à gauche dans Bethel St.) - ℘ 508 997 0046 - www.whalingmuseum.org - &. - juin-déc. : tlj 9h-17h ; janv.-mai : lun.-sam. 9h-16h, dim. 12h-16h - ouvert jusqu'à 21h le 2e jeu. du mois - fermé 1er janv., Thanksgiving Day et 25 déc. - 10 $.

👤👤 Marines, *scrimshaws*, tissus, verreries, photographies : les collections de ce musée consacré à la pêche à la baleine figurent parmi les plus prestigieuses au monde. Une immense salle abrite la maquette (modèle réduit de moitié) du **Lagoda**, un baleinier qui fut en service à New Bedford jusqu'en 1925. On peut y monter et voir comment était équipé ce type de navire.

Seamen's Bethel

15 Johnny Cake Hill - ℘ 508 996 4095 - www.nps.gov./nebe - de Memorial Day à Columbus Day : lun.-vend. 10h-17h - contribution demandée.

Cette chapelle (1832), évoquée par Melville dans *Moby Dick,* contient de nombreux souvenirs des hommes qui vécurent de la pêche à la baleine. Les marins en partance pour un voyage long et périlleux ne manquaient pas de venir y prier. À l'intérieur, remarquer la chaire en forme de proue.

L'ÂGE D'OR DE LA PÊCHE À LA BALEINE

C'est en 1765 que Joseph Rotch, qui avait établi l'industrie de la pêche à la baleine à Nantucket, quitta son île pour développer son savoir-faire à New Bedford : dix ans plus tard, une cinquantaine de bateaux parcouraient les mers à la recherche des cétacés. Dans les années 1830, la ville dépassa Nantucket ; en 1857, la flotte baleinière de New Bedford comptait 329 bateaux et plus de 10 000 marins, soit la moitié de la population de la ville. Dans le port, c'était un éternel va-et-vient de baleiniers partant pour plusieurs années vers les mers lointaines ou revenant chargés de tonneaux de graisse. Les fabriques transformant le blanc de baleine en chandelles fonctionnaient sans cesse, tandis que les fanons étaient mis à sécher pour équiper les corsets ou les parapluies. Les quais retentissaient des coups de marteau des constructeurs de bateaux, des tonneliers et des forgerons.

Fall River

90 931 hab.

S'INFORMER
Southeastern Massachusetts Convention and Visitors Bureau :
508 997 1250 - www.bristol-county.org.
Bureau touristique de la Ville : *www.fallriverma.org.*

SE REPÉRER
Carte de la région C4 *(p. 89)* – *carte Michelin 581 M 10*. La ville est à 50 miles
au sud-ouest de Boston.

À NE PAS MANQUER
Battleship Cove est la meilleure attraction et si l'histoire de Lizzie Borden
vous intéresse, visitez le musée qui lui est consacré. Par beau temps, la
jolie plage d'Horseneck Beach propose ses 3 miles de sable.

ORGANISER SON TEMPS
L'arrivée, depuis New Bedford (I-195) offre de belles vues sur Fall River.

AVEC LES ENFANTS
Offrez-leur un tour au carrousel de Battleship Cove.

**Au tournant du 20e s., sa célèbre ligne de bateaux à vapeur, la Fall River
Line, qui reliait New York à Boston et débarquait au passage les milliardaires de Newport, illustrait la prospérité de Fall River : elle était alors
l'un des principaux centres textiles du monde. Bien que frappée de plein
fouet par la grande crise de 1929, puis par la migration des manufactures vers le sud et l'émergence des fibres synthétiques, la ville resta
attachée à sa longue tradition textile. Depuis 1960, son musée naval
attire de nombreux visiteurs.**

Se promener

★★ **Battleship Cove**
*Davol St. - 508 678 1100 - www.battleshipcove.com - de juin à Labor
Day : 9h-17h ; sept.-mai : 9h-16h30 - fermé 1er janv., Thanksgiving Day et
25 déc. - 14 $.*
En 1965, le cuirassé **USS Massachusetts** ★ effectua son dernier voyage
pour s'immobiliser à Fall River, où il devint un monument commémoratif dédié
aux 13 000 habitants du Massachusetts tombés au cours de la Seconde Guerre
mondiale. Plusieurs bâtiments sont venus le rejoindre : le **PT Boat 796**, un
navire patrouilleur, le sous-marin **Lionfish** et le contre-torpilleur **USS Joseph
P. Kennedy**. Tous sont ouverts à la visite.

LIZZIE BORDEN PRIT UNE HACHE ET...
La plus célèbre habitante de Fall River fut aussi… la plus impopulaire !
Accusée en 1892 d'avoir tué son père et sa belle-mère à coups de hache,
elle fut finalement acquittée. La scène eut lieu au 92 Second St., où se
trouve aujourd'hui un petit musée dédié à son histoire *(www.lizzie-
borden.com)* doublé d'un B & B de 8 chambres : les crimes furent commis
dans deux d'entre elles !

Worcester

90 931 hab.

S'INFORMER
Central Massachusetts Convention and Visitors Bureau : ℘ 508 755 7400 - www.centralmass.org.

SE REPÉRER
Carte de la région C2 *(p. 89) – carte Michelin 581 L 8*. Worcester est à 1h de route à l'ouest de Boston par l'I-90 et la Route 9.

SE GARER
La ville abrite plusieurs parkings.

À NE PAS MANQUER
Outre l'Old Sturbridge Village, incontournable, vous pourrez visiter, selon vos centres d'intérêts, le Worcester Art Museum, le Higgins Armory et/ou le Purgatory Chasm à Sutton.

ORGANISER SON TEMPS
Visitez le Worcester Art Museum le samedi matin, lorsque l'entrée est gratuite (10h-12h). Consacrez une journée à Old Sturbridge Village.

AVEC LES ENFANTS
Les installations de l'Old Sturbridge Village raviront les enfants.

Située à 70 km à l'ouest de Boston, Worcester (prononcer Wooster), la deuxième ville de la Nouvelle-Angleterre, est un centre industriel important et un nœud autoroutier. Outre deux beaux musées et une curiosité de la nature (the Purgatory Chasm), la cité s'enorgueillit de la proximité d'un des sites historiques les mieux conservés de Nouvelle-Angleterre : the Old Sturbridge Village.

Se promener

★★ Worcester Art Museum
55 Salisbury St. - ℘ 508 799 4406 - www.worcesterart.org - merc.-vend. et dim. 11h-17h (3e jeu. du mois 20h) ; sam. 10h-17h - fermé j. fériés - 10 $ (gratuit sam. 10h-12h).
Ce musée possède des collections de peinture, de sculpture et d'art décoratif de l'Antiquité à nos jours. Présentées dans un bâtiment inspiré de la Renaissance italienne, ces collections sont réparties dans des galeries entourant une cour intérieure décorée d'une magnifique mosaïque d'Antioche représentant des scènes de chasse (2e-6e s.). Des galeries sont consacrées aux gravures et aux dessins, à l'art contemporain et aux expositions temporaires. À l'extérieur, le jardin est embelli de sculptures.
Le **rez-de-chaussée** est dédié à l'Antiquité, au Moyen Âge et à l'art asiatique (superbes estampes japonaises de la période Edo). Remarquez la **salle capitulaire** du 12e s. provenant d'un couvent bénédictin du Poitou, et *La Cène*, l'une des fresques du 13e s. transportées depuis Spoleto en Italie.
Au 1er étage, la peinture européenne s'étend de la Renaissance au 20e s. On y admire notamment une *Madeleine repentante* du Greco, un charmant tableau de Gainsborough représentant ses filles, *Femme rêvant* de Gauguin, et *La Vocation de saint Matthieu*, spectaculaire composition de Bernardo Strozzi.

L'**aile américaine** comprend des œuvres de John Copley, Ralph Earl (un natif de Worcester), Winslow Homer, John Singer Sargent, Mary Cassatt et des paysagistes comme Inness, Ryder et Morse.

Au 3ᵉ étage se trouve une superbe **collection précolombienne**.

★ Higgins Armory Museum

100 Barber Ave. - ☎ 508 853 6015 - www.higgins.org - & - *mar.-sam. 10h-16h, dim. 12h-16h - fermé j. fériés - 9 $.*

👥 John W. Higgins, président de la Worcester Pressed Steel Company, collectionna sa vie durant des armures, des armes et des outils qu'il recherchait à travers l'Europe et les États-Unis. En 1931, il fit construire ce bâtiment de verre et d'acier qui évoque lui-même une armure.

La collection est présentée dans une longue et haute galerie voûtée, inspirée de la grande salle d'un château médiéval autrichien. Parmi les peintures, les tapisseries et les meubles anciens qui renforcent le sentiment de se trouver dans un château médiéval, se trouvent plus de 100 armures d'apparat, de combat et de joute, alignées le long des murs. La plupart datent des 14ᵉ, 15ᵉ et 16ᵉ s., et quelques-unes sont de véritables œuvres d'art, comme celle de **Franz von Teuffenbach** (1554). Remarquez également l'armure de **Maximilien**, dont le nom est dû à l'intérêt que cet empereur portait aux armures cannelées. Dans les autres salles sont exposés des outils, des armes préhistoriques et un casque de gladiateur datant du 1ᵉ s.

À proximité Carte de la région

Purgatory Chasm C2

▶ *12 miles au sud de Worcester, à Sutton. Purgatory Rd - ☎ 508 234 3733 - www. mass.gov/dcr.*

Appelé parfois très exagérément « le Grand Canyon de Nouvelle-Angleterre » cette curiosité naturelle est une gorge très étroite entre des parois de granit de 20 m de haut. Une petite caverne a été surnommée le « coffin » (cercueil) et une anfractuosité entre deux rochers, large de 30 cm et profonde de 3 m, porte bien son nom : « The Fat's Man Misery » (le malheur du gros).

★★★ Old Sturbridge Village B2

▶ *22 miles au sud-ouest de Worcester, à Sturbridge, à l'intersection de Mass. Tpk et de l'I-84. ☎ 508 347 3362 - www.osv.org - ✗ - de mi-avr. à mi-oct. : 9h30-17h ; reste de l'année : mar.-dim. 9h30-16h - fermé j. fériés - 20 $ (valable 2 j durant une période de 10 j).*

👥 Old Sturbridge Village est la reconstitution d'une communauté rurale telle qu'elle pouvait se présenter entre 1790 et 1840. Fruit d'un travail de recherche considérable, cette réalisation est remarquable pour l'exactitude des détails, la beauté du site et des bâtiments. Les frères Albert et Joel Cheney en sont à l'origine. Collectionneurs d'objets rustiques, ils se mirent en quête de maisons, de fermes et de boutiques datant du début du 19ᵉ s. pour pouvoir les exposer au public. Déplacés et reconstruits à Sturbridge, ces bâtiments furent ouverts aux premiers visiteurs en 1946.

En se dirigeant vers le Common, les visiteurs passent devant la **Friends Meetinghouse** (1796) qui traduit, par sa sobriété, la rigueur et la piété des quakers. À l'ouest du Common se trouvent la **Center Meetinghouse**, de style néoclassique, et, au sud, le **Knight Store**, une épicerie typique où l'on s'approvisionnait et écoulait sa production, le **Law Office**, petit bureau du juge, le **Richardson Parsonage** (1748), presbytère de type « boîte à sel », et le **Tin Shop** où un ferblantier fabrique toujours des ustensiles de ménage qu'on

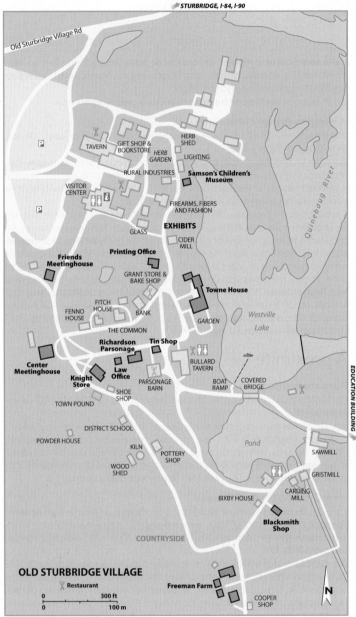

Old Sturbridge Village Rd

Quinebaug River

EDUCATION BUILDING

TAVERN

GIFT SHOP & BOOKSTORE

HERB GARDEN

HERB SHED

LIGHTING

RURAL INDUSTRIES

Samson's Children's Museum

VISITOR CENTER

FIREARMS, FIBERS AND FASHION

GLASS

EXHIBITS

CIDER MILL

Printing Office

Friends Meetinghouse

GRANT STORE & BAKE SHOP

Towne House

FITCH HOUSE

Westville Lake

FENNO HOUSE

BANK

GARDEN

THE COMMON

Richardson Parsonage

Tin Shop

Center Meetinghouse

Law Office

BULLARD TAVERN

Knight Store

PARSONAGE BARN

BOAT RAMP

COVERED BRIDGE

SHOE SHOP

TOWN POUND

DISTRICT SCHOOL

Pond

POWDER HOUSE

KILN

POTTERY SHOP

SAWMILL

WOOD SHED

GRISTMILL

BIXBY HOUSE

CARDING MILL

Blacksmith Shop

COUNTRYSIDE

OLD STURBRIDGE VILLAGE

🍴 **Restaurant**

0   300 ft
0   100 m

Freeman Farm

COOPER SHOP

N

utilisait au 19ᵉ s. Face à l'église, de l'autre côté du Common, la **Towne House** (1796), de style fédéral, est représentative des maisons bourgeoises que l'on rencontrait dans les villages. Derrière la banque se situe le **Printing Office**, une imprimerie du début du 19ᵉ s. Composée de différents corps de bâtiments, la **Freeman Farm** est animée par des figurants qui cuisinent, s'occupent des animaux et travaillent aux champs. Non loin apparaît le **Blacksmith Shop**, atelier du forgeron, ainsi que trois **moulins**. Un musée, le **Samson's Children's Museum**, s'adresse aux plus jeunes.

Springfield

150 640 hab.

S'INFORMER

Greater Springfield Convention and Visitors Bureau : 📞 413 787 1548 -
www.valleyvisitor.com.

SE REPÉRER

Carte de la région B2 *(p. 88)* – *carte Michelin 581 J 9.* Springfield est située
dans le centre du Massachusetts, au sud de la Pioneer Valley, à 90 miles
environ au sud-ouest de Boston.

SE GARER

Comptez, selon le lieu, 0,75 $ à 1,50 $ la demi-heure de stationnement.
Au parking de Dwight St., on vous demandera 5 $ pour la journée.

À NE PAS MANQUER

Le Basketball Hall of Fame ravira les fans de sport.

ORGANISER SON TEMPS

Commencez par le Basketball Hall of Fame (ouvert à 9h) puis gagnez le
Quadrangle où vous pourrez déjeuner et visiter l'un des quatre musées.

AVEC LES ENFANTS

Ils adoreront le Dr Seuss National Memorial Sculpture Garden.

**Son riche passé industriel a fait de Springfield le centre commerçant et
financier de la Pioneer Valley et la troisième ville du Massachusetts, spécialisée dans la construction mécanique et les produits chimiques.**

Se promener

★ **Basketball Hall of Fame**

1000 West Columbus Ave. - 📞 *877 446 6752* - *www.hoophall.com* - ♿ *- sept.-
juin : dim.-vend. 10h-16h, sam. 10h-17h ; juil.-août : dim.-jeu. 10h-17h, vend.-sam.
10h-19h - fermé Thanksgiving Day et 25 déc. - 17 $.*

Ce musée est dédié au basket-ball et à son inventeur James Naismith,
qui imagina ce « sport d'intérieur » pour occuper ses étudiants pendant
l'hiver. Le premier match eut lieu en 1891. On y voit a des photos grandeur
nature de grandes vedettes nationales et des films consacrés aux meilleures équipes.

L'ARSENAL DE SPRINGFIELD

Springfield, fondée en 1636 comme comptoir le long du fleuve Connecticut,
devint un centre industriel au 19e s. De 1794 à 1968, la ville fut connue pour
son arsenal, **Springfield Armory**, reproduction de celui de Charlesville,
qui fabriqua le premier fusil américain en 1795 et équipa une grande partie de l'armée nordiste pendant la guerre de Sécession.

Chaque année en septembre s'y tient la principale foire commerciale de
la Nouvelle-Angleterre, l'**Eastern States Exposition**. Installée sur 70 ha à
West Springfield *(à 2 miles du centre par la Route 147)*, « Big E », comme on
l'appelle ici, présente expositions et divertissements. C'est aussi l'occasion
de visiter un village colonial restauré, **Old Storrowtown**.

The Quadrangle

220 State St. - ☎ 413 263 6800 - www.springfieldmuseums.org - ♿ ✗ - Science Museum : mar.-sam. 10h-17h, dim. 11h-17h ; autres musées : mar.-dim. 11h-16h - 10 $.

Quatre musées sont rassemblés dans un quadrilatère situé à l'angle de State St. et de Chestnut St. Le **Museum of Fine Arts** est consacré à la peinture des 17e-19e s. d'Europe et d'Amérique ; le **George Walter Vincent Smith Art Museum ★** abrite des collections d'art oriental, grec et romain ; le **Connecticut Valley Historical Museum** relate le développement social et culturel de la vallée du Connecticut depuis le 17e s. ; le **Springfield Science Museum** s'intéresse aux sciences naturelles : géologie, faune et flore, planétarium…

Dans le **Dr Seuss National Memorial Sculpture Garden**, un ensemble de bronzes figurent des personnages des livres du Dr Seuss.

Forest Park

Sumner Ave. - ☎ 413 733 2251 - www.forestparkzoo.com - ♿ - d'avr. à mi-oct. : 10h-17h ; de mi-oct. à fin nov. : w.-end 10h-15h30 - fermé déc.-mars et Thanksgiving Day - 6 $.

Dans cet agréable parc et son petit zoo, les enfants verront quelques espèces exotiques : émeus, wallabies…

À proximité Carte de la région

Stanley Park B2

▶ *15 miles de Springfield, à Westfield. 400 Western Ave. - ☎ 413 568 9312 - www.stanleypark.org - ♿ - de 7h au coucher du soleil.*

Parmi les nombreuses attractions qui font le charme de ce parc de 110 ha, un carillon flamand, un jardin anglais, une roseraie, un pont couvert…

Pendant l'été indien dans la Pioneer Valley.
B. Brillion / MICHELIN

Pioneer Valley

★

 NOS ADRESSES PAGE 209

S'INFORMER

Massachusetts Office of Travel and Tourism : ✆ *800 723 1548 - www. mass-vacation.com.*

SE REPÉRER

Carte de la région B1-2 *(p. 88) – carte Michelin 581 J 8.* La vallée du Connecticut au centre du Massachusetts.

SE GARER

Vous pouvez facilement vous garer à Northhampton et Amherst.

À NE PAS MANQUER

Gagnez le sommet du mont Holyoke (Skinner State Park) en voiture ou à pied, ou parcourez à vélo le sentier Norwottuck Rail : réaménagée sur plus de 13 km (8 miles), cette ancienne voie ferrée traverse champs et forêts, passe par Northampton, Hadley, Amherst et Belchertown.

ORGANISER SON TEMPS

Durant la période de remise des diplômes et lors des Parents' Weekends (automne), les hôtels sont pris d'assaut : pensez à réserver à l'avance.

AVEC LES ENFANTS

Le Eric Carle Museum of Picture Book Art gagne toujours la faveur des plus jeunes.

Autrefois la vallée du Connecticut était le repaire des dinosaures. Aujourd'hui cette région est surtout renommée par son importante concentration d'établissements de l'enseignement supérieur.

Se promener Carte de la région

★★ **Deerfield** B1

Voir p. 210.

★ **Quabbin Reservoir** B2

À 2 miles de Belchertown par la Route 9 (prenez Windsor Dam, puis suivez les panneaux indiquant Quabbin Hill Tower) - ℘ 413 323 7221 - www.mass.gov/dcr.

Cet immense réservoir (72 km^2; capacité de 1,6 milliard de m^3), dont le nom indien signifie « beaucoup d'eau », fut créé pour alimenter Boston. Quatre villages de la vallée disparurent sous la retenue, et les nombreuses îles qui parsèment ce grand lac de barrage sont en fait les sommets de collines submergées par les eaux. Depuis **Enfield Lookout** et la **tour d'observation** de Quabbin Hill, on bénéficie de magnifiques **vues★★**. Les possibilités de loisir sont multiples : pêche, randonnée, pique-nique, etc. *(la baignade et la chasse sont interdites).*

Mt Sugarloaf State Reservation B1

Suivez les panneaux à partir de la Route 116 - ℘ 413 545 5993 - www.mass. gov/dcr.

Le sommet de ce piton de basalte, dont le nom signifie « pain de sucre », offre une **vue** très étendue sur les méandres du fleuve Connecticut et les villages disséminés dans la vallée.

LA VALLÉE DES DINOSAURES

Des empreintes de dinosaures, formées dans la boue, furent cuites par le soleil quand l'eau s'évapora. Au fil des siècles, cette boue séchée se transforma en schistes, véritables documents d'histoire géologique concernant la vie des dinosaures qui vivaient ici voici quelque 200 millions d'années. Le **Pratt Museum** de l'Amherst College conserve des empreintes provenant notamment de Rocky Hill.

Au 17e s., la vallée devint l'un des grands axes de colonisation, d'où son surnom de Pioneer Valley. Les colons étaient attirés par ses sols riches et ses ressources en eau. Jusqu'au 18e s., elle fut la limite occidentale de la Nouvelle-Angleterre, que les colons ne se hasardaient pas à franchir, car au-delà des Berkshires, vers la vallée de l'Hudson, se situait le domaine des Hollandais.

Aujourd'hui, plus de 60 000 étudiants sont répartis dans les différents collèges et universités de la Pioneer Valley. Parmi eux : l'**University of Massachusetts** à Amherst *(www.umass.edu)* ; le **Amherst College** *(www. amherst.edu)*, créé en 1821 ; le **Hampshire College** *(www.hampshire.edu)* ; le **Smith College** à Northampton *(www.smith.edu)*, créé par Sophia Smith en 1875 et qui devint l'un des collèges pour jeunes filles les plus sélects du pays, et le **Mount Holyoke College** *(www.mtholyoke.edu)*, de l'autre côté du fleuve, à South Hadley, qui fut fondé en 1837 et fut la première institution d'enseignement supérieur pour les femmes. La célèbre poétesse **Emily Dickinson** y étudia.

Mt Tom State Reservation B2

À partir d'Holyoke, prenez la Route 141 vers le nord, sur 3 miles - ☎ 413 534 1186 - www.mass.gov/dcr - ♿ - de Memorial Day à Columbus Day : lun.-vend. 8h-20h, w.-end 9h-20h ; reste de l'année : tlj 8h-16h - fermé 1ᵉʳ janv., Thanksgiving Day et 25 déc. - 2 $ par voiture (en été seulement).

En contrebas de la route d'accès à ce parc de loisirs de 728 ha, on aperçoit Easthampton et Northampton. Du sommet, on domine un bras mort du Connecticut, que représente un célèbre tableau de Thomas Cole, *The Oxbow* (Metropolitan Museum of Art, à New York), et on aperçoit Northampton et les collines des Berkshires. La réserve est sillonnée par quelque 50 km de sentiers de randonnée ; le mont Tom est aussi une station de ski.

★★ Northampton B2

Programmation culturelle étoffée, vie nocturne exubérante, pléiade de restaurants : Northampton, tel un petit Cambridge, sait vivre et le montre !

★ Skinner State Park B2

De la Route 47, suivez la signalisation pour la Summit House - ☎ 413 586 0350 - www.mass.gov/dcr - de Memorial Day à Labor Day : lun.-vend. 8h-20h, w.-end 10h-20h ; de mi-avr. à Memorial Day et de Labor Day à fin oct. : tlj 10h-18h - 2 $ par voiture (w.-ends et j. fériés de mai à oct.).

Accessible par des sentiers de randonnée qui se poursuivent dans l'Holyoke Range State Park, le sommet du **Mt Holyoke** offre de belles vues sur la vallée.

😊 NOS ADRESSES DANS LA PIONEER VALLEY

HÉBERGEMENT

UNE FOLIE

Hotel Northampton – *36 King St. - ☎ 413 584 3100 - www.hotelnorthampton.com - à partir de 200 $.* Mobilier ancien et reproductions de qualité habillent les chambres spacieuses de cet hôtel historique : une enseigne incontournable de Northampton.

RESTAURATION

Amherst

BUDGET MOYEN

Judie's Restaurant – *51 North Pleasant St. - ☎ 413 253 3491 - www.judiesrestaurant. com - tlj 11h30-22h (vend.-sam. 23h).* Popovers et burgers gargantuesques : les étudiants en ont fait leur QG !

Northampton

BUDGET MOYEN

Spoleto – *530 Main St. - ☎ 413 586 6313 - www.fundining.com.* Véritable institution locale, une table italienne haut de gamme qui compta quelques célébrités parmi ses clients, dont Hillary Clinton.

ACHATS

Atkins Farms Country Market – *1150 West St. - Amherst - ☎ 413 253 9528 - www.atkinsfarms.com.* Un grand marché du terroir pour remplir son panier gourmant. Et aussi : une boulangerie et un deli.

Deerfield

4 750 hab.

😊 NOS ADRESSES PAGE 211

S'INFORMER
Massachusetts Office of Travel and Tourism : ✆ *413 665 7333* - *www. massvacation.com*.
Prenez note des activités du jour au Hall Tavern Information Center.

SE REPÉRER
Carte de la région B1 *(p. 88)* – *carte Michelin 581 J 8*. Deerfield est situé à 35 miles au nord de Springfield.

À NE PAS MANQUER
Les magnifiques maisons du centre historique.

ORGANISER SON TEMPS
Prenez votre temps pour découvrir les maisons de Deerfield (3 à 4 par jour suffisent). Les tickets sont valables une semaine.

AVEC LES ENFANTS
Le Channing Black Trail, un sentier facile pour les enfants.

Baignée par la Deerfield River, à l'ombre de la crête de Pocumtuck, la région de Deerfield est l'une des plus belles du Massachusetts. La ville est aujourd'hui connue pour son bel ensemble de bâtiments des styles colonial et fédéral (Historic Deerfield) alignés le long de la rue principale communément appelée « The Street ».

Se promener

Sur le **green**, les bâtiments de la prestigieuse **Deerfield Academy** (1797), voisinent avec l'église, **Brick Church** (1824), et la poste. On peut voir l'ancienne auberge, **Deerfield Inn** (1884), en continuant en contrebas. Sur les 60 bâtiments des 18e et 19e s. que compte Deerfield, 13 peuvent être visités.
Le **Channing Black Trail** serpente sur 1 km (0,62 miles) dans le centre historique.

RENAÎTRE DE SES CENDRES...

Deerfield n'a pas toujours connu ce caractère paisible. Établi en 1673, le village fut abandonné deux ans plus tard, après le massacre de Bloody Brook perpétré par les Indiens, puis à nouveau en 1704 lorsque la ville fut rasée pendant la guerre opposant l'Angleterre à la France. Un traité de paix signé en 1735 incita les habitants à y retourner, et Deerfield devint l'une des villes les plus prospères de la région. De nombreuses et somptueuses demeures y furent érigées, notamment dans les années 1740 et 1750. Dès 1848, un grand projet de restauration urbaine, le premier de cette ampleur dans le pays, amorça la rénovation de ce patrimoine architectural.

Deerfield River.
Kindra Clineff / Massachussetts Office of Travel & tourism

★★ **Historic Deerfield**

Old Main St. - ☎ 413 775 7214 - www.historic-deerfield.org - ♿ ✗ - avr.-déc. 9h30-16h30 - fermé Thanksgiving Day et 24-25 déc. - 14 $.

Ashley House (1730) – Cet intérieur typique de l'architecture locale est particulièrement élégant, avec ses boiseries sculptées et ses meubles régionaux.

Asa Stebbins House (1810) – Avec son entrée voûtée, cette maison fut la première de la ville à posséder une salle à manger. De superbes papiers peints y représentent les voyages du capitaine Cook dans le Pacifique.

Frary House (fin 18e s.) – Agrandie, cette demeure servit ensuite de taverne. Elle comprend une salle de bal avec une tribune d'orchestre, et des pièces où l'on peut apprécier de nombreuses antiquités.

Dwight House (1725) – La façade de cette maison possède une très belle entrée dont le décor sculpté est typique de la vallée du Connecticut.

Memorial Hall – Ce bâtiment en brique abrite le musée de la **Pocumtuck Valley Memorial Association**, consacré à la culture des Indiens pocumtucks et aux premiers colons de Deerfield.

🙂 NOS ADRESSES À DEERFIELD

RESTAURATION

BUDGET MOYEN

Champney's – *81 Old Main St. - ☎ 413 774 5587 - http://champneysrestaurant.com - 12h-14h30, 18h-21h.* Spacieuse, la salle reflète le charme de l'hôtel qui l'abrite, au décor colonial. Vous y trouverez deux menus (Dining et Tavern), variant au fil des saisons : wraps vietnamiens, côtelettes d'agneau, coquilles St-Jacques…

Sienna – *6B Elm St. - ☎ 413 665 0215 - www.siennarestaurant. com - merc.-dim. : midi et soir.* Au centre de South Deerfield : gibier, saumon d'Alaska dans une tapenade de calamata et autres délices selon l'inspiration du chef.

Mohawk Trail

S'INFORMER
Mohawk Trail Association : 📞 413 773 5463 - *www.mohawktrail.com.*

SE REPÉRER
Carte de la région AB1 *(p. 88) – carte Michelin 581 I 7-8.* Le Mohawk Trail, section de la Route 2, s'étire d'est en ouest, entre Deerfield et Williamston.

À NE PAS MANQUER
Le Mass MoCA, qui a sorti North Adams de l'ombre.

ORGANISER SON TEMPS
Expositions du Mass MoCA, randonnées au mont Greylock et dans la Savoy State Forest : prenez au moins un week-end pour en profiter.

AVEC LES ENFANTS
Un Espace enfants leur est dédié au Mass MoCA.

Les 63 miles de la Route 2, entre Greenfield et la frontière de l'État de New York, ont été surnommés « la piste mohawk ». Cette route suit en effet une ancien sentier indien qui longeait la Deerfield River et la Cold River, et traversait une partie de la vallée du Connecticut et les collines boisées des Berkshires. Il fut utilisé par les Mohawks pendant la guerre qui opposa les Français aux Indiens. Le Mohawk Trail passe par des hameaux, des gorges et des forêts épaisses, et offre de très belles vues sur l'ensemble de la région.

Itinéraire conseillé

▷ *Pour visualiser ce circuit de 67 miles, de Greenfield à Williamstown, reportez-vous à la carte de la région (p. 88) - comptez une journée.*

Greenfield B1
Sa prospérité agricole a donné son nom à cette petite ville (le champ vert). *Suivez la Route 2. Après 6 miles, elle s'élève et offre de belles vues sur la vallée. Continuez jusqu'au croisement avec la route menant aux Shelburne Falls (13,5 miles après Greenfield).*

★ Shelburne Falls B1
Ce paisible village de montagne est bercé par les chutes de la Deerfield River. Depuis Deerfield Ave., on peut apercevoir des marmites torrentielles laissées par l'érosion glaciaire.
Bridge of Flowers – *Au sud du pont qui enjambe la Deerfield River.* Utilisé autrefois par les tramways, ce pont est aujourd'hui réservé aux piétons et aux amateurs de fleurs : c'est un véritable jardin suspendu au-dessus de l'eau.
Revenez à la Route 2.
Deux miles après Charlemont, la route passe devant la **Mohawk Trail State Forest** dont l'entrée est signalée par la statue d'un Indien baptisée **Hail to the Sunrise** et élevée en l'honneur des cinq tribus indiennes qui vivaient le long du Mohawk Trail.
Poursuivez jusqu'à Florida.

★★ Savoy Mountain State Forest A1

260 Central Shaft Rd, Florida - ☎ 413 663 8469 - www.mass.gov/dcr - de 8h au coucher du soleil - 5 $ (gratuit de Columbus Day à mi-mai).

Pêche, baignade, camping, sentiers de randonnée serpentant à travers la forêt entre chutes, clairières et tourbières : un joyau du Massachusetts !

Entre Florida et North Adams, on bénéficie de belles vues sur les monts Monadnock et Greylock.

Juste avant North Adams, tournez à droite dans la Route 8 en direction du nord, puis à gauche après 1/2 mile.

★ Natural Bridge State Park A1

McCauley Rd - ☎ 413 663 6392 - www.mass.gov/dcr - de Memorial Day à Columbus Day : 9h-17h - 2 $ par voiture.

Un pont naturel en marbre blanc s'élève 20 m au-dessus d'une sorte de gorge très étroite, longue de 150 m, dans laquelle l'eau s'engouffre en bouillonnant. Le marbre remonte à quelque 550 millions d'années et a été sculpté par les glaciers qui l'ont raboté et poli.

★★ Massachusetts Museum of Contemporary Art (MASS MoCA) A1

87 Marshall St., North Adams (sur la Route 8, au nord de la Route 2) - ☎ 413 662 2111 - www.massmoca.org - ♿ ✗ - juil.-août : 10h-18h ; reste de l'année : merc.-lun. 11h-17h - fermé 1er janv., Thanksgiving Day et 25 déc. - 15 $.

Installé dans une ancienne usine rénovée, ce musée abrite de vastes espaces d'exposition (intérieurs et extérieurs) permettant l'installation d'œuvres de grandes dimensions. Avec plus de 5 ha (l'une des galeries atteint la taille d'un terrain de football), c'est le plus grand centre dédié aux arts visuels du pays. Y sont présentées des créations de Robert Rauschenberg, Jenny Holzer, Mario Merz, Joseph Bueys… 👥 Et aussi : danse, théâtre, concerts, espace enfants.

Revenez sur la Route 2 West. 1 mile après le centre de North Adams, tournez à gauche dans Notch Rd et suivez les panneaux indiquant Mt Greylock.

★★ Mt Greylock A1

Entre les Taconics et la chaîne de Hoosac, le sommet le plus élevé du Massachusetts (alt. 1 064 m) porte le nom d'un chef indien dont la tribu venait chasser sur ses versants. Du haut de la War Memorial Tower qui en marque le sommet, on jouit d'un **panorama★★★** sur toute la région : les Berkshires, les Taconics et les États voisins (Vermont et New York).

Descendez vers North Adams et continuez la Route 2 vers l'ouest.

★★ Williamstown A1

Voir p. 214.

Williamstown

★★

4 754 hab.

😊 NOS ADRESSES PAGE 215

S'INFORMER

Williamstown Chamber of Commerce : 📞 800 214 3799 - *www.williams-townchamber.com.*

SE REPÉRER

Carte de la région A1 *(p. 88)* – *carte Michelin 581 I 7.* Williamstown se trouve dans le comté de Berkshire, au nord-ouest du Massachusetts, à la frontière du Vermont.

À NE PAS MANQUER

Le Clark Art Institute, l'une des structures d'art les plus prestigieuses du Massachusetts, et le Williams College (1793).

ORGANISER SON TEMPS

La journée idéale ? Consacrez votre matinée à la visite d'un musée, déjeunez sur Spring St. puis allez voir un film à l'excellent Images Cinema.

Son collège, qui possède musée, théâtre et bibliothèque, son institut d'art et son festival de théâtre qui se tient en été, font de Williamstown, située sur les contreforts des Berkshires, l'une des petites villes les plus agréables et réputées de la Nouvelle-Angleterre.

Se promener

★★★ Sterling and Francine Clark Art Institute

225 South St. - 📞 *413 458 2303 - www.clarkart.edu -* ♿ ✖ *- juil.-août : 10h-17h ; reste de l'année : mar.-dim. 10h-17h - fermé 1ᵉʳ janv., Thanksgiving Day et 25 déc. - 12,50 $ (gratuit nov.-mai).*

Ce musée abrite une collection de peintures, sculptures, dessins et arts décoratifs d'Amérique et d'Europe réunie par Robert Sterling Clark et sa femme Francine, une Française. D'abord attirés par les toiles classiques, ils s'orientèrent peu à peu vers les tableaux du 19ᵉ s. Leur collection, réunie entre la Première Guerre mondiale et 1956, est digne des plus grands musées. Désireux de la situer en dehors des centres urbains (davantage menacés en temps de guerre), le couple choisit Williamstown pour y installer son institut en raison de la beauté de cette petite ville. Le bâtiment en marbre blanc (1956) a été

WEST HOOSUCK

Williamstown fut fondé en 1753 par quelques soldats du Fort Massachusetts sous le nom de West Hoosuck. Quelques années plus tard, un de ses habitants, le colonel Ephraim Williams, fit un legs testamentaire à ce village pour y créer une école gratuite, à condition que le village porte désormais son nom. C'est ainsi que West Hoosuck devint Williamstown et que son école fut à l'origine du Williams College.

spécialement conçu pour conserver et exposer la collection ; l'annexe en granit rouge (1973) abrite une galerie supplémentaire et la salle de conférence du musée.

Les collections – L'une des salles de la section américaine permet de comprendre les personnalités de trois artistes modernes : **Frederic Remington** (1861-1909), connu pour ses peintures de l'Ouest américain, **Winslow Homer** (1836-1910), qui s'est attaché à représenter les contrées sauvages de la Nouvelle-Angleterre, et **John Singer Sargent** (1856-1925), portraitiste mondain extrêmement prisé.

Les toiles les plus anciennes du musée datent de la Renaissance (polyptyque de Ugolino da Siena, *Vierge à l'Enfant avec quatre anges* de **Piero della Francesca**…), mais c'est principalement dans le 19e s. qu'il excelle, particulièrement grâce aux sections réservées aux écoles française et américaine. Des artistes français majeurs sont représentés ici, tel **Corot** dont on peut voir plusieurs paysages et portraits. Le tableau *Trompette des hussards*, de **Géricault**, est caractéristique de son style vigoureux, et contraste avec la douceur qui émane des tableaux en demi-teinte de **Millet**. De nombreuses toiles impressionnistes sont exposées, parmi lesquelles quelque 30 œuvres de **Renoir** dont *Jeune fille endormie avec un chat* et *Les Oignons*. Plusieurs toiles et sculptures de **Degas** représentent ses sujets favoris, les danseuses et les chevaux. De **Monet**, on peut admirer *Les Falaises d'Étretat* et une série consacrée à la cathédrale de Rouen. Quatre œuvres de **Toulouse-Lautrec** évoquent le postimpressionnisme, dont le poignant *Docteur Jules Émile Péan opérant*.

Le musée expose également l'une des plus belles collections d'orfèvrerie du monde, incluant des pièces de l'Anglais Paul de Lamerie.

★ **Williams College Museum of Art**

Main St., entre Spring St. et Water St. - ✆ 413 597 2429 - www.wcma.org - ♿ - mar.-sam. 10h-17h, dim. 13h-17h - fermé 1er janv., Thanksgiving Day et 25 déc.

Ce bâtiment, l'un des plus beaux parmi les cinquante que compte le campus, est un octogone néoclassique (1846) auquel ont été ajoutées deux annexes conçues par le grand architecte Charles Moore (en 1983 et en 1986). Derrière sa sobre façade se cache un superbe atrium et des galeries d'exposition magnifiquement éclairées. La collection comprend des œuvres d'art asiatique, africain, européen et plus particulièrement américain avec des tableaux de Copley, Homer, Eakins, Hopper, Inness, O'Keeffe et Wood.

😊 NOS ADRESSES À WILLIAMSTOWN

RESTAURATION

PREMIER PRIX

Pappa Charlie's Deli – *28 Spring St. - ✆ 413 458 5969.* Sandwichs, soupes maison, lasagnes et aubergines-parmesan, aussi copieux que peu onéreux.

Lickety-Split – *69 Spring St. - ✆ 413 458 1818.* Le glacier favori à Williamstown.

EN SOIRÉE

Images Cinema – *50 Spring St. - ✆ 413 458 5612 - www.imagescinema.org.* Un cinéma d'art et d'essai, pour voir ou revoir inédits et classiques.

AGENDA

Williamstown Theater Festival – *De mi-juin à fin août - ✆ 413 597 3400 - www.wtfestival.org.*

Les Berkshires

★★★

NOS ADRESSES PAGE 222

S'INFORMER

Berkshire County Vacations : ☏ 413 443 9186 - www.berkshires.com.
Massachusetts Berkshires Vacations : ☏ 413 743 4500 - www.berkshires.org.

SE REPÉRER

Carte de la région A2 *(p. 88) – carte Michelin 581 H-I 8-9.* À l'extrême ouest du Massachusetts, les Berkshires sont séparés de l'État de New York par la chaîne des Taconics.

À NE PAS MANQUER

Le Hancock Village, intact depuis l'époque des shakers, les maisons historiques de Stockbridge et Lenox et, en été, le Tanglewood Music Festival.

ORGANISER SON TEMPS

Comptez une journée pour découvrir les villages historiques des Berkshires et un après-midi pour le Hancock Shaker Village. Un week-end entier, donc, ne sera pas de trop.

À l'ouest du Massachusetts s'étend une vallée drainée par la Housatonic River et bordée par les collines boisées des Taconics et des Hoosacs. Très prisée par les New-Yorkais et les Bostoniens qui y possèdent souvent une résidence secondaire, cette région mélange les « mill towns », ces petites villes industrielles du 19ᵉ s., et de confortables localités résidentielles où règne la douceur de vivre. L'été, doux, est animé par de nombreuses manifestations culturelles ; l'automne présente des couleurs magnifiques et, avec son épais manteau neigeux, l'hiver attire les skieurs. Indéniablement séduisantes, les Berkshires proposent en outre une grande variété de loisirs sportifs : randonnée, pêche, golf, etc.

Itinéraires conseillés

★★★ DE STOCKBRIDGE À LENOX

Pour visualiser ce circuit de 13 miles, reportez-vous à la carte de la région *(p. 221) - comptez 2h.*

★★ Stockbridge

Voir p. 224.
Quittez Stockbridge par Pine St. en face de la Red Lion Inn. Tournez à gauche dans Prospect St. (Mahkeenac Rd) et longez le lac Stockbridge Bowl. Continuez dans Hawthorne Rd. À l'endroit où cette route rejoint la Route 183, on jouit d'une agréable vue sur le lac.

★ Tanglewood

Résidence d'été du Boston Symphony Orchestra, ce domaine abrite l'un des événements musicaux les plus fameux des États-Unis, le **Tanglewood Music**

The Mount, l'une des propriétés de Lenox.
Tim Grafft / Massachussetts Office of Travel & tourism

Festival *(www.bso.org)*, auquel assistent plus de 300 000 personnes. Inauguré en 1934, ce festival débuta avec le New York Philharmonic Symphony, remplacé en 1936 par l'orchestre de Boston qui assure depuis ces représentations annuelles.

Ancienne propriété de la famille Tappan, Tanglewood fut léguée à la Berkshire Festival Society en 1937 pour accueillir le festival de façon permanente. Parmi les nombreux bâtiments disséminés à travers ses 200 ha, on recense la résidence principale, le Koussevitzky Music Shed, un amphithéâtre de 5 000 places conçu par Eliel Saarinen, et le Seiji Ozawa Hall, une salle de 1 180 places ouverte en 1994.

Depuis les jardins, belle **vue** sur le lac **Stockbridge Bowl** et sur une réplique de la petite maison de Nathaniel Hawthorne, **Hawthorne Cottage** *(inaccessible au public)*, où l'auteur séjourna 18 mois pendant l'écriture de son roman, *The House of the Seven Gables (voir p. 155)*.

Prenez la Route 183 jusqu'à Lenox.

LES MOHICANS

Les Mohicans vivaient autrefois le long de l'Hudson et venaient chasser dans la vallée de la Housatonic, « le lieu derrière les montagnes ». Puis, décimés par les épidémies et les guerres, ils se retirèrent dans ces collines plus abritées. Ils y vécurent tranquillement jusqu'à l'arrivée des colons au 18e s. Souhaitant christianiser les indigènes, les pionniers fondèrent la mission de Stockbridge en 1734, sur des terres qui leur appartenaient désormais légalement. Un peu plus au nord vivaient d'autres Indiens, les **Mohawks**. Alliés aux Anglais, ces Iroquois étaient les ennemis jurés des Mohicans et des Français. L'une des voies que suivaient les pionniers pendant la colonisation empruntait un ancien sentier indien, le « Mohawk Trail », qui rejoignait les Grands Lacs à travers les Appalaches. *Voir p. 212.*

★ Lenox

Cerné par de grandes propriétés occupées par des collèges, des colonies de vacances et des maisons de retraite, le centre de Lenox est un ravissant ensemble de boutiques, d'auberges, de restaurants et de galeries d'art.

Museum of the Gilded Age – *104 Walker St. - ℘ 413 637 3206 - www.gildedage.org - visite guidée (dép. ttes les heures) mai-oct. : tlj. 11h30-15h ; nov.-avr. : sam. 10h-11h - 12 $.* Aménagé dans la Ventford Hall Mansion (1893), résidence secondaire de Sarah Morgan, la sœur du financier J.P. Morgan, ce musée restitue le mode de vie de la haute société au tournant du 20ᵉ s., dans les cottages somptueux où elle venait passer ses étés. La rénovation du bâtiment, en cours, rend au fur et à mesure plus réaliste le décor fastueux de cette époque.

Prenez la Route 7 vers le nord et tournez à gauche en face du Quality Inn dans West Dugway Rd. Au carrefour suivant, tournez à gauche dans West Mountain Rd.

Pleasant Valley Wildlife Sanctuary

472 West Mountain Rd - ℘ 413 637 0320 - www.massaudubon.org - mar.-vend. de l'aube au crépuscule, w.-end 10h-16h - de fin juin à Columbus Day : lun. 9h-16h - 4 $ - carte des sentiers disponible à l'accueil.

🐾 Cette réserve, que l'on peut découvrir à pieds, en canoë, à skis ou en raquettes, abrite 11 km (6,8 miles) de sentiers à travers champs et forêts ainsi que sur les pentes de la Lenox Mountain. Le fond de la vallée présente une flore caractéristique de la région des Berkshires. Une série de petits étangs s'égrenant en chapelet y abrite une colonie de castors.

★★ GREAT BARRINGTON ET ENVIRONS ②

▶ *Pour visualiser ce circuit de 50 miles à partir de Great Barrington, reportez-vous à la carte de la région (p. 221) - comptez 4h.*

Great Barrington

Cette localité est un centre commerçant pour les nombreuses résidences secondaires qui l'environnent. Ancien site des campements mohicans, les rapides de Great Barrington constituaient, au 18ᵉ s., la principale source d'énergie des manufactures locales. Le 20 mars 1886, Great Barrington devint la première ville du monde éclairée à l'électricité.

Prenez la Route 7 vers le sud, puis, à droite, la Route 7 A jusqu'à Ashley Falls. Tournez à droite dans la Rannapo Rd et suivez la Weatogue Rd.

Bartholomew's Cobble

℘ 413 229 8600 - www.thetrustees.org - ouvert de l'aube au crépuscule - Visitor Center : mars-nov. : tlj 9h-16h30 ; déc.-fév. : mar.-sam. 9h-16h30 - 5 $.

Cette rocaille naturelle où poussent arbres, fleurs sauvages et fougères surplombe la Housatonic. 🐾 Le **Ledges Trail** *(45mn AR)* a été aménagé le long de la rivière. Au point 17, traversez la rue et continuez sur le Hulburt's Hill Trail jusqu'à une prairie ouverte sur les flancs de la Miles Mountain (alt. 320 m) d'où l'on a une belle vue sur la vallée de la Housatonic.

Revenez sur Great Barrington. Un peu avant, tournez à gauche dans la Route 23. Après South Egremont, devant l'étang, prenez la Route 415 avant d'enchaîner Mount Washington Rd, East St., West St. et Bash Bish Falls Rd.

★ Bash Bish Falls

℘ 413 528 0330 - ouvert de l'aube au crépuscule - 🚶 *Le sentier abrupt peut être verglacé et dangereux en automne, en hiver et même au printemps.*

LES GRANDES PROPRIÉTÉS

Vers le milieu du 19e s., plusieurs écrivains découvrirent les Berkshires et en firent des descriptions idylliques qui attirèrent des milliardaires. Ceux-ci, gagnés à leur tour par le charme de cette région, firent construire de magnifiques propriétés sur les pentes ensoleillées de Great Barrington, Lee, Lenox et Stockbridge. Au début du 20e s., Lenox concentrait 75 de ces luxueux domaines, dont le célèbre **Tanglewood** et la demeure d'Andrew Carnegie, l'homme le plus riche des Berkshires et **The Mount** qui appartint à l'écrivain Edith Wharton. La hausse des impôts, l'inflation et la crise de 1929 mirent fin à cette époque fastueuse. La plupart des domaines furent abandonnés ou transformés en écoles, en centres de vacances ou en auberges ouvertes toute l'année.

Du parking, un sentier abrupt signalé par des triangles bleus et des balises blanches mène aux chutes. En continuant la route pendant 1 mile, on rencontre un autre parking d'où s'amorce un chemin forestier plus long permettant d'accéder plus facilement aux chutes. Le ruisseau de Bash Bish coule dans une gorge profonde, puis tombe dans un bassin naturel d'une hauteur de 15 m.

Revenez sur Great Barrington. Suivez la Route 7 sur 4,5 miles en direction du nord.

★ Monument Mountain

Du parc de stationnement, côté ouest de la Route 7, deux sentiers mènent au sommet. Le plus facile, **Indian Monument Trail** *(1h)* s'amorce 500 m (0,30 miles) à gauche, le long de la route et pénètre dans la forêt où un panneau indique sur la droite l'Indian Monument, une stèle funéraire à environ 900 m (0,56 miles) du sentier. Tournez à droite et continuez en choisissant toujours la voie de droite. Le plus difficile *(45mn)* s'amorce à droite du parc de stationnement. Il est balisé par des ronds blancs. Du sommet, une crête surnommée Squaw Peak en souvenir d'une jeune Indienne qui se précipita dans le vide à cause d'un chagrin d'amour, on bénéficie d'un beau **panorama★** sur les Berkshires.

LA RÉGION DE PITTSFIELD ③

◯ *Pour visualiser ce circuit de 6 miles au départ de Pittsfield, reportez-vous à la carte de la région (p. 221) – comptez 1h.*

Berkshire Museum

39 South St., Pittsfield - ✆ 413 443 7171 - www.berkshiremuseum.org - lun.-sam. 10h-17h, dim. 12h-17h - fermé j. fériés - 11 $.

Éclectique, ce petit musée s'intéresse à l'art, à l'histoire et à la nature : peintures et sculptures européennes et américaines, vestiges de l'Antiquité grecque et égyptienne, poissons (piranhas, murènes)…

Depuis Pittsfield, prenez la Route 2 en direction de l'ouest sur 3 miles.

★★★ Hancock Shaker Village

3 miles à l'ouest de Pittsfield par la Route 20 - ✆ 413 443 0188 - www. hancockshakervillage.org - ✗ - d'avr. à mi-nov. : 10h-17h ; reste de l'année : visite guidée seulement (tlj 10h-16h) - fermé 1er janv., Thanksgiving Day et 25 déc. - 16,50 $ (12,50 $ en basse saison).

Fondé en 1790 par les shakers puis abandonné en 1960, le village de Hancock est désormais un musée consacré à cette secte. Plus de 10 000 objets sont présentés dans une vingtaine de bâtiments d'époque, sur près de 500 ha, ainsi que des démonstrations des activités des shakers.

The Round Stone Barn – Considérée comme le chef-d'œuvre de l'architecture shaker pour l'ingéniosité de sa conception, cette grange (1826) abritait 52 vaches dans des stalles qui rayonnaient autour du silo à claire-voie dans lequel tombait le fourrage. Celui-ci était apporté par des charrettes au 1er étage, et déversé directement dans le silo. Sous les étables, un procédé permettait de recueillir le fumier. Une seule personne suffisait pour s'occuper de la totalité du troupeau.

Brick Dwelling – Dans cette demeure, qui réunissait le réfectoire, les cuisines et les chambres, sont exposés des ustensiles médicaux et de couture.

Meeting House – Chaque dimanche, les shakers se réunissaient dans la grande salle pour danser et chanter. Les bureaux et les chambres du 1er étage étaient réservés aux autorités spirituelles de la communauté de Hancock.

LES SHAKERS

Les origines – En 1747, à Manchester en Angleterre, un groupe de quakers pratiquant des danses cérémonielles fut appelé les *Shaking Quakers* puis *Shakers*. Une jeune ouvrière, **Ann Lee**, se joignit à eux en 1758. Emprisonnée quelques années plus tard, elle eut des visions lui révélant la double nature (masculine et féminine) de Dieu. En 1774, Mère Ann émigra avec quelques disciples vers l'Amérique. La communauté s'installa dans l'État de New York, essaimant des missions dans la Nouvelle-Angleterre. Les shakers mirent en pratique leurs quatre principes : vie à l'écart du monde séculier, vœu de célibat, propriété collective et confession publique des péchés.

L'organisation – Les shakers vivaient en « familles » de 30 à 100 personnes, hommes et femmes, que l'on appelait frères et sœurs formant ainsi des villages. Les responsabilités étaient partagées par deux hommes et deux femmes (les aînés), et le travail réparti entre les shakers selon un emploi du temps très strict. Le vœu de célibat ne favorisant pas le renouvellement des effectifs, les shakers avaient pris l'habitude d'adopter des orphelins.

Les activités – Guidés par les paroles d'Ann Lee : « Travaille comme s'il te restait mille années à vivre, et comme si demain était ton dernier jour », les shakers étaient réputés pour la qualité de leurs produits vendus sur catalogue. Ils s'étaient spécialisés dans la culture des plantes médicinales, des graines et des semences, et dans la confection de balais et meubles.

L'architecture – Simplicité, sobriété, fonctionnalisme sont les trois principes des réalisations shaker. Les bâtiments étaient conçus pour un besoin spécifique, dans des matériaux de construction adaptés à ce besoin. Grands, lumineux et organisés, ils étaient dotés d'innovations : portemanteaux le long des murs, chaises à dossier bas pouvant être glissées sous les tables.

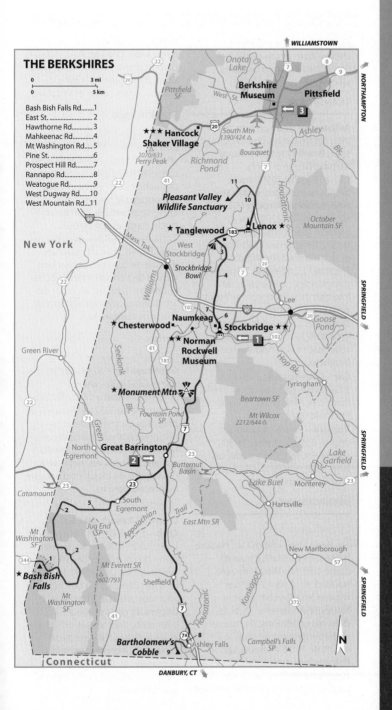

THE BERKSHIRES

	3 mi
0	
0	5 km

New York

WILLIAMSTOWN

NORTHAMPTON

Onota Lake

Pittsfield SF

West St.

★ Berkshire Museum

Pittsfield

3

South Mtn 1390/424 △

Ashley

Bousquet

★★★ Hancock Shaker Village

2010/631 Perry Peak △

Richmond Pond

Mass. Tpk.

Pleasant Valley Wildlife Sanctuary

11

10

Lenox ★

★ Tanglewood

183

West Stockbridge

3

October Mountain SF

Stockbridge Bowl

4

7

Lee

102

Williams

★ Chesterwood

Naumkeag

7

6

Stockbridge ★★

1

102

Goose Pond

20

★★ Norman Rockwell Museum

183

41

Green River

★ Monument Mtn

Seekonk

Fountain Pond SP

Beartown SF

Mt Wilcox 2212/644 △

Tyringham

71

Green Bk.

North Egremont

Great Barrington

2

23

Butternut Basin

Lake Buel

Monterey

Lake Garfield

23

Catamount

2

5

South Egremont

Jug End LSP

Appalachian Trail

East Mtn SR

Hartsville

New Marlborough

57

Mt Washington SF

2

1

344

★ Bash Bish Falls

Mt Washington SF

Mt Everett SR 2602/793 △

41

Sheffield

7

Housatonic

Konkapot

272

SPRINGFIELD

SPRINGFIELD

SPRINGFIELD

Campbell's Falls SP

Bartholomew's Cobble

7A

8

9

Ashley Falls

N

Connecticut

🙂 NOS ADRESSES DANS LES BERKSHIRES

😊 Les Berkshires étant très chères, nous avons repris les catégories de prix « Grandes villes ».

TRANSPORTS

Avion – Les deux aéroports internationaux les plus proches sont : **Bradley International Airport** *(Windsor Locks, CT -* 🕿 *860 292 2000 - www. bradleyairport.com)* et **Albany International Airport** *(Albany, NY -* 🕿 *518 242 2200 - www. albanyairport.com)*. De l'aéroport de Bradley, prenez l'I-91 North puis l'I-90 West *(Hartford-Stockbridge : 88 miles)*. La plupart des grandes compagnies de location de voiture sont présentes dans ces aéroports.

Train – La compagnie **Amtrak** (🕿 *800 872 7245 - www.amtrak. com)* assure la liaison Boston-Pittsfield.

Car – Greyhound (🕿 *800 231 2222 - www.greyhound.com)* relie Boston et Albany (NY) à Lenox et Pittsfield (MA).

Voiture – Pour Stockbridge : depuis Boston, prenez l'I-90 puis la Route 102 West ; depuis New York, prenez l'I-684 East puis la Route 7 vers le nord.

HÉBERGEMENT

PREMIER PRIX

Les Berkshires, comme les stations balnéaires du Massachusetts (Cape Cod, Martha's Vineyard, Nantucket…) sont l'une des régions les plus chères de la Nouvelle-Angleterre. Difficile, dans ces conditions, de trouver un hébergement de qualité à moins de 100 $ en haute saison. Pensez donc aux motels, situés à la périphérie des communes : la plupart sont bien tenus et certains témoignent d'un réel effort de décoration. Dans les Berkshires, la plupart d'entre eux se trouvent à Great Barrington et le long de la Route 7, entre Lenox et Pittsfield.

Stockbridge

BUDGET MOYEN

Red Lion Inn – *30 Main St. -* 🕿 *413 298 5545 - www.redlioninn. com - 110/490 $*. Une institution des Berkshires ! Entrez et vous remonterez le temps : livres anciens, ascenseur d'un autre siècle, parquet qui craque. Certaines chambres, avec lits à baldaquin, sont dépourvues de salle de bain privée : un bon moyen de s'endormir dans cette auberge mythique, au cœur de Stockbridge, tout en bénéficiant d'un prix raisonnable.

Lenox

POUR SE FAIRE PLAISIR

Gateways Inn – *51 Walker St. -* 🕿 *413 637 2532 - www. gatewaysinn.com - 12 ch. 120/515 $*. Construite en 1912, cette luxueuse propriété de style fédéral se distingue par ses chambres habillées de cheminées, de lits anciens (en bois, en métal ou à baldaquin), de meubles d'époque ou contemporains.

UNE FOLIE

Cranwell Resort, Spa & Golf Club – *55 Lee Rd -* 🕿 *413 637 1364 ou 800 272 6935 - www.cranwell. com - 113 ch. à partir de 295 $*. Aménagé sur un terrain de 160 ha, ce *resort* complet est une curiosité à lui tout seul ! Les chambres, dispersées dans plusieurs bâtiments, sont toutes différentes, et les activités suffisamment variées pour contenter petits et grands : école de golf, tennis, location de vélo, piscine intérieure, spa…

The Blantyre – *16 Blantyre Rd - ℘ 413 637 3556 - www.blantyre. com - ouvert de mai à début nov. - 25 ch. à partir de 550 $.* Boiseries ouvragées, parquets, tapis orientaux, vasques en marbre, tennis, terrain de croquet, bois privé : bâti sur le modèle d'un château du Lanarkshire (Écosse), l'hôtel de tous les fastes !

North Adams

POUR SE FAIRE PLAISIR

The Porches Inn – *231 River St. - ℘ 413 664 0400 - www. porches.com - 37 ch. 180/335 $.* Distribuées dans six cottages des années 1890, anciennes résidences d'ouvriers, des chambres aux couleurs chaudes meublées de pièces modernes et contemporaines, juste en face du Mass MoCA.

RESTAURATION

Great Barrington

BUDGET MOYEN

Bizen – *17 Railroad St. - ℘ 413 528 9696 - ouvert le soir uniquement.* Sushis et sashimis exquis préparés par le maître Michael Marcus : dans la pure tradition japonaise, on se déchausse avant d'aller savourer les merveilles du chef sur des tables basses.

Pittsfield

BUDGET MOYEN

Dakota – *1035 South St. - Rte 7 - ℘ 413 499 7900 - www. dakotarestaurant.com - lun.-jeu. 16h30-21h ; vend.-sam. 16h30-22h ; dim. 10h-14h, 16h-21h.* Des poteries indiennes et des têtes d'orignaux ornent ce pastiche de pavillon de chasse, on l'où déguste une copieuse cuisine régionale : steaks, fruits de mer et homard du Maine, poulet grillé au feu de bois.

South Egremont

POUR SE FAIRE PLAISIR

John Andrew's Restaurant – *Rte. 23 - ℘ 413 528 3469 - www. jarestaurant.com - jeu.-mar. : le soir à partir de 17h (réserv. conseillée).* Un décor élégant, une douce musique jazz et une cuisine fine donnent raison à cette table isolée qui vaut tous les détours. Après les raviolis de homard, essayez la morue, les palourdes ou encore le risotto de canard, divin.

Stockbridge

BUDGET MOYEN

Widow Bingham's Tavern – *30 Main St. - ℘ 413 298 5545 - www.redlioninn.com - tlj midi et soir.* Décorée de lambris sombres, une authentique taverne dans les murs de la célèbre Red Lion Inn. Sandwichs, soupes, salades et plats du cru plus étudiés se dégustent sur des tables parées de jolies nappes à carreaux. Dans la salle d'à côté, le restaurant très haut de gamme de l'hôtel *(jeans, bermudas et baskets interdits)*.

BOIRE UN VERRE

Ouvert toute l'année, **Soco Creamery** *(http://sococreamery. com),* à Lenox, prépare de délicieuses glaces, jusqu'à minuit en été. Également à Lenox, essayez le **Chocolate Springs Cafe** *(www.chocolatesprings.com)* : pour accompagner votre café, des chocolats à se damner. Les New-Yorkais, qui savent ce qu'est un bon bagel, se rendent à la **Great Barrington Bagel Company**, *(Main St. à Great Barrington).* Suivez leur exemple ! Ne quittez pas North Adams sans être passé par le **Jack's Hot Dog Stand** *(http://jackshotdogstand.com)* : hot-dogs et frites depuis 1917, une institution !

Stockbridge

2 276 hab.

⚑ VOIR NOS ADRESSES DANS LES BERKSHIRES PAGE 222

🛈 S'INFORMER
Stockbridge Chamber of Commerce : ☎ *413 298 5200 - www. stockbridgechamber.org.*

◑ SE REPÉRER
Carte de la région A2 *(p. 88)* – *carte Michelin 581 H 9*. Stockbridge se trouve dans les Berkshires *(voir carte p. 221)*, à 3h de route à l'ouest de Boston.

🅿 SE GARER
Le stationnement est gratuit dans certaines rues de la ville.

☺ À NE PAS MANQUER
Le Norman Rockwell Museum.

🕒 ORGANISER SON TEMPS
Stockbridge, auquel vous pourrez accorder une journée avec ses alentours, est un bon point de départ pour explorer les Berkshires ou, au sud, les Litchfield Hills (Connecticut).

Située au centre des Berkshires, Stockbridge est une charmante petite ville dont la grande rue, Main Street, semble sortie d'une illustration naïve. Sa célèbre auberge The Red Lion voisine avec des boutiques anciennes et des demeures coloniales à bardeaux gris encadrées de vastes jardins. Fondée au début du 18ᵉ s. par les Mohicans, la ville attire aujourd'hui de nombreux New-Yorkais et Bostoniens, des artistes et des écrivains séduits par la beauté de la région, l'agrément de la ville, et, en été, le Berkshire Theater Festival.

Se promener

★★ Norman Rockwell Museum
9 Glendale Rd, à 2,5 miles du centre de Stockbridge. Prenez la Route 102 vers l'ouest (Main St., puis Church St.), puis, après 2 miles, tournez à gauche dans la Route 183 et faites 0,6 mile jusqu'à l'entrée du musée, sur la gauche - ☎ *413 298 4100 - www. nrm.org -* ♿ *- mai-oct. : 10h-17h ; reste de l'année : lun.-vend. 10h-16h, w.-end 10h-17h - fermé 1ᵉʳ janv., Thanksgiving Day et 25 déc. - 15 $.*

👤👤 Ce musée, situé au cœur d'un domaine de près de 15 ha qui domine la vallée de la Housatonic River, présente une très importante collection d'œuvres du plus éminent illustrateur américain du 20ᵉ s.

Le musée s'organise autour des collections personnelles de Rockwell, son atelier, sa bibliothèque, ses archives. Ce fonds s'est augmenté d'acquisitions et de dons qui porte à 500 le nombre des peintures et des dessins conservés ici, dont 172 œuvres de grand format. **Robert Stern**, éminent architecte postmoderniste, a réalisé le bâtiment actuel qui s'inspire de l'architecture néoclassique de la région, notamment de celle des Town Halls. Dans les neuf

LE CHRONIQUEUR DE l'AMÉRIQUE

Né à New York, **Norman Rockwell** (1894-1978) devint à 22 ans l'un des principaux illustrateurs de la couverture du *Saturday Evening Post*, journal le plus populaire de l'époque. Il resta quarante-sept ans au service de ce prestigieux magazine, réalisant au total 321 couvertures. Ses dessins réalistes illustrent l'évolution de la vie quotidienne américaine. Son art s'est ainsi attaché à représenter des scènes enfantines et familiales, ou des situations saisissant les gestes les plus anodins, et c'est toujours avec humour et un sens du merveilleux que Rockwell a réalisé ses tableaux de l'Amérique profonde. Dans les années 1960, il abandonna ses sujets habituels pour s'intéresser aux problèmes de l'actualité, aux portraits de personnalités, aux scènes de racisme.

galeries sont présentées les principales œuvres de Norman Rockwell, notamment *Stockbridge Main Street at Christmas*, *Triple Self-Portrait* et *The Problem We All Live With*. La salle centrale octogonale a été spécialement conçue pour accueillir les **Four Freedoms Series**, une série de quatre tableaux (1943, *Les Quatre Libertés*) inspirés par un discours du président Roosevelt en 1941, et reproduits à des millions d'exemplaires sous forme de poster durant la Seconde Guerre mondiale afin de récolter des fonds pour soutenir l'effort de guerre.

Le musée présente également des expositions temporaires consacrées à la vie et à l'art de Rockwell, ou plus généralement, à l'illustration.

★ Chesterwood

À 3 miles de Stockbridge. Prenez la Route 102 vers l'ouest, et tournez à gauche dans la Route 183. Parcourez 0,8 mile, et tournez à droite dans Mohawk Lake Rd, puis à gauche dans Willow St. Continuez 0,5 mile jusqu'à Chesterwood - ☎ 413 298 3579 - www.chesterwood.org - ♿ - mai-oct. : tlj 10h-17h - 15 $

Cette propriété fut celle du sculpteur **Daniel Chester French** (1850-1931) qui devint célèbre à 25 ans grâce à sa statue du *Minute Man* à Concord. Sa plus célèbre réalisation reste toutefois l'immense *Abraham Lincoln* qui se trouve au Lincoln Memorial, à Washington. Il exécuta plus de 1 000 statues au cours de sa vie, dont un peu plus de 100 monuments publics.

Chesterwood comprend plusieurs bâtiments d'intérêt. La **Barn Gallery** est une ancienne grange transformée qui abrite des maquettes et des moulages dont la *Dupont Circle Fountain*, de French, qui se trouve aujourd'hui à Washington. La **maison de l'artiste**, grande demeure victorienne, est restée meublée comme de son vivant. L'**atelier** possède des doubles portes ouvrant sur toute la hauteur du bâtiment afin de pouvoir sortir des œuvres aux dimensions aussi importantes que le *Lincoln* assis de la capitale.

Un sentier *(20mn)* fait le tour de la propriété à travers les bois et offre de belles vues sur la campagne environnante.

Naumkeag

À 2 miles du centre de Stockbridge, sur Prospect Hill Rd. De l'intersection de la Route 7 et de la Route 102, prenez Pine St. vers le nord, puis à gauche dans Prospect St. pendant 0,5 mile - ☎ 413 298 3239 - www.thetrustees.org - visite guidée (45mn) : de fin mai à Columbus Day : 10h-17h - 12 $.

Ambassadeur américain en poste en Angleterre, Joseph Chroate (1832-1917), se fit construire cette chaumière normande (1886, Stanford White) avec son vaste parc et son jardin chinois dont le portique est censé protéger du démon.

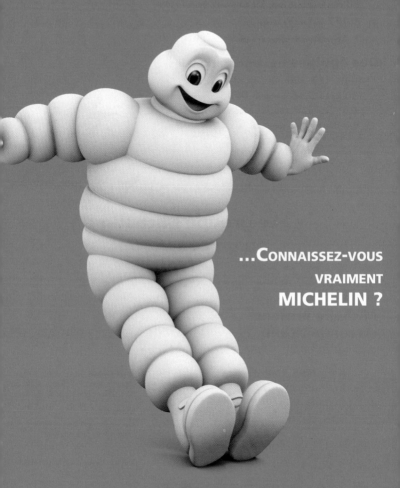

Vous CONNAISSEZ

Le**Guide**VerT

...CONNAISSEZ-VOUS
VRAIMENT
MICHELIN ?

Données au 31/12/2008

N°1 mondial des pneumatiques avec 17,1 % du marché

Une présence commerciale dans plus de 170 pays

Une implantation industrielle
au cœur des marchés

68 sites industriels dans **19** pays ont produit en 2008 :

- **177** millions de pneus
- **16** millions de cartes et guides

Des équipes très internationales

Plus de **117 500** employés* de toutes cultures
sur tous les continents dont **6 000** personnes employés
dans les centres de R&D en Europe, aux Etats-Unis, en Asie.

*110 252 en équivalents temps plein

Le groupe Michelin
en un coup d'œil

Michelin présent
en compétition

A fin 2008

24h du Mans
11 années de victoires consécutives

Endurance 2008
- 5 victoires sur 5 épreuves
en Le Mans Series
- 10 victoires sur 10 épreuves
en American Le Mans Series

Paris-Dakar
Depuis le début de l'épreuve, le groupe
Michelin remporte toutes les catégories

Moto GP
26 titres de champion du monde
des pilotes en catégorie reine

Trial
Tous les titres de champion du monde
depuis 1981 (sauf 1992)

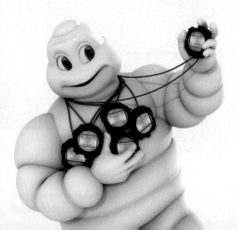

Michelin, implanté près de ses clients

○ **68 sites de production dans 19 pays**
- Algérie
- Allemagne
- Brésil
- Canada
- Chine
- Colombie
- Espagne
- Etats-Unis
- France
- Hongrie
- Italie
- Japon
- Mexique
- Pologne
- Roumanie
- Royaume-Uni
- Russie
- Serbie

● **Un centre de Technologies réparti sur 3 continents**
- Amérique du Nord
- Asie
- Europe

● **2 plantations d'hévéa**
- Brésil

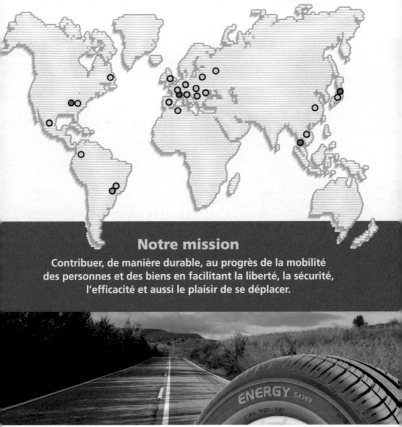

Notre mission

Contribuer, de manière durable, au progrès de la mobilité des personnes et des biens en facilitant la liberté, la sécurité, l'efficacité et aussi le plaisir de se déplacer.

Michelin s'engage pour l'environnement

Michelin, 1er producteur mondial de pneus à basse résistance au roulement, contribue à la diminution de la consommation de carburant et des émissions de gaz par les véhicules.

Michelin développe, pour ses produits, les technologies les plus avancées afin de :
- diminuer la consommation de carburant, tout en améliorant les autres performances du pneumatique ;
- allonger la durée de vie pour réduire le nombre de pneus à traiter en fin de vie ;
- privilégier les matières premières à faible impact sur l'environnement.

Par ailleurs, à fin 2008, 99,5 % de la production de pneumatiques en tonnage est réalisé dans des usines certifiées ISO 14001*.
Michelin est engagé dans la mise en œuvre de filières de valorisation des pneus en fin de vie.

*certification environnementale

Tourisme camionnette

Poids lourd

Michelin
au service de la mobilité

Génie civil

Avion

Agricole

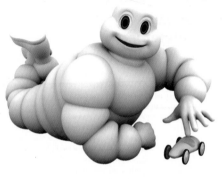

Deux roues   **Distribution**

Partenaire des constructeurs, à l'écoute des utilisateurs,
présent en compétition et dans tous les circuits de distribution,
Michelin ne cesse d'innover pour servir
la mobilité d'aujourd'hui et inventer celle de demain.

Cartes   **ViaMichelin,**   **Michelin**
et Guides   des services   **Lifestyle,**
                      d'aide au   des accessoires
                      voyage   pour vos
                                      déplacements

MICHELIN
joue l'équilibre des performances

● **Longévité des pneumatiques**

● **Economies de carburant**

○ **Sécurité sur la route**

> ... les pneus MICHELIN vous offrent les meilleures performances,
> sans en sacrifier aucune.

Le pneu MICHELIN
un concentré de technologie

1 **Bande de roulement**
Une épaisse couche de gomme
assure le contact avec le sol.
Elle doit évacuer l'eau
et durer très longtemps.

2 **Armature de sommet**
Cette double ou triple ceinture armée
est à la fois souple verticalement
et très rigide transversalement.
Elle procure la puissance de guidage.

3 **Flancs**
Ils recouvrent et protègent la carcasse
textile dont le rôle est de relier la bande
de roulement du pneu à la jante.

4 **Talons d'accrochage à la jante**
Grâce aux tringles internes,
ils serrent solidement le pneu
à la jante pour les rendre solidaires.

5 **Gomme intérieure d'étanchéité**
Elle procure au pneu l'étanchéité
qui maintient le gonflage à la bonne
pression.

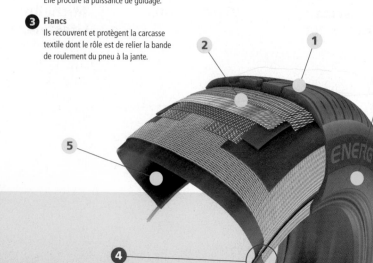

Suivez les conseils
du bonhomme MICHELIN

pur gagner en sécurité

- Je roule avec une pression adaptée
- Je vérifie ma pression tous les mois
- Je fais contrôler régulièrement mon véhicule
- Je contrôle régulièrement l'aspect
  de mes pneus (usure, déformations)
- J'adopte une conduite souple
- J'adapte mes pneus à la saison

www.michelin.com
www.michelin.(votre extension pays - ex : fr pour France)

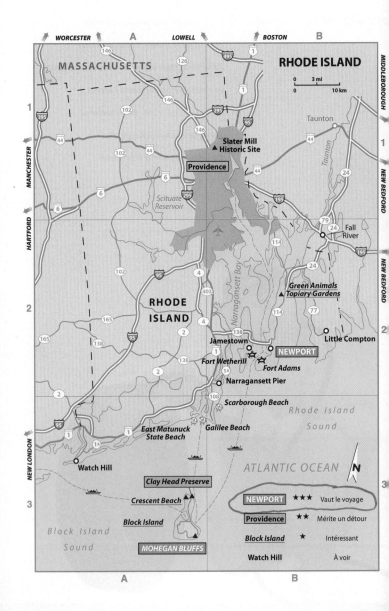

Rhode Island 2

Carte Michelin New England 581

Providence

171 557 hab.

😊 NOS ADRESSES PAGE 234

S'INFORMER
Providence-Warwick Convention & Visitors Bureau : *144 Westminster St. (proche de l'Arcade et du Fleet Building) - ☎ 800 233 1636 - www. goprovidence.com.*

SE REPÉRER
Carte de la région AB1-2 *(p. 226) – carte Michelin 581 L-M 9-10.* Située à 90 miles au sud-ouest de Boston, Providence est accessible par l'I-95.

SE GARER
La ville abrite de nombreux parkings publics dont celui de Providence Place Mall, construit sur plusieurs niveaux.

À NE PAS MANQUER
Le rendez-vous artistique Waterfire en été et la patinoire de la Bank of America en hiver. Si vous avez le temps de sortir de la ville, ne manquez pas le Slater Mill Historic Site.

ORGANISER SON TEMPS
Pour un journée idéale, prenez le temps de découvrir Providence et ses boutiques, assistez à une représentation au théâtre de la très renommée Trinity Repertory Company, et offrez-vous un dîner dans l'un des bons restaurants de la ville.

AVEC LES ENFANTS
Le Roger Williams Park Zoo amusera les plus jeunes.

Capitale du Rhode Island, troisième ville de la Nouvelle-Angleterre après Boston et Worcester, Providence s'étend au cœur d'une région urbanisée qui compte plus de 900 000 habitants.
Son site protégé, au fond de la baie de Narragansett, en fait un havre naturel qui a permis à la ville de se développer grâce au commerce maritime et au transit commercial. Avec ses ravissants bâtiments des 18e et 19e s., le quartier résidentiel de College Hill témoigne de cette expansion. Il est aujourd'hui le domaine des étudiants de la Brown University et de la Rhode Island School of Design. Sur la colline en face, l'édifice majestueux du capitole domine le quartier des affaires.

Se promener

★★ COLLEGE HILL

▶ *Circuit tracé en vert sur le plan de la ville (p. 232). À partir du croisement de Main St. et de College St., dirigez-vous vers le nord sur Main St. – comptez une 1/2 journée.*
Ce charmant secteur, dont les rues ombragées sont bordées d'habitations aux architectures coloniale ou italianisante, forme l'un des quartiers histori-

Le quartier de College Hill.
Marianne Grosko / Providence Warwick CVB

ques les plus harmonieusement conservés du pays. Au sommet de la colline, **Thayer Street** est la rue commerçante de la communauté universitaire avec ses librairies, ses cafés, ses restaurants et ses nombreux magasins. Dans South Main Street, près de la rivière, d'anciens magasins et entrepôts convertis en boutiques et en restaurants complètent le cachet historique de College Hill. Ce quartier accueille la **Brown University**.

★ First Baptist Church in America

75 North Main St. - ✆ 401 454 3418 - www.fbcia.org - ♿ - juin-sept. : lun.-vend. 10h-12h, 13h-15h, sam. 10h-13h, dim. visite guidée sur réserv. ; oct.-mai : lun.-vend. 10h-12h, 13h-15h - fermé j. fériés - contribution requise de 1 $.

C'est sur North Main St. que fut bâti le premier lieu de culte américain de l'Église baptiste, fondée en 1638 par Roger Williams. Construite en 1775 par Joseph Brown, l'église actuelle (située non loin du site du sanctuaire primitif), dresse sa superbe flèche à une hauteur de 56 m. À l'intérieur, remarquez les boiseries, les frontons à volutes, les urnes et les arcs peints dans des tons pastel vert et blanc. Les colonnes massives qui soutiennent les tribunes et la toiture, dirigent le regard vers le plafond sculpté.

Revenez sur vos pas, engagez-vous à gauche dans Waterman St., puis tournez immédiatement à droite dans Benefit St.

Benefit Street

Prenez le temps d'admirer l'ensemble harmonieux des nombreuses façades restaurées, alignées de part et d'autre de Benefit St. Plus d'une centaine d'entre elles présentent leur style colonial ou victorien aux passants qui empruntent les rues étroites et les allées pavées menant à la Rhode Island School of Design et à la Brown University.

Rhode Island School of Design

Bordée par Waterman St., Prospect St., Benefit St. et Thomas St. - ✆ 401 454 6100 - www.risd.edu.

Fondée au 19e s. pour former des artisans aux métiers des manufactures, la Risd (prononcez *Rizdi*) est une école renommée pour son enseignement

LA NAISSANCE DE PROVIDENCE

Banni de sa paroisse de Salem par la colonie du Massachusetts, **Roger Williams** prit la route du sud avec un groupe de disciples, et atteignit en juin 1636 les berges de la rivière Moshassuck (appelée Providence par la suite). Ayant décidé de s'y installer, ils achetèrent des terres aux Indiens narragansetts et baptisèrent leur nouvel établissement « Providence » pour remercier Dieu de sa divine providence qui, pensaient-ils, les avait conduits jusqu'à cet endroit. Williams déclara alors que cette nouvelle colonie serait un refuge pour toute personne recherchant la liberté de conscience.

À l'origine, Providence n'était qu'un ensemble de fermes s'étalant le long de la rivière, puis la ville s'orienta vers le commerce maritime et devint rapidement un centre commerçant. Farouchement défendue pendant la guerre d'Indépendance, car elle permettait d'approvisionner Boston, Providence fut un refuge pour les corsaires. Au lendemain de la guerre, la ville était devenue le premier port du Rhode Island. En 1787, **John Brown** expédia son premier navire vers la Chine. D'autres marchands lui emboîtèrent le pas et firent fortune dans le commerce avec ce pays.

À l'image du **Waterplace Park** *(à proximité d'Exchange St.)* qui accueille désormais des manifestations d'envergure, de grands projets urbains ont donné à la ville, ces dernières années, un nouveau souffle.

Le centre-ville compte quelques édifices remarquables, comme le **Fleet Building** *(Fulton St.)*, de style Art déco, et l'**Arcade**, bâtiment néoclassique de 1828 (en rénovation depuis 2008). Situé non loin de la State House, le **Providence Place Mall** abrite d'innombrables boutiques et restaurants, ainsi qu'un cinéma Imax. La célèbre **Trinity Repertory Company** donne ses représentations au Lederer Theater, de septembre à juin *(201 Washington St. - ℘ 401 351 4242 - www.trinityrep.com)*. Durant le **Waterfire**, rendez-vous incontournable de l'été, des feux de joie sont allumés après la tombée de la nuit le long des rivières bordant le Waterplace Park et le **Riverwalk** *(℘ 401 272 3111 - www.waterfire.org - jours et horaires disponibles par téléphone ou sur le site Internet)*.

dans les domaines du design, de l'architecture et des arts graphiques. Ses 2 200 étudiants ont la possibilité de travailler dans plusieurs types d'ateliers où ils apprennent notamment la sculpture, le stylisme, la création de tissus et le travail du bois et du métal.

★★ Museum of Art, Rhode Island School of Design

224 Benefit St. - ℘ 401 454 6500 - www.risd.edu - ♿ - mar.-dim. 10h-17h (nocturne jusqu'à 21h le 3e jeu. du mois, sf déc.) - fermé août et j. fériés - 10 $ (gratuit le 3e jeu. du mois après 17h et le dernier sam. du mois sf déc.).

Agréablement présenté, ce musée possède des collections liées à différentes civilisations : Égypte, Grèce, Rome, Asie, Europe, Afrique et Amérique. Si de nombreuses sections sont classées par ordre chronologique, elles n'hésitent cependant pas à traverser les frontières du temps pour mettre en lumière des parallèles entre l'art ancien et les tendances actuelles (sculpture, peinture, tissus).

Le 3e étage est consacré à l'art du 20e s., le 4e, aux expositions temporaires et le 5e à la sculpture médiévale, la peinture française et américaine du 19e s. et aux bronzes grecs. Au 6e niveau sont exposées des collections d'art primitif, égyptien et d'Extrême-Orient. Le **Buddha Dainichi** (Japon, 10ᵉ s.) domine l'une des galeries : il s'agit d'un bouddha en bois découvert en 1933 dans les combles d'une ferme.

Annexe du musée, l'élégante **Pendleton House** fut bâtie en 1906 pour abriter la **collection Charles Pendleton**, qui rassemble du mobilier et des arts décoratifs du 18ᵉ s., et de précieuses pièces d'orfèvrerie du 17ᵉ au 20ᵉ s.

Construite en 1933, l'aile Daphne Farago présente des expositions temporaires consacrées à l'art contemporain sous toutes ses formes.

Dans la cour du musée se trouvent plusieurs œuvres de sculpteurs contemporains, parmi lesquels George Rickey et Clement Meadmore.

Tournez à gauche dans College St.

★ Brown University

Bordée par George St., Prospect St., Water St. et Thayer St. - ℘ 401 863 1000 - www.brown.edu.

Septième université fondée aux États-Unis (1764), cette école appartenant à la prestigieuse Ivy League fut établie à Warren sous le nom de Rhode Island College. Elle fut rebaptisée en 1804 en l'honneur de son principal bienfaiteur, Nicholas Brown II.

Quelque 5 800 étudiants de 1ᵉʳ cycle et 1 800 étudiants de cycle supérieur vivent sur le campus de College Hill, qui couvre 57 ha et compte environ 245 bâtiments.

À l'entrée principale de la Brown University, dans Prospect St., les portes **Van Wickle** (**A**) ne sont ouvertes que deux fois l'an : vers l'intérieur le jour de l'entrée des nouveaux venus, et vers l'extérieur le jour de la remise des diplômes. Une fois les portes franchies *(à gauche se trouve une table d'orientation du campus)*, on peut voir les bâtiments les plus anciens : **University Hall** (1771), imposante construction de brique connue sous le nom de College Edifice et qui fut l'unique construction jusqu'en 1822 ; **Manning Hall** (1835), à gauche, avec ses quatre colonnes néoclassiques en granit, dans lequel se trouve la chapelle de l'université ; **Hope College** (1822), derrière, qui abrite les résidences.

De l'autre côté de Prospect St. se trouvent la **John Hay Library** (1910) et la **Rockefeller Library** (1964). La « Rock' » renferme les ouvrages de sciences humaines et sociales de l'université.

Continuez vers le sud sur Prospect St., et tournez à gauche dans George St., puis à droite dans Brown St.

Dans Brown St., on passe devant **Wriston Quadrangle** (1952) où logent quelque 1 000 étudiants.

Continuez vers le sud sur Brown St. jusqu'à Power St.

À l'angle de Brown St. et de Power St. se dresse la **Poynton Ives House** (n° 66), un bel exemple de l'architecture fédérale.

★★ John Brown House

52 Power St. - ℘ 401 273 7507 - www.rihs.org - visite guidée (45mn) de déb. avr. à mi-déc. : mar.-vend. 13h30 et 15h, sam. 10h30, 12h, 13h30 et 15h ; janv.-mars : vend.-sam. 10h30, 12h, 13h30 et 15h - fermé 4 juil. - 8 $.

Cette grande demeure de brique, construite en 1788 par Joseph Brown pour son frère John, a impressionné de nombreux visiteurs. John Quincy Adams (6ᵉ président des États-Unis) déclara après sa visite que « c'était la plus belle maison qu'il ait jamais vue sur ce continent ». La décoration intérieure (colonnes, cheminées, corniches, ornements de bois, stucs) forme un cadre élégant

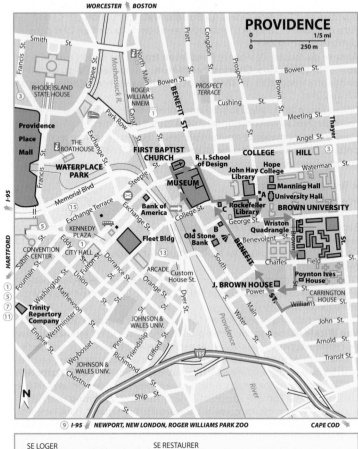

SE LOGER		SE RESTAURER			
Providence Biltmore	①	Blue Grotto	①	CAV	⑨
Renaissance Providence Hotel	③	Café Paragon	③	Mediterraneo Caffe	⑪
Westin Providence	⑤	Caffe Dolce Vita	⑤	Pot au Feu	⑬
		Camille's Roman Garden	⑦	Union Station Brewery	⑮

pour la superbe collection de meubles, dont la plus grande partie des pièces a appartenu à la famille Brown. Le **secrétaire** à 9 coquilles est l'un des plus beaux meubles américains de la période coloniale. Cette pièce unique est attribuée à John Goddard, ébéniste du Rhode Island.

Continuez vers le sud sur Benefit St., et tournez à gauche dans Williams St. Au n° 66 se trouve une autre demeure de style fédéral, Carrington House. Reprenez Benefit St. et poursuivez vers le nord.

Juste après Benevolent St., belle **vue** sur le dôme nervuré de l'**Old Stone Bank**. Un peu plus loin sur la gauche se trouve la silhouette rouge de la **Stephen Hopkins House** (n° 43) (**B**), ancienne demeure de Stephen Hopkins, signataire de la déclaration d'Indépendance et gouverneur du Rhode Island à dix reprises. Le style néoclassique est représenté plus loin par le **Providence Athenaeum** (**C**), édifié en 1838 par William Strickland. Edgar Allan Poe y aurait fait la cour à la poétesse Sarah Whitman, qui habitait Benefit St.

À voir aussi Plan de la ville

★ Trinity Repertory Company
201 Washington St. - ☎ 401 351 4242 - www.trinityrep.com.
Ce théâtre régional récompensé aux Tony Awards marie classiques et créations contemporaines. Programmé chaque hiver, *A Christmas Carol (Un chant de Noël)* est un rendez-vous très attendu de la fin de l'année.

Bank of America City Center Skating Rink
2 Kennedy Plaza - ☎ 401 331 5544 - www.providenceskating.com - de mi-nov. à mi-mars : lun.-vend. 10h-22h, w.-end 11h-22h - 6 $.
Deux fois plus grande que celle du Rockefeller Center à New York, une patinoire en plein air de 1 300 m², pour glisser et tournoyer entre les gratte-ciel !

Gallery Night
☎ 401 490 2042 - www.gallerynight.info - mars-nov. : 3e jeu. du mois.
Vingt galeries, musées et magasins d'art ouvrent leurs portes le troisième jeudi de chaque mois : au programme, concerts, boissons fraîches et célébrités locales ! Les transports sont gratuits.

LES FRÈRES BROWN
Ce nom, que l'on retrouve dans de nombreux domaines (industrie, culture, art, politique, affaires), est celui d'une des familles parmi les plus anciennes et les plus célèbres de Providence. À la fin du 18ᵉs., les quatre frères Brown furent les grands *leaders* de la ville. **John**, marchand prospère, fut l'un des meneurs de l'attaque du *Gaspee,* et le premier à envoyer un de ses bateaux en Chine. **Joseph**, l'architecte, conçut la Market House, l'église baptiste et la John Brown House. **Moses**, le quaker, fonda la Providence Bank et fut l'un des premiers promoteurs de l'industrie textile aux États-Unis. **Nicholas**, brillant homme d'affaires, développa une entreprise commerciale connue dans le monde entier. Les frères Brown jouèrent un rôle important pendant la guerre d'Indépendance.

À proximité Carte de la région

Slater Mill Historic Site B1
◐ *5 miles au nord-est de Providence par l'I-95, à Pawtucket. 67 Roosevelt Ave. - ☎ 401 725 8638 - mai-oct. : mar.-dim. 10h-16h ; mars-avr. : w.-end 11h-15h - 10 $.*
Ce site de 2 ha abrite le premier moulin à eau des États-Unis (1793). Le musée, avec ses employés en habits d'époque, restitue le passé de ce lieu considéré comme l'un des berceaux de la révolution industrielle américaine, classé National Historic Landmark (Monument historique) en 1966.

😊 NOS ADRESSES À PROVIDENCE

HÉBERGEMENT

BUDGET MOYEN

Providence Biltmore – *Kennedy Plaza* - ☎ *401 421 0700 ou 800 294 7709 - www.providencebiltmore. com - 289 ch. 129/239 $.* Récemment rénové, cet hôtel s'enorgueillit de posséder les chambres les plus spacieuses du Rhode Island : la majorité d'entre elles font plus de 55 m². Mais c'est surtout à son hall que le Biltmore doit sa célébrité : le plafond y est recouvert d'or tandis qu'au centre, un ascenseur en verre siège dans une cage de marbre ! Une véritable institution depuis 1922. Centre de fitness (24h/24), spa et luxueuse salle de réception au dernier étage.

POUR SE FAIRE PLAISIR

Westin Providence – *1 W. Exchange St. -* ☎ *401 598 8000 ou 800 937 8461 - www.westin. com - 564 ch. 165/320 $.* Des hôtels de chaîne, il est le plus élégant… et le moins difficile à localiser : ses tours de brique rouge surplombent les toits du centre-ville. On vient ici pour les chambres, joliment dépouillées, pour leurs vues sur Providence et pour les passerelles aériennes qui relient le Westin au Convention Center et au Providence Place Mall. Avis aux amateurs de shopping !

Renaissance Providence Hotel – *5 Avenue of the Arts -* ☎ *401 919 5000 ou 800 468 3571 - www. marriott.com - 272 ch. 219/249 $ -* ✗. Dans un immeuble néoclassique bâti pour abriter un temple maçonnique, un hôtel qui a de l'audace : couleurs vives, œuvres d'art et, dans le hall, de lourds rideaux donnant à la réception un air de scène de théâtre ! Original, plein d'idées, ce lieu est un

hommage vivant rendu à la fibre artistique de Providence. Centre de fitness et restaurant.

RESTAURATION

PREMIER PRIX

Union Station Brewery – *36 Exchange Terrace -* ♿ *-* ☎ *401 274 2739 - 11h30-23h.* Si vous hésitez, suivez le conseil des habitués : les calamars frits, le pain de viande aux pommes de terre à l'ail, le *chicken pot pie* ou encore les penne au gorgonzola figurent parmi leurs favoris ! Ouvert en 1993 dans une ancienne gare, ce chaleureux établissement fut la première microbrasserie de Providence.

BUDGET MOYEN

Café Paragon/Viva – *234 Thayer St. -* ☎ *401 331 6200 - www.paragonandviva. com -* ♿ *- lun.-jeu. 11h-1h, vend. 11h-2h, sam. 10h-2h, dim. 10h-14h.* Quels meilleurs guides, pour dénicher les tables bon marché d'une ville, que ses étudiants ? À Providence, celle-ci fait partie de leurs repaires : un café bistrot deux-en-un lumineux (Paragon) ou plus tamisé (Viva), comme vous voudrez. Carte simple et variée (sandwichs, pizzas, salades, burgers savoureux) enrichie le soir de plats plus élaborés (tilapia brésilien, filet mignon grillé au feu de bois, tapas fusion). Arriver tôt (ou tard) en été : la terrasse est prise d'assaut !

CAV – *14 Imperial Pl. -* ☎ *401 751 9164 - http://cavrestaurant.com - lun.-jeu. 11h30-22h, vend. 11h30-1h, sam. 10h-22h, dim. 10h30-22h. Coffee, Antiques and Vittles* (Café, Antiquités et Victuailles), ou CAV, trois lettres qui récapitulent ce drôle de lieu au décor éclectique, véritable invite au voyage. Parmi des maquettes de bateaux, des tapisseries d'Iran et autres perles rapportées du monde, on se laisse transporter par les expériences du chef : poulet aux poires ou filet de bœuf sauce framboise et coco.

Pot au Feu – *44 Custom House St. - ℘ 401 273 8953 - lun.-jeu. 11h30-14h, 17h30-21h, vend. 11h30-14h, 17h30-22h, sam. 17h30-22h.* Chef et animatrice TV, Julia Child avait dit de ce Pot au Feu qu'il était le restaurant (français) qui manquait à Cambridge, où elle vivait. Qu'elle fît référence aux classiques (carré d'agneau, tournedos Diane, entrecôte de veau), servis à l'étage, ou aux gastronomies régionales (bouillabaisse, bœuf bourguignon, pot-au-feu), proposées au rez-de-chaussée, ceux qui le connaissent la comprennent : ce bistro est une valeur sûre de Providence. Également des spécialités locales : coquilles St Jacques et homard en croûte.

Federal Hill

Surmontée d'une immense pomme de pin, symbole italien d'abondance, l'arche qui enjambe l'extrémité orientale d'**Atwells Avenue** (à l'ouest d'Empire St.) signale le quartier de Federal Hill et son avenue bordée de restaurants : bienvenue dans le Little Italy de Providence ! Les petits budgets trouveront de quoi combler leur faim au **Caffe Dolce Vita** (*59 DePasquale Plaza - ℘ 401 331 8240 - www. caffedolcevita.com*), où l'on vient aussi pour un simple dessert ou un expresso. Pour moins de 35 $, essayez le **Mediterraneo Caffe** (*134 Atwells Ave. - ℘ 401 331 7760 - www.mediterraneocaffe. com*), qui récolte les suffrages des jeunes avec sa carte Nouvelle Cuisine et son décor contemporain. Le **Blue Grotto** (*210 Atwells Ave. - ℘ 401 272 9030 - www.bluegrottorestaurant. com*), plus huppé, et le **Camille's Roman Garden** (*71 Bradford St. - ℘ 401 751 4812 - www. camillesonthehill.com*), toujours convivial, sont plus onéreux : comptez 40 $ le soir.

ACTIVITÉS

👥 Visitez avec vos enfants le **Roger Williams Park Zoo** (*℘ 401 785 3510 - www. rogerwilliamsparkzoo.org*) qui héberge, parmi ses 139 espèces et 1 000 animaux, la plus grande créature de la planète (la girafe masai), mais aussi la plus lourde (l'éléphant africain) et la plus rapide (le guépard), dans un environnement mis en valeur et respectueux de ses locataires. Ne manquez pas le Marco Polo Trail (Sentier de Marco Polo), qui retrace trois années de pérégrinations du marchand vénitien à travers l'Asie.

Pour les amateurs de sport, un passage au McCoy Field (Pawtucket) s'impose : c'est dans cette enceinte que jouent les PawSox à domicile (**Pawtucket Red Sox** – *℘ 401 724 7300 - www. pawsox.com*). Équipe de baseball de l'International League affiliée aux Red Sox de Boston, elle a fourni à ces derniers plusieurs grands joueurs évoluant désormais en Ligue majeure. Parmi eux, Nomar Garciaparra et Jon Papelbon.

EN SOIRÉE

Prestigieuse troupe théâtrale, la **Trinity Repertory Company** (*Lederer Theater – 201 Washington St. - ℘ 401 351 4242 - www.trinityrep.com*) présente des spectacles de septembre à juin.

Newport

23 523 hab.

🗓 **S'INFORMER**

Gateway Visitor Information Center : *23 America's Cup Ave. - ☎ 401 845 9123 ou 800 976 5122 - www.gonewport.com.* Plans, informations et documentation sur les hébergements, les activités et les manifestations à Newport et dans ses environs.

▶ **SE REPÉRER**

Carte de la région B2 *(p. 226) – carte Michelin 581 M 10-11.* L'île de Newport est reliée au continent par trois ponts et un service de ferries faisant la navette entre Newport et Jamestown/Providence.

🅿 **SE GARER**

Vous trouverez des parkings sur Church St. (à proximité de Thames St.), sur America's Cup Avenue, non loin du Commercial Wharf, et au Gateway Visitors Center.

🚫 **À NE PAS MANQUER**

Cliff Walk, un sentier de corniche long de 5,5 km (3,4 miles) surplombant l'Océan ; et la visite d'un ou deux mansions. Si vous avez le temps, admirez les vues depuis le Sachuest Point National Wildlife Refuge, et mesurez-vous aux adeptes de surf-fishing.

🕐 **ORGANISER SON TEMPS**

Une étape au Gateway Visitors Center vous aidera à élaborer votre programme.

👥 **AVEC LES ENFANTS**

De toutes les grandes propriétés de Newport, l'Astors' Beechwood Mansion est la plus amusante à visiter, avec ses acteurs jouant des personnages du 19e s.

Ancré sur une île au cœur de la baie de Narragansett, l'ancien port colonial, qui fut à la fin du 19e s. et au début du 20e s. le lieu de villégiature privilégié de la haute société américaine et des milliardaires de l'époque, est l'une des capitales mondiales de la voile, l'écrin du célèbre Newport Music Festival, et une véritable Mecque du tourisme. Son histoire et son architecture – les *mansions***, plus opulents les uns que les autres, offrent des vues spectaculaires sur l'Océan – en font une ville particulièrement attachante, tout comme la ronde des voiliers qui constellent son port en été.**

Se promener

★★★ LES MANSIONS

▶ Plan I *(p. 240).*

Les neuf manoirs administrés par la Preservation Society of Newport County (The Breakers, Marble House, Château-sur-Mer, Rosecliff, The Elms, Hunter House, Isaac Bell House, Kingscote et Chepstow) ne peuvent être visités qu'en compagnie d'un guide (1h

Ocean Drive vu d'avion.
Sime / Photononstop

chacun) - 📞 401 847 1000 - www.newportmansions.org - de mi-avr. à fin nov. : 10h-17h (dernier départ 16h) ; reste de l'année : horaires variables - les billets (forfaitaires : tarifs disponibles sur le site Internet ou par téléphone) peuvent être achetés dans les manoirs ou sur le site Internet ; possibilité de se procurer un billet combinant les manoirs et le Green Animals Topiary Garden (Portsmouth, RI, voir p. 248).

Célèbres dans le monde entier pour leurs dimensions colossales, leur magnificence, leur pompe démesurée, les splendides demeures de Bellevue Avenue et Ocean Drive, érigées au tournant du 20e s., comptent parmi les résidences privées les plus spectaculaires des États-Unis. L'évolution du style de ces manoirs s'amorce avec l'éclectisme de la période victorienne au milieu du 19e s., ce dont témoignent Kingscote (1839) et Château-sur-Mer (1852). Faisant montre d'un faste encore jamais exprimé dans l'architecture américaine, Marble House (1892), The Breakers (1895), The Elms (1901) et Rosecliff (1902) sont de soigneuses imitations de châteaux français et de palais italiens.

On peut voir plusieurs des somptueuses demeures de la ville en longeant **Bellevue Avenue★★★**, de Memorial Boulevard à Land's End au sud, où l'artère croise **Ocean Drive★★**. Cette dernière suit alors la côte jusqu'à l'extrémité sud-ouest de l'île *(10 miles)* où les **vues**, au coucher du soleil, sont splendides, surtout depuis **Brenton Point State Park**.

Sentier de 3,4 miles, le **Cliff Walk★★** parcourt la côte rocheuse qui sépare The Breakers, Rosecliff, Marble House et la Salve Regina University *(Ochre Point Ave.)* de la mer. Au 19e s., les propriétaires de ces grands domaines essayèrent de faire fermer le chemin, mais les pêcheurs protestèrent, et l'État trancha en faveur des « travailleurs de la mer » : le chemin est resté une voie publique. Cliff Walk relie Memorial Boulevard *(près d'Easton Beach)* et Bailey's Beach *(plage privée)*, que l'on peut aussi rejoindre par les Forty Steps *(à l'extrémité de Narragansett Ave.)*.

★ Kingscote

253 Bellevue Ave. - de déb. mai à déb. oct. : 10h-17h - 12 $.

Conçu en 1839, Kingscote occupe une place de transition dans l'histoire de l'architecture américaine. C'est en effet l'un des premiers exemples de néo-

Un peu d'histoire…

UN HAVRE DE TOLÉRANCE

En 1639, suite à un différent l'ayant opposé à Anne Hutchinson, **William Coddington** emmena un groupe de disciples dans le sud de l'île Aquidneck et fonda Newport sur la rive d'une vaste baie protégée. D'autres minorités religieuses – quakers, baptistes et juifs – ne tardèrent pas à les rejoindre, les colonies du Rhode Island étant réputées pour leur tolérance religieuse. Hommes d'affaires talentueux et ne rechignant pas à la tâche, les premiers habitants permirent à la ville de connaître un essor rapide. Lorsque la guerre d'Indépendance fut déclarée, Newport essuya pourtant un revers de fortune. Les Anglais occupèrent le port de 1776 à 1779. Contraints de loger la soldatesque ennemie, les habitants subissaient en outre des pillages et des incendies criminels. À la suite de la défaite britannique, les troupes françaises, alliées des Américains, occupèrent la cité, dans laquelle eurent lieu les entretiens entre le général Washington et le comte Jean-Baptiste de Rochambeau.

À la fin de la guerre, Newport n'était plus qu'un amas de ruines. La plupart des armateurs ayant fui à Providence *(voir p. 228)*, la colonie ne retrouva jamais sa splendeur commerciale.

LA VILLÉGIATURE ESTIVALE DES MILLIARDAIRES

Dans les années qui précédèrent la guerre d'Indépendance, les riches planteurs de Georgie et de Caroline du Nord et du Sud quittaient la chaleur des étés sudistes pour se reposer au bon air de Newport. À partir du milieu du 19e s., l'ouverture de la ligne de vapeurs entre New York et Newport amena chaque année un nombre croissant de visiteurs. Après la guerre de Sécession, les familles les plus fortunées des États-Unis, les Astor, les Belmont, les Vanderbilt, vinrent y séjourner l'été. Impressionnées par la magnificence des palais et des châteaux qu'elles avaient admirés en visitant l'Europe, elles s'offrirent les services des meilleurs architectes d'Amérique pour dessiner les *mansions* (manoirs) qui embellissent Ocean Drive et Bellevue Avenue.

En été, Newport devenait le théâtre de réceptions d'un luxe inégalé. Un grand besoin de distractions sortant de l'ordinaire conduisit à certaines excentricités telles que ce dîner au champagne et au caviar offert par Harry Lehr à ses amis et leurs animaux de compagnie, où maîtres et invités à quatre pattes furent servis à la même table pour déguster en chœur du foie de veau et de la fricassée d'os. Mesdames Astor, Belmont et Oelrichs et autres dames patronnesses de la haute société présidaient à ces soirées et ces bals fabuleux, et Mme Oelrichs eut un jour l'idée de faire disposer sur l'Océan une flotte de maquettes de bateaux grandeur nature afin de lui donner l'apparence d'un port…

Séduits par les dernières inventions à la mode, les riches résidents de Newport inaugurèrent les premières voitures, firent goudronner les premières routes, embellirent le port de yachts princiers taillés dans l'acajou et garnis de cuivre, et introduisirent les régates à Newport. Cette époque prit fin avec la Première Guerre mondiale.

NEWPORT AUJOURD'HUI

La ville a l'avantage d'offrir un éventail des styles architecturaux élégants qu'ont connu les États-Unis entre le 17e et le 19e s. Le style colonial est fortement présent, de la simple et austère Quaker Meetinghouse à la Trinity Church qui s'inspira des travaux de Christopher Wren. Plus de 100 habitations ont été restaurées dans les quartiers de **Easton's Point** *(situé au nord de Bridge St. et à l'ouest de Farewell St.)* et de **Historic Hill** (non loin duquel se trouve Trinity Church : *voir p. 246*). La plupart des maisons de « The Point », comme l'appellent les Newportais, datent du 18e s., époque à laquelle le quartier vivait allègrement des revenus de ses activités commerciales.

Newport encourage et finance de nombreux événements musicaux, dont le **Newport Music Festival**, qui propose une série de concerts donnés, en juillet, dans les grandes demeures de la ville (Rosecliff, Marble House, Beechwood, The Elms et The Breakers). Né en 1954, le **JVC Jazz Festival** fut déplacé à New York durant les années 1970 avant de revenir à Newport. Les concerts, où se succèdent les plus grands noms du jazz, ont lieu dans le spectaculaire Fort Adams State Park, au mois d'août. Il est précédé, sur le même site, du **Newport Folk Festival**, animé d'une tout autre foule !

LA PASSION DES SPORTS

Plusieurs sports doivent leur succès et leur développement à la haute société de Newport, dont les passe-temps favoris étaient le golf, le tennis et la voile. En 1881, le premier championnat de tennis américain eut lieu sur les terrains du casino de Newport. Des tournois annuels, dont les **championnats sur gazon de l'International Tennis Hall of Fame** *(début juillet)*, s'y déroulent toujours. Le premier championnat amateur de golf des États-Unis eut lieu à Newport en 1894 sur un parcours de 9 trous créé à Brenton Point pour 400 membres du gratin new-yorkais et newportais.

Néanmoins, c'est au domaine de la voile, plus particulièrement du yachting, que Newport doit sa renommée internationale. Vers la fin du 19e s., plusieurs clubs de yachting s'établirent à Newport, et de 1930 à 1983, la ville accueillit les fameuses régates de l'**America's Cup** (Coupe de l'America). Cette compétition internationale entre les bateaux les plus sophistiqués du monde débuta en 1851 quand le New York Yacht Club fit traverser l'Atlantique à sa goélette *America* pour défier les Britanniques dans la prestigieuse Hundred Guineas Cup. L'*America* remporta les régates et rentra en Amérique avec cette coupe en argent qui porte depuis le nom de Coupe de l'America. Newport voit aussi le départ de la **Newport-Bermuda Race**, course bisannuelle de 1 100 km (682 miles), et est la destination de la **Traversée de l'Atlantique en solitaire**, qui part de Plymouth en Angleterre.

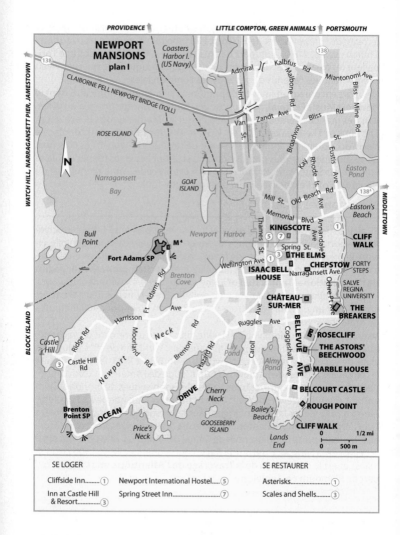

NEWPORT MANSIONS plan I

Coasters Harbor I. (US Navy)

Admiral

Kalbfus Rd

Malbone Rd

Miantonomi Ave

Bliss Mine Rd

138

CLAIBORNE PELL NEWPORT BRIDGE (TOLL)

Van Zandt Ave

Third St.

Broadway

Bliss Rd

Key

Rhode Is. Ave

Eustis Ave

St.

ROSE ISLAND

Narragansett Bay

GOAT ISLAND

Mill St.

Old Beach Rd

Easton Pond

138^A

MIDDLETOWN

Easton's Beach

Memorial Blvd

Thames St.

KINGSCOTE

Annandale Ave

Newport Harbor

⑤ ⑦

CLIFF WALK

Bull Point

M⁴

Fort Adams SP

Spring St.

③ **THE ELMS**

Wellington Ave

ISAAC BELL HOUSE

Narragansett Ave.

CHEPSTOW

FORTY STEPS

SALVE REGINA UNIVERSITY

Brenton Cove

Ft. Adams Rd

Neck

Harrisson

Ave

CHÂTEAU-SUR-MER

Ochre Pt. Ave

THE BREAKERS

Ridge Rd

Moorland Rd

Brenton Rd

Hazard Rd

Ruggles Ave

Coggeshall Ave

BELLEVUE AVE

ROSECLIFF

Castle Hill

Castle Hill Rd

③

Newport

DRIVE

Lily Pond

Caroll

Almy Pond

THE ASTORS' BEECHWOOD

MARBLE HOUSE

OCEAN

Brenton Point SP

Price's Neck

Cherry Neck

GOOSEBERRY ISLAND

Bailey's Beach

BELCOURT CASTLE

ROUGH POINT

Lands End

CLIFF WALK

0   1/2 mi
0   500 m

WATCH HILL, NARRAGANSETT PIER, JAMESTOWN

BLOCK ISLAND

N

SE LOGER		SE RESTAURER	
Cliffside Inn..........①	Newport International Hostel.....⑤	Asterisks.....................①	
Inn at Castle Hill & Resort.............③	Spring Street Inn.............................⑦	Scales and Shells.........③	

gothique appliqué à une habitation privée construite en bois. Sa silhouette irrégulière tout en pignons, voûtes et gouttières constitue un contraste saisissant avec les constructions antérieures, symétriques et uniformes.

Cette résidence fut bâtie pour un planteur sudiste, **George Noble Jones**, puis fut vendue dans les années 1860 à **William H. King**, auquel Kingscote (de King's Cottage) doit son nom. L'intérieur est très victorien, avec ses vitraux de Tiffany, son mobilier massif et ses pièces sombres. Il recèle une belle collection de peintures orientales, de tapis et de porcelaine.

★★ The Elms

367 Bellevue Ave. - &. - de mi-avr. à fin déc. : 10h-17h ; reste de l'année : appeler ou consulter le site Internet - 12 $.

C'est au cours de la seconde moitié du 19ᵉ s. que **Edward Julius Berwind**, fils d'immigrants allemands, devint le roi des charbonnages américains. En 1899, riche et puissant, il commanda à **Horace Trumbauer** une résidence qui pût rivaliser avec celles des millionnaires déjà établis à Newport, qui le considéraient comme un parvenu et un intrus.

S'inspirant du château d'Asnières (18e s.) près de Paris, Trumbauer conçut « Les Ormes », vaste demeure aux allures de gentilhommière, à l'intérieur grandiose. En août 1901, le bal donné pour son inauguration fut le clou de la saison. D'innombrables variétés de plantes exotiques furent commandées pour décorer la propriété, et des singes furent lâchés dans le parc.

Intérieur – Les proportions gigantesques des pièces, notamment du hall et de la **salle de bal** (Ballroom), sont très impressionnantes. Malgré ses dimensions, cette pièce reste accueillante grâce à sa luminosité, à son décor mesuré et à l'arrondi de ses angles. Le style classique français règne ici en maître : le **jardin d'hiver** (Conservatory) fut conçu pour abriter des plantes tropicales ; le **salon de réception** (Drawing Room) est de style Louis XVI ; les stucs et les belles boiseries de la salle de bal évoquent l'aube du style Louis XV. La **salle du petit-déjeuner** (Breakfast Room) est ornée de quatre panneaux en laque noir et or dont trois datent de la période K'ang Hsi (17e s.).

★ Isaac Bell House

À l'angle de Bellevue Ave. et de Perry St. - de fin juin à Labor Day : tlj 10h-17h ; de déb. mai à fin juin et de Labor Day à déb. oct. : w.-end 10h-17h - 12 $.

Quand le riche négociant new-yorkais Isaac Bell se retira des affaires et prit sa retraite à Newport, à l'âge de 31 ans, il fit appel à la nouvelle agence d'architectes McKim, Mead and White pour concevoir sa résidence sur Bellevue Avenue. Tout en brique et bardeaux, la demeure, achevée en 1883, illustre à merveille le style Shingle, avec sa façade à pignons et sa tourelle ajourée. L'intérieur est décoré de beaux lambris de chêne (salle de séjour), de revêtements de rotin (salle à manger) et de larges fenêtres à guillotines permettant aux invités et visiteurs de passer du salon de réception (Drawing Room) aux loggias de la tourelle.

★ Chepstow

120 Narragansett Ave. - visite sur réserv. de fin juin à Labor Day : tlj 10h-17h - 12 $.

Construit en 1860 pour le Hollandais Edmund Schermerhorn par l'architecte newportais George C. Mason, cette demeure cossue aux airs de villa italienne passa, en 1911, entre les mains de la famille Gallatin, qui renomma la maison d'après un château gallois. Les salles témoignent de l'hétérogénéité du style victorien, particulièrement mis en valeur par le dernier propriétaire du site : œuvres de Fitz Henry Lane et de peintres de l'Hudson River School, meubles et objets des 17e et 18e s.

★ Château-sur-Mer

474 Bellevue Ave. - de mi-avr. à mi-nov. : 10h-17h - 12 $.

Ce château de bord de mer à la silhouette un peu massive et asymétrique fut construit en 1852, dans le style Second Empire, pour **William S. Wetmore** qui avait fait fortune dans le commerce avec la Chine. Déjà très vaste et luxueux pour l'époque, il fut agrandi en 1872 par Richard Morris Hunt. En 1877, on déclarait à qui voulait l'entendre que Château-sur-Mer était « la plus imposante et la plus chère des résidences de Newport ».

Intérieur – Le hall, aux boiseries de chêne fortement ouvragées, est éclairé par une verrière zénithale colorée installée à 14 m du sol. Des moulures et des ornements en stuc embellissent la salle de bal. La cage d'escalier, éclairée par les vitraux des fenêtres, est recouverte de toiles peintes imitant les verdures des tapisseries.

★★★ The Breakers

44 Ochre Point Ave. - ♿ - de mi-avr. à fin déc. : 9h-17h ; reste de l'année : à partir de 10h - 18 $.

En 1885, **Cornelius Vanderbilt II**, petit-fils du « Commodore » qui avait fait fortune dans la marine à vapeur et le chemin de fer, acheta le terrain de Ochre Point et chargea **Richard Morris Hunt** d'y bâtir une résidence d'été. Cette opulente demeure de 70 pièces, achevée en 1895, se voulait le reflet de la fortune des Vanderbilt, par sa référence aux palais de la Renaissance italienne (arcades, colonnes cannelées et corniches) et par l'utilisation de pierres, de marbres et d'albâtres provenant de France et d'Italie. À l'intérieur, « Les Brisants » marie marbres précieux, ornements de bois, plâtres dorés, mosaïques et plafonds peints.

Intérieur – La **grande salle** (Great Hall), haute de plus de deux étages, est une véritable débauche de colonnes et de pilastres, de plaques de marbre et de corniches ouvragées. Le grand salon ou salon de musique (Music Room) présente un plafond à caissons peint d'allégories de la Musique, de l'Harmonie, du Chant et de la Mélodie. Les angles du **petit salon** (Morning Room, soit la « salle du matin ») abritent chacun un panneau représentant les muses, peint à l'huile sur feuille d'argent. Cette pièce ouvre sur une loggia où l'on peut voir une belle mosaïque italienne. La pièce la plus impressionnante est la **salle à manger** (Dining Room) de 220 m² éclairée par deux lustres Baccarat hauts de 3,50 m, où les Vanderbilt recevaient leurs invités dans un luxueux décor d'albâtre rouge, de bronzes et de dorures.

★★ Rosecliff

548 Bellevue Ave. - ♿ - de mi-avr. à fin déc. : 10h-17h - 12 $.

En 1891, **Theresa Oelrichs**, fille d'un richissime immigrant irlandais qui avait découvert des mines d'or dans le Nevada, acheta le domaine de Rosecliff, ainsi nommé pour sa roseraie. Trouvant la maison trop modeste à son goût, elle chargea **Stanford White** d'en concevoir une plus sophistiquée. Ce dernier lui proposa de bâtir une élégante imitation du Grand Trianon de Versailles.

Mme Oelrichs était une des hôtesses les plus recherchées de la haute société. Ses splendides réceptions furent mémorables ; on se souvint longtemps du bal de la Mère l'Oye qui vit chaque invité déguisé en un personnage de contes de fées. Conçue principalement pour y organiser des réceptions, Rosecliff possède la plus grande **salle de bal** de Newport (24 m sur 12 m) ; encore les fenêtres ouvrent-elles sur des terrasses qui prolongent la salle. Des scènes de *Gatsby le Magnifique* y furent tournées en 1974.

★★★ Marble House

596 Bellevue Ave. - ♿ - de mi-avr. à fin déc. : 10h-17h ; reste de l'année : appeler ou consulter le site Internet - 12 $.

Construite par **Richard Morris Hunt** pour le millionnaire **William K. Vanderbilt**, la Marble House évoque, avec sa façade à colonnes corinthiennes, le Petit Trianon de Versailles. L'une des soirées les plus éblouissantes qui s'y tinrent fut le premier bal de Consuelo Vanderbilt, qui s'enferma dans sa chambre après son entrée dans le monde pour protester contre son mariage arrangé avec le 9e duc de Marlborough. Le mariage eut néanmoins lieu peu de temps après, en 1895.

Intérieur – Par son faste, l'intérieur répond à ce que l'extérieur laisse présager. Des tapisseries des Gobelins décorent l'immense hall revêtu de marbre jaune de Sienne. La **salle de bal** (Gold Ballroom) est la plus richement décorée de Newport : lambris dorés à la feuille, pilastres, marbres, miroirs et lustres en cristal en font une salle très lumineuse. L'atmosphère recueillie de la **salle gothique** (Gothic Room) offre un contraste brutal. La collection médiévale des Vanderbilt y est exposée. La **salle à manger** (Dining Room) est somptueuse avec son marbre rose d'Algérie. Lourdes de quelque 35 kg, les chaises Louis XIV en bronze obligeaient le maître des lieux à prévoir un valet de pied par invité pour manœuvrer la chaise lorsque celui-ci voulait s'asseoir ou quitter la table. La visite continue par la **cuisine** (Kitchen), vaste pièce qui ne manque pas de cachet avec sa cuisinière large de plus de 7 m, ses compartiments à glace encastrés et ses casseroles à monogramme.

★★ Hunter House
54 Washington St., dans le quartier d'Easton's Point (voir p. 247).

AUTRES MANSIONS

◯ *Voir le plan I de la ville (p. 240). Les manoirs décrits ci-dessous ne dépendent pas de la Preservation Society of Newport County. Ils sont privés et ouvrent donc leurs portes aux visiteurs selon des conditions qui leur sont propres.*

★★ The Astors' Beechwood Mansion
580 Bellevue Ave. - ℘ 401 846 3772 - www.astorsbeechwood.com - visite guidée (45mn) tlj 10h-16h (de nov. à mi-mai : jeu.-dim. uniquement) - les horaires peuvent varier en fonction d'événements organisés sur place - 15 $.

👥 La visite de cette villa de style méditerranéen, acquise en 1880 par **William** et **Caroline Astor**, est très différente de celles proposées par ses luxueuses voisines. En effet, une fois le seuil franchi, les visiteurs sont accueillis par un majordome. Transportés dans les années 1890, ils seront accompagnés par des domestiques et des invités joués par les membres d'une troupe de théâtre. Beechwood doit sa célébrité à Caroline Astor, « La » *(The)* Madame Astor, comme elle tenait à être appelée. Son mari était le petit-fils de John Jacob Astor. Mme Astor était la grande dame de la haute société de New York et de Newport. Sa liste des « 400 » fut célèbre : elle correspondait au nombre de personnes, triées sur le volet, que pouvait accueillir sa salle de bal.

Une copie du portrait de Mme Astor par Duran est accrochée dans le vestibule. Parmi les pièces ouvertes au public, la **salle de bal**, baignée de lumière grâce à ses 800 miroirs, est décorée de dorures et de plâtres.

★ Belcourt Castle
657 Bellevue Ave. - ℘ 401 846 0669 - www.belcourtcastle.com - juin-oct. : tlj 10h-16h (à partir de 11h en juin, 12h en oct.) ; reste de l'année : consulter le site Internet ou téléphoner - visite guidée (1h) - visite « Fantômes » (ghost tours) à 17h, « Champagne aux bougies » (champagne candlelight) à 18h : jours disponibles sur le site Internet - fermé janv., Thanksgiving Day (4ᵉ jeu. de nov.) et 25 déc. - 15 $.

Richard Morris Hunt s'inspira d'un pavillon de chasse Louis XIII pour concevoir ce château construit en 1896 pour **Oliver Hazard Perry Belmont**, célibataire de 35 ans qui épousa en 1898 Alva Smith Vanderbilt, ex-femme de William K. Vanderbilt. C'est elle qui se chargea de redécorer la maison, après son installation avec O.H.P. Belmont. Depuis 1959, cette demeure est la propriété de la famille Tinney. Elle renferme une remarquable **collection** de mobilier et d'arts décoratifs européens.

La décoration intérieure s'inspire de différents styles français, italien et anglais. La gigantesque **salle de banquet**, décorée d'opulentes tapisseries rouges et de vitraux, peut facilement accueillir 250 convives. Du plafond pend un énorme lustre en cristal qui ornait jadis un palais de St-Pétersbourg.

Au 1er étage, la salle à manger familiale, de forme ovale, offre une belle vue sur l'Océan. La spacieuse **salle de bal** néogothique contient des vitraux du 13e s. venus de France, des tapisseries, des tapis d'Orient, et une énorme cheminée en forme de château fort. Sa hauteur de plafond (20 m) lui offre une excellente accoustique : à l'âge d'or du manoir, des orchestres avaient l'habitude de s'y produire.

★★ Rough Point

680 Bellevue Ave. - ℘ 401 847 8344 - www.newportrestoration.org - ♿ - visite guidée (1h) de déb. mai à déb. nov. : mar.-sam. 9h45-15h45 ; de déb. avr. à déb. mai : jeu.-sam. 10h-14h - réserv. recommandée - 25 $.

La « pointe rocheuse » qu'il occupe a donné son nom à Rough Point, un cottage néogothique bâti en 1891 pour Frederick W. Vanderbilt (petit-fils du Commodore) sur un terrain aménagé par l'architecte-paysagiste Frederick Law Olmsted. En 1922, James B. Duke, fondateur de la compagnie Duke Power (aujourd'hui Duke Energy), qui avait fait fortune dans le tabac, acheta la demeure. Après sa mort en 1925, son unique enfant, Doris, en fut l'héritière. Durant 68 ans, elle compléta la collection d'art et d'antiquités initiée par son père, achetant du mobilier européen et des portraits du 16e au 18e s. À sa disparition en 1993, l'ensemble fut légué à la Newport Restoration Foundation, qu'elle-même avait fondée.

Intérieur – Vaste de 3 700 m², l'intérieur (laissé tel quel depuis 1993) témoigne de la délicatesse de goût de Doris Duke.

Parmi ses précieux ornements, la **grande salle** (Great Hall) recèle des tapisseries de Bruxelles du 16e s., des portraits du 17e s. peints par Van Dyck et Ferdinand Bol (un élève de Rembrandt) et du mobilier de la dynastie Ming. Servant de salon de réception, l'élégante **salle Jaune** (Yellow Room) est habillée de meubles Louis XVI, dont certains sont encore cousus d'étoffes d'origine. Avec ses lustres de cristal et ses papiers peints chinois du 18e s. réalisés à la main, le **salon de musique** (Music Room) était la pièce favorite de Duke, qui venait, des heures durant, jouer sur son piano Steinway. Sa **chambre**, à l'étage, abrite de superbes meubles nacrés.

★★ LE NEWPORT HISTORIQUE

▶ *Circuit tracé en vert sur le plan II de la ville (p. 246) – comptez 4h.*

Newport a conservé un nombre exceptionnel de bâtiments de style colonial, constituant ainsi l'un des plus précieux trésors architecturaux du pays. L'itinéraire proposé ci-dessous permet d'en découvrir une sélection.

À partir du Gateway Visitors Center, dirigez-vous vers le sud sur America's Cup Avenue et tournez à gauche dans Marlborough St. Engagez-vous à droite dans Thames St. et gagnez le Brick Market.

★ Brick Market

127 Thames St.

Avec ses arcades au rez-de-chaussée, que surmonte un ordre de pilastres massifs, ce bâtiment de trois étages (1762) constitue l'un des plus beaux exemples de l'influence du style palladien sur l'architecture georgienne. Brick Market était le centre commerçant de Newport ; le rez-de-chaussée était occupé par le marché, les étages étant réservés aux bureaux et aux entrepôts.

Museum of Newport History (M¹) – ☏ *401 841 8770 - www.newporthistorical. org - mar.-dim. 10h-17h - 4 $.* Occupant deux étages du bâtiment, il présente une exposition relatant la vie quotidienne des premiers colons, le commerce maritime et l'histoire navale de la ville.

★ Old Colony House

Washington Sq. - ☏ 401 846 2980.

Ce bâtiment, conçu par **Richard Munday**, fut le siège du gouvernement colonial du Rhode Island jusqu'au début du 19ᵉ s. En 1781, le général Washington et le comte de Rochambeau, commandant des troupes françaises, s'y rencontrèrent pour décider du plan de la bataille de Yorktown.

L'intérieur comprend du mobilier de Goddard et Townsend, ainsi qu'un portrait en pied de George Washington par Gilbert Stuart.

Tournez à gauche dans Farewell St. pour gagner Marlborough St.

Friends Meeting House

Marlborough St. - ☏ 401 841 8770 - www.newporthistorical.org - visite guidée (45mn) - juin-août : jeu.-sam. 11h-14h30 - 5 $.

À la fin du 17ᵉ s., Newport comprenait une importante communauté de quakers. Ce lieu de culte et de rencontre, édifié en 1699 par la Society of Friends (la Société des Amis, nom que se donnaient les quakers) et agrandi à mesure que le groupe s'accroissait, devint le centre régional des quakers de la Nouvelle-Angleterre. L'architecture du bâtiment est intéressante pour ses panneaux actionnés par un système de poulies, ses piliers de pierre, évitant au rez-de-chaussée de reposer directement sur le sol, et sa remarquable voûte.

Regagnez Broadway et tournez à gauche.

Wanton-Lyman-Hazard House

17 Broadway - ☏ 401 841 8770 - www.newporthistorical.org - visite guidée (45mn) - juin-août : jeu.-sam. 11h-14h30 - 5 $.

Avant l'Indépendance, cette maison (1675) appartenait à Martin Howard, un percepteur que sa charge et sa fidélité à la Couronne rendaient impopulaire. Pendant les émeutes du Stamp Act (loi sur le droit de timbre), il dut s'enfuir de Newport pendant que les révoltés pillaient sa maison. S'estimant heureux d'en avoir réchappé, il finit par s'installer en Angleterre et ne revit jamais Newport. En 1765, le quaker John Wanton, marchand de sa profession, acheta la propriété, qui demeura entre les mains de sa famille jusqu'en 1911. Les pièces sont décorées de meubles de la fin du 17ᵉ s. et du début du 18ᵉ s.

Contournez la maison et gagnez Spring St. Tournez à droite, puis à gauche dans Touro St.

★★ Touro Synagogue

82 Touro St. - ☏ 401 847 4794 - www.tourosynagogue.org - visite guidée (20mn) uniquement - juil. : dim.-vend. 10h-14h ; de déb. août à Labor Day (1ᵉʳ lun. de sept.) : dim.-vend. 10h-16h ; mai-juin et de Labor Day à fin oct : dim.-vend. 12h-14h ; reste de l'année : sur réserv. - fermé j. fériés et congés juifs - 5 $.

Les premiers immigrants juifs arrivèrent des Antilles en 1658. Cependant, il leur fallut plus d'un siècle pour parvenir à édifier une synagogue, à l'instigation de leur chef Isaac de Touro (en 1763). Ce fut l'une des premières sur le sol des États-Unis.

Conçu par l'architecte **Peter Harrison**, le bâtiment marie avec bonheur le style georgien et la tradition juive séfarade. Situé dans une rue paisible, d'aspect sévère, il est placé de telle sorte que son mur est soit orienté vers Jérusalem. L'intérieur est orné de boiseries, de balustrades et de colonnes sculptées.

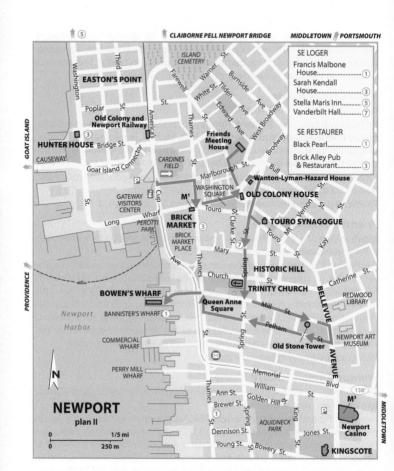

Retournez dans Spring St. et tournez à gauche.

★ Trinity Church

Queen Anne Sq. - ☎ 401 846 0660 - www.trinitynewport.org - ♿ - juil.-août : tlj 10h-16h ; de mi-juin à déb. juil. et de sept. à mi-oct. : lun.-vend. 10h-16h ; de déb. mai à mi-juin et de mi-oct. à fin oct. : lun.-vend. 10h-13h - 2 $.

Dominant **Queen Anne Square**, cette église blanche (1726) est surmontée d'une grande flèche de style colonial. À l'intérieur, la chaire à trois niveaux est le seul modèle de ce type subsistant aux États-Unis. Deux vitraux de Tiffany embellissent le mur gauche de la nef. L'un d'entre eux est dédié à la mémoire de Cornelius Vanderbilt, que l'on reconnaîtrait dans le personnage.

Poursuivez vers le sud sur Spring St. et tournez à gauche dans Mill St.

Old Stone Tower

Surnommé la Tour Mystérieuse en raison des différentes légendes qui entourent sa construction, cet édifice de pierre a été attribué aux Vikings, aux Portugais, aux Indiens, et aux Irlandais. Une hypothèse moins romantique, mais plus réaliste, laisse entendre que la tour serait un vestige d'une filature du 17e s.

Poursuivez sur Bellevue Ave., tournez à droite dans Pelham St., bordée de bâtiments de style colonial, prenez Thames St. à droite, puis Mill St. à gauche. Gagnez le front de mer.

★ Bowen's Wharf

Sur les quais, d'anciens entrepôts ont été transformés en restaurants avec terrasses. Des boutiques et des ateliers d'artisans animent ce site à proximité des bassins.

À voir aussi Plans I et II de la ville

★★ Hunter House Plan I

54 Washington St. - ℘ 401 847 1000 - www.newportmansions.org - visite guidée (45mn) - de fin juin à déb. sept. : tlj 10h30-16h30 ; mai-juin et de déb. sept. à mi-oct. : les w.-ends uniquement - 25 $.

Cette élégante maison, construite en 1748 par un riche marchand, fut achetée par un ambassadeur, William Hunter. Elle servit ensuite de résidence à deux gouverneurs avant d'abriter le quartier général de l'amiral Charles de Ternay, commandant de la flotte française pendant la guerre d'Indépendance. C'est un très bel exemple du style colonial du 18e s. L'ananas sculpté au centre du fronton surmontant la porte symbolise l'hospitalité. Cet usage remonte à la période coloniale : lorsqu'un capitaine revenait d'un voyage au long cours, il plaçait un ananas au pas de sa porte pour annoncer qu'il était arrivé sain et sauf, puis il invitait chacun à venir prendre un rafraîchissement dans la maison.

Old Colony and Newport Railway Plan I

19 America's Cup Ave. - ℘ 401 624 6951 - www.ocnrr.com - départs tte l'année : dim. 11h45 et 13h45 - 7,50 $.

👪 En service depuis le 19e s., cette ligne connut sa plus grande activité en 1913, lorsque 24 trains quotidiens, dont le *Dandy Express* venant de Boston, arrivaient ou partaient de Newport.

Aujourd'hui, le train circule sur la rive orientale de la baie de Narragansett, traverse une base de l'US Navy (où sont notamment amarrés deux porte-avions), et offre de belles vues sur les plaisanciers du port de Newport.

International Tennis Hall of Fame M³ Plan I

194 Bellevue Ave. - ℘ 401 849 3990 ou 800 457 1144 - www.tennisfame.com - tlj 9h30-17h - fermé Thanksgiving Day et 25 déc. - 10 $.

Dans le complexe historique de Newport Casino sont exposés plus de 15 000 objets relatifs à l'histoire du tennis, constituant l'une des plus vastes collections du pays. Parmi les trophées figure la coupe en argent remportée par le Bostonien Richard Sears, premier champion des États-Unis.

Fort Adams State Park Plan II

Fort Adams Road, accès par Harrison Ave. - ℘ 401 841 0707 - www.fortadams. org - &. - parc : ouvert tte l'année de l'aube au crépuscule ; Fort Adams : visite guidée (45mn) de Memorial Day à Columbus Day : 10h-16h - 10 $.

Fort Adams, construit en granit du Maine transporté par goélette, avait pour mission de défendre l'entrée de la baie de Narragansett. Il abrita ensuite un poste de commandement des batteries côtières du nord-est. Jusqu'en 1945, il fut au cœur du système de défense de la baie et du détroit de Long Island. Aujourd'hui, le fort et son terrain servent de cadre au **JVC Jazz Festival** et au **Newport Folk Festival** *(en août)*. Depuis les routes qui traversent le parc, on a une belle **vue★★** sur le port, la ville et le Newport Bridge.

Museum of Yachting (M⁴) Plan II

♪ 401 847 1018 - www.moy.org - de mi-mai à mi-oct. : merc.-lun. 10h-18h ; reste de l'année : sur réserv. - 5 $.

Ce petit musée expose des petits bateaux et relate l'histoire du yachting à Newport. On y projette des films sur les yachts de 12 m et le *Courageous*, qui remporta la Coupe de l'America à deux reprises est au mouillage devant le bâtiment *(montée à bord non autorisée)*.

À proximité Carte de la région

Jamestown B2

3 miles à l'ouest de Newport, sur l'île Conanicut, dans la baie de Narragansett, via le Newport Bridge (pont à péage).

Au centre de l'île se trouve le **Jamestown Windmill**, un moulin à vent de 1787 *(380 North Main Rd - ♪ 401 423 1798 - de mi-juin à Labor Day : w.-end 13h-16h)*. Depuis le phare, **Beaver Tail Lighthouse** *(au bout de Beaver Tail Rd)*, le regard porte sur la côte sud de l'île. De **Fort Wetherhill** *(non loin de la Route 138 et de Walcott Ave.)*, dont les remparts ont été dressés sur un rocher de granit haut de 30 m, on bénéficie d'une belle vue sur la baie et sur Newport. Le rivage de la pittoresque **Mackerel Cove**, l'anse aux maquereaux, est parsemé de résidences d'été.

★ Green Animals Topiary Gardens B2

9 miles au nord de Newport par la Route 114 puis, prenez à gauche Cory's Lane, direction Portsmouth. 380 Cory's Lane - ♪ 401 847 1000 - www.newportmansions. com - ▣ - de déb. mai à mi-oct. : 10h-17h - 12 $.

Quatre-vingts massifs de fleurs colorées, taillés en forme d'animaux (girafe, licorne, ours, éléphant…), forment ce curieux jardin de sculptures végétales créé par Thomas Brayton lorsqu'il acheta la propriété en 1872. La maison *(ouverte le w.-end uniquement)* renferme un musée du jouet, une collection de poupées et des maisons de poupées.

Little Compton B2

23 miles à l'est de Newport par la Route 138 East et la Route 77 South - ♪ 401 849 8048 - www.gonewport.com.

Situé dans la partie sud-est de l'État, réputée pour ses élevages de poulets « Rhode Island Red », Little Compton est l'un des plus jolis villages du Rhode Island. De nombreux marais bordent les routes étroites (comme la Route 77) qui serpentent vers la côte à travers la campagne.

Narragansett Pier B2

11 miles au sud-ouest de Newport. Traversez le Jamestown Bridge et prenez la Route 1A South, puis, de Narragansett Pier, suivez Ocean Rd vers le sud jusqu'au village de Galilee.

Au 19ᵉ s., Narragansett Pier était devenue une station des plus chics et toute l'animation se concentrait autour de la jetée (dont le seul nom *pier* a survécu) qui s'avançait dans l'Océan à l'extrémité sud de Town Beach. Aujourd'hui, les **Towers**, deux édifices de pierre reliés par une arche enjambant Ocean Rd, sont les seuls vestiges du luxueux casino de Narragansett conçu par McKim, Mead et White en 1884. La partie centrale du casino et un grand nombre des prestigieux hôtels de Narragansett Pier furent détruits par un incendie en 1900.

Narragansett Pier et la côte qui s'étire vers le sud en direction de Point Judith et des villages de pêcheurs de Galilee et Jerusalem possèdent quelques-unes des plus belles plages de Nouvelle-Angleterre. L'ambiance animée de **Scarborough Beach** attire les jeunes, alors que les amateurs de surf préfèrent les vagues de **East Matunuck State Beach**. Les familles avec des enfants en bas âge choisissent les eaux calmes de **Galilee Beach**.

Watch Hill A3

▶ *45 miles au sud-ouest de Newport par la Route 138 West et l'US-1 South. À Haversham, prenez la Route 1A vers le sud-ouest jusqu'à Watch Hill.*

Située à l'extrémité sud-ouest de la partie continentale du Rhode Island, Watch Hill fut nommé lors de la troisième guerre intercoloniale (années 1740), lorsqu'une tour de guet *(watchtower)* fut érigée ici pour surveiller le détroit de Block Island d'éventuelles attaques ennemies. Aujourd'hui, c'est une station balnéaire recherchée comptant de nombreuses et élégantes résidences d'été. Baignade, nautisme et golf constituent les activités principales de cette villégiature où l'on peut également faire du lèche-vitrine (Bay Street).

👫 Les enfants apprécieront particulièrement le **Flying Horse Carousel** *(Bay St./Larkin Rd - du Memorial Day au Columbus Day - 1 $)*, un manège de 1883 dont les 20 chevaux de bois sculptés à la main ont les yeux incrustés d'agathe et la crinière et la queue faites de véritable crin de cheval.

😊 NOS ADRESSES À NEWPORT

🎟 Newport étant cher, nous avons repris les catégories de prix « Grandes villes ».

TRANSPORTS

Voiture – Pour vous rendre à Newport depuis le nord, prenez l'I-95 South, l'US-1 puis la Route 138 East, traversez le Claiborne Pell Bridge *(2 $ l'aller simple)* et suivez les panneaux d'indication *(Boston-Newport : 74 miles ; Providence-Newport : 37 miles)*. Depuis le sud ou l'ouest, suivez l'I-95 North jusqu'à la Route 138 East *(sortie 3)* qui mène au pont *(New York-Newport : 181 miles)*.

Avion – Vols domestiques et internationaux de et vers le **T.F. Green Airport** *(☎ 401 737 4000 - www.pvdairport.com)*, situé à Warwick, à 27 miles au nord-ouest de Newport *(I-95, sortie 13)*. Taxis et navettes vers Newport.

Train – Les gares les plus proches desservies par la compagnie Amtrak sont à Providence *(34 miles - ☎ 800 872 7245 - www.amtrak.com)* et à Kingston *(18 miles)*.

Bus – Lignes directes entre New York ou Boston et Newport. Arrêt au Gateway Visitor Center *(23 America's Cup Ave.)*.

Peter Pan Bus – *☎ 800 343 9999 - www.peterpanbus.com.*

Dans Newport – La meilleure façon de découvrir la ville et les quartiers historiques de Newport est de se déplacer à pied, surtout en été lorsque les places de parking sont prises d'assaut. Pour de plus longues distances, empruntez les bus de la **Rhode Island Public Transit Authority** (RIPTA) – *☎ 401 781 9400 - www.ripta.com - ticket : 1,75 $; pass 24h : 5 $.*

La compagnie propose en outre une ligne touristique desservant les manoirs et Cliff Walk *(départs du Gateway Center)* et assure un service saisonnier de ferries entre Providence et Newport *(de juil. à mi-oct. - 28 $ AR)*.

HÉBERGEMENT

Centrales de réservation :

Bed & Breakfast Newport – *℘ 401 846 5408 ou 800 800 8765 - www.bbnewport.com.*

Historic Inns of Newport – *℘ 800 427 9444 - www. historicinnsofnewport.com.*

PREMIER PRIX

Newport International Hostel – Plan p. 240. *16 Howard St. - ℘ 401 369 0243 - www.newporthostel.com - dortoir 32/59 $ par lit - 2 ch. pour 2 pers. - réserv. indispensable.* Cet hôtel se trouve près des plus belles plages de Newport et des sites de la ville coloniale.

BUDGET MOYEN

Spring Street Inn – Plan p. 240. *353 Spring St. - ℘ 401 847 4767 - www.springstreetinn.com - fermé du 16 nov. au 14 avr. -* ▣ *- 6 ch. et 1 suite - 129/299 $.* Les chambres spacieuses sont aménagées dans le style victorien, dans une ambiance romantique et paisible.

POUR SE FAIRE PLAISIR

Sarah Kendall House – Plan p. 246. *47 Washington St. - ℘ 401 846 7976 - www. sarahkendallhouse.com -* ▣ *- 5 ch. 150/255 $.* Cette maison de style victorien située face à la mer, aux chambres grandes et claires, donne l'impression de vivre dans une autre époque.

Stella Maris Inn – Plan p. 246. *91 Washington St. - ℘ 401 849 2862 - www.stellamarisinn. com -* ▣ *- 10 ch. 125/195 $.* Vous apprécierez l'accueil amical des propriétaires de cette élégante *mansion red-*

stone entourée d'une terrasse couverte. Le superbe jardin fait face à la mer. De nombreux tableaux décorent les murs du vestibule... Les chambres sont grandes et bien aménagées.

Cliffside Inn – Plan p. 240. *2 Seaview Ave. - ℘ 401 847 1811 ou 800 845 1811 - www.cliffsideinn.com - 16 ch. 150/595 $ - pas d'enfants en dessous de 13 ans.* Située à quelques pas de Cliff walk, cette auberge victorienne abrite un salon de thé classé parmi les 50 meilleurs des États-Unis. Petit-déjeuner généreux et chambres romantiques, avec cheminées, lits à baldaquin et baignoires pour deux. Insolite : le lieu conserve plus de 100 autoportraits de Beatrice Turner, qui vécut ici.

UNE FOLIE

Francis Malbone House – Plan p. 246. *392 Thames St. - ℘ 401 846 0392 - www.malbone.com - 20 ch. 265/495 $.* Lingerie soyeuse et reproductions de meubles anciens dans cette auberge de 1760 qui soigne son service. Le thé et le petit-déjeuner, copieux, sont inclus dans les tarifs. Également deux suites luxueuses.

Vanderbilt Hall – Plan p. 246. *41 Mary St. - ℘ 401 846 6200 ou 888 826 4255 - www.vanderbilthall. com - 32 ch. à partir de 279 $.* Bâtie en 1909, la demeure accueillait autrefois une YMCA. Cassez votre tirelire, c'est bien un sompteux 4-étoiles qui lui a succédé! Modernes, de grand confort, les chambres sont dotées d'équipements dernier cri (TV à écrans plats, lecteurs DVD) et jouissent de belles vues.

Inn at Castle Hill & Resort – Plan p. 240. *590 Ocean Dr. - ℘ 401 849 3800 ou 888 466 1355 - www. castlehillinn.com -* ✕ *- 25 ch. à partir* *de 365 $.* À la pointe sud-ouest de la péninsule de Newport, l'hôtel de tous les fastes. Un lieu magique aux lueurs de l'aube et du crépuscule. Dans son restaurant, tenue correcte exigée.

RESTAURATION

BUDGET MOYEN

Black Pearl – Plan p. 246. *Bannister's Wharf -* 🖋 *401 846 5264 - www.blackpearlnewport. com - tlj midi et soir - fermé de janv. à mi-fév.* Ancrée sur Bannister's Wharf, cette « perle noire » délivre poissons et fruits de mer de toute fraîcheur dans une taverne de bois sombre ou, plus chic, dans la Commodore Room (vestes exigées). Homard, coquilles St-Jacques, palourdes…

Brick Alley Pub & Restaurant – Plan p. 246. *140 Thames St. -* 🖋 *401 849 6334 - www.brickalley. com - lun.-vend. 11h30-22h, sam. 11h30-22h30, dim. 10h30-22h.* Du homard aux nachos, du burger au saumon glacé sauce argentée, chacun trouvera son compte dans ce pub au décor loufoque : ici un camion de pompier, là un attirail de sport, partout des enseignes et des plaques émaillées. Touristes et locaux s'y mêlent allègrement !

POUR SE FAIRE PLAISIR

Asterisks – Plan p. 240. *599 Thames St. -* 🖋 *401 841 8833 - http://asterisknewport. com - lun.-jeu. 11h-22h, vend. 11h-23h, sam. 10h-23h, dim. 10h-22h.* Atmosphère de bistrot français : une des tables les plus courues de Newport ! La carte est d'ici *(crispy salmon)* ou d'ailleurs *(Belgian beef stew)*, et sait rassasier les plus gros appétits : 1 homard, 16 huîtres, un cocktail de crevettes et 12 palourdes composent le fameux *Obelisk grand.*

Scales and Shells – Plan p. 240. *527 Thames St. -* 🖋 *401 846 3474 - www.scalesandshells.com - tlj 17h-21h (vend.-sam. 22h) - janv.-avr. : fermé lun.* 🍽. Pour voir les commis à l'œuvre – la cuisine donne sur la salle – et déguster poissons et fruits de mer dans un joyeux brouhaha ! Bar, saumon, flétan, *red snapper…*

ACTIVITÉS

De la croisière sur un voilier de la Coupe de l'America à l'excursion de 3 jours sur un yacht. Pour plus d'informations, contactez **Classic Cruises of Newport** (🖋 *401 847 0298 - www.cruisenewport.com)* et **America's Cup Charters** (🖋 *401 849 5868 - www. americascupcharters.com).*

AGENDA

De mai à décembre, la ville vibre au rythme de nombreux événements.

Mai : Newport Spring Boat Show.
Juin : Schweppe's Great Chowder Cook-Off, Newport Film Festival.
Juil. : Newport Music Festival, Black Ships Festival, Newport Kite Festival.
Août : Newport Folk Festival, Wooden Boat Show.
Sept. : Newport Waterfront Irish Festival, Aquafina Taste of Rhode Island, Newport Mansions Food & Wine Weekend.
Oct. : Bowen's Wharf Seafood Festival.
Nov./Déc. : Noël aux mansions.

Block Island

1 033 hab.

S'INFORMER

Block Island Tourism Council : ☎ 800 383 2474 - www.blockislandinfo. com.

SE REPÉRER

Carte de la région A3 *(p. 226)* – *carte Michelin 581 L-M 11*. Block Island est située à 12 miles au sud de la côte du Rhode Island. Des ferries font la liaison entre l'île et Pt. Judith (RI), Newport (RI) et New London (CT).

Block Island Ferry : ☎ 866 783 7996 - www.blockislandferry.com. Au départ de Pt. Judith et Newport.

Block Island Express : ☎ 860 444 4624 - www. goblockisland.com. Au départ de New London.

SE GARER

À moins d'y passer tout l'été, évitez d'amener une voiture sur Block Island. Préférez le vélo *(locations à Old Harbor et New Harbor)* ou le taxi.

À NE PAS MANQUER

Une balade à vélo autour de l'île, en passant par Mohegan Bluffs et Clay Head Preserve, et un tour au Block Island Farmers'Market, pour remplir votre panier gourmand de spécialités locales, tel le miel à la cannelle de la ferme Littlefield Bee.

ORGANISER SON TEMPS

La plupart des auberges exigent, en été, que vous réserviez un nombre de nuits minimum. Profitez-en pour vous reposer, réservez une semaine !

AVEC LES ENFANTS

Les enfants pourront s'amuser sur la plage de Crescent, dont la baignade est surveillée.

UNE VILLÉGIATURE ESTIVALE

Probablement découverte au 16e s. par Verrazzano, Block Island a adopté son nom de Adriaen Block, navigateur hollandais qui explora la région en 1614. Fermiers ou pêcheurs, les premiers colons abordèrent ses rives vers la fin du 17e s., charriant dans leur sillage contrebandiers et pirates, ainsi que des naufrageurs qui profitaient de la brume recouvrant fréquemment les côtes de l'île. Deux cents ans plus tard, après l'avènement des vapeurs, Block Island devint une villégiature estivale équipée de grands hôtels mondains de style victorien, alignés sur Water St. à **Old Harbor**. Depuis, boutiques et restaurants ont également essaimé dans le village. **New Harbor**, l'autre centre d'activité de l'île, abrite une grande marina. Dix-sept miles de plages entourent ce havre de paix.

Le phare de North Light.
monamakela.com / Fotolia.com

Une douce brise et un climat reposant séduisent les touristes qui, depuis la fin du 19e s., viennent sur cette délicieuse petite île de 11 km (6,8 miles) sur 5 km (3 miles) pour profiter de belles plages et s'adonner aux plaisirs de la voile et de la pêche en haute mer. New Harbor, avec ses hôtels victoriens et ses devantures pittoresques, enserre un joli port où s'arriment les ferries en provenance du continent. En s'éloignant du rivage, le tableau laisse alors rapidement place à un paysage bucolique de collines et de landes herbeuses. La nature y semble presque inviolée. Oubliée, la voiture, ici règne la petite reine!

Se promener

★★★ Mohegan Bluffs

La côte sud de l'île est formée d'un alignement de falaises multicolores spectaculaires. Des petits sentiers en pente raide permettent d'atteindre leurs sommets, d'où les vues sur l'Atlantique sont superbes, et des escaliers de bois dominent les plages de galets en contrebas. Généralement plats et lisses, les rochers se transforment allègrement en tables de pique-nique!

★★ Clay Head Preserve

Les nombreux espaces protégés de Block Island comprennent ce charmant domaine entretenu par le Nature Conservancy. Après avoir passé Clay Head Swamp, tournez à droite pour gagner la plage. Ou à gauche, pour atteindre, au sommet des falaises d'argile, « the maze » (le labyrinthe), un entrelacs de sentiers bordés d'arbustes et habités d'oiseaux chanteurs.

★ Crescent Beach

Au nord de Old Harbor, la côte orientale de Block Island est bordée par une longue étendue de sable formant plusieurs plages. Celle de Crescent Beach *(plage municipale, accessible par Corn Neck Road)* est surveillée et dispose de cabines, de douches et de services de restauration.

Connecticut 3

Carte Michelin New England 581

Dans le centre de Hartford.
Don Ayotte / Age Fotostock

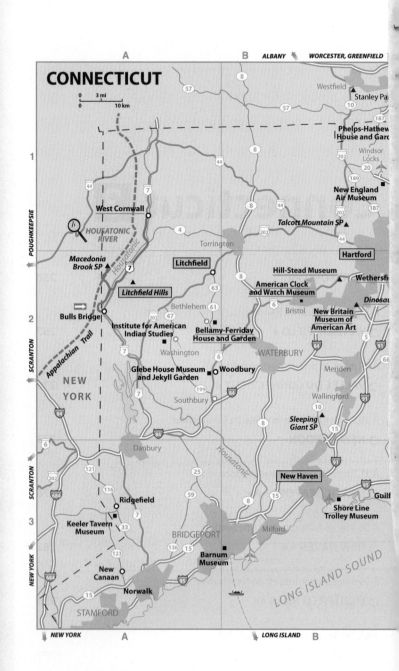

CONNECTICUT

ALBANY WORCESTER, GREENFIELD

Westfield

Stanley Pa

Phelps-Hathew
House and Gard

Windsor
Locks

New England
Air Museum

West Cornwall

HOUSATONIC
RIVER

Talcott Mountain SP

Torrington

Hartford

Macedonia
Brook SP

Litchfield

Hill-Stead Museum

Wethersf

American Clock
and Watch Museum

Litchfield Hills

63

Dinosa

Bethlehem 61

New Britain
Museum of
American Art

Bulls Bridge

Bristol

Institute for American
Indian Studies

47

Bellamy-Ferriday
House and Garden

NEW
YORK

Washington

WATERBURY

Glebe House Museum
and Jekyll Garden

Woodbury

Meriden

199

Southbury

Wallingford

Appalachian Trail

Sleeping
Giant SP

SCRANTON

Danbury

Housatonic

New Haven

Ridgefield

Shore Line
Trolley Museum

Keeler Tavern
Museum

33

Milford

Guilf

BRIDGEPORT

123

136 15

New
Canaan

Barnum
Museum

Norwalk

STAMFORD

LONG ISLAND SOUND

NEW YORK   A

LONG ISLAND B

0 3 mi
0 10 km

POUGHKEEPSIE

SCRANTON

NEW YORK

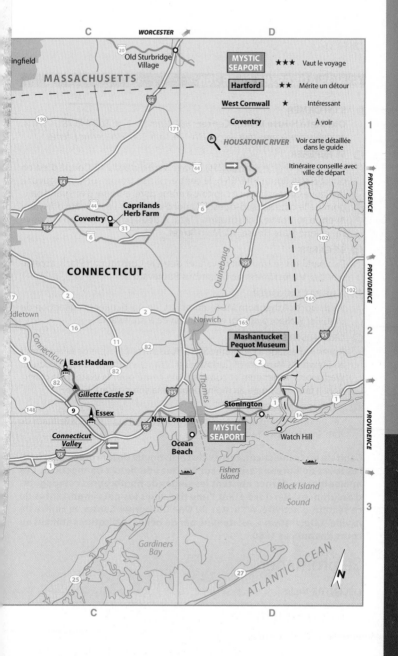

Hartford

★★

124 062 hab.

@ **NOS ADRESSES PAGE 266**

🛈 S'INFORMER

Old State House Visitor Center : *800 Main St. - 🖉 800 446 7811 - www. enjoyhartford.com - mar.-vend. 11h-17h, sam. 10h-17h - fermé j. fériés.*

⊙ SE REPÉRER

Carte de la région B1-2 *(p. 256) – carte Michelin 581 J 10.* Coupé d'est en ouest par la Route I-84/US 6, le centre-ville se trouve sur la rive gauche du fleuve Connecticut. Le capitole à dôme doré, entouré d'un grand parc, domine le quartier sud-ouest. Au nord-ouest, de l'autre côté d'Asylum Avenue se trouve Constitution Plaza. À deux pas, au sud, on retrouve l'ancienne State House, sur Main Street.

🅿 SE GARER

Des parkings se trouvent devant et derrière Constitution Plaza, accessibles par Market Street ou Columbus Boulevard.

⊕ À NE PAS MANQUER

Wadsworth Atheneum Museum of Art (en particulier la collection de mobilier Wallace Nutting) et la maison de Mark Twain.

🕔 ORGANISER SON TEMPS

Après un passage à l'ancienne State House (n'oubliez pas de faire un tour au Steward's Museum of Curiosities à l'étage), continuez à pied jusqu'au Wadsworth Atheneum et comptez une heure pour la visite de la collection. Il faut une heure au moins pour la maison de Mark Twain.

👥 AVEC LES ENFANTS

Les enfants s'amuseront à visiter la maison de l'auteur des *Aventures de Tom Sawyer*, Mark Twain.

Capitale du Connecticut, cette ville se distingue de loin grâce à ses hautes tours de bureaux érigées sur les rives du fleuve Connecticut. Ces immeubles modernes abritent les sièges de nombreuses compagnies d'assurances, Hartford étant l'une des villes les plus importantes de ce secteur d'activité. À l'instar du One Corporate Center, le centre de la ville, « Downtown », est dominé par de belles réalisations édifiées au cours des années 1980.

Se promener

LE CENTRE-VILLE

⊙ *Voir le plan de la ville (p. 261).*

Hartford Civic Center

One Civic Center Plaza - 🖉 860 249 6333 - www.hartfordciviccenter.com - bureau d'accueil pour les visiteurs.

La maison de Mark Twain.
Courtesy of the Mark Twain House & Museum

Achevé en 1975, cet ensemble de verre et de béton est le plus grand centre de congrès du Connecticut et le lieu de la ville offrant le plus d'attractions. Outre une vaste salle de spectacles et de sports de 14 500 places, une salle de réunion et une aire d'exposition de 9 300 m², ce complexe abrite un cen-

FORT GOOD HOPE

Le site de Hartford, en bordure d'un fleuve côtier, incita les Hollandais à y établir, dès 1633, un comptoir du nom de Fort Good Hope. Attirés par la richesse de la région en fourrures et en bois, des puritains de la baie du Massachusetts arrivèrent à leur tour, deux années plus tard. Leur village se développa rapidement et, en 1638, ils se groupèrent avec Wethersfield *(voir p. 267)* et Windsor pour former **la colonie de Hartford**. En 1662, la colonie de Hartford s'est joint à la colonie de New Haven pour former la colonie du Connecticut.

Le secteur des assurances s'est développé à Hartford au 18e s., après l'association d'un groupe d'hommes d'affaires prêts à couvrir les pertes d'un armateur en cas de naufrage de son navire. Lorsque le commerce maritime déclina, on étendit l'assurance aux incendies.

Aujourd'hui, la fabrication industrielle est devenue un poumon de l'économie locale. Dans la grande banlieue de Hartford sont implantées les usines aéronautiques Pratt and Whitney Aircraft, Colt Industries – le fameux revolver, « conquérant de l'Ouest », était fabriqué à Hartford au 19e s. – et des fabricants de machines à écrire, d'instruments de précision et d'ordinateurs.

Le centre de la ville a fait l'objet de nombreuses transformations au cours des dernières décennies, et de nouveaux complexes d'affaires et commerçants ont été construits, notamment le Constitution Plaza et le Civic Center. Un nouveau centre de congrès et d'exposition agrémenté d'un hôtel a été construit le long du fleuve, ainsi qu'un centre commercial et tout un ensemble de lieux de loisir et de restauration.

tre commercial, un hôtel et un parc de stationnement souterrain. Un passage piétonnier relie le Hartford Civic Center au CityPlace.

Tout près de là, le bâtiment épuré du théâtre de la **Hartford Stage Company** (1977) s'étire sur Church Street. *Représentations de septembre à juin (salle de 489 places) -* 𝄞 *860 527 5151 - www.hartfordstage.org.*

★ Old State House

800 Main St. - 𝄞 *860 522 6766 - www.ctosh.org -* 👤 *- mar.-vend. 11h-17h, sam. 10h-17h - fermé j. fériés - le Visitor Center propose des cartes et des dépliants sur Hartford et le Connecticut.*

Dessinée par l'architecte Charles Bulfinch, également à l'origine des parlements du Maine et du Massachusetts *(voir Augusta p. 417 et Boston p. 90),* l'ancienne State House (1792) est un bel exemple du style fédéral avec ses escaliers élégants, ses arches, ses balustrades et ses frontons classiques. Au 1er étage se trouvent les salles des chambres législatives qui contiennent du mobilier d'origine. Le petit musée de curiosités (Steward's Museum of Curiosities) abrite, entre autres étrangetés, un veau à deux têtes.

★ Constitution Plaza

En face de l'ancienne State House, entre Market St. et Columbus Blvd.

Cette esplanade de 5 000 m² achevée dans les années 1960 comprend des immeubles de bureaux, des magasins, une galerie marchande, ainsi qu'une impressionnante tour de verre, le **Phoenix Mutual Life Insurance Building**, surnommée « le bateau » en raison de sa forme elliptique. De fin novembre au 1er janvier, l'esplanade est le cadre, en soirée, du Hartford Festival of Light, fête de la lumière organisée chaque année.

Traveler's Tower

1 Tower Sq. - 𝄞 *860 277 4208 - www.travelers.com - visite guidée uniquement (30mn) mai-oct. : lun.-vend. 10h-15h - fermé j. fériés - réserv. obligatoire la veille - ascension de 72 marches.*

Ce bâtiment est le siège de la Travelers Insurance Company qui, comme son nom l'indique, fut fondée pour assurer les voyageurs. Du haut de cet immeuble, l'**observation deck** offre une splendide **vue★★** sur Hartford et ses environs.

★★ Wadsworth Atheneum Museum of Art

600 Main St. - 𝄞 *860 278 2670 - www.wadsworthatheneum.org -* 👤 *- mar.-vend. 11h-17h, w.-end : 10h-17h (1er jeu. de chaque mois jusqu'à 20h) - fermé j. fériés - 10 $.*

Fondé en 1842, ce musée dont la première collection réunissait des paysagistes comme John Trumbull, Frederick Edwin Church et Thomas Cole, pro-

---

THE CHARTER OAK

L'indépendance de la colonie de Hartford était garantie par une charte royale datant de 1662. En 1687, le gouverneur, Sir Edmond Andros, demanda toutefois la restitution de la charte. Selon la légende, quelqu'un aurait dérobé le document lors d'une réunion consacrée à l'affaire. La charte aurait été cachée dans un chêne creux où elle demeura jusqu'au départ de Sir Edmond quelques années plus tard. L'arbre, qui devint célèbre sous le nom de « Charter Oak », fut déraciné par une tempête au 19e s. La charte originale, elle, est intacte, et elle est exposée avec les Fundamental Orders of Connecticut (document fondateur rédigé en 1639) à la State Library.

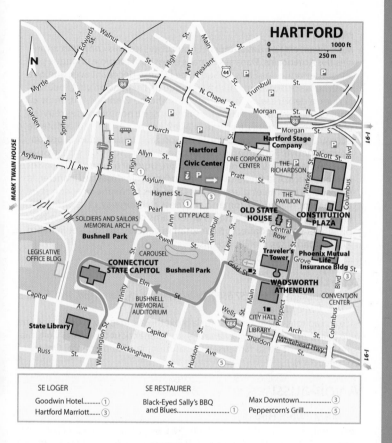

HARTFORD

MARK TWAIN HOUSE

SE LOGER	SE RESTAURER	
Goodwin Hotel............ ①	Black-Eyed Sally's BBQ	Max Downtown.................. ③
Hartford Marriott....... ③	and Blues................................. ①	Peppercorn's Grill................ ⑤

pose aujourd'hui un large éventail d'œuvres anciennes et modernes. Outre les tableaux de l'école de l'Hudson, le musée s'enorgueillit de posséder une collection de porcelaines européennes, des toiles européennes (19e s.) et des meubles (17e s.) rassemblés par Wallace Nutting.

À l'extérieur, le *Stegosaurus* (**1**) est un grand stabile rouge d'Alexander Calder. Juste à côté de l'Atheneum se trouve un groupe de 36 roches disposés géométriquement, une œuvre minimaliste de Carl André intitulée Stone Field (**2**) et qui a suscité de vives polémiques.

★ Connecticut State Capitol

210 Capitol Ave. - ℰ 860 240 0222 - www.cga.ct.gov/capitoltours - ⚹ ✕ - visite guidée ttes les heures avril-oct. : lun.-sam. 9h15 -14h15 ; reste de l'année : lun.-vend. 9h15-13h15 - fermé j. fériés.

Cette débauche de tourelles, de fleurons, de pignons, de porches et de tours conçue par Richard Upjohn fit énormément parler d'elle à l'époque de sa construction en 1879. Coiffant des murs richement sculptés, le dôme doré du capitole surplombe le **Bushnell Park**, aménagé à l'origine par Frederick Law Olmsted. Le décor des colonnes, les décorations au pochoir, les loggias, les vitraux, le marbre des pavements et des balcons qui ornent l'intérieur de l'édifice produisent un effet saisissant.

MARK TWAIN

Mark Twain est l'un des auteurs et humoristes les plus connus et appréciés des Américains. Dans ses romans et essais, il emploie la langue parlée authentique des États du Sud et de l'Ouest, décrivant avec quelque sévérité la société américaine à l'époque de l'expansion vers l'ouest et la guerre de Sécession. Né Samuel Longhorne Clemens, il grandit au bord du Mississippi. Ce fleuve mythique inspire nombre de ses œuvres, et lui donne son nom de plume : « *Mark twain !* » est le cri du pilote de bateau à vapeur qui tire la corde de sondage pour vérifier la profondeur du fleuve. Pamphlétaire virulent et irrévérencieux, il n'hésite pas à s'en prend à Dieu, à la religion, aux préjugés et à la conduite de ses compatriotes. À la fin de sa vie, il est brisé par le désastre financier, la mort de sa femme et d'une de ses filles. Ses innovations et son style unique ont marqué le romancier Ernest Hemingway et le poète T.S. Eliot ainsi que d'autres auteurs américains contemporains. Son hospitalité était légendaire, et il comptait le général Sherman et Rudyard Kipling parmi ses meilleurs amis.

State Library

231 Capitol Ave. - ☎ 860 757 6500 - www.cslib.org -&- lun.-vend. 9h-17h, sam. 9h-14h - fermé j. fériés.
Face au capitole, ce bâtiment abrite la bibliothèque *(aile est)*, la Cour suprême *(aile ouest)* et le musée *(aile centrale)* du Connecticut (revolvers Colt, histoire de l'État et de sa fameuse Constitution, le « Fundamental Orders of Connecticut »).

À voir aussi Plan de Hartford et ses environs

★★ Mark Twain House

351 Farmington Ave. Prenez la Route I-84 vers l'ouest jusqu'à la sortie 46. Tournez à droite dans Sisson Ave., puis à nouveau à droite dans Farmington Ave. ☎ 860 247 0998 - www.marktwainhouse.org - visite guidée (1h) avril-déc. : lun.-sam. 9h30-17h30, dim. 12h-17h30 ; janv.-mars : fermé le mar. - fermé j. fériés - 13 $.
Si elle est aujourd'hui consacrée à la mémoire du célèbre auteur, cette délicieuse maison faisait autrefois partie d'un groupe de confortables demeures victoriennes construites sur les terres de **Nook Farm**, un coin de forêt bordant le bras nord de la Park River. Au 19e s., ce domaine bucolique était habité par une communauté littéraire à laquelle appartenait Mark Twain et Harriet Beecher Stowe, dont les maisons ont été restaurées et ouvertes aux visiteurs.
Mark Twain (1835-1910) fit construire en 1874 cette fantaisie victorienne que caractérise son *Stick style* aux bandeaux décoratifs.
Porches, balcons, consoles et toits pointus ne manquent pas et confèrent à la demeure une silhouette quelque peu irrégulière et fantaisiste. La magnifique décoration intérieure (1881) a été restaurée : remarquez les dessins au pochoir argentés, les boiseries ouvragées et le raffinement du papier peint.
L'auteur vécut dans cette maison de 1874-1891, et il y écrivit sept de ces plus grandes œuvres dont *Les Aventures de Tom Sawyer* (1876) et *Les Aventures de Huckleberry Finn* (1884).

Harriet Beecher Stowe Center A

77 Forest St. - ☏ 860 525 9258 - www.harrietbeecherstowecenter.org - visite guidée (1h) de Memorial Day à Columbus Day : lun.-sam. 9h30-16h30 ; reste de l'année : mar.-sam. 9h30-16h30 - visite des jardins : juin-oct. : jeu.-sam. 10h et 13h - Nook Farm Walking Tour : mai-oct. : sam. 11h - fermé j. fériés - 8 $, jardins seuls 6 $, Nook Farm 6 $.

Non loin de la maison de Mark Twain se dresse ce modeste cottage victorien où vécut l'écrivain **Harriet Beecher Stowe** de 1873 jusqu'à sa mort, en 1896. Harriet Elizabeth Beecher Stowe, dont le roman *La Case de l'oncle Tom* était une dénonciation sans précédent de l'esclavage, écrivit également plusieurs ouvrages consacrés à la Nouvelle-Angleterre. Clair et aéré, l'intérieur a conservé le mobilier ayant appartenu à l'écrivain.

À côté, l'élégante **Day House** *(également présentée pendant la visite)* abrite une bibliothèque et des expositions temporaires. Cette maison porte le nom de la grande-nièce de Harriet Beecher Stowe, Katharine S. Day, dont l'action permit de sauvegarder le domaine.

À proximité Carte de la région

★ Wethersfield B2

▶ *5 miles au sud de Hartford par la Route 91. Voir p. 267.*

★ American Clock and Watch Museum B2

▶ *18 miles au sud-ouest de Hartford, à Bristol. Voir p. 294.*

★ Dinosaur State Park B2

▶ *10 miles au sud de Hartford, à Rocky Hill. Prenez la Route 91 jusqu'à la sortie 23 et tournez à gauche au feu. 400 West St. - ☏ 860 529 423 - www. dinosaurstatepark.org - &. - 9h-16h30 (centre d'expo fermé lun.) - fermé j. fériés - 5 $.*

Ce parc conserve plus de 500 traces de dinosaures encore intactes sur leur site d'origine. L'exposition présente un modèle grandeur nature du *Dilophosaurus*, dinosaure supposé être l'auteur des empreintes du parc, et du *Cœlophysis*, dont une partie du squelette a été mis au jour dans la vallée du Connecticut. Un dôme géodésique (1977) protège le site des fouilles et des expositions. Les visiteurs peuvent réaliser un moulage d'empreinte *(mai-oct., 9h-15h30 ; apporter le matériel nécessaire : informations fournies par téléphone).*

★ Hill-Stead Museum B2

▶ *10,5 miles au sud-ouest de Hartford, à Farmington. 35 Mountain Rd - ☏ 860 677 4787 - www.hillstead.org - mai-oct. : tlj sf lun. 10h-17h ; nov.-avril : tlj sf lun. 11h-16h - fermé j. fériés - 9 $.*

Theodate Pope, une des premières architectes américaines, a travaillé à la conception de cette demeure de campagne dans le style néocolonial, édifiée en 1900 pour son père, l'industriel Alfred Atmore Pope. Ce dernier, propriétaire d'usines de métallurgie à Cleveland, Ohio, était passionné d'impressionnisme. Certains tableaux exposés au musée proviennent de sa collection : œuvres de Monet, Manet, Degas, Whistler et Mary Cassatt. Le jardin est la pièce maîtresse du parc de 61 ha, aménagé par Beatrix Jones Farrand en 1920.

★ New Britain Museum of American Art B2

▶ *15 miles au sud-ouest de Hartford, à New Britain. 56 Lexington St. - ☏ 860 229 0257 - www.nbmaa.org - &. - mar.-vend. 11h-17h (jeu. 20h), sam. 10h-17h, dim. 12h-17h - fermé j. fériés - 9 $.*

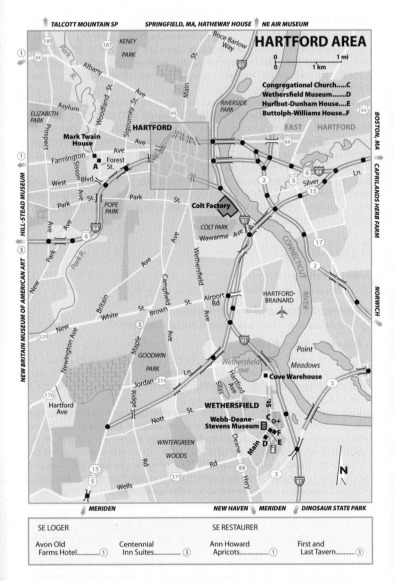

HARTFORD AREA

Congregational Church	C
Wethersfield Museum	D
Hurlbut-Dunham House	E
Buttolph-Williams House	F

SE LOGER		SE RESTAURER	
Avon Old Farms Hotel............①	Centennial Inn Suites.................③	Ann Howard Apricots.................①	First and Last Tavern............③

Le patrimoine de ce petit musée présente les tendances de l'art américain depuis la période coloniale jusqu'à nos jours. Les pièces majeures de la collection sont constituées par des portraits du 18e s. (Trumbull, Stuart, Smibert), des œuvres de l'école de l'Hudson et de l'école Ash Can (composée de huit artistes dont Sloan, Henri et Luks), ainsi que par des toiles de maîtres des 19e et 20e s., tels Homer, Whistler, Wyeth et Cassatt.

Talcott Mountain State Park B1

▶ *8 miles au nord-ouest de Hartford par la Route 189, puis la Route 185 qui mène directement à l'entrée du parc.* ☎ *860 242 1158 - www.ct.gov/dep - parc : de 8h*

NATHAN HALE

Nathan Hale (1755-1776), héros de la guerre d'Indépendance, naquit à Coventry. Instituteur, il devint officier dans la milice du Connecticut à la déclaration des hostilités et se porta volontaire pour une mission périlleuse : espionner les troupes anglaises stationnées à Long Island. Découvert par les Britanniques, il fut pendu le 22 septembre 1776. Ses dernières paroles – « je regrette de n'avoir qu'une vie à donner pour ma patrie » – sont restées gravées dans la mémoire de l'histoire américaine.
Nathan Hale Homestead – *23 miles à l'est de Hartford, à Coventry. 2299 South St. - ☏ 860 742 6917 - www.ctlandmarks.org - &- visite guidée (45mn) de déb. mai à mi-oct : merc.-dim. 13h-16h - fermé j. fériés - 7 $.* Cette demeure a été construite en 1776 par son père sur le site de la maison où Hale vit le jour.

à la tombée de la nuit - tour : du Labor Day (1ᵉʳ lun. de sept.) à fin oct. : 10h-17h ; de fin mai à déb. sept. : jeu.-dim. 10h-17h.

Un sentier de 2 km (1,24 miles) mène à la Heublein Tower du haut de laquelle on peut admirer une belle **vue★** sur la vallée de Farmington et Hartford, ainsi que sur le détroit de Long Island, au sud.

New England Air Museum B1

▷ *14 miles au nord-est de Hartford, à Windsor Locks, au Bradley International Airport. Prenez la Route 91 vers le nord, puis la Route 20 vers l'ouest et la Route 75 vers le nord pendant 3 miles. ☏ 860 623 3305 - www.neam.org - & - 10h -17h - fermé Thanksgiving Day (4ᵉ jeu. de nov.), 5 déc., 1ᵉʳ janv. - 9,50 $.*

Aménagé dans deux spacieux bâtiments à l'ouest du Bradley Airport, ce musée présente près de 70 appareils retraçant l'histoire de l'aviation. Parmi les plus anciens, le Blériot XI de 1909 fut l'un des premiers à être fabriqué en série. Les enfants seront ravis de monter dans le simulateur de vol « Dreamseeker ».

Phelps-Hatheway House and Garden B1

▷ *18 miles au nord-est de Hartford, à Suffield. Prenez I-91 vers le nord jusqu'à la Route 20 (ouest), puis la Route 75 (nord). 55 S. Main St. - ☏ 860 668 0055 - www.ctlandmarks.org - visite guidé (1h) juil.-août : jeu.-dim. 13h-16h ; de mi-mai à fin juin et de déb. sept. à mi-oct. : merc. et w.-end. 13h-16h - fermé j. fériés - 7 $.*

Oliver Phelps, un commerçant et spéculateur immobilier, a acheté la propriété composée de trois bâtiments en 1788. Il a d'abord fait construire une extension de la façade sud et vers 1795, il a rajouté l'aile nord, de style fédéral. La partie centrale de la maison est simple, avec des meubles Queen Mary et Queen Anne. L'aile nord, au contraire, est très élégante, décorée dans le style Adam, meublée de pièces de Hepplewhite, Sheraton et Chippendale.

Caprilands Herb Farm C1

▷ *23 miles à l'est de Hartford, à Coventry. Prenez I-384 vers l'est puis US-44 (est) ; après Bolton Notch, suivez la Route 31 (sud) jusqu'à Coventry. 534 Silver St. - ☏ 860 742 7244 - www.caprilands.com - mai-oct. : 10h-17h - fermé j. fériés.*

Plus de 300 espèces d'herbes médicinales sont cultivées sur ce domaine de 10 ha, propriété familiale de Adelma Grenier Simmons depuis 1929.

😊 NOS ADRESSES À HARTFORD

HÉBERGEMENT

POUR SE FAIRE PLAISIR

Avon Old Farms Hotel – *279 Avon Mountain Rd, Avon - 9 miles à l'ouest d'Hartford - ☏ 860 677 1651 - www.avonoldfarmshotel. com - ✗ - 160 ch. 119/229 $.* Un escalier digne d'*Autant en emporte le vent* et quelque 400 aquarelles d'artistes locaux représentant la vallée de la Farmington agrémentent cet hôtel combinant unités de motels et suites de charme. Le restaurant, qui domine un ruisseau, est enchanteur, tout comme les 8 ha de jardins et de bois de la propriété. Club de santé et piscine.

Centennial Inn Suites – *5 Spring Lane, Farmington - 10 miles au sud-ouest d'Hartford - ☏ 860 677 4647 ou 800 852 2052 - www.centennialinn. com - 112 ch. 127/165 $.* Des suites et appartements cosy font du Centennial une séduisante alternative aux hôtels de chaîne fonctionnels et aux B & B. Bâtis sur un terrain de 5 ha, ses studios mansardés abritent cheminées et cuisines équipées. Le petit-déjeuner est servi dans une belle remise restaurée.

UNE FOLIE

Hartford Marriott – *200 Columbus Rd - ☏ 860 249 8000 ou 866 373 9806 - www. marriott.com/hotels/travel/bdldt-hartford-marriott-downtown - 409 ch. à partir de 229 $.* Associé au Convention Center, cet hôtel qui attire une clientèle de businessmen abrite de vastes chambres contemporaines dont le calme et l'espace conviendront aux familles. Belles salles de bain parées de marbres et équipements dernier cri : TV, lecteurs CD et Internet. Centre de fitness et spa. Le bar de l'hôtel connaît un franc succès.

RESTAURATION

PREMIER PRIX

First and Last Tavern – *939 Maple Ave. - ☏ 860 956 6000 - www.firstandlasttavern.com.* Imaginez le décor de la série *Cheers* mêlé à la gastronomie italienne et vous obtiendrez cette taverne qui, depuis plus de 70 ans, fait l'unanimité. Pizzas au four à bois, spaghetti *al dente* et plats recherchés se savourent dans une chaleureuse atmosphère familiale. Ne manquez pas les spécialités maison en dessert : *apple pie* et *cherry pie pizza*.

BUDGET MOYEN

Black-Eyed Sally's Bar-B-Que & Blues – *350 Asylum St. - ☏ 860 278 7427 - www. blackeyedsallys.com - lun.-jeu. 11h30-22h, vend.-sam. 11h30-23h.* Soul food, BBQ et blues ! Ses couleurs chaudes et son portrait d'Elvis situent la cantine de Sally quelque part entre Memphis et la Nouvelle-Orléans, là où le soleil exalte et pimente les plats : ribs, *pickle chips*, jambalaya, poisson-chat au maïs et au chou cavalier. Essayez la tarte aux noix de pécan ou le Mississippi mud pie en dessert.

Peppercorn's Grill – *357 Main St. - ☏ 860 547 1714 - www. peppercornsgrill.com - lun.-jeu. 11h30-14h30, 17h-22h, vend. 11h30-14h30, 17h-23h, sam. 17h-23h.* Une table qui fait honneur à Hartford, où la cuisine italienne est *numero uno*. Depuis deux générations, on y réinvente les classiques de la Grande Botte dans un décor dépaysant. Calamars frits, fettucine au homard, et blanc de poulet aux cèpes font partie des valeurs sûres.

POUR SE FAIRE PLAISIR

Ann Howard Apricots – *1593 Farmington Ave., Farmington -* 📞 *860 673 5405 - www.apricotsrestaurant. com - midi et soir.* Vue sur la Farmington River, décor romantique et cuisine classique soignée : c'est LE restaurant des occasions spéciales depuis plus de 20 ans. Aux beaux jours, essayez sa terrasse ensoleillée !

Max Downtown – *185 Asylum St. -* 📞 *860 522 2530 - www. maxrestaurantgroup.com - lun.-jeu. 11h30-22h30, vend. 11h30-23h30, sam. 17h-21h30, dim. 16h30-21h30 - réserv. recommandée.* Sous la houlette de Rich Rosenthal, l'une des meilleures tables de la région d'Hartford. Ses pièces de viande, ses recettes étudiées (Black Cod au fenouil et asperges), sa fameuse *chopped salad* et ses desserts mémorables n'ont d'égal que le chic du décor, illuminé au travers de grandes baies vitrées par les lumières de la ville.

ACHATS

Modern Pastry Shop, inc. – *422 Franklin Ave. -* 📞 *860 296 7628 - www.modernpastryshop.com.* Au sud de la ville, prenez le temps de découvrir le quartier italien d'Hartford, où se concentrent de bons restaurants. Arrêtez-vous ne serait-ce que dans cette boulangerie : plus de 30 sortes de pâtisseries italiennes et françaises ravissent chaque jour les papilles du voisinage.

Wethersfield

26 271 hab.

😊 **NOS ADRESSES PAGE 269**

ℹ️ **S'INFORMER**
📞 *860 525 4451 - www.historicwethersfield.org.*

▶️ **SE REPÉRER**
Carte de la région B2 *(p. 256)* – *carte Michelin 581 J 10.* La ville est au sud de Hartford, accessible par la Route I-91.

🅿️ **SE GARER**
Derrière le Wethersfield Museum, dans Main Street.

😊 **À NE PAS MANQUER**
La promenade à travers le quartier historique, le plus important du Connecticut : 50 maisons datant d'avant la Révolution, environ 200 maisons de l'époque de la guerre de Sécession.

🕐 **ORGANISER SON TEMPS**
Comptez une journée pour la visite du musée et la découverte du quartier historique.

Grâce à sa situation sur le cours supérieur du Connecticut, Wethersfield, fondé en 1694, fut un important port de commerce jusqu'au 18e s. Mais lorsque des crues violentes modifièrent le cours du fleuve, le port naturel se réduisit à un simple méandre. Frappé de plein fouet, le commerce se modifia et devint essentiellement rural à la fin du 18e s. Épargnée par les méfaits de l'industrie, la ville est aujourd'hui une agréable banlieue résidentielle de Hartford. Son quartier historique, Old Wethersfield, a préservé son cachet en conservant quelque 150 maisons datant des 17e et 18e s. Un grand nombre d'entre elles, construites par de riches négociants et armateurs, ont fait l'objet d'une restauration récente.

Se promener

★★ **OLD WETHERSFIELD**

◐ *Voir le plan de Hartford et ses environs (p. 264)*

Main Street
Cette large artère est agréablement bordée de maisons restaurées du 18e s. La maison commune ou **Congregational Meetinghouse** (**C**) fut construite en brique en 1760, et jouxte un ancien cimetière dont certaines stèles funéraires datent du 17e s.

★★ **Webb-Deane-Stevens Museum**
211 Main St. - ☎ 860 529 0612 - www.webb-deane-stevens.org - visite guidée (1h) mai-oct. : merc.-lun. 10h-16h ; reste de l'année : w.-end 10h-16h - fermé j. fériés - 8 $.

Ce groupe de maisons permet de comparer les différents styles en vogue aux États-Unis de 1690 à 1840 et de découvrir le cadre quotidien d'un riche négociant, d'un homme politique et d'un modeste artisan.

Webb House – Cette élégante résidence georgienne, construite en 1752 par le fortuné homme d'affaires Joseph Webb senior, servit de cadre pendant quatre jours à un entretien entre le général George Washington et le comte Jean-Baptiste de Rochambeau. En mai 1781, ces deux chefs militaires y élaborèrent les plans de la campagne de Yorktown, qui scella la défaite des Anglais dans la guerre d'Indépendance. La maison renferme une belle collection de mobilier et d'arts décoratifs de cette période. Le salon où se déroulèrent ces entretiens historiques et la chambre spécialement décorée à l'attention du général Washington constitue le point d'orgue de la visite.

Deane House – Cette maison fut construite en 1766 pour Silas Deane, diplomate américain envoyé en France pendant la guerre d'Indépendance afin d'obtenir des armes et du matériel pour son armée. Deane saisissait l'occasion de ces séjours pour mener ses propres affaires, ce qui ne manqua pas d'éveiller des soupçons sur sa loyauté. Accusé de trahison, il rentra chez lui et consacra le reste de sa vie à sa réhabilitation, mais sans succès. La grandeur des pièces et la situation décentrée de l'escalier sont tout à fait exceptionnelles pour une maison de cette époque.

Stevens House – Isaac Stevens était un tanneur qui construisit cette maison pour sa jeune épouse en 1788. Comparée au luxe des deux autres demeures, la simplicité du mobilier, des boiseries, des matériaux et de la décoration n'est pas dépourvue de charme.

Wethersfield Museum D

200 Main St. - ℘ 860 529 7176 - www.wethhist.org - ♿ - lun.-sam. 10h-16h, dim. 13h-16h - fermé j. fériés - 3 $.

Ce beau bâtiment en brique (1893) de style victorien servit jadis d'école. Aujourd'hui, il est le siège de la société historique de la ville qui organise des expositions sur le développement de Wethersfield au cours des trois derniers siècles.

★ Hurlbut-Dunham House E

212 Main St. - ℘ 860 529 7656 - www.wethhist.org - visite guidée (45mn) de mi-mai à mi-oct. : sam. 10h-16h, dim. 13h-16h - fermé j. fériés - 3 $.

Au début du 20e s., Jane et Howard Dunham, un couple bien en vue dans la société de la ville, voyageait de par le monde à la recherche de meubles et objets pour leur charmante demeure en brique rouge. De style georgien, la maison appartenait à la famille depuis 1875, jusqu'à son acquisition par la Wethersfield Historical Society. L'intérieur des Dunham demeuré intact illustre la période de 1907-1935. Les papiers peints, de style néorococo, se marient avec les corniches en trompe-l'œil et les lustres en cristal.

★ Buttolph-Williams House F

249 Broad St. - ℘ 860 529 0612 - www.ctlandmarks.org - ♿ - visite guidée (45mn) mai-oct. : merc.-lun. 10h-16h, dim. 13h-16h - fermé j. fériés - 4 $.

Cette maison (env. 1720) se distingue par sa cheminée centrale, les bardeaux en bois de chêne, les fenêtres à carreaux et les avant-toits typiques. La restauration révèle un exemple particulièrement fidèle de la maison coloniale dans le Connecticut. Elle n'est pas sans rappeler l'époque des Pères Pèlerins, et a inspiré un célèbre livre pour enfants, *The Witch of Blackbird Pond* (1958), d'Elizabeth George Speare.

Cove Warehouse

Dans Cove Park, dominant la baie, à l'extrémité nord de Main St. - ℘ 860 529 7656 - www.wethhist.org - de mi-mai à mi-oct. : sam. 10h-16h, dim. 13h-16h - 1 $.

Au 17e s., les marchandises acheminées par mer étaient stockées dans les sept entrepôts de la ville, puis distribuées dans l'arrière-pays. Vers 1700, les crues dévastèrent six entrepôts, épargnant uniquement Cove Warehouse. Une exposition relate l'histoire du commerce maritime de la ville, de 1650 à 1830.

😊 NOS ADRESSES À WETHERSFIELD

ACHATS

Comstock, Ferre & Co. – *263 Main St. - ℘ 860 571 6590 ou 800 733 3773 - www.comstockferre. com.* Plantes, arbustes, fleurs et semences recherchées : depuis 1958, ce magasin fournit jardiniers en herbe et chevronnés de la région. Le lieu vaut notamment la visite en automne, quand il se pare de multitudes de couleurs. Citrouilles, courges, épis de maïs et chrysanthèmes entourent alors de drôles d'épouvantails !

Main Steet Creamery – *271 Main St., Old Wethersfield - ℘ 860 529 0509 - www. mainstreetcreamery.com - 10h-22h.* Cette enseigne fameuse de la rue principale de Wethersfield est connue pour ses délicieuses glaces maison. Avec plus de 50 parfums, c'est un incontournable !

Vallée du Connecticut

★

🗓 **S'INFORMER**
  ☎ 800 793 4480 - www.enjoycentralct.com.

▶ **SE REPÉRER**
  Carte de la région C2-3 *(p. 257) – carte Michelin 581 J-K 10*. La Route 9 suit le fleuve Essex, et les sorties mènent aux différentes curiosités à voir. La ville historique d'Essex, au bord du fleuve, est une bon lieu de séjour, avec ses hôtels et magasins.

🅿 **SE GARER**
  On peut se garer dans la rue, dans les bourgades de la région.

😊 **À NE PAS MANQUER**
  Gillette Castle State Park est un excellent endroit pour un pique-nique ou une randonnée.

🕐 **ORGANISER SON TEMPS**
  Prenez une journée pour vous détendre dans la ville d'Essex et pour flâner le long du fleuve dans le quartier historique.

👫 **AVEC LES ENFANTS**
  Le train à vapeur Essex Steam Train enchante les petits avec son personnage de conte Thomas le Train.

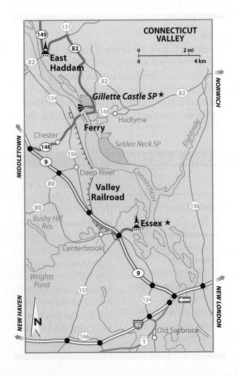

Gillette Castle.
Kevin Pepin

Large, calme et bordé de paysages sauvages, le Connecticut dessine une multitude de criques et arrose de nombreux ports de plaisance avant de se jeter dans le détroit de Long Island au terme d'un parcours de plus de 600 km. De petits villages comme Old Lyme ou Old Saybrook doivent à un méandre ou un banc de sable le fait d'avoir préservé leur charme d'antan, car ces obstacles naturels ont toujours empêché les vaisseaux de fort tonnage d'y accéder.

La découverte de la vallée se fait soit par voie terrestre, en suivant l'itinéraire proposé ci-dessous et qui traverse de petites bourgades s'égrenant le long du cours d'eau, soit par voie fluviale en embarquant à East Haddam, Deep River ou Essex. En été, un bac relie Haddam et Long Island.

Itinéraire conseillé

◐ *Pour visualiser ce circuit de 26 miles, reportez-vous à la carte de la région ci-contre – comptez 4h.*

Prenez la Route I-95 jusqu'à la sortie 69 (Old Saybrook), puis empruntez la Route 9 jusqu'à la sortie 3 et suivre la direction d'Essex.

★ Essex

Fondée en 1645, Essex se développa dès le début du 18e s. grâce à la construction navale dont elle devint un centre important. En 1775, le premier navire de guerre du Connecticut, l'*Oliver Cromwell*, y fut lancé. Aujourd'hui, Essex attire une élégante et estivale foule de plaisanciers dont les bateaux mouillent dans les marinas des alentours. La rue principale est bordée de boutiques et de galeries d'art, mais surtout de la fameuse auberge Old Griswold Inn, en activité depuis 1776. Un ancien entrepôt de Steamboat Dock abrite le **Connecticut River Museum** qui présente des objets relatifs à la navigation, notamment une maquette de l'*Oliver Cromwell*. *67 Main St. - ✆ 860 767 8269 - www.ctrivermuseum.org - ♿ - mar.-dim. 10h-17h - fermé 1er janv., 25 déc. - 7 $.*

Essex Steam Train and Riverboat – *Sortie 3 sur la Route 9 -* 📞 *860 767 0103 - www.essexsteamtrain.com -* ✗ *- départs de la gare d'Essex de mi-juin à fin août : tlj ; de déb. mai à mi-juin : w.-end ; oct. : merc.-dim. - train pour Chester (1h AR), train & croisière de Deep River à East Haddam (2h30) - train seul 17 $, train et bateau 26 $.*

👥 Ce train touristique à vapeur datant du début du siècle permet d'admirer le paysage de la vallée, avec le fleuve Connecticut en arrière-plan.

Depuis Essex, prenez la Route 9 jusqu'à la sortie 6, puis la Route 148 jusqu'au bac qui traverse le fleuve.

Chester-Hadlyme Ferry

📞 *860 433 3856 (State Bureau of Aviation & Ports) - www.ct.gov/dor -* ♿ *- départs de Chester avr.-nov. : lun.-vend. 7h-18h30, w.-end et j. fériés (sf Thanksgiving Day) 10h30-17h - 5mn de traversée - 3 $ (voiture et conducteur).*

Durant la traversée, on bénéficie d'une très belle vue sur le château de Gillette, juché en haut d'une colline qui domine la rive est.

Prenez la route 148, puis tournez à gauche et suivez la direction de Gillette Castle.

★ Gillette Castle State Park

📞 *860 526 2336 - www.ct.gov/dep - parc : de 8h à la tombée de la nuit - château : de Memorial Day (dernier lun. de mai) à mi-oct. : 10h-16h30 - 4 $.*

L'acteur **William Gillette** s'inspira des châteaux de la vallée du Rhin lorsqu'il traça les plans de cette étonnante demeure bâtie en 1919. Il décora lui-même chacune des 24 pièces qui la composent. Fasciné par les gadgets, il conçut des meubles mobiles sur rail métallique et de nombreuses curiosités témoignant de son ingéniosité. Cette propriété de 77 ha offre des **vues★** splendides sur le Connecticut et sa vallée. *Aire de pique-nique et sentiers de randonnée.*

Prenez la Route 82 jusque East Haddam.

East Haddam

Cette petite ville aux belles maisons anciennes s'enorgueillit de sa petite **école** de couleur rouge où enseigna Nathan Hale, et n'est pas moins fière de sa fameuse **Goodspeed Opera House**, bâtisse de style victorien érigée à une époque où les bateaux à vapeur de la ligne reliant New York et le Connecticut faisaient escale à East Haddam. *Représentations d'avril à déc. : merc.-dim. - réservations :* 📞 *860 873 8668 - www.goodspeed.org.*

Suivez la Route 149 qui offre de belles vues sur le fleuve, puis continuez en direction du nord-est.

New London

25 891 hab.

S'INFORMER
📞 *860 444 7241 - www.mci.newlondon.ct.us.*

SE REPÉRER
Carte de la région C3 *(p. 257)* – *carte Michelin 581 K 11*. L'accès est facile à partir de I-91 et Highway 32.

SE GARER
Près des parcs le long du fleuve et du quartier historique, Water Street Parking Garage et Shaw's Cove sont les parkings les plus pratiques.

À NE PAS MANQUER
La visite à pied du quartier historique et des quais.

ORGANISER SON TEMPS
Commencez la visite au Trolley Waiting Station (Eugene O'Neill Drive au coin de Golden Street), l'ancienne gare des trams de 1893, aménagée pour l'accueil des touristes (brochures et plans disponibles). Comptez une journée pour la visite de la ville et un tour à la plage.

AVEC LES ENFANTS
Ocean Beach Park est un parc de loisirs offrant baignade, sentiers de découverte et manèges.

Situé à l'embouchure de la Thames River, New London a toujours vécu de la mer. La marine américaine y a installé la célèbre US Coast Guard Academy. L'industrie navale et la base sous-marine de la flotte américaine, située sur l'autre rive de la Thames, représentent les deux piliers de l'économie locale. Le Connecticut College, école supérieure des beaux-arts, accueille aussi de nombreux étudiants.

Se promener

★ **Hempsted Houses**
11 Hempstead St. - 📞 860 443 7949 - www.ctlandmarks.org - visite guidée (45mn) de mi-mai à mi-oct. : jeu.-dim. 12h-16h - 5 $.
Construite en 1678 par Joshua Hempsted, cette maison à colombages est un bel exemple de l'architecture américaine du 17ᵉ s. Les pièces, au plafond bas,

---

DES CORSAIRES AUX BALEINIERS

New London fut l'un des principaux refuges des corsaires pendant la guerre d'Indépendance, ce qui lui valut un siège des Britanniques en 1781. Lors de cette attaque commandée par Benedict Arnold, **Fort Trumbull** et **Fort Griswold** tombèrent aux mains de l'ennemi, et la majeure partie de New London fut incendiée. Mais vers 1850, la ville était devenue l'un des principaux ports baleiniers. Certains quartiers résidentiels, épargnés par l'ère industrielle, renferment encore d'élégantes maisons construites grâce aux revenus de cette activité, entre autres les demeures de style néoclassique de **Whale Oil Row** *(105-119 Huntington St.)*, de **Starr Street** et la gare de l'Union Railroad (19ᵉ s.) conçue par H.H. Richardson.

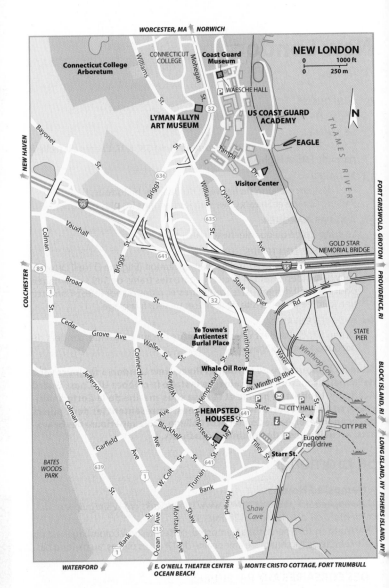

contiennent des meubles de la période coloniale. La maison de granit adja-cente a été bâtie en 1759 par Nathaniel Hempsted, le petit-fils de Joshua.

★ Lyman Allyn Art Museum

625 Williams St. - ℰ 860 443 2545 - www.lymanallyn.org - ♿ - mar.-sam. 10h-17h, dim. 13h-17h - fermé j. fériés - 8 $.

Ce petit musée, créé grâce au don de la famille Allyn, est spécialisé dans la peinture et les arts décoratifs du Connecticut. Mobilier, tableaux, sculptures et objets décoratifs sont agréablement présentés, et sont l'occasion d'une rétros-pective allant de la période néoclassique jusqu'à nos jours. La **collection amé-ricaine** (1680-1920) se trouve dans les galeries Palmer *(rez-de-chaussée)*.

United States Coast Guard Academy

15 Mohegan Ave. - ☎ 800 883 8724 - www.cga.edu - ♿ - 9h-16h30 - visite guidée lun., mar. et vend. à 13h.

Cette école militaire, où l'on forme durant quatre ans les futurs officiers de la brigade côtière, fut créée en 1876 lorsque la goélette *Dobbin* fut choisie comme bateau-école pour les cadets de la brigade douanière (l'ancêtre de l'actuelle Coast Guard). La *Dobbin* fut remplacée par d'autres vaisseaux jusqu'au début du 20e s., quand l'académie s'installa à Fort Trumbull. Elle occupe son site actuel sur la Thames depuis 1932. Un petit **Coast Guard Museum**, dans Waesche Hall, retrace l'histoire de la brigade côtière.

Connecticut College Arboretum

William St. - ☎ 860 439 5020 - www.arboretum.conncoll.edu. - de l'aube au coucher du soleil - visite guidée mai-oct. : à 14h - plan disponible à l'entrée.

Ce parc de 170 ha se compose de trois jardins. La collection Native Plants (8 ha) regroupe des arbustes, arbres et fleurs sauvages provenant de la région est de l'Amérique du Nord. Le sentier principal *(2 miles)* décrit une boucle autour d'un marais ; deux autres circuits mènent à une tourbière et à un bois de ciguës. Le jardin Caroline Black (1,2 ha) est une suite de parterres formés par des arbres et arbustes ornementaux. Le campus de Connecticut College offre 50 ha de promenade parmi plus de 200 arbres originaires du monde entier.

Ye Towne's Antientest Burial Place

Huntington St. Entrée par Hempstead St.

Ce vieux cimetière compte de nombreuses stèles sculptées d'anges ailés, de têtes de mort, de motifs géométriques, etc.

Monte Cristo Cottage

325 Pequot Ave. Suivez Howard St. vers le sud, puis tournez à gauche dans Pequot Ave. (en direction de Ocean Beach) - ☎ 860 443 5378 - www.oneilltheatercenter.org - visite guidée (1h) de Memorial Day à Labor Day : jeu.-sam. 12h-16h, dim. 13h-15h - 7 $.

L'auteur dramatique **Eugene O'Neill** (1888-1953) passait ses étés dans cette modeste maison avec vue sur la Thames. Elle servit de cadre à deux œuvres autobiographiques : *Ah, Wilderness !* et *Long Day's Journey into Night*. Le site est inscrit au Patrimoine national des États-Unis.

À proximité Carte de la région

Ocean Beach Park

5 miles au sud de New London, sur Ocean Ave. ☎ 860 447 3031 - ♿ - www. ocean-beach-park.com.

Cette vaste plage de sable bordée d'une agréable promenade offre une aire de loisirs, un golf miniature, un stand de tir à l'arc et une base nautique.

★ Historic Ship Nautilus

Amarré à un ponton jouxtant la base sous-marine. ☎ 860 694 3174 ou 800 343 0079 - www.ussnautilus.org - ♿ - mai-oct. : merc.-lun. 9h-17h, mar. 13h-17h ; reste de l'année : merc.-lun. 9h-16h - fermé 1er janv., Thanksgiving Day (4e jeu. de nov.), 25 déc. et 3e semaine d'avril.

Lancé en 1954, le *USS Nautilus* fut le premier sous-marin de l'ère nucléaire. En plongée, il établit de nouveaux records de vitesse, de distance et de durée. En 1958, il fut le premier sous-marin à atteindre le pôle Nord. Désarmé en 1980, ce bâtiment de 97,5 m constitue la principale attraction d'un ensemble comprenant également un musée et une bibliothèque. Dans le sous-marin, on visite, entre autres, la salle des torpilles et la salle de contrôle. Le **musée,** à travers sa collection de plus de 18 000 objets, 20 000 documents et 30 000 photographies, présente l'histoire de la navigation sous-marine, celle du *Nautilus,* et la vie à bord de ce type de bâtiment.

Mystic Seaport

2 618 hab.

⊙ NOS ADRESSES PAGE 279

🚩 **S'INFORMER**
    ✆ 888 973 2767 - www.visitmysticseaport.com.

◯ **SE REPÉRER**
    Carte de la région D3 *(p. 257) – carte Michelin 581 L 11.* Mystic Seaport, situé sur la côte, est facile d'accès à partir du grand axe nord-sud (I-95) ou est-ouest (I-91).

🅿 **SE GARER**
    Il y a une grande aire de parking à l'entrée du site.

👻 **À NE PAS MANQUER**
    Les quais avec leurs magasins dans le style du 19ᵉ s.

🕐 **ORGANISER SON TEMPS**
    Commencez avec la présentation vidéo au Visitor Center, où vous pouvez également vous procurer un plan du parc et le programme des événements quotidiens. Comptez au moins une journée pour la visite.

👫 **AVEC LES ENFANTS**
    Le **Children's Museum** où tout est à leur taille.

La bourgade de Mystic, au bord de la rivière du même nom, était déjà au 17ᵉ s. un important centre de construction navale. Dans les années 1850, ses chantiers produisaient les grands clippers qui firent la gloire de la marine américaine. Vers la même époque, la pêche à la baleine se développa sur cette côte, et Mystic compta alors jusqu'à 18 baleiniers. La plupart des belles demeures qui bordent Gravel Street, Clift Street et High Street appartenaient à des capitaines au long cours. Au début du 20ᵉ s., les chantiers navals se reconvertirent dans la construction de bateaux de plaisance, puis, durant la Seconde Guerre mondiale, dans celle de bâtiments pour la Navy. Aujourd'hui, Mystic est avant tout le site de Mystic Seaport, un musée-village recréant l'atmosphère d'un port maritime américain.

Mystic Seaport waterfront.
Photo courtesy of Mystic Seaport

Se promener

LE SITE HISTORIQUE DE MYSTIC SEAPORT

📍 *Prenez la Route 95 jusqu'à la sortie 90, puis suivez la Route 27 vers le sud.*
📞 *860 572 5315 ou 888 973 2767 - wwwmysticseaport.org - avr.-oct. : 9h-17h ;*
reste de l'année : 10h-16h - fermé déc. - 15 $ (billet valable deux jours d'affilée).

👥 Mystic Seaport est une reconstitution vivante d'un port du 19ᵉ s. Attraction populaire née à partir d'une exposition d'objets maritimes dans un ancien moulin rénové, l'ensemble comprend aujourd'hui 60 bâtiments répartis sur près de 7 ha. Le long des quais, qui constituent le cœur du village, et des rues adjacentes se succèdent une série de boutiques et de magasins tels qu'on les trouvait dans un port du 19ᵉ s. Les enfants aimeront particulièrement le **Children's Museum** où ils pourront participer à divers jeux et activités maritimes remontant à l'époque de la navigation à voile.

Trois impressionnants voiliers entièrement gréés sont amarrés le long des quais. Mystic Seaport conserve environ 500 petites embarcations et plus d'un million de photographies maritimes, les plus grandes collections de ce type dans le monde.

Charles W. Morgan

Seul survivant de la flotte baleinière américaine du 19ᵉs., ce bateau (1841) a été classé Site national historique. Au cours de ses 80 années de service, il effectua 37 voyages à travers le monde dont certains le retenaient éloigné pendant près de quatre années. À son bord, on visite les quartiers des officiers et on voit les gigantesques marmites utilisées pour faire fondre la graisse des baleines.

Joseph Conrad

Construit au Danemark comme bateau-école (1882), il navigua sous les pavillons danois, anglais et américain. Acheté par le Mystic Seaport, il a retrouvé sa fonction initiale.

L.A. Dunton

Datant de 1921, cette jolie goélette illustre à merveille ces grands bateaux de pêche qui sillonnaient les mers entre la Nouvelle-Angleterre et les bancs poissonneux de Terre-Neuve à la fin du 19e s. et au début du 20e s.

Sabino

Ce vapeur de 1908 est le dernier de son genre en activité aux États-Unis. Montez à bord de ce bateau à coque en bois, alimenté par le charbon pour une excursion sur la Mystic River. *Départ au Sabino Dock près de l'entrée principale du site - de mi-mai à mi-oct.: 10h30-15h30, un départ par heure - 5,50 $.*

Henry B. du Pont Preservation Shipyard

Tous les types de bateaux que possède le Mystic Seaport sont restaurés dans ce chantier naval. Depuis une plate-forme située au premier étage, on peut observer le travail des artisans exécuté selon les méthodes traditionnelles.

Mallory Building

Une collection de maquettes de bateaux et de portraits illustre la croissance de l'industrie maritime américaine, à travers la vie d'une famille puissante.

Mystic River Scale Model

Maquette du port de Mystic tel qu'il était en 1870. Longue de 15 m, elle comporte environ 250 structures détaillées.

Wendell Building

Le premier bâtiment d'exposition du centre, le Wendell abrite une grande et riche collection de **figures de proue** et autres objets sculptés en bois. Le **Schaefer Building** est un lieu d'exposition pour d'autres objets de la collection du musée; le **Planétarium** est spécialement dédié à la navigation céleste.

À voir aussi

★★ Mystic Aquarium and Institute for Exploration

55 Coogan Blvd - ✆ 860 572 5955 - www. mysticaquarium.org - ♿ - mars-nov.: 9h-18h; déc.-fév.: lun.-vend. 10h-17h - fermé Thanksgiving Day (4e jeu. de nov.) et 25 déc. - 22 $.

👥 Parmi les 6 000 habitants de ce monde aquatique, vous trouverez des poissons à quatre yeux et les poissons-grenouilles d'Australie. C'est un des plus grands aquariums du pays, reconnu pour son travail sur l'environnement.

La flore et la faune sont exposées dans 45 espaces recréant des écosystèmes marins divers. Dans le **Ocean Planet Pavilion**, les requins-marteaux partagent 113 562 litres d'eau avec 500 poissons exotiques. L'exposition **Sunlit Seas** fait découvrir les milieux des récifs et des estuaires. Les grands dauphins, joueurs et sympathiques, participent à des démonstrations tous les jours au **World of the Dolphin**. Les anguilles électriques et des grenouilles hautes en couleur attirent les visiteurs au **Hidden Amazon**. Dehors, admirez le monde sous-marin des phoques et des bélugas à **Alaska Coast**. Pour partir encore ailleurs, il suffit de se déplacer au **Roger Tory Peterson Penguin Exhibit** pour voir les manchots du Cap, qui sont natifs de l'Afrique australe.

À proximité Carte de la région

★★ Mashantucket Pequot Museum D2

◗ *7 miles au nord-est de Mystic. Depuis l'I-95, prenez la sortie 92, puis la Route 2 (ouest) et suivez la signalisation.* ✆ *800 411 9671 - www.pequotmuseum.org -* ♿ *- 10h-16h (dernière entrée 1h avant la fermeture) - fermé j. fériés - 15 \$.*

👫 Ce musée, propriété de la tribu indienne qui le gère, est le plus important musée amérindien du pays. On y découvre l'histoire naturelle de la région sud de la Nouvelle Angleterre et aussi l'histoire et la culture des Indiens mashantuckets pequots. Le site fait partie de la réserve et l'architecture du bâtiment est ouverte sur la forêt et traversée d'une rigole. Le musée cherche à faire revivre le quotidien du peuple pequot de la préhistoire à nos jours, avec des vidéos interactives, des films, l'arôme du feu de bois et les chants d'oiseaux en fond sonore. Le point fort de la visite est la reconstitution d'un **Village pequot** du 16e s., qui s'étend sur 2 043 m² à l'intérieur du musée.

★ Stonington D2-3

◗ *4 miles à l'est de Mystic par la Route 1, puis la Route 1A.*

C'est l'un des plus beaux villages côtiers du Connecticut. Son caractère ancestral se retrouve dans les très belles maisons qui bordent les rues ombragées de cet ancien centre de construction navale. Du haut du phare, on peut voir l'île privée de Fisher Island.

★ **Captain Palmer House** – *40 Palmer St. -* ✆ *860 535 8445 - www.stoningtonhistory.org/palmer.htm - visite guidée (45mn) mai-oct. : jeu.-dim. 13h-17h - 5 \$ (comprend le Old Lighthouse Museum).* Perchée sur le plus haut point de Stonington, cette demeure néoclassique est surmontée d'une coupole octogonale. La vue s'étend à tous les horizons.

Old Lighthouse Museum – *7 Water St. -* ✆ *860 535 1440 - www.stoningtonhistory.org/light.htm - mai-oct. : 10h-17h - 5 \$ (comprend le Captain Plamer House).* Les expositions saisonnières présentées dans le vieux phare (1840) évoquent le passé de Stonington, à l'époque des chantiers navals et de la pêche au phoque et à la baleine.

😊 NOS ADRESSES À MYSTIC SEAPORT

HÉBERGEMENT

Mystic

BUDGET MOYEN

Brigadoon Bed & Breakfast – *180 Cow Hill Rd -* ✆ *860 536 3033 - www.brigadoonofmystic.com - 8 ch. 95/175 \$.* À moins de 2 km (1,24 miles) du centre de Mystic, une rue tranquille pour un petit coin d'Écosse. Transformée par Kay, originaire de Grande-Bretagne, et Ted, son mari, l'ancienne ferme du 18e s. abrite un élégant B & B aux chambres pastel lumineuses. Avec son lit orné de cuivres et de ferronneries, la suite nuptiale est particulièrement agréable. Aux beaux jours, délicieux petit-déjeuner servi sous les frondaisons du jardin.

UNE FOLIE

The Inn at Mystic – *Route US-1 et Route 27 -* ✆ *860 536 9604 ou 800 237 2415 - www.innatmystic.*

com - ✗ - 67 ch. à partir de 150 $.
Posté sur les hauteurs d'une
colline face au port de Mystic,
dont il offre de merveilleuses
vues, cet établissement associe un
motel haut de gamme, un hôtel
au décor colonial, une auberge
romantique (la *Guest House*) ainsi
qu'une luxueuse demeure, la
Haley Mansion (1904). Dans cet
embarras du choix, les cinéphiles
opteront pour la *Guest House*,
où Humphrey Bogart et Lauren
Bacall célébrèrent leur nuit de
noce. Tennis, canotage, jardins
en terrasses et restaurant réputé :
The Flood Tide.

Steamboat Inn –
*73 Steamboat Wharf - ℘ 860 536
8300 - www.steamboatinnmystic.
com - 11 ch. 160/300 $.* Au cœur
de la ville, face à la Mystic River,
une confortable auberge avec
vue. Les chambres y sont toutes
différentes, aménagées par un
designer, et la plupart ont un
Jacuzzi. Petit-déjeuner copieux et
afternoon tea servis dans le beau
salon.

The Old Mystic Inn – *52 Main St. -
℘ 860 572 9422 - www.
oldmysticinn.com - 8 ch. 165/215 $ -
pas d'enfants de moins de 15 ans.*
Lits à baldaquin, parquets et
lambris habillent les chambres
chics de cette rouge bâtisse de
style colonial sortie de terre en
1784, et de sa remise plus récente :
toutes portent le nom d'un
écrivain de Nouvelle-Angleterre.
Diplômé du Culinary Institute
of America, le propriétaire vous
concoctera un exquis *breakfast*
avec œufs brouillés en pâte
feuilletée, asperges sauce mornay
et *French toasts* aux fraises, sirop
d'érable et noix de pécan.

Stonington

Inn at Stonington – *60 Water St. -
℘ 860 535 2000 - www.
innatstonington.com - 12 ch.*

180/349 $. Il est rare de trouver un
établissement récent au meilleur
emplacement – face au port –
d'une vieille cité maritime, aussi
suscite-t-il la curiosité et, quand
la prestation suit, l'intérêt : cette
auberge est une véritable petite
perle. Construite sur le site d'un
restaurant parti en fumée, le
bâtiment, de style néoclassique,
accueille de luxueuses chambres
décorées de meubles anciens.
Vous y aurez la vue sur le port et
pourrez louer vélos et kayaks. Bar.

RESTAURATION

Mystic

PREMIER PRIX

Kitchen Little –
*135 Greenmanville Ave. - ℘ 860 536
2122 - lun.-vend. 6h30-14h, w. end
6h30-13h.* Une cantine au bord
de l'eau connue pour ses petits-
déjeuners gargantuesques
aux noms rigolos : Mystic Melt,
Portuguese Fisherman ! Proche du
centre-ville.

Mystic Pizza – *56 West Main St. -
℘ 860 536 3700 - www.mysticpizza.
com - appelez pour connaître les
horaires.* Oui, il existe réellement
un « Mystic Pizza » et oui, il fut la
vedette du film du même nom
qui, en 1988, lança la carrière
d'une certaine Julia Roberts !
On y sert toujours cette épaisse
et onctueuse pizza à la recette
secrète qui fit le succès du
restaurant dès son ouverture, par
la famille Zepelos, en 1973. Outre
les pizzas, le menu offre un large
choix de plats simples : calamars
frits, burgers, salades…

BUDGET MOYEN

Seamen's Inne –
*105 Greenmanville Ave. (Route 27) -
℘ 860 572 5303 - 11h30-21h
(vend.-sam. 21h30).* À 2 km '1,24
miles) du centre-ville, une taverne
bordant la Mystic River pour se

rassasier d'une bonne cuisine régionale : *clam chowder* crémeux, poisson fraîchement sorti des filets, pièces de viande et pudding au chocolat.

POUR SE FAIRE PLAISIR

Captain Daniel Packer Inne – *32 Water St. - ☏ 860 536 3555 - www.danielpacker.com - 11h-16h, 17h-22h.* C'est aujourd'hui sur quatre roues, et non uniquement par bateau, que l'on vient se restaurer dans cette auberge située face à la marina, ancien relais de pêcheurs (1756). Avec ses cheminées, sa pierre apparente et son vieux plancher, il en émane encore une atmosphère d'autrefois. Un lieu cosy pour une cuisine régionale créative : *lobster lollipops* (pinces de homard enroulées dans une pâte phyllo et nappées d'une sauce à la moutarde) et raviolis de crevettes et homard.

Restaurant Bravo Bravo – *East Main St. - ☏ 860 536 3228 - www. bravobravoct.com - mar.-sam. 11h30-14h, 17h-21h (vend.-sam. 22h), dim. 17h-21h.* Il porte bien son nom ! Ce restaurant dominant la rue principale de Mystic a une carte italienne qui mérite applaudissements. La salade de fromage de chèvre chaud, le risotto de champagne au homard et asperges, les gâteaux de crabes et les médaillons de veau aux épinards récoltent tous les suffrages. L'attente, à la belle saison, en vaut la peine.

Noank

BUDGET MOYEN

Abbott's Lobster In The Rough – *117 Pearl St. (à 2,5 miles au sud-ouest de Mystic par la Route 215) - ☏ 860 536 7719 - www. abbotts-lobster.com - de Memorial Day à Labor Day : 12h-21h ; de Labor Day à Columbus Day : vend.-dim.*

uniquement. Son vaste parking en dit long : Abbott est l'une des tables les plus populaires de Noank, commune voisine de Mystic. Plein de coins et de recoins, cet ensemble de cabanes de pêcheurs offre de superbes vues du détroit de Fishers Island, île étirée au large de Long Island (NY). Les homards y sont réputés parmi les meilleurs – et les plus gros – de la région. Apportez votre boisson, on vous remettra les glaçons.

ACHATS

Clyde's Cider Mill – *129 North Stonington Rd, Mystic - ☏ 860 536 3354 - sept.-déc.* La fabrication de cidre fait partie des usages automnaux de la Nouvelle-Angleterre, et Clyde's ne déroge pas à la règle. Au contraire, c'est ici, sans doute plus qu'ailleurs, que cette tradition prend tout son sens : on s'y relaie depuis six générations (1881) et l'on emploie un moulin classé avec pressoir en acier. Vous y garnirez votre panier de cidre doux mais aussi de pommes, de sirops…

New Haven

124 450 hab.

NOS ADRESSES PAGE 292

S'INFORMER
203 777 8550 ou 800 332 7829 - www.visitnewhaven.com.

SE REPÉRER
Carte de la région B3 *(p. 256)* – *carte Michelin 581 IJ 11*. À mi-chemin entre la zone urbaine de New York City et la zone urbaine de la Nouvelle Angleterre, la ville est située sur le port de New Haven, à l'extrémité nord du Long Island Sound. Elle est facilement accessible par les grands axes nord-sud (I-95, I-91) et est-ouest (Route US-34).

SE GARER
Les horodateurs se trouvent le long des rues Elm, Orange et Court. Il y a des parcs de stationnement sur Elm St. (entre Orange St. et State St.) et sur Orange St. (entre Elm St. et Wall St.). Les parkings de l'Université Yale sont ouverts au public le week-end (gratuit).

À NE PAS MANQUER
La visite à pied de la prestigieuse Université Yale.

ORGANISER SON TEMPS
Démarrer la visite à **Info New Haven** *(1000 Chapel St.)* : renseignements, plans, vente de billets pour les spectacles, réservations théâtres et restaurants, site Web interactif. Il faut une demi-journée pour la visite de Yale : comptez une heure ou deux pour le musée d'art de l'université.

AVEC LES ENFANTS
Suivre le sentier Tower Path *(1,86 miles)* dans Sleeping Giant State Park.

Vue de la Route 95, la ville de New Haven présente un paysage d'usines et de grandes tours administratives dont Knights of Columbus Building, insolite immeuble cylindrique encadré par les crêtes de basalte rouge des parcs de East Rock et de West Rock. Il faut quitter la route et gagner le green pour découvrir la sérénité des quartiers résidentiels (Whitney Avenue, Hillhouse Avenue, Prospect Street) et les bâtiments couverts de lierre de l'Université Yale.

Se promener

★★★ YALE UNIVERSITY

Circuit tracé en vert sur le plan Yale University (p. 285) – comptez une demi-journée.
Commencez la visite au Visitor Center, Elm St.
Cette université, qui fait partie de la prestigieuse Ivy League, est la plus ancienne et la plus éminente des grandes écoles des États-Unis. Elle fut fondée en 1701 par un groupe de prêtres puritains, désireux de doter le Connecticut

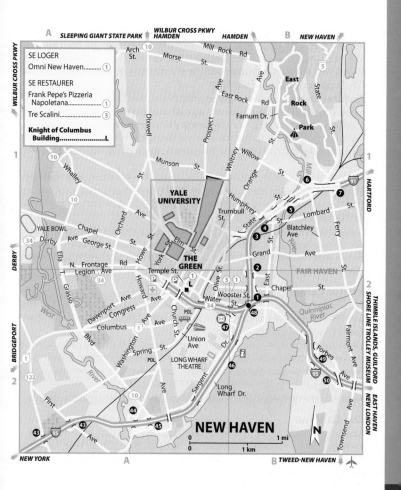

HISTOIRE D'UNE VILLE INDUSTRIELLE

Première ville des États-Unis aménagée selon un plan quadrillé, New Haven fut fondée en 1638 par un groupe de puritains conduits par le révérend John Davenport et Theophilus Eaton. Au siècle suivant, New Haven devint une ville prospère grâce à son port en eau profonde, mais la guerre de 1812 mit un terme à cet essor économique, comme dans de nombreux ports de la Nouvelle-Angleterre. Au 19e s., le développement du chemin de fer modifia à jamais la physionomie de la ville. Des industries et des manufactures s'installèrent à New Haven, drainant avec elles des milliers d'immigrants travaillant dans les usines d'horlogerie, d'armes à feu et de diligences. Un de ces grands fabricants, **Eli Whitney**, fut le précurseur du travail à la chaîne : il avait découvert qu'en faisant confectionner une pièce spéciale par chaque ouvrier, la production était plus importante. Ainsi naquirent les premières chaînes d'assemblage.

d'un établissement scolaire capable de former de bons éléments destinés au clergé et à l'État. En 1887, Yale devint une université, soit bien après la fondation de son école de médecine (1810) et de son école de droit (1824). C'est à Yale que fut attribué, en 1861, le premier titre de Philosophiæ Doctor (Ph. D. ou doctorat) des États-Unis.

Architecture – Avec ses tourelles médiévales, ses flèches, ses tours massives, ses vitraux et ses bâtiments aux silhouettes d'architecture similaire à celle des cathédrales, le campus est principalement construit dans le style néogothique. L'influence du style georgien est perceptible, mais il faut pénétrer dans les cours intérieures pour en découvrir les élégantes façades.

Dans les années 1920 et 1930, James Gamble Rogers a conçu le Harkness Tower (1921), Sterling Memorial Library (1932), Pierson et Devenport Colleges (1932) ainsi que d'autres structures et espaces alors qu'il était « l'architecte de l'Université Yale ».

À partir des années 1950, Yale fit appel aux plus grands architectes pour édifier de nouveaux bâtiments : Louis Kahn (Yale Art Gallery et Yale Center for British Art), Paul Rudolph (School of Art and Architecture) et Philip Johnson (Kline Biology Tower).

Visitor Center

149 Elm St. - ☎ 203 432 2300 - www.yale.edu/visitor - lun.-vend. 9h-16h30, w.-end 11h-16h - visite guidée du campus (1h30) lun.-vend. 10h30 et 14h, w.-end 13h30 - fermé Thanksgiving Day, 22 déc. et 1ᵉʳ janv.

Le centre d'accueil est installé dans Pierpont House, la maison la plus ancienne de New Haven (1776). Les visiteurs trouveront à leur disposition un livret d'information et de nombreuses brochures sur l'université, ses bâtiments, ses collections et les sculptures s'élevant sur le Campus.

*Passez l'arche de Phelps Gate (**A**) dans College St. Entrez dans le vieux campus.*

Old Campus

Site original du premier collège, ce campus possède le plus ancien bâtiment de l'université : le **Connecticut Hall** (**B**). Une statue de Nathan Hale, héros de la guerre d'Indépendance et ancien élève de Yale, se dresse devant cet édifice de style georgien où il étudia.

Traversez le vieux campus et engagez-vous dans High Street.

De l'autre côté de la rue se trouve la **Harkness Tower** (**C**) (1920), un campanile néogothique culminant à 67 m, lourdement orné de sculptures des plus célèbres élèves de Yale, notamment Noah Webster et Eli Whitney.

Tournez à gauche dans High Street, passez sous une arche, puis engagez-vous à droite dans Chapel Street.

La **Yale University Art Gallery** (*voir ci-dessous*), première œuvre majeure de Louis Kahn, fait face à sa dernière réalisation, le **Yale Center for British Art** (*voir ci-dessous*). Le parti pris muséologique (qualité des matériaux, luminosité, utilisation des surfaces) développé par l'architecture de ces deux ensembles est particulièrement intéressant.

Continuer jusqu'à York Street.

L'ancienne église néogothique sur la gauche abrite le **Yale Repertory Theater** où travaille la Yale Repertory Company, troupe de comédiens professionnels attachée à l'université. Presque en face se dresse l'immense **School of Art and Architecture**, œuvre de l'architecte Paul Rudolph. Le bâtiment semble s'étager sur 7 niveaux alors qu'il en comprend en réalité 36. Il faut y entrer pour s'en rendre compte.

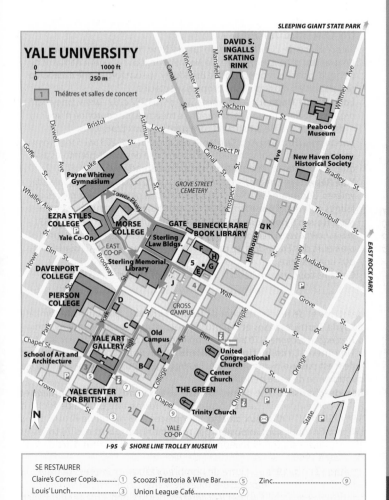

SLEEPING GIANT STATE PARK

YALE UNIVERSITY

0 _____ 1000 ft
0 _____ 250 m

1 Théâtres et salles de concert

DAVID S. INGALLS SKATING RINK

Peabody Museum

New Haven Colony Historical Society

GROVE STREET CEMETERY

Payne Whitney Gymnasium

EZRA STILES COLLEGE
Yale Co-Op

MORSE COLLEGE

EAST CO-OP

Sterling Memorial Library

DAVENPORT COLLEGE

PIERSON COLLEGE

GATE

BEINECKE RARE BOOK LIBRARY

Sterling Law Bldgs.

YALE ART GALLERY

School of Art and Architecture

Old Campus

YALE CENTER FOR BRITISH ART

United Congregational Church

Center Church

THE GREEN

CITY HALL

Trinity Church

YALE CO-OP

EAST ROCK PARK

CROSS CAMPUS

N

I-95 SHORE LINE TROLLEY MUSEUM

SE RESTAURER

Claire's Corner Copia............ ①   Scoozzi Trattoria & Wine Bar........... ⑤   Zinc................................. ⑨
Louis' Lunch............................ ③   Union League Café........................ ⑦

★★ Yale University Art Gallery

1111 Chapel St. - ℰ 203 432 0600 - www.artgallery.yale.edu - &- mar.-sam. 10h-17h (jeu. 10h-20h en sept.-juin), dim. 13h-18h - fermé j. fériés.

Ce musée fut fondé en 1832 grâce à un don d'une centaine d'œuvres du peintre John Trumbull. Aujourd'hui la collection compte 80 000 œuvres, de l'antiquité à nos jours. Le bâtiment se compose de deux parties reliées entre elles : l'une, construite en 1928, est de style gothique et l'autre, ajoutée en 1953, a été conçue par **Louis Kahn**.

La collection est particulièrement fournie en arts décoratifs américains de la période coloniale ou fédérale, et possède un bon nombre de tableaux et sculptures d'Amérique.

Premier niveau – La collection d'**art antique méditerranéen** comporte près de 12 000 objets étalés sur 5 000 ans. Un mithræum, sanctuaire souterrain consacré au culte de Mithra (divinité solaire), merveilleusement orné de

UN CENTRE CULTUREL

La présence de l'Université Yale fait de New Haven un centre culturel de premier plan. Les théâtres de New Haven, qui servaient naguère de tremplin pour les productions de Broadway, se sont forgés une excellente réputation en montant leurs propres spectacles.

Long Wharf Theater – *222 Sargent Dr. -* ℘ *203 787 4282 - www.longwharf. org.* Installé dans un ancien entrepôt, ce théâtre a été couronné d'un *Tony Award*, récompense artistique fort renommée aux États-Unis.

Shubert Performing Arts Center – *247 College St. -* ℘ *203 562 5666 - www. shubert.com.* Sa programmation variée propose des avant-premières ainsi que des spectacles et des concerts lancés à Broadway.

Yale Repertory Theater – *1120 Chapel St. -* ℘ *203 432 1234 - www.yale.edu/ yalerep.* Surnommé le « Rep », ce théâtre fait la part belle aux pièces des jeunes auteurs et aux interprétations modernes des grands classiques.

New Haven Symphony Orchestra – *70 Audubon St. -* ℘ *203 865 0831 - www.newhavensymphony.com.* Cet orchestre, reconnu comme l'un des meilleurs des États-Unis, se produit dans le Woolsey Hall (**G**), sur le campus universitaire.

Certains concerts ont lieu à la **Yale School of Music** – ℘ *203 432 4157.*

---

peintures et de reliefs provient de **Doura-Europos**, ancienne cité romaine de Syrie. Parmi les vases et sculptures grecs, étrusques et égyptiens, remarquez *Leda et le cygne* (370 av. J.-C.), copie romaine d'un original grec attribué à Timotheos. La **collection précolombienne** d'objets en pierre, argile et jade n'est pas moins remarquable. Les figurines nous renseignent sur la vie quotidienne de cette période.

Rez-de-chaussée – Ce niveau est réservé aux expositions temporaires et à l'art contemporain. Le Sculpture Hall renferme une œuvre de Richard Serra, *Stacks* (1990), deux blocs d'acier placés à 18 m l'un de l'autre. Dans l'Albert Corridor sont exposées par roulement certaines des 74 toiles et 110 estampes du fonds Joseph Albers, qui dirigea l'Institut d'art de Yale de 1950 à 1960.

1er étage (11e s.-19e s.) – Outre de nombreux tableaux impressionnistes, la collection du 19e s. comprend des toiles de Manet *(Jeune femme étendue dans un costume espagnol)*, Courbet *(Le Grand Pont)*, Van Gogh *(Café de nuit)*, Millet, Corot, Degas et Matisse.

La section d'art moderne présente des œuvres de Marcel Duchamp *(Tu'm)*, Stella *(Brooklyn Bridge)*, Magritte *(La Boîte de Pandore)* et Dalí *(La Charrette du fantôme)*, ainsi que des toiles de Tanguy, Ernst, Klee et Kandinsky.

La collection d'**art africain** comprend des masques et objets de cérémonie et d'apparat.

2e étage (fin 19e s. européen et art contemporain ; art américain) – La **collection Jarves** regroupe les primitifs italiens (13e-16e s.) avec des joyaux tels que la *Vierge à l'Enfant* de Fabriano et le *Portrait de la femme au lapin* de Ghirlandaio. Les galeries adjacentes, consacrées à l'art européen, recèlent des œuvres d'artistes majeurs, tels Bosch *(Allégorie de l'Intempérance)*, Hals, Holbein, Rubens et le Corrège *(L'Assomption de la Vierge)*.

La **collection Garven** d'art américain de l'époque coloniale et du début du 19e s. est présentée de façon didactique pour les besoins des cours universitaires. Le mobilier, l'argenterie, les étains et les autres objets en métal illustrent ici l'évolution des styles aux États-Unis.

New Haven, vue d'ensemble.
Michael Melford / www.visitnewhaven.com

La galerie de peinture et de sculpture américaines des 19e et 20e s. regroupe des chefs-d'œuvre de Eakins, Homer, Church, Cole, Remington, Hopper et O'Keefe. Une section est consacrée à l'œuvre de John Trumbull, dont *The Battle of Bunker Hill* et *Signing of the Declaration of Independence* qui servirent de modèle aux fresques du Capitole à Washington. Remarquez également *The Greek Slave*, une statue signée Hiram Power.

3e étage (Arts asiatiques ; estampes et dessins) – Les galeries orientales abritent des sculptures japonaises ainsi que des bronzes, de la céramique et des peintures originaires de Chine (du 12e s. av. J.-C. à nos jours). Les 25 000 estampes, 6 000 dessins et 3 000 photographies datent du 15e au 20e s.

★★ Yale Center for British Art

1080 Chapel St. - ☎ 203 432 2800 - www.ycba.yale.edu/index.asp - ♿ - mar.-sam. 10h-17h, dim. 12h-17h - fermé j. fériés.

En 1966, Paul Mellon, mécène de la National Gallery de Washington, fit don à Yale de sa collection d'art anglais qui comprenait 1 300 tableaux, 10 000 dessins, 20 000 gravures et 20 000 livres rares. Louis Kahn dessina les plans d'un nouveau bâtiment inauguré en 1977, destiné à abriter la collection. L'architecture conçue par Kahn permet à la lumière naturelle de pénétrer par de nombreuses verrières tout en étant filtrée par des patios s'étageant sur trois ou quatre niveaux et ouvrant sur les galeries d'exposition.

La collection – Retraçant l'évolution de l'art anglais depuis le règne d'Élisabeth Ire, la collection comprend des scènes de chasse, des vues de villes et des marines, des portraits et des tableaux de genre datant de 1700 à 1850.

Le **3e étage** abrite des tableaux et des sculptures présentés par ordre chronologique afin de donner une vue d'ensemble de l'art anglais de la fin du 16e s. au début du 19e s. Plusieurs salles de cet étage sont consacrées aux œuvres de **Gainsborough**, **Reynolds**, **Stubbs**, **Turner** et **Constable**. Au **1er étage** se trouve une sélection de tableaux et de sculptures des 19e et 20e s.

Tournez à droite dans York Street et descendez la rue à moitié.

★ Pierson and Davenport Colleges

Ces élégants bâtiments, de style georgien et de style médiéval, peuvent être admirés depuis les cours intérieures. De l'autre côté de la rue se trouve la **Wrexham Tower** (**D**) dont le clocher s'inspire de l'église du pays de Galles où Elihu Yale est inhumé.

Traversez Elm Street, suivez York Street. Au n° 306, tournez à gauche dans un étroit passage.

★ Morse and Ezra Stiles Colleges

Eero Saarinen s'est inspiré d'une petite ville italienne bâtie à flanc de coteau pour réaliser cet ensemble contemporain. À toute heure du jour, des jeux d'ombres et de lumières animent un dédale de ruelle. À côté, le **Yale Co-Op** (par Saarinen) est le magasin de l'université (connu sous le nom de West Co-Op depuis la construction d'un bâtiment adjacent appelé East Co-Op).

Sur Tower Parkway, face aux Morse and Ezra Stiles Colleges, se trouve le **Payne Whitney Gymnasium**, l'un des nombreux bâtiments de Yale.

Continuez le long de Tower Parkway pour gagner Grove Street.

À l'entrée du cimetière de Grove Street, remarquez la massive **porte**★ de style *Revival* égyptien (1808-1858) ; on la doit à **Henry Austin,** qui a également signé plusieurs maisons (19ᵉ s.) de Hillhouse Avenue *(voir p. 292).*

Revenez sur York Street en empruntant Grove Street. Tournez à gauche dans York Street, puis encore à gauche dans Wall Street.

Sterling Law Buildings

Les étudiants en droit vivent dans ces bâtiments inspirés des écoles de droit anglaises bâties du 16ᵉ au 18ᵉ s. Remarquez les effigies de voleurs et de policiers sculptées au-dessus des fenêtres.

★ Beinecke Rare Book and Manuscript Library

121 Wall St.

Les murs extérieurs de cette bibliothèque (1961, Gordon Bunshaft) sont composés de plaques de marbre translucide encastrées dans du granit. Entrez dans le bâtiment pour apprécier les effets de miroitement de la lumière traversant le marbre. La mezzanine abrite une **bible de Gutenberg** et accueille des expositions temporaires. Des **sculptures** (**5**) aux formes géométriques, signées Isamu Noguchi, sont ancrées dans la cour opposée à la bibliothèque.

Face à la bibliothèque s'élèvent plusieurs bâtiments construits pour le bicentenaire de Yale : le **Woodbrige Hall** (**E**), le **University Dining Hall** (**F**) et l'auditorium, le **Woolsey Hall** (**G**). La rotonde, baptisée **Memorial Hall** (**H**), renferme un grand nombre de plaques commémoratives. Sur la place proche du Woodbridge Hall, remarquez le stabile rouge d'Alexander Calder, *Gallows and Lollipops* (Potence et sucettes).

Retournez à l'angle de Wall St. et High St. et tournez à gauche dans Wall St. Un grand nombre de statuettes ornent le faîte des bâtiments qui bordent cette rue.

Sterling Memorial Library

120 High St. Les voûtes, les vitraux et les fresques de cette bibliothèque, la plus importante de Yale, lui confèrent un air de cathédrale.

Sous le Cross Campus *(sur la gauche)* se trouve une autre bibliothèque, la **Cross Campus Library** (**J**), construite sous terre afin de préserver le green. La cour d'entrée est ornée d'une **fontaine-sculpture** (**6**) dédiée aux femmes de Yale, une œuvre de **Maya Lin**, une ancienne étudiante qui a réalisé le monument commémoratif des vétérans de la guerre du Viêtnam à Washington.

À voir aussi Plan Yale University

★ Le Green

À l'époque où New Haven était encore une colonie puritaine, la ville fut divisée selon un quadrillage composé de neuf carrés. Celui du centre, le green, fut réservé à toutes les activités publiques, du pâturage aux parades, et même aux sépultures. Au fil des ans, ce quartier est resté le cœur de la ville. Les trois églises (1812-1815) bâties sur le green illustrent chacune un style architectural différent : **Trinity Church** (néogothique), **Center Church** (georgien) et **United Congregational Church** (fédéral).

Hillhouse Avenue

La plupart des belles demeures qui bordent cette avenue furent construites au 19e s. par de riches industriels et commerçants. Aujourd'hui propriété de l'université, elles présentent plusieurs styles (fédéral, néoclassique, néo-Renaissance), et même des influences de l'architecture hindoue.

Yale Collection of Musical Instruments (K)

15 Hillhouse Ave. - 203 432 0822 - www.yale.edu/musicalinstruments - sept.-juin : mar.-vend. 13h-16h - fermé juil.-août et Thanksgiving Day (4e jeu. de nov.), 25 déc. et congés universitaires - 2 $.

Établie en 1900, cette collection rare rassemble plus de 1 000 instruments (du 16e au 19e s.) représentatifs des traditions musicales d'Europe occidentale. Parmi les plus impressionnants : les violons de Jakob Stainer (1661) et Stradivari (1736) et des instruments à clavier dont le plus ancien date de 1569. Les concerts annuels font revivre les instruments anciens restaurés.

L'AFFAIRE AMISTAD, 1839-1841

Pendant plus de deux ans, New Haven fut au centre de l'affaire Amistad, un chapitre important de la lutte contre l'esclavage aux États-Unis. En 1839, les officiers du navire américain *Washington* découvrent « *La Amistad* » au large de Long Island. Ce bateau espagnol transporte 53 esclaves africains de Sierra Leone, destinés au marché de Cuba. Lors d'une violente tempête entre La Havane et Port-au-Prince, les Africains se sont mutinés et ont tué l'équipage. Cinque, leur leader, a cependant épargné deux Espagnols pour qu'ils ramènent le navire en Afrique. Profitant de l'ignorance des révoltés, ces derniers mettent le cap sur l'Amérique. Lorsque le navire est arraisonné, les esclaves sont conduits aux États-Unis où, jugés pour piraterie et meurtre, ils attendent leur sort en prison.

Un professeur de Yale, Josiah Wiliam Gibbs, aidé d'un interprète, écoutent le récit des Africains. L'affaire est entendue à la Cour du Connecticut et le verdict confirmé par la Cour suprême, où l'ancien président John Quincy Adams plaide pour la défense. Le mouvement des abolitionnistes soulève des fonds pour le rapatriement des prisonniers libérés.

Aujourd'hui, the **Amistad Memorial**, une statue de 4 m en bronze, rend hommage au 53 Africains de *La Amistad*. Le monument est dressé sur le site de l'ancienne prison où ils furent incarcérés, devant la mairie de New Haven (*165 Church St.*) donnant sur le Green.

New Haven Colony Historical Society

114 Whitney Ave. - 𝄢 203 562 4183 - www.newhavenmuseum.org - ♿ - mar.-vend. 10h-17h, sam. 12h-17h - fermé j. fériés - 4 $.

300 ans de la vie de New Haven sont évoqués dans les 11 galeries d'exposition qui rassemblent des étains, des porcelaines et des jouets datant de l'époque où la ville s'appelait encore New Haven Colony. Le musée abrite également un modèle d'origine de l'égreneuse de coton de Eli Whitney, et un des premiers appareils à code fabriqué par F.B. Morse.

Peabody Museum of Natural History

170 Whitney Ave. - 𝄢 203 432 5050 - www.peabody.yale.edu - ♿ - lun.-sam. 10h-17h, dim. 12h-17h - fermé j. fériés - 7 $ (gratuit jeu. 14h-17h).

Ce Muséum d'histoire naturelle est célèbre pour sa collection de **dinosaures** *(rdc)*, comportant notamment le premier stégosaure jamais reconstitué, le squelette d'un apatosaure (20 m de long pour 35 t), un spécimen d'archélon – la plus grande tortue géante du monde (3 m de long et 75 millions d'années) –, et le fossile d'un Deinonychus, espèce découverte en 1964 armée d'une serre acérée en forme de faucille. *L'Ère des reptiles*, une fresque signée Rudolph Zallinger, représente les dinosaures et une flore remontant de 70 à 350 millions d'années. Au rez-de-chaussée se trouve une collection de mammifères, de primates et d'objets relatifs aux cultures d'Amérique centrale, aux Indiens des prairies et à la Nouvelle-Guinée. Au 2e étage sont présentés des minéraux, une section ornithologique et des dioramas sur la flore et la faune nord-américaines. Au 1er étage sont organisées des expositions temporaires.

★ David S. Ingalls Skating Rink

Intersection de Prospect St. et Sachem St.

L'architecte américano-finlandais Eero Saarinen s'est inspiré de la forme d'une baleine pour dessiner la patinoire de Yale (1958).

East Rock Park

Suivez Orange Street et traversez Mill River. Tournez à gauche, puis continuez toujours vers la droite. La route mène au parc de stationnement aménagé au sommet. 𝄢 203 946 6086 - www.cityofnewhaven.com/parks - de 8h à la tombée de la nuit - la route du sommet est ouverte en avr.-oct. : de 8h à la tombée de la nuit ; nov.-mars : w.-end 8h-16h.

Du haut de cette barrière de basalte on bénéficie d'une large **vue★★** sur New Haven ; on aperçoit au loin le détroit de Long Island.

À proximité Carte de la région

Shore Line Trolley Museum B3

▶ *5 miles à l'est de New Haven, à East Haven. Prenez la Route 95 jusqu'à la sortie 51, tournez à droite dans Hemingway Ave., puis à gauche dans River St. 17 River St. - 𝄢 203 467 6927 - www.bera.org - ♿ - de Memorial Day (dernier lun. de mai) au Labor Day (1er lun. de sept.) : 10h30-16h30 ; mai et de déb. sept. à mi-déc. : w.-end 10h30-16h30 - fermé Thanksgiving Day et 25 déc. - 8 $.*

Le musée a été créé par des bénévoles passionnés par ce moyen de transport. Ils ont restauré eux-mêmes un tiers des 100 voitures qui y sont présentées (elles datent de 1878-1962) et proposent des promenades de 5 km (3,1 miles) dans un vieux tramway le long de la côte du Connecticut.

THE THIMBLE ISLANDS

D'après la légende, le pirate Captain Kidd a enfoui son trésor sur l'une des 365 îles de l'archipel Thimble au large de Stony Creek (12 miles à l'ouest de New Haven). Certaines de ces toutes petites îles ne sont que des rochers, d'autres sont cultivées. Vingt-cinq d'entre elles sont habitées et beaucoup sont des propriétés privées. Le bateau **Sea Mist** propose une croisière commentée *(45mn)* (℘ *203 488 8905 - www.thimbleislandcruise.com - 10 $)* ainsi que le **Volsunga IV** *(45mn)* (℘ *203 481 3345 - www.thimbleislands.com - 9 $)*. Départs du quai municipal de Stony Creek, de mai à début octobre.

Sleeping Giant State Park B2

▶ *6 miles de New Haven. Prenez Whitney Ave. (Route 10) jusqu'à Hamden et tournez à droite dans Mt Carmel Ave. Cartes des itinéraires et informations au bureau des gardes forestiers. ℘ 203 789 7498 - de 8h au coucher du soleil - 10 $ par voiture.*

👤 Ce parc aménagé offre plus de 48 km (29,7 miles) de sentiers sillonnant la montagne. Le « Sleeping Giant » est une colline de grès qui ressemble à un homme allongé. **Tower Path** *(circuit de 1h30)* mène au point culminant du parc où une tour de pierre offre une superbe **vue★★** sur la région.

Guilford B3

▶ *13 miles à l'est de New Haven.*

En 1639, le pasteur Henry Whitfield arriva à cet endroit avec 25 familles, acheta des terres aux Indiens menunketucks et créa Guilford. Très vite, le village s'agrandit grâce au commerce et à la pêche, à la meunerie et à la construction navale, et surtout grâce à sa situation de relais sur la route de New York à Boston. Le charmant green et les maisons des 18e et 19e s. témoignent de l'ancienne prospérité de Guilford.

Henry Whitfield State Museum – *248 Old Whitfield St. - ℘ 203 453 2457 - de déb. avril à mi-déc. : merc.-dim. 10h-16h30 ; reste de l'année sur RV - fermé j. fériés - 3,50 $.* Dans une contrée où le bois abondait, le révérend Whitfield choisit de construire sa maison en pierre à l'image de celle du Nord de l'Angleterre (c'est la plus ancienne de la Nouvelle-Angleterre). Première habitation de Guilford (1639), elle servit d'église et de logement à une garnison. Restaurée telle qu'elle était au 17e s., elle conserve des meubles de la période coloniale.

Hyland House – *84 Boston St. - ℘ 203 453 9477 - www.hylandhouse.com - visite guidée (45mn) de juin au Labor Day (1er lun. de sept.) : tlj sauf lun. 10h-16h30 ; de Labor Day à Columbus Day : w.-end 10h-16h30 - gratuit mais donation conseillée.* « Boîte à sel » typique *(voir L'architecture dans Comprendre)* de la fin du 17e s., cette maison abrite des meubles américains de cette époque.

Thomas Griswold House – *171 Boston St. - ℘ 203 453 3176 - www.guilfordkeepingsociety.com - visite guidée (45mn) juin-sept. : tlj sf lun. 11h-16h ; oct. : w.-end 11h-16h - 2 $.* Cette maison de type « boîte à sel » a été habitée de 1774 à 1958 par cinq générations de la même famille. Elle a conservé sa solide porte à double battant construite en prévision d'attaques indiennes, ses cheminées, son mobilier 18e-19e s. dont deux cabinets d'angle dits de « Guilford ».

NOS ADRESSES À NEW HAVEN

HÉBERGEMENT

POUR SE FAIRE PLAISIR

Omni New Haven Hotel at Yale – 155 Temple St. - ℘ 203 772 6664 - www.omnihotels.com - 306 ch. 145/310 $. À un block du campus, des musées et des magasins, on ne peut rêver meilleur emplacement.
Chambres confortables, centre de fitness et restaurant panoramique au 18ᵉ étage de l'immeuble.

RESTAURATION

PREMIER PRIX

Frank Pepe's Pizzeria Napoletana – 157 Wooster St. - ℘ 203 865 5762 - lun.-sam. 11h30-22h, dim. 12h-22h. C'est à New Haven qu'est née la pizza et c'est chez Pepe's qu'on la dit la meilleure : vous voici dans l'une des plus fameuses pizzerias du pays ! Sa spécialité : *white clam with garlic*. D'autres se rendent chez **Sally's** (237 Wooster St. - ℘ 203 624 5271) sa voisine et grande rivale.

Louis' Lunch – 261-263 Crown St. - ℘ 203 562 5507 - www.louislunch. co - sept.-juil. : mar.-merc. 11h-16h, jeu.-sam. 12h-2h. New Haven, décidément, aime les trophées : si on connaît la ville pour avoir importé la pizza, elle s'enorgueillit aussi d'avoir inventé… le hamburger ! Classé sur le National Register of Historic Places, Louis' Lunch est officiellement le premier restaurant des États-Unis à avoir servi ces *steak sandwichs*, il y a plus d'un siècle. Un lieu de pélerinage pour les amateurs.

BUDGET MOYEN

Claire's Corner Copia – 1000 Chapel St. - ℘ 203 562 3888 - www.clairescornercopia. com - lun.-jeu. 8h-20h, vend. 8h-22h, sam. 9h-22h, dim. 9h-21h. Salades d'avocat et d'épinards, taboulé, bagels, pizzas : on passe commande et l'on se sert soi-même dans le restaurant de Claire Chriscuolo, précurseur de la cuisine végétarienne.
Une institution depuis plus de 25 ans.

Scoozzi Trattoria & Wine Bar – 1104 Chapel St. - ℘ 203 776 8268 - www.scoozzi.com - mar.-vend. 12h-14h30 et 17h-21h (vend. 21h30), sam. 12h-21h30, dim. 12h-15h et 17h-20h30. Une trattoria doublée d'un bar à vin : pâtes, risottos et paellas d'une main de maître.

Tre Scalini – 100 Wooster St. - ℘ 203 777 3373 - www. trescalinirestaurant.com - lun.-jeu. 11h30-14h30, 17h-21h30, vend. 11h30-14h30, 17h-22h30, sam. 17h-22h30, dim. 16h-20h. Une autre trattoria réputée qui sait innover : côtes d'agneau aux figues et pignons, morue sauce pomodoro et classiques italiens revisités.

Zinc – 964 Chapel St. - ℘ 203 624 0507 - www.zincfood.com - mar.-jeu. 12h-14h30, 17h-21h, vend. 12h-14h30, 17h-22h, sam. 17h-22h. Compositions fusion, entre Asie et Nouveau Continent : nachos de canard, lobsters rolls et thon tamari sont servis dans ce « zinc » branché.

POUR SE FAIRE PLAISIR

Union League Café – 1032 Chapel St. - ℘ 203 562 4299 - www.unionleaguecafe.com - lun.-jeu. 11h30-14h30, 17h30-21h30, vend. 11h30-14h30, 17h-22h, sam. 17h-22h. Très chic, la brasserie de Jean Pierre Vuillermet, pour une cuisine de haute volée.

Réplique d'un village algonquin.
The Institute for American Indian Studies copyright 2009

Litchfield Hills

★★

 NOS ADRESSES PAGE 297

S'INFORMER
   860 567 4506 - www.litchfieldhills.com.

SE REPÉRER
Carte de la région A2 *(p. 256) – carte Michelin 581 HI 10*. La Route 7 est l'axe principal nord-sud. Séjournez dans l'une des petites villes pittoresques des Litchfield Hills (Woodbury, Litchfield) pour visiter la région.

SE GARER
Vous trouverez facilement à vous garer en ville ou sur les sites.

À NE PAS MANQUER
Le White Memorial Foundation Wildlife Sanctuary à Litchfield et ses chemins de randonnée.

ORGANISER SON TEMPS
Prévoyez une journée autour de Litchfield et une autre pour vous promener autour et dans Woodbury.

AVEC LES ENFANTS
Vous pouvez faire du kayak et du canoë sur la Housatonic.

La région connue sous le nom de Litchfield Hills, au nord-ouest du Connecticut, juste au sud des Berkshires, offre de très beaux paysages de collines boisées (Taconic Mountains) que traversent des routes de campagne tranquilles, empruntant des ponts cou-

verts, traversant parcs et forêts et conduisant à de petits villages fondés à l'époque des colonies (Litchfield, Norfolk, Woodbury et Washington). La beauté de la vallée de la Housatonic avec ses torrents et ses cascades et sa proximité de New York a fait de Litchfield et sa région une destination privilégiée pour les artistes, les écrivains et autres visiteurs.

Se promener

★★ Litchfield

Les quatre principales rues de Litchfield forment une croix dont le centre gazonné, le **green**, est dominé par le clocher de la **First Congregational Church**. Non loin de là, le **Litchfield History Museum** ★ organise des expositions sur la vie quotidienne à Litchfield aux 17e et 19e s. *(7 South St. - ℘ 860 567 4501 - www.lietchfieldhistory.org - &. - de mi-avr. à fin nov. : mar.-sam. 11h-17h, dim. 13h-17h - 5 $).* Le long de **North Street** et **South Street**, on peut admirer de superbes maisons. La plupart sont des propriétés privées et sont ouvertes au public exclusivement à l'occasion du Historic Homes Tour (circuit des demeures historiques) organisé à la mi-juillet.

★ White Memorial Foundation and Conservation Center

2,5 miles à l'ouest de Litchfield par la Route 202 - parc ouvert tte l'année - ℘ 860 567 0857 - www.whitememorialcc.org.

Cette réserve de 1 600 ha, qui appartient à la White Memorial Foundation, offre des paysages et une flore très variés. On peut se procurer une carte des différents sentiers et monuments historiques de la réserve auprès du **musée** ou du **bureau d'accueil de la fondation** *(lun.-sam. 9h-17h, dim. 12h-17h - fermé j. fériés - 5 $).*

À proximité Carte de la région

★ American Clock and Watch Museum B2

▶ *17 miles à l'est de Litchfield, à Bristol. Prenez la I-84 East jusqu'à la sortie 31. Suivez la Route 229 North pendant 5,5 miles. Tournez à gauche sur Woodland St. et suivez la signalisation. 100 Maple St. - ℘ 860 583 6070 - www. clockmuseum.org - avr.-nov. : 10h-17h ; reste de l'année sur RV - fermé dim. de Pâques et Thanksgiving Day - 5 $.*

Au 19e s., la région de Bristol était la capitale américaine de l'horlogerie (plus de 200 000 horloges produites pour la seule année 1860). Terryville et Thomaston, localités voisines de Bristol, furent même baptisées d'après les noms de **Eli Terry** et **Seth Thomas**, deux célèbres horlogers du Connecticut. Grâce

---

THE YANKEE PEDDLER

Les colporteurs *(peddler)* de Nouvelle-Angleterre avait la réputation d'être coriaces et pas toujours honnêtes en affaires. Leur métier a pris de l'importance avec l'industrialisation et l'implantation de nouveaux colons à l'ouest. Dans le Connecticut, des milliers de pendules ont été produites et emportées par les colporteurs qui sillonnaient le Sud et l'Ouest. Ainsi « dans les cabanes, ils n'avaient pas toujours des chaises pour s'asseoir, mais ils avaient tous leur pendule du Connecticut ».

à des pièces de bois standardisées, Terry mit les horloges à la portée de toutes les bourses. Il inventa une pendule compacte de petit format que les colporteurs pouvaient aisément transporter. Ainsi, des milliers de ces modèles très légers furent-ils écoulés à travers les États situés à l'est du Mississippi.

La plupart des pièces de la collection ont été produites dans le Connecticut. Dans l'annexe sont exposées des pendules récentes et des spécimens de différentes formes : gland, banjo et horloges à caisse monumentale. *Une vidéo (20mn) retrace l'histoire de l'horlogerie.*

★ Bellamy-Ferriday House and Garden A2

▶ *6 miles au sud de Litchfield par les Routes 63 et 61, à Bethlehem. Située sur le green. ☎ 860 247 8996 - www.ctlandmarks.org - visite guidée (45mn) de mi-mai à mi-oct. : merc., vend. et w.-end 11h-16h - fermé j. fériés - 7 $.*

Cette demeure de style georgien, dotée d'un élégant portique palladien, fut bâtie vers 1745, puis agrandie et embellie au cours des deux siècles suivants. Le mobilier est de fabrication locale.

Équipé d'écuries et agrémenté de vergers, le parc comprend un jardin aménagé en 1912 et décoré de lilas, de pivoines, de magnolias et de roses selon la saison.

Institute for American Indian Studies A2

▶ *11 miles au sud-ouest de Litchfield, à Washington. Prenez la Route 202 vers l'ouest pendant 6 miles, puis la Route 47 vers le sud pendant 3 miles jusqu'à Washington. Prenez ensuite la Route 199 vers le sud pendant 2 miles jusqu'à Curtis Road, et suivez les panneaux signalant l'Institut. 38 Curtis Road - ☎ 860 868 0518 - www.birdstone.org - lun.-sam. 10h-17h, dim. 12h-17h - fermé j. fériés - 5 $.*

Agréablement situé dans les bois, ce petit musée se consacre à la culture et à l'histoire des Indiens du Connecticut. On y verra du mobilier, des mâts totémiques et des paniers tressés à la main, mais également une maison commune.

Un petit sentier mène à un campement de la tribu des Algonquins, entièrement recréé et complété de plusieurs **wigwams**, huttes des tribus indiennes de l'Est des États-Unis.

Glebe House Museum and Jekyll Garden à Woodbury A2

▶ *20 miles au sud de Litchfield, à Woodbury. 49 Hollow Rd – ☎ 203 263 2855 - www.theglebehouse.org - mai-oct. : merc.-dim. 13h-16h ; nov. : w.-end 13h-16h - 5 $.*

Fondée en 1673, la petite localité de Woodbury est célèbre aujourd'hui pour ses antiquaires installés essentiellement le long de Main Street (Route 6). En 1783, un groupe de pasteurs anglicans se réunit ici pour élire le premier évêque des colonies, Samuel Seabury (1729-1796). La Glebe House qui datait de 1750 est donc considérée comme le lieu où fut fondée l'Église épiscopalienne (très proche de l'Église anglicane) en Amérique. Autour de la maison, le jardin a été reconstitué selon les plans qui avaient été fait par la paysagiste Gertrude Jekyll dans les années 1920.

Randonnées sur l'Appalachian Trail A2

🥾 52 miles du fameux Apalachian Trail, le sentier de randonnée le plus renommé de l'Est américain, traversent le Connecticut, en grande partie dans les Litchfiel Hills. C'est donc un endroit idéal pour randonner. Nous vous conseillons le tronçon « River Walk » qui, comme son nom l'indique, suit la rivière sur 8 miles à partir de Bulls Bridge.

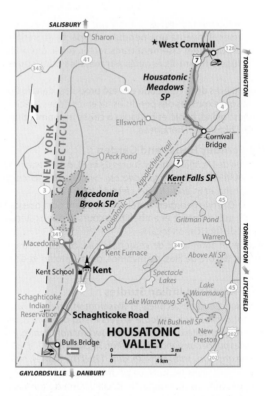

Itinéraire conseillé

VALLÉE DE LA HOUSATONIC

Pour visualiser ce circuit de 24 miles de Bulls Bridge à West Cornwall, reportez-vous à la carte de la région ci-dessus – comptez 3h. À Bulls Bridge, 3 miles au nord de Gaylordsville, prenez la Route 7. Tournez à gauche dans Bulls Bridge Road et prenez le pont couvert qui enjambe la Housatonic. Passez un second pont, puis tournez à droite dans Schaghticoke Road.

Ce circuit suit la Route 7 qui longe la Housatonic et qui était naguère un axe majeur reliant Montréal à New York.

Schaghticoke Road

Le 1er mile de cette route étroite est en grande partie non pavé. La route longe la Housatonic qui serpente parmi les bois et les formations rocheuses. Après 1 mile environ, la route pénètre dans la réserve indienne de Schaghticoke, et passe près d'un vieux cimetière indien dans lequel une pierre tombale porte cette inscription : « *Eunice-Mauwee – À Christian Indian Princess 1756-1860.* »

La route longe les bâtiments de la **Kent School**, une école privée très renommée.

Tournez à gauche dans la Route 341 et roulez en direction du nord pendant 1 mile jusqu'à Macedonia. Tournez à droite et suivez la signalisation pour Macedonia Brook State Park.

Macedonia Brook State Park
℘ 860 927 3238 - www.ct.gov/dep - de 8h au coucher du soleil. Ce parc où alternent gorges, torrents et ruisseaux, offre de nombreuses possibilités de promenade, de pêche et de camping *(réservation conseillée).*
Prendre la Route 341 South pour gagner Kent.

Kent
Niché au milieu des collines qui bordent la Housatonic, Kent est un village d'artistes et d'artisans dont les travaux sont souvent exposés dans les boutiques du centre.
Suivre la Route US-7 vers le nord.

Kent Falls State Park
Entrée sur la Route 7 - ℘ 860 927 3238 - www.ct.gov/dep - de 8h au coucher du soleil - 7/10 $ par véhicule le w.-end.
À droite des chutes, un escalier mène à un point de vue qui surplombe les cascades. De là, on peut traverser le pont et emprunter un sentier *(30mn)* à travers bois afin de rejoindre le parc de stationnement.
La Route 7 traverse le petit village de **Cornwall Bridge**, dont le *general store* est une halte appréciée des randonneurs qui parcourent l'Appalachian Trail.

Housatonic Meadows State Park
Entrée sur la Route 7, 1 miles au nord de Cornwall Bridge - ℘ 860 927 3238 - www.ct.gov/dep - de 8h au coucher du soleil. Camping saisonnier (réservation recommandée).
Le Pine Knob Loop Trail *(2h)* forme une boucle qui va du parking à l'ouest de la Route US-7. Il conduit au sommet de Pine Knob d'où l'on a une belle vue sur la vallée de la Housatonic.

★ West Cornwall
Ce petit village animé par plusieurs boutiques et restaurants est célèbre pour son pittoresque **pont couvert** construit en 1864.

⊕ NOS ADRESSES DANS LES LITCHFIELD HILLS

HÉBERGEMENT

POUR SE FAIRE PLAISIR
Heritage Hotel – 522 Heritage Rd, Southbury - *℘ 203 264 8200 ou 800 932 3466 - www. heritagesouthbury.com -* ✕*- 183 ch. 129/149 $.* Sis dans un beau paysage baigné par la Pomperaug River, un hôtel-resort pour se refaire une santé : chambres confortables, spa, piscines intérieure et extérieure, tennis et d'agréables sentiers environnants pour randonner à pied, à skis ou en raquettes.

UNE FOLIE
The Mayflower Inn – 118 Woodbury Rd (Route 47), Washington - *℘ 860 868 9466 - www.mayflowerinn. com -* ✕*- 31 ch. à partir de 520 $.* Entièrement réaménagée, l'ancienne auberge a cédé place à un hôtel huppé membre de Relais & Châteaux, garni d'antiquités et d'œuvres d'art. Autour de cette grande maison bourgeoise de campagne, un jardin shakespearien, une piscine, un terrain de boccia et quelque 11 ha de bois. Spa.

RESTAURATION

BUDGET MOYEN

Hopkins Inn – *22 Hopkins Rd, New Preston - ☏ 860 868 7295 - www.thehopkinsinn.com - mar.-sam. 12h-14h, 18h-21h (vend.-sam. 22h), dim. 12h30-20h30 - fermé janv.-mars.* Installé dans une auberge de style fédéral (1847) offrant de magnifiques vues – les plus belles dit-on – du lac Waramaug, ce restaurant met le Vieux Monde à la carte : escargots, schnitzel (escalope viennoise) et spaetzle, cordon bleu, rognons de veau à la moutarde de Dijon.

Carole Peck's Good News Café – *694 Main St. South (Route 6), Woodbury - ☏ 203 266 4663 - www.good-news-cafe.com - lun., mer.-sam. 11h30-22h, dim. 12h-22h.* Exposition d'œuvres d'art et de vieilles radios dans ce drôle de restaurant sympa et coloré où l'on mange frais et bio. Carole Peck y est notamment connue pour ses huîtres aux noix de pecan et ses desserts inspirés.

POUR SE FAIRE PLAISIR

West Street Grill – *West St. (sur le green), Litchfield - ☏ 860 567 3885 - www.weststreetgrill.com - midi et soir.* Le lieu pour voir, être vu, et pour goûter une cuisine américaine moderne – sinon avant-gardiste –, toujours exquise. Les calamars grillés et les fruits de mer sont des valeurs sûres, les soupes sont superbes.

ACHATS

White Flower Farm – *Route 63, à 3 miles au sud de Litchfield - ☏ 800 503 9624 - www.whiteflowerfarm.com - avr.-oct. : 9h-17h30.* Drapée de mille couleurs, la plus importante pépinière des États-Unis, pour embellir son jardin ou pour une simple visite. La tonnelle couverte de roses, le jardin de printemps et celui, lunaire, garni de fleurs blanches, ainsi que la serre aux bégonias en sont les points culminants.

Stroble Bakery and Cookery – *14 North Main St., Kent - ☏ 860 927 4073 - à partir de 8h.* Tartes de Linz, croissants, cheesecakes miniatures et cookies géants font de cette boulangerie-pâtisserie une halte connue des gens du coin. Arrivez tôt, quand le pain est encore chaud. Également des sandwichs, des salades et des soupes maison.

Hickory Stick Bookshop – *Au carrefour des Routes 47 et 109, à Washington - ☏ 860 868 0525 - www.hickorystickbookshop.com - lun.-sam. 9h-17h30, dim. 11h-17h.* On vient de tout le Connecticut s'approvisionner dans cette vaste librairie qui, à l'occasion, organise des rencontres avec les auteurs des Litchfield Hills. Philip Roth et Arthur Miller, entre autres, y ont signé certains de leurs ouvrages.

ACTIVITÉS

Clarke Outdoors – *163 Route 7, West Cornwall - ☏ 860 672 6365 - www.clarkeoutdoors.com.* Sorties en rafting – en compagnie de guides expérimentés – ou balades tranquilles en canoë, c'est selon : les humeurs de la Housatonic River décideront pour vous !

Norwalk

78 331 hab.

🍴 NOS ADRESSES PAGE 301

🛈 **S'INFORMER**

📞 *203 853 7770 ou 800 866 7925 - www.coastalct.com.*

🔘 **SE REPÉRER**

Carte de la région A3 *(p. 256) – carte Michelin 581 HI 12.* Norwalk se trouve sur la côte du Connecticut. Pour s'y rendre, prendre l'autoroute I-95 ou la Route US-7.

🅿 **SE GARER**

Parmi les nombreux parkings, citons le Main St. lot (sur Main St. près du croisement avec Wall St.) et le North Water lot (croisement entre Liberty St. et Washington St.) près de l'aquarium, et le Maritime Parking Garage (sur Water St.).

👁 **À NE PAS MANQUER**

Un tour dans Heritage State Park.

🕐 **ORGANISER SON TEMPS**

Commencez par le Maritime Aquarium (1 à 2h) puis sautez dans le ferry pour le phare de Sheffield Highland et au retour explorez les quais et docks autour de Heritage State Park.

👥 **AVEC LES ENFANTS**

Le Maritime Aquarium, ses bassins et le cinéma Imax.

C'est dans le quartier de SoNo (abréviation de South Norwalk), sur les berges de la Norwalk River, que souffle encore l'âme qui animait ce port maritime au siècle dernier. Les bâtiments victoriens bordant Washington Street, entre Main Street et Water Street, ont été restaurés et abritent restaurants, boutiques et galeries. On y fête chaque année le SoNo Arts Celebration.

Se promener

Heritage State Park

Le long du front de mer, le Heritage State Park rassemble des musées, un amphithéâtre, un centre d'informations et des parcs de jeux.

★ Maritime Aquarium

10 N. Water St. - 📞 203 852 0700 - www.maritimeaquarium.org - ♿ - juil.-août 10h-18h ; reste de l'année : 10h-17h - fermé Thanksgiving Day et 25 déc. - aquarium 11,50 $, pass avec cinéma Imax 16,50 $.

👥 Ce musée maritime est aménagé dans un entrepôt en briques construit au 19e s. au bord de la Norwalk River et récemment restauré. Y sont présentés des programmes audiovisuels interactifs, des expositions sur l'histoire maritime, des documents relatifs à la construction navale, un aquarium illustrant l'habitat du détroit de Long Island, des bassins où évoluent requins et phoques, ainsi qu'une salle de projection dotée d'un écran Imax *(8,50 $).*

Lockwood-Mathews Mansion Museum

295 West Ave. - ℘ 203 838 9799 - www.lockwoodmathewsmansion.org - &. - visite guidée (1h) de mi-mars à fin déc. : merc.-dim. 12h-16h ; janv.-fév. ouvert sur RV - fermé j. fériés - 8 $.

Cette résidence d'été victorienne en granit, dotée de tourelles et de lucarnes et coiffée d'un toit à la Mansard (fait en 1869), fut construite vers 1864. Elle comporte 62 pièces, une galerie d'art, un théâtre pour enfants et un salon mauresque. Les dalles de marbre abondent, tout comme les boiseries en acajou et en noyer sculptées par des artisans italiens. Avec ses 266 balustres, le grand escalier aurait coûté 50 000 dollars à lui seul.

Sheffield Island Lighthouse

Norwalk Seaport Association - ℘ 203 838 9444.

Des bateaux relient régulièrement Hope Dock à Sheffield Island Lighthouse, dont le phare date de 1868. La traversée dure 45mn.

À proximité Carte de la région

New Canaan A3

◖ *10 miles au nord de Norwalk par la Route 123.*

Cette élégante banlieue du comté de Fairfield attire artistes et amateurs d'art depuis le début du siècle, lorsque fut créée la **Silvermine Guild of Artists**. Cette association qui compte environ 300 membres se trouve sur Silvermine Road *(à l'est de la Route 123. 1037 Silvermine Rd - ℘ 203 966 9700)*. Elle entretient un ensemble d'ateliers, de galeries, de salles de cours. Chaque année s'y déroule l'exposition **Art of the Northeast**.

Barnum Museum B3

◖ *15 miles à l'est de Norwalk, à Bridgeport. De l'autoroute I-95 North, prenez la sortie 27 (Lafayette Blvd), tournez à gauche au 5ᵉ feu rouge. 820 Main St. - &.- ℘ 203 331 1104 - www.barnum-museum.org - mar.-sam. 10h-16h30, dim. 12h-16h30 - fermé j. fériés - 5 $.*

♔♙ Ce bâtiment tout aussi excentrique que son créateur **Phineas T. Barnum** (1810-1891) renferme des souvenirs rattachés à sa vie et à son cirque qui avait reçu l'appellation de « Plus grand spectacle du monde ». On y découvre les costumes et les objets ayant appartenu au lilliputien Tom Pouce, la première attraction du cirque, et le **Brinley Miniature Circus**, composé de plus de 3 000 figurines sculptées. Une aile moderne abrite des expositions temporaires.

Ridgefield A3

◖ *15 miles au nord-ouest de Norwalk. Prenez US-7 North en direction de Branchville puis la Route 102 West jusqu'à la Route 35 North.*

Bien qu'à une heure à peine du fourmillant quartier de Manhattan, cette charmante localité aux avenues bordées d'arbres est déjà bien caractéristique de la Nouvelle-Angleterre, avec ses boutiques et ses maisons anciennes.

Keeler Tavern Museum – *132 Main St. à l'intersection des Routes 33 et 35 - ℘ 203 438 5485 - www.keelertavernmuseum.org - visite guidée (45mn) fév.-déc. : merc. et w.-end 13h-16h - fermé j. fériés - 5 $.* Auberge de l'époque coloniale au début du 20ᵉ s., la Keeler Tavern reçut le 27 avril 1777, un boulet de canon qui vint se loger dans le pilier du mur pendant la bataille de Ridgefield, projectile encore visible qui a valu à l'auberge son surnom de Cannonball House.

Aldrich Museum of Contemporary Art – *258 Main St. - 𝄞 203 438 4519 - www. aldrichart.org - tlj sf lun. 12h-17h - fermé j. fériés - 7 $*. Cette somptueuse propriété coloniale sert de cadre à des expositions temporaires d'art contemporain. Dans les jardins sont installées une vingtaine de **sculptures** dues, entre autres, à Sol Lewitt et Tony Smith *(visite tte l'année de l'aube au coucher du soleil)*.

😊 NOS ADRESSES À NORWALK

HÉBERGEMENT

POUR SE FAIRE PLAISIR

West Lane Inn – *22 West Lane (Route 35), Ridgefield - 𝄞 203 438 7323 - www.westlaneinn.com - 18 ch. 180/230 $*. Les passants ont coutume de s'arrêter – pour l'admirer – devant cette gracieuse demeure de style colonial (1849) cernée d'érables. Des lits à baldaquin meublent les chambres, gratifiées de salles de bain privées et, pour certaines, de cheminées. Aux beaux jours, le petit-déjeuner continental est servi sur le porche d'entrée.

RESTAURATION

BUDGET MOYEN

Elms Restaurant & Tavern – *500 Main St., Ridgefield - 𝄞 203 438 9206 - www.elmsinn.com - mar.-jeu. 17h30-21h, vend.-sam. 11h30-14h30, 17h30-21h, dim. 11h30-20h*. Une auberge centenaire à double facette : au restaurant se joint une taverne chaleureuse, pour les petits budgets. Le chef est réputé pour ses soupes (bisque d'écrevisse, *lobster chowder…*) et ses préparations de gibier.

Silvermine Tavern – *194 Perry Ave., Norwalk - 𝄞 203 847 4558 - www. silverminetavern.com - fermé mar*. Animé du chant des cascades et de la ronde des cygnes, un étang tout droit sorti d'une carte postale sert de cadre à cette vieille auberge revêtue de bardeaux blancs (1785). Ouverte depuis plus de 80 ans,

ses habitués la fréquentent pour sa belle terrasse ombragée et pour sa tourte de poulet, ses préparations de fruits de mer *(seafood stew)* ou encore ses buns au miel, même si la carte offre bien d'autres combinaisons.

POUR SE FAIRE PLAISIR

Bernard's Inn at Ridgefield – *20 West Lane, Ridgefield - 𝄞 203 438 8282 - www. bernardsridgefield.com - mar.-jeu. 12h-14h30, 18h-21h, vend.-sam. 12h-14h30, 18h-22h, dim. 12h-14h30, 17h-20h*. Éblouissante, la cuisine de Bernard Bouisson, ancien du Cirque et du Plaza Athénée (New York). Foie gras, saumon aux herbes, entrecôte aux truffes…

Meigas Restaurant – *10 Wall St., Norwalk - 𝄞 203 866 8800 - www. meigasrestaurant.com - dim.-jeu. 11h30-15h, 17h-21h30, vend. 11h30-15h, 17h-22h30, sam. 17h-22h30*. La cuisine ensoleillée d'Ignacio Blanco attire les amateurs jusqu'à Manhattan : avec ses poivrons piquillo à l'agneau et ses côtes de bœuf au rioja et gingembre, vous serez, vous aussi, vite converti ! Pour la paella, réservez un jour à l'avance.

ACHATS

Balducci's – *1385 Post Rd. East, Westport - 𝄞 203 254 5200 - www. balduccis.com - lun.-sam. 8h-20h, dim. 8h-19h*. Fruits et légumes, viandes, fruits de mer, pains, fromages… Un grand marché de produits frais pour une fête des sens !

Vermont 4

Carte Michelin New England 581

Cascade en automne.
Wayne Bronson / Fotolia.com

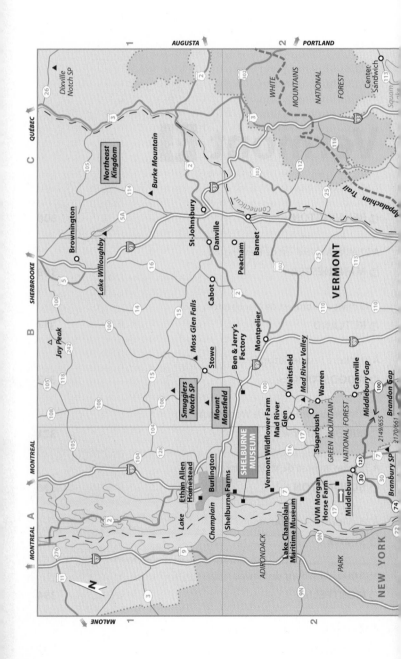

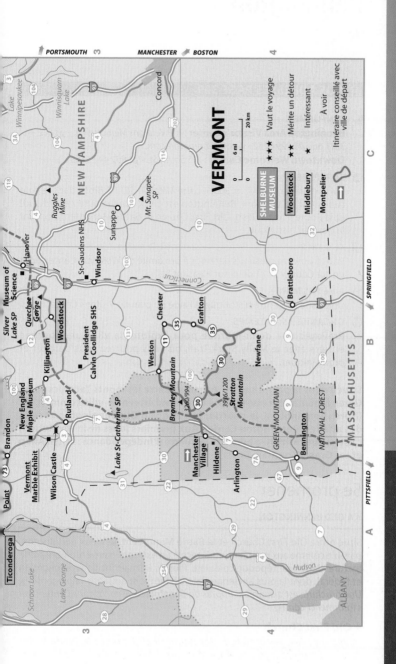

PORTSMOUTH

MANCHESTER BOSTON

VERMONT

| 0 | 6 mi |
| 0 | 20 km |

★★★	Vaut le voyage
★★	Mérite un détour
★	Intéressant
	À voir

SHELBURNE MUSEUM

Woodstock

Middlebury

Montpelier

Itinéraire conseillé avec ville de départ

NEW HAMPSHIRE

Concord

Winnipesaukee Lake

Winnisquam Lake

Ruggles Mine

Hanover

Museum of Science

Silver Lake SP

Quechee Gorge

Killington

Woodstock

President Calvin Coolidge SHS

St-Gaudens NHS

Windsor

Sunapee

Mt. Sunapee SP

Weston

Chester

Grafton

Newfane

Bromley Mountain 3260/994

Stratton Mountain 3936/1200

Brattleboro

Connecticut

New England Maple Museum

Rutland

Lake St-Catherine SP

Brandon

Point

Vermont Marble Exhibit

Wilson Castle

Manchester Village

Hildene

Arlington

Bennington

GREEN MOUNTAIN NATIONAL FOREST

MASSACHUSETTS

Ticonderoga

Schroon Lake

Lake George

Hudson

ALBANY

PITTSFIELD

SPRINGFIELD

Bennington

15 737 hab.

NOS ADRESSES PAGE 309

S'INFORMER

Bennington Area Visitor's Center : *100 Veterans Memorial Dr. - ☎ 802 447 3311 ou 800 229 0252 - www.bennington.com.*
Downtown Welcome Center : *215 South St. - ☎ 802 442 5758.*

SE REPÉRER

Carte de la région A4 *(p. 305) – carte Michelin 581 I 7.* Blotti dans le coin sud-ouest du Vermont, Bennington est divisé par la Route 7 (nord-sud) et la Route 9 (est-ouest). Old First Church et Battle Monument bordent le quartier historique.

SE GARER

Vous trouverez plusieurs parkings à proximité du Welcome Center, dont un sur County St. et deux sur Pleasant St.

À NE PAS MANQUER

Une visite du centre historique, à l'aide du plan du Visitor's Center.

ORGANISER SON TEMPS

Prévoyez une demi-journée pour explorer la ville, une journée entière avec le Molly Stark Trail, où vous pourrez vous baigner et pique-niquer.

Située dans la partie sud du Vermont, entre les monts Taconics et les Green Mountains, cette localité comprend un centre-ville commerçant (North Bennington), le quartier historique d'Old Bennington et celui des affaires, Bennington Center. Aux premiers jours de la révolution, c'est ici que résidait le héros de la guerre d'Indépendance : Ethan Allen et ses Green Mountain Boys.

Se promener

★★ OLD BENNINGTON

Situé entre Old First Church et le Battle Monument, le Vieux Bennington, paisible comme aux premiers jours, recèle un extraordinaire ensemble architectural datant de l'époque coloniale. Plus de 80 maisons de style georgien et fédéral, dont la plus ancienne date de 1761, ont ainsi été sauvegardées. *Une brochure est disponible auprès du Bennington Area Visitor's Center (voir s'informer ci-contre).*

★ Old First Church

Monument Ave. Au carrefour des Routes 9 et 7, prenez la Route 9 vers l'ouest et tournez à gauche dans Monument Ave. - ☎ 802 447 1223 - www.oldfirstchurchbenn.org - de déb. juil. à mi-oct. : lun.-sam. 10h-12h, 13h-16h, dim. 13h-16h ; de Memorial Day à fin juin. : sam. 10h-12h, 13h-16h, dim. 13h-16h.

L'été indien à Old Bennington.
Christian Heeb / Hemis.fr

Cette église blanche à bardeaux fut bâtie en 1805 sur le site du premier temple protestant du Vermont (1763). Dans le vieux cimetière, situé derrière l'église, reposent des soldats de la guerre d'Indépendance et plusieurs fondateurs du Vermont. Une stèle en marbre blanc marque la tombe du poète **Robert Frost** (1874-1963), qui rédigea sa propre épitaphe : « J'ai vécu une querelle d'amoureux avec le monde ».

Bennington Battle Monument

15 Monument Circle - ☎ 802 447 0550 - www.historicvermont.org - ♿ - de mi-avr. à fin oct. : 9h-17h - 2 $.
Cet obélisque haut de 93 m fut érigé en 1891 pour commémorer la bataille de Bennington. La **vue★★** que l'on a depuis l'observatoire englobe les collines des Berkshires, les Green Mountains et l'État de New York.

LA BATAILLE DE BENNINGTON

Déjà avant le début de la guerre d'Indépendance, Bennington était un important centre de ralliement des « Révolutionnaires » américains ainsi qu'un dépôt de munitions pour les troupes coloniales. En mai 1775, **Ethan Allen** (1738-1789) et ses compagnons, les Green Mountain Boys, se rassemblèrent ici avant d'attaquer le Fort Ticonderoga *(voir p. 324)*.
À la frontière des États du Massachusetts et de New York, Bennington bénéficie aujourd'hui de sa situation de carrefour : plusieurs routes (US et *local routes*) la traversent ou la contournent. La ville, rendue célèbre dans les années 1820 pour ses poteries, abrite de nombreux ateliers, centres et magasins d'artisans, où l'on peut se procurer une grande variété de céramiques et de verreries. Parmi eux, ne manquez pas le **Potters Yard** où fut fondée, en 1948, Bennington Potters *(324 County St. - ☎ 800 205 8033 - www.benningtonpotters.com)*. Le tourisme et le Bennington College, réputé pour ses idées progressistes, sont les autres sources de revenus de la ville.

GRANDMA MOSES

La biographie d'**Anna Mary Robertson Moses** est aussi attachante que ses tableaux. Grandma Moses (1860-1961), nom sous lequel elle devint célèbre, ne reçut aucune formation artistique et commença à peindre à l'âge de 70 ans. Ses tableaux naïfs, qui représentent des scènes de la vie quotidienne de la campagne, plurent au public. En 1940, sa première exposition lui valut une notoriété immédiate. Elle continua à peindre jusqu'à sa mort, à 101 ans.

★ **Bennington Museum**

75 West Main St. (Route 9), à 1 mile à l'ouest du centre de Bennington - ℘ 802 447 1571 - www.benningtonmuseum.com - sept.-oct. : tlj 10h-17h ; reste de l'année : jeu.-mar. 10h-17h - fermé 1er janv., Thanksgiving Day (4e jeu. de nov.) et 25 déc. - 9 $.

Les collections variées de ce musée illustrent l'histoire et la vie quotidienne du Vermont et de la Nouvelle-Angleterre. Remarquez la verrerie (19e et 20e s.) et le mobilier (18e et 19e s.) américains, les **poteries de Bennington** (19e s.), l'une des plus anciennes bannières étoilées, symbole des États-Unis *(Bennington Flag)* et la plus importante collection publique de toiles de **Grandma Moses**.

À proximité Carte de la région

Molly Stark Trail

◖ *Sur 40 miles, entre Bennington et Brattleboro.* La Route 9 serpente à travers villages et forêts de montagnes. Le **Woodford State Park** *(142 State Park Rd - ℘ 802 447 7169 - www.vtstateparks.com - & - de mi-mai à mi-oct. : 10h-21h - 3 $)*, à 10 miles à l'est de Bennington, s'étend sur 160 ha. Plus loin sur la Route 9, faites étape au village de **Wilmington**, animé par ses jolies boutiques et ses restaurants. Du sommet de la **Hogback Mountain** (alt. 735 m), la vue porte vers l'est jusqu'au mont Monadnock (alt. 965 m) dans le New Hampshire, et vers le sud sur les Berkshires Hills et la chaîne des Holyoke dans le Massachusetts. À l'extrémité est du Molly Stark Trail, le petit centre industriel et commerçant de **Brattleboro** s'étire le long du fleuve Connecticut. Découvrez-y les œuvres du **Brattleboro Museum and Art Center** *(10 Vernon St. à l'intersection de Main St. - ℘ 802 257 0124 - www.brattleboromuseum.org - de déb. avr. à fin fév. : jeu.-lun. 11h-17h - fermé 4 juil., Thanksgiving Day, 25 déc., 1er janv. - 6 $)* où se côtoient artistes locaux et internationaux.

😊 NOS ADRESSES À BENNINGTON

RESTAURATION

BUDGET MOYEN

Rattlesnake Cafe – *230 North St. - 📞 802 447 7018 - www. rattlesnakecafe.com - 16h30-21h.* Inondée de couleurs vives, populaire auprès du voisinage, cette petite et joyeuse maison de Bennington Center prépare une authentique cuisine mexicaine : quesadillas maison, *queso fundido*, steak *rioja*, crevettes aztèques relevées d'une sauce à la mangue et bien d'autres.

Riverview Cafe – *36 Bridge St. - Brattleboro (à 40 miles à l'est de Bennington) - 📞 802 254 9841 - www.riverviewcafe.com - tlj midi et soir (horaires variables, disponibles par téléphone).* Menu régional, bio, en partie végétarien, mais que les amateurs de viandes se rassurent, ce café concocte aussi de bons plats de viande (bœuf, poulet, agneau), à l'intérieur ou sur la terrasse surplombant le fleuve Connecticut : vue superbe !

Manchester

695 hab.

😊 NOS ADRESSES PAGE 313

🛈 **S'INFORMER**

Manchester and the Mountains Chamber of Commerce : *5046 Main St., Suite 1 - 📞 802 362 2100 - www.manchestervermont.net.*

▶ **SE REPÉRER**

Carte de la région AB4 *(p. 305) – carte Michelin 581 I 6*. Situé au sud-ouest du Vermont, Manchester est facilement accessible par la Route 7. La Route 7A traverse son centre historique.

🅿 **SE GARER**

La plupart des hôtels, restaurants et magasins disposent d'un parking privé gratuit. Ailleurs, les places de stationnement ne manquent pas.

😊 **À NE PAS MANQUER**

Une tournée dans les villages voisins du Sud Vermont.

🕐 **ORGANISER SON TEMPS**

Accordez-vous une journée pour découvrir Manchester et ses environs, une journée supplémentaire pour y pratiquer des activités : pêche, randonnée…

👫 **AVEC LES ENFANTS**

Une glissade sur l'Alpine Slide de Bromley Mountain les fera frémir de joie !

Station estivale très cotée pendant plus d'un siècle, Manchester, plus récemment, s'est diversifiée en développant un tourisme hivernal grâce aux stations de ski de Bromley et Stratton.

Se promener

Avec ses rangées de restaurants et de boutiques, **Manchester Center** est animé toute l'année. Au sud, sur la Route 7A, de magnifiques propriétés se nichent au pied des Taconics. À **Manchester Village★,** l'Equinox Hotel, majestueux édifice du 19e s. où séjournèrent les présidents Grant, Theodore Roosevelt et Taft, continue d'accueillir une clientèle huppée.

Manchester est le siège de la Orvis Company, l'une des plus anciennes fabriques de matériel de pêche des États-Unis (1856). Les trente dernières années ont vu fleurir des magasins de vêtements à prix d'usine le long des Routes 7A et 11.

★ Hildene

Sur la Route 7A, à 2 miles au sud du croisement des Routes 7 et 11/30 - ☎ 802 362 1788 - www.hildene.org - tlj 9h30-16h30 - accès au site : 5 $; visite de la maison : 12,50 $.

Ce domaine vallonné de 167 ha appartenait à **Robert Todd Lincoln** (1843-1926), aîné des quatre enfants d'Abraham et Mary Lincoln.

La visite de la demeure, qui conserve le mobilier familial, inclut une démonstration d'orgue sur un Aeolian (1908) de plus de 1 000 tuyaux. Depuis les jardins, belles **vues★★** sur les montagnes et la vallée.

American Museum of Fly-Fishing

4104 Main St. - ☎ 802 362 3300 - www.amff.com - &. - mar.-dim. 10h-16h - fermé j. fériés et dim. de janv.-avr. - 5 $.

Débutants et chevronnés de la pêche à la ligne seront passionnés par ce musée consacré à l'histoire et à la tradition de la pêche à la mouche. Parmi les objets exposés, on peut voir des livres anciens sur le sujet, une impressionnante collection de mouches artificielles de toutes les couleurs, et du matériel de pêche ayant appartenu à Daniel Webster, Andrew Carnegie, Ernest Hemingway et d'autres Américains célèbres.

★ Southern Vermont Arts Center

2522 West Rd. Depuis le green, prenez West Rd vers le nord sur 1 mile - ☎ 802 362 1405 - www.svac.org - &. - mar.-sam. 10h-17h - 8 $.

Installé dans le **Elizabeth de C. Wilson Museum**, ce centre d'arts, fondé en 1930 pour soutenir et encourager les artistes du Vermont, accueille une collection de plus de 800 peintures, sculptures et gravures. Le bâtiment est de l'architecte Hugh Newell Jacobsen.

À proximité Carte de la région et carte p. 312

Equinox Skyline Drive A4

◗ *5 miles au sud de Manchester par la Route 7A - ☎ 802 362 1114 - www.equinoxmountain.com/skylinedrive - mai-oct. : de 9h au crépuscule - 12 $/véhicule et conducteur ; 2 $/ passager suppl.*

Cette route de 5,5 miles conduit au sommet du mont Equinox (alt. 1 163 m), point culminant de la chaîne des Taconics. La vue plonge vers la vallée de l'Hudson et les Green Mountains.

Arlington A4

◗ *8 miles au sud de Manchester par la Route 7A.*

Ce village paisible et ses habitants ont servi de modèles à l'illustrateur **Norman Rockwell**, qui y vécut un moment. Grâce à la rivière **Batten Kill**,

Le centre de villégiature The Equinox.
Courtesy of the Manchester and the Mountains Regional Chamber of Commerce

Arlington possède l'une des plus importantes réserves de pêche à la truite de Nouvelle-Angleterre.

Itinéraire conseillé

★★ LES VILLAGES DU SUD VERMONT

◗ *Pour visualiser ce circuit de 97 miles, reportez-vous aux cartes de la région (p. 305 et 312) – comptez une journée. Quittez Manchester Village par la Route 7A. À Manchester Center, prenez la Route 30 vers l'est et continuez sur la Route 11.*

Bromley Mountain B3-4

✆ *802 824 5522 - www.bromley.com -* ♿ *- de mi-juin à Labor Day : 10h30-17h (juil.-août : 17h30) ; de sept. à mi-oct. et de fin mai à mi-juin : w.-end. 10h30-17h - Pass journée (ttes activités) : 29 $ (39 $ sam., dim.) ; attraction à l'unité : 2,25 $.*

🎢 **Alpine Slide** (sorte de bobsleigh sur piste de béton), **tyrolienne, trampoline géant, mini-golf** : avec ses installations, la station de ski de Bromley est devenue aussi populaire en été qu'en hiver. On peut gagner le sommet de la station (alt. 994 m) par des sentiers de randonnée et bénéficier de **vues** sur les Green Mountains.
De la station de ski de Bromley, suivez la Route 11 vers l'est sur environ 2 miles. Un petit panneau indique le sentier de randonnée. Parking sur la droite.

Long Trail to Bromley Summit B3-4

🥾 *9 km (5,58 miles), comptez 3h AR.*
Un chemin de terre conduit du parking au sentier *(sur la gauche)*, tronçon commun au Long Trail et à l'**Appalachian Trail**. Après 3 km (1,86 miles) de montée facile à travers les bois, la pente s'accentue fortement avant de traverser des pâturages. De la tour d'orientation, on jouit d'un **panorama★★** sur Stratton Mountain (au sud) et les Green Mountains.

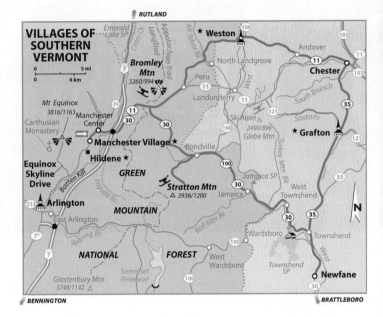

Deux miles après Bromley, prenez à gauche la route qui traverse Peru. À l'embranchement, tournez à gauche, continuez jusqu'à North Landgrove et tournez à gauche devant son hôtel de ville. Après l'auberge Village Inn, prenez à droite à l'embranchement et poursuivez vers Weston.

★ **Weston** B3

Avec son green séduisant, ses boutiques d'artisanat et ses magasins, Weston est une importante étape touristique sur la Route 100. Une ancienne taverne de la fin du 18ᵉ s., **Farrar-Mansur House**, donne sur le green. Elle abrite aujourd'hui un musée d'histoire locale (*℘ 802 824 8190 - www.vmga.org -* 🅿 *- de Memorial Day à Columbus Day : tlj 13h-17h - 2 $*).
De Weston, suivez la Route 100 qui longe le green, puis tournez à droite au panneau signalant Chester. Traversez Andover, et prenez la Route 11 vers l'est.

Chester B3

La large rue principale de cette bourgade est bordée d'habitations et de magasins dont plusieurs occupent des bâtiments historiques (*brochure disponible au bureau d'information du green, ouvert juin-oct.*).
De Chester, prenez la Route 35 jusqu'à Grafton.

★ **Grafton** B4

Ne manquez pas la **Grafton Village Cheese Company**, une fabrique de fromage qui organise des visites sur demande (*℘ 800 472 3866 - www. graftonvillagecheese.com*), ni l'**Old Tavern** : cet hôtel de brique (1801) accueillit jadis des célébrités comme le président Ulysses S. Grant et les écrivains Oliver Wendell Holmes et Rudyard Kipling.
À Grafton, tournez à droite, traversez le pont et tournez à gauche avant la taverne pour gagner la Route 35 qui mène à Townshend. Prenez la Route 30 vers le sud en direction de Newfane.

Newfane B4

Au cœur des Green Mountains, ce village a subi peu de transformations depuis le 18e s., époque à laquelle y siégeait le tribunal du comté de Windham. Charmant, son **green★** est bordé par la Congregational Church, la **Windham County Courthouse** et deux anciennes auberges.

Reprenez la Route 30 et traversez Townshend. Entre Townshend et West Townshend, passez le pont couvert sur la gauche. Poursuivez sur Bondville après avoir traversé Jamaica. À Bondville, Stratton Mountain Rd mène à la station de ski de Stratton Mountain.

Stratton Mountain B4

À 4 miles de Bondville par Stratton Mountain Rd - ℰ 802 297 4000 ou 800 787 2886 - www.stratton.com.

Avec 92 pistes de ski alpin et de ski de fond accessibles par téléphérique et télésièges, cette station de ski (alt. 1 200 m) est l'une des principales du Vermont.

Retournez à Manchester par la Route 30.

😊 NOS ADRESSES À MANCHESTER

HÉBERGEMENT

POUR SE FAIRE PLAISIR

The Equinox – *3654 Main St., Manchester Center - ℰ 802 362 4700 ou 800 362 4747 - www. equinoxresort.com. 195 ch. 119/369 $.* Le plus important centre de villégiature du Vermont, qui regroupe plusieurs établissements, a été rénové par son ancien propriétaire, la célèbre brasserie irlandaise Guiness, sur le modèle du légendaire hôtel écossais Gleneagles. Chambres toutes différentes et activités insolites : initiation à la pêche, à la chasse, à la fauconnerie…

UNE FOLIE

1811 House – *3654 Main St., Manchester Center - ℰ 802 362 4700 ou 800 362 4747 - www. equinoxresort.com - 14 ch. 169/219 $.* Baldaquins à dentelles, rideaux en chintz et tapis orientaux rehaussent les chambres de cet hôtel à première vue ordinaire, où l'on goûte de succulents cookies maison. Certaines d'entre elles offrent de belles vues sur la montagne. Au pub attenant, longue liste de *single-malt whiskies.*

Inn at Sawmill Farm – *À l'angle de Crosstown Rd et de la Route 100, West Dover - ℰ 802 464 8131 - www.theinnatsawmillfarm.com - fermé avr.-mai - 21 ch. à partir de 325 $.* Poutres apparentes, chambres décorées de chintz anglais et garnies de meubles anciens : c'est à l'architecte Rodney Williams, père de l'actuel propriétaire Brill Williams, que l'on doit la transformation de cette ancienne ferme sise à flanc de coteau en luxueux Relais & Château. Outre le petit-déjeuner, le tarif inclut un dîner au restaurant de l'hôtel, primé pour sa cuisine fine et sa cave de… 30 000 bouteilles !

RESTAURATION

PREMIER PRIX

Zoey's Deli & Bakery – *Routes 11/30, Manchester - ℰ 803 362 0005 ou 800 564 3354 - www.zoeys.com - 10h30-14h30.* Ne vous fiez pas aux apparences : cette boulangerie anodine prépare les meilleurs sandwichs du Vermont !

Curtis'Barbecue – *Rte. 5 après la sortie 4 de l'I-91, Putney - ℘ 802 387 5474 - www. curtisbbqvt.com - avr.-oct. : merc.-dim. de 10h au coucher du soleil.* Moins restaurant que baraque à frites, Curtis occupe deux anciens bus de ramassage scolaire postés au milieu d'une poignée de tables de pique-nique ! Depuis 25 ans, on y savoure l'un des meilleurs barbecues de la région.

POUR SE FAIRE PLAISIR

The Perfect Wife – *2594 Depot St. (Rte. 11/30), Manchester - ℘ 802 362 2817 - www.perfectwife.com - lun.- sam. 17h-22h.* Ses produits frais et ses classiques revisités (scampi, *turkey,* schnitzel, thon jaune au sésame) ont fait de la propriétaire et chef Amy Chamberlain une véritable petite célébrité dans le Vermont. À découvrir dans une salle aux tons ocre ou dans la lumineuse véranda. Également un menu végétarien.

ACHATS

Vermont Country Store – *Main St./Rte. 100, Weston Village - ℘ 802 824 3184 - www. vermontcountrystore.com - 9h- 17h30.* Des fromages du Vermont aux sous-vêtements longs, vous trouverez tout ce que vous cherchez dans ce magasin fondé en 1946. Essayez les excellents sandwichs de Zoey's.

Rutland

16 742 hab.

☺ NOS ADRESSES PAGE 316

☒ S'INFORMER

Rutland Region Chamber of Commerce : *256 North Main St. - ℘ 802 773 2747 - www.rutlandvermont.com.*

◑ SE REPÉRER

Carte de la région B3 *(p. 305) – carte Michelin 581 I 5.* La ville est accessible par la Route 4 (est-ouest) et la Route 7 (nord-sud), bordée de fast-foods, de stations d'essence et de magasins de chaîne. Le centre historique s'étend à deux blocks à l'ouest de Main St. (Route 7).

⊕ À NE PAS MANQUER

Vermont Marble Exhibit.

◷ ORGANISER SON TEMPS

Prévoyez plusieurs heures pour les visites du Vermont Marble Exhibit et du Norman Rockwell Museum, et une demi-journée au moins au Killington Mountain Resort (suivant les activités).

⋮⋮ AVEC LES ENFANTS

La station de Killington Mountain propose des activités de plein air toute l'année.

Située à la confluence de Otter Creek et de East Creek, Rutland est la deuxième ville du Vermont. Les lacs et les montagnes environnantes attirent tout au long de l'année les amateurs d'activités de plein air. Killington compte parmi les plus importantes et populaires stations de ski de la côte Est.

Se promener

Fondée dans les années 1770, la ville devint un carrefour ferroviaire au 19e s., et l'exploitation du marbre y fut florissante, ce qui lui valut le surnom de « ville du marbre ».

Norman Rockwell Museum

2 miles à l'est de Rutland par la Route 4 - ☎ 802 773 6095 ou 877 773 6095 - www. normanrockwellvt.com - ♿ - 9h-17h - fermé j. fériés - 4 $.

Le musée contient des centaines d'œuvres de Norman Rockwell, illustrateur, humoriste et chroniqueur de plus d'un demi-siècle de vie américaine. L'exposition rassemble plus de 300 couvertures du magazine *Saturday Evening Post* dessinées par Rockwell – et qui l'ont fait connaître – ainsi que d'autres couvertures de magazines, des affiches, des publicités, des calendriers et des cartes de vœux qui ont également contribué à sa renommée.

À proximité Carte de la région

★ Vermont Marble Exhibit A3

◐ *6 miles au nord de Rutland, à Proctor, par West St. et la Route 3 North. 52 Main St. - ☎ 802 459 2300 ou 800 427 1396 - www.vermont-marble.com - de mi-mai à fin oct. : 9h-17h30 - ♿ - 7 $.*

Cette exposition explique la formation et l'exploitation du marbre. Des plaques de marbre poli provenant du Vermont comme du monde entier illustrent la richesse et la variété des textures et des couleurs qui caractérisent cette pierre. Les visiteurs peuvent visionner un programme audiovisuel *(13mn)*, observer un carrier au travail et apprécier des sculptures.

Wilson Castle B3

◐ *3 miles au nord de Rutland. West Proctor Rd - ☎ 802 773 3284 - www. wilsoncastle.com - visite guidée (45mn) de fin mai à fin oct. : tlj 9h-18h (dernier départ 17h) - 9,50 $.*

Cette imposante demeure de brique (1867) construite par un médecin du Vermont est représentative du luxe dans lequel vivait la grande bourgeoisie américaine au 19e s. Les objets d'art et le mobilier sont rehaussés par des boiseries très ouvragées, par des vitraux et la polychromie des plafonds. Remarquez la boîte à bijoux Louis XVI.

New England Maple Museum A3

◐ *9 miles au nord de Rutland, à Pittsford. Route 7 - ☎ 802 483 9414 - www. maplemuseum.com - ♿ - de mi-mai à fin oct. : 8h30-17h30 ; de nov. à fin déc. et de mi-mars à mi-mai : 10h-16h - 2,50 $.*

Situé à l'arrière d'un grand magasin, ce petit musée relate l'histoire du sirop d'érable. Un diaporama *(10mn)* illustre les différentes étapes de fabrication.

Killington B3

▶ *10 miles à l'est de Rutland par la Route 4.*

👥 Avec plus de 200 pistes tracées sur sept montagnes, Killington est l'une des stations de sports d'hiver les plus populaires de la Nouvelle-Angleterre. Le **téléphérique de Killington** (*4 km*) est réputé comme étant la plus longue remontée mécanique des États-Unis (*à 15 miles à l'est de Rutland sur la Route 4 - 📞 802 422 6200 ou 877 458 4637 - www.killington.com - ♿*) et offre de belles **vues**★★ sur les Green Mountains. Parmi les nombreuses activités : vélo, golf, randonnées…

Lake St Catherine State Park A3

▶ *20 miles au sud-ouest de Rutland, sur la Route 30 (3 miles au sud de Poultney). Prenez la Route 4 jusqu'à la sortie 4, puis la Route 30 vers le sud. 📞 802 287 9158 - www.vtstateparks.com - de mi-mai à déb. sept. : de 8h au coucher du soleil - 3 $/j.*

Une bonne brise souffle à la surface du lac Sainte-Catherine, attirant, dans ce parc de 47 ha, les amateurs de voile et de planche à voile, ainsi que les pêcheurs de truite et de brochet. Mais aussi : tours en bateau à aubes, location de canots, baignade et tables de pique-nique.

😊 NOS ADRESSES À RUTLAND

HÉBERGEMENT

BUDGET MOYEN

Inn At Long Trail – *709 Rte. 4, Sherburne Pass, Killington - 📞 802 775 7181 - www. innatlongtrail.com - 19 ch. 79/140 $.* Une auberge au nom évocateur, sise à l'intersection du plus long sentier de randonnée du Vermont, et du célèbre Appalachian Trail. Ses prix raisonnables (qui peuvent grimper en hiver) et son pub (*reuben*, corned beef à accompagner d'une Guinness pression) en font une étape populaire auprès des marcheurs et des skieurs. Chambres sans fioritures mais salon chaleureux.

The Inn at Weathersfield – *1342 Rte 106 à Perkinsville - 📞 802 263 9217 - www. weathersfieldinn.com - 12 ch. 139/190 $.* Chambres élégantes, propriétaires accueillants, cuisine savoureuse dans le restaurant haut de gamme ou la taverne cosy : à quelques minutes de Ludlow et du Okemo Ski Resort.

RESTAURATION

PREMIER PRIX

Gill's Deli – *68 Strongs Ave., Rutland - 📞 802 773 7414 - www. gillsdeli.com - lun.-sam. 8h-20h (juin-août 21h).* Sur place ou à emporter, des sandwichs copieux garnis de salami, de merguez ou de crabe du Maine : ouvert en 1964, ce deli familial est devenu une institution de Rutland.

BUDGET MOYEN

Little Harry's – *121 West St., Rutland - 📞 802 747 4848 - dîner uniquement.* Avec une des cartes les plus éclectiques du Vermont, Little Harry's est le point de chute idéal pour déguster des spécialités locales mais aussi d'Asie-Pacifique et d'Italie !

Three Tomatoes Trattoria – *88 Merchants Row, Rutland - 📞 802 747 7747 - www. threetomatoestrattoria.com - 17h-21h (vend.-sam. 22h).* Une trattoria qui prépare ses pizzas au feu de bois, propose un large choix de pâtes et de bons vins italiens.

Marsh Billings Rockeffeler Nl historic Park.
The Woodstock Area Chamber of Commerce, Woodstock, VT.

Woodstock

★★

927 hab.

 NOS ADRESSES PAGE 320

S'INFORMER
Woodstock Chamber of Commerce : 🖉 *802 457 3555 ou 888 496 6378 - www.woodstockvt.com.*

SE REPÉRER
Carte de la région B3 *(p. 305) – carte Michelin 581 J 5*. Woodstock, à proximité duquel passe l'I-89 (nord-sud), est coupé en deux par la Route 4 (est-ouest). Au cœur du village coule l'Ottauquechee River. Restaurants, galeries et boutiques bordent son green central.

SE GARER
Vous trouverez des places de stationnement autour du green.

À NE PAS MANQUER
Le Billings Farm and Museum et les sentiers de randonnée, à parcourir à pied ou à skis.

ORGANISER SON TEMPS
Prévoyez 2h pour la visite du Billings Farm and Museum et une journée entière pour les activités de plein air.

AVEC LES ENFANTS
Le Monshire Museum of Science passionnera petits et grands.

Depuis le 18e s., époque où ce joli bourg fut choisi comme chef-lieu du comté de Windsor, Woodstock a conservé un air d'élégance discrète. La localité attira durant deux siècles hommes d'affaires, avocats, médecins et professeurs qui firent édifier des bâtiments dans des matériaux variés, témoignant de la prospérité de la communauté. Les charmantes constructions des 18e et 19e s. qui bordent le green ainsi qu'Elm St., Pleasant St. et Central St., sont demeurées intactes grâce à l'absence de développement industriel au cours du 19e s. et aux soins que les habitants de Woodstock ont apportés à leur patrimoine architectural.

Se promener

Fondé en 1761 par des colons venus du Massachusetts, Woodstock se développa rapidement après avoir été désigné comme siège du comté. Au 19e s., avec la vogue du thermalisme, le village devint une station recherchée.

Ouvert en 1969, l'hôtel **Woodstock Inn**, face au green, attire les hommes d'affaires comme les touristes. Le *general store* du village, **F.H. Gillingham & Sons**, n'a pas changé depuis 1886, et vend des articles fabriqués dans le Vermont. Pour découvrir Woodstock, rien de tel que de se promener le long de **Elm St.** et **Pleasant St.**, de flâner devant les boutiques et les galeries d'art de **Central St.**, de traverser le pont couvert qui enjambe la rivière Ottauquechee. De forme ovale, le green est entouré de bâtiments de styles très différents : des demeures de style fédéral, la **Windsor County Courthouse** néoclassique, et la **Norman Williams Library** néoromane. Le panneau d'affichage du *Town Crier,* situé à proximité de l'angle d'Elm St. et de Central St., informe sur les ventes aux enchères, les marchés aux puces et toute autre manifestation locale.

★★ Billings Farm & Museum

River Rd. Suivez Elm St., traversez le pont puis tournez à droite et parcourez 0,2 mile sur River Rd - ℘ 802 457 2355 - www.billingsfarm.org - ♿ - mai-oct. : 10h-17h ; nov.-fév. : w.-end 10h-15h30 - fermé Thanksgiving Day et 25 déc. - 11 $.

👥 L'ensemble des bâtiments comprend une ferme moderne en exploitation et un musée retraçant la vie rurale dans le Vermont en 1890. Le **corps de ferme** (1890) a été restauré et garni de mobilier d'époque : voyez les cheminées décorées de carreaux de faïence et la crémerie au sous-sol (présentation quotidienne du procédé de fabrication du beurre). Dans plusieurs granges, des expositions évoquent les travaux quotidiens et saisonniers d'une famille paysanne du Vermont au 19e s. À voir aussi : *A Place in the Land* (1999), un film de 30mn nominé aux Academy Awards.

★★ Marsh-Billings-Rockefeller National Historical Park

54 Elm St. (face au Billings Farm and Museum) - ℘ 802 457 3368 - www.nps.gov/mabi - de fin mai à fin oct. : 10h-17h - ♿ - 8 $.

Ouvert en 1998, le premier « National Historic Site » du Vermont abrite une superbe demeure de style Queen Anne, décorée d'œuvres d'art et entretenue avec soin, notamment par trois de ses occupants : l'environnementaliste George Perkins Marsh, auteur de *Man and Nature* (1865), Frederick Billings, fondateur de la Billings Farm, et Mary French Rockefeller, sa petite-fille, qui avec son mari Laurance s'occupa de la ferme du milieu à la fin du 20e s.

Des tableaux de peintres de renom tels que Thomas Cole, Albert Bierstadt et Asher B. Durand, représentent des paysages américains.

À proximité Carte de la région

★ **Quechee Gorge** B3

▶ *6 miles à l'est de Woodstock, sur la Route 4. Possibilité de se garer près de la boutique de souvenirs, à l'est du pont.*

Creusée par la Ottauquechee River, Quechee Gorge est enjambée par le pont de la Route 4 qui offre la meilleure vue sur la gorge. Les parois à pic du ravin dominent la rivière d'environ 50 m. Un sentier *(2,5 km AR)*, raide par endroits, conduit au fond du ravin où l'on peut se baigner à la belle saison.

Silver Lake State Park B3

▶ *10 miles au nord de Woodstock, à Barnard, par la Route 12. ✆ 802 234 9451 - www.vtstateparks.com - de mi-mai à Labor Day (1ᵉʳ lun. de sept.) : 10h-21h - 3 $.*

Ce parc, accessible à pied depuis le village de Barnard, possède une petite plage au bord du lac, une aire de pique-nique, une épicerie et des terrains de camping dans une pinède. Location de bateaux et canoës.

Windsor B3

▶ *25 miles au sud-est de Woodstock par la Route 4 East et l'I-91 South.*

En 1777, le Vermont fut baptisé dans cette ville historique située au bord du fleuve Connecticut. La première Constitution de l'État fut rédigée par des délégués venus à Windsor et réunis dans une ancienne taverne, la **Old Constitution House** *(16 North Main St. - ✆ 802 672 3773 - www. historicvermont.org - visite guidée (1h) : de fin mai à mi-oct. : w.-end 11h-17h - 2,50 $)*, où une exposition présente l'évolution de cette Constitution ainsi que d'anciens objets artisanaux du Vermont. Au sud, le **Windsor-Cornish Covered Bridge**, le plus long pont couvert de la Nouvelle-Angleterre, enjambe le Connecticut pour relier le Vermont au New Hampshire.

President Calvin Coolidge State Historic Site B3

▶ *15 miles au sud-ouest de Woodstock, à Plymouth Notch, par la Route 4 West et la Route 100A South. 3780 Route 100A - ✆ 802 672 3773 - www.historicvermont. com - de fin mai à mi-oct. : 9h30-17h - 7,50 $.*

C'est à Plymouth, hameau adossé aux Green Mountains, que naquit Calvin Coolidge (1872-1933), 30ᵉ président des États-Unis. Le 3 août 1923, le vice-président Coolidge y apprit la mort du président Warren Harding. Fait exceptionnel dans l'histoire de la nation, il prêta serment devant son père, John Coolidge, notaire, qui investit son fils dans ses nouvelles fonctions. Le Calvin Coolidge State Historic Site, inchangé depuis cette date, est considéré comme l'un des sites présidentiels les mieux conservés du pays. Outre les maisons où Calvin Coolidge vit le jour (Coolidge Birthplace) et passa son enfance (Coolidge Homestead), vous pourrez visiter la Plymouth Cheese Factory, fondée par son père, le Cilley General Store, la poste, le Wilder Restaurant, l'église et plusieurs granges abritant des outils de la région.

Montshire Museum of Science B3

▶ *11 miles au nord-est de Woodstock, à Norwich, par la Route 4 East et l'I-91 North (sortie 13) - ✆ 802 649 2200 - www.montshire.org - tlj 10h-17h - 10 $.*

👥 Aménagé le long du fleuve Connecticut, ce musée dédié à la nature accueille, outre un ensemble d'expositions interactives et pédagogiques, plusieurs animaux et un aquarium. À l'extérieur, des sentiers serpentent à travers un bois, jalonnés de panneaux d'interprétation expliquant le climat, l'écologie, la vie animale et végétale… Belles vues sur le fleuve.

😊 NOS ADRESSES À WOODSTOCK

HÉBERGEMENT

BUDGET MOYEN

Corners Inn – *Bridgewater Corners, Rte. 4, Bridgewater -* 📞 *802 672 9968 ou 877 672 9968 - www.cornersinn.com -* *5 ch. 95/165 $.* Derrière une façade quelconque, 5 jolies chambres au décor rustique. Excellent restaurant sous la houlette de Brad Pirkey, qui sublime les classiques italiens : ravioli de homard, veau parmigiana…

UNE FOLIE

Juniper Hill Inn – *153 Pembroke Rd, Windsor -* 📞 *802 674 5273 ou 800 359 2541 - www.juniperhillinn. com - 16 ch. 175/285 $.* Lits à baldaquin et baignoires à pieds dans une charmante auberge de campagne qui marie décor ancien et équipements modernes. Théodore Roosevelt dormit dans la grande suite.

Woodstock Inn – *14 The Green, Woodstock -* 📞 *802 457 1100 ou 800 448 7900 - www. woodstockinn.com - 144 ch. 179/450 $.* Dominant l'un des plus beaux *greens* de Nouvelle-Angleterre, un resort complet (spa, tennis, golf…) aux chambres ensoleillées, à proximité des boutiques et des restaurants.

RESTAURATION

BUDGET MOYEN

The Skunk Hollow Tavern – *10 Brownsville Rd, Hartland Four Corners -* 📞 *802 436 2139 - www. skunkhollowtavern.com - merc.- dim. à partir de 17h.* On vient de toute la Nouvelle-Angleterre goûter à l'atmosphère de cette authentique taverne, qui propose deux menus : burgers, enchiladas

et *Chicken Carlos* au premier, filet mignon, poisson et agneau plus travaillés au second.

Pane e Salute – *61 Central St. (2e étage) -* 📞 *802 457 4882 - www.osteriapaneesalute. com - jeu.-dim. le soir. - fermé nov. et avr.* Quand l'Italie (pizzas croustillantes, risottos, vins importés) rencontre le Vermont (viandes et fromages locaux), il règne forcément une atmosphère de *dolce vita* !

The Parker House Inn – *1792 Quechee Main St., Quechee -* 📞 *802 295 6077 - www. theparkerhouseinn.com - le soir uniquement.* Un large choix de viandes, poissons, fruits de mer et pâtes dont les recettes changent souvent, sont proposés dans ce restaurant de campagne avec patio. Pour un dîner décontracté face à la rivière.

POUR SE FAIRE PLAISIR

The Prince & the Pauper – *24 Elm St. -* 📞 *802 457 1818 - www.princeandpauper. com - 18h-21h (vend.-sam. 21h30).* D'inspiration française, une cuisine soignée dans un cadre sans chichis : ravioli de homard, canard aux épices, tourte à l'agneau. Excellents vins, en dépit d'un choix limité.

Simon Pearce Restaurant – *1760 Quechee Main St. -* 📞 *802 295 1470 - www.simonpearce. com - 11h30-21h.* Après avoir admiré poteries et verreries dans la vitrine de sa boutique, attablez-vous sous les grandes fenêtres ou sur la terrasse face aux chutes de l'Ottauquechee River. Viandes et fruits de mer sont préparés avec soin.

Paysage près de Middlebury.
Courtesy of Addison County Chamber of Commerce, Middlebury, Vermont.

Middlebury

6 252 hab.

☺ NOS ADRESSES PAGE 325

S'INFORMER

Addison County Chamber of Commerce : *2 Court St. - ☎ 802 388 7951 - www.addisoncounty.com.*

SE REPÉRER

Carte de la région A2 *(p. 304)* – *carte Michelin 581 H 4*. Situé au sud de Burlington, dans la partie occidentale de l'État, Middlebury est accessible par les Routes 30 et 7.

SE GARER

Attention ! Il est interdit de stationner dans les rues de Middlebury en hiver. Vous trouverez plusieurs parkings dont celui, ouvert toute la nuit, de Bakery Lane.

À NE PAS MANQUER

Une randonnée vers les chutes de Llana, au Branbury State Park.

ORGANISER SON TEMPS

Prévoyez une journée pour explorer les cols de Brandon et Middlebury, et découvrir les villages alentour.

AVEC LES ENFANTS

Le petit Lake Champlain Maritime Museum est un délice !

Avec son green central, sa simple église congrégationaliste et ses bâtiments de style victorien transformés en magasins et en restaurants, Middlebury est une ville agréable, typique du Vermont. Fondée en 1761 au cœur d'une région vallonnée, elle est célèbre pour abriter le Middlebury College et la majestueuse Middlebury Inn, ouverte depuis 1827. Les routes menant aux cols de Brandon et Middlebury, qui traversent les collines de la Green Mountain National Forest, offrent de magnifiques panoramas.

Se promener

Middlebury College

Bordé par South Main St. et College St. (Route 125) - ☏ 802 443 5000 - www.middlebury.edu.

Le campus principal couvre approximativement 200 ha et compte des édifices éclectiques impressionnants bâtis en pierre et en marbre. Remarquez le **Painter Hall** (1815), le plus ancien des édifices universitaires de l'État encore debout, et **Le Château** (1925), dont l'architecture s'inspire d'un pavillon du château de Fontainebleau.

Center for the Arts – *Route 30, à 5 miles de la Route 7*. Ce bâtiment abrite des ateliers de danse et de théâtre, une salle de concerts, et le **Middlebury College Museum of Art** (*☏ 802 443 5007 - www.middlebury.edu/arts/museum - ♿ - mar.-vend. 10h-17h ; w.-end 12h-17h - fermé j. fériés, 3 dernières semaines d'août et fin déc.*). Sa collection permanente comprend des créations d'artistes réputés du Vermont (Hiram Powers, Gilbert Stuart, Alexander Calder, John Frederick Kensett…), tout comme des œuvres et artefacts d'époques variées, depuis l'Antiquité (Europe, Asie et Proche-Orient) jusqu'à nos jours (peinture, sculpture, photographie).

Parmi les quelque 1 500 pièces présentées figurent des œuvres de Rembrandt, Daumier, Picasso, Dalí, Miró, Willem De Kooning, Man ray, Southworth and Hawes, Warhol et Robert Rauschenberg.

La collection de peintures européennes et américaines du 17e au 19e s. est un autre point fort du musée.

Frog Hollow

Mill St. et Main St.

Ce quartier plein de charme, dont les petites boutiques sont perchées au-dessus des eaux de l'Otter Creek, abrite un centre d'artisanat installé dans un ancien moulin restauré qui expose et vend de beaux objets en verre soufflé, en métal ou en bois, des bijoux et des tissus réalisés par des artisans réputés du Vermont (*☏ 802 388 3177 - www.froghollow.org - ♿ - mar.-sam. 10h-17h30, dim. 12h-17h*).

À proximité

UVM Morgan Horse Farm A2

◗ *2,5 miles au nord-ouest de Middlebury, à Weybridge. À partir du centre de Middlebury, prenez College St. sur la droite (Route 125), puis tournez à droite dans la Route 23 (Weybridge St.). Suivez les indications pour ce haras, et tournez à gauche à l'embranchement avec le pont couvert - ☏ 802 388 2011 - www.uvm.edu/morgan - ♿ - mai-oct. : 9h-16h - 5 $.*

👥 Propriété de l'Université du Vermont, ce haras est un centre de reproduction et de dressage. On visite l'écurie (19e s.) où sont logés les descendants de la prestigieuse lignée des Morgan (*diaporama de 20mn présenté toutes les heures*).

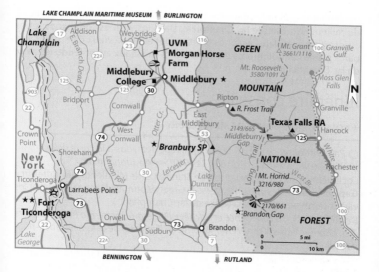

★ Branbury State Park

▶ *10 miles au sud-est de Middlebury par la Route 7 South, puis la Route 53. 3570 Lake Dunmore Rd - ☎ 802 247 5925 (800 837 6668 hors saison) - www.vtstateparks. com - ⚐ - de mi-mai à mi-oct. : de 10h au coucher du soleil - 3 $/jour.*

Très fréquenté par temps chaud, le site dispose d'une vaste plage de sable sur le lac Dunmore *(possibilité de canotage)*. Il est sillonné par des sentiers de randonnée menant à des chutes, les **Falls of Llana** *(1,8 km soit 1,12 miles AR)* et au **lac Silver** *(5 km soit 3,1 miles AR)*.

★ Lake Champlain Maritime Museum

▶ *21 miles au nord-ouest de Middlebury, à Vergennes. Prenez la Route 7 vers Vergennes, puis la West Main St. pour gagner Panton Rd. Tournez à droite dans Basin Harbor Rd. 4472 Basin Harbor Rd - ☎ 802 475 2022 - www.lcmm.org - de fin mai à mi-oct. : 10h-17h - 10 $.*

👤👤 Dix bâtiments d'exposition, dont une ancienne école (env. 1818), retracent l'histoire du lac et des traditions qui lui sont liées. Les visiteurs peuvent monter à bord d'une réplique du *Philadelphia*, canonnière de 54 pieds datant de la guerre d'Indépendance. Dans le Nautical Archaeological Center, un

---

LE MORGAN, UNE RACE SURPRENANTE !

Lorsque, dans les années 1780, l'instituteur Justin Morgan reçut un poulain en paiement d'une dette, il ne soupçonnait pas que l'animal allait engendrer la première race chevaline de selle spécifiquement américaine : le Morgan. Puissant, charpenté et rapide, l'étalon se montra capable de haler des troncs d'arbre plus efficacement que des chevaux de trait, et de dépasser à la course certains des meilleurs pur-sang. Depuis les années 1790, le Vermont est devenu le lieu de reproduction, d'élevage et de dressage des descendants de ce cheval. Important produit d'exportation au 19e s., le Morgan fut choisi comme animal-emblème de l'État en 1961.

documentaire *(15mn)* commente la récente découverte de vaisseaux datant du milieu 19e s. dans le lac Champlain. Dans les vitrines sont exposés des objets retrouvés dans les fonds dont un pot abenaki vieux d'un siècle. Les parcs présentent différents types de petits vaisseaux ayant fendu les eaux du lac Champlain.

Itinéraire conseillé

★ COLS DE BRANDON ET DE MIDDLEBURY

◐ *Pour visualiser ce circuit de 81 miles, reportez-vous à la carte de la région (p. 323) – comptez 1h30 .* 🏢 ☎ *802 247 6401 - www.brandon.org.*
Cet itinéraire, qui passe par les cols de Brandon et de Middlebury (**Middlebury Gap**), offre de belles vues. Il traverse la Green Mountain National Forest et les vastes terres agricoles de la vallée du lac Champlain.
De Middlebury, où commence et s'achève l'itinéraire, prenez la Route 125 vers l'est, baptisée Robert Frost Memorial Drive en l'honneur de ce fameux poète natif du Vermont.
🚶 Sur la Route 125, deux miles après Ripton, le **Robert Frost Interpretive Trail** est un sentier de randonnée dont la boucle de 1,6 km (1 miles) traverse de beaux paysages de marais et de forêts, jalonné de balises sur lesquelles sont inscrits des vers du célèbre poète.
Continuez sur la Route 125 vers le col de Middlebury.

Texas Falls Recreation Area
À gauche de la Route 125.
Un sentier conduit à une série de cascades alimentant des marmites torren-
tielles creusées par les glaciers.
Continuez vers l'est jusqu'à Hancock. Prenez la Route 100 South vers Rochester puis la Route 73 vers le col de Brandon.
Lorsqu'elle pénètre dans la Green Mountain National Forest, la Route 73 longe la vallée de la White River où se succèdent de petites habitations et des prairies tranquilles. Elle contourne le **mont Horrid** (alt. 980 m) qui doit son nom à ses roches noires, puis accède au col de Brandon, **Brandon Gap★** (alt. 661 m). On y jouit d'une formidable **vue★** sur la vallée du lac Champlain jusqu'aux monts Adirondack.
Par le versant ouest, la route mène au village de **Brandon**, groupé autour de son auberge historique ouverte en 1786. L'intérieur de l'hôtellerie actuelle est de style colonial hollandais de la fin du 19e s. Après Brandon, la route se dirige vers le lac Champlain en offrant des vues sur une cam-
pagne parsemée de rochers et de fermes laitières, ainsi que sur la ligne des Adirondacks.
Un bac *(voir Lake Champlain à Burlington p. 327)* part de **Larrabees Point** et traverse le lac Champlain, permettant de rejoindre le Fort Ticonderoga dans l'État de New York.

★★ **Fort Ticonderoga** A3
Route 74, Ticonderoga (NY) - ☎ 518 585 2821 - www.fort-ticonderoga.org - de fin mai à fin oct. : 9h30-17h - musique militaire avec fifres et tambours chaque jour en juillet et août - 15 $.
👥 Construit en 1755 par les Français, le Fort Ticonderoga fut pris par les Anglais en 1759. Il doit sa renommée à l'attaque surprise menée le 10 mai 1775 par **Ethan Allen** et ses **Green Mountain Boys**, aidés de **Benedict**

Arnold et de ses hommes. Les armes et munitions dont ils s'emparèrent devaient permettre au général Washington de battre les Anglais au cours du siège de Boston.

En juillet et août, des figurants en costume militaire français procèdent tous les jours à des manœuvres d'artillerie au Fort Ticonderoga. Le **Military Museum** possède une belle collection d'armes à feu du 18e s., ainsi que des armes blanches et des souvenirs évoquant les troupes françaises, les Indiens et la guerre d'Indépendance.

Reprenez le bac pour le Vermont et suivez la Route 74 qui traverse Shoreham et West Cornwall. À Cornwall, prenez la Route 30 vers le nord, jusqu'à Middlebury.

😊 NOS ADRESSES À MIDDLEBURY

HÉBERGEMENT

POUR SE FAIRE PLAISIR

Whitford House Inn – *912 Grandey Rd, Vergennes (13 miles au nord-ouest de Middlebury par la route 7) - ℘ 802 758 2704 ou 800 746 2704 - www. whitfordhouseinn.com - 4 ch. 125/275 $.* Sise au sein d'une propriété de 15 ha, cette paisible auberge de la vallée Champlain offre de magnifiques vues sur les Adirondacks. Trois chambres accueillent les visiteurs dans la maison principale de la fin du 18e s., une quatrième se trouve dans le *cottage* voisin, avec patio.

The Middlebury Inn – *14 Court Square - ℘ 802 388 4961 ou 800 842 4666 - www.middleburyinn. com - 75 ch. 139/179 $.* Non loin du centre-ville et de l'université que vous pourrez rallier à pied, cette auberge incontournable de Middlebury, en fonctionnement depuis plus de 150 ans, abrite un large choix de chambres : de l'unité de motel ordinaire à la suite luxueuse, de style victorien, vous devriez trouver votre compte. Également une taverne et, pour les plus exigeants, un restaurant gastronomique.

RESTAURATION

PREMIER PRIX

Mister Up's – *25 Bakery Lane, Middlebury - ℘ 802 388 6724 - www.misterupsvt.com - avr.- oct. : 11h30-0h (vend.-sam. 1h).* Aux beaux jours, optez pour la terrasse de ce pub chaleureux, dressée au-dessus d'Otter Creek, et commandez l'un des plats généreux : burgers, sandwichs, steaks, ailes de poulets, salades… À arroser d'un Bloody Mary, très demandé le dimanche lors du brunch, ou d'une bière bien fraîche.

BUDGET MOYEN

Storm Cafe – *3 Mill St. - ℘ 802 388 1063 - www.thestormcafe.com - 11h30-14h30, le soir à partir de 17h.* Cette sympathique petite table occupe le dernier étage du Frog Hollow Mill : exquis en été, son patio domine Otter Creek. Le soir, jarret d'agneau braisé à la marocaine, pièce de bœuf ou soupe thaïe ; au déjeuner, carte simplifiée (sandwichs, burgers, plats du jour).

Burlington

38 897 hab.

NOS ADRESSES PAGE 329

S'INFORMER
Lake Champlain Chamber of Commerce : ℘ 802 863 3489 ou 877 686
5253 - www.vermont.org.

SE REPÉRER
Carte de la région A1-2 *(p. 304) – carte Michelin 581 H 2.* L'I-89 dessert
Burlington, dont le centre-ville, très animé, est délimité à l'est par l'Université du Vermont, et à l'ouest par la rive du lac Champlain d'où l'on
aperçoit les monts Adirondacks, dans l'État de New York.

SE GARER
Vous pourrez profiter d'un stationnement longue durée au parking du
Waterfront *(à droite juste avant le Boathouse Circle).*

À NE PAS MANQUER
Une croisière panoramique sur le lac Champlain, avec commentaires et
anecdotes, et la visite du Shelburne Museum, indispensable !

ORGANISER SON TEMPS
De Church Street Marketplace aux plages du lac Champlain, commencez
par vous imprégner de la ville. Prévoyez ensuite deux jours (dont une journée entière au Shelburne Museum) pour découvrir les environs.

AVEC LES ENFANTS
Le Shelburne Museum suivi d'une glace Ben and Jerry ravira petits et grands.

Situé au bord du lac Champlain, Burlington, grand centre urbain et industriel du Vermont, est la ville la plus peuplée de l'État. Ses belles résidences du 19ᵉ s. témoignent de son passé de port marchand et de cité industrielle. Church Street Marketplace, large périmètre piétonnier, y recèle de nombreux cafés et boutiques, baignant dans une sympathique ambiance estudiantine.

Se promener

UNIVERSITY OF VERMONT

*Campus principal bordé par Prospect St., East Ave., Main St. et Colchester Ave. -
℘ 802 656 3131 - www.uvm.edu.*
Aussi ancienne que l'État, cette université a été fondée en 1791. Entre South
Prospect St. et University Pl., la pelouse du campus s'élève vers une ligne de bâtiments dont se détache la **Ira Allen Chapel** (1925) et le **Billings Center** (1885).

Robert Hull Fleming Museum

*61 Colchester Ave., sur le campus - ℘ 802 656 2090 - www.uvm.edu - ♿ - de mai à
Labor Day (1ᵉʳ lun. de sept.) : mar.-vend. 12h-16h, w.-end 13h-17h ; reste de l'année :
mar. et jeu.-vend. 9h-16h, merc. 9h-20h, w.-end 13h-17h - fermé j. fériés - 5 $.*

Ce musée abrite des pièces égyptiennes, asiatiques et amérindiennes. L'**American Gallery** est consacrée à la peinture et aux arts décoratifs américains des 18e et 19e s., l'**European Gallery** à des œuvres européennes du 17e au 19e s. Dans le parc se trouve un groupe de l'artiste du Vermont Judith Brown (1931-1992), *Lamentations Group* (1989).

LAKE CHAMPLAIN

🔲 *☎ 802 863 3489 - www.vermont.org.*

Au creux d'une large vallée bordée par les monts Adirondacks et les Green Mountains, ce lac long de 200 km (soit 124 miles ; les Américains aiment à l'appeler le 6e Grand Lac) et que traverse la frontière des États de New York et du Vermont, est devenu, avec ses alentours, une villégiature appréciée des vacanciers. Kayak, canoë et excursions en bateau y sont proposés. À son extrémité nord, des ponts permettent de rejoindre trois îles : Isle La Motte, North Hero et Grand Isle. Les **Battery Park** et **Ethan Allen Park** ainsi que les croisières en bateau offrent les plus beaux panoramas sur lac et de ses environs.

Situé au pied de College St., le **boathouse** (gare maritime) de Burlington (*☎ 802 865 3377 - mai-oct.*) abrite un bureau d'information, un café, des toilettes publiques et des téléphones.

Vous pourrez y louer un bateau *(en saison ☎ 802 863 5090)* et partir pour une croisière touristique sur le lac. Commandez un café ou une limonade puis profitez, depuis le poste d'observation, des vues sur le lac et sur l'activité du front de mer, dans une douce brise.

★ Croisières

Départs de Burlington Boathouse (College St.) - ☎ 802 862 8300 - www.soea. com - ᴋ - 1h30 AR, également des dîners-croisières - à partir de 15 $.

Le *Spirit of Ethan Allen* et sa roue à aubes emmènent les visiteurs en croisière sur le lac Champlain. Très belles vues sur les îles et les monts Adirondacks.

Ferries

Des services de bac permettent de traverser le lac entre l'État de New York (Plattsburgh, Port Kent, Essex) et le Vermont (Charlotte, Burlington, Grand Isle) : contactez Lake Champlain Ferries (*☎ 802 864 9804 - www.ferries. com*). Ticonderoga Ferry (*☎ 802 897 7999 - www.middlebury.net/tiferry*) relie Ticonderoga à Shoreham.

À proximité Carte de la région

★★★ Shelburne Museum A2

▶ *12 miles au sud de Burlington, à Shelburne, sur la Route 7 - ☎ 802 985 3346 - www.shelburnemuseum.org - ᴋ - de mi-mai à fin oct. : 10h-17h (jeu. 19h30 jusqu'à mi-août) - 20 $.*

🔳 Fondé en 1947, ce musée possède de remarquables collections d'objets domestiques, d'arts populaires, d'outillage divers, de moyens de transport, d'œuvres artistiques et de mobilier rassemblés à partir de 1907 par la New-Yorkaise **Electra Havemeyer Webb**. Couvrant trois siècles de vie quotidienne, d'histoire et d'art de l'Amérique, elles représentent aujourd'hui quelque 80 000 objets superbement présentés dans 37 bâtiments répartis sur 18 ha au bord du lac Champlain.

Figures de proue, *scrimshaws*, plaques de poupe, personnages de carrousel, enseignes de marchands de tabac, girouettes, peintures et lithographies composent l'une des plus importantes collection d'art et d'artisanat populaire des 18e et 19e s. du pays. Le musée s'enorgueillit également d'un impressionnant ensemble de peintures des 19e et 20e s., et d'une splendide collection de courtepointes américaines (admirables réalisations en patchwork aux motifs compliqués) des 18e et 19e s., la plus vaste et l'une des plus belles des États-Unis. Parmi les nombreuses maisons historiques ouvertes au public, ne manquez pas la **Horseshoe Barn★★★**, une grange en forme d'énorme fer à cheval qui renferme plus de 225 traîneaux et voitures hippomobiles, la **Round Barn★★**, la grange circulaire en bois, construite en 1901, la **Railroad Station★★**, de style victorien, et le **Ticonderoga★★**, dernier bateau à vapeur à piston vertical et roues à aubes latérales encore intact, visible aux États-Unis. **Tuckaway General Store★★**, en brique (1840), abrite une épicerie générale, un bureau de poste, une boutique de barbier, un cabinet de dentiste, une officine de médecin, une salle de bistrot, un magasin d'apothicaire et une variété inouïe d'objets. Le phare de **Colchester Reef Lighthouse★★**, construit en 1871 au large de la pointe de Colchester sur le lac Champlain, sert aujourd'hui de galerie d'exposition d'art maritime. **Shelburne Railroad Station★★** est tout à fait représentative des gares victoriennes construites à travers les États-Unis au cours du 19e s.

Shelburne Farms A2

▶ *10 miles au sud de Burlington. 1611 Harbor Rd - ☏ 802 985 8686 - www.shelburnefarms.org - sentiers de promenade : tte l'année 10h-16h (8 $) ; visites et activités : de déb. mai à mi-oct. : 9h30-15h30 (11 $).*

Ce domaine agricole du 19e s., classé National Historic Landmark, appartenait au magnat des chemins de fer **William Seward Webb** et à son épouse **Lila Vanderbilt Webb**, petite-fille de Cornelius Vanderbilt.

Occupant quelque 560 ha, l'exploitation agricole est aujourd'hui un centre consacré à l'écologie, comprenant une ferme laitière. **Shelburne House★** (1889), vaste résidence de campagne de 110 pièces, abrite une hôtellerie de 24 chambres, **Inn at Shelburne Farms** (☏ 802 985 8498 - www.shelburnefarms.org - de mi-mai à mi-oct.), offrant une **vue★★** splendide sur le lac Champlain et les monts Adirondacks.

Vermont Wildflower Farm A2

▶ *17 miles au sud de Burlington, à Charlotte, sur la Route 7. ☏ 802 425 3641 - www.vermontwildflowerfarm.com - avr.-oct. : 10h-17h.*

Du printemps à l'automne, de nombreuses variétés de fleurs des champs et des bois transforment les paysages du Vermont en un spectacle aux couleurs changeantes. Ici poussent en abondance – parmi quelque 1 000 espèces de fleurs sauvages – le *Jack-in-the-Pulpit* ou arum (*Arisæma triphyllum*), le *Black-eyed Susan* (*Rudbeckia*), l'aster et le *Devil's paintbrush* ou épervière orangée (*Hieracium aurantiacum*). Pour ceux qui voudraient suivre l'exemple : graines à vendre à la boutique de souvenirs !

★ Ethan Allen Homestead A1

▶ *2 miles au nord de Burlington, sur la Route 127. De Burlington, prenez la Route 7 North, tournez à gauche dans Pearl St., puis à droite dans N. Champlain St. Au bout de la rue, tournez à gauche, puis immédiatement à droite dans la Route 127 North. Sortez à North Ave. Beaches et prenez la première à droite au panneau signalant le domaine. ☏ 802 865 4556 - www.ethanallenhomestead.org - ♿ - visite guidée (30mn) de mi-mai à mi-oct. : jeu.-sam. 10h-16h, dim. 13h-16h - 7 $.*

Sur ce domaine de 2 ha traversé par la Winooski River et dédié au fameux héros **Ethan Allen**, se dresse une maison (env. 1785) qui a été reconstruite et dont on pense qu'elle fut sa dernière résidence. Le bureau d'accueil présente une exposition consacrée à l'histoire locale et aux aventures de Ethan Allen et de ses Green Mountain Boys. Une taverne reconstituée sert de décor à une présentation multimédia *(15mn)* relatives aux héros. Des sentiers longent la rivière.

Ben and Jerry's Ice Cream Factory B2

◗ *26 miles au sud-est de Burlington par l'I-89, à Waterbury. Route 100 - ℰ 866 258 6877 - www.benjerry.com - de déb. juil. à mi-août : 9h-21h ; de mi-août à fin oct. : 9h-18h ; de fin oct. à fin juin : 10h-18h - 3 $.*

👥 Ben Cohen et Jerry Greenfield démarrèrent leur activité en 1977 en vendant par correspondance un cours sur la fabrication des crèmes glacées. L'année suivante, ils ouvraient leur premier magasin de glaces dans une station-service rénovée de Burlington. Aujourd'hui, leurs produits sont vendus dans le monde entier. Visitez l'usine, pour comprendre les secrets de fabrication de la célèbre glace et dégustez-la !

😋 NOS ADRESSES À BURLINGTON

HÉBERGEMENT

POUR SE FAIRE PLAISIR

Willard Street Inn – *349 S. Willard St. - ℰ 802 651 8710 ou 800 577 8712 - www. willardstreetinn.com - 14 ch. 140/250 $.* Érigée par le sénateur du Vermont Charles Woodhouse dans les années 1880, cette demeure tout en brique, de style néogeorgien, a été parfaitement conservée : moulures, lambris de merisier et parquets. L'auberge, dont les chambres sont meublées de pièces d'origine (19ᵉ s.) ou de reproductions, se trouve à courte distance de Church Street Marketplace et du bord du lac. Petit-déjeuner et thé sont servis dans le solarium.

UNE FOLIE

Basin Harbor Club – *4800 Basin Harbor Rd, Vergennes - ℰ 802 475 2311 ou 800 622 4000 - www. basinharbor.com - 115 ch.*

150/550 $. Sur le lac Champlain, un luxueux resort familial en fonctionnement depuis plus d'un siècle. Parmi les 115 chambres décorées différemment, 38 occupent le bâtiment principal et 77 les cottages environnants, qui abritent une, deux ou trois chambres chacun. La plupart ont vue sur le lac. Golf, tennis, activités nautiques (kayak, pêche…) et pas moins de 4 restaurants !

Inn at Essex – *70 Essex Way, Essex Junction, Burlington -* ℘ *802 878 1100 ou 800 727 4295 - www. vtculinaryresort.com - 120 ch. 219/359 $.* Dans cette hôtel de style colonial situé à quelques miles de Burlington et de son aéroport, tout est fait pour se sentir chez soi. Les chambres, tout confort, y sont teintées de vert, de rouge ou d'indigo (certaines ont un Jacuzzi) et les suites sont équipées de kitchenettes. Gage de qualité, la cuisine du restaurant (Butler's) et de la taverne est concoctée par les étudiants du New England Culinary Institute, installé dans les murs de l'hôtel.

RESTAURATION

PREMIER PRIX

Bove's – *68 Pearl St. -* ℘ *802 864 6651 - www.boves.com - mar.- jeu. 14h-20h45, vend.-sam. 11h- 20h45.* Il faut de l'appétit pour s'aventurer dans ce restaurant italien aux assiettes généreuses (spaghetti, ravioli, mostaccioli), qui ne néglige pas pour autant leur qualité : les sauces, auprès du voisinage, font l'unanimité ! Essayez celle aux champignons et chianti, ou, primée, celle à la… vodka.

Red Onion Café – *140 ½ Church St. -* ℘ *802 865 2563.* La simplicité n'exclut pas la qualité : doublée d'un café, cette boulangerie élabore les meilleurs sandwichs de Burlington ! Large choix de garnitures mais aussi de pains, de la baguette française traditionnelle au pain à l'avoine et au miel.

BUDGET MOYEN

Tilley's – *161 Church St. -* ℘ *802 658 4553 - www.tilleyscafe. com - lun.-sam. à partir de 17h.* Commencez par les crevettes coco ou les tacos de homard. Goûtez ensuite les sushis maison, la soupe de poulet au curry ou la salade d'avocats et de pamplemousse rose. Vous oublierez alors, le temps d'un dîner, la destination de voyage : bienvenue sous les tropiques ! Un lieu joyeux, bruyant, entraînant à souhait !

POUR SE FAIRE PLAISIR

Butler's (NE Culinary Institute) – *Inn at Essex, 70 Essex Way, Essex Junction, Burlington -* ℘ *802 764 1413 - www.necidining.com - lun.- sam. 18h-21h30, dim. 10h-13h20, 18h-21h30 (janv.-avr. : fermé dim. soir).* Ouvert en 1989, c'est le deuxième atelier-restaurant du New England Culinary Institute, qui possède deux autres adresses à Montpelier. Ici s'exercent quelques-uns des futurs grands de la gastronomie américaine. Inventifs, audacieux, les plats, réalisés à base d'ingrédients de toute fraîcheur, y sont présentés avec l'art des grands maîtres.

Stowe

★

4 339 hab.

NOS ADRESSES PAGE 333

S'INFORMER
Stowe Area Association : ℘ 800 247 8693 ou 802 253 7321 - www.gostowe. com.

SE REPÉRER
Carte de la région B1 *(p. 304) – carte Michelin 581 I 2*. Village perché dans le nord du Vermont, Stowe est à la jonction des Routes 108 et 100 (à 10 miles au nord de l'I-89 par la Route 100). La plupart des activités sont regroupées dans le centre historique et le long de Mountain Rd, qui relie le village aux stations de ski.

SE GARER
Vous trouverez des places de stationnement gratuites dans les rues de Stowe et dans les parkings situés à proximité de Main St.

À NE PAS MANQUER
Une virée à vélo le long de Recreation Path. Plusieurs boutiques de location jalonnent ce sentier pavé de 5,3 miles.

ORGANISER SON TEMPS
1h pour le vieux Stowe, 2h au Recreation Path et une demi-journée pour une randonnée.

AVEC LES ENFANTS
Faites l'Alpine Slide et le téléphérique de Stowe Mountain Resort.

À mesure que la Route 108 serpente à travers cette petite bourgade sise au pied du mont Mansfield – qui signale de loin l'emplacement du village – on découvre la gracieuse flèche blanche de la Christ Community Church. Stowe est considéré comme la capitale du ski de l'est du pays en raison de l'enneigement exceptionnel dont bénéficie la région, de ses chalets à la suisse, et de la densité des infrastructures hôtelières.

Se promener

Stowe Spas
Stowe accueille deux des meilleurs spas de Nouvelle-Angleterre.
The Spa at Topnotch *(Topnotch Resort, 4000 Mountain Rd - ℘ 800 451 8686)*, proche du Stowe Mountain Resort, offre des vues panoramiques sur les Green Mountains. Plus de 120 traitements y sont proposés, grâce à quelque 3 200 m² d'équipements. Également un centre de fitness et trois piscines.
The Stoweflake Spa *(Stoweflake Mountain Resort, 1746 Mountain Rd - ℘ 800 253 2232)* : 120 traitements, comme son concurrent, dont certains à base de sirop d'érable. Le spa abrite en outre un centre de bien-être, deux piscines, un sauna et un hammam.

Stowe Recreation Path

Sentier de 5 miles jusqu'à Brook Rd. Départ derrrière l'église de Stowe. Se renseigner auprès de la Stowe Area Association (voir s'informer ci-dessus).

Champs cultivés, bois, ponts enjambant la West Branch River : pour les amateurs de marche, ce sentier à travers les Green Mountains est un pur délice. Les panoramas y sont particulièrement beaux au printemps et à l'automne.

★★ Mt Mansfield

Du sommet, on bénéficie d'une très large **vue★★** sur la région : Jay Peak au nord-est, le lac Champlain et les monts Adirondacks de l'État de New York à l'ouest, les White Mountains du New Hampshire à l'est. Par temps clair, on aperçoit la ville de Montréal au nord.

Pour atteindre le sommet, vous pourrez longer la **Mt Mansfield Auto Road** *(7 miles au nord de Stowe par la Route 108 - ℘ 802 253 3000 ou 800 253 4754 - www.stowe.com - de fin mai à mi-oct. : 9h-16h - 24 $/voiture)*, une route gravillonnée à péage de 4,5 miles, ou monter à bord de la **Mt Mansfield Gondola** *(8 miles au nord de Stowe par la Route 108 - ℘ 802 253 3000 - www.stowe.com - ⅃ - de fin juin à mi-oct. : 10h-16h30 - 23 $ AR)* : cette télécabine de 8 places emmène les visiteurs jusqu'à la Cliff House, proche du sommet.

À proximité Carte de la région

★★ Smugglers Notch B1

▶ *7 miles au nord de Stowe par la Route 108 - fermé en hiver.*

☺ *Soyez prudent si vous circulez au pied des rochers qui ont roulé jusqu'aux bords de la route.*

La route qui relie Stowe à Jeffersonville est étroite. Elle monte brutalement et serpente à travers une gorge sauvage et pittoresque (alt. 659 m), située entre

---

STOWE, CAPITALE DU SKI

En hiver, 8 000 skieurs viennent profiter de la station, qui s'étend sur deux massifs : le **mont Mansfield** (alt. 1 340 m), point culminant du Vermont, et **Spruce Peak** (alt. 1 012 m). Parmi les boutiques, restaurants et galeries alignés sur Main St., rendez-vous au **Shaw's General Store** *(n° 54 - vêtements et accessoires pour ski)*, ouvert depuis 1895. Le **Vermont Ski Museum** *(1 South Main St. - ℘ 802 253 9911 - www.vermont-skimuseum. org - ⅃ - merc.-lun. 12h-17h - fermé de mi-avr. à Memorial Day, Halloween, Thanksgiving Day - 3 $)*, restitue 100 ans d'histoire du ski ici.

Le Mount Mansfield en hiver.
Yankee Image, Inc.

le mont Mansfield et le Spruce Park. La forêt dense est sombre. Smugglers Notch, le « défilé des contrebandiers », doit son nom au trafic d'esclaves et de marchandises entre le Canada et les États-Unis pendant la guerre de 1812.

Moss Glen Falls B1

▶ *3 miles au nord de Stowe par la Route 100. Ensuite, prenez Randolph Rd, puis la première à droite jusqu'au petit parking.*

Un court sentier mène aux chutes et se poursuit en pente assez raide *(mal balisé)* vers l'amont pour rejoindre un ruisseau où l'on peut se baigner dans une eau assez fraîche.

Alpine Slide

▶ *8,5 miles au nord de Stowe, à Spruce Peak, par la Route 108. ℘ 802 253 3000 - www.stowe.com - de fin-juin à déb. sept. : 10h30-16h30 ; de déb. sept. à mi-oct. : w.-end 10h30-16h30 - 20 $.*

👪 Stowe est une des stations de ski de la Nouvelle-Angleterre où il est possible de pratiquer la luge même lorsqu'il n'y a pas de neige.

😊 NOS ADRESSES À STOWE

HÉBERGEMENT

UNE FOLIE

Green Mountain Inn – *18 Main St. - ℘ 802 253 7301 ou 800 253 7302 - www. greenmountaininn.com - 100 ch. 159/449 $.* Ouvert depuis 1833, idéalement situé, il est aussi le plus grand hôtel de la zone piétonne de Main St. Ses chambres, réparties entre le bâtiment principal et plusieurs maisons adjacentes, sont décorées de quilts (courtepointes) artisanaux, et garnies de meubles du 19e s. Dans la moderne Mansfield House, les 22 chambres

luxueuses possèdent un Jacuzzi. À proximité, 50 ha de terrains, propriété de l'hôtel, pour randonner à pied, en raquettes ou à skis.

Trapp Family Lodge – *700 Trapp Hill Rd, à proximité de la Rte. 108 - ℘ 802 253 8511 ou 800 826 7000 - www.trappfamily.com - 93 ch. à partir de 225 $.* C'est ici, à Stowe, que s'installa la célèbre famille von Trapp après avoir fui les nazis et inspiré le film *La Mélodie du bonheur* (1965). Ils y ouvrirent cet établissement aux airs de chalet tyrolien rustique, et prospérèrent : d'autres chalets essaiment aujourd'hui sur quelque 1 000 ha de terrains privés. Vous y trouverez en outre un salon de thé, des équipements de loisir (courts de tennis en terre battue) et plus de 70 miles de sentiers de randonnée.

RESTAURATION

BUDGET MOYEN

The Shed – *1859 Mountain Rd - ℘ 802 253 4364 - www.gostowe. com - 11h30-22h.* Une demi-douzaine de bières pression accompagnent, en toute saison, la carte couleur locale de cette sympathique microbrasserie : poulet frit, burgers, BBQ *ribs*, pâtes et fruits de mer.

Gracie's – *1652 Mountain Rd - ℘ 802 253 8741 - www.gostowe. com - 11h30-22h.* « Meilleur ami de l'homme » n'est pas une vaine formule chez Gracie's où, sous des photos de chiens, on savoure des plats aux résonances canines : poulet dalmatien, burger chihuahua (avec guacamole), etc.

POUR SE FAIRE PLAISIR

Mr. Pickwick's – *433 Mountain Rd, dans l'auberge Ye Olde England Inne - ℘ 802 253 7558 - www. englandinn.com.* Plus d'une douzaine de bières importées et pas moins de 150 whiskies accompagnent, dans cet authentique pub anglais, de véritables *bangers and mash* et *steak and kidney pie.* Mais aussi : faisan du Vermont, bœuf Wellington et filet d'Autruche.

ACHATS

Cold Hollow Cider Mill – *Waterbury Center, sur la Route 100 - ℘ 802 244 8771 ou 800 327 7537 - www.coldhollow.com - 8h-18h (19h en été).* Impossible de manquer cette adresse sur la route de Stowe, qui rassemble le meilleur de la production régionale : fromages du Vermont, condiments, produits à base de pomme, différentes sortes de sirops d'érable etc.

Montpelier

7 760 hab.

NOS ADRESSES PAGE 336

S'INFORMER

Central Vermont Chamber of Commerce : *℘ 802 229 5711 - www. central-vt.com.*

SE REPÉRER

Carte de la région B2 *(p. 304)* – *carte Michelin 581 J 3.* L'I-89 (nord-sud) donne accès à la ville, dont le centre est coupé en deux par la North Branch River. La Winooski River est alignée sur State St.

SE GARER

Au centre-ville, deux parkings sur State St., à proximité de Capitol Plaza. Petite et dense, la ville de Montpelier se découvrira facilement à pied.

À NE PAS MANQUER

Une visite de la State House.

🕐 **ORGANISER SON TEMPS**

Procurez-vous plans et brochures aux kiosques d'information de State St. ou de City Hall : trois d'entre eux décrivent, chacun, une rue (Main St., State St. et College St.) ; comptez 1h par rue. Prévoyez également 1h pour la visite de la State House.

👥 **AVEC LES ENFANTS**

Découvrez avec eux la nature au North Branch Nature Center.

Cette petite ville, nichée parmi les collines boisées qui dominent la Winooski River, est la capitale du Vermont depuis 1805. Visible de toutes parts, le dôme doré de son capitole brille de mille feux sous le soleil et offre un magnifique spectacle quand les arbres qui l'entourent prennent leur couleur d'automne. Si l'industrie du granit a jadis assuré la prospérité de Montpelier, c'est aujourd'hui les activités administratives et le secteur des assurances qui dynamisent la ville.

Se promener

State House

State St. - ☎ 802 828 2228 - www.leg.state.vt.us/sthouse/sthouse.htm - ♿ - visite guidée gratuite (30mn) : de déb. juil. à mi-oct. : lun.-vend. 10h-15h30, sam. 11h-14h30 ; reste de l'année : lun.-vend. 9h-15h (réserv. obligatoire) - fermé j. fériés.

Cet élégant édifice néoclassique construit en 1859 est le troisième capitole édifié à cet emplacement. Le premier (démoli), datait de 1808. Le second (1838) périt dans un incendie. Le bâtiment actuel a conservé le portique dorique du capitole précédent, inspiré du temple de Thésée à Athènes. Une statue de Cérès, déesse romaine de l'Agriculture, domine de ses 4 m le pinacle du dôme doré.

★ Vermont Museum

109 State St., dans le bâtiment du Pavilion Office - ☎ 802 828 2291 - www.vermonthistory.org - ♿ - de déb. mai à mi-oct. : mar.-sam. 10h-16h - 5 $.

La belle façade victorienne du bâtiment est inspirée du Pavilion Hotel qui occupa le site de 1876 à 1965. À l'intérieur, le hall d'entrée du 19e s. ouvre sur les pièces occupées par la Vermont Historical Society. Documents et photos relatent l'histoire, la vie économique et les traditions du Vermont.

North Branch Nature Center

2 miles au sud du centre-ville - ☎ 802 229 6206 - www.northbranchnaturecenter. org - parc : lun.-vend. 9h-16h ; sentiers : accessibles tlj.

👥 Avec ses sentiers le long de la rivière, son jardin à papillons et ses nombreuses activités, ce parc ravira petits et grands.

Itinéraire conseillé

▶ *Pour visualiser ce circuit de 8 miles de Warren à Waitsfield (Warren est à 23 miles de Montpelier par l'I-89 West et la Route 100 South), reportez-vous à la carte de la région (p. 304) – comptez 1h.*

★ MAD RIVER VALLEY

La « vallée de la rivière folle » est une tranquille vallée rurale située au cœur d'une vaste région de monts et de collines. Ce lieu de villégiature est animé tout au long de l'année, notamment grâce à ses stations de ski : **Sugarbush** et **Mad River Glen**. Ce site agréable est doté de nombreuses installations et d'un excellent domaine skiable (ski alpin et ski de fond), d'où son succès.

Warren B2

Ce petit village possède des boutiques d'artisanat et une épicerie générale réputée pour sa cuisine au four et ses salades maison. Le pont couvert de Warren se reflète dans la Mad River.

Si vous avez le temps, gagnez **Granville** par la Route 100 South qui offre de belles **vues★★** sur les Green Mountains.

Revenez à Warren et prenez East Warren Rd en direction du nord.

East Warren Rd longe la Mad River et les Green Mountains à l'ouest. Après 5 miles on aperçoit une **Round Barn** (1908-1909), l'une des nombreuses granges rondes bâties dans la vallée, qui fait aujourd'hui partie d'une auberge.

La route continue tout droit et passe le pont couvert de Waitsfield (1833), qui enjambe la Mad River.

Waitsfield B2

Ce bourg est un carrefour commerçant depuis le 19ᵉ s., époque où la diligence de Waitsfield reliait la vallée à la gare de Middlesex. Aujourd'hui, outre deux centres commerciaux, l'agriculture demeure une activité essentielle même si la petite ville a récemment attiré des professions libérales ou artistiques. Un détour par la Route 17, à l'ouest, vous offrira depuis l'**Appalachian Gap** (alt. 720 m) de très belles **vues★★** sur la région.

😊 NOS ADRESSES À MONTPELIER

HÉBERGEMENT

UNE FOLIE

The Pitcher Inn – *275 Main St., Warren -* 📞 *802 496 6350 - www. pitcherinn.com - 11 ch. à partir de 425 $.* Une des adresses les plus recherchées du pays ! Les chambres sont décorées selon un thème différent, habillées de précieux meubles et œuvres d'art.

RESTAURATION

PREMIER PRIX

Main Street Grill & Bar – *118 Main St., Montpelier -* 📞 *802 223 3188 - www.necidining. com - 11h30-14h, le soir dès 17h30, dim. brunch dès 10h.* Par une baie vitrée, on aperçoit les commis à l'œuvre, des étudiants du New England Culinary Institute : calamars croustillants et cannelloni d'aubergines font l'objet du plus grand soin !

BUDGET MOYEN

American Flatbread – *46 Lareau Rd, Waitsfield -* 📞 *802 496 8856 - www.americanflatbread.com - jeu.- sam. 17h-21h30.* Une marque de pizzas congelées, certes, mais la meilleure du pays ! Élaborées dans le Vermont, elles sont vendues dans plus de 20 États. Ici, vous aurez le privilège de les déguster à peine sorties du four.

POUR SE FAIRE PLAISIR

The Common Man – *3209 German Flats Rd, Warren -* 📞 *802 583 2800 - www.commonmanrestaurant.com - mar.-sam. le soir uniquement.* Dans une grange du 19ᵉ s., un restaurant aux airs de chalet rustique, bien intégré au tableau pittoresque de ce village de montagne. Carte européenne travaillée ; le menu change régulièrement.

St Johnsbury

6 319 hab.

😊 **NOS ADRESSES PAGE 341**

S'INFORMER
Vermont's Northeast Kingdom Chamber of Commerce : 📞 *802 748 3678 ou 800 639 6379 - www.nekchamber.com.*

SE REPÉRER
Carte de la région C1 *(p. 304) – carte Michelin 581 K 2*. St Johnsbury est à la frontière du New Hampshire, au nord-est du Vermont. La ville est facilement accessible par l'I-89 et l'I-91.

SE GARER
Vous pourrez aisément vous garer dans les rues de cette petite ville.

À NE PAS MANQUER
Le Fairbanks Museum.

ORGANISER SON TEMPS
Prévoyez une demi-journée pour le Fairbanks Museum et une journée entière pour explorer le Northeast Kingdom.

AVEC LES ENFANTS
Ils adoreront les animaux naturalisés au Fairbanks Museum.

Quelques industries et la production de sirop d'érable constituent les principales activités économiques de cette bourgade tranquille, porte du vaste et très agricole Northeast Kingdom. St Johnsbury commença à prospérer dans les années 1830, quand un épicier, Thaddeus Fairbanks, inventa la balance à plateaux et se lança dans sa fabrication. Depuis, des balances Fairbanks furent expédiées dans le monde entier.

Se promener

★ St Johnsbury Athenaeum

1171 Main St. - 📞 802 748 8291 - www.stjathenaeum.org - ♿ - lun.-vend. 10h-16h30, sam. 10h-15h45 - fermé j. fériés.
En 1871, Horace Fairbanks fit construire cet édifice de style Second Empire pour servir de bibliothèque publique. Deux ans plus tard, il fit ajouter une **galerie d'art** à l'arrière du bâtiment. La galerie a conservé son décor de salon victorien. Dominée par une œuvre monumentale d'Albert Bierstadt, *Domes of Yosemite*, la collection comprend des toiles de Asher B. Durand et d'autres représentants de l'école de l'Hudson ainsi que plusieurs tableaux d'artistes natifs du Vermont comme Hiram Powers et Thomas Waterman Wood. Remarquez les boiseries de la bibliothèque et les salons de lecture des mezzanines.

★ Fairbanks Museum and Planetarium

1302 Main St. - 📞 802 748 2372 - www.fairbanksmuseum.org - ♿ - lun.-sam. 9h-17h, dim. 13h-17h (horaires du planétarium disponibles par téléphone ou sur le site Internet) - fermé lun. (nov.-mars), 1er janv., dim. de Pâques, Thanksgiving Day (4e jeu. de nov.) et 25 déc. - musée : 6 $, planétarium : 5 $.

👥 Cette institution fut fondée en 1891 par Franklin Fairbanks, qui lui légua sa collection d'animaux naturalisés. Aujourd'hui, le musée présente 4 500 oiseaux et mammifères, et une riche collection de poupées anciennes. Ce **bâtiment★** en grès rouge de style néoroman a été conçu par l'architecte Lambert Packard, natif du Vermont. L'intérieur est embelli d'un magnifique plafond en berceau.

Maple Grove Farms

Sur la Route 2, à l'est du centre - ☎ 802 748 5141 - www.maplegrove.com - de mi-mai à fin déc. : lun.-vend. 8h-17h ; cabane à sucre : de mi-mai à mi-déc. : lun.-vend. 8h-14h - fermé j. fériés - 1 $.

👥 Illustrée par de petits films, la visite permet de s'initier à la récolte et à la fabrication du sirop d'érable. La visite de la fabrique *(20mn)* explique la transformation du sirop d'érable en sucreries.

À proximité Carte de la région

★★ Northeast Kingdom C1

▶ *Sur quelques kilomètres au nord-est de St Johnsbury.* 🅿 ☎ *802 626 8511 ou 800 884 8001 - www.travelthekingdom.com.*

Cette région de forêts, de lacs, de larges vallées et de routes secondaires qui traversent de petits villages, comprend les trois comtés du nord-est de l'État : Caledonia, Essex et Orleans. Le « Royaume du Nord-Est » est centré autour de St Johnsbury, et s'étend jusqu'aux frontières du Canada et du

LE SIROP D'ÉRABLE

Le Vermont est le premier producteur de **sirop d'érable** des États-Unis. De mars à mi-avril, quand les températures tombent la nuit au-dessous de 0 °C, mais deviennent douces en journée, plus d'un million d'érables sont incisés, affublés d'un bec verseur en métal et, suspendu à ce-dernier, d'un panier qui collectera les 145 litres de sève attendus par arbre. Celle-ci est alors transportée dans une érablière pour y être réduite, filtrée et mise en pot. Chaque litre de sirop d'érable nécessitant 40 litres de sève, il faut compter environ un arbre par litre de produit fini.

Une soixantaine d'entreprises sont ouvertes à la visite dans le Vermont. Vous pourrez y goûter les trois types de sirop élaborés : le délicat *light amber* (clair), le *medium amber* (coloration moyenne) et le *dark amber* (foncé).

La récolte du sirop d'érable.
Christy Thompson / Fotolia.com

New Hampshire. Cette région peu habitée s'anime en automne, lorsque sa campagne devient une symphonie de couleurs mêlant les ors aux tons cuivrés et au rouge éclatant des érables.

Le **Northeast Kingdom Foliage Festival** *(de fin sept. à déb. oct.)*, qui dure une semaine, rassemble sept villages : Barnet, Cabot, Groton, Marshfield, Peacham, Plainfield et Walden. Chaque jour, un village différent organise une série d'activités allant du petit-déjeuner dressé dans l'église à des visites de maisons ou des expositions artisanales.

Deux autres villages attirent le public par des manifestations originales : **Craftsbury Common**, dont l'immense green semble se perdre dans le ciel, et **Danville** où se déroule le congrès annuel des sourciers américains.

Itinéraires conseillés

★ LAKE WILLOUGHBY ET BROWNINGTON

▶ *Pour visualiser ce circuit en boucle de 87 miles au nord de St Johnsbury, reportez-vous à la carte de la région (p. 304) – comptez une 1/2 journée. De St Johnsbury, prenez la Route 5. Traversez Lyndonville pour prendre la Route 114 North jusqu'à East Burke, où une route non signalée mène à Burke Hollow et West Burke.*

The Burkes C1

L'accès à la route à péage de Burke Mountain (Auto Road) s'effectue par la Route 114 à East Burke.

East Burke, Burke Hollow et West Burke sont trois hameaux au pied de la station de ski de Burke Mountain. Le paysage montagneux des alentours est très harmonieux, surtout vu de la route qui monte au sommet de **Burke Mountain** (alt. 994 m). Vers le nord-ouest, au-delà du col, on aperçoit au loin le lac Willoughby.

De West Burke, prenez la Route 5A North vers le lac Willoughby.

★ Lake Willoughby C1

On repère l'emplacement du lac Willoughby *(baignade autorisée en saison)* grâce aux deux versants montagneux qui s'élèvent abruptement en faisant songer à l'entrée d'un défilé. La plus haute de ces deux montagnes, qui surplombe l'extrémité sud-est du lac, est le **mont Pisgah** (alt. 838 m).

Suivez la Route 5A qui longe le lac vers le nord, puis la Route 58 vers l'ouest. Roulez environ 4 miles jusqu'au village d'Evansville. Tournez à droite sur la route en mau-

vais état signalant Brownington Center. Prenez la deuxième à gauche, et poursuivez vers Brownington Center, où vous prendrez à droite sur la colline pour gagner, à 1,5 mile, le Brownington Village Historic District.

★ **Brownington Village Historic District** B1

Ce hameau charmant a peu changé depuis le début du 19ᵉ s., époque à laquelle il abritait la Brownington Academy. Cette institution privée avait été fondée par le révérend Alexander Twilight (1795-1857), ancien élève du Middlebury College, qui fut, dit-on, le premier Noir diplômé d'une université américaine. L'institution servit d'école aux 25 villages des alentours pendant vingt-cinq ans. Le bâtiment des anciens dortoirs, l'**Old Stone House** (1836), édifice de quatre étages en granit, abrite aujourd'hui un musée où l'on peut voir d'anciennes salles de classe et des expositions sur l'école (*℘ 802 754 2022 - www.oldstonehousemuseum.org - de mi-mai à mi-oct. : merc.-dim. 11h-17h - 6 $*).

Au nord du village, sur Prospect Hill, une plate-forme d'orientation offre un **panorama★★** sur le col de Willoughby *(au sud-est)*, le mont Mansfield *(au sud-ouest)*, Jay Peak *(à l'ouest)* et le lac Memphremagog *(au nord)*.

De Prospect Hill, tournez à droite pour passer devant l'église congrégationaliste, et suivez la route non signalée sur 2 miles vers l'ouest jusqu'au croisement avec la Route 58. Tournez à droite et traversez Orleans (1 mile). Prenez la Route 5 vers le sud sur 5 miles, puis la Route 16 vers le sud. Traversez Glover, puis prenez à gauche la Route 122 vers le sud sur environ 1 mile pour gagner le Bread and Puppet Museum.

Bread and Puppet Museum

Route 122 - ℘ 802 525 3031 - www.breadandpuppet.org - juin-oct. : 10h-18h.

Dans une vaste grange obscure bâtie en 1863, la Bread and Puppet Company a disposé de manière impressionnante ses marionnettes plus grandes que nature. Ces masques et ces mannequins ont été utilisés au cours de spectacles historiques donnés en Europe, en Amérique latine et aux États-Unis.

Retournez à St Johnsbury par la Route 5 South.

PEACHAM ET BARNET CENTER

▷ *Pour visualiser ce circuit en boucle de 65 miles au sud de St Johnsbury, reportez-vous à la carte de la région (p. 304) – comptez 3h. De St Johnsbury, prenez la Route 2 vers l'ouest.*

JAY PEAK

À 8 miles seulement de North Troy, village situé à la frontière du Québec, **Jay Peak** (alt. 1 177 m) attire logiquement autant de Canadiens que d'Américains durant la saison hivernale.

Un **téléphérique** (*℘ 800 988 2611 - www.jaypeakresort.com - &. - de juil. à Labor Day et de mi-sept. à Columbus Day : 10h-16h - 10 $*) emporte les voyageurs au sommet d'où l'on bénéficie d'un superbe **panorama★★** sur le lac Champlain, les monts Adirondacks, les White Mountains et le Canada. Plusieurs circuits sont particulièrement pittoresques pendant l'été indien. La **Route 242**, de Montgomery Center à la Route 101, et la **Route 58**, de Lowell à Irasburg, permettent de découvrir les beaux paysages du nord de l'État.

Danville B1

Grâce à son altitude, cette bourgade rurale et agricole jouit de brises fraîches et d'air pur, même pendant les grandes chaleurs estivales.

Continuez vers le sud sur la Route 2 jusqu'à Marshfield, puis prenez à droite la Route 215.

Cabot B1

En exploitation depuis 1919, la **Cabot Creamery** (*℘ 802 371 1289 ou 888 792 2268 - www.cabotcheese.com - ᕃ - juin-oct. : 9h-17h ; reste de l'année : lun.-sam. 9h-16h - fermé j. fériés)* est certainement le fournisseur de produits laitiers le plus connu du Vermont, notamment pour sa variété de fromages. La visite des installations *(30mn - 2 $)* débute par un programme audiovisuel *(15mn)* consacré à la fabrication du fromage, du beurre et du yaourt.

Retournez à Danville par les Routes 215 et 2. Prenez vers le sud la route non signa- lisée qui traverse Harvey et Ewell Mills.

★ Peacham B2

Dans un cadre superbe de vallons et de collines, Peacham est probablement en automne la localité la plus photographiée du Vermont.

Poursuivez vers Barnet Center en traversant South Peacham, et prenez à gauche vers West Barnet. À Barnet Center, tournez à gauche avant l'église et suivez la route qui monte sur la colline.

Barnet Center C2

Après avoir dépassé l'église, on découvre, juste avant le sommet de la col- line, un charmant paysage champêtre avec une grange et son silo. Au-delà, la **vue★★** s'étend vers le lointain.

Redescendez au pied de la colline. Prenez à gauche en direction de Barnet où vous vous engagerez sur la Route 5 pour rejoindre St Johnsbury.

☺ NOS ADRESSES À ST JOHNSBURY

HÉBERGEMENT

UNE FOLIE

Rabbit Hill Inn – *48 Lower Waterford Rd, Lower Waterford - ℘ 802 748 5168 ou 800 762 8669 - www.rabbithillinn.com - 21 ch. 199/359 $.* Un lieu d'évasion romantique, idéal pour les couples. En hiver les Jacuzzi tombent à point nommé après une balade en raquettes ou à skis dans le froid polaire du Vermont. L'été, vous pourrez flâner le long du fleuve Connecticut. Également un restaurant de qualité.

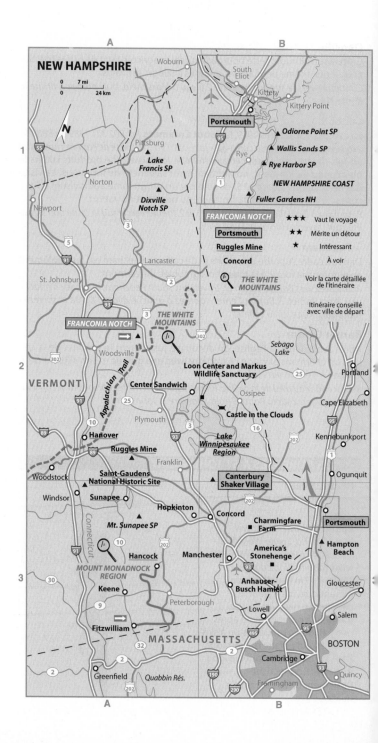

NEW HAMPSHIRE

0   7 mi
0   24 km

Woburn

South Eliot

Kittery

Kittery Point

Portsmouth

▲ *Odiorne Point SP*

▲ *Wallis Sands SP*

Rye

▲ *Rye Harbor SP*

NEW HAMPSHIRE COAST

▲ *Fuller Gardens NH*

Pittsburg

▲ *Lake Francis SP*

Norton

Newport

▲ *Dixville Notch SP*

St. Johnsbur

Lancaster

FRANCONIA NOTCH   ★★★ Vaut le voyage

Portsmouth   ★★ Mérite un détour

Ruggles Mine   ★   Intéressant

Concord   À voir

THE WHITE MOUNTAINS   Voir la carte détaillée de l'itinéraire

⇨ Itinéraire conseillé avec ville de départ

THE WHITE MOUNTAINS

FRANCONIA NOTCH

Woodsville

VERMONT

Appalachian Trail

Center Sandwich

Plymouth

Sebago Lake

Portland

Cape Elizabeth

Kennebunkport

Loon Center and Markus Wildlife Sanctuary

Ossipee

✠ Castle in the Clouds

Lake Winnipesaukee Region

Hanover

Ruggles Mine ▲

Franklin

Saint-Gaudens National Historic Site ▲

Sunapee

Woodstock

Windsor

Connecticut

Mt. Sunapee SP

Hopkinton

Concord

Canterbury Shaker Village ▲

Ogunquit

Portsmouth

Charmingfare Farm ■

Manchester

America's Stonehenge ■

▲ Hampton Beach

MOUNT MONADNOCK REGION

Hancock

Keene

Anhauser-Busch Hamlet

Gloucester

Peterborough

Fitzwilliam

MASSACHUSETTS

Lowell

Salem

BOSTON

Greenfield

Quabbin Rés.

Cambridge

Quincy

Framingham

New Hampshire

5

Carte Michelin New England 581

Les White Mountains

★★★

☺ NOS ADRESSES PAGE 352

🗊 S'INFORMER

White Mountains Attractions Association : *℘ 603 745 8720 ou 800 346 3687* - *www.visitwhitemountains.com*.
Mount Washington Valley Chamber of Commerce : *℘ 603 356 5701 ou 800 356 5701* - *www.mtwashingtonvalley.org*. Cartes et informations sur les activités, les hébergements, les restaurants…
Appalachian Mountain Club (AMC) : *℘ 603 466 2721* - *www.outdoors. org*. Cartes et guides des sentiers disponibles aux deux Visitor Centers de Pinkham Notch (au pied du mont Washington) et Crawford Notch (Highland House).
White Mountain National Forest : *℘ 603 528 8721* - *www.fs.fed.us*. Informations sur les campings, les sentiers de randonnée et les meilleurs belvédères.

▶ SE REPÉRER

Carte de la région AB2 *(p. 342)* – *carte Michelin 581 K-L-M 2-3-4*. Les White Mountains occupent le nord du New Hampshire. La région la plus visitée est accessible par l'Interstate 93 qui la traverse à l'ouest, la Route 16, à l'est, la 112, également connue sous le nom de Kancamagus Highway, offrant de superbes points de vue, et la 302, orientée nord-ouest-sud-est.

🅿 SE GARER

La plupart des parkings, situés aux points de départ des sentiers de randonnée, sont payants. Comptez 5 $/j.

☺ À NE PAS MANQUER

The Flume, une gorge étroite ponctuée de chutes et de cascades.

🕓 ORGANISER SON TEMPS

Prévoyez un ou deux jours pour découvrir les plus beaux panoramas des White Mountains, et une journée supplémentaire si vous souhaitez participer à une activité de plein air : randonnée, vélo, kayak… Des randonnées guidées gratuites sont proposées par l'Appalachian Mountain Club (AMC), situé à Crawford Notch.

👪 AVEC LES ENFANTS

Une destination idéale pour les enfants ! Hormis les nombreuses activités sportives de plein air, ils se régaleront à Santa's Village et Six Gun City et dans le train à crémaillère du Mont Washington. Ils joueront les spéléologues en herbe dans les grottes du Polar Caves Park.

Région la plus montagneuse de la Nouvelle-Angleterre, les White Mountains s'étendent au nord du New Hampshire et s'étirent jusqu'au Maine. Administrée par l'État, la White Mountain National Forest couvre une superficie de 312 000 ha. Elle est réputée pour ses paysages spectaculaires, ses aires de pique-nique, ses terrains de camping et ses 1 900 km (1178 miles) de sentiers de randonnée. La longueur de l'hiver permet aux skieurs de profiter de ses pentes, dans la National Forest

Le Cog Railway sur le Mont Washington.
Yves Marcoux / Age Fotostock

comme dans les vallées alentour. Tout au long de l'été, les randonneurs apprécient la fraîcheur des sous-bois et des cascades, et s'enivrent des vues qu'offrent les sommets. En automne, les White Mountains deviennent un paradis aux couleurs éclatantes.

Découvrir

★★★ MOUNT WASHINGTON

Le mont Washington est le point culminant de la Nouvelle-Angleterre (alt. 1 917 m) et le principal sommet de la Presidential Range. Un climat subpolaire règne à son sommet où ont été enregistrés les vents les plus violents du monde, le 12 avril 1934, avec une vitesse de 372 km/h! On n'y rencontre donc qu'une flore et une faune adaptées au froid, au vent et au gel, que l'on ne trouve nulle part ailleurs dans le Nord-Est des États-Unis. Seuls de toutes petites plantes et des sapins nains ont résisté à cet environnement hostile, et ont envahi la confusion de roches qui composent le paysage s'élevant au-dessus de la forêt. Des chutes de neige peuvent survenir tout au long de l'année sur ce sommet enveloppé de brouillard au moins 300 jours par an. Le groupe de bâtiments qui s'élève sur ce mont est surnommé « la cité des nuages ».

Le sommet

Le train à crémaillère (Cog Railway, voir p. 346) et la route, fermés en cas de tempête, sont les moyens les plus rapides d'atteindre le sommet. À condition d'être en forme et convenablement équipés, les randonneurs pourront s'attaquer à l'un des quatre raidillons qui mènent au sommet.

Parmi la demi-douzaine de bâtiments plantés au sommet du mont Washington se trouvent la Tip Top House (1853), des installations de télécommunication et le Summit Building. Ancré dans la montagne, le **Sherman Adams Summit Building** renferme le Mt Washington Weather Observatory (observatoire météorologique). Par temps clair, la terrasse de ce bâtiment offre un **panorama★★★** grandiose (℘ 603 356 2137 - www.mountwashington.org - ♿ - mai-oct. : 8h-20h).

LA FORMATION DES WHITE MOUNTAINS

Ces montagnes doivent leur nom au manteau de neige qui les recouvre presque toute l'année. Dominées par le mont Washington qui culmine à 1 917 m, elles se caractérisent par leurs sommets arrondis et de grandes vallées profondes en forme de U connues aux États-Unis sous le noms de **notches**, ce qui signifie entailles ou brèches. Ces montagnes sont les vestiges d'une chaîne granitique très ancienne. Au cours de la dernière période de glaciation, elles furent recouvertes d'une immense calotte glaciaire qui en éroda et façonna les sommets, les dotant de leur forme arrondie actuelle. Lorsque cette calotte se retira, les glaciers creusèrent des vallées profondes en lissant leurs parois en forme de U. L'écoulement et le ruissellement de l'eau de fonte ont ensuite creusé d'énormes marmites torrentielles comme par exemple la cuvette visible à Franconia Notch *(voir p. 350)*.

★★ Mt Washington Cog Railway

Départs de la Marshfield Base Station, à 6 miles à l'est de la Route 302 - ℘ 603 278 5404 ou 800 922 8825 - www.thecog.com - ouvert mai-oct. : 2 à 9 départs quotidiens (horaires variables, consultez le site Internet) - 3h AR - visite commentée, réserv. conseillée - 59 $.

👥 Ce petit train à vapeur est pratiquement aussi célèbre que la montagne. Construit en 1869, son tracé de 5,6 km (3,47 miles) représentait une prouesse technologique pour l'époque. Il offre toujours à ses passagers des moments palpitants, surtout lors de l'ascension de la **Jacob's Ladder**, ou échelle de Jacob, la pente la plus vertigineuse (37 %) du trajet. Il est intéressant de remarquer combien la végétation et le paysage varient avec l'altitude.

Itinéraires conseillés

★★ PINKHAM NOTCH – DE NORTH CONWAY AU MONT WASHINGTON

▶ *Pour visualiser ce circuit de 26 miles, reportez-vous à la carte de la région (p. 349) – comptez une 1/2 journée. Suivez la Route 302/16 (qui se divise à hauteur de Glen).*

★ North Conway

Cette petite ville, très bien équipée en infrastructures touristiques, est la porte principale des White Mountains.

👥 Sur la Route 16, la gare de chemin de fer (1874), qui présente un caractère romain, a été transformée en musée et abrite la billetterie du **Conway Scenic Railroad**, une ancienne ligne dont le circuit de 18 km (11,16 miles) traverse la vallée de Saco *(départs du dépôt de North Conway - ℘ 603 356 5251 ou 800 232 5251 - www.conwayscenic.com - tlj de mi-mai à fin oct., dates fixes le reste de l'année : appelez ou consultez le site Internet pour connaître les horaires).*

À Glen, tournez à droite sur la Route 16.

Story Land

℘ 603 383 4186 - www.storylandnh.com - ♿ - juil.-août : 9h-18h ; de mi-juin à fin juin et du 1er sept. à Labor Day (1er lun. de sept.) : 9h-17h ; de Memorial Day à mi-juin et de sept. à mi-oct. : w.-end 9h-17h - 25 $.

👥 Ce parc d'attractions s'est inspiré de contes de fées et de chansons enfantines pour entraîner les enfants dans son domaine peuplé de personnages à leur échelle.

Plusieurs circuits sont proposés, et vous pourrez pique-niquer sous les arbres.

Continuez sur la Route 16. Au niveau des chutes, parking à gauche de la route.

★ Glen Ellis Falls

Ces chutes et leurs bassins situés à l'est de la route *(empruntez le passage souterrain)* sont alimentés par la rivière Ellis.

★★ Pinkham Notch

Ce passage (alt. 620 m) sépare le mont Washington de la Wildcat Mountain.

Wildcat Mountain

Parking sur la Route 16 - ℘ 603 466 3326 ou 888 754 9453 - www. skiwildcat.com - ♿ - de mi-juin à mi-oct. : tlj 10h-17h ; de mi-mai à mi-juin : w.-end seulement - 15 $.

Face à Pinkham Notch et au mont Washington, les pentes de la Wildcat Mountain (alt. 1 348 m) ont été aménagées en pistes de ski. Le sommet est accessible en télécabine, et offre une belle **vue**★★ sur le mont Washington et les crêtes septentrionales de la Presidential Range.

Tournez à gauche à Glen House.

Auto Road

℘ 603 466 3988 - www.mountwashingtonautoroad.com - ♿ - route ouverte aux véhicules individuels de déb. mai à mi-oct. si le temps le permet : horaires variables, appelez ou consultez le site Internet - 23 $ (voiture et conducteur) - visite guidée en van (1h30) au départ de Great Glen Lodge - 29 $.

La piste de 8 miles qui mène au sommet du mont Washington s'amorce à **Glen House**. Il est possible de l'emprunter avec son véhicule ou de s'inscrire à une visite guidée.

Au sommet, comme en chemin, la vue sur la réserve naturelle (Great Gulf Wilderness) et sur la Presidential Range est spectaculaire.

L'HISTOIRE DES « MONTAGNES BLANCHES »

En 1524, Giovanni da Verrazzano (connu pour avoir découvert le site de New York) aperçut les White Mountains depuis la côte. En 1642, le sommet du mont Washington fut exploré par l'un des premiers colons. Peintres et écrivains visitèrent la région au début du 19e s., non sans évoquer dans leurs œuvres la rude beauté des « Montagnes Blanches » À cette même époque, des notables du New Hampshire baptisèrent les plus hauts sommets de noms d'anciens présidents des États-Unis ; c'est ainsi que le mont Washington appartient aujourd'hui à la Presidential Range (chaîne des Présidents) qui compte aussi les monts Adams, Clay, Jefferson, Madison, Monroe et Eisenhower. Puis, peu à peu, le tourisme fit son apparition, et vers la fin du siècle, on vit de nombreux hôtels de style victorien pousser dans la vallée avec l'arrivée du rail. La plupart de ces beaux établissements ont malheureusement brûlé, et ont été remplacés par des motels et des cottages.

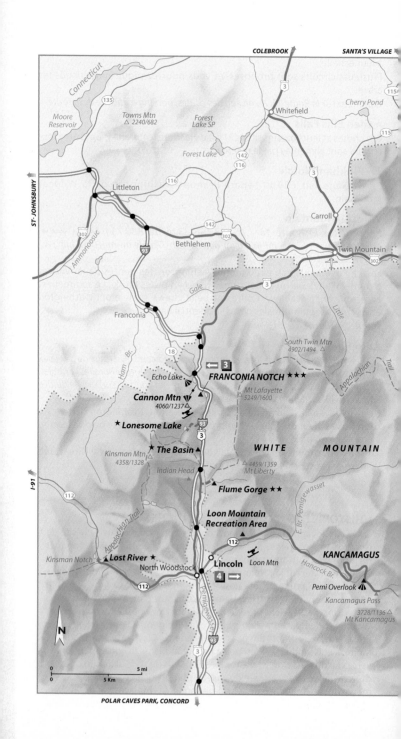

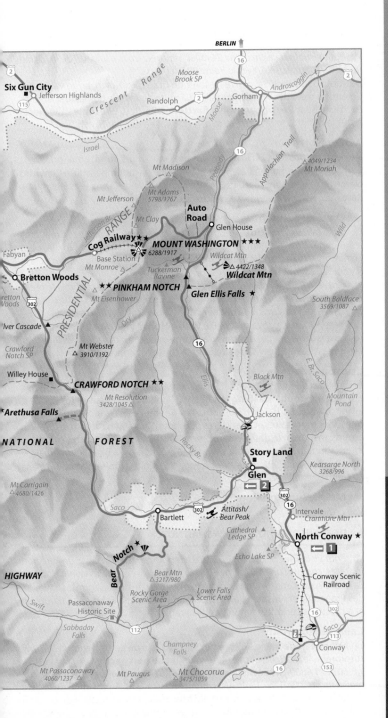

BERLIN

Six Gun City
Jefferson Highlands
Randolph
Gorham
Moose Brook SP
Crescent Range
Androscoggin

Israel

Mt Madison
Mt Jefferson
Mt Adams
5798/1767
Mt Clay
Auto Road
Glen House
4049/1234
Mt Moriah

Cog Railway ★★
Base Station
Mt Monroe
MOUNT WASHINGTON ★★★
6288/1917
Wildcat Mtn
Tuckerman Ravine
4422/1348
Wildcat Mtn

Fabyan

Bretton Woods

★★ PINKHAM NOTCH
Mt Eisenhower
Glen Ellis Falls ★
South Baldface
3569/1087

Iver Cascade
Mt Webster
3910/1192

Crawford Notch SP

Willey House

CRAWFORD NOTCH ★★
Mt Resolution
3428/1045
Black Mtn
Mountain Pond

Arethusa Falls

NATIONAL   **FOREST**
Jackson

Story Land
Kearsarge North
3268/996

Mt Carrigain
4680/1426

Glen
2

Saco
Bartlett
Attitash/Bear Peak
Cathedral Ledge SP
Intervale
Cranmore Mtn
North Conway ★
1

HIGHWAY

Bear Notch
Bear Mtn
3217/980
Rocky Gorge Scenic Area
Lower Falls Scenic Area
Echo Lake SP
Conway Scenic Railroad

Passaconaway Historic Site
Sabbaday Falls
Champney Falls
Saco
Conway

Swift

Mt Passaconaway
4060/1237
Mt Paugus
Mt Chocorua
3475/1059

★★ CRAWFORD NOTCH – DE GLEN À FABYAN [2]

▷ *Pour visualiser ce circuit de 24 miles, reportez-vous à la carte de la région (p. 349) – comptez 3h. Suivez la Route 302 depuis Glen.*

La Route 302 suit la Saco River le long de Crawford Notch, large vallée qui s'étend au cœur des White Mountains. La route dépasse le domaine skiable de **Attitash/Bear Peak** pour gagner **Bartlett**. À Bartlett, une route située juste après la bibliothèque mène au sud vers la vallée de Bear Notch.

★ Bear Notch

8 miles entre Bartlett et la Kancamagus Highway - route ouverte mai-oct.

Lorsque la route, particulièrement magnifique en automne, quitte Crawford Notch (3,5 miles après Bartlett), la **vue** sur la vallée de l'Ours est splendide. *Revenez à Bartlett et tournez à gauche sur la Route 302.*

★★ Crawford Notch

Ce défilé (alt. 540 m) porte le nom de la famille Crawford, une des premières à s'engager dans les White Mountains. Au siècle dernier, cette famille, dont la maison servait de refuge aux randonneurs, traça le premier sentier vers le sommet du mont Washington.

★ **Arethusa Falls** – *Parking sur la gauche de la route. Traversez la voie ferrée et engagez-vous à droite dans le chemin forestier.* Le sentier *(2h AR)* suit un ruisseau qu'il traverse juste avant de gagner ces cascades rafraîchissantes.

La Route 302 passe devant la vieille **Willey House** et le **mont Webster** dont les pentes accusent par endroits de récents glissements de terrain. Plus loin, la route croise la **Silver Cascade** dont la chute est impressionnante.

Bretton Woods

Les versants de la Presidential Range servent d'arrière-plan au complexe hôtelier du **Mount Washington Resort**, l'une des rares auberges du 19e s. ayant survécu. En 1944, l'hôtel abrita la conférence des Nations unies sur les questions monétaires et financières qui aboutit au fameux accord de Bretton Woods, instituant le dollar comme monnaie de référence pour les échanges internationaux tandis qu'était projetée la création de la Banque mondiale. *Continuez la Route 302 vers le nord. À Fabyan, prenez à droite la route qui mène au train à crémaillère.*

★★ Mt Washington Cog Railway

Voir p. 346

★★ DE FRANCONIA NOTCH À KINSMAN NOTCH [3]

▷ *Pour visualiser ce circuit de 13 miles, reportez-vous à la carte de la région (p. 348) – comptez une 1/2 journée. Suivez la Route 3 depuis Franconia Notch.*

La Route 3, qui s'étire le long de cette très belle vallée blottie entre les hauteurs des Franconia et Kinsman Ranges, permet d'accéder à **Echo Lake** (Route 18) et à plusieurs curiosités naturelles de la région.

Cannon Mountain

Un **téléphérique** mène au sommet (alt. 1 237 m) de cette station de ski qui surplombe le lac Echo et offre une magnifique **perspective★★** sur la vallée (*℘ 603 823 8800 - www.cannonmt.com - ⅙ - de Memorial Day (dernier lun. de mai) à fin oct. : 9h-17h - 15mn AR - commentaires - 13 $*). À proximité de la gare du téléphérique, le **New England Ski Museum** retrace l'histoire de ce sport grâce à des présentations audiovisuelles et une exposition de photos, de

---

DES NOMS INDIENS

La plupart des montagnes et monts ont été baptisées du nom d'illustres tribus indiennes du New Hampshire : Passaconaway, Kancamagus (« ami des pionniers ») et Chocorua.

---

matériel et de souvenirs (*℘ 603 823 7177 - www.skimuseum.org - de Memorial Day (dernier lun. de mai) à fin mars : 12h-17h).*

★ Lonesome Lake

Départ du parking du camping Lafayette. Suivez les marques jaunes (3h AR).
Ce lac occupe une trouée à 300 m au-dessus de Franconia Notch. Le sentier qui le contourne mène au refuge de l'Appalachian Mountain Club, qui héberge les randonneurs en été.

★ The Basin

À force de battre la roche, l'eau des chutes a creusé dans le granit cette marmite torrentielle de 9 m.

★★ Flume Gorge

℘ 603 745 8391 - www.nhparks.state.nh.us/state-parks - de déb. mai à mi-oct. : 9h-17h - 13 $.
Découverte en 1808, cette étroite et profonde gorge de granit s'étire sur 250 m au pied du mont Liberty. Ses parois très resserrées s'élèvent à près de 30 m de hauteur. À partir du bureau d'accueil, une série de sentiers, de passerelles et d'escaliers conduit aux chutes et aux cascades.
Au carrefour des Routes 3 et 112 se trouve **North Woodstock**, dont la rue principale croule sous les boutiques et les restaurants.
Prenez la Route 112 vers l'ouest, sur 7 miles.

★ Lost River

℘ 603 745 8031 - www.findlostriver.com - mai-oct. : 9h-16h (juil.-août 17h) - 14 $.
Située dans le Kinsman Notch et entre les vallées du Connecticut et de la Pemigewasset, la gorge de Lost River est une profonde entaille glaciaire encombrée de gigantesques blocs rocheux dans lesquels la rivière a sculpté des bassins. Des passerelles et des escaliers permettent aux visiteurs de découvrir les grottes, les cascades et les marmites torrentielles du défilé.

★★★ KANCAMAGUS HIGHWAY ④

▶ *Pour visualiser ce circuit de 32 miles, reportez-vous à la carte de la région (p. 348) – comptez 3h. Suivez la Route 112 depuis Lincoln.*

Lincoln

Situé à l'extrémité sud de Franconia Notch, Lincoln est au centre des attractions touristiques des environs, ce qui explique cette abondance de motels, de magasins et autres commerces.
Cette route traverse la White Mountains National Forest en longeant, d'ouest en est, la **Hancock Branch**, qui se jette dans la rivière Pemigewasset, puis la **Swift River**. En automne, ce parcours parmi les érables et les bouleaux est certainement l'un des plus magnifiques de la Nouvelle-Angleterre. Des aires de pique-nique et des terrains de camping invitent à la détente auprès des eaux limpides de torrents se transforment ici et là en rapides spectaculaires.

La route passe devant le **Loon Mountain Recreation Area**, un parc de loisirs fréquenté toute l'année, puis commence l'ascension du col Kancamagus. Pendant la montée, **Pemi Overlook** offre une **vue★** remarquable sur la région. La route plonge ensuite vers la vallée de la Saco.

À proximité Carte des White Mountains (p. 348-349)

Santa's Village

◗ *1 mile depuis Jefferson sur la Route 2. ℘ 603 586 4445 - www.santasvillage. com - de fin juin à fin août : 9h30-18h ; de fin mai à fin juin et de fin août à fin déc. : jours et horaires variables (consultez le site Internet) - 24 $.*

👫 La résidence d'été du Père Noël ! Une quarantaine de bâtiments aux coloris et aux décors joyeux reposent à l'ombre d'arbres toujours verts. Les enfants peuvent nourrir les rennes et aider les lutins à fabriquer les cadeaux !

Six Gun City

◗ *25 miles à l'ouest du carrefour des Routes 2 et 115A, près de Jefferson. ℘ 603 586 4592 - www.sixguncity.com - juil.-août : tlj 9h30-18h ; de Memorial Day (dernier lun. de mai) à mi-juin : w.-end 10h-17h ; de mi-juin à fin juin et déb. sept. : tlj 10h-17h - 22 $.*

👫 Cette réplique de petite ville de western comprend un fortin, une prison, un saloon et 35 autres bâtiments. Plusieurs attractions sont proposées.

Polar Caves Park

◗ *5 miles à l'ouest de Plymouth, sur la Route 25. ℘ 603 536 18888 - www. polarcaves.com - mai-oct. : 9h-17h (16h30 après le Labour Day) - 14 $.*

👫 Des chemins aménagés et des commentaires enregistrés permettent de visiter librement ces grottes spectaculaires de la dernière glaciation.

Clark's Trading Post

◗ *Sur la Route 3 à North Woodstock. ℘ 603 745 8913 - www.clarkstradingpost. com - juil.-août : 9h30-18h ; de mi-mai à déb. oct. : 10h-17h - 17 $.*

👫 Spectacles d'ours noir, cirque, train à vapeur et autres attractions !

😎 NOS ADRESSES DANS LES WHITE MOUNTAINS

TRANSPORTS

De nombreuses routes traversent la National Forest : la 93 de **Plymouth** à la sortie 35 (30 miles), la 112 de **Lincoln** à **Conway** (37 miles), la 15 de **Milton Mills** à **Gorham** (86 miles).

HÉBERGEMENT

La plupart des hôtels, B & Bs et motels sont concentrés dans les municipalités du sud-est des White Mountains, autour de North Conway. L'**Appalachian Mountain Club** propose des refuges le long des sentiers de randonnée. Le **camping** est autorisé toute l'année (réserv. : ℘ 603 271 3628 - www. nhstateparks. org) sauf sur le mont Washington.

Bartlett

BUDGET MOYEN

The Villager Motel – *Route 302 - ℘ 603 374 2742 ou 800 334 6988 - www.villagermotel.com - 79/199 $.* Un motel bien intégré au paysage, à la sortie est de Bartlett. Les chambres sont simples, spacieuses et propres ;

également des chalets et des appartements.

The Bartlett Inn – *1477 Rte. 302 - ☏ 603 374 2353 ou 800 292 2353 - www.bartlettinn.com - 105/205 $.* Doublée d'une galerie d'art, un B & B accueillant aux chambres douillettes sur la rue principale de Bartlett. À l'extérieur, Jacuzzi en hiver et piscine en été !

Bretton Woods

Mount Washington Resort – *Rte. 302 - ☏ 800 314 1752 ou 603 278 1000 - www.mtwashington. com - à partir de 180 $.* Érigé en 1902, un hôtel historique aussi célèbre (la conférence de Bretton Woods s'y déroula) qu'imposant : 200 chambres, une véranda de 275 m, un restaurant, deux piscines, un tennis, un golf… Le luxe au pied du mont Washington !

Franconia

The Franconia Inn – *1300 Easton Valley Rd - ☏ 603 823 5542 ou 800 473 5299 - www.franconiainn. com - 32 ch. 161/314 $.* En hiver sous son manteau de neige immaculée, cette propriété cossue semble tout droit sortie d'une gravure de Currier and Ives. Chambres de charme et, parmi quelque 40 ha de terrains, des activités à foison : balade à cheval, tennis, ski de fond, raquettes… Restaurant.

Jackson

Dana Place Inn – *Rte. 16, Pinkham Notch - ☏ 603 383 6822 ou 800 537 9276 - www.danaplace. com - 34 ch. 139/199 $.* Après une journée de ski, réchauffez-vous près de la cheminée, dans la belle bibliothèque lambrissée

de cet établissement du 19e s., entre forêt et montagne. Pêche, raquettes ou vélo à pratiquer sur… 120 ha !

The Inn at Thorn Hill – *Thorn Hill Rd - ☏ 603 383 4242 ou 800 289 8990 - www.innatthornhill.com - 22 ch. et 3 cottages privés 195/400 $.* Tissus nobles, cheminées, douches à jets multiples, panoramas dignes d'une carte postale : sans doute l'auberge la plus chic et la plus romantique de la vallée !

Kancamagus Highway

Swift River Inn – *1316 Route 112, à 1,5 mile à l'ouest de la Route 16 - ☏ 603 447 2332 ou 866 505 6274 - www.swiftriverinn.com - 10 ch. 79/129 $.* Une auberge en forêt, pour qui souhaite fuir la foule des villes voisines : ici ne résonnent que le bruissement des feuilles et le chant des oiseaux ! Chambres spacieuses.

North Conway

1785 Inn – *Intervale, 2 miles au nord de North Conway - ☏ 603 356 9025 ou 800 421 1785 - www. the1785inn.com - 17 ch. 79/169 $.* Belle demeure de style colonial avec vue sur le mont Washington, chambres toutes différentes et restaurant réputé : champignons fourrés, homard, chevreuil…

Franconia

Lovett's Inn – *1474 Profile Rd - ☏ 603 823 7761 ou 800 356 3802 - www.lovettsinn.com - tlj le soir uniquement (réserv. conseillée).* Linguini au gorgonzola et canard rôti aux framboises dans une élégante salle avec cheminée. Une des grandes tables de la région !

Glen

PETIT PRIX

Red Parka Pub – *Rte. 302 - ☎ 603 383 4344 - www. redparkapub.com - tlj à partir de 15h30 (w.-end 15h).* Un pub chaleureux et populaire nommé d'après l'habit porté autrefois par les pisteurs. Nachos, salades et spécialités de viandes et burgers. Concerts le week-end.

Jackson

BUDGET MOYEN

Wentworth Inn – *À l'angle de la Route 16A et de Carter Notch Rd - ☎ 800 637 0013 - www. thewentworth.com - tlj le soir uniquement (réserv. conseillée).* Dans un hôtel de renom établi en 1869 : filet de porc à la moutarde, canneloni aux asperges et truite de Tasmanie. Après le dessert, attardez-vous dans le vaste jardin.

North Conway

PETIT PRIX

Horsefeathers – *Main St., face au Schouler Park et à la gare - ☎ 603 383 4414 - www. horsefeathers.com - tlj 11h30-22h (23h vend.-sam.).* Simple, conviviale, une institution depuis plus de 30 ans ! Gâteaux de homard, poissons grillés et les meilleurs sandwichs « Reuben » de la ville !

Woodstock

BUDGET MOYEN

Woodstock Inn – *14 The Green - ☎ 800 321 3985 - www.woodstockinnnh.com - Clement Room : 17h30-21h30 ; Woodstock Station : 11h30-22h.* Pour un dîner terroir de qualité dans la Clement Room – et

son patio – ou un repas plus rudimentaire dans la Woodstock Station : sandwichs, soupes, burgers… Bière maison.

ACHATS

North Conway

Cette ville est réputée pour ses « outlets » qui proposent toutes sortes de produits à des prix très intéressants (pas de taxes). On s'arrêtera au fameux **North Conway 5¢ and 10¢** pour acheter des sucreries, au **Zeb's General Store** pour le sirop d'érable, les confitures et autres produits typiques de Nouvelle-Angleterre. La **Penguin Gallery** vend des rocking-chairs, des hammacs mais aussi des livres.

ACTIVITÉS

Plus de 1 800 km (1116 miles) de sentiers de **randonnée** sillonnent les White Mountains : topoguides dans les stations de gardes forestiers et au bureau de l'Appalachian Mountain Club, qui propose des randonnées guidées. **Baignade**, **canoë** et **kayak** sont, dans la plupart des sites, autorisés, tout comme la **pêche** et la **chasse** : permis et location de matériel dans les magasins de sports des villes avoisinantes. Si le **ski de fond** est très répandu, le **ski alpin** se trouve concentré dans les vallées du mont Washington et de Waterville, et à Franconia Notch.

La pêche dans les Connecticut Lakes.
Einar Bog / Fotolia.com

Northern New Hampshire

Le Nord du New Hampshire

NOS ADRESSES PAGE 356

S'INFORMER
North Country Chamber of Commerce : ℰ *603 237 8939 - www. northcountrychamber.org.*

SE REPÉRER
Carte de la région A1 *(p. 342) – carte Michelin 581 L-M 1.* La Route 3 serpente à travers le nord de l'État jusqu'à la frontière canadienne. Orientée est-ouest, la Route 26 dévoile de beaux panoramas.

À NE PAS MANQUER
Une escapade sur la Route 26 dans le spectaculaire Dixville Notch.

ORGANISER SON TEMPS
Sur les bords des lacs Connecticut ou pour une randonnée en montagne, prévoyez au moins une journée.

AVEC LES ENFANTS
Offrez-leur une partie de pêche ou une virée en canoë.

Malgré la concurrence des White Mountains, l'étroite langue de territoire qui borde la frontière canadienne continue d'attirer les amateurs de chasse, de pêche et de motoneige : ses forêts épaisses et ses lacs en font l'une des contrées les plus sauvages du New Hampshire. Au nord du « défilé de Noxville » (Noxville Notch), la rivière Connecticut prend sa source dans trois lacs de toute beauté.

Se promener Carte de la région

Connecticut Lakes

🗎 ℘ *603 538 7118 - www.nhconnlakes.com.*

Au sud de la frontière canadienne, trois lacs donnent naissance au fleuve Connecticut qui coule vers le sud-ouest en séparant l'État du Vermont de celui du New Hampshire ; il s'agit des **Third**, **Second** et **First Connecticut Lakes**.

Cette région est un paradis pour les amoureux de nature : ses bois accueillent élans, ours noirs, cerfs à queue blanche, grouses et bécasses, et ses lacs abondent de truites et saumons. En empruntant la Route 3, qui relie Pittsburg et la frontière canadienne, on aperçoit ces lacs à travers la forêt. Il n'est pas rare d'y voir un élan paître au bord de la route.

Lake Francis State Park A1

À 7 miles au nord-est de Pittsburg par la Route 3, prenez à droite River Road : l'entrée du parc se situe 2 miles après le pont couvert - ℘ 603 538 6707 - www. nhstateparks.org - de mi-mai à mi-oct. : 8h-20h - 4 $.

Dans cette région sauvage située au sud du First Connecticut Lake, les berges magnifiques du lac Francis, créé par l'homme, offrent un site idéal pour camper, pêcher et pique-niquer.

Dixville Notch

La Route 26, qui relie Colebrook et Errol, traverse le défilé le plus septentrional des White Mountains : Dixville Notch (« défilé de Dixville »), une région de hautes falaises plantées de conifères appartenant au **Dixville Notch State Park** *(℘ 603 538 6707 - www.nhstateparks.org).* C'est à proximité de son point le plus élevé (alt. 567 m) que se dresse le majestueux **Balsams Hotel**, édifié au 19ᵉ s. sur les rives du Glorietta Lake (lac Gloriette).

😊 NOS ADRESSES DANS LE NORD DU NEW HAMPSHIRE

HÉBERGEMENT

Dixville Notch

POUR SE FAIRE PLAISIR

Balsams Grand Resort Hotel – *1000 Cold Spring Rd - ℘ 800 255 0600 - www.thebalsams.com - 203 ch. à partir de 109 $.* Bâti en 1866, ce vénérable hôtel dispose aujourd'hui de plus de 6 000 ha de terrains déclinés pour tous les goûts : ski de fond, golf, tennis, randonnées… Dans sa *Ballot Room* (« salle de scrutin »), devenue célèbre, se réunissent à chaque élection présidentielle les habitants de Dixville Notch, qui, par tradition, viennent y voter le jour J juste après minuit. C'est donc de cette salle que les candidats recoivent leurs premiers bulletins de vote !

ACTIVITÉS

Errol – *Route 26, à 11 miles au sud-est de Dixville Notch.* Camps sauvages et kayak sur la rivière Androscoggin.
Saco Bound – *℘ 603 447 2177 - www.sacobound.com.* Canoë, kayak, rafting et camping sur les rivières Saco et Androscoggin.

Hanover

★

11 447 hab.

😊 NOS ADRESSES PAGE 359

 S'INFORMER

Hanover Area Chamber of Commerce : ℘ 603 643 3115 - www.hanoverchamber.org.

▶ **SE REPÉRER**

Carte de la région A2 *(p. 342) – carte Michelin 581 J-4*. Hanover se trouve au centre de l'Upper Connecticut Valley Region, qui s'étend à l'est de la rivière Connecticut. À environ 1 heure de route au nord-ouest de Concord, la ville est facilement accessible par l'Interstate 89.

🅿 **SE GARER**

Market St. et Water St. ont des parkings, mais vous pourrez aussi vous garer ailleurs dans le centre-ville, dont les rues sont jalonnées de parcmètres.

😊 **À NE PAS MANQUER**

Le Dartmouth College, avec ses élégants bâtiments coloniaux, mais aussi le Hood Museum of Art et la Baker Memorial Library.

🕐 **ORGANISER SON TEMPS**

Commencez votre parcours au Dartmouth College Visitor Center, où vous trouverez des plans du campus.

👪 **AVEC LES ENFANTS**

Amenez-les à Ruggles Mine, où ils creuseront à la recherche de minéraux !

Située au bord du fleuve Connecticut, cette charmante petite ville abrite le Dartmouth College, l'une des écoles de la prestigieuse Ivy League, qui regroupe les universités les plus cotées du pays. Si Hanover est devenue un pôle régional, elle n'a cependant rien perdu de son charme colonial, avec ses agréables rues ombragées.

Se promener

★ DARTMOUTH COLLEGE

🗓 *Entrée principale par E. Wheelock St.* - ℘ *603 646 1110 - www.dartmouth.edu.* Fondé en 1769, le Dartmouth College compte aujourd'hui 4 500 étudiants qui suivent des programmes de 1er cycle ou des spécialisations comme la médecine, les arts et métiers, les sciences et le commerce. Le collège compte des personnalités de grand renom parmi ses anciens élèves, dont Daniel Webster (1782-1852), avocat et brillant orateur, et Nelson A. Rockefeller (1908-1979), ancien gouverneur de New York et vice-président des États-Unis. Chaque année, en février, a lieu le **Winter Carnival**, carnaval d'hiver réputé notamment pour ses démonstrations de ski et de patinage ainsi que ses nombreuses manifestations culturelles.

★ The Green

Entouré par Main, Wheelock, Wentworth et College Sts.

Cette vaste pelouse carrée est encadrée par le **Hanover Inn** et par plusieurs bâtiments du collège. Au carrefour de Main Street et de Wheelock Street, admirez la perspective sur Dartmouth Row, un bel ensemble de quatre édifices coloniaux.

Hopkins Center for the Arts

6041 Lower Level Wilson Hall - ✆ 603 646 2422 - http://hop. dartmouth.edu. Ce centre culturel, édifié en 1962, est reconnaissable à ses fenêtres hautes. Il abrite plusieurs théâtres et deux salles de concerts.

Hood Museum of Art

Wheelock St., derrière le Hopkins Center - ✆ 603 646 2808 - www.hoodmuseum. dartmouth.edu - ♿ - mar.-sam. 10h-17h (21h le merc.), dim. 12h-17h - fermé les j. fériés.

Ouvert au public en 1985, ce musée présente des collections permanentes d'œuvres amérindiennes, américaines, européennes et africaines, ainsi que des pièces antiques. Au niveau inférieur, une section est consacrée à des reliefs assyriens datant du 9e s. av. J.-C. L'art contemporain occupe une grande salle du niveau supérieur.

Baker Memorial Library

À l'extrémité nord du green - ✆ 603 646 2560 - www.library.dartmouth.edu - ♿ - horaires variables : la bibliothèque ouvre en général à 8h et ferme à 18h, 20h, 22h ou 2h selon les jours - fermé j. fériés.

Ce bâtiment abrite des fresques de l'artiste mexicain José Clemente Orozco (1883-1949), nommées **Epic of American Civilization★**, ou l'*Épopée de la civilisation américaine*. Puissantes et brutales dans leur évocation des forces du bien et du mal, ces peintures relatent les 5 000 ans d'histoire des Amériques.

À proximité Carte de la région

★ Saint-Gaudens National Historic Site A3

▶ *20 miles au sud de Hanover, à Cornish ; de Hanover, prenez la Route 10 vers le sud, puis, sur 15 miles, la Route 12A jusqu'à la signalisation du site. ✆ 603 675 2175 - www.nps.gov/saga - site : de l'aube au crépuscule ; expositions : de Memorial Day à fin oct. : 9h-16h30 ; Aspet : visite guidée - fermé j. fériés - 5 $.*

Augustus Saint-Gaudens (1848-1907) fut le plus éminent sculpteur des États-Unis au 19e s. Il débuta comme apprenti chez un graveur de camées, travailla ensuite à Rome puis étudia à l'École des beaux-arts de Paris avant de s'établir à New York où il connut une rapide célébrité. Ses œuvres les plus marquantes sont d'impressionnants monuments commémorant la guerre de Sécession tel le Shaw Memorial à Boston *(voir p. 102)*, ainsi que sa série de portraits qui lui valurent d'être décoré de la Légion d'honneur et admis à la Royal Academy de Londres. Pendant les deux décennies où il résida à Cornish, Saint-Gaudens sculpta quelque 150 œuvres. Le National Park Service a transformé en musée sa maison, baptisée « Aspet », ses ateliers et son parc de 30 ha nichés dans une clairière au bord de la rivière Connecticut.

★ Ruggles Mine A2

▶ *28 miles au sud-est d'Hanover ; empruntez la Route 120 vers le sud, puis l'I-89 South jusqu'à la sortie 17, et suivez la Route 4 vers l'est jusqu'à Grafton Center : la mine, à 2 miles, y est indiquée. ✆ 603 523 4275 - www.ruggles-*

mine.com - juil.-août : tlj 9h-18h ; de mi-mai à déb. juin : w.-end 9h-17h ; de mi-juin à fin juin et de sept. à mi-oct. : tlj 9h-17h ; dernière entrée 1h avant la fermeture - 23 $.

👥 Cette ancienne mine de pegmatite, située sur Isinglass Mountain, est un site amusant à explorer, avec ses immenses tunnels de pierre voûtés, ses galeries chahutées par les courants d'air et ses larges puits ouverts. Les géologues amateurs peuvent louer sur place le matériel nécessaire pour s'attaquer à la montagne, à la recherche de mica, de feldspath, ou de l'un des 150 autres minéraux répertoriés. Les enfants adoreront !

★ Sunapee A3

▶ *28 miles au sud d'Hanover : prenez la Route 120 puis l'I-89 South jusqu'à la sortie 12A, où la Route 11 conduit à Sunapee, au sud.*

Amarrés au quai, face aux restaurants et magasins qui animent le port de cette minuscule et pittoresque station de villégiature, des petits bateaux de plaisance et de pêche invitent à l'évasion : montez donc à bord du *M.V. Sunapee II*, pour une **croisière** sur le lac Sunapee. Un délice ! (*℘ 603 938 6465 - www.sunapeecruises.com - ⅗ - durée 1h30 - commentaires - 18 $*).

Mount Sunapee State Park A3

▶ *32 miles au sud d'Hanover ; depuis Sunapee, prenez la Route 103B - ℘ 603 763 5561 - www.nhstateparks.org - ⅗ - de fin mai à déb. sept. : lun.-vend. 10h-18h, w.-end 9h-18h - 4 $.*

Il englobe le lac et la montagne Sunapee, fréquentés toute l'année. Face à l'entrée du parc se trouve la **State Beach**, plage de 1,6 km (0,99 miles) de long bordant le lac. Un téléphérique permet d'accéder au sommet du mont Sunapee (alt. 823 m) d'où l'on bénéficie de belles **vues★** sur la région (*à partir de North Peak Lodge - ℘ 603 763 3500 - www.mtsunapee.com - horaires et tarifs variables*).

😊 NOS ADRESSES À HANOVER

HÉBERGEMENT

UNE FOLIE

The Trumbull House Bed & Breakfast – 40 Etna Rd - ℘ 603 643 2370 - www. trumbullhouse.com - 🅿 5 ch. 160/300 $. Un cadre bucolique et une demeure confortable ! Sous le soleil d'été, le bassin tombe à point nommé. Les sentiers voisins rejoignent l'Appalachian Trail.

Hanover Inn – Wheelock & Main Sts. - ℘ 603 643 4300 - www. hanoverinn.com - 92 ch. à partir de 275 $. Une enseigne fameuse de Main St. où se croisent touristes, professeurs et parents d'étudiants. Meubles de style colonial dans les chambres spacieuses. Trois restaurants, dont le très chic Daniel Webster Room.

RESTAURATION

PREMIER PRIX

Murphy's on the Green – 11 S. Main St. - ℘ 603 643 4075 - www.murphysonthegreen. com - 11h-22h (21h dim.). Taverne populaire, repaire favori de l'écrivain Bill Bryson, lorsqu'il vivait à Hanover. Wings, Irish stew, burgers, fish et fondue aux champignons…

Région du lac Winnipesaukee

⭐

😊 **NOS ADRESSES PAGE 362**

S'INFORMER
Lakes Region Association : ☏ *603 286 8008 - www.lakesregion.org.*

SE REPÉRER
Carte de la région AB2 *(p. 342) – carte Michelin 581 L-M 4-5.* Le lac, encerclé par les Routes 11, 25, 113 et 109, s'étend au sud des White Mountains, et à l'est de l'I-93.

SE GARER
Parkings gratuits ou payants dans les villages voisins du lac. À proximité des plages, ces parkings sont le plus souvent à durée limitée.

À NE PAS MANQUER
Une escapade sur le lac à bord du *M/S Washington* ou du *M/V Sophie C.*

ORGANISER SON TEMPS
Réservez un hôtel au bord du lac pour découvrir la région !

AVEC LES ENFANTS
Amenez-les à Weirs Beach : jeux et parc aquatique.

Le plus grand lac du New Hampshire couvre une superficie de 115 km² ; ses rives sont longues de 480 km (297,6 miles), et il est parsemé de plus de 200 îlots. Par temps clair, le site est superbe, avec les White Mountains en toile de fond.

Se promener Carte de la région

Les villages du lac

Chaque village bordant le lac a son caractère propre. **Laconia** est le centre industriel et commerçant de la région. Avec ses grandes maisons au bord de l'eau, le charmant petit village de **Wolfeboro**⭐ séduit les estivants depuis des décennies. Préservée des effets malheureux de l'ère industrielle, c'est une des plus jolies bourgades du lac Winnipesaukee. **Weirs Beach** est une station animée dotée de jolies habitations victoriennes. **Center Harbor** et **Meredith**, tous deux blottis dans des abris naturels à l'extrémité nord du lac, servent de point de ravitaillement aux campings et résidences des alentours.

LE SOURIRE DU GRAND ESPRIT

C'est le sens de « Winnipesaukee » nom donné d'après une légende par un jeune guerrier qui traversait le lac en canoë une nuit d'orage. Un rai de lumière vint frapper la surface de l'eau, guidant en toute sécurité l'embarcation et l'Indien y vit un miracle divin.

Wolfeboro sur le lac Winnipesaukee.
Christian Heeb / Hemis.fr

Chaque été, des milliers de vacanciers viennent faire du bateau sur le lac où abondent pontons, marinas et rampes de mise à l'eau. Les plages renommées de Weirs Beach et **Ellacoya State Beach** attirent les baigneurs, pendant que les randonneurs sillonnent les collines des alentours. En hiver, **Gunstock Ski Area** et **Ragged Mountain Ski Area** connaissent une activité incessante. La pêche sur lac gelé, la motoneige et les compétitions de chiens de traîneau qui se tiennent en février à Laconia, sont autant d'attractions supplémentaires.

★★ Excursions en bateau

603 366 5531 ou 888 843 6686 - www.cruisenh.com - horaires et tarifs variables, disponibles par téléphone ou sur Internet.

Le meilleur moyen de découvrir le lac est d'effectuer une excursion en bateau. Winnipesaukee Flagship Corp. propose des croisières sur différentes embarcations, dont le **M/S Mount Washington** et le bateau postal **M/V Sophie C.**

★ Castle in the Clouds B2

Route 171, Moultonborough (à 18 miles au nord de Wolfeboro par la Route 109, puis la Route 171) - 603 476 5900 - www.castleintheclouds.org - ⛱ - de fin mai à fin oct. : tlj 10h-16h30 (de fin mai à mi-juin : w.-end uniquement) - 12 $.

Ce domaine de 2 400 ha qui domine les Ossipee Mountains fut acquis en 1910 par le millionnaire Thomas Plant. Visitez la Lucknow Mansion, avec son toit d'ardoises rouges et son intérieur éclectique, intégrant des éléments provenant de différents pays. De la terrasse, on bénéficie d'une **vue★★** sur le lac Winnipesaukee et sa myriade d'îlots boisés. Des kilomètres de sentiers pédestres et équestres traversent la propriété Plant. À environ 1,5 km (0,93 miles) du portail d'entrée, un chemin de 400 m *(0,25 miles)* mène à deux chutes d'eau.

Loon Center and Markus Wildlife Sanctuary B2

À Moultonborough ; allez au bout de Blake Rd (signalée au carrefour de la Route 25 par un panneau indiquant le Loon Center) et tournez à droite dans Lee's Mills Rd - ✆ 603 476 5666 - www.loon.org - site : tte l'année de l'aube au crépuscule ; Loon Center : 9h-17h (fermé dim. de Columbus Day à juin).

Après un visite au Loon Center (exposition sur le plongeon – loon –, une espèce d'oiseau aquatique), entrez dans la réserve naturelle en empruntant la **Forest Walk**, qui serpente à travers différentes essences de bois, ou le **Loon Nest Trail**, un sentier plus long (1h) entre forêt, marais et ruisseaux. Un poste de guet permet d'observer des nids de plongeons et, avec un peu de chance et de temps, les oiseaux eux-mêmes.

★ Center Sandwich A2
5 miles au nord de Moultonborough par la Route 109.

Situé au pied des White Mountains, le village de Center Sandwich est l'un des plus jolis de la Nouvelle-Angleterre. En automne, ses simples maisons de bois peintes en blanc sont entourées d'une symphonie de couleurs chatoyantes.

😊 NOS ADRESSES AUTOUR DU LAC WINNIPESAUKEE

HÉBERGEMENT

BUDGET MOYEN

The Margate on Winnipesaukee – *Rte. 3, Laconia -* ✆ *603 524 5210 ou 800 627 4283 - www.themargate.com - 141 ch. 89/299 $.* Des chambres de motel ordinaires mais une foule d'activités dans cet établissement de bon rapport qualité-prix ouvert toute l'année : piscines extérieure et intérieure, club de santé, courts de tennis, location de bateaux… Et une plage privée de 120 m (0,07 miles) de long !

POUR SE FAIRE PLAISIR

The Inns at Mill Falls – *312 Daniel Webster Hwy., Meredith -* ✆ *800 622 6455 - www.millfalls. com - 101 ch. 119/459 $.* Quatre auberges de charme dans une ancienne filature de lin du 19e s. : **The Inn at Mill Falls**, relié par une passerelle au Marketplace où les adeptes de shopping pourront explorer boutiques et galeries ; le **Lakefront Inn at Bay Point**, doté de balcons pour mieux apprécier la vue sur le lac ; **The Chase House** et **The Church Landing**, avec leurs chambres modernes et leur emplacement privilégié à deux pas des activités proposées sur le lac.

UNE FOLIE

Wolfeboro Inn – *90 N. Main St., Wolfeboro -* ✆ *603 569 3016 ou 800 451 2389 - www.wolfeboroinn. com - 44 ch. 160/200 $.* Mobilier ancien ou reproductions d'époque : niché sur la rive est du lac, un hôtel élégant, véritable institution de Wolfeboro depuis deux siècles (1812). Les étages supérieurs, rajoutés en 1987, abritent de belles suites avec balcon ou terrasse tandis que les chambres d'origine ont été restaurées.

RESTAURATION

PREMIER PRIX

Hart's Turkey Farm – *Rte. 3, Meredith -* ✆ *603 279 6212 - www. hartsturkeyfarm.com - tlj midi et soir.* Touristique, mais imbattable dans son domaine : qui mieux que la famille Hart réussit ses plats de *turkey* (dinde), avec salade ou pommes de terre, champignons ou fromage, moutarde ou sauce à la canneberge ? Un régal !

Concord

42 255 hab.

☺ NOS ADRESSES PAGE 365

🖪 S'INFORMER

Greater Concord Chamber of Commerce : ✆ *603 224 2508 - www. concordnhchamber.com.*

◖ SE REPÉRER

Carte de la région B3 *(p. 342)* – carte Michelin 581 L-6. Concord se trouve à l'intersection des Routes 3, 4, 202, et de l'I-89, l'I-93 et l'I-393, au cœur du New Hampshire. La rivière Merrimack coule à travers son centre historique.

🅿 SE GARER

Vous trouverez un parking à la caserne des pompiers (un block à l'ouest de Main St., entre State et Green Sts.) et un autre au Durgin Block Garage (1/2 block à l'ouest de Main St., entre School et Warren Sts.). Les rues de Concord, jalonnées d'horodateurs, sont gratuites la semaine après 17h et durant les week-ends et jours fériés.

☺ À NE PAS MANQUER

Le Christa McAuliffe Planetarium (pensez à réserver vos tickets !).

◷ ORGANISER SON TEMPS

Visitez la State House puis rejoignez le centre-ville et baladez-vous sur Main St. ponctuée de maisons historiques. Finissez par le planétarium.

🚶 AVEC LES ENFANTS

La Charmingfare Farm est une valeur sûre !

Capitale du New Hampshire depuis 1808, Concord s'enorgueillit d'abriter la plus grande assemblée législative de la nation, avec 424 représentants. Le dôme doré de la State House domine l'ensemble des bâtiments qui bordent la Merrimack. Centre administratif et commerçant animé et

moderne, la ville est également un nœud routier et ferroviaire important, relié à l'ensemble de l'État. Appelée à l'origine Rumford, la ville fut revendiquée à la fois par les colonies du Massachusetts et du New Hampshire. Une décision royale régla le différend et la ville fut à juste titre rebaptisée Concord. Au 19e s., elle devint célèbre pour ses carrières de granit et ses diligences, les Concord coaches.

Se promener

State House

107 N. Main St. - ℘ 603 271 2154 - www.gencourt.state.nh.us - ♿ - lun.-vend. 8h-16h - fermé les j. fériés.

Achevée en 1819, la State House de l'État du New Hampshire est le plus ancien capitole du pays. Les représentants s'y réunissent toujours dans les salles d'origine. Au rez-de-chaussée, un bureau d'accueil abrite une exposition et un diorama retraçant l'histoire du site.

Museum of New Hampshire History

6 Eagle Sq. - ℘ 603 228 6688 - www.nhhistory.org - ♿ - de déb. juil. à mi-oct. et déc. : lun.-sam. 9h30-17h, dim. 12h-17h ; reste de l'année : fermé le lun. - fermé j. fériés - 5,50 $.

Plus de cinq siècles d'histoire du New Hampshire sont illustrés par les collections de ce musée. On peut y voir une diligence fabriquée au 19e s. par la firme Abbot-Downing, du mobilier régional réalisé entre 1760 et 1915 et des tableaux paysagers signés Thomas Hill, Frederic Church ou encore Albert Bierstadt.

Christa McAuliffe Planetarium

3 Institution Drive - ℘ 603 271 7827 - www.starhop. com - ♿ - tlj 10h-17h (vend. 19h) - fermé j. fériés - 9 $.

Nommé en hommage à l'institutrice originaire de Concord qui accompagna l'équipage de la navette *Challenger* et périt dans son explosion (1986), ce planétarium allie installations ludiques et spectacles high-tech *(à réserver à l'avance)*. Programmes familiaux le vendredi soir.

À proximité Carte de la région

Hopkinton A3

◗ *8 miles à l'ouest de Concord par la Route 9.*

Les amateurs de meubles et objets anciens connaissent cette agréable banlieue de Concord. Le long de sa très large artère principale se succèdent d'élégantes maisons et boutiques, l'hôtel de ville et l'église St Andrew.

Charmingfare Farm B3

◗ *20 miles au sud-ouest de Concord, à Candia, par l'I-93 et la Route 27E (sortie 9). ℘ 603 483 5623 - www.charmingfare.com - ♿ - mai-oct. : tlj 10h-16h ; reste de l'année : w.-end 11h-15h - 11 $.*

👤👤 Une ferme, ses occupants ordinaires mais aussi des ours, des lynx, des cougars et des loups : au total, plus de 200 animaux recensés !

★★ Canterbury Shaker Village B2

◗ *20 miles au nord de Concord par l'I-93 et la Route 393E jusqu'à la sortie 3, où le village est indiqué. ℘ 603 783 9511 - www.shakers.org - de mi-mai à fin oct. : tlj 10h-17h ; nov. : vend.-dim. 10h-17h - fermé Thanksgiving Day - 17 $.*

Ayant reçu un territoire assez étendu aux environs de Canterbury, une communauté de **shakers** *(voir Hancock Shaker Village p. 219)*, séduite par la sérénité du paysage, s'établit à proximité de ce petit village. Fondé en 1780, elle s'agrandît pour atteindre, au milieu du 19e s., quelque 300 résidents. On peut encore voir aujourd'hui les 25 bâtiments d'origine, dispersés sur 280 ha. Au restaurant du village : cuisine traditionnelle shaker.

😊 NOS ADRESSES À CONCORD

HÉBERGEMENT

Concord

POUR SE FAIRE PLAISIR

The Centennial – *96 Pleasant St. - ℰ 603 227 9000 ou 800 360 4839 - www.thecentennialhotel. com - 32 ch. 159/179 $.* Heureux mariage de l'ancien et du contemporain, cette belle propriété victorienne restaurée avec goût abrite, dans ses tourelles, de luxueuses suites… pour qui voudrait casser sa tirelire !

Henniker

POUR SE FAIRE PLAISIR

Colby Hill Inn – *5 miles à l'ouest du centre-ville sur la Rte. 114 - ℰ 603 428 3281 - www.colbyhillinn. com - 16 ch. 160/229 $.* Cette élégante auberge occupe une ancienne ferme du 18e s. dont elle a conservé des boiseries et une partie du plancher. Les chambres sont dans le ton : meubles anciens et tapisseries fleuries. Restaurant.

RESTAURATION

Concord

PREMIER PRIX

Barley House – *132 N. Main St. - ℰ 603 228 6363 - www. thebarleyhouse.com - lun.-sam. 11h-1h.* Classiques estampillés USA (burgers) et influences irlandaises : Guinness beef stew, Irish whiskey steak… Copieux !

Hermanos Cocina – *11 Hills Ave. - ℰ 603 224 5669 - www. hermanosmexican.com - tlj 11h30-14h30, 17h-21h (vend.-sam. 22h).* Ingrédients frais, plats préparés à la commande : tels sont les secrets du succès de cette authentique table mexicaine ! Tacos croustillants et autres plats du « sud de la Frontière » accompagner de la margarita, faite maison bien sûr.

BUDGET MOYEN

Angelina's Ristorante – *11 Depot St. - ℰ 603 228 3313 - www.angelinasrestaurant. com - lun.-jeu. 11h30-14h, 17h-21h, vend. 11h30-14h, 17h-22h, sam. 17h-22h.* Les ravioli, les sauces et les desserts sont concoctés sur place et les entrées sont à volonté : un classique italien !

Common Man – *25 Water St. - ℰ 603 228 3463 - www.thecman. com - midi et soir.* Ce restaurant très populaire est apprécié pour sa cuisine américaine de qualité.

BOIRE UN VERRE

Bread & Chocolate – *29 S. Main St. - ℰ 603 228 3330.* Ce bistrot/boulangerie propose de formidables cakes, cookies, tartes, pains et sandwichs de toutes sortes.

Manchester

108 586 hab.

S'INFORMER

Greater Manchester Chamber of Commerce : ☎ *603 666 6600 - www. manchester-chamber.org.*

SE REPÉRER

Carte de la région B3 (p. 342) – carte Michelin 581 L-6. Proche de la frontière du Massachusetts, Manchester est enserré entre l'I-93 et l'I-293. La Route 101 relie la métropole à la côte atlantique.

SE GARER

La ville abrite de nombreux parkings.

À NE PAS MANQUER

Le Currier Museum of Art et ses précieuses collections de peintures, sculptures et arts décoratifs.

ORGANISER SON TEMPS

Prévoyez 2h pour la visite du Currier Museum of Art et 3h pour une excursion au Anheuser-Busch Hamlet (visite sur place : 1h30).

AVEC LES ENFANTS

Au Anheuser-Busch Hamlet, ils pourront approcher les fameux chevaux clydesdales à « chaussettes blanches » !

Au 19ᵉ s., la plus grande usine textile du monde, Amoskeag Mills, fut établie au bord de la Merrimack. Cette interminable enfilade de bâtiments en brique longeant la rivière sur plus de 8 km (4,96 miles) ne peut laisser indifférent. Aujourd'hui, le monde de la finance a relayé l'industrie, et les points de vente de vêtements et de chaussures constituent l'un des attraits de la ville.

Se promener

⋆ **Currier Museum of Art**

150 Ash St. - ☎ 603 669 6144 - www.currier.org - ♿ - merc.-lun. 11h-17h (sam. 10h-17h) ; nocturne jusqu'à 20h le 1ᵉʳ jeu. de chaque mois - fermé j. fériés - 10 $ (gratuit sam. 10h-12h).

Réputé pour ses collections de peinture, de sculpture et d'arts décoratifs, ce musée, ouvert en 2008 après des travaux d'agrandissement, s'est enrichi de nouveaux espaces d'exposition et d'un jardin d'hiver. Les **collections européennes** comprennent des œuvres de primitifs italiens, des dessins de **Tiepolo** et des tableaux des écoles française, espagnole, anglaise et hollandaise. La peinture américaine est représenté par **Andrew Wyeth**, **Edward Hopper**, Georgia O'Keefe, Louise Nevelson et Alexander Calder. D'autres galeries sont consacrées aux **arts décoratifs américains** du 17ᵉ au 19ᵉ s., aux expositions temporaires et à l'art contemporain.

⋆ **Zimmerman House** – *Visite guidée (1 à 2h) en avr.-déc. : lun., jeu.-vend. 14h ; sam. 10h30, 12h30 ; dim. 11h30, 13h30 - 18 $ - réserv. obligatoire.*

Conçue par Frank Lloyd Wright en 1950, cette maison en brique, béton et bois illustre à merveille la fameuse série des « *Usonian houses* », petites maisons à

DES INFLUENCES FRANCO-CANADIENNES

La ville de Manchester attira autrefois de nombreux travailleurs étrangers, en particulier des Franco-Canadiens du Québec. Cette influence française est toujours d'actualité comme on peut le constater dans les galeries d'art et restaurant du Centre franco-américain. Ainsi, **Chez Vachon** *(136 Keller St. - ℘ 603 625 9660)* mêle harmonieusement des plats d'origine française à sa cuisine locale.

---

la fois fonctionnelles et élégantes qu'il proposa pour pallier la crise du logement ayant suivi la Dépression. L'intérieur est décoré de tissus et de meubles créés par l'architecte.

À proximité Carte de la région

Anheuser-Busch Hamlet B3

▶ *12 miles au sud de Manchester, à Merrimack. Prenez la Route US-3 South jusqu'à la sortie 10 puis dirigez-vous vers l'est sur Industrial Dr. jusqu'au site. 221 Daniel Webster Hwy. - ℘ 603 595 1202 - www.budweisertours.com - ♿ - juil.-août : 9h30-17h ; mai et sept.-déc. : 10h-16h ; reste de l'année : jeu.-lun. 10h-16h - visite guidée (1h30) - fermé j. fériés.*

👥 Dans ce hameau pittoresque sont élevés et entraînés les clydesdales. Originaires d'Écosse, ces chevaux de trait dits « à chaussettes blanches » sont l'emblème de la brasserie Anheuser-Busch depuis 1933, date à laquelle la société fit l'acquisition d'un premier attelage pour célébrer la fin de la Prohibition. Des équipages de clydesdales parcourent la région et se produisent à l'occasion de défilés ou de foires.

America's Stonehenge B3

▶ *24 miles au sud-est de Manchester, à Salem. Prenez la I-93 South sortie 3, suivez la Route 111 East sur 4,5 miles ; tournez à droite dans Island Pond Rd et suivez la signalisation. 105 Haverhill Rd - ℘ 603 893 8300 - www.stonehengeusa.com - - tlj 9h-17h - fermé Thanksgiving Day et 25 déc. - 9,50 $.*

Le nom attribué aux grandes pierres levées de granit qui constituent cet ensemble fait référence au célèbre site anglais. De nombreuses théories ont été élaborées au sujet de l'origine et de la fonction de ces alignements de pierres. Certains chercheurs suggèrent qu'il pourrait s'agir des vestiges d'un calendrier dressé vers 4 000 ans avant notre ère par une civilisation avancée connaissant le mouvement des étoiles, de la Lune et du Soleil.

Région du mont Monadnock

😊 NOS ADRESSES PAGE 371

S'INFORMER
Greater Keene Chamber of Commerce : ℘ 603 352 1303 - www. keenechamber.com.

SE REPÉRER
Carte de la région A3 *(p. 342)* – *carte Michelin 581 K-7.* Également appelée « Currier & Ives country », la région s'étend au sud-ouest du New Hampshire, à 1h15 de Manchester et 2h de la côte atlantique.

SE GARER
Vous pourrez aisément vous garer à Keene et dans les villages alentour.

À NE PAS MANQUER
Les villages de la région, typiques de la Nouvelle-Angleterre.

ORGANISER SON TEMPS
Prévoyez une journée pour découvrir le Monadnock State Park.

AVEC LES ENFANTS
Gravissez en famille le sommet du mont Monadnock.

Attrait principal du Monadnock State Park, le mont Monadnock (alt. 965 m) domine les terres agricoles du sud-ouest du New Hampshire, parsemées de villages. Au 19ᵉ s., son ascension était devenue un véritable but d'excursion. Aujourd'hui, cette éminence demeure l'un des sommets les plus escaladés du monde : quelque 125 000 personnes le gravissent chaque année pour profiter de son magnifique panorama !

Se promener

Keene

Porte de la région du mont Monadnock, ce centre industriel et commerçant a connu une croissance spectaculaire depuis quelques décennies. La rue principale (Main St.), bordée de façades de style georgien, fédéral, italianisant et Second Empire des 18ᵉ et 19ᵉ s., regorge de restaurants et de boutiques. Des visites de la ville sont organisées par la Historical Society of Cheshire Country (℘ 603 352 1895 - www.hsccnh.org).

Main Street se divise en deux au niveau de **Central Square** qui est dominé par l'**église du Christ** (United Church of Christ), bâtie en 1788. En face se dresse le kiosque municipal, dans le petit parc communal.

À l'ouest du centre-ville coule la rivière Ashuelot, dont les rives ont été aménagées sur une vingtaine d'hectares en bois et jardins propices à la détente : balades, vélo, jogging… Ils sont administrés par le **Ashuelot River Park**.

Il est très agréable d'emprunter la Route 10 vers le sud afin d'observer les ponts couverts **nᵒˢ 2**, **4** et **5** *(des panneaux routiers indiquent la direction à suivre)*.

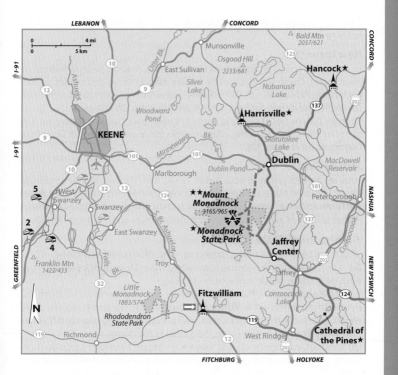

Itinéraire conseillé

▶ *Visualiser ce circuit de 47 miles sur la carte de la région ci-dessus – comptez 3h. Départ de Fitzwilliam, à 14 miles au sud de Keene, par la Route 12.*

Fitzwilliam

Face au green se trouvent de grands édifices à auvent, l'ancienne *meetinghouse*, l'auberge et une église congrégationaliste au clocher façon « pièce montée ». À l'ouest *(à 1,5 mile de la Route 119)*, le **Rhododendron State Park** (6,5 ha) offre en juin et juillet le magnifique tableau naturel de ses floraisons.
Prenez la Route 119 vers l'est. Au croisement avec la Route 202, suivez les panneaux indiquant la cathédrale.

★ Cathedral of the Pines

𝒫 603 899 3300 - www.cathedralofthepines.org - ♿ 🅿 - mai-oct. : 9h-17h - contribution demandée.
Élevée au sommet d'une colline plantée de pins, cette cathédrale a été édifiée par un couple qui eut le malheur de perdre son fils lors de la Seconde Guerre mondiale. Ce lieu de recueillement, dédié aux soldats américains tombés au combat, est ouvert à toutes les confessions. Le **Memorial Bell Tower** se dresse dans une clairière parmi les pins. Il est consacré aux femmes américaines qui ont servi leur pays en temps de guerre. Les reliefs placés au-dessus des arcs de la tour sont de Norman Rockwell. Le **musée** présente des objets provenant du monde entier, en particulier des médailles de la Première Guerre mondiale.

Tournez à gauche en quittant la cathédrale. Après 1,5 mile, tournez à droite sur la Route 124.

New Ipswich

Le temps n'a pas altéré la **Barrett House** (1800), maison de style fédéral sur Main Street. Outre ses meubles de famille, elle conserve deux salles de bain anciennes *(79 Main St. - ℘ 860 928 4074 - www.historicnewengland.org - - visite guidée (45mn) de juin à mi-oct. : 2ᵉ et 4ᵉ sam. du mois 11h-16h - 5 $).*

Revenez sur vos pas et suivez la Route 124 vers l'ouest jusqu'à Jaffrey, au pied du mont Monadnock. Jaffrey offre un accès facile au Monadnock State Park. Continuez sur la Route 124.

Jaffrey Center

Tous les ans, en juillet et août *(vend. 19h30, dans l'ancienne* meetinghouse, *Route 124)*, a lieu une série de conférences données en mémoire de **Amos Fortune**, ancien esclave qui légua une somme d'argent à l'école de Jaffrey. *Prenez la Rte. 124 vers l'ouest, tournez à droite 5 miles après la* meetinghouse.

★ Monadnock State Park

℘ 603 532 8862 - www.nhstateparks.org - tlj de 8h au coucher du soleil - 4 $.

Les sentiers qui mènent au sommet du mont Monadnock s'amorcent au bout de la route goudronnée, après le péage.

★★ Mt Monadnock – Des 40 sentiers qui conduisent au sommet, l'un des plus fréquentés est le **White Dot Trail** *(plusieurs passages raides, de 3 à 4h AR)*. Comparable, le **White Cross Trail** présente un peu plus de difficultés. **Pumpelly Trail** est le plus facile, mais aussi le plus long.

Du sommet, par temps clair, la **vue★★** embrasse l'horizon jusqu'au mont Washington *(au nord)* et l'agglomération de Boston *(au sud-est)*. Ce sommet est le seul endroit de Nouvelle-Angleterre d'où l'on aperçoive une partie des six États qui la composent.

En quittant le parc, tournez à gauche dans Upper Jaffrey Road.

Dublin

Mark Twain aimait passer l'été dans ce hameau logé à flanc de colline. Dublin est le siège du *Yankee Magazine* et du *Old Farmers Almanac*, créé en 1792.

Poursuivez vers le nord par Upper Jaffrey Road, prenez à droite la Route 101, puis à gauche New Harrisonville Road.

★ Harrisville

Les eaux de l'étang de cette bourgade rurale reflètent de modestes bâtiments de brique, des maisons, des filatures et une église congrégationaliste, créant un véritable tableau des débuts de l'industrie textile.

SOUVENIRS DU MONADNOCK

Un détour par une ferme, une glace improvisée sur le bord de la route, une escapade à dos de cheval… À 2 miles à l'ouest de Dublin, les enfants pourront nourrir les cochons, les chèvres, les moutons, les canards et les lapins de la **Friendly Farm** – « ferme accueillante » – *(Route 101 - ℘ 603 563 8444 - www.friendlyfarm.com - fermé en hiver - 6,75 $)*. À 1 mile à l'est de Jaffrey, le long de la Route 124, amenez-les au **Kimball Farm Restaurant** *(℘ 603 532 5765 - www.kimballfarm.com - 11h-22h)*, populaire pour ses glaces et ses boissons fraîches et, de l'autre côté de la route, au **Silver Ranch** *(℘ 603 532 7363 - réserv. obligatoire)*, un centre équestre qui propose des balades à cheval et en calèche.

Suivez la route non signalisée vers l'est, le long des lacs, puis tournez à gauche sur la Route 137.

★ Hancock

La tranquillité de ce village de style colonial n'est perturbée qu'une fois l'an, le 4 juillet, à l'occasion de l'anniversaire de l'Indépendance, lorsque les cloches de l'église sonnent de minuit à une heure du matin. L'auberge **John Hancock Inn** se trouve au centre du village, en face du *general store*.

⊕ NOS ADRESSES AUTOUR DU MONT MONADNOCK

HÉBERGEMENT

POUR SE FAIRE PLAISIR

Grand View Inn & Resort – *580 Mountain Rd, à 4 miles au nord-ouest de Jaffrey Center, sur la Rte. 124 - ℘ 603 532 9880 - www.thegrandviewinn.com - 9 suites 100/250 $.* Imaginez un massage en plein-air, sur une terrasse privée, face au mont Monadnock… Avec ses élégantes chambres, son centre équestre, son restaurant et, bien sûr, son spa, ce Grand View Inn, sis dans une demeure du 19e s., est un must de la région !

Hancock Inn – *33 Main St., Hancock - ℘ 603 525 3318 ou 800 525 1789 - www.hancockinn. com - 10 ch. 105/220 $.* Si elle s'est dotée d'équipements modernes (A/C, TV câblée, sdb privées), cette auberge ouverte depuis 1789 n'a rien perdu de son cachet : peintures murales réalisées à la main et plafonds d'époque. Son restaurant, populaire auprès des clients de l'hôtel comme du voisinage, est notamment connu pour son excellent *shaker cranberry pot roast* !

Woodbound Inn – *247 Woodbound Rd, Rindge - ℘ 603 532 8341 ou 800 688 7770 - www.woodbound.com - 45 ch. 109/169 $.* Sis au bord du lac Contoocook, un resort idéal pour les familles : chambres fonctionnelles et spacieuses (avec ou sans salle de bain privée), golf, activités proposées toute l'année. Le décor, rustique dans les cabines face au lac et contemporain dans les chambres du Edgewood Building, varie dans celles du bâtiment principal, où se trouve l'accueil de ce domaine de 70 ha.

RESTAURATION

BUDGET MOYEN

Acqua Bistro – *9 School St., Peterborough - ℘ 603 924 9905 - www.acquabistro.com - mar.- sam. 16h-22h, dim. 11h-22h.* Cadre élégant, service de qualité : ce restaurant méditerranéen dominant la Nubanusit River n'en est pas moins un rendez-vous chaleureux, décontracté. Le menu change tous les jours : omble au gingembre, agneau aux olives…

Inn at Jaffrey Center – *379 Main St., Jaffrey Center - ℘ 877 510 7019 - www. theinnatjaffreycenter.com - lun., merc.-jeu. 17h30-20h ; vend.-sam. 17h30-21h ; dim. 10h-14h, 17h30- 20h.* Viandes, poissons, pâtes préparés avec soin : chacun trouvera son bonheur sur la longue carte de ce restaurant installé dans une maison des années 1830, pleine de coins et de recoins. En été, optez pour l'agréable véranda.

Côte du New Hampshire

NOS ADRESSES CI-CONTRE

S'INFORMER
Seacoast NH : ℰ *603 436 1118 - www.seacoastnh.com.*

SE REPÉRER
Carte de la région B1 *(p. 342) – carte Michelin 581 N-6.* L'I-95, orientée nord-sud, et les Routes 1 et 1A donnent accès aux villes et aux plages de la côte.

SE GARER
Places de stationnement à durée limitée le long de la Route 1. Vous trouverez un grand parking (payant) à Hampton Beach.

À NE PAS MANQUER
Très animée, la plage d'Hampton State avec son sable blanc et sa pléthore d'activités.

ORGANISER SON TEMPS
Pour trouver un emplacement de parking et une place sur la plage, arrivez tôt !

AVEC LES ENFANTS
Les bassins de marées, créés dans la roche lorsque la mer se retire à Odiorne Point State Park, et le Seacoast Science Center.

Plages de sables, rochers et parcs d'État alternent le long du littoral du New Hampshire qui s'étend sur 29 km (18 miles). La Route côtière 1A, qui relie Seabrook à Portsmouth, dessert des stations balnéaires et de luxueuses propriétés privées, avec de jolis points de vue sur l'Océan.

Se promener Carte de la région

Hampton Beach B3
Sur la Route 1A, à 1 mile au nord de Seabrook.
Cette station balnéaire animée est bordée par de nombreux hôtels, des restaurants et des motels. Elle s'enorgueillit de posséder un casino et une plage de sable longue de 5,5 km (3,41 miles). Au nord de Hampton Beach, la route longe **Little Boars Head** où se succèdent d'immenses propriétés privées.

Fuller Gardens B1
ℰ *603 964 5414 - www.fullergardens.org - de mi-mai à mi-oct. : 10h-17h30 - 7 $.*
La résidence d'été d'Alvan T. Fuller, ancien gouverneur du Massachusetts, possède des roseraies (2 000 rosiers), des jardins japonais, des serres et des parterres de plantes vivaces et annuelles. Belles vues sur la mer.

Rye Harbor State Park B1 *Sur la Route 1A, à Rye -* ℰ *603 436 1552 - www. nhstateparks.org -* ♿ *- ouvert tte l'année - activités : de mi-juin à Labor Day : 8h-20h ; de fin mai à mi-juin : 8h-18h - 4 $ durant la période d'activité.*
Ce promontoire rocheux qui surplombe l'océan Atlantique a été aménagé pour les amateurs de pique-nique et de parties de pêche.

Wallis Sands State Park B1

Sur la Route 1A, à Rye - ☎ 603 436 9404 - www.nhstateparks.org - ♿ - de mi-juin à Labor Day : 8h-20h ; de mi-mai à mi-juin et de Labor Day à fin sept. : 8h-18h - 15 $/voiture.

Un parc bordé par une plage longue de 400 m (0,25 miles), bondée en été !

Odiorne Point State Park B1

Sur la Route 1A, à Rye - ☎ 603 436 7406 - www.nhstateparks.org - ♿ - ouvert tte l'année - activités : de mi-juin à Labor Day : 8h-20h ; de fin-mai à mi-juin et de Labor Day à début oct. : 8h-18h - 4 $ durant la période d'activité.

👥 C'est à cet endroit que s'installèrent les premiers colons (Pannaway Plantation) au New Hampshire, en 1623. Le parc offre de beaux panoramas depuis ses 55 ha de terrains laissés à l'état naturel. Ne manquez pas la visite du **Seacoast Science Center** (*☎ 603 436 8043 - www.seacoastsciencecenter. org - avr.-oct. : tlj 10h-17h ; reste de l'année : sam.-lun. uniquement - 5 $*), qui abrite une exposition et un aquarium.

😊 NOS ADRESSES SUR LA CÔTE DU NEW HAMPSHIRE

HÉBERGEMENT

POUR SE FAIRE PLAISIR

Ashworth by the Sea – *295 Ocean Blvd, Hampton Beach - ☎ 603 926 6762 ou 800 345 6736 - www.ashworthhotel.com - 105 ch. 109/309 $.* Les piscines intérieure et extérieure et, face à l'Océan, les chambres avec vue, en font une adresse très demandée !

The Victoria Inn – *430 High St., Hampton - ☎ 603 929 1437 ou 800 291 2672 - www.thevictoriainn. com - 6 ch. 139/209 $.* Nichée parmi les propriétés érigées face à l'Océan, une ancienne remise (1875) transformée en auberge de charme. Son jardin, sa véranda et ses chambres calmes décorées de meubles victoriens offrent un oasis de tranquillité à deux pas de la plage animée.

UNE FOLIE

Wentworth By-the-Sea – *860 Wentworth Rd, New Castle - ☎ 603 422 7322 ou 866 240 6313 - www.wentworth.com - 205 ch. à partir de 279 $.* L'adresse la plus chic de la côte du New Hampshire ! Bâtie sur l'île de New Castle, cette propriété historique s'enorgueillit de belles vues sur le port et sur l'Océan, et d'une pléthore de services : spa, tennis, piscines, golf et restaurant.

RESTAURATION

PREMIER PRIX

Betty's Kitchen – *164 Lafayette Rd, Rte. 1, North Hampton - ☎ 603 964 9870 - www. bettyskitchen.com - 6h-14h.* Une enseigne fameuse pour son menu *breakfast anytime* (petit-déjeuner à toute heure) : omelette Cordon Bleu ou Florentine, œufs Benedict réinventés (homard, crevettes, coquilles St-Jacques et crabe).

BUDGET MOYEN

Ron's Landing – *379 Ocean Blvd, Hampton Beach - ☎ 603 929 2122 - www.ronslanding.com - mar.-dim. à partir de 16h.* Large sélection de fruits de mer, viandes et pâtes dans ce restaurant familial du front de mer. Depuis la terrasse, on jouit d'une belle vue sur l'animation de la rue et l'Océan.

Portsmouth

★★

20 443 hab.

😊 **NOS ADRESSES PAGE 378**

🗊 **S'INFORMER**
Greater Portsmouth Chamber of Commerce : 📞 *603 436 3988 - www.portsmouthchamber.org.*

▶ **SE REPÉRER**
Carte de la région B3 et B1 *(p. 342) – carte Michelin 581 N-6.* Portsmouth se trouve au bord du fleuve Piscataqua, à proximité de l'I-95.

🅿 **SE GARER**
Vous trouverez un grand parking sur Hanover St.

🛇 **À NE PAS MANQUER**
Le Strawbery Banke Museum, avec ses 35 bâtiments historiques, ses jardins et ses nombreuses activités saisonnières.

🕓 **ORGANISER SON TEMPS**
Partez de Market Square, le centre névralgique de Portsmouth, prévoyez une demi-journée à une journée pour le seul Strawbery Banke Museum, 2 à 3h supplémentaires pour l'itinéraire des maisons historiques.

Unique port de mer du New Hampshire et capitale de la colonie jusqu'en 1808, date à laquelle le siège du gouvernement fut transféré à Concord, la ville paisible de Portsmouth s'étend au bord du fleuve Piscataqua. Depuis les années 1950, des programmes de restauration ont été mis en œuvre afin de préserver le caractère et le style colonial de la cité portuaire, et de rendre accessibles certains sites historiques. Le plus intéressant est la transformation en musée de Strawbery Banke, où s'établirent les premiers colons. Dans le quartier du port, il fait bon flâner le long de Market Street, Ceres Street et Bow Street, animées par une pléthore de restaurants, de boutiques d'artisans et de galeries d'antiquaires.

Strawbery Banke.
N. Peyroles / MICHELIN

Se promener

LA RIVE DES FRAISES

En 1623, un groupe de pionniers anglais aborda les rives du fleuve Piscataqua. Découvrant que les berges étaient envahies de fraisiers sauvages, ils baptisèrent l'endroit « Strawbery Banke », ou la rive des fraises, nom qui lui resta jusqu'en 1653 lorsque ce « port à l'embouchure du fleuve » fut rebaptisé Portsmouth.

Les premiers colons vécurent de la pêche, de la construction navale et de l'exploitation du bois. Après la déclaration d'Indépendance, le commerce maritime prit le relais et renforça la prospérité de la ville, si bien qu'à partir du début du 18ᵉ s. et tout au long du 19ᵉ s., négociants et capitaines au long cours se firent construire des maisons traduisant leur réussite. Leurs résidences de styles georgien et fédéral, dont on peut voir quelques exemples le long des rues qui descendent vers le front de mer, figuraient au nombre des plus belles demeures de l'État. En 1800, Portsmouth donna son nom à la nouvelle base navale établie à Kittery, dans le Maine, où fut signé en 1905 le traité de Portsmouth qui mit un terme à la guerre russo-japonaise. Aujourd'hui, le passage des remorqueurs rappelle le temps glorieux où la ville vivait de son commerce maritime.

★★ STRAWBERY BANKE MUSEUM

Entrée sur Marcy St. - ℘ 603 433 1100 - www.strawberybanke.org - mai-oct. : 10h-17h ; visite guidée en déc. : 10h-14h - 15 $.

Dominant le charmant Prescott Park et le fleuve Piscataqua, ce village-musée, bel ensemble de maisons historiques, jardins et chemins ombragés bordant une vaste pelouse, illustre plus de trois cents ans d'architecture américaine. La visite est libre et, le long de l'itinéraire indiqué sur le plan disponible à l'entrée, des animateurs en habits d'époque pourront répondre à vos questions. Camps d'été, dîners-concerts, visites guidées et autres nombreuses prestations. Boutique, cafétéria et restaurant.

Entre Strawbery Banke et le fleuve, **Prescott Park** est embelli en été par de ravissants parterres de fleurs. En face de l'entrée de Strawbery Banke se dresse le **Liberty pole (A)**, mât de la Liberté semblable à ceux qu'érigeaient les patriotes pendant la guerre d'Indépendance pour manifester leur opposition à la Couronne.

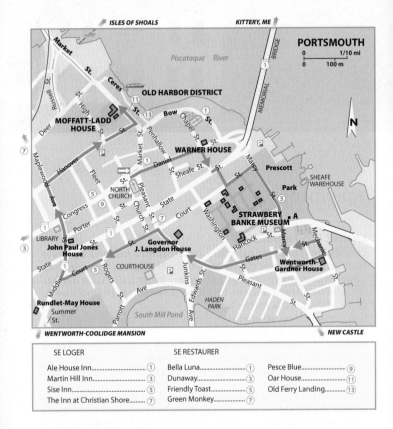

LES MAISONS HISTORIQUES

▶ *Circuit au départ de North Church, voir le plan de la ville ci-dessus – comptez 2 à 3h selon vos visites. Suivez Daniel St. jusqu'à l'angle de Chapel St.*

★★ Warner House

150 Daniel St. - ℘ 603 436 5909 - www.warnerhouse.org - visite guidée (45mn) de mi-juin à mi-oct. : mar., jeu.-sam. 12h-16h - fermé j. fériés - 5 $.

Cet hôtel particulier de style georgien (1716) renferme du mobilier fabriqué en Europe et en Nouvelle-Angleterre ainsi que des fresques du 18ᵉ s.

Rejoignez State St. par Chapel St. et tournez à gauche. Au bout de la rue, prenez Marcy St. à droite, continuez au-delà du parc et tournez à gauche dans Gates St., puis à droite dans Mechanic St.

Wentworth-Gardner House

50 Mechanic St. - ℘ 603 436 4406 - www.wentworthgardnerandlear.org - visite guidée (1h) de mi-juin à mi-oct. : jeu.-dim. 12h-16h - fermé j. fériés - 5 $.

Cette belle maison de style georgien (1760) se reflète dans les eaux de la Piscataqua. Boiseries, corniches et balustres ouvragés à l'intérieur.

Revenez sur Marcy St. par Gardner St., tournez à droite puis à gauche dans Gates St. Au bout de la rue, prenez Pleasant St. à droite.

Governor John Langdon House

143 Pleasant St. - ☎ 603 436 3205 - www.historicnewengland.org - visite guidée (45mn) de déb. juin à mi-oct. : vend.-dim. 11h-16h - fermé Labor Day (1er lun. de sept.) - 6 $.

Cette maison de style georgien (1784) fut la propriété de John Langdon, premier président du Sénat américain et ancien gouverneur du New Hampshire. À l'intérieur, jolies boiseries et mobilier fabriqué à Portsmouth (18e-19e s.).

Continuez dans Pleasant St. et tournez à gauche dans Court St. Au bout de la rue, prenez Middle St. à gauche.

Rundlet-May House

364 Middle St. - ☎ 603 436 3205 - www.historicnewengland.org - visite guidée (45mn) de déb. juin à mi-oct. : 1er et 3e sam. du mois 11h-16h - fermé Labor Day (1er lun. de sept.) - 6 $.

Élégante demeure de style fédéral, érigée en 1807 sur une butte artificielle, Rundlet-May House témoigne de la vie quotidienne de ses propriétaires, une dynastie de marchands qui y habita jusqu'aux années 1970. La décoration et les équipements originaux s'y trouvent encore, notamment du mobilier fabriqué à Portsmouth, du papier peint anglais et une cuisine moderne pour le début du 19e s. Des annexes et un jardin ajoutent au charme de cette habitation.

Faites demi-tour dans Middle St.

John Paul Jones House

43 Middle St. - ☎ 603 436 8420 - www.portsmouthhistory.org - de mi-mai à mi-oct. : 11h-17h - 6 $.

Héros de la marine américaine, **John Paul Jones** séjourna à deux reprises dans cette maison de style colonial pendant la guerre d'Indépendance. L'exposition comprend du mobilier, de la porcelaine, des vêtements et des objets de valeur historique appartenant à la Portsmouth Historical Society.

Poursuivez dans Middle St., puis Maplewood Ave. puis à droite dans Hanover St. et à gauche dans Market St.

★ Moffatt-Ladd House

154 Market St. - ☎ 603 436 8221 - www.moffattladd.org - visite guidée (1h) de mi-juin à mi-oct. : lun.-sam. 11h-17h, dim. 13h-17h - 6 $.

Cette élégante demeure de style georgien fut construite en 1763. Le grand vestibule a gardé son papier peint original et ses boiseries ouvragées. Un charmant jardin en terrasses (milieu du 19e s.) complète la visite.

À proximité Plan de la ville ci-contre

★ Isles of Shoals

▶ Environ 8 miles à l'est de Porthmouth. Départs du quai de Market St. - ☎ 603 431 5500 ou 800 441 4620 - www.islesofshoals.com - ♿ - tlj de mi-juin à Labor Day (1er lun. de sept.) - activité réduite au printemps et en automne - circuit de 2h30 AR - visite commentée - réserv. recommandée - horaires et tarifs variables.

Cette croisière permet de visiter 9 îles. On longe d'abord les berges de la Piscataqua sur 5 miles avant de prendre la mer. La partie fluviale offre d'intéressantes vues sur le **Fort Mc Clary** de Kittery, sur **Fort Constitution** et les ravissantes maisons insulaires de New Castle. Au 19e s., leur beauté austère fut popularisée par l'écrivain Celia Thaxter qui, l'été, accueillait de nombreux auteurs sur Appledore Island.

Wentworth-Coolidge Mansion

◗ *2 miles au sud du centre de Portsmouth. Sur Little Harbor Rd à partir de la Route 1A. Après avoir franchi la limite de Portsmouth (0,25 mile), tournez à droite juste avant le cimetière dans Little Harbor Rd. Après 1 mile, le manoir est indiqué - $\wp$ 603 436 6607 - www.nhstateparks.org - visite guidée (1h) de mi-juin à Labor Day (1er lun. de sept.) : merc.-dim. 10h-16h ; de Labor Day à mi-oct. : w.-end uniquement - 7 $.*

Ce manoir du 18e s. construit au bord de la Piscataqua fut la résidence de Benning Wentworth, fils du premier gouverneur colonial du New Hampshire, John Wentworth. Il demeure un exemple élégant de l'éveil de l'architecture américaine dans cette région de Portsmouth.

Fort Constitution

◗ *US Coast Guard Station à proximité de Portsmouth, sur la Route 1B, à New Castle. $\wp$ 603 436 1552 - www.nhstateparks.com/fortconstitution.html - ouvert de l'aube au crépuscule.*

Autrefois appelé Fort William and Mary, cet ancien bastion britannique surplombe l'embouchure de la Piscataqua. Un sentier de découverte dévoile de belles vues sur l'océan Atlantique et sur le phare de Portsmouth.

😊 NOS ADRESSES À PORTSMOUTH

HÉBERGEMENT

Difficile de trouver un lit à moins de 100 $ en centre-ville ! Si votre budget est limité, essayez les motels du boulevard périphérique.

BUDGET MOYEN

The Inn at Christian Shore – *335 Maplewood Ave. - $\wp$ 603 431 6770 - www.innatchristianshore. com - 5 ch. 135/155 $.* De cette bâtisse du début du 19e s., on rejoint aisément le centre-ville à pied : la patronne des lieux l'a décorée d'art africain, de céramiques précolombiennes, d'art contemporain. Dans ce bed-and-breakfast, trois chambres ont des salles de bain privées, deux autres se partagent une salle de bain. Un univers métissé original !

Martin Hill Inn – *404 Islington St. - $\wp$ 603 436 2287 - www. martinhillnn.com - 7 ch. 14/210 $.* Institution de longue date, cette auberge se reconnaît à sa palissade blanche et aux petites marquises qui surmontent ses

fenêtres. Les chambres, équipées de salles de bain privées et meublées de lits queen, occupent deux bâtiments historiques attenants, bordés par une allée.

POUR SE FAIRE PLAISIR

Sise Inn – *40 Court St. - $\wp$ 603 433 1200 ou 877 747 3466 - www.siseinn. com - 34 ch. 159/279 $.* Ancienne propriété du riche marchand John Sise, cette demeure de style Queen Anne (1881), située dans le centre-ville, est ornée de beaux meubles anciens et de reproductions de qualité. Les chambres marient équipements modernes et mobilier d'époque. Le salon, avec ses boiseries et ses lambris ouvragés, et la salle des petits-déjeuners, ajoutent à la popularité de cette adresse, très recherchée.

Ale House Inn – *121 Bow St. - $\wp$ 603 431 7760 - www. alehouseinn.com - 169/279 $.* Murs de brique et design contemporain, emplacement privilégié et confort haut de gamme : voici, dans l'enceinte d'un ancien entrepôt, un véritable boutique-hôtel, comme on en trouve peu dans la région !

RESTAURATION

PREMIER PRIX

Friendly Toast – *121 Congress St. - ℰ 603 430 2154 - http:// thefriendlytoast.net - lun.-jeu. 7h-22h puis non stop de vend. 7h à dim. 21h.* Déco déjantée et menu inspiré dans ce grand resto-cantine aux airs de vide grenier seventies : essayez les Almond Joy cakes (crêpes au babeurre, pépites de chocolat, noix de coco et amandes), le Peasant (œufs brouillés, riz brun, épinards, haricots noirs et feta) ou l'un des nombreux plats aux noms farfelus, très appréciés par les jeunes de Portsmouth. Salades, burgers, clubs sandwichs…

BUDGET MOYEN

Bella Luna – *10 Market St. - ℰ 603 436 9800 - mar.-sam. à partir de 17h30.* Un restaurant cosy, simple et accueillant, pour voyager entre Méditerranée (fromages italiens, épices du Maghreb) et Nouvelle-Angleterre (homard, fruits de mer). Très central.

Old Ferry Landing – *10 Ceres St. - ℰ 603 431 5510 - www. portsmouthnh.com/dining/ ferrylanding1.html - mai-oct. : tlj à partir de 11h30.* Fruits de mer, salades et sandwichs à déguster sur le port devant la ronde des bateaux. Ici se trouvait autrefois un terminal de ferries, à l'origine de son nom.

Pesce Blue – *103 Congress St. - ℰ 603 430 7766 - www.pesceblue. com - lun.-jeu. : 12h-14h, 17h30-21h ; vend. : 12h-14h, 17h30-21h30 ; sam. : 10h-14h, 17h30-21h30 ; dim. : 10h-14h, 17h-20h.* Dans ce restaurant très couru, les assiettes de poissons et de fruits de mer sont relevés de saveurs italiennes. Le menu change tous les jours, seules les spécialités restent : bar en croûte de sel, assortiment d'omble, de truite, d'espadon, et de coquilles St-Jacques !

POUR SE FAIRE PLAISIR

Dunaway at Strawbery Banke – *66 Marcy St. - ℰ 603 373 6112 - www.dunawayrestaurant. com - mar.-jeu. 17h30-21h30 ; vend.-sam. 11h30-14h30, 17h30-21h30.* L'accent est mis sur les produits locaux dans ce restaurant de poissons chaleureux et intime du Portsmouth historique : fruits et herbes aromatiques proviennent des jardins du Strawbery Banke Museum *(voir p. 375)*. Si le menu est enclin au changement, vous devriez retrouver quelques spécialités récurrentes : morue aux canneberges ou homard.

Green Monkey – *86 Pleasant St. - ℰ 603 427 1010 - www. thegreenmonkey.net - tlj à partir de 17h.* Dans la pléthore de restaurants que compte la ville, une table qui ne manque pas d'allure, pour une cuisine savoureuse et sophistiquée. Commencez par les wontons (raviolis chinois) au porc et aux pommes, ou par les moules à la citronnelle, puis essayez le filet mignon ou le mahi mahi, nom hawaïen donné à la dorade coryphène, ici incrusté de noix de macadamia.

Oar House – *55 Ceres St. - ℰ 603 436 4025 - www. portsmouthnh.com/oarhouse - 11h30-15h, 17h-21h30 (dim. 21h).* Blotti face au port, un des meilleurs restaurants de Portsmouth : homard, magret de canard au Grand Marnier, linguini de crevettes à l'ail sous une lumière ambrée. Terrasse et bar à vins.

Maine 6

Carte Michelin New England 581

Casiers à homards.
onepony/Fotolia.com

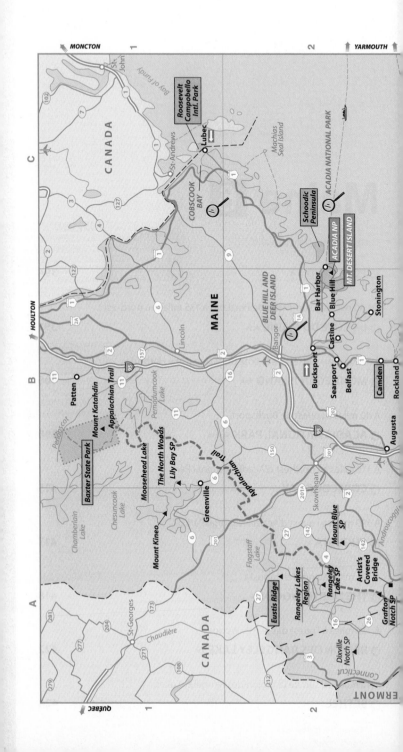

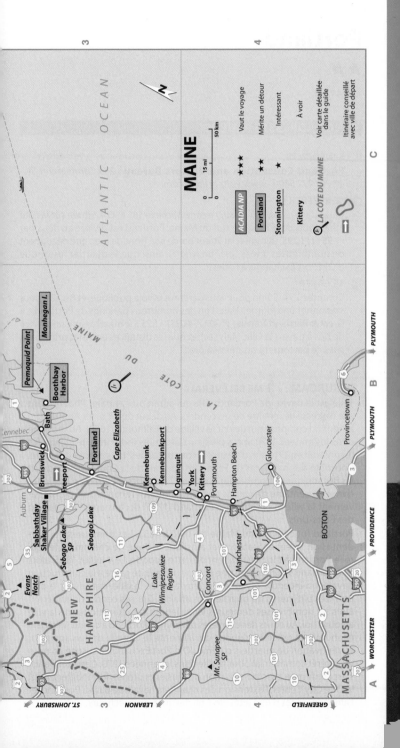

MAINE

★★★ Vaut le voyage
★★ Mérite un détour
★ Intéressant

ACADIA NP ★★★
Portland ★★
Stonnington ★

Kittery À voir

LA CÔTE DU MAINE Voir carte détaillée dans le guide

Itinéraire conseillé avec ville de départ

0 ───── 50 km
0 ───── 15 mi

ATLANTIC OCEAN

Monhegan I.

Pemaquid Point

Boothbay Harbor

Bath

LA CÔTE DU MAINE

Brunswick
Freeport
Portland

Cape Elizabeth

Kennebunk
Kennebunkport
Ogunquit
York
Kittery
Portsmouth
Hampton Beach

Gloucester

Provincetown

Sabbathday
Shaker Village
Sebago Lake
SP
Sebago Lake

Auburn

Evans
Notch

NEW
HAMPSHIRE

Lake
Winnipesaukee
Region

Manchester

Concord

BOSTON

Mt. Sunapee
SP

MASSACHUSETTS

➤ ST. JOHNSBURY
➤ LEBANON
➤ GREENFIELD
➤ WORCHESTER
➤ PROVIDENCE
➤ PLYMOUTH
➤ PLYMOUTH

Portland

★★

64 249 hab.

😊 **NOS ADRESSES PAGE 390**

ℹ️ **S'INFORMER**

Portland Convention and Visitors Bureau : *245 Commercial St. - 📞 207 772 5800 - www.visitportland.com.*

▶️ **SE REPÉRER**

Carte de la région B3 *(p. 383)* – carte Michelin 581 N-O 4. Située sur la côte atlantique, dans la partie sud du Maine, Portland est divisée en deux par l'I-95 et l'I-295. Commercial Street borde son front de mer, que découpent de nombreuses jetées (*pier* ou *wharf*), ainsi que le quartier historique d'Old Port Exchange, à l'ouest.

🅿️ **SE GARER**

Comptez 25 ¢/30mn pour vous garer sur la voie publique, et 8 à 12 $ pour stationner une journée dans l'un des nombreux parkings de Portland. La Greater Portland Transit (*📞 207 774 0351 - 1,25 $ le trajet*) assure un service de bus à travers la ville. Mais sachez que les distances entre les principaux sites se parcourent aisément à pied !

RESURGAM : « JE ME RELÈVERAI »

Telle est la devise de Portland, ville qui aurait pu s'appeler Phoenix tant elle n'a cessé de renaître de ses cendres. Au début du 17ᵉ s., les Anglais établirent un comptoir qui devint le village de Falmouth (1658). Abandonné dans les années 1670 après plusieurs attaques indiennes, le village fut reconstruit en 1716 afin d'assurer le commerce des mâts avec l'Angleterre. L'hostilité des habitants de Falmouth vis-à-vis de la Couronne conduisit les Britanniques à bombarder la ville en 1775. Après la guerre d'Indépendance, la centaine de colons restée à Falmouth reconstruisit progressivement la ville et la rebaptisa Portland (1786) dix ans après la création des États-Unis.

Portland fut capitale du Maine de 1820 à 1832. Les demeures qui bordent High Street et State Street ainsi que la ligne de chemin de fer qui relie Portland à Montréal datent de cette époque. Le 4 juillet 1866, alors que Portland s'était assuré une grande prospérité grâce à la construction navale, un incendie ravagea les deux tiers de la ville, détruisant la plupart des bâtiments du quartier des affaires. Sur ses cendres s'édifièrent alors les nombreuses demeures victoriennes caractéristiques de la ville aujourd'hui. Au cours des dernières décennies, Portland a connu un regain économique grâce à l'oléoduc qui alimente le Canada depuis son port. La rénovation de quartiers comme l'Old Port Exchange a suscité un nouvel intérêt commercial pour la ville dans les années 1970. Cette tendance s'est confirmée avec la réalisation de plusieurs projets immobiliers, dont le One City Center, l'extension des chantiers navals de Bath à Portland, et l'aménagement d'une jetée de 7 ha destinée aux pêcheurs.

Phare de Portland Head Light.
William Higgins / Fotolia.com

⊙ À NE PAS MANQUER

L'un des nombreux circuits historiques guidés proposés par le Greater Portland Landmarks *(𝒫 207 774 5561 - www.portlandlandmarks.org)* et la vue depuis le Portland Observatory.

⊙ ORGANISER SON TEMPS

Le matin, passez au Portland Convention Bureau *(coordonnées ci-dessus)* vous approvisionner en plans et tickets pour un circuit guidé de 1h30 *(juil.-sept. : lun.-sam. dép. 10h30)* ; baladez-vous l'après-midi dans les rues commerçantes du centre et visitez le Portland Museum of Art (1 à 2h).

≗ AVEC LES ENFANTS

Ne manquez pas le Children's Museum of Portland, qui a été conçu pour eux, et essayez une croisière dans Casco Bay.

Principale ville du Maine, Portland est située dans la baie de Casco célèbre pour ses Calendar Islands. Elle est le centre financier, culturel et commercial de la partie la plus urbanisée du nord de la Nouvelle-Angleterre.

Se promener

▶ *Pour visualiser ce circuit, voir le plan de la ville (p. 387).*

La partie de la ville qui s'avance dans la baie de Casco est bordée de parcs agréables et de sentiers invitant à la flânerie. **Eastern Promenade** et **Western Promenade**, toutes deux conçues par le célèbre architecte paysagiste américain Frederick Law Olmsted, offrent de très belles perspectives sur la baie. La meilleure vue de Portland s'ouvre depuis le chemin qui contourne Back Cove.

★★ Old Port Exchange

Cet ancien quartier d'entrepôts et de bureaux portuaires était devenu tellement insalubre qu'il fut décidé de le détruire en 1970. C'est alors que quelques habitants décidèrent de lui redonner vie en y ouvrant des magasins et des restaurants. Très vite, leur entreprise fut couronnée de succès, et ils furent bientôt imités par des entrepreneurs qui s'empressèrent de rénover des bâtiments afin d'installer des commerces et des bureaux dans ce secteur en expansion.

On peut flâner le long de Middle Street, Exchange Street et Fore Street en admirant les vitrines, les galeries d'art et d'artisanat, ou apprécier quelques-uns des nombreux restaurants. L'architecture du 19e s. est particulièrement intéressante pour la variété des bâtiments et des styles (remarquez l'appareillage décoratif des briques, les clefs de voûte, les corniches et les bandeaux).

Exchange Street – Entre les n°s 103 et 107 se trouve un **ensemble** (**A**) de bâtiments italianisants. À l'angle de Middle Street, un **immeuble** (**B**) présente une façade en trompe-l'œil : quelles sont les vraies fenêtres, quelles sont les fausses ?

Middle Street – Du n° 133 au n° 141, un **groupe d'immeubles** (**C**) inspiré de l'architecture française est coiffé de toits à la Mansart.

Fore Street – Au n° 373, le restaurant **Seaman's Club** (**D**) est de style néogothique et au n° 368, la **Mariner's Church** (**E**) de style néoclassique, avec ses fenêtres hautes et son fronton triangulaire. Enfin, la **Custom House** *(n° 312)*, à l'imposante façade, témoigne de la prospérité maritime que connut Portland au 19e s.

★ Portland Museum of Art

7 Congress Sq. - ℰ 207 775 6148 - www.portlandmuseum.org - ⅋ - 10h-17h (vend. 21h) - fermé lun. de Columbus Day à Memorial Day, 1er janv., Thanksgiving Day et 25 déc. - 10 $.

Le plus grand et le plus ancien (1882) musée public du Maine. Particulièrement riche en art américain des 19e et 20e s., il expose un grand nombre d'œuvres d'artistes originaires du Maine, regroupées dans la **Elizabeth B. Noyce Collection**. Parmi les artistes représentés figurent Winslow Homer *(Weatherbeaten)*, Andrew Wyeth *(Maine Room)*, Fritz Hugh Lane *(Castine Harbor)* et Frederick Childe Hassam *(Isles of Shoals)*. La collection, dont la première pièce fut une sculpture de Benjamin Aker, *Dead Pearl Diver*, fut rassemblée en 1888 et n'a cessé de s'enrichir depuis. Récemment, 17 toiles de Homer et plus de 50 œuvres du début du siècle provenant de la communauté artistique d'Ogunquit sont venues l'étoffer.

Plusieurs galeries sont consacrées à la verrerie américaine, aux céramiques anglaises et américaines ainsi qu'à l'art décoratif en général. On remarquera plus particulièrement les verreries de Portland, les tableaux et le mobilier de style fédéral ainsi que la collection d'argenterie de Sir William Pepperrell, natif du Maine, qui commanda le siège de la forteresse française de Louisbourg en 1745. Des expositions temporaires sont organisées régulièrement.

★ Children's Museum of Maine

142 Free St. - ℰ 207 828 1234 - www.childrensmuseumofme.org - lun.-sam. 10h-17h, dim. 12h-17h - fermé lun. de Labor Day à Memorial Day - 8 $.

À proximité du Museum of Art, 1 600 m² d'expositions et d'expériences ludiques dédiés à tous les enfants. Au rez-de-chaussée, ils pourront tenter d'exercer et comprendre les métiers de leurs parents : pompier, banquier, fermier ou encore employé de supermarché. Le 1er étage, qui abrite une station météorologique et un modèle réduit de navette spatiale, est consacré aux expositions scientifiques. Au 2e étage, ne manquez pas la chambre noire ★ : superbe projection panoramique de Portland.

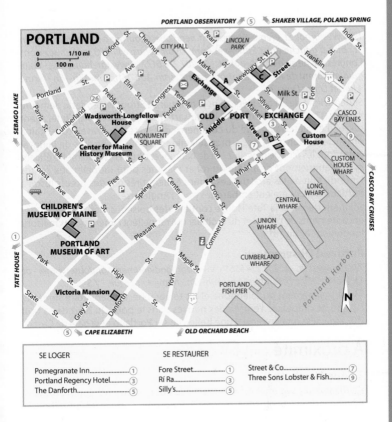

SE LOGER		SE RESTAURER	
Pomegranate Inn....................①		Fore Street.....................①	Street & Co.........................⑦
Portland Regency Hotel.............③		Rí Ra.............................③	Three Sons Lobster & Fish........⑨
The Danforth.......................⑤		Silly's..........................⑤	

Center for Maine History Museum

489 Congress St. - ☎ 207 774 1822 - www.mainehistory.org - mai-oct. : lun.-sam. 10h-17h, dim. 12h-17h - 5 $.

Pour tout savoir de l'histoire de Portland et de sa région.

Victoria Mansion (Morse-Libby House)

109 Danforth St. - ☎ 207 772 4841 - www.victoriamansion.org - visite guidée (1h) mai-oct. : lun.-sam. 10h-16h, dim. 13h-17h ; du jour suivant le Thanksgiving Day à déb. janv. : mar.-dim. 11h-17h - fermé 4 juil., Memorial Day et Labor Day - 15 $.

Construite vers 1860 par l'architecte Henry Austin, cette maison en grès rouge témoigne de la splendeur des décors et du mobilier de style italianisant, très en faveur au cours de la période victorienne. L'intérieur est étourdissant de fresques, de boiseries sculptées et de vitraux.

Wadsworth-Longfellow House

489 Congress St. - ☎ 207 774 1822 - www.mainehistory.org - visite guidée (45mn) mai-oct. : lun.-sam. 10h30-16h, dim. 12h-16h - 8 $.

C'est dans cette maison de brique construite en 1785 que l'écrivain **Henry Wadsworth Longfellow** (1807-1882) passa son enfance. Le style limpide et narratif de ses poèmes, s'inspirant des légendes de l'histoire américaine, le rendit célèbre aux États-Unis et dans le monde entier. Exposition de meubles et de souvenirs liés au poète et à sa famille.

★ Tate House

1267 Westbrook St. Prenez Congress St. vers l'ouest, tournez à droite dans St John St., puis à gauche dans Park Ave. Après avoir dépassé l'I-295, continuez dans Congress St. jusqu'à Westbrook St. - 𝒫 207 774 6177 - www.tatehouse.org - visite guidée (45mn) de mi-juin à mi-oct. : merc.-sam. 10h-16h, dim. 13h-16h - fermé 4 juil. et Labor Day - 7 $.

Située le long de la Fore River, dans le quartier de Stroudwater, cette demeure insolite (1755) coiffée d'un toit à la Mansart appartenait à George Tate, agent du roi d'Angleterre chargé du commerce des mâts. Son travail consistait à organiser le transport des arbres sélectionnés pour les navires de la Royal Navy. Tous les pins de plus de 22 m de hauteur et de 60 cm de diamètre étaient systématiquement propriété du roi et marqués pour rappeler aux colons l'interdiction de les abattre. Les troncs étaient tirés par des bœufs jusqu'à Portland d'où ils étaient embarqués pour l'Angleterre.

Joliment décorée, la Tate House contient des boiseries, des corniches, des encadrements de portes et du mobilier qui rappellent l'intérieur des maisons londoniennes du 18e s.

Portland Observatory

138 Congress St. - 𝒫 207 774 5561 - www.portlandlandmarks.org/observatory - de Memorial Day à Columbus Day : 10h-17h - fermé 4 et 28 juil. - 7 $.

Avant l'avènement du téléphone et du télégraphe, l'observatoire signalait, à l'aide de drapeaux, l'entrée des navires dans le port. Du haut de sa tour *(102 marches)*, on bénéficie d'une belle vue sur Portland et la baie de Casco.

À proximité Carte de la région

★ Cape Elizabeth B3

◗ *10 miles au sud de Portland. Prenez la Route 77 jusqu'à South Portland. À hauteur de la bibliothèque, tournez à droite dans Cottage Rd, qui débouche sur Shore Rd.*

Cape Elizabeth et sa côte rocheuse constituent une belle excursion.

CROISIÈRES DANS CASCO BAY

👥 Les îles de Casco Bay sont si nombreuses qu'il sembla à l'explorateur John Smith qu'il pouvait en compter autant que de jours dans l'année, aussi les nomma-t-il **Calendar Islands** (îles du Calendrier). Il en existe en réalité, selon les recensements, entre 130 et 220. Casco Bay Lines propose différentes formules de croisières.

Casco Bay Lines – *Départs du Maine State Pier, à l'angle de Commercial St. et Franklin St. - 𝒫 207 774 7871 - www.cascobaylines.com.* La Bailey Island Cruise *(visite commentée (5h45 AR) de fin juin à Labour Day - 18,50 $)* permet de s'arrêter à Bailey Island. L'**US Mail Boat Cruise** s'arrête dans plusieurs îles sans toutefois débarquer de passagers. Du bateau, on aperçoit les maisons de **Peaks Island**, la plus peuplée, puis **Long Island** et ses plages de sable. **Great Chebeague**, la plus grande (5 km sur 8 soit 3,1 miles sur 4,96), compte 400 résidents en hiver et 3 000 personnes en été. La tour de pierre isolée de **Mark Island** est dédiée aux marins naufragés. **Bailey Island** est reliée au continent par un pont de granit dont les travées ont été étudiées pour ne pas créer de ressac.

POLAND SPRING

29 miles au nord de Portland par la Route 26. Ce hameau niché au bord d'un lac de montagne, doit sa célébrité à la guérison inattendue d'un malade qui recouvrit subitement la santé après avoir bu l'eau de la source de Ricker's Hill. Une petite usine d'embouteillage fut immédiatement fondée, puis un complexe hôtelier, la Poland Spring House. La station, entièrement détruite par un incendie en 1975, avait une clientèle de personnalités de premier plan qui aimaient venir y « prendre les eaux ». Aujourd'hui, l'eau de Poland Spring est encore mise en bouteilles et vendue dans les magasins et les supermarchés du monde entier.

★ **Portland Head Light** – *Prenez Shore Rd vers le nord jusqu'à Fort Williams.* Ce fut le premier phare « américain » édifié sur la côte Est après l'Indépendance. Sa plate-forme offre une belle **vue★** sur la baie de Casco.

Museum at Portland Head Light – *𝒞 207 799 2661 - www. portlandheadlight.com - de Memorial Day à mi-oct. : 10h-16h ; de mi-avr. à Memorial Day et de mi-oct. à fin déc. : w.-end 10h-16h - 2 $.* Ce musée relate l'histoire du phare et de Fort Williams.

Two Lights – Les deux phares voisins érigés sur cette partie du cap ont donné son nom à ce hameau. Non loin de là a été créé le **Two Lights State Park** (*𝒞 207 799 5871 - www.state.me.us/doc/parks - de 9h au coucher du soleil - 3 $*).

Crescent Beach State Park – *𝒞 207 799 5871 - www.state.me.us/doc/parks - de Memorial Day à Columbus Day : de 9h au coucher du soleil - 4,50 $.* Ce parc possède l'une des plus belles plages de sable du Maine.

Old Orchard Beach – Plage de prédilection des Montréalais et des Québécois depuis près d'un siècle en raison de sa proximité avec la frontière canadienne, cette plage de 11 km (6,8 miles) est bordée de motels, de parcs et de restaurants.

★ Sabbathday Lake Shaker Village and Museum A3

◗ *25 miles au nord de Portland, à New Gloucester. Prenez l'I-95 North puis, à la sortie 11, la Route 26 vers le nord sur 8 miles - 𝒞 207 926 4597 - www.shaker. lib.me.us - visite guidée (1h15) de Memorial Day à Columbus Day : lun.-sam. 10h-16h30 - 6,50 $.*

Ce lac de montagne a été choisi par les shakers pour y établir une communauté qui reste la dernière encore active à ce jour aux États-Unis.

Les shakers occupent encore quelques-uns des 18 bâtiments dont 6 sont accessibles au public. Avec sa corniche de granit et son joli porche de bois, l'élégante **Brick Dwelling House** contraste avec les maisons à auvent qui bordent les rues du village. Bâtie en 1794, la **Meeting House** fut le premier édifice du village. Le musée conserve du mobilier, des costumes et une série de produits et d'inventions fabriqués par les shakers.

Sebago Lake A3

◗ *20 miles au nord de Portland par la Route 302.*

Deuxième lac du Maine par sa superficie (116 km²) après celui de Moosehead, le lac Sebago est l'un des buts de promenade favoris des habitants de Portland qui peuvent se baigner, pêcher, pique-niquer, faire du bateau et camper dans le **Sebago Lake State Park** qui longe le lac (*𝒞 207 693 6611 - www.state.me.us/doc/parks - de déb. mai à mi-oct. : de 9h au coucher du soleil - 4,50 $*).

🙂 NOS ADRESSES À PORTLAND

HÉBERGEMENT

BUDGET MOYEN

Pomegranate Inn – *49 Neal St. -
☎ 207 772 1006 ou 800 356 0408 -
www.pomegranateinn.com - 8 ch.
140/295 $* 🖭. L'ordinaire façade de
cette demeure italienne bâtie en
1884 dans le Western Promenade
Historic District ne reflète pas
son décor intérieur : abondance
de couleurs, multitude de motifs
et pléthore d'objets insolites, le
tout assemblé avec goût. Certains
meubles anciens ont été peints
par des artistes locaux. Petit-
déjeuner copieux.

POUR SE FAIRE PLAISIR

The Danforth – *163 Danforth
St. - ☎ 207 879 8755 ou 800 991
6557 - www.danforthmaine.com -
9 ch. 155/255 $*. À 10mn à pied du
Portland's Old Port, coiffée d'une
coupole et méticuleusement
restaurée, l'une des plus
somptueuses demeures du
19e s. de la ville. De style fédéral
(1821), elle abrite dans ses murs
de brique de belles chambres
habillées de couleurs pastel, de
meubles élégants et de linge
raffiné, cheminée, qui fonctionne
en hiver. Salle de billard.

UNE FOLIE

Portland Regency Hotel –
*20 Milk St. - ☎207 774 4200 - www.
theregency.com - 95 ch. 225/289 $*.
Cette fabrique d'armes (1895) est
devenue un luxueux hôtel, au
cœur du Portland historique. Lits
à baldaquin, étoffes fleuries et
boiseries garnissent les chambres
avec wifi. Club de fitness et spa.

RESTAURATION

PREMIER PRIX

Silly's – *40 Washington St. -
☎ 207 772 0360 - www.sillys.com -
mar.-dim. 11h-21h*. Pizzas, burgers,
poulet et autre *junk food* hors des
sentiers battus, dans cette cantine
qui prépare ses propres frites et
son milkshake : le voisinage adore.

BUDGET MOYEN

Ri Ra – *72 Commercial St. -
☎ 207 761 4446 - www.rira.com -
midi et soir*. Un vent d'Irlande
balaye le vieux port de Portland :
dans ce pub authentique et
chaleureux, Beef n' Guinness
Stew, Sheperds Pie et Dockside
Bouillabaisse ont un parfum
d'Europe. Également des burgers,
salades, nachos, chicken wings.

Three Sons Lobster & Fish –
*72 Commercial St. -
☎ 207 761 0825 - www.
threesonslobsterandfish.com - lun.-
sam. 9h-19h, dim. 9h-18h*. Des
homards fraîchement sortis de
l'eau pour d'exquis *lobster rolls* :
à deux pas du Ri Ra, postées sur
la jetée contre un entrepôt, une
poignée de tables toutes simples
pour déguster la pêche du jour.

Fore Street – *288 Fore St. -
☎ 207 775 2717 - www.forestreet.
biz - lun.-jeu. 17h30-22h, vend.-
sam. 17h30-22h30, dim. 17h-22h
(juin-sept.), 17h-21h30 (oct.-mai)*.
Déco industrielle dans ce
restaurant façon loft où l'on voit
officier cuisiniers et commis. Les
délicieuses spécialités de viandes
et poissons préparés sur le grill
sont signées Sam Hayward, salué
par la critique.

POUR SE FAIRE PLAISIR

Street & Co. – *33 Wharf St. -
☎ 207 775 0887 - www.
streetandcompany.net - le soir
uniquement*. Une ruelle pavée
du vieux port, un labyrinthe de
salles basses, des tables cuivrées
pour accueillir poissons et fruits
de mer : ce restaurant, avec son
décor d'une autre époque, a
tout d'un voyage dans le temps.
Terrasse en été.

Petite halte sur la plage.
Foustontene / Fotolia.com

La côte du Maine

★★

 NOS ADRESSES PAGE 403

S'INFORMER

Maine Tourism Association : *325B Water St., Hallowell -* ☎ *207 439 1319 -*
www.mainetourism.com.
Maine Office of Tourism : *59 State House Station, Augusta -* ☎ *207 287*
5711 - www.visitmaine.com.
Maine State Visitor Information Center : *à Kittery, à la jonction de I-95*
et US-1 - ☎ *207-439-1319.*

SE REPÉRER

Carte de la région ABC2-3-4 *(p. 383) – carte Michelin 581 N-P 3-6.* La Route 1
suit le tracé de la côte sur toute sa longueur. Pour circuler plus rapidement, prenez l'I-95 qui voisine la Route 1 de Kittery à Freeport avant de
s'enfoncer dans les terres, en direction d'Augusta et Bangor. Des routes
secondaires permettent d'accéder aux villages côtiers.

SE GARER

Dans les rues des cités balnéaires les plus prisées, les places de stationnement sont nombreuses mais prises d'assaut en été. Optez pour les parkings
et, malgré tout, préparez-vous à tourner avant de trouver…

À NE PAS MANQUER

Les plages de York et Ogunquit, l'effervescence de Portland, le pittoresque de Boothbay Harbor, Rockland et Camden, la nature sauvage de Blue
Hill et, partout le long du littoral, les cabanes à homards, pour savourer,
fraîchement sortie de l'eau, l'incontestable spécialité régionale.

⏱ **ORGANISER SON TEMPS**

Longueur des distances, densité du trafic, abondance des sites : n'espérez pas tout voir ! Accordez-vous une journée pour visiter Portland, une deuxième pour sillonner une partie de la Route 1 à la découverte de villages côtiers (Kittery-Kennebunkport, au sud, Freeport-Searsport, au centre, ou Blue Hill et le parc Acadia, au nord), et un jour supplémentaire dans l'une des stations balnéaires du littoral. L'idéal est de disposer d'une semaine, de façon à profiter au mieux de la richesse de cette côte.

👫 **AVEC LES ENFANTS**

Proposez-leur une excursion en bateau – les prestataires sont nombreux sur la côte du Maine – et amenez-les à Old Orchard Beach, où les eaux calmes sont propices à la baignade des plus jeunes.

Alternant falaises à pic et roches déchiquetées par les assauts de l'Atlantique, la côte du Maine, qui relie la ville de Kittery au Nouveau-Brunswick (Canada) par 3 500 miles de littoral, délimite à l'est le plus grand État de Nouvelle-Angleterre. C'est aussi, au-delà de Portland, la région la plus orientale des États-Unis. Fouettée par les vents et de violents orages en hiver, elle accueille l'été de nombreux visiteurs américains et canadiens en quête de chaleur tempérée et de longues plages de sable. Ponctuée de villages de pêcheurs et de phares solitaires, la Route 1 constitue l'une des plus belles excursions de la région.

Itinéraires conseillés

LA CÔTE MÉRIDIONALE : DE KITTERY À PORTLAND

▶ *Pour visualiser ce circuit de 55 miles, reportez-vous à la carte de la région (p. 393) – comptez 1/2 journée. Suivez la Route 1 depuis Kittery et remontez vers le nord-est jusqu'à Portland.*

Kittery

🏢 📞 *207 363 4422 - www.gatewaytomaine.org.*

À la frontière du New Hampshire, ce beau village côtier vit depuis toujours de la pêche, du tourisme et de la construction navale. La localité abrite également plusieurs petites entreprises spécialisées dans la construction de bateaux de

---

SARAH ORNE JEWETT

Née en 1849 et décédée en 1909, elle fut l'auteur de deux œuvres devenues des classiques de la littérature américaine : *The Country of the Pointed Firs* (1896), hymne à la beauté du Maine et à ses habitants, et *The Tory Lover*, qui se déroule à Berwick pendant la guerre d'Indépendance. Vous pourrez visiter sa maison, la **Sarah Orne Jewett House** *(5 Portland St., South Berwick, à 10 miles au nord de Kittery par la Route 236 - 📞207 384 2454 - www.spnea. org - visite guidée (45mn) de déb. juin à mi-oct. : vend.-dim. 11h-17h - 5 $)* ainsi que la **Hamilton House** ★ *(40 Vaughan's Lane, South Berwick - 📞 207 384 2454 - www.spnea.org - de déb. juin à mi-oct. : merc.-dim. 11h-17h - 8 $),* où se déroule une grande partie de *The Tory Lover*. Construite en 1785 pour le négociant Jonathan Hamilton, cette maison georgienne avec voûtes, corniches et baguettes sculptées renferme du mobilier japonais laqué et peint ainsi que du papier peint représentant des sites régionaux.

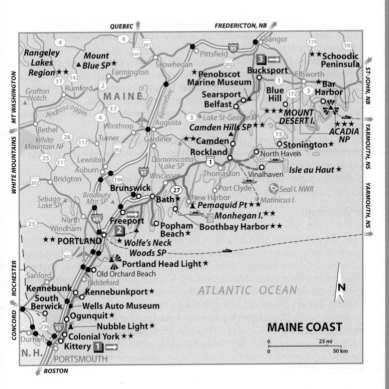

plaisance. La route ombragée *(103)* qui mène à Kittery Point offre de belles vues sur la rivière et d'élégantes maisons des 18ᵉ et 19ᵉ s.

Fort McClary State Historic Site – *À Kittery Point, sur la Route 103, à l'est de Kittery -* ℘ *207 384 5160 ou 207 490 4079 hors sais. - www.maine.gov/doc/parks - de Memorial Day à fin sept. : 10h-20h - 2 $.*

De ce petit fort construit au 18ᵉ s., il ne reste qu'un bastion hexagonal (1846). D'abord appelé Fort William, il fut rebaptisé en l'honneur du major Andrew McClary, tombé à la bataille de Bunker Hill.

★ York

🛈 ℘ *207 363 4422 - www.gatewaytomaine.org.*

York comprend plusieurs communautés : le vieux village colonial, **York Village**, le port de plaisance à l'embouchure de la York River, **York Harbor**, la station balnéaire et sa plage, **York Beach**, et le village de **Cape Neddick**.

★★ **Colonial York** – *Route 103 -* ℘ *207 363 4974 - www.oldyork.org - de déb. juin à Columbus Day : lun.-sam. 10h-17h - 10 $ (tickets disponibles à la Jefferds Tavern, qui sert de bureau touristique).* De nombreux bâtiments anciens sont groupés autour du green. D'un côté se trouve l'**église** (18ᵉ s.), avec sa girouette en forme de coq, et le **Town Hall**, qui servit longtemps de cour de justice pour le comté de York. Non loin se dressent l'**Emerson-Wilcox House**, une école du 18ᵉ s., le **vieux cimetière** et la **Jefferds Tavern**. En haut d'une colline trône la prison, **Old Gaol**. À proximité se dressent le George Marshall Store (une épicerie transformée en magasin d'artisanat) et la baraque d'un pêcheur de homards couverte de bouées. L'attrayante demeure coloniale de briques rouges (1730) qui borde la rivière était la résidence d'**Elizabeth Perkins** (1879-1952), célèbre citoyenne de York.

Le **John Hancock Warehouse** est l'un des innombrables entrepôts que possédait John Hancock, signataire de la déclaration d'Indépendance et commerçant prospère.

York Harbor – *De York Village, suivez la Route 1A.* Ce petit port de plaisance est extrêmement bien abrité. De belles maisons se dressent le long de ses quais ombragés. La **Sayward-Wheeler House** *(79 Barrell Lane Extension - ℰ 207 384 2454 - www.spnea.org - visite guidée (45mn) - de déb. juin à mi-oct. : w.-end 11h-17h - 5 $)* conserve les souvenirs de famille d'un riche négociant et de ses descendants.

En suivant la côte, on arrive à Long Sands Beach, plage de sable de 2 miles bordée de résidences secondaires. Continuez la Route 1 puis Nubble Rd à droite, jusqu'à la pointe de Cape Neddick.

★ **Nubble Light** – Du rivage, on a une belle vue sur le phare (1879) et son île ; au loin se trouvent les îles de Shoals.

★ Ogunquit

🄸 ℰ *207 646 2939 - www.ogunquit.org.*

« Un bel endroit au bord de la mer », c'est ce que signifie *Ogunquit* en langue indienne. Les artistes qui découvrirent à la fin du 19e s. ce port de pêche, partagèrent cette opinion, et beaucoup s'installèrent près de ses rochers. Aujourd'hui, les artistes locaux exposent leurs œuvres dans les nombreuses galeries du village, dont la **Fran Scully Gallery** *(Main St. et Perkins Cove)* et la **Barn Gallery** *(Shore Rd)*. Dans Shore Rd également, un petit musée d'art moderne baptisé **Ogunquit Museum of American Art** *(ℰ 207 646 4909)* a été aménagé face à la mer. En été, le théâtre, **Ogunquit Playhouse** *(ℰ 207 646 5511)*, présente un spectacle différent chaque semaine.

De la Route 1, prenez Shore Rd et suivez les indications. Attention, durée de stationnement limitée.

★ Perkins Cove

Ce petit port, où l'on peut louer des bateaux de plaisance et des yachts pour la pêche au large, regorge de boutiques insolites, d'ateliers artisanaux et de restaurants spécialisés dans la dégustation de fruits de mer. La petite passerelle piétonnière s'ouvre au passage des bateaux comme un pont-levis.

★ Marginal Way

Parking à Perkins Cove et au phare d'Israel's Head.

Ce chemin longe la côte et relie le centre-ville d'Ogunquit à Perkins Cove, offrant de très belles vues ★ sur la mer.

Reprenez la Route 1 sur 5 miles en direction du nord depuis Ogunquit.

Wells Auto Museum

ℰ *207 646 9064 - www.wellsauto.com -* ♿ *- de Memorial Day à Columbus Day : 10h-17h - 5 $.*

👪 Situé au bord de la Route 1, ce musée expose plus de 80 voitures datant de 1900 à 1963. Les enfants apprécieront particulièrement la collection de vélos et de jouets anciens.

★ Les Kennebunks

🄸 ℰ *207 967 0857 - www.visitthekennebunks.com.*

Kennebunk, **Kennebunkport** et **Cape Porpoise**, agrémentés chacun de plages, sont autant de villages touristiques formant la région des Kennebunks. Fréquentée par de nombreux artistes et écrivains, enrichie par la construction navale, elle se tourna vers le tourisme à la fin du 19e s. avec la construction de grands hôtels et de somptueuses villas.

En arrivant sur Kennebunk, prenez à droite la Route 9.

★Kennebunkport

Les médias ont souvent mentionné Kennebunkport dans leurs colonnes, car George Bush, 41e président des États-Unis (de 1989 à 1993), possède une résidence d'été à Walker's Point. Des ormes magnifiques, des villas imma-culées et des églises bordent les rues de Kennebunkport. Une promenade architecturale du quartier historique permet de découvrir le style des bâti-ments de la ville. Dock Square, le quartier commerçant de Kennebunkport, renferme un grand nombre de petites boutiques typiques. 🚹🚹 La plage de **Old Orchard Beach** (entre Kennebunk et Portland) est très bien pour les enfants.

Seashore Trolley Museum

Log Cabin Rd., à 2 miles au sud-est de la Route 1 - ℰ 207 967 2712 - www.trolley-museum.org - ♿ - de mi-mai à déb. oct. : 10h-17h ; 1re quinz. de mai et 1re quinz. d'oct. : w.-end 10h-17h - 8 $.

🚹🚹 Les visiteurs embarquent à bord d'un ancien trolleybus restauré pour un voyage nostalgique de 3,5 miles. D'anciens tramways sont exposés.

Portland

À 26 miles au nord de Kennebunk. *Voir p. 384*

DE FREEPORT À SEARSPORT [2]

▶ *Pour visualiser ce circuit de 156 miles, reportez-vous à la carte de la région (p. 393) – comptez une journée. Prenez la Route 1 depuis Portland et remontez vers le nord-est.*

Freeport

🛈 *ℰ 207 865 1212 - www.freeportusa.com.*

Au nord de Portland, cette localité de la côte du Maine est connue dans toute l'Amérique du Nord pour son fameux magasin de sport L.L. Bean qui pratique la vente sur catalogue. Situé dans le centre de Freeport, il propose vêtements, chaussures et tout article pour la chasse, le camping, la pêche, la randon-née et le canoë. Comme il est ouvert 365 jours par an et 24h sur 24, il n'est pas rare de voir son parking complet à 3h ou 4h du matin. La popularité de L.L. Bean et de ses 85 boutiques et comptoirs de vente établis à Freeport au cours des dernières années a fait de la ville un centre commerçant en plein développement.

Prenez la Route 1 et tournez dans Bow St., Flying Point Rd et Wolfe's Neck Rd (à chaque fois à droite).

★ Wolfe's Neck Woods State Park

À 5 miles du centre de Freeport - ℰ 207 865 4465 - www.state.me.us/doc/parks - ♿ - avr.-oct. : de 9h au coucher du soleil - 3 $.

Les aires de pique-nique et les sentiers de ce beau et paisible parc surplom-bant la baie de Casco contrastent agréablement avec les rues commerçan-tes de Freeport. Le Casco Bay Trail de 800 m (0,49 miles) est particulièrement pittoresque et offre une vue sur Googins Island.

Brunswick

🛈 *ℰ 207 725 8797 ou 877 725 8797 - www.midcoastmaine.com.*

Cette localité séduisante aux larges avenues est le site du Bowdoin College, dont le campus se trouve au cœur de la ville, autour du magnifique green aménagé par les habitants au début du 18e s. De grands arbres et de splendides demeures bordent Federal Street et les rues environnantes. Aujourd'hui, l'économie locale repose principalement sur de petites manufactures ainsi que sur la base aéronavale de l'armée américaine.

Bowdoin College – *Bordé par Maine St., Bath Rd., et College St. - informations et visites : Moulton Union, College St. - ℰ 207 725 3000 - www.bowdoin.edu.* Fondé en 1794, ce petit collège très huppé compte parmi ses anciens élèves les écrivains Nathaniel Hawthorne et Henry Wadsworth Longfellow, les amiraux Robert Peary et Donald MacMillan, ainsi que le 14ᵉ président des États-Unis, Franklin Pierce. C'est ici qu'Harriet Beecher Stowe écrivit *La Case de l'oncle Tom* lorsque son mari enseignait au Bowdoin College. L'institution accueille aujourd'hui quelque 1 600 étudiants dans ses bâtiments répartis sur 45 ha.

Peary-MacMillan Arctic Museum – *Hubbard Hall - ℰ 207 725 3416 - www.bowdoin.edu/arctic-museum - ♿ - mar.-sam. 10h-17h, dim. 14h-17h - fermé j. fériés.* Dédié aux amiraux **Robert Peary** (1856-1920) et **Donald MacMillan** (1874-1970), les deux grands explorateurs de l'Arctique, ce musée présente l'histoire des expéditions polaires depuis le début du 19ᵉ s. jusqu'à R. Peary, premier homme à atteindre le pôle Nord en 1909, et son disciple D. MacMillan.

★Bath

🅸 *ℰ 207 443 9751 - www.midcoastmaine.com.*

Bath est un centre de construction navale depuis le 18ᵉ s. Située sur un chenal, la ville a su profiter de cet avantage géographique pour distancer ses concurrents régionaux. De ses chantiers sortirent des deux-mâts gréés à traits carrés, des clippers et plusieurs goélettes parmi les plus grandes jamais construites. Les bâtiments du Maine Maritime Museum et les belles demeures anciennes qui bordent Washington Street datent de cette époque.

★★ **Maine Maritime Museum** – *243 Washington St. - ℰ 207 443 1316 - www.bathmaine.com - ✕ - 9h30-17h - fermé 1ᵉʳ janv., Thanksgiving Day (4ᵉ jeu. de nov.) et 25 déc. - 12 $ - promenade en bateau sur la Kennebec River (billet en supplément) : de fin avr. à fin oct.*

👥 Consacré à la conservation de l'héritage maritime du Maine, le musée entretient un chantier naval classé et permet de découvrir les techniques traditionnelles utilisées dans la construction des voiliers en bois. Les goélettes étaient notamment la spécialité du chantier **Percy and Small Shipyard**, qui fonctionna de 1894 à 1920.

Depuis Bath, suivez la Route 209 en direction du sud pendant 16 miles.

★ Popham Beach

Cette villégiature située à l'extrémité d'une presqu'île à l'embouchure de la Kennebec River fut le premier établissement anglais des Amériques, en 1607. **Fort Popham**, forteresse de granit qui surplombe cette embouchure, fut édifiée pendant la guerre de Sécession pour empêcher les navires des confédérés de remonter le fleuve vers Bath.

Non loin de là, le **Popham Beach State Park** (*ℰ 207 389 1335 - www.state.me.us/doc/parks - de mi-avr. à fin oct. : 9h-17h - 3 $*) possède une très belle plage de sable blanc.

Revenez sur la Route 1 et remontez vers le nord-est. 2 km (1,24 miles) après Wiscasset, tournez à droite et suivez la Route 27 pendant 12 miles.

★★ Boothbay Harbor

🅸 *ℰ 207 633 2353 ou 800 266 8422 - www.boothbayharbor.com.*

Boothbay Harbor est situé à l'extrémité de l'une de ces péninsules escarpées qui s'avancent dans la mer sur cette portion très découpée de la côte centrale du Maine. De nombreuses criques protégées dans lesquelles sont enchâssés

des ports naturels abrités font de la région un centre de nautisme recherché et un lieu de villégiature très agréable en été. Des petites boutiques bordent les rues qui descendent vers les quais, et un grand nombre de motels, d'hôtels et d'auberges sont disséminés le long des caps et des criques, notamment à **Ocean Point★** *(à 5 miles à l'est de Boothbay Harbor par la Route 96).*
Revenez sur la Route 1. Continuez pendant 6 miles en direction du nord. Au niveau de Newcastle, prenez à droite les Routes 129 puis 130 South.

★★ Pemaquid Point

🛈 ✆ 207 563 8340 - www.damariscottaregion.com.
Sculptée par les glaciers, cette pointe est particulièrement spectaculaire avec ses rochers de pegmatite, formant de longues traînées noires et blanches, qui s'enfoncent dans la mer. Au-dessus des rochers se dresse la silhouette du phare qui se reflète dans les flaques laissées par les embruns : un site de rêve pour les photographes.
Poursuivez sur la Route 130 South jusqu'à Bristol.
★★ **Pemaquid Point Lighthouse Park** – ✆ 207 677 2492 - www.bris-tolparks.org/lighthouse.htm - ♿ 🅿 - *de Mother's Day à Columbus Day : 9h-17h - 2 $.*
Depuis ce phare *(inaccessible au public)* commandé par le président John Quincy Adams en 1827, on a des **vues★★★** superbes sur la côte rocheuse, très accidentée à cet endroit.
Revenez sur la Route 1 et poursuivez vers le nord sur 26 miles.

Rockland

🛈 ✆ 207 596 0376 - www.therealmaine.com.
Traversé par la Route 1, Rockland est très fréquenté par les voyageurs à destination des îles et des villages de la baie de Penobscot. Son port dynamique et moderne est un centre mondial de l'exportation du homard. Le tourisme, la fabrication des lampes et le commerce contribuent largement à l'économie locale. En été, Rockland accueille une grande flottille de clippers, les *windjammers*. Lors du Lobster Festival, organisé en août, on a l'occasion de déguster toutes les richesses qu'offre l'activité maritime de Rockland.
★★ **Farnsworth Art Museum** – *16 Museum St.* - ✆ 207 596 6457 - www.farnsworthmuseum.org - ♿ 🅿 - *de Memorial Day à Columbus Day : 10h-17h (merc. 18h) ; de Columbus Day à déc. et d'avr. à Memorial Day : mar.-dim. 10h-17h ; janv.-mars : merc.-dim. 10h-17h - fermé j. fériés - 12 $ (incluant l'entrée au Wyeth Center et au Farnsworth Homestead), gratuit merc. 17h-20h.*
La rénovation de ce musée, autrefois simple galerie d'art, en a fait un centre d'étude des artistes du Maine reconnu dans tout le pays. De nombreuses toi-

---

LA BAIE ET LES ÎLES
Boothbay Harbor sert de point de départ à de multiples croisières dans les îles de la baie et à destination de Monhegan Island. Ces excursions partent des embarcadères situés le long de Commercial St.
Boothbay Harbor Chamber of Commerce – ✆ 207 633 2353 - www.boothbayharbor.com.
Cap'n Fish's Boat Trips – *Pier 1* - ✆ 207 633 6605 ou 800 633 0860 - www.capnfishmotel.com.
Balmy Days Cruises – *Pier 8* - ✆ 207 633 2284 ou 800 298 2284 - www.balmydayscruises.com.

les des peintres de la famille Wyeth qui comptent trois générations : **Newell Convers** (1882-1945), **Andrew** (né en 1917) et **Jamie** (né en 1946), sont rassemblées dans une ancienne église méthodiste, le **Wyeth Center** ★★. Elles constituent les pièces maîtresses de cette collection de peinture américaine des 19ᵉ et 20ᵉ s.

Vinalhaven and North Haven Island Ferries – *Embarcadère au pied de la Main St. de Rockland. Des bacs (passagers et voitures) desservent ces îles tte l'année -* ♿ *- tarifs et horaires disponibles auprès du Maine State Ferry Service :* ℘ *207 596 2202 ou 800 491 4883 - www.maine.gov/mdot.*

Le bateau navigue au milieu des îles couvertes de sapins de la baie de Penobscot, choisie par Sarah Orne Jewett comme cadre pour son roman, *The Country of the Pointed Firs*. Les habitants de **Vinalhaven** vivent surtout de la pêche au homard : dans les paisibles criques qui parsèment sa côte sont amarrés les bateaux des pêcheurs ; les hangars regorgent de casiers et de bouées multicolores. Des carrières de granit abandonnées ont été aménagées en plan d'eau où l'on peut se baigner l'été. À la pointe nord de l'île, on aperçoit **North Haven**, paisible îlot qui recèle de nombreuses résidences secondaires.

Owl's Head Transportation Museum – À *2 miles de Rockland par la Rte 73 - 117 Museum St. (le musée jouxte le Knox County Airport) -* ♿ *(en été seulement) -* ℘ *207 594 4418 - www.owlshead.org - 10h-17h - fermé 1ᵉʳ janv., Thanksgiving Day (4ᵉ jeu. de nov.) et 25 déc. - 10 $.*

Les vélos, motos, automobiles et avions de cette collection datent du début du 20ᵉ s. et sont encore en état de marche. En été et en automne, on peut assister à des démonstrations en plein air.

Non loin se dresse le phare de Owl's Head, perché au-dessus d'une falaise de 30 m face à West Penobscot Bay.

Depuis Rockland, remontez vers le nord par la Route 1.

★★ Camden

🛈 ℘ *207 236 4404 - www.visitcamden.com.*

Bien abrité entre les collines de Camden Hills et la baie de Penobscot parsemée d'îlots, Camdem est l'un des plus charmants ports de la Nouvelle-Angleterre. Les habitants y cultivent un art de vivre que traduit l'aménagement du centre-ville et du front de mer. Dans le quartier commerçant abondent restaurants, galeries et boutiques décorées de fleurs, et les rues adjacentes sont bordées de magnifiques demeures. Dans le port de plaisance sont amarrés yachts et *windjammers*, ces deux-mâts qui servent aujourd'hui de bateaux-charters.

★★ **Camden Hills State Park** – *Sur la Route 1, à 2 miles au nord de Camden -* ℘ *207 236 3109 ou 207 236 0849 (hors sais.) - www.maine.gov/doc/parks - de mi-mai à mi-oct. : de 9h au coucher du soleil - 3 $.*

Une route mène au sommet du **mont Battie** (alt. 244 m) d'où l'on a une **vue**★★★ superbe sur le port, la baie de Penobscot et ses îles. Ce tableau inspira Edna St Vincent Millay, poétesse native du Maine, pour son premier ouvrage, *Renascence* (1917). Le parc abrite près de 50 km (31 miles) de sentiers de randonnée et une aire de camping.

Belfast

🛈 ℘ *207 338 5900 - www.belfastmaine.org.*

Surplombant la baie de Penobscot, cette petite ville est une halte appréciée des visiteurs. Bordée de façades de brique âgées de plus d'un siècle, sa rue principale abrite restaurants, cafés, antiquaires et galeries d'art.

Cabane de pêcheur près de Stonington.
B. Brillion / MICHELIN

Searsport

🏠 📞 *207 338 5900 - www.belfastmaine.org.*

Installé au bord de la baie de Penobscot, ce port fut au 19ᵉ s. un centre de construction navale qui vit naître plus de 10 % des capitaines au long cours américains. Ces marins sillonnaient les mers du globe et rendirent Searsport célèbre sur les côtes des Caraïbes, d'Europe, d'Afrique et d'Orient. De cette époque prestigieuse survivent leurs belles résidences, le long de la baie. Deuxième port du Maine par son volume d'activité, Searsport exporte entre autres les fameuses pommes de terre du comté d'Aroostook dans le nord de l'État.

★ **Penobscot Marine Museum** – *Church St. - 📞 207 548 2529 - www. penobscotmarinemuseum.org - mai-oct. : lun.-sam. 10h-17h, dim. 12h-17h - 8 $.* Composé de huit bâtiments (maisons de capitaine restaurées, ancien Town Hall, Phillips Memorial Library, Douglas and Margaret Carver Memorial Gallery), ce musée fait revivre à travers sa riche collection de tableaux, de maquettes et d'objets artisanaux le faste de la grande époque maritime.

De Searsport, prenez la Route 1 en direction du nord-est sur 11 miles.

DE BUCKSPORT À BLUE HILL ③

▶ *Pour visualiser ce circuit en boucle de 104 miles, reportez-vous à la carte p. 401 – comptez une journée.*

Bucksport

La petite ville de Bucksport s'étend le long de l'embouchure du fleuve Penobscot, à l'endroit où le divise Verona Island. La grand-rue parallèle au fleuve est bordée de magasins ; sa grande attraction est la **Jed Prouty Tavern**.

De Bucksport, partez vers l'ouest sur la Route 174.

★ Fort Knox State Historic Site

📞 *207 469 7719 - mai-oct. : de 9h au crépuscule - 5 $.*

CASTINE

Depuis sa fondation en 1629 par des pionniers anglais, ce port de la baie de Penobscot a été l'objet, pendant plus de deux cents ans, de luttes incessantes. Tout d'abord baptisée Bagaduce, puis Fort Pentagoet, la ville resta sous domination anglaise jusqu'à sa prise par le baron de Saint-Castin en 1667, un Pyrénéen qui lui donna son nom. Elle tomba ensuite aux mains des Hollandais, puis les Anglais la reprirent.

Le traité de Paris de 1763 donna la Nouvelle-France aux Anglais, qui n'en jouirent que quelques années puisque l'Indépendance américaine fut proclamée treize ans plus tard. Un second traité signé à Paris en 1783 définit le tracé de la frontière entre les États-Unis et le Canada sur la rivière St-Croix ; Castine devint alors américaine.

Fort St George, construit par les Anglais au 18e s., et la forteresse américaine de Fort Madison (1811) furent tous deux occupés par l'armée britannique pendant la guerre de 1812 entre l'Angleterre et les États-Unis.

Sur la rive opposée de Bucksport, la masse imposante de Fort Knox garde l'entrée de la Penobscot River. En 1840, en raison de la situation politique tendue entre les États-Unis et la Grande-Bretagne due au conflit sur la reconnaissance de la frontière entre le Canada et la Nouvelle-Angleterre, l'armée américaine édifia un fort sur ce site. La construction commença bien qu'un accord ait été signé. Baptisé du nom du général Henry Knox, l'un des seconds de George Washington pendant la guerre d'Indépendance, le fort ne fut jamais achevé et servit à l'entraînement militaire durant la guerre de Sécession. Ce fort au plan compliqué, bâti avec d'énormes blocs de granit, témoigne de la perfection de l'architecture militaire américaine du 19e s. Du haut du fort, on bénéficie d'une belle **vue** sur Bucksport et la Penobscot River.

Revenez sur Bucksport. Prenez la Route 1/3 Nord, puis prenez à droite la Route 175 Sud. Continuez tout droit jusqu'à la Route 166, puis empruntez la 166A.

★ Castine

Castine séduit par la beauté paisible de ses larges rues bordées d'arbres et de grandes demeures blanches. Le long de sa grand-rue descendant vers la mer, Main Street, se succèdent de petites boutiques. Les bâtiments en brique bordant Pleasant Street sont ceux de l'Académie maritime du Maine, l'une des plus célèbres écoles navales des États-Unis.

Maine Maritime Academy – Établie en 1941, cette académie qui forme des officiers et des sous-officiers dans dix disciplines est spécialisée en océanographie et dans l'étude des fonds marins. On peut visiter le bateau-école **State of Maine** lorsqu'il est à quai (℘ 800 227 8465 ou 800 464 6565 - visite guidée de 30mn : de mi-juil. à fin août : lun.-vend. 10h-12h et 13h-15 ; de mi-sept. à mi-déc. et de déb. fév. à mi-avr. : les w.-ends uniquement - fermé vac. scol. et j. fériés). Ce navire de 162 m, conçu à l'origine pour le transport des passagers et du fret, a été affecté au transport des troupes pendant la guerre de Corée et celle du Viêtnam.

Prenez la Route 166, puis la Route 199 Nord jusqu'à la jonction avec la Route 175 que vous emprunterez vers le sud.

Reversing Falls

À 5 miles au sud de South Penobscot est aménagée une aire de pique-nique où l'on peut assister à un curieux phénomène. À cet endroit, le passage des eaux est très étroit. À chaque inversion de marée se forme un goulet d'étran-

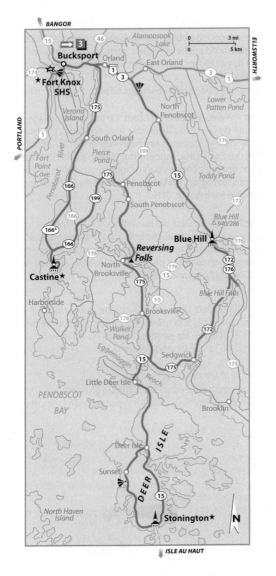

glement dans lequel les eaux se trouvent précipitées avec une telle force qu'elles forment des chutes qui changent de sens selon le flux ou le reflux. C'est du pont qu'emprunte la Route 175 que l'on observe le plus favorablement ce phénomène appelé *Reversing Falls* (chutes inversées).

Après avoir traversé North Brooksville et Brooksville, la route s'élève. Sur la gauche, on aperçoit Blue Hill. Depuis **Caterpillar Rest Area** s'ouvre une **vue★★** spectaculaire sur Deer Isle, la baie de Penobscot, les Camden Hills et les îles de la baie.

À la jonction des Routes 175 et 15, traverser le pont qui mène à Little Deer Isle, puis continuez jusqu'à Deer Isle. La Route 15 traverse le village du même nom et longe la côte orientale jusqu'à Stonington.

Deer Isle

Cette île semble avoir été oubliée par la civilisation moderne. Les petits villages et leurs bateaux de pêche semblent particulièrement paisibles. Les vues sur Penobscot Bay et Mount Desert Island sont d'une grande beauté lorsque le temps est dégagé.

Dirigez-vous vers le village de Sunset aux abords duquel se dévoile une **vue** magnifique.

★ **Stonington** – *www.deerislemaine.com*. Ce tranquille village de pêcheurs bâti à l'extrémité de la presqu'île illustre à merveille les localités côtières de la région. Ses anciennes carrières ont fourni du granit à de nombreux monuments officiels des États-Unis. Aujourd'hui, la plupart d'entre elles sont désaffectées, mais on aperçoit encore leurs grands treuils sur les îles situées en face du port. Depuis Stonington, un bateau rejoint l'**Isle au Haut★**, qui fait partie d' Acadia National Park *(voir p. 411)*.

Prenez la Route 15 vers Little Deer Isle, puis traversez le pont pour suivre la Route 175 vers l'est. À Sedgwick, prenez à gauche la Route 172 qui rejoint, à Blue Hill Falls, la Route 175. Tournez à droite dans cette route et traversez deux ponts pour gagner les Blue Hill Falls qui présentent un phénomène similaire à celui de Reversing Falls. Revenez sur la Route 172 qui mène à Blue Hill.

Blue Hill

Ce charmant village doit son nom à la colline qui le domine où abondent des myrtilles tous les ans à la même époque. Ici vivent de nombreux artisans, écrivains et artistes. Un sentier conduit en haut de la colline de Blue Hill (alt. 286 m) d'où la vue s'étend depuis la baie du même nom jusqu'à l'île du Mont-Désert.

Prenez la Route 15 et remontez vers le nord.

La route s'élève, passe au pied de la colline de Blue Hill, puis descend vers la Route 3, offrant de magnifiques **vues** à l'approche de East Orland.

😊 NOS ADRESSES SUR LA CÔTE DU MAINE

HÉBERGEMENT

BUDGET MOYEN

The Lodge at Turbat Creek – *Turbat Creek Rd, Kennebunkport - ☎ 207 967 8700 ou 877 594 5634 - http://lodgeatturbatscreek. com - fermé déc.-avr. - 26 ch. 89/159 $.* Lumineux et gai avec ses chambres jaune clair, ce motel posté dans un quartier tranquille de Kennebunkport offre une alernative peu coûteuse, et néanmoins séduisante, aux auberges et hôtels de la région. Le tarif inclut l'accès à la piscine, au wifi, et le prêt de vélos.

Whitehall Inn – *52 High St., Camden - ☎ 207 236 3391 ou 800 789 6565 - www.whitehall-inn. com - fermé de fin oct. à mi-mai - 45 ch. 99/199 $.* Dans l'entrée, le piano Steinway donne le ton : aménagée dans une maison de 1834 et, de l'autre côté de la rue, dans un cottage victorien, cette auberge est une véritable institution de Camden. Parmi les chambres cosy, certaines se partagent une salle de bain ; leur coût n'en est que plus avantageux.

POUR SE FAIRE PLAISIR

Alden House – *63 Church St., Belfast - ☎ 207 338 2151 ou 877 337 8151 - www.thealdenhouse. com - 7 ch. 129/179 $.* Dans cette demeure de style néoclassique, hauts plafonds et cheminées de marbre rehaussent le décor. Les chambres, soignées, sont habillées de dentelles soyeuses et de beaux meubles anciens. Salles de bain privées ou partagées.

UNE FOLIE

Harraseeket Inn – *162 Main St., Freeport - ☎ 207 865 9377 ou 800 342 6423 - www. harraseeketinn.com - ✗ - 84 ch. 150/315 $.* Avec ses meubles traditionnels de bois sombre et sa taverne ancienne, cette vénérable auberge de 1798 plonge le visiteur dans une époque révolue. Piscine, restaurant et, à deux blocks, le célèbre magasin L.L. Bean.

Five Gables Inn – *107 Murray Hill Rd, East Boothbay - ☎ 207 633 4551 ou 800 451 5048 - www.fivegablesinn.com - fermé de déb. nov. à mi-mai - pas d'enfants de moins de 12 ans - 16 ch. 160/235 $.* Située à quelques kilomètres de Boothbay Harbor, une bâtisse victorienne centenaire avec vue. Si quelques-unes des chambres du rez-de-chaussée manquent d'intimité, toutes ont été décorées avec goût : têtes de lit et fauteuils adoptent un style campagnard plein de charme.

Captain Lord Mansion – *Green St. (au coin de Pleasant St.), Kennebunkport - ☎ 207 967 3141 ou 800 522 3141 - www.captainlord. com - 16 ch. 189/499 $.* De style fédéral, cette somptueuse demeure allie décor historique et confort moderne : les meubles anciens reposent sur des sols chauffants ! Wifi gratuit.

Black Point Inn – *510 Black Point Rd, Prout's Head - ☎ 207 883 2500 ou 800 258 0003 - www. blackpointinn.com - ✗ - 25 ch. 240/300 $.* Institution de la côte du Maine, ce resort construit en 1873 a été réaménagé en 2007, après un changement de propriétaire. Hormis les chambres, spacieuses et claires, donnant sur l'Océan, et le restaurant, peu de choses ont changé : terrasse ensoleillée, golf et piscine intérieure ravissent toujours les heureux pensionnaires.

RESTAURATION

PREMIER PRIX

Red's Eats – *Water St., Wiscasset - 📞 207 882 6128 - midi et soir en saison (appeler pour les horaires).* À proximité du pont de Wiscasset, une baraque à frites renommée pour ses excellents *lobster rolls*, relevés d'une pointe de mayonnaise.

Sarah's – *Water St., Wiscasset - 📞 207 882 7504 - www.sarahscafe. com - 11h-20h.* Face à Red's Eats, l'enseigne de Sarah, approvisionnée en homards par son père et son frère, tous deux pêcheurs. Mais aussi : burritos et sandwichs frais et copieux.

Bob's Clam Hut – *315 Rte. 1, Kittery - 📞 207 439 4233 - www. bobsclamhut.com - lun.-jeu. 11h-20h30, vend.-sam. 11h-21h, dim. 11h-20h.* Fish & chips, chowders, calamars frits, palourdes, gâteaux de crabe et autres spécialités du cru à déguster sur place ou à emporter. Ouverte depuis 1956, la cabane de Bob, à Kittery, récolte tous les suffrages.

Amore Breakfast – *309 Shore Rd, Ogunquit - 📞 207 646 6661 - www.amorebreakfast. com - mai-oct. : 7h-13h.* Petits-déjeuners gargantuesques chez LE spécialiste du genre, à mi-chemin entre le centre du village et Perkins Cove. Homard Benedict, corned beef hash, quatre-quarts au citron et tartines aux mûres ou aux myrtilles savent faire patienter les convives, parfois contraints à l'attente.

BUDGET MOYEN

Anglers Restaurant – *215 East Main St., Searsport - 📞 207 548 2405 - www. anglersseafoodrestaurant.com - mai-oct. : 11h-20h.* Conseillée par les habitants de Searsport et des environs, cette table familiale propose de généreuses assiettes à prix doux : homard, haddock, coquilles St-Jacques, saumon, palourdes, crevettes et truites y sont frits, grillés ou cuits au four selon votre souhait.

Fisherman's Friend – *5 Atlantic Ave. - Stonington - 📞 207 367 2442 - www. fishermansfriendrestaurant.com - mai : jeu.-dim. 11h-20h ; de déb. juin à déb. oct. : dim.-jeu. 11h-21h, vend.-sam. 11h-22h.* Les amateurs de homard ne manqueront pas cette cantine sans charme célébrée à Stonington pour son exquis *lobster stew.* Ceux que les ragoûts laissent indifférents peuvent se rassurer : le crustacé est ici préparé de trente autres façons !

Dolphin Marina – *Basin Point Rd, South Harpswell - 📞 207 833 6000 - www.dolphinmarinaandrestaurant. com - mai-oct. : 11h30-20h (21h juil.-août).* Difficile à localiser mais l'effort en vaut la chandelle : on s'y régale de savoureux *chowders* face à Casco Bay.

Waterfront – *40 Bayview St. - Camden - 📞 207 236 3747 - www. waterfrontcamden.com - midi et soir.* Face à la marina, d'excellents poissons et fruits de mer. Le haddock garni de crevettes, de crabe et d'épinards, est devenu un classique en ville.

Atlantica – *1 Bayview Landing - Camden - 📞 207 236 6011 - www. atlanticarestaurant.com - merc.-lun. 17h-21h.* Une carte fusion qui réinvente la cuisine de région : ceviche de St-Jacques, saumon du Sichuan et homard tempura se découvrent dans un cadre bistro.

Peter Ott's – *16 Bayview St. - Camden - 📞 207 236 4032 - www. peterottscamden.com - merc.-sam. 17h30-22h.* Intérieur ambré aux airs de taverne – on y sert d'excellentes bières – qui n'assombrit pas la qualité de la carte : pièce de bœuf Angus grillée et poissons raffinés, tel le flétan à l'ail et ses noix de macadamia. Un régal.

Lobster Pound – *Route 1, Lincolnville Beach (5 miles au nord de Camden) - ☏ 207 789 5550 - www.lobsterpoundmaine. com - mai-oct. : 11h30-20h.* Steaks et *turkey* sont à la carte, mais c'est pour le poisson (haddock, espadon, flétan) et les fruits de mer (palourdes, st-jacques) qu'on fréquente ce restaurant familial, ancré sur une plage au nord de Camden, depuis trois générations.

POUR SE FAIRE PLAISIR

Robinhood Free Meetinghouse – *210 Robinhood Rd, Georgetown (au sud-est de Bath) - ☏ 207 371 2188 - www.robinhood-meetinghouse. com - de mi-mai à mi-oct. : 17h30-21h ; reste de l'année : mar.-sam. 17h30-20h.* La simplicité du décor n'a d'égale que la subtilité des mets, préparés à partir d'ingrédients importés de Thaïlande comme d'Italie. Blottie dans une ancienne église, voilà une valeur sûre.

UNE FOLIE

White Barn Inn – *37 Beach Ave., Kennebunkport - ☏ 207 967 2321 - www.whitebarninn.com - lun.-jeu. 18h-21h30, vend.-dim. 17h30-21h30 - veste exigée.* Abritée dans une ancienne grange, l'une des grandes tables du Maine. Mobilier ancien, ingrédients de saison et menu hebdomadaire de haut rang.

ACHATS

Kittery
Outlet Malls – *Route 1 (accès par l'I-95, sortie 3) - ☏ 888 548 8379 - www.thekitteryoutlets. com - lun.-sam. 9h-21h, dim. 10h-18h.* Le long de la Route 1, sur plus de 2 km (1,24 miles), quelque

120 boutiques pour s'habiller, se chausser et s'équiper, parfois à prix d'usine.

Freeport
L.L. Bean – *Main St. (à hauteur de Bow St.) - ☏ 800 341 4341 - www. llbean.com.* Depuis 1912, tout pour le sport et les activités de plein-air : une véritable institution ! Ouvert 24h/24, il n'est pas rare de voir son parking plein à 3h du matin.

Brown Goldsmiths – *11 Mechanic St. - ☏ 207 865 4126 ou 800 753 4465 - www. browngoldsmiths.com - lun.-jeu. et sam. 10h-17h30, vend. 10h-19h.* Perles Mikimoto, tourmaline du Maine et autre pierres rehaussent, avec l'or et l'argent, les bijoux de ce joailler connu jusqu'à New York.

Mangy Moose – *112 Main St. - ☏ 207 865 6414 ou 800 606 6517 - www.themangymoose.com.* Linge, vaisselle, jouets et autres souvenirs estampillés d'un orignal, emblème du Maine.

Monhegan Island
★★

😊 **NOS ADRESSES CI-CONTRE**

🗓 **S'INFORMER**

Les voitures ne sont pas autorisées sur cette île où ne circule aucun moyen de transport en commun. Les vélos sont interdits sur les sentiers de randonnée.

Maine Office of Tourism : *59 State House Station, Augusta -* 𝒫 *888 624 6345 - www.visitmaine.com.*

▶ **SE REPÉRER**

Carte de la région B3 *(p. 383) – carte Michelin 581 P 4.* Les ferries *(voir p. 407)* accostent au village de Monhegan.

🕐 **ORGANISER SON TEMPS**

L'île de Monhegan s'explore à pied. Les sentiers numérotés sont signalés par des petites pancartes de bois accrochées aux troncs des arbres.

Cette île située à 16 km (9,92 miles) de la côte apparaît au loin comme une baleine émergeant de la mer. De plus près, on aperçoit d'abruptes falaises tombant à pic dans l'Océan. Parmi les quelque 4 600 îles dispersées au large de la côte du Maine, seules 14, dont celle-ci, sont habitées toute l'année. De 75 âmes en hiver, la population de Monhegan Island passe à 200 résidents en été. L'île se transforme alors en une colonie d'artistes, de randonneurs et de touristes attirés par sa beauté rude et ses sentiers.

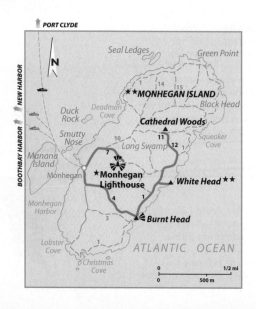

Se promener

▶ *Circuit tracé en vert sur le plan de l'île (p. 406) – comptez 4h de marche.*

Des marques trouvées sur l'îlot de Manana, en face du port de Monhegan, permettent de supposer que les Vikings s'arrêtèrent ici au 11e s. Plusieurs siècles plus tard, l'île servit d'étape aux pêcheurs européens.

Les quelques habitants qui résident toute l'année à Monhegan vivent de la pêche, notamment du homard. Comme la pêche de ces grands crustacés n'est autorisée qu'au cours des six premiers mois de l'année, les homards sont plus gros ; ils sont aussi plus chers à l'achat.

★ Monhegan Lighthouse

Du haut de la colline où se trouve le phare s'ouvre une belle et large **vue** sur le village et le port ainsi que sur l'îlot de Manana.

La maison du gardien a été transformée en **musée** *(de déb. juil. à Labor Day : 11h30-15h30 ; juin et sept. : 12h30-14h30)* présentant photographies, souvenirs et gravures sur la faune, la flore et les habitants de l'île. Une exposition est consacrée à Ray Phillips (1897-1975), l'ermite qui vivait dans l'îlot de Manana et dont la petite maison est encore visible.

Burnt Head

Il faut se mettre en marche à partir du village et suivre le sentier n° 4. De cet endroit, la **vue★★** sur les hautes falaises de White Head est splendide.

★★ White Head

De Burnt Head, suivre le sentier n° 1 longeant la côte de granit gris foncé qui borde la forêt de conifères. On accède au sommet de White Head (alt. 46 m) que survolent des centaines de goélands.

Cathedral Woods

Le sentier n° 12 longe le marais de Long Swamp pour aboutir à une forêt de conifères dominant un vert tapis de fougères et de mousses.

😊 NOS ADRESSES À MONHEGAN ISLAND

TRANSPORTS

🚢 *Réservez votre bateau 2 à 3 mois à l'avance !*

Monhegan Boat Line – ☎ 207 372 8848 - www.monheganboat.com - *de déb. mai à mi-nov. : départs quotidiens ; reste de l'année : lun., merc. et vend. uniquement - 1h AR - 30 $.* Départs de **Port Clyde**.

Hardy Boat Cruises – ☎ 207 677 2026 ou 800 278 3346 - www.hardyboat.com - *de mi-juin à fin sept. : départs quotidiens ; de mi-mai à déb. juin et de déb. oct. à mi-oct. : merc. et w.-end uniquement - 1h AR - 30 $.* Départs de **New Harbor**.

Balmy Days Cruises – ☎ 207 633 2284 ou 800 298 2284 - www.balmydayscruises.com - *de Memorial Day à fin sept. : départs quotidiens ; 1re quinz. d'oct. : w.-end uniquement - 1h30 AR - 32 $.* Départs de **Boothbay Harbor**.

Acadia National Park

★★★

☺ **NOS ADRESSES PAGE 413**

⧗ S'INFORMER

Le parc est ouvert toute l'année *(de fin juin à déb. oct. : 20 $/véhicule ; mai-juin et oct. : 10 $; reste de l'année : gratuit)*. La Loop Road est fermée de novembre à avril, à l'exception de la section Ocean Drive.

Acadia National Park Visitor Center : *3 miles au nord de Bar Harbor, à l'entrée de Hulls Cove - ℘ 207 288 3338 - www.nps.gov/acad - de mi-avr. à fin juin et sept.-oct. : 8h-16h30 ; juil.-août : 8h-18h.*

Park Headquarters : *Eagle Lake, 3 miles à l'ouest de Bar Harbor, sur la Route 233 - de déb. nov. à mi-avr. : 8h-16h30.*

▷ SE REPÉRER

Carte de la région BC2 *(p. 382)*. Seule la Route 3 permet d'accéder au Parc national d'Acadia. Elle dessert en outre Bar Harbor, la ville principale où se concentrent restaurants, hôtels, motels et commerces, et la Loop Road, une route circulaire touristique découvrant de magnifiques panoramas.

▣ SE GARER

La plupart des sites du parc disposent de places de stationnement, de même que Bar Harbor, dans les rues du centre-ville. En été, une navette gratuite dessert les principaux sites de Mount Desert Island *(www.exploreacadia.com)*.

☺ À NE PAS MANQUER

La route panoramique (Loop Road), serpentant sur 47 km (29,14 miles) à travers le parc, et le sommet de Cadillac Mountain, pour admirer de haut le lever du soleil.

◔ ORGANISER SON TEMPS

Passez au Visitor Center vous informer de l'actualité du parc (programmes touristiques, manifestations culturelles…) puis accordez-vous une journée pour sillonner, sans rien rater, la Loop Road.

♟ AVEC LES ENFANTS

Informez-vous des programmes dédiés aux enfants auprès du Visitor Center. À Bar Harbor, louez des vélos et partez en famille sur les pistes du parc.

La grève d'Acadia National Park.
Canela Andoni / Age Fotostock

Le Parc national d'Acadia, qui comprend Schoodic Peninsula, de l'autre côté de la baie de Frenchman, et la petite île de Isle au Haut, située plus au sud, s'étend en grand partie sur **Mount Desert Island** (île du Mont-Désert). Très étendue et presque coupée en deux parties par le fjord de Somes Sound, cette île reste une région sauvage parsemée de sommets de granit rose, de sombres forêts et de lacs d'eau douce. Elle a été surnommée « l'endroit où les montagnes touchent la mer » en raison de sa topographie caractéristique : de hauts conifères bordent sa côte constituée de gros rochers tombant directement à pic dans les flots. Mount Desert Island abrite la plus importante communauté du parc, **Bar Harbor**, ainsi que de paisibles villages et la superbe route touristique Loop Road. Quelque 4 millions de visiteurs s'y pressent chaque année.

MOUNT DESERT ISLAND : L'ÎLE DES MONTS DÉSERTS

Autrefois, les Indiens penobscots et passamaquodys venaient établir leurs campements d'été sur l'île. En septembre 1604, **Samuel de Champlain** et le **sieur de Monts** – fondateurs de l'Acadie – accostèrent dans la baie qui s'appelle depuis **Frenchman Bay**. Surpris par le paysage, Champlain en fit la description suivante « sept ou huit montagnes dont les sommets sont pour la plupart nus, je l'appelle l'île des monts déserts ».

Durant cent cinquante ans, cette île fut le théâtre de conflits incessants entre Français et Anglais. Elle devint finalement américaine en 1783 après la signature du traité de Versailles.

Au milieu du 19ᵉ s., des artistes découvrirent la beauté de ses paysages, les représentèrent et les peignirent. Leur enthousiasme attira de richissimes touristes qui s'y installèrent, et Bar Harbor devint un petit Newport, tandis que les ports de Northeast Harbor et Southwest Harbor se remplissaient de bateaux de plaisance.

Plus du tiers des 14 000 ha du parc furent donnés par John D. Rockefeller Jr., qui fit également aménager 80 km (49,6 miles) de voies carrossables dans l'est de l'île.

Se promener

★ BAR HARBOR

Située à la porte du Parc national d'Acadia, cette localité de Mount Desert Island est un lieu d'embarquement pour la Nouvelle-Écosse. Bar Harbor a l'habitude de voir passer un grand nombre de touristes depuis la fin du 19e s., époque à laquelle elle devint un lieu de villégiature à la mode fréquenté par les plus riches.

Hôtels, motels et pensions bordent les rues aux abords du quartier commerçant. Le centre compte un grand nombre de boutiques et de restaurants chics. L'hiver, la plupart des résidences et magasins sont fermés, et la localité retrouve une atmosphère paisible. 👫 Vélo à louer pour de jolies balades.

L'ÂGE D'OR DE BAR HARBOR
Dans les années 1900, Bar Harbor disputait à Newport *(voir p. 236)* son rang de première station balnéaire pour milliardaires. Fraîchement arrivés par chemin de fer ou bateau à vapeur, les visiteurs fortunés étaient accueillis dans de spacieux hôtels victoriens tout confort donnant sur la mer. Les familles de la haute société, les Rockefeller, Astor ou Vanderbilt, se firent construire des cottages qui étaient de véritables palais. La majorité de ces demeures disparurent dans l'incendie qui ravagea Bar Harbor en 1947.

★★★ LOOP ROAD

▶ *Circuit de 29 miles tracé en vert sur la carte ci-dessous – comptez une 1/2 journée.*

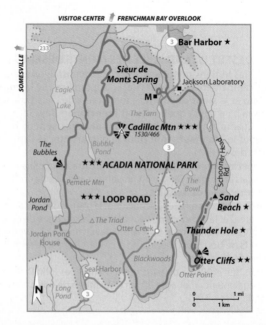

Des brumes matinales obstruent parfois la vue.

Ponctuée de nombreux points de vue, esplanades et parcs de stationnement, cette route côtière permet de découvrir le littoral de l'île, avec ses paysages marins, ses montagnes de granit rose et ses eaux parsemées d'îlots.

Partez du Visitor Center de Hulls Cove sur la Route 3, et suivez les panneaux indiquant la Loop Road.

★ Frenchman Bay Overlook

De ce belvédère, on a une **vue** dégagée sur Schoodic Peninsula et la baie découverte par Champlain.

Loop Road est en sens unique depuis l'entrée sur Spur Rd jusqu'au sud de Jordan Pond. Après 3 miles, tournez à droite vers Sieur de Monts Spring.

Sieur de Monts Spring

Ce site fut le premier acheté en vue de constituer une réserve naturelle. Il fut baptisé du nom du compagnon de Champlain.

Tout proche, le **Nature Center** abrite une exposition consacrée au parc *(juin-sept. : 9h-17h)*. Dans les **Wild Gardens of Acadia**, les arbres, fleurs et herbes sauvages de la région sont présentées dans leur milieu naturel : marécages, tourbières, dunes et rochers.

Abbe Museum (M)

℘ 207 288 3519 - www.abbemuseum.org -   ♿   - de mi-mai à mi-oct. : 9h-17h ; reste de l'année : jeu.-dim. 9h-17h - 6 $.

Ce petit pavillon abrite des dioramas et des objets préhistoriques (outils et poteries de l'âge de la pierre) évoquant la vie des tribus dans Frenchman Bay et Blue Hill Bay avant la colonisation.

Revenez sur Loop Road.

Sur la gauche se dressent les bâtiments du **Jackson Laboratory**, institut de recherche sur le cancer de renommée mondiale. Les parois du mont Champlain se profilent à droite. Le paysage est caractéristique de l'Acadie : granit rose, majestueux conifères et roches parsemées de végétation sur les bas-côtés de la route.

Suivez les panneaux vers Sand Beach.

★ Sand Beach

Voici l'unique plage du parc sur l'Océan. Son sable est formé de minuscules particules de coquillages. On peut s'y baigner si l'on ne craint pas l'eau froide (10 °C en saison).

Du haut du parc de stationnement s'amorce un **sentier** qui longe Ocean Drive jusqu'à Otter Point et constitue une belle promenade *(2h)* au sommet des falaises.

Poursuivez sur la Loop Road vers le sud.

★ Thunder Hole

Parc de stationnement sur la droite.

À marée haute, les vagues s'abattent dans cette anfractuosité dans un bruit effrayant, d'où son nom : « le trou du tonnerre ».

Continuez sur 0,3 mile.

★★ Otter Cliffs

Du haut de ces falaises de 33 m qui tombent à pic dans la mer, on a de très belles **vues★★** sur la côte et le large.

La route longe ensuite Otter Point et Otter Cove, arrive à l'embranchement de la route menant à Seal Harbor, puis suit les rives de **Jordan Pond**, un beau lac dominé par les falaises de Penobscot Mountain.

À l'extrémité nord de ce lac, on aperçoit **The Bubbles**, bloc erratique qui semble en équilibre précaire sur la pente. Pour mieux l'observer, arrêtez-vous au parc de stationnement de Bubble Pond.

Continuez sur la Loop Road pendant 1,4 mile et tournez à droite au panneau indiquant Cadillac Mountain.

★★★ Cadillac Mountain

La montée vers ce sommet qui culmine à 466 m permet de découvrir Eagle Lake, Bar Harbor et les îles au large. Ce mont a reçu le nom du Français Antoine de La Mothe Cadillac qui fut le maître de l'île du Mont-Désert à la fin du 17e s.

Des **sentiers** aménagés sur les pentes arides du sommet offrent de splendides **vues★★★** sur la baie de Frenchman et l'ensemble du parc.

Revenez sur Loop Road, puis tournez à droite pour regagner le point de départ.

À voir aussi

Voir la carte p. 411.

Beech Cliff Trail

De Somesville, prenez la Route 102 vers le sud, tournez à droite puis à gauche dans Beech Cliff Rd.

🚶 Ce sentier facile *(1/2h AR)* mène au sommet de falaises d'où l'on a une très belle **vue★★** du lac Echo sur le mont Cadillac, situé au-delà de Somes Sound.

★ Bass Harbor Head

Au bout de la Route 102A.

Le **phare de Bass Harbor** se dressant au-dessus de gros rochers est un des sites les plus photographiés du parc, surtout au coucher du soleil.

Sargent Drive

Au départ de Northeast Harbor (réservé aux voitures).

Cette route longe Somes Sound, une ancienne vallée glaciaire inondée par la mer.

★★ Schoodic Peninsula

De Mount Desert Island, prenez la Route 3 Nord et gagnez la Route 1. Suivez-là jusqu'à Gouldsboro, au nord, et tournez à droite dans la Route 186. Passé Winter Harbor, cherchez les panneaux de Acadia National Park et tournez à droite.

Ce promontoire qui fait face à Mount Desert Island se compose de grands rochers plats de granit rose qui s'étendent entre la mer et une forêt de sapins. Le Parc national d'Acadia possède 800 ha au sud de la péninsule. Depuis Schoodic Head, on a une belle vue sur Mount Desert Island située de l'autre côté de la baie de Frenchman.

★ Isle au Haut

Bateau au départ de Stonington, sur la Route 15 (voir p. 402) - ☎ 207 367 5193 - www.isleauhaut.com - durée 45mn - horaires disponibles par téléphone - l'un des navires du matin continue jusqu'à Duck Harbor (de fin juin à mi-sept. uniquement) - 17,50 $.

Cet îlot au sud de Deer Isle fait partie de Acadia National Park. La meilleure façon de l'explorer est de randonner sur ses nombreux sentiers.

😊 NOS ADRESSES DANS ACADIA NATIONAL PARK

HÉBERGEMENT

Pour toute information concernant les hébergements (hôtels, motels, B & B, campings, etc.), contactez les chambres de commerce :
Bar Harbor – ☎ 207 288 5103 ou 800 288 5103 - www.barharborinfo. com.
Mount Desert – ☎ 207 276 5040 - www.mountdesertchamber.org - juin-oct.

Southwest Harbor/Tremont – ☎ 207 244 9264 ou 800 423 9264 - www.acadiachamber.com.

Bar Harbor

BUDGET MOYEN

Acadia Hotel – *20 Mount Desert St.* - ☎ 207 288 5721 ou 888 876 2463 - www.acadiahotel. com - fermé nov.-avr. - 11 ch. 79/119 $. Excellent rapport qualité-prix sur le green. Les bars, boutiques et restaurants de Bar Harbor voisinent cet hôtel aux chambres soignées gaies et fleuries. Accueil souriant.

POUR SE FAIRE PLAISIR

Chiltern Inn – *3 Cromwell Harbor Rd - ☏ 207 288 3371 ou 800 709 0114 - www.chilterninnbarharbor. com - 4 suites 149/399 $.* Cette auberge possède seulement quatre suites : spacieuses, romantiques, elles donnent sur le jardin luxuriant et sur l'Océan, dans le calme d'une rue à 10 minutes à pied du centre de Bar Harbor. Une très belle adresse, avec piscine intérieur, spa et galerie d'art.

Southwest Harbor

POUR SE FAIRE PLAISIR

The Claremont – *Route 102 - ☏ 207 244 5036 ou 800 244 5036 - www.theclaremonthotel. com - fermé de mi-oct. à fin mai - 44 ch. 120/308 $.* Bâti sur le littoral de Mount Desert Island, cet hôtel cossu, où l'on pratique le croquet et ne dîne jamais sans veste ni cravate, abrite des chambres simples : depuis son ouverture en 1884, rien, hormis les salles de bain privées, n'a changé. Superbes vues sur le Somes Sound et les montagnes environnantes.

RESTAURATION

Bar Harbor

BUDGET MOYEN

West Street Cafe – *76 West St. - ☏ 207 288 5242 - www. weststreetcafe.com - avr.-oct. : 11h-22h.* La fraîcheur des ingrédients et l'atmosphère amicale en ont fait, depuis plus de 25 ans, une adresse de choix auprès des habitants de Bar Harbor comme de ses visiteurs. Au menu : *clam chowder,* homard (préparé de toutes les façons possibles),

gâteau de crabe, écrevisses mais aussi un large choix de brasserie (bœuf, poulet, pâtes, sandwichs…).

Cafe Bluefish – *122 Cottage St. - ☏ 207 288 3696 - www. cafebluefishbarharbor.com - midi et soir en saison, appeler en hiver.* Un rendez-vous cosy et charmeur, avec sa touche jazz et son menu gourmant. Essayez le strudel au homard, primé, puis le *mud pie* allemand, pour achever le dîner de belle façon.

POUR SE FAIRE PLAISIR

Havana – *318 Main St. - ☏ 207 288 2822 - www.havanamaine.com - avr.-oct. : à partir de 17h ; nov.- déc. : merc.-sam. uniquement.* À l'omniprésent homard du Maine, voici une alternative colorée et épicée ! Les saveurs latino, au Havana, n'ont toutefois pas le monopole de la carte : Moqueca et haricots noirs à la coriandre y côtoient tofu thaï au miel et confit de canard à la guyanaise.

Loop Road

BUDGET MOYEN

Jordan Pond House – *Park Loop Rd (au nord de Seal Harbor) - ☏ 207 276 3316 - www.jordanpond. com - avr.-oct. : 11h45-21h30.* Prendre le thé sur la pelouse de la Jordan Pond House est l'une des grandes traditions de l'Acadia National Park. *Lobster rolls* et *lobster stew,* à cette adresse que fréquentent autant les élégantes que les sportifs habillés chez L.L. Bean, y sont parmi les meilleurs de l'île.

Cobscook Bay

S'INFORMER
Cobscook Bay Area Chamber of Commerce : ℘ 207 733 2201 - www. cobscookbay.com.

SE REPÉRER
Carte de la région C1 *(p. 382)*. Cobscook Bay se trouve à 150 km (93 miles) au nord-est de Bar Harbor, à la frontière du Nouveau-Brunswick (Canada).

À NE PAS MANQUER
Le Roosevelt Campobello International Park, qui offre l'un des paysages les plus spectaculaires de Nouvelle-Angleterre.

Ouvrant sur la baie de Passamaquoddy, la baie de Cobscook forme de larges échancrures à l'intérieur des terres. Son entrée semble gardée par les villes de Lubec et Eastport. Par mer, ces deux ports ne sont séparés que de 5 km (31 miles) mais, par terre, il faut parcourir plus de 60 km (37,2 miles) pour les relier. La baie et ses alentours sont connus pour l'amplitude extraordinaire des marées (mouvement de 5,5 à 7,3 m). Impressionnés par ce phénomène naturel, les Indiens de la région lui donnèrent le nom de Cobscook : « marées bouillonnantes ».

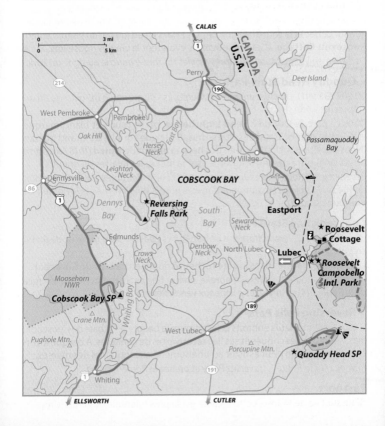

Itinéraire conseillé

DE LUBEC À EASTPORT

Pour visualiser ce circuit de 45 miles, reportez-vous à la carte de la région (p.415) – comptez une journée.

Lubec

Aux 17e-18e s., ce petit port de pêche était une plaque tournante de la contre-bande entre les États-Unis et le Canada. Les navires autorisés à rallier l'Europe quittaient Lubec pour se rendre, en réalité, au Canada où les marchandises étaient disponibles à bas prix. Ils revenaient quelques jours plus tard, chargés de rhum, de sucre et de toute autre denrée négociable. À la fin du 19e s., une vingtaine de sardineries s'ouvrirent à Lubec constituant la principale activité économique de la ville.

Le pont Franklin Delano Roosevelt permet de se rendre à **Campobello Island**.

★★ Roosevelt Campobello International Park

𝄞 506 752 2922 - www.nps.gov/roca - ♿ - parc : ouvert tte l'année de l'aube au crépuscule ; cottage : de fin mai à Columbus Day : 10h-16h. Campobello Island est canadienne, un passeport est exigé à l'entrée du Park.

L'île de Campobello fut le lieu de vacance du président Roosevelt. En 1963, sa propriété devint un parc de 1 120 ha dédié à la mémoire du président, aux magnifiques paysages de forêt, de marais, de lacs et de bords de mer. Belle vue sur Lubec et la côte du Maine depuis **Friars Head** *(au sud du Visitor Center)*. **Roosevelt Cottage ★** et ses souvenirs évoquent la vie des Roosevelt.

De Lubec, suivez la Route 189. Après 4 miles tournez à gauche au signe du Park.

★ Quoddy Head State Park

𝄞 207 733 0911 - www.state.me.us/doc/parks - de mi-mai à mi-oct. : de 9h au crépuscule - 2 $.

Dans ce parc, le **Quoddy Head Lighthouse**, phare rouge et blanc, marque le point le plus oriental des États-Unis. Belle vue sur l'île de Grand Manan (Nouveau-Brunswick). Une très belle **promenade à pied** *(1h15 AR à partir du parking)* offre des **vues** superbes sur la mer et les falaises de granit.

Revenez sur la Route 189 et dirigez-vous vers l'ouest. Peu après Lubec, beau point de vue sur la baie de Passamaquoddy et le port. À Whiting, prenez la Route 1 en direction du nord.

Cobscook Bay State Park

𝄞 207 726 4412 - www.state.me.us/doc/parks - de mi-mai à mi-oct. : de 9h au crépuscule - 3 $.

Les sapins enracinés dans la côte rocheuse dominent la baie de Cobscook.

Reprenez la Route 1. À West Pembroke, prenez une petite route à droite (en face de la Route 214) et suivez les panneaux vers le Reversing Falls Park.

★ Reversing Falls Park

C'est un des meilleurs endroits pour admirer la beauté de la baie de Cobscook, avec ses multiples criques et ses îles recouvertes de conifères. À chaque inver-sion de marée, on peut assister au phénomène exceptionnel des marées.

Revenez sur la Route 1, traversez Perry et prenez la Route 190 Sud.

Eastport

Bâtie sur l'île de Moose, cette localité est la plus orientale des États-Unis.

Augusta

18 560 hab.

⊞ S'INFORMER
Kennebec Valley Chamber of Commerce : ℘ *207 623 4559 - www. augustamaine.com.*

▶ SE REPÉRER
Carte de la région B2 *(p. 382) – carte Michelin 581 O 2.* Augusta est accessible par l'Interstate 95. Son Capitol District, situé autour de State Street sur la rive droite de la Kennebec River, accueille la State House, le State Museum et d'autres curiosités.

🅿 SE GARER
Des parkings gratuits se trouvent à l'ouest et au nord du Capitol et du Maine State Museum ainsi qu'à l'angle de Capitol St. et Sewall St.

👁 À NE PAS MANQUER
La visite du Capitol et du Maine State Museum.

🕐 ORGANISER SON TEMPS
Prévoyez une demi-journée pour visiter le Capitol District.

Située sur les rives de la Kennebec, la capitale du Maine est une ville industrielle et résidentielle pleine de charme. Le fleuve et les forêts qui la bordent sont à l'origine de la prospérité d'Augusta depuis qu'au 17e s., des pèlerins de Plymouth établirent un comptoir sur la rive est. Aux 18e et 19e s., la Kennebec était à la fois une importante voie de navigation et un réservoir de glace l'hiver. La sylviculture se développa aux abords du fleuve et contribua également à l'essor de la région.

Se promener

State House - Capitol
À l'angle de State St. et de Capitol St. - ℘ 207 287 2301 - www.maine.gov/ legis - ♿ - accès libre tte l'année - visite guidée gratuite lun.-vend. : 9h-13h - fermé j. fériés.
Un parc situé au bord de la rivière offre une excellente vue sur cet imposant capitole surmonté d'un dôme. Construite de 1829 à 1832 d'après les plans de l'éminent architecte bostonien Charles Bulfinch, la State House fut ensuite transformée et agrandie. Toutefois, la façade à colonnes et de nombreux détails dessinés par Bulfinch ont été épargnés par cette intervention. La State House regroupe à la fois le parlement, le Sénat et le gouvernement.

Maine State Museum
230 State St. - ℘ 207 287 2301 - www.maine.gov/museum - ♿ - mar.-vend. 9h-17h, sam. 10h-16h - fermé j. fériés - 2 $.
Ce bâtiment moderne abrite la bibliothèque, les archives et le musée de l'État du Maine dont les collections évoquent l'histoire, l'environnement, la vie quotidienne de ses habitants et les secteurs économiques qui les ont enrichis : agriculture, exploitation forestière, construction navale…
Parmi les expositions, **Made in Maine** abrite machines, outils et plus de 1 000 objets fabriqués dans la région.

The North Woods

★

😊 **NOS ADRESSES PAGE 421**

🛈 **S'INFORMER**

Maine Office of Tourism : 📞 888 624 6345 - www.visitmaine.com.

◖ **SE REPÉRER**

Carte de la région AB1 *(p. 382)*. Sillonnée de pistes et de sentiers, cette vaste région comprend plus de 13 000 km^2 de forêts exploitées – soit l'équivalent de la forêt des Landes – entourant l'Allagash Wilderness Waterway. Rockwood et Greenville, au bord du lac Moosehead, et Millinocket, près du Baxter State Park, en sont les villes principales.

🅿 **SE GARER**

Vous trouverez des parkings à Rockwood, Greenville et Millinocket, ainsi qu'à l'entrée des principaux sites de la région.

☺ **À NE PAS MANQUER**

Sur le lac Moosehead, une virée en kayak ou une croisière d'observation pour découvrir, sur ses rives, les orignaux. Au sommet du Mt Kineo, la vue sur le lac.

🕒 **ORGANISER SON TEMPS**

Greenville, avec ses hébergements, ses restaurants, ses commerces et ses prestataires de service, pourra servir de base à votre séjour dans les North Woods. Prévoyez un à plusieurs jours selon vos envies.

👫 **AVEC LES ENFANTS**

Les nombreuses activités de plein-air proposées autour et sur le lac Moosehead devraient les ravir.

Vaste étendue de forêts sillonnées de cours d'eau, les North Woods, qui abritent le plus grand lac du Maine (Moosehead lake) et sa plus haute montagne (Mt Katahdin), apparaissent comme l'un des derniers espaces véritablement sauvages de la côte Est. Orignaux, cerfs et ours noirs évoluent dans ce paradis prisé des amoureux de nature, où l'on pratique d'innombrables activités : canoë, kayak, rafting, chasse, pêche, ski, randonnées…

Se promener

RÉGION DU BAXTER STATE PARK

★★ Baxter State Park

À 20 miles au nord de Millinocket (suivez les panneaux positionnés sur la Route 11/157) - bureau du parc : 64 Balsam Dr., Millinocket - 📞 207 723 5140 - www.baxterstateparkauthority.com - de mi-mai à mi-oct. : 6h-22h ; reste de l'année : téléphonez - 13 $/voiture pour les non-résidents.

☺ *Les entrées principales donnent accès à Park Road, la seule route qui traverse le parc. Cette route n'est pas très pittoresque, mais elle longe quelques sites inté-*

Attention à l'orignal *(moose)*.
urosr / Fotolia.com

ressants, notamment les cascades Abols Falls et Slide Dam. L'intérieur du parc n'est ensuite accessible que par les sentiers de randonnée.

Dominé par le sommet le plus élevé de l'État, le **mont Katahdin** (alt. 1 605 m), ce parc situé au cœur du Maine est un vaste rectangle de 81 000 ha recouvert de forêts. Il fut baptisé en l'honneur de **Percival Proctor Baxter** (1876-1969) qui consacra sa vie et sa fortune à en réunir les terres, dont il fit don aux habitants du Maine à la condition expresse de préserver à jamais l'état naturel et sauvage du site. Selon les volontés de Baxter, le parc a pour mission principale de protéger les daims, les élans, les ours et les innombrables animaux qui habitent ces paysages du nord. Les routes sont étroites et non goudronnées *(vitesse limitée de 15 à 20 miles/h)*, les campings sont très rustiques, et l'on ne rencontre aucun motel, magasin ou restaurant dans l'enceinte du parc.

MOUNT KATAHDIN

Gigantesque monolithe de granit, le mont Katahdin est baptisé d'un nom indien signifiant « la plus haute montagne » et appartient depuis des générations à la mythologie des Indiens abénaquis. De nombreuses légendes y sont rattachées, dont celle de Pamola, un dieu aux ailes et aux serres d'aigle, au torse et aux bras d'homme, à tête d'élan, qui habitait à son sommet. Lorsqu'il se mettait en colère, Pamola provoquait de violentes tempêtes, déchaînait des éclairs et faisait retentir le tonnerre dans la vallée. Aujourd'hui, le mont Katahdin est un site de randonnées et de camping fort apprécié de ses visiteurs. Le plus élevé des quatre sommets est Baxter Peak ; les autres ont pour nom Hamlin Peak, Pamola Peak et South Peak. Depuis l'est, on voit le **Great Basin**, un cirque particulièrement impressionnant façonné dans la montagne par l'activité glaciaire. Depuis l'ouest, on admire le **Knife Edge**, une crête de granit dentelée qui relie Pamola Peak et South Peak en dessinant une crénelure sur l'horizon.

Sentiers de randonnée

Avant de partir, il est recommandé aux randonneurs de contacter les gardes fores-
tiers qui leur donneront des informations sur les conditions météorologiques et
les itinéraires. Des cartes des sentiers sont disponibles aux aires de camping, au
bureau d'information de Togue Pond (entrée sud) ainsi qu'au siège de Millinocket.
La plupart des sentiers sont concentrés dans le sud du parc. Ceux de Baxter Park
sont marqués en bleu ; en blanc pour ceux de l'Appalachian Trail (AT).

🐾 La route offre peu de vues pittoresques, il faut donc s'aventurer sur les
173,6 miles de sentiers de randonnée, notamment sur la partie septentrionale
de l'**Appalachian Trail,** pour découvrir des points de vue magnifiques.

Hunt Trail – *12 km (7,44 miles), marqués par des balises blanches (8 à 10h de mar-*
che) ; départ de Katahdin Stream Campground. Dévoilant de superbes **vues** ★★
de la région, l'un des sentiers les plus empruntés pour se rendre au sommet du
mont Katahdin. L'ascension et la descente prennent une journée entière. Long
et ardu, il est réservé aux personnes en excellente condition physique.

Un itinéraire très agréable et beaucoup plus court *(1,6 km soit 1 miles)* quitte
ce sentier pour conduire aux cascades de **Katahdin Stream Falls**.

Sandy Stream Pond Trail – *Au sud-est du parc - 2,5 km (1,55 miles) ; départ de*
Roaring Brook Campground. Après 0,49 miles, un petit chemin sur la gauche
mène à Big Rock qui offre une belle vue sur le Great Basin et Hamlin Peak.

Chimney Pond Trail – *5,5 km (3,41 miles) d'ascension (2h de marche) ; départ*
de Roaring Brook Campground. Situé au pied du Great Basin, Chimney Pond
est le site d'un des nombreux campings du parc.

Patten

À 8 miles à l'est de Baxter State Park par la Park Rd, puis la Route 159. Cette petite
communauté agricole est située aux confins du riche comté d'Aroostook,
célèbre pour ses pommes de terre et son grand domaine forestier. Ses routes
de campagne sont souvent empruntées par de puissants semi-remorques
transportant pâte à papier et troncs d'arbre. L'exploitation forestière est en
effet une activité majeure à Patten, même si les camps de bûcherons et les
trains de flottage ont disparu depuis longtemps.

Lumberman's Museum – *0,49 miles à l'ouest de Patten sur la Route 159 -*
☎ 207 528 2650 - www.lumbermensmuseum.org - de déb. juil. à mi-oct. : mar.-
dim. 10h-16h ; de fin mai à fin juin : vend.-dim. 10h-16h - 8 $. Ce musée évoque
la vie des bûcherons et présente tout ce qui a trait à l'histoire de ceux que
l'on appelle ici les *lumberjacks* : de l'outil à l'ancêtre à la fois du tracteur, du
bulldozer, du tank militaire, véhicule marchant à la vapeur et spécialement
destiné au transport des troncs d'arbre, de la scierie aux cabanes de bûcherons reconstituées. On peut notamment voir un baraquement datant de 1820
qui reproduit les conditions dans lesquelles vivaient jusqu'à une douzaine de
bûcherons pendant la saison de l'abattage.

★ RÉGION DU LAC MOOSEHEAD

🗋 ☎ 207 695 2702 ou 888 876 2778 - www.mooseheadlake.org.

👥 Parsemé de centaines de petites îles, le lac le plus étendu de toute la
Nouvelle-Angleterre (300 km²) est situé au nord du Maine, dans une région de
forêts qui s'étend jusqu'à la frontière canadienne. Ses 560 km (347,2 miles) de
rives sont découpés par d'innombrables baies et criques, dont le profil général
évoque la tête d'un élan *(moose)*. La région est le paradis des sportifs depuis le
19e s. Chasseurs et pêcheurs se font déposer par hydravion dans les zones les
plus retirées du lac. Les amateurs de canoë partent de ses rives pour remon-

ter les rivières qui l'arrosent, notamment l'**Allagash Wilderness Waterway** *(74 miles au nord de Greenville)* : les 150 km (93 miles) de cette rivière forment une superbe voie d'eau sauvage réservée aux canoéistes expérimentés.

Greenville

Située à l'extrémité sud du lac Moosehead, cette station de villégiature sert de point de départ aux expéditions de chasse, de pêche et de canoë qui s'aventurent dans le nord. Le parc d'État de **Lily Bay** au nord de la ville possède une plage, un terrain de camping, des aires de pique-nique, et un service de location de bateaux *(pour y accéder, empruntez la Lily Bay Rd à la sortie nord de Greenville)*.

Mont Kineo

Paroi abrupte surmontant les eaux du lac Moosehead, le mont Kineo culmine à 550 m. De la Route 15/6 au nord de Rockwood, on a une belle vue sur ce promontoire. Les tribus indiennes venaient y installer leur camp lorsqu'elles voulaient s'approvisionner en silex afin de confectionner armes et outils.

🏠 NOS ADRESSES DANS LES NORTH WOODS

HÉBERGEMENT

Les hébergements des North Woods sont concentrés dans les villes de Millinocket et Greenville. Vous trouverez des emplacements de **camping** au Lily Bay State Park *(☎ 207 695 2700 - www.state.me.us/doc/ parks)* et au Baxter State Park *(64 Balsam Dr., Millinocket - ☎ 207 723 5140 - www. baxterstateparkauthority.com)*. Informations sur les campings au **Maine Forest Service** – *P.O. Box 1107, Greenville - ☎ 207 287 2791 - www.maine.gov/doc/mfs.*

BUDGET MOYEN

Little Lyford Pond Camps – *17 miles à l'est de Greenville (accès par une route non goudronnée) - ☎ 603 466 2727 - www.outdoors. org - 8 ch. 77/108 $.* Géré par l'Appalachian Mountain Club, ce camp forestier situé à proximité d'étangs (kayak, baignade) et de sentiers de randonnée dispose de cabines rudimentaires avec eau courante (froide) et chauffage au poêle à bois. Sanitaires communs.

POUR SE FAIRE PLAISIR

Bradford Camps – *40 miles à l'ouest d'Ashland (accès par des routes non asphaltées) - ☎ 207 433 0660 (mai-nov.) ou 207 439 6364 (déc.-avr.) - www.bradfordcamps. com - 8 cabines : 145 $/pers. repas compris - fermé déc.-mai.* Bien qu'il soit accessible par la route depuis Ashland, c'est par hydravion, au départ de Millinocket, que les convives se rendent généralement dans ce camp. À deux pas du lac Munsungan, les cabines rustiques ont une salle de bain privée. Les activités comprennent sorties en canoë-kayak, pêche à la mouche, randonnées et safaris photos.

UNE FOLIE

Blair Hill Inn – *Lily Bay Rd, Greenville - ☎ 207 695 0224 - www. blairhill.com - 8 ch. à partir de 300 $.* Un îlot de sophistication et de luxe dans les sauvages North Woods. Construite en 1891 à flanc de coteau, cette auberge de style Queen Anne abrite de luxueuses chambres qui n'ont d'égal que la vue, superbe, sur le lac Moosehead et les montagnes environnantes.

RESTAURATION

POUR SE FAIRE PLAISIR

Greenville Inn at Moosehead – *Norris St. - Greenville - ℘ 207 695 2206 ou 888 695 6000 - www. greenvilleinn.com - le soir uniquement.* Une demeure victorienne décorée d'acajou et de cerisier pour l'une des meilleures tables de la région. Gibiers et fruits de mer rendent hommage et transcendent la cuisine du terroir.

ACTIVITÉS

Maine Fisheries and Wildlife – *284 State St. - Augusta - ℘ 207 287 8000 - www.maine.gov/ifw.* Informations et réglements sur la chasse et la pêche.

Raft Maine – *331 Paradise Rd - Bethel - ℘ 800 723 8633 - www. raftmaine.com - avr.-oct.* Cette association propose des sorties en rafting sur les rivières Kennebec, Penobscot et Dead.

New England Outdoor Center – *P.O. Box 669 - Millinocket - ℘ 207 723 5438 ou 800 766 7238 - www.neoc.com.* Kayak et rafting.

Professional River Runners – *P.O. Box 92, Rte. 201 - West Forks - ℘ 207 663 2229 ou 800 325 3911 - www.proriverrunners.com.* Kayak et rafting.

Cross-Country Ski – Équipements et cartes des sentiers sont disponibles dans les boutiques spécialisées de Greenville et Millinocket.

Allagash Wilderness Waterway – Long de 92 miles, il n'est accessible qu'en canoë. Informations auprès du Maine Dept. of Conservation, Bureau of Parks & Lands *(State House Station 22 - Augusta - ℘ 207 287 3821 - www.maine.gov/doc/ parks).*

Région des Rangeley Lakes

❚ S'INFORMER

Rangeley Lakes Chamber of Commerce : *℘ 207 864 5571 - www. rangeleymaine.com.*

◗ SE REPÉRER

Carte de la région A2 *(p. 382)* – *carte Michelin 581 M 1.* Les Routes 16 (est-ouest) et 17 (nord-sud) desservent cette région dont Rangeley est la plus grande ville.

🅿 SE GARER

Des parkings ont été aménagés à proximité des points d'accès aux lacs.

☺ À NE PAS MANQUER

Offrez-vous une virée en kayak sur l'un des lacs et profitez des nombreux belvédères offrant de superbes vues de la région.

◷ ORGANISER SON TEMPS

Réservez une chambre à Rangeley, où vous pourrez ensuite planifier vos activités.

Vue aérienne sur les Rangeley Lakes.
Rangeley Lakes Chamber of Commerce

👥 AVEC LES ENFANTS
   Les nombreuses activités de plein air devraient leur plaire.

Nichée dans les montagnes occidentales du Maine, cette région regorge d'étangs et de lacs dont les plus vastes se trouvent dans la chaîne de Rangeley. À la belle saison, on y pratique plusieurs sports : tennis, golf, baignade, canoë, alpinisme et pêche (notamment la truite et le saumon au printemps). L'hiver est également une saison active, avec les domaines skiables de Saddleback et Sugarloaf.

Se promener

Les Routes 4 et 7 foisonnent de panoramas spectaculaires sur les montagnes et les lacs. Des sentiers mènent à travers bois vers de paisibles rivières ou au sommet de monts où règne encore une quiétude que rien ni personne ne vient troubler. Depuis la Route 17 au sud d'Oquossoc, **vues★★★** splendides sur les plus grands lacs de la région. La Route 4 reliant Oquossoc et le village de **Rangeley** procure également de belles vues.

Rangeley Lake State Park
En venant de la Route 4 ou de la Route 17, prenez Southshore Dr. et suivez les panneaux signalant le parc - ☎ 207 864 3858 - www.state.me.us/doc/parks - de mi-mai à fin sept. : de 9h au coucher du soleil - 4,50 $.
Ce parc s'étend sur la rive sud du lac Rangeley et comprend un camping, une plage et des embarcadères pour les bateaux. Le lac est réputé pour ses truites et ses saumons.

★★ Eustic Ridge
À 26 miles au nord de Rangeley par la Route 16. Tournez à gauche dans la Route 27. Après 3 miles, tournez de nouveau à gauche dans une petite route.
Ce site offre une très belle **vue** sur la région. La Route 27, qui mène au Canada, traverse de beaux paysages sauvages.

★ **Mt Blue State Park**

À 31 miles au sud-est de Rangeley par la Route 4, puis la Route 142 Sud - 🕿 *207 585 2261 - www.state.me.us/doc/parks - de mi-mai au 1ᵉʳ oct. : de 9h au coucher du soleil - 6 $.*

Ce parc de 515 ha situé sur les rives du **lac Webb★** propose des activités variées dans un cadre superbe : randonnée, baignade, location de bateaux… Depuis la **State Park Beach Road**, vues agréables sur la montagne et le lac.

Bethel

2 514 hab.

🙂 NOS ADRESSES CI-CONTRE

🛈 S'INFORMER

Bethel Area Chamber of Commerce : *8 Station Place -* 🕿 *207 824 2282 - www.bethelmaine.com.*

◯ SE REPÉRER

Carte de la région A2 *(p. 382) – carte Michelin 581 M 2.* Ce village historique est situé à l'intersection de la Route 2 et de la Route 26, dans l'ouest du Maine, à proximité de la frontière du New Hampshire.

🅿 SE GARER

Les rues de Bethel sont bordées de places de stationnement, tout comme les sites conseillés dans ses environs.

◉ À NE PAS MANQUER

Le Grafton Notch State Park : en automne, la Route 26 qui serpente entre monts et cascades y est particulièrement belle. Les amateurs d'Histoire trouveront d'intéressants sites à Bethel.

◴ ORGANISER SON TEMPS

Prévoyez une journée au moins pour découvrir le Grafton Notch State Park et ses activités.

👥 AVEC LES ENFANTS

De nombreuses activités sont proposées aux enfants : ski, balades, vélo…

Située dans les White Mountains, Bethel est connue pour ses auberges, son école privée et ses maisons soigneusement conservées autour de son green. Cet agréable lieu de séjour offre de nombreux loisirs tels la chasse, la pêche, le golf, les excursions dans les White Mountains ainsi que la recherche de minéraux dans les mines désaffectées de la région.

Se promener

Dr Moses Mason House

Sur le Green - 🕿 *207 824 2908 - www.bethelhistorical.org/museum.html - visite guidée (30mn) de déb. juil. à Labor Day : mar.-dim. 13h-16h ; reste de l'année : sur RV - 3 $.*

Érigée en 1813, cette maison bordant le green, soigneusement préservée, abrite du mobilier d'époque ainsi que de belles fresques murales dans la cage d'escalier.

À proximité Carte de la région

Artist's Covered Bridge

◐ *4 miles au nord-ouest de Bethel, à Newry. Sunday River Rd - ℘ 207 624 3490 - www.maine.gov/mdot/covered-bridges/index.php.*

Entrée en plein cintre, murs ajourés : la rumeur court que ce joyau, construit en 1872, est le plus photographié, le plus dessiné et le plus peint des ponts couverts du Maine !

★ Grafton Notch State Park

◐ *25 miles au nord-ouest de Bethel par la Route 26 - ℘ 207 824 2912 - www.state.me.us/doc/parks - de mi-mai à mi-oct. : du lever au coucher du soleil - 3 $.*

La route traverse la vallée de la Bear River et le parc d'État. En sillonnant cette région sauvage des White Mountains, on découvre la gorge dominée par la **Old Speck Mountain** (alt. 1 274 m) à l'ouest et la **Baldpate Mountain** à l'est. Le long de la route, plusieurs aires de pique-nique sont signalées par des panneaux.

Screw Auger Falls – Ces chutes dégringolent de replat en replat dans des bassins peu profonds.

Mother Walker Falls – *1 mile au nord des Screw Auger Falls.* Depuis ces petites chutes, on bénéficie d'une belle vue sur Old Speck.

★ Evans Notch

◐ *16 miles au sud-ouest de Bethel. Suivez la Route 2 vers l'ouest pendant 10 miles, puis tournez à gauche dans la Route 113.*

La route qui traverse cette gorge *(de Gilead à North Chatham)* de la forêt nationale des White Mountains procure des **vues** superbes sur l'une des plus belles vallées de la région, celle de la Cold River.

☺ NOS ADRESSES À BETHEL

HÉBERGEMENT-RESTAURATION

BUDGET MOYEN

Bethel Inn & Country Club – *Broad St. - ℘ 207 824 2175 ou 800 654 0125 - www.bethelinn. com - 150 ch. 80/260 $ - rest. : juil.-août : 17h30-21h ; mai-juin et sept.-oct. : vend.-dim. 17h30-* *21h - réserv. exigée.* Composé de plusieurs bâtiments, ce grand resort aux chambres toutes différentes, installé sur un terrain de 80 ha avec golf, abrite une taverne (sandwichs, burgers) et un restaurant de spécialités régionales : homard du Maine, sole garnie, carré d'agneau…

Boston : villes, curiosités et régions touristiques.
Paul Revere : noms historiques ou termes faisant l'objet d'une explication.
Les sites isolés (State Parks, lacs, grotte…) sont répertoriés à leur propre nom.
Les noms des États sont abrégés de façon suivante :
CT Connecticut, ME Maine, MA Massachusetts, NH New Hampshire, RI Rhode Island, VT Vermont

DANS UN RESTAURANT

En anglais

1 Would you care for a drink?
2 Are you ready to order?
3 How do you like your meat :
rare, medium or well done?

4 What kind of dressing would
you like :
– Thousand Islands,
– Italian,
– French ,
– Blue Cheese?
5 How do you like your potatoes:
– french fries,
– baked potatoe
– mashed potatoe ?

En français

1 Désirez-vous un apéritif ?
2 Êtes-vous prêt à commander ?
3 Comment désirez-vous votre
viande : saignante, à point ou bien
cuite ?
4 Quel assaisonnement voulez-
vous :
– mayonnaise rose sucrée
– vinaigrette classique
– vinaigrette à la tomate,
– mayonnaise au roquefort ?
5 Quelles pommes de terre vou-
lez-vous :
– des frites
– des pommes de terre au four
– de la purée ?

LEXIQUE

Voici quelques mots-clés qui vous seront utiles lors de votre séjour.

Français : Anglais

FORMULES COURANTES

Bonjour : Good morning, hello, hi
Au revoir : Goodbye
Oui / non : Yes / no
S'il vous plaît : Please
Merci : Thank you
Excusez-moi : Excuse me
Je ne parle pas anglais : I don't speak English

LE TEMPS

Maintenant : Now
Aujourd'hui : Today
Demain : Tomorrow
Hier : Yesterday
Jour / nuit : Day / night
Jour férié : Public holiday
Ce soir : Tonight
Quelle heure est-il ?
What time is it ?
Matin : Morning
Après-midi : Afternoon
Soir / Nuit : Evening / Night

LES JOURS DE LA SEMAINE (DAYS)

Lundi : Monday
Mardi : Tuesday
Mercredi : Wednesday
Jeudi : Thursday
Vendredi : Friday
Samedi : Saturday
Dimanche : Sunday

MOIS (MONTHS)

Janvier : January
Février : February
Mars : March
Avril : April
Mai : May
Juin : June
Juillet : July
Août : August
Septembre : September
Octobre : October
Novembre : November
Décembre : December

EN VILLE

Centre-ville : Downtown
Avenue : Avenue
Église : Church
Hôtel de ville : City hall
Jardin : Garden
Marché : Market
Rue : Street
Place : Square
Magasin : Shop / store
Poste : Post office
Timbre : Stamp
Téléphone : Phone
Code postal : Zip code
Téléphone portable : Cell phone
Colis : Parcel
Office de tourisme : Visitors Center
Prix : Price

URGENCES

Hôpital : Hospital
Pharmacie : Pharmacy
Médecin : Doctor
Pompiers : Fire department
Police : Police
Panne : Breakdown
Accident de voiture : Car accident
Vol : Theft
Rhume / Toux : Cold / Cough

HÉBERGEMENT

Chambre : Room
Hôtel : Hotel
Couverture : Blanket
Salle de bain : Bathroom
Papier hygiénique : Toilet tissue
Demi-pension : Half-board
Chambre à deux lits : Double / double queen / double king
Lit simple : Single bed
Ventilateur : Fan
Chauffage : Heating
WC : Restrooms, Toilets

RESTAURATION

Manger : to eat

Boire : to drink
Hors d'œuvre : Appetizer
Plat principal : Main Course
Assiette : Plate
Fourchette : Fork
Couteau : Knife
Cuiller : Spoon
Serveur / serveuse : Waiter / waitress
Menu : Menu
Eau gazeuse : Sparkling water
Sauce : Sauce
Assaisonnement : Dressing
Accompagnement : Side dish
Note / Facture : Bill / check
Pourboire : Tip
Boissons : Drinks
Bière : Beer
Vin : Wine

POISSONS ET FRUITS DE MER

Viande : Meat
Poisson : Fish
Fruits de mer : Seafood
Homard : Lobster
Coquilles St-Jacques : Scallops
Crevette : Shrimp
Huîtres : Oysters
Espadon : Sword fish
Bar : Bass
Saumon : Salmon
Thon : Tuna
Truite : Trout
Palourdes : Clams

VIANDES

Agneau : Lamb
Côte : Rib
Côtelettes : Chops
Bœuf : Beef
Canard : Duck
Faux-filet : Sirloin
Dinde : Turkey
Lapin : Rabbit
Porc : Pork
Poulet : Chicken
Blanc : Breast
Aile : Wing

LÉGUMES

Légumes : Vegetables

Petits-pois : Peas
Haricots : Beans
Chou-fleur : Cauliflower
Broccoli : Broccoli
Épinard : Spinach
Citrouille : Pumpkin
Tomates : Tomatoes
Courgette : Zucchini

VISITE

Exposition : Exhibition, Exhibit
Château : Castle
Musée : Museum
Plage : Beach
Montagne : Mountain
Tarif : Fee
Ouvert/ Fermé : Open / Closed

DIRECTIONS ET TRANSPORTS

À droite : On the right
À gauche : On the left
Arrivée : Arrival
Départ : Departure
Bagages : Baggage
Consigne : Locker
Gare : Station
Port : Harbor
Bateau : Boat
Aéroport : Airport
Métro : Subway
Entrée : Entrance
Sortie : Exit
Péage : Toll
Nord / Sud : North / South
Est / Ouest : East / West
Essence : Gas
Train : Train
Route : Road
Autoroute : Highway
Pont : Bridge
Station-service : Gas station
Aller simple : One-way ticket
Billet aller-retour : Round-trip ticket
Correspondance : Transfer, connecting flight
Enregistrement : Check-in (check-out lorsque vous quittez un hôtel)
Vol : Flight
Vol intérieur : Domestic flight
Vélo : Bicycle

LÉGENDE DES CARTES ET PLANS

Curiosités et repères

Itinéraire décrit, départ de la visite
Église
Mosquée
Synagogue
Monastère - Phare
Fontaine
Point de vue
Château - Ruine ou site archéologique
Barrage - Grotte
Monument mégalithique
Tour génoise - Moulin
Temple - Vestiges gréco - romains
Temple : bouddhique - hindou
Autre lieu d'intérêt, sommet
Distillerie
Palais, villa, habitation
Cimetière : chrétien - musulman - israélite
Oliveraie - Orangeraie
Mangrove
Auberge de jeunesse
Gravure rupestre
Pierre runique
Église en bois
Église en bois debout
Parc ou réserve national
Bastide

Sports et loisirs

Piscine : de plein air - couverte
Plage - Stade
Port de plaisance - Voile
Plongée - Surf
Refuge - Promenade à pied
Randonnée équestre
Golf - Base de loisirs
Parc d'attractions
Parc animalier, zoo
Parc floral, arboretum
Parc ornithologique, réserve d'oiseaux
Planche à voile, kitesurf
Pêche en mer ou sportive
Canyoning, rafting
Aire de camping - Auberge
Arènes
Base de loisirs, base nautique ou canoë-kayak
Canoë-kayak
Promenade en bateau

Informations pratiques

Information touristique
Parking - Parking - relais
Gare : ferroviaire - routière
Voie ferrée
Ligne de tramway
Départ de fiacre
Métro - RER
Station de métro (Calgary, ...) (Montréal)
Téléphérique, télécabine
Funiculaire, voie à crémaillère
Chemin de fer touristique
Transport de voitures et passagers
Transport de passagers
File d'attente
Observatoire
Station service - Magasin
Poste - Téléphone
Internet
Hôtel de ville - Banque, bureau de change
Palais de justice - Police
Gendarmerie
Théâtre - Université - Musée
Musée de plein air
Hôpital
Marché couvert
Aéroport
Parador, Pousada (Établissement hôtelier géré par l'État)
A   Chambre d'agriculture
D   Conseil provincial
G   Gouvernement du district, Délégation du Gouvernement Police cantonale
L   Gouvernement provincial (Landhaus)
P   Chef lieu de province
Station thermale
Source thermale

Axes routiers, voirie

Autoroute ou assimilée
Échangeur : complet - partiel
Route
Rue piétonne
Escalier - Sentier, piste

Topographie, limites

Volcan actif - Récif corallien
Marais - Désert
Frontière - Parc naturel

Comprendre les symboles utilisés dans le guide

LES ÉTOILES

★★★ **Vaut le voyage** ★★ **Mérite un détour** ★ **Intéressant**

HÔTELS ET RESTAURANTS

9 ch.	Nombre de chambres		♉	Établissement servant de l'alcool
☕ 7,5 €	Prix du petit-déjeuner en sus		⌇	Piscine
50 € ☕	Prix de la chambre double, petit-déjeuner compris		CC	Paiement par cartes de crédit
bc	Menu boisson comprise		⌦	Carte de crédit non acceptée
▤	Air conditionné dans les chambres		P	Parking réservé à la clientèle
✕	Restaurant dans l'hôtel			

SYMBOLES DANS LE TEXTE

👥	A faire en famille		🚲	Randonnée à vélo
↻	Pour aller au-delà		♿	Facilité d'accès pour les handicapés
👣	Promenade à pied		**A2 B**	Repère sur le plan

De Haan. AZ

375 Summit Ave

N. E.

De Haan -

25 Valley Rd

N Carthan

Noto

Call

4 - 11 - 18

450 - 530 - 0806

Jean - Pierre Dertigny

Manufacture française des pneumatiques Michelin

Société en commandite par actions au capital de 304 000 000 EUR
Place des Carmes-Déchaux - 63000 Clermont-Ferrand (France)
R.C.S. Clermont-Fd B 855 200 507

Toute reproduction, même partielle et quel qu'en soit le support,
est interdite sans autorisation préalable de l'éditeur.

Nathalie

95 Newcomb Hill Rd

Wellfleet Mas

Dans la collection Le Guide Vert

Nos guides sur l'étranger

- Allemagne
- Andalousie
- Angleterre Pays de Galles
- Autriche
- Barcelone et la Catalogne
- Belgique Luxembourg
- Bulgarie
- Canada
- Chine [N]
- Chypre [N]
- Croatie
- Écosse
- Égypte
- Espagne Atlantique
- Espagne du Centre Madrid Castille
- Espagne Méditerranéenne Baléares
- Grèce
- Irlande
- Italie du Nord
- Italie du Sud Rome Sardaigne
- Japon
- Londres
- Maroc
- Mexique [N]
- Moscou St-Pétersbourg
- Nouvelle Angleterre [N]
- Pays Baltes
- Pays Bas
- Pologne
- Portugal
- Québec
- Rome
- Roumanie
- Sardaigne [N]
- Scandinavie
- Sicile
- Sud-Ouest américain [N]
- Suisse
- Thaïlande [N]
- Toscane Ombrie Marches

Nos guides week-end en France et à l'étranger

- Week-end Amsterdam
- Week-end Barcelone [N]
- Week-end Berlin
- Week-end Bordeaux [N]
- Week-end Bruxelles
- Week-end Budapest
- Week-end Cracovie
- Week-end Edimbourg [N]
- Week-end Florence
- Week-end Istanbul
- Week-end Lisbonne
- Week-end Londres
- Week-end Lyon [N]
- Week-end Marrakech Essaouira[N]
- Week-end Marseille [N]
- Week-end Montpellier [N]
- Week-end Nantes [N]
- Week-end New York
- Week-end Prague
- Week-end Rome [N]
- Week-end Stockholm [N]
- Week-end Tunis [N]
- Week-end Venise
- Week-end Vienne [N]

Nos guides sur la France

- Alpes du Nord
- Alpes du Sud
- Alsace Lorraine
- Aquitaine
- Auvergne
- Bourgogne
- Bretagne
- Champagne Ardenne
- Charente-Maritime
- Châteaux de la Loire
- Corse
- Côte d'Azur
- Essonne
- France
- France Sauvage
- Franche-Comté Jura
- Haut-Rhin
- Idées de promenades à Paris
- Idées de week-ends aux environs de Paris
- Idées de week-ends en Provence
- Île-de-France
- Languedoc Roussillon

- Limousin Berry
- Loire
- Loiret
- Lyon Drôme Ardèche
- Meuse
- Midi Toulousain
- Moselle
- Nord Pas-de-Calais Picardie
- Normandie Cotentin
- Normandie Vallée de la Seine
- Paris
- Paris enfants
- Pays Basque France Espagne et Navarr
- Périgord Quercy
- Poitou Charentes Vendée
- Provence
- Puy-de-Dôme
- Tarn [N]
- Touraine côté Sud
- A75 La Méridienne
- 31 sites français au patrimoine de l'Unesco [N]

[N] : Nouveau